KB203868

창세기
강해설교
4


족장
시대의
종언

# 창세기 강해설교-4
## [33-50장]

## 족장
## 시대의
## 종언

### 김서택

홍성사

차례

　　저의 창세기 강해는 제가 처음으로 홍성사에서 출간한 책입니다. 무려 열 권으로 되어 있고 부족한 점이 많은 책이지만 독자들의 사랑을 많이 받았습니다. 그때는 제가 아주 작은 개척 교회를 할 때였습니다. 그러나 이 창세기 강해가 부흥의 불을 붙였고, 교인들로 하여금 삶의 의미와 가치를 깨닫게 했습니다.

　　처음 창세기 강해를 할 때는 참고할 만한 책이 거의 없을 때였습니다. 그러나 지금은 창세기에 대한 책들이 많이 출판된 것을 보면서 참으로 반가운 마음이 듭니다. 이번에 홍성사에서 열 권의 강해집을 네 권으로 묶어서 출판한다고 합니다. 더 사랑받고 도움되는 창세기 강해가 될 줄 믿습니다.

　　첫 창세기 강해집 출간을 허락하셨던 정애주 사장님께 감사드리며, 편집부 모든 식구들에게도 감사드립니다.

대구 수성교 옆에서

김서택 목사

김서택

## 일러두기

· 본문에 쓰인 성경은 개역한글판입니다.

· 이 책은 저자의 창세기 강해설교 8권 《꿈을 가진 자의 연단》(2000년 7월 초판 발행)과 9권 《은잔의 테스트》(2000년 9월 초판 발행), 10권 《열두 아들이 받은 축복》(2000년 12월 초판 발행)을 합본한 뒤 어문규정에 맞게 교정하고 새롭게 다듬은 것입니다.

· 《꿈을 가진 자의 연단》은 이 책 1~11장에 해당되며, 1997년 6월부터 8월까지 제자들교회에서 설교한 내용을 정리했습니다. 《은잔의 테스트》는 이 책 12~21장에 해당되며 1997년 8월부터 10월까지 제자들교회 주일예배에서 설교한 내용을 정리했습니다. 《열두 아들이 받은 축복》은 이 책 22~33장에 해당되며 1997년 11월부터 1998년 1월까지 제자들교회 주일예배에서 설교한 내용을 정리했습니다.

# 1

## <u>에서와의</u>
## <u>만남</u>

요즘은 형사정책이 많이 바뀌어서 옛날 같으면 구속되어 재판을 받아야 할 사람들도 불구속 상태에서 재판받는 경우가 많아졌습니다. 그러다 보니 이제는 법정구속되는 사례가 많습니다. 법정구속이란 구속되지 않은 일반인의 상태에서 재판을 받으러 갔다가, 법정에서 유죄가 확정되어 바로 구속되는 경우를 말합니다.

어떤 사람이 그런 재판을 앞두고 있다고 합시다. 아마 그때처럼 마음이 불안하고 복잡한 경우는 없을 것입니다. 어쩌면 재판받는 그 자리에서 유죄가 확정되어 곧장 감옥으로 가게 될지도 모릅니다. 반대로 무죄가 선고되어 그 자리에서 자유의 몸이 될 수도 있습니다. 그가 현명한 사람이라면 두 경우 모두 대비해 놓는 것이 좋을 것입니다. 일단은 구속될 것에 대비해서 재산이나 가정의 제반 문제들을 처리해 놓고 재판받으러 가는 것이 좋습니다. 그렇게 대비하고 갔는데 무죄 판결이 내려져서 자유인이 된다면 그보다 더 좋은 일이 없겠지요.

자기 집안에 신앙적으로 도무지 대화가 되지 않을 뿐 아니라 신앙을 이유 삼아 막무가내로 나를 미워하며 이해할 수 없는 행동을 하는 친척이나 가족이 있다고 합시다. 바로 그 사람이 몇 년 만에 우리 집을 굳이 찾아오겠다고 한다든지 혹은 가족들의 모임에서 만나야 할 때, 우리는 재판받으러 가는 사람의 심정을 실감하게 됩니다. 그날 과연 어떤 일이 일어날지 예측할 수가 없어요. 운이 좋으면 성한 몸과 마음으로 돌아올 것이요, 일이 잘못되면 말로 실컷 두들겨 맞거나 칼에 찔려 상처 입은 마음으로 돌아올 것입니다. 모든 것이 그날 그 사람의 태도에 달려 있습니다. 그가 나를 잘 봐 주느냐 아니면 분노를 터뜨리느냐에 달려 있어요.

우리는 오늘 본문에서 에서를 만나러 가는 야곱의 심정이 바로 이런 것이었음을 알 수 있습니다. 그의 모든 형편은 오직 에서의 손에 달려 있습니다. 만일 에서가 야곱을 좋게 봐 주어서 형제로 받아 준다면 그보다 더 다행스러운 일이 없습니다. 그러나 그의 마음이 완악해져서 옛날의 분노를 그대로 가지고 나온다면 과연 상황이 어떻게 될지 알 수 없습니다. 모든 것이 이날 에서의 태도에 달려 있습니다.

물론 오늘 우리가 성경 본문에서 보게 되는 것은 '해피엔딩'입니다. 에서가 야곱을 우호적으로 받아 줌으로써 두 형제는 과거의 원한 관계를 뛰어넘어 눈물로 포옹하게 됩니다. 그런데 우리에게 중요한 것은 아주 옛날 야곱이 에서를 이런 식으로 만났다는 것 그 자체가 아니라, 이 사실이 오늘 우리에게 던지는 의미가 무엇이냐 하는 점입니다. 왜 야곱은 약속의 땅에서 이런 고통스러운 만남, 이런 숨막히는 경험을 하지 않으면 안 되는 것입니까? 우리가 신앙 생활을 할 때 이런 부담스러운 만남이나 부담스러운 관계를 완전히 없애 버릴 수는 없습니까?

## 절하는 야곱

에서를 만나러 가는 야곱의 모습은 마치 재판을 받으러 법정에 나가는 죄수 같습니다. 33장 1절부터 3절까지 보십시오.

> *야곱이 눈을 들어 보니 에서가 사백인을 거느리고 오는지라 그 자식*
> *들을 나누어 레아와 라헬과 두 여종에게 맡기고 여종과 그 자식들은*
> *앞에 두고 레아와 그 자식들은 다음에 두고 라헬과 요셉은 뒤에 두고*
> *자기는 그들 앞에서 나아가되 몸을 일곱 번 땅에 굽히며 그 형 에서에*
> *게 가까이 하니*

그는 에서를 만나는 이 순간 일이 잘못되어 자기와 가족이
죽임을 당할지도 모른다고 생각했습니다. 그래서 혹시 자기는 죽더
라도 가족들은 피할 수 있도록 자신에게 중요한 순서대로 배치하고
있는 것을 볼 수 있습니다. 그는 여종과 그 자식들을 최전방에, 레아
와 그 자식들을 다음에 두었습니다. 그리고 가장 사랑하는 라헬과
요셉은 맨 뒤에 두었습니다.

물론 야곱이 아내와 자식들을 이런 식으로 배치한 데 의문
이 없는 것은 아닙니다. 부모에게 자식은 다 소중한 존재인데 종의
아이라고 맨 앞에 두고, 덜 사랑하는 레아의 자식이라고 중간에 두
고, 라헬과 요셉은 후방에 두는 것이 과연 믿음의 조상이 할 바입니
까? 그래서 칼뱅 같은 사람은 야곱이 도망치기 위해 이렇게 배치한
것이 아니라 에서에게 점점 더 중요한 인물들을 만나게 함으로써
그를 감동시키기 위해 이렇게 했다고 설명하기도 합니다.

제가 보기에 여종의 아들은 먼저 죽어도 괜찮다는 생각으로
이렇게 한 것 같지는 않습니다. 그러나 혹시라도 유혈참사가 일어
나서 가족 중에 일부라도 건져야 한다면 아마 이런 순서로 건지고
싶었던 것 같습니다. 이것은 아직도 그의 마음속에 극복되지 못한
채 남아 있는 불신앙의 흔적이라고 볼 수 있습니다. 참으로 그가 믿
음의 아버지라면 아내들을 중심으로 원을 만들어 자식들을 다 에워
싸게 함으로써 똑같이 지켰어야 할 것입니다. 그러나 이 위대한 믿

음의 사람에게도 아직 인간적인 편견이 남아 있어서, 더 사랑하는 자식과 덜 사랑하는 자식을 나누었습니다.

야곱은 이렇게 한 후 에서와 그와 함께한 사람들 앞에 나아가서 무려 일곱 번이나 몸을 땅에 굽혀 절을 합니다. 이것은 형제 사이의 예의가 아닙니다. 형제 사이에 몸을 일곱 번이나 굽혀서 절하는 경우는 없어요. 이것은 왕을 맞이하는 신하의 자세이거나 재판받는 죄수가 재판장의 호의를 바라는 마음으로 전적인 경의를 표하는 자세입니다. 그런데 지금 야곱은 신하로서 왕을 맞이하는 것이 아닙니다. 물론 형을 머리로 삼고 절대 복종하겠다는 표시를 하는 것을 보면 단순히 신하의 자세를 취하고 있는 것 같지만, 속으로는 완전히 재판받는 죄수의 심정이었고 실제 형편도 그러했습니다. 에서의 기분이 좋지 못할 경우 그는 죽임을 당할 수도 있었습니다. 도대체 무엇 때문에 그가 이런 굴욕적인 상황에 처해야 하는 것입니까? 무엇을 잘못했기에 에서 앞에서 마치 재판받는 죄수처럼 행동해야 하는 것입니까?

단순히 20년 전에 장자권을 차지하기 위해 아버지와 형을 속였기 때문만은 아닙니다. 진짜 원인은 야곱의 신앙에 있었습니다. 에서에게 신앙이란 액세서리에 불과했습니다. 그러나 야곱에게 신앙은 그의 생명이자 모든 것이었습니다. 신앙이 그다지 중요하지 않은 사람과 신앙이 자기의 모든 것인 사람이 만나는 현장은 곧 신앙을 재판하는 자리가 될 수밖에 없습니다.

사람들은 각자 자기 나름대로 신앙을 가지고 있습니다. 인생에는 절대자를 의지하지 않고서는 견딜 수 없는 어려움이나 혼자 힘으로 극복할 수 없는 의외의 변수들이 너무나도 많기 때문입니다. 그러나 그냥 믿는 사람과 신앙이 자기 생명이요 모든 것인 사람 사이에는 근본적인 차이가 있게 마련입니다. 그냥 믿는 사람은 항상 현실지향적입니다. 그는 이 세상에서 살아남기 위해 체제에 순응하면서 삽니다. 세상이 하자는 대로 잘 따라해요. 그러나 신앙이 자기의 모든 것인 사람은 체제에 순응하지 않습니다. 때로는 가정의 일이나 사회의 일에 비협조적이기도 하고 때로는 도전적이기까지 합니다. 이렇게 신앙이 자기 모든 것인 사람은 그렇지 않은 사람에게 '믿어도 왜 그리 유별나게 믿느냐'를 놓고 재판받지 않을 수 없습니다.

야곱도 에서에게 죽도록 헌신했다면, 또는 하나님의 말씀을 붙들지 않았더라면 이런 어려움에 처해야 할 이유가 없습니다. 그러나 그는 '큰 자가 어린 자를 섬기리라'는 하나님의 말씀을 붙드는 바람에 에서의 눈에 도대체 이해할 수 없는 사람이 되고 말았습니다.

이 세상에서 거의 대부분의 그리스도인들이 경험하고 있는 어려움이 바로 이것입니다. 그들은 체제에 순응하지 못합니다. 이 세상이 자신의 모든 것이며 행복이라고 생각하는 사람과 하나님을 주인으로 섬기며 그의 말씀에 우선적으로 복종하려는 사람 사이에는 근본적인 차이가 있게 마련입니다.

결국 이 세상에 속한 사람들은 하나님의 사람들을 심문의 자리에 세우게 되어 있습니다. "너는 도대체 무엇 때문에 그렇게 도도하게 행동하느냐? 도대체 뭘 믿고 우리의 존재를 우습게 알며 깔보는 거냐?"라는 질문을 하게 되어 있어요. 이것은 단순히 묻는 것이 아니라 재판하는 것입니다. 어느 한순간 그들에게 분노의 불이 붙으면 눈에 보이는 것이 없어져서, 하나님의 백성을 파멸시키며 죽음의 자리까지 끌고 가는 일이 얼마든지 일어날 수 있습니다. 그래서 예수님께서는 제자들에게 이렇게 말씀하셨습니다.

> 너희가 세상에 속하였으면 세상이 자기의 것을 사랑할 터이나 너희는 세상에 속한 자가 아니요 도리어 세상에서 나의 택함을 입은 자인 고로 세상이 너희를 미워하느니라(요 15:19).

우리의 영적인 전쟁이 무엇입니까? 신앙 때문에 내 모든 것을 주위 사람들에게 빼앗길 위험에 처하게 되는 것입니다. 물론 이 세상은 때로 하나님의 백성들에 대해 우호적으로 나오기도 합니다. 그러나 그러다가 한 번씩 자기가 가지고 있는 모든 세력과 힘을 모아 공격해 올 때가 있습니다. 그때 영적인 전쟁이 일어납니다. 다른 사람들은 단순한 장난이나 일시적인 감정으로 하는 일일지 몰라도, 하나님의 백성들에게는 사활이 걸린 중요한 고비가 됩니다.

요한계시록에는 '아마겟돈 전쟁'이라는 말이 나옵니다. 이 것은 하나님의 백성과 세상 사람들 사이의 전쟁을 가리킵니다. 이 것이 3차대전이나 4차대전을 의미한다고 말하는 사람도 있습니다 만, 사실은 신앙적인 이유 때문에 하나님의 백성과 그 주위 사람이 격돌하는 것은 전부 아마겟돈 전쟁입니다. '아마겟돈'은 '므깃도의 산'이라는 뜻으로, 사사 시대 때 하솔 왕의 부하인 시스라가 하나님의 백성들을 멸절시키기 위해 자기 군대를 다 모아 므깃도의 산에서 대격돌을 벌인 데서 유래한 말입니다. 우리가 알아야 할 것이 무엇입니까? 신앙적인 이유로 주변 사람들과 싸움이 붙을 때, 그것은 더 이상 나와 그 사람의 싸움이 아니라, 내 뒤에 계신 하나님과 그 사람 뒤에 있는 악한 영과의 싸움이라는 것입니다.

우리가 보기에 야곱이 에서 앞에서 무려 일곱 번씩이나 절을 하는 것은 대단히 비겁한 행동인 것 같습니다. 그러나 이것은 비겁한 행동이 아니라 엄청나게 훌륭한 행동입니다. 한번 생각해 보십시오. 아무리 에서가 강하다 하더라도 에서와 야곱은 형제 사이입니다. 그것도 열 살 스무 살씩 차이가 나는 형제도 아니고 쌍둥이에요. 게다가 야곱의 눈에 에서는 무식한 들짐승에 지나지 않았습니다. 그럼에도 야곱이 에서 앞에서 전적으로 낮아질 수 있었던 것은 성령의 능력 때문이었습니다.

낮아질 필요가 없는 사람 앞에서 낮아진다는 것은 불가능한 일입니다. 사람은 어떻게 해서든지 자기를 주장하려고 하고, 상대방을 깎아내림으로써 자신의 우위를 확보하려고 합니다. 심지어 남을 욕하고 비난하고 업신여기는 것이 자신을 대단히 위태롭게 만드는데도 그 일을 중단하지 않는 이유가 무엇입니까? 그것이 인간의 교만한 본성이기 때문입니다. 인간은 자기 마음이 내키지 않는 이상 절대로 남에게 머리를 숙이지 않습니다.

그런데 야곱은 어떻게 이토록 에서 앞에서 자신을 전적으로 낮추고 복종할 수 있었습니까? 성령께서 그의 마음을 주장하셨기 때문입니다. 야곱은 에서가 실제적으로 아버지 집을 주장하고 있는 사람이라는 사실과 자기가 에서에게 복종하는 것을 하나님께서 기뻐하신다는 사실을 알았습니다. 그는 이렇게 일곱 번 절함으로써 에서에게 복종한 것이 아니라, 하나님의 뜻에 자기 자신을 쳐서 복종시킨 것입니다.

그렇게 했을 때 에서는 더 이상 야곱과 싸워야 할 이유가 없어졌습니다. 아마 야곱을 만나기 전까지만 해도 마음에 미움과 증오가 있었을지 모릅니다. 그런데 야곱이 마치 왕을 맞이하듯이 일곱 번이나 절을 하면서 나아오는 모습을 보는 순간, 증오감은 사라지고 눈물이 쏟아져 나오면서 그를 얼싸안고 입맞추게 되었습니다.

하나님의 백성들이 이 세상에서 어려움을 당하는 이유가 무엇입니까? 물론 신앙적인 이유도 있지만, 다른 한편으로는 아직까지 남아 있는 교만한 본성 때문입니다. 우리는 단순히 '신앙적인 핍박'이라고 하지만, 실제로 깊은 곳에 들어가 보면 '네가 뭔데 지금 나한테 이래라 저래라 하는 거야' 하는 식의 교만한 본성 때문에 불필요한 증오감과 미움을 불러일으킬 때가 많습니다. 그러나 하나님을 믿는다는 이유로 마땅히 존경해야 할 상관이나 부모를 인정하지 않고 업신여길 때 신앙적인 갈등은 더 깊어지게 마련입니다.

그런데 성령께서 우리 마음을 주장하시면 어떻게 됩니까? 그 사람들에게 기꺼이 머리를 숙일 수 있게 됩니다. 이것은 사실 그 사람들에게 머리를 숙이는 것이 아니라 그 사람을 나의 머리로 두신 하나님께 복종하는 것입니다. '저 사람의 잘못은 잘못이고, 내가 그에게 머리를 숙이는 것이 하나님의 뜻이구나. 하나님은 지금 저 사람의 잘못보다 내 교만을 문제 삼고 계시구나' 생각하며, 한 번이 아니라 일곱 번씩, 마치 신하가 왕에게 하듯이 전적인 복종의 표시를 할 때, 우리의 신앙은 한 단계를 뛰어넘어 세상을 끌어안을 수 있는 용량을 갖추게 되는 것입니다.

내가 분명히 예수를 믿으면서도 다른 사람을 끌어안지 못하는 것은 내 속에 아직도 변화되지 않은 기질과 꺾이지 않은 교만이 있기 때문입니다. 다른 사람이 아무리 잘못을 했더라도 그를 끌어안지 않는 것은 내 잘못입니다. 하나님께서는 야곱으로 하여금 인정할 자를 인정하고 존경할 자를 존경하며 머리 숙여야 할 사람에게 머리 숙이게 하심으로써, 온 세상을 끌어안는 믿음의 사람으로 다시 태어나게 하셨습니다.

여러분, 내 아버지에게 머리 숙이는 것은 비겁한 일이 아닙니다. 나를 가르치고 있는 선생님에게 존경을 표시하는 것은 비겁한 일이 아니에요. 그것은 아버지나 선생님을 끌어안는 아름다운 일입니다. 야곱은 에서에게 늘 라이벌 의식을 가지고 있었습니다. 에서에게 지면 마치 이 세상에서 도태되는 것 같았습니다. 그런데 막상 에서에게 머리를 숙였을 때, 그는 에서만 끌어안는 것이 아니라 온 세상을 끌어안는 진정한 믿음의 사람으로 태어나게 되었습니다.

## 에서의 마음을 주장하시다

실제로 야곱이 에서를 만났을 때 어떤 일이 일어났습니까?

에서가 달려와서 그를 맞아서 안고 목을 어긋맞기고 그와 입맞추고 피차 우니라(33:4).

이것은 야곱으로서는 상상도 할 수 없는 일이었습니다. 야곱은 에서가 사람들 앞에 자기를 세워 놓고 마치 죄인 심문하듯이 "도망갈 때는 언제고 지금 다시 뻔뻔스럽게 나타난 이유가 도대체 뭐냐? 아버지 집에서 뭘 차지하고 싶어서 왔느냐?"며 따지고 들 줄 알았습니다. 그러나 그런 일은 전혀 일어나지 않았습니다. 오히려 그는 야곱을 얼싸안고 울었습니다.

이것은 무엇을 보여 줍니까? 우리는 하나님께서 믿는 사람 속에서만 역사하신다고 생각합니다. 그러나 하나님은 믿지 않는 사람 속에서도, 내 생각에는 정말 가능성이 없는 사람들의 마음속에서도 역사하셔서, 그들로 하여금 눈물 흘리게 하시고 감동받게 하시며 악한 생각을 버리게 하십니다. 물론 에서가 야곱의 목을 끌어안고 울었다고 해서 완전히 새 사람으로 변했다는 말은 아닙니다. 하나님께서 그의 악한 본성을 일시적으로 억제해서 야곱을 해치지 못하게 하시고 선한 마음으로 대하게 하셨다는 뜻입니다.

야곱에게는 에서가 한계였습니다. 한 걸음 더 나아가려고 해도 에서 때문에 되는 일이 없었습니다. 에서는 그에게 두려움의 대상이요 넘을 수 없는 벽이었습니다. 그는 눈에 보이지도 않는 이 한계를 뛰어넘지 못해서 20년 동안이나 종살이를 했습니다. 그런데 그렇게도 두려워했던 이 한계를 한순간에 뛰어넘게 하신 것입니다. 이것이 하나님의 능력입니다. 에서가 400명을 데리고 나설 때까지만 해도 그 마음에 야곱에 대한 분노가 있었을 것입니다. 그러나 야곱을 보는 순간 갑자기 증오심이 사라지면서 반갑고 사랑스러운 마음으로 변하고 말았습니다.

우리가 어떤 일을 시작하거나 사람을 만나기 전에 꼭 기도해야 하는 이유가 여기에 있습니다. 여기에는 내가 만날 사람이 악해진 상태에서 만나게 되지 않도록 하나님이 그 마음을 주장하시고 간섭해 달라는 뜻이 담겨 있습니다. 어머니들도 교회에 오기 전에 아이를 안고 기도해야 합니다. "이 아기가 죄인이지만, 그 안에 악한 본성을 억제하셔서 오늘 예배 시간에 악악거리면서 울지 않게 해주십시오. 오늘도 유아실이 평화로울 수 있도록, 유아실에 하나님의 샬롬이 임할 수 있도록 도와주십시오." 이렇게 아이의 머리를 안고 기도할 때 놀라운 일들이 많이 생깁니다. 예배 시간 내내 잠을 잔다든지 깨어 있어도 조용하게 예배를 드리는, 전혀 생각할 수도 없었던 일들이 일어나요.

하나님이 믿는 사람의 마음만 움직인다고 생각하지 마십시오. 믿지 않는 상관, 나를 적대시하는 사람, 도무지 대화가 통하지 않는 무지막지한 사람의 마음속에도 역사하셔서 그의 죄성을 누르고 선한 마음을 가지게 하실 때가 있습니다.

에서가 야곱에게 한 말이 무엇입니까?

> 에서가 눈을 들어 여인과 자식들을 보고 묻되 너와 함께한 이들이 누구냐 야곱이 가로되 하나님이 주의 종에게 은혜로 주신 자식이니이다(33:5).

이 여자들과 아이들이 누구인지 짐작이 안 가서 묻는 말이 아닙니다. 물어보나마나 야곱의 처들이요 자식들이지요. 중요한 것은 지금 에서의 눈에 이 여자들과 아이들의 존재가 들어오고 있다는 사실입니다. 사람이 화가 나 있거나 욕심으로 가득 차 있으면 다른 사람의 형편이나 처지가 전혀 눈에 들어오지 않습니다. 그 사람에게도 사랑하는 아내와 자식과 노모가 있다는 것이 전혀 생각나지 않아요. 오직 자기 욕심이나 분노에 따라 행동할 뿐입니다.

그런데 에서는 야곱이 말을 꺼내기도 전에 먼저 이 여자들이 누구며 이 아이들은 또 누구냐고 묻고 있는 것입니다. 이것은 지금 에서의 눈에 이 사람들의 존재가 들어오고 있고 야곱을 사랑스러워하는 마음이 생기고 있다는 뜻입니다. 야곱은 혹시라도 에서가 자기나 처자식들을 해칠까 봐 아예 전방 후방으로 나누어 도망칠 준비를 하고 왔는데, 하나님께서 한번 간섭하시니까 그런 염려나 걱정이 전혀 필요가 없었습니다. 에서의 눈이 열리고 있었고 마음이 열리고 있었습니다.

더 나아가 에서는 중간에서 만난 가축들은 다 무엇이냐고 묻고 있습니다. 8절과 9절을 보십시오.

> 에서가 또 가로되 나의 만난 바 이 모든 떼는 무슨 까닭이냐 야곱이 가로되 내 주께 은혜를 입으려 함이니이다 에서가 가로되 내 동생아, 내게 있는 것이 족하니 네 소유는 네게 두라

에서가 이 모든 것이 자신에게 주는 선물이라는 사실을 몰라서 이렇게 묻는 것이 아닙니다. 그는 굳이 이런 선물을 할 필요가 없다는 뜻을 전하고 있는 것입니다. '동생아, 너는 이 선물로 나의 선심을 사려고 하는구나. 사실 내가 너에게 가지고 있던 증오나 분노는 이 세상의 어떤 선물로도 가라앉힐 수 없는 것이었다. 그런데 지금 나는 이상하게도 네가 좋아지는구나. 나는 너에게 어떤 선물도 받고 싶지 않다. 이렇게 너를 만난 것만으로도 충분해'라고 말하고 있는 것입니다.

어떻게 이런 일이 일어나게 되었습니까? 어떻게 에서의 눈에 야곱의 처자식이 보이며, 어떻게 그의 입에서 선물 다 필요 없고 야곱을 만난 것만으로도 족하다는 말이 나오게 되었습니까? 하나님이 간섭하셨기 때문입니다. 이것을 야곱은 읽고 있었습니다.

> 야곱이 가로되 그렇지 아니하니이다 형님께 은혜를 얻었사오면 청컨대 내 손에서 이 예물을 받으소서 내가 형님의 얼굴을 뵈온즉 하나님의 얼굴을 본 것 같사오며 형님도 나를 기뻐하심이니이다(33:10).

야곱은 지금 에서의 얼굴에서 하나님의 얼굴을 보고 있습니

다. "내가 형님의 얼굴을 뵈온즉 하나님의 얼굴을 본 것 같사오며"라는 말은 아첨이 아닙니다. 야곱은 에서의 변한 모습에서 진정으로 하나님의 간섭하심을 느꼈습니다. 무엇이 에서를 눈물 흘리게 했습니까? 자기 가족도 중요하게 생각하지 않는 그가 어떻게 남의 가족까지 챙기게 되었으며, 세상 재물이라면 사족을 못 쓰는 사람이 어떻게 선물을 마다하게 되었습니까? 도대체 무엇이 이 짐승을 이렇게 바꾸어 놓았습니까?

하나님의 손길입니다. 하나님의 손길이 아니고서는 이런 일이 일어날 수가 없습니다. 야곱은 에서의 변한 모습에서 하나님의 얼굴을 보았습니다. 그래서 '지금 당신은 본래의 당신이 아닙니다. 하나님이 간섭하시고 역사하시지 않았더라면 이렇게 될 수가 없습니다. 나는 당신의 얼굴을 통해서 하나님의 얼굴을 보고 있습니다'라고 고백하고 있는 것입니다.

이 세상은 하나의 거대한 오케스트라와 같습니다. 하나님께서는 이 세상에 있는 모든 것을 지휘하셔서 당신의 선한 뜻을 이루십니다. 그러나 우리는 그 놀라운 지휘를 보지 못할 때가 너무나도 많습니다. 에서의 능력이 한없이 커 보이고 그가 이끌고 온 400명이 너무나 강해 보여서 하나님의 지휘를 보지 못할 때가 많아요. 그런데 전혀 은혜를 기대할 수 없었던 사람이 은혜스럽게 변해 있을 때, 거기에서 하나님의 손길과 간섭하심을 보게 되는 것입니다.

하나님이 에서에게 간섭하셔서 그의 포악한 본성을 누르고 야곱을 선대하게 하신 것은 그분이 야곱을 얼마나 사랑하시는지를 나타내는 표시입니다. 하나님이 우리를 사랑하신다는 말이 평소에는 잘 믿어지지 않을 수 있습니다. 그런데 내가 참으로 만나기 두렵고 부담스러웠던 사람이 언제 그랬더냐 싶게 순한 모습으로 나를 선대하는 모습을 보게 될 때, 하나님이 얼마나 나를 사랑하시고 기뻐하시는지가 분명하게 느껴집니다.

사실 에서가 야곱을 선대한 것은 에서 자신을 위해서도 다행한 일이었습니다. 에서가 야곱을 향해 칼을 빼드는 것은 곧 그 자신의 죽음을 의미하는 것이기 때문입니다. 지금 야곱 주위에는 하나님의 천사가 두 진영이나 출동해서 겹겹이 에워싸고 있습니다. 여차하면 에서와 400명의 일행을 죽일 만반의 준비를 하고 있어요. 하나님의 천사들이 그들을 처치하는 데에는 그리 긴 시간이 걸리지 않을 것입니다. 그러나 에서는 놀랍게도 바로 그 정지선 직전에서 마음을 돌이킴으로써 자신의 생명을 건졌습니다. 만약 거기에서 한 발자국만 더 내디뎠더라도 바로 죽임을 당했을 것입니다.

그래서 우리는 주위의 믿지 않는 식구들을 위해서 기도할 필요가 있습니다. 그들은 할 수 있는 한 이 정지선을 뛰어넘어서 하나님의 백성을 해치고 욕하며 능멸하려고 하고 있기 때문입니다. 이것은 아마겟돈 전쟁입니다. 이 정지선을 넘어선다면 그들은 결코 살지 못할 것입니다. 그러나 그 직전에서라도 멈춰서 정신을 차린다면 생명을 건질 수 있습니다. 믿는 사람한테 막 욕을 하다가 갑자기 힘이 빠지는 바람에 끝까지 못하게 되었다면, 그것은 욕먹던 사람보다 욕하던 사람에게 다행스러운 일입니다.

하나님께서 에서의 마음에 간섭하셔서 그 포악한 기질대로 행하지 않게 하신 것은 에서를 야곱의 선한 이웃으로 정하셨기 때문입니다. 하나님께서는 에서나 그의 후손들을 멸망의 대상에 포함시키지 않으셨습니다. 이스라엘 백성들이 출애굽할 때 에서의 후손들이 이스라엘 백성들을 선대하지 않았음에도 불구하고 그들을 건드리지 못하게 하신 것은 그들이 야곱의 형제 족속이었기 때문입니다.

사실 우리와 가장 가까운 사람들이 하나님을 극단적으로 대적하는 것을 보는 것보다 더 고통스러운 일이 없습니다. 그러나 하나님께서는 그들이 육체적으로 우리와 가깝다는 이유만으로, 그들이 우리의 형제요 친척이라는 그 이유만으로 그들의 생명을 지켜 주시고 보호해 주실 때가 많습니다. 그래서 우리는 할 수 있는 대로 주위에서 우리를 힘들게 하는 친척들이나 가족들을 정죄하지 않는 것이 좋습니다. 그리고 그들이 하나님께서 정하신 선을 넘어서 그분을 대적하는 일이 생기지 않도록 기도해야 합니다. 하나님께서는 아직 교만한 우리를 연단하고 낮추기 위해서 그들을 육체의 가시처럼 사용하실 수 있습니다. 그러나 그들이 우리의 영원한 원수는 되지 않기를, 언젠가는 우리의 친구가 되고 결국 한 하나님의 백성이 되기를 바라십니다.

우리는 하나님과의 수직적인 관계를 너무나도 중요시한 나머지 친척이나 직장 동료나 상관과의 관계를 무시하기 쉽습니다. '내가 내 하나님 섬기는데 네가 무슨 상관이냐?'고 생각할 수 있어요. 그러나 하나님께서는 하나님과 우리의 수직적인 관계가 잘 되어 있다면 그것이 반드시 다른 사람과의 관계에 반영되기를 바라십니다. 우리가 참으로 인정할 자를 인정하고 존경할 자를 존경하며 책임져야 할 것을 마땅히 책임지기를 바라십니다.

기독교가 참으로 성숙하려면 믿지 않는 사람들 가운데 선한 증거를 가져야 합니다. 신앙이 어릴 때에는 자기 신앙을 지키기 위해 다른 사람들과의 사이에 선을 긋고 그들과 적대적인 관계에 서게 될 때가 많습니다. 그런데 언제 이런 적대관계가 없어집니까? 우리가 참으로 성령 충만해져서 그들에게 진정한 겸손을 보일 때입니다. 성령의 능력으로 정말 머리 숙이기 싫은 사람에게 머리를 숙이면서 '나는 당신을 인정하고 존경하며 당신을 대적할 의사가 조금도 없다'는 것을 보여 줄 때, 담이 허물어지고 선한 이웃이 되며 결국 그들도 하나님의 백성으로 초청될 가능성이 커지는 것입니다.

야곱이 에서에게 했듯이 믿지 않는 사람들에게 전적인 무방비 상태를 보여 주는 것은 굉장히 중요한 일입니다. '나는 당신을 해칠 생각이 전혀 없다'는 것을 보여 주는 것은 눈에 보이지 않는 적대감을 없애는 길입니다.

## 에서의 호의를 거절한 야곱

지금 에서는 야곱이 좋아서 견딜 수가 없습니다. 이유는 자기도 모르겠어요. 무조건 야곱이 좋고, 도와주고 싶습니다. 12절부터 16절까지 보십시오.

> 에서가 가로되 우리가 떠나가자 내가 너의 앞잡이가 되리라 야곱이 그에게 이르되 내 주도 아시거니와 자식들은 유약하고 내게 있는 양 떼와 소가 새끼를 데렸은즉 하루만 과히 몰면 모든 떼가 죽으리니 청컨대 내 주는 종보다 앞서 가소서 나는 앞에 가는 짐승과 자식의 행보대로 천천히 인도하여 세일로 가서 내 주께 나아가리이다 에서가 가로되 내가 내 종자 수인을 네게 머물리라 야곱이 가로되 어찌하여 그리하리이까 나로 내 주께 은혜를 얻게 하소서 하매 이 날에 에서는 세일로 회정하고

야곱을 오랜만에 만난 에서는 기분이 아주 좋아서 어떻게 해서든지 야곱을 도와주려고 했습니다. 그래서 가나안 땅의 다른 부족이 공격할지도 모르니까 자기가 호위해 주겠다고 제안합니다. 그러나 야곱은 도저히 보조를 맞출 수가 없기 때문에 같이 갈 수 없다고 하면서, 그 제안을 거절했습니다. 에서는 자기 일행 전부 남는 것이 부담스러우면 몇 명이라도 남겨서 지켜 주겠다고 했지만, 야곱은 그것마저 고사하면서 결국 그를 돌아가게 했습니다. 에서의 제안은 분명히 호의에서 나온 것이었습니다. 그런데도 야곱이 그 호의를 한사코 거절한 이유는 무엇일까요?

야곱은 에서의 호의가 일시적인 것이라는 점을 잘 알고 있었습니다. 지금은 하나님의 간섭 때문에 악한 본성을 누르고 자기를 선대하고 있지만, 그렇다고 근본적으로 변한 것은 아니라는 사실을 알고 있었어요. 에서는 시간이 지남에 따라 얼마든지 원래의

본성으로 돌아갈 수 있는 사람이었습니다. 야곱이 지금 기뻐하고 감사하는 것은 에서가 근본적으로 변했기 때문이 아니라, 그의 속에서 역사하고 계시는 하나님을 보았기 때문입니다.

우리도 다른 사람을 볼 때 그 사람 속에서 살아 역사하시는 하나님을 보고 기뻐하며 감사해야 합니다. 그렇지 않고 사람 자체를 보고 감사하면 얼마 지나지 않아 큰 시험에 빠질 수 있습니다. 사람은 언제든지 변할 수 있기 때문입니다. 시궁창에서 썩은 물이 올라오듯이 사람의 마음속에는 항상 악한 성향이 올라오고 있습니다. 그러므로 평소에 나를 힘들게 하던 사람이 일시적으로 잘해 줄 때 그 사람 속에서 역사하시는 하나님을 믿으며 그 사람이 그 순간 하나님의 뜻에 복종했다는 것에 감사해야지, 마치 그가 나의 모든 것이나 되는 양 결사적으로 매달려서 아무 호의나 넙죽넙죽 받아들이면 안 됩니다. 그는 일시적으로 악한 성향을 누르고 있을 뿐입니다.

야곱은 에서를 만나 그의 호의를 받는 것이 자기 신앙의 전부라고 생각하지 않았습니다. 물론 그를 좋은 관계에서 만날 수 있었던 것은 하나님의 은혜였습니다. 그러나 그렇다고 해서 자기 신앙의 모든 것을 에서의 손에 맡기기는 원치 않았습니다. 에서에게 돈이 있고 힘이 있다고 해서 지금까지 자기를 이끌어 주신 하나님을 떠나 에서의 도움과 보호를 받기를 원치 않았어요. 에서는 그저 자신이 넘어야 할 한 산이고 건너야 할 징검다리일 뿐이었습니다. 그가 아무리 실력 있는 사람이고 자신에게 호의를 보였다고 해도 그를 자신의 물주나 보호자로 삼을 필요는 없었습니다. 그래서 야곱은 에서가 몇 명의 하인들을 남겨 놓겠다는 것마저 거절했습니다. 그는 더 이상 에서의 도움을 받을 필요가 없었기 때문입니다.

형식적으로는 야곱이 에서의 은혜를 구걸하는 것처럼 보였지만, 그것은 자신에게 에서를 해칠 생각이 없고 라이벌 의식을 가지고 있지 않다는 것을 나타내는 표시였을 뿐이지 에서의 도움 없이는 못 산다는 뜻은 아니었습니다. 오히려 야곱은 자신이야말로

에서를 축복해 줄 사람이라는 것을 알았습니다.

또한 그는 자신의 리듬을 잘 알고 있었습니다. 그의 가축 중에는 새끼를 거느린 것들이 많았고, 식구 중에도 다 자라지 않은 아이들이 많았습니다. 어쩌면 요셉은 포대기에 싸인 아기였을지도 모릅니다. 야곱은 자신의 일행이 군대가 아니라 많은 아녀자와 가축을 거느린 평범한 가정이라는 것을 잘 알고 있었습니다. 그래서 하루라도 무리하게 끌고 가면 모든 떼가 몰살할 수밖에 없다고 판단했습니다.

사실 이것은 야곱 자신의 리듬이었는지도 모릅니다. 에서에게는 리듬이라는 것이 없었습니다. 무조건 돌진이었어요. "지금부터 우리는 강행군을 시작한다. 질문 있나? 이상!" 이것이 에서가 오늘까지 해 왔던 방식입니다. 그러나 야곱은 돌다리도 두드려 보고 건너는 사람이었고, 자기에게 확신이 서지 않으면 조금도 움직이려 들지 않는 완벽주의적 성향을 가진 사람이었습니다. 심리적으로 에서가 목표지향적인 '담즙질'이라면 야곱은 완벽주의형인 '우울질'이었을지도 모르겠습니다. 에서는 한번 생각이 났다 하면 바로 시행해 버립니다. 어떤 희생이나 반대가 있더라도 전우의 시체를 넘고 넘어 결국 그 일을 해내고 마는 사람이에요. 그러나 야곱은 '이것이 정말 필요한 일인가'를 수없이 생각하고 또 생각해서 먼저 자기 자신이 설득되어야 비로소 주위 사람들을 하나씩 설득해서 양 떼 몰듯 이끌고 가는 사람이었습니다.

"하루만 과히 몰면 모든 떼가 죽으리니"라는 야곱의 말은 수많은 목회자들에게 목회 지침이 되는 말씀이기도 합니다. 교인들 중에는 성숙한 사람들도 있지만 어린 사람들도 많습니다. 그래서 목회자가 자기 수준만 생각하고 하루라도 무리하게 몰고 나가면 몰살할 가능성이 큽니다. 물론 오래 믿어서 마땅히 성숙한 자리에 있어야 함에도 불구하고 여전히 어린아이 상태에 있는 교인이 있다면 그것은 정상이 아닙니다. 그들은 자신의 책임을 능히 감당할 때 비로소 그리스도의 제자가 될 것입니다. 그러나 아직 성숙하지 못한 진짜 어린 사람들도 많이 있습니다. 목회자는 그런 사람들을 기다려 주어야 하고 참아 주어야 합니다. 그렇지 못하고 단 하루라도 분노로 몰아붙일 때, 약한 자들은 쉽게 실족할 뿐 아니라 그렇게 한번 실족한 후에는 다시 교회에 발길을 돌리지 않게 됩니다.

야곱은 자신의 모든 것을 에서의 손에 맡기지 않았습니다. 리듬이 다르고 철학이 다르고 목표가 달랐기 때문입니다. 그는 자신의 리듬과 자기 일행의 특징을 잘 알고 있었습니다. 그래서 에서의 호의를 거절하고 천천히 움직여 세일로 가겠다고 말했습니다.

오늘 말씀이 우리에게 주는 교훈이 무엇입니까? 예수 믿는 것 그 자체로 자기의 사명이 전부 끝났다고 생각지 말라는 것입니다. 내가 하나님을 진정으로 믿으며 그분을 참으로 신뢰한다면, 그 신앙이 다른 사람들과의 관계를 통해 나타나야 합니다. 10년, 20년에 걸쳐서라도 그 관계가 조금씩 조금씩 개선되어야 해요. 우리가 이 세상에서 하나님이 원하시는 그리스도인의 모습으로 나타날 때가 언제입니까? 하나님을 안 믿는 아버지, 신앙의 '신'자도 모르는 사장, 상사, 친척들과의 관계에서 마땅히 인정할 것은 인정하고 책임질 것은 책임지며 신앙이 없다는 이유로 그들을 공격할 의사가 전혀 없다는 것을 알릴 때입니다.

그렇게 할 수 있는 사람은 정말 무서운 사람입니다. 다 알면서도 자존심을 누르고 머리를 숙일 수 있는 사람은 이 세상에서 못할 것이 없는 사람이에요. 그런 사람이 하나님의 역사를 이 땅에 이룰 수 있습니다.

신앙 없는 부모님이나 시댁 식구들이나 직장 상사를 인정하는 마음이 안 생기고 자꾸 비판적이 됩니까? '아직 내가 인간이 덜 돼서 그렇구나'라고 여기십시오. 그리고 신앙이 좋아지는 것과 인간이 된다는 것이 무엇인지를 놓고 깊이 생각하십시오. 이 두 가지는 결코 별개의 일이 아닙니다.

　다 알면서도 머리를 숙이는 것이야말로 성령이 주시는 지혜입니다. 그렇게 할 때 불필요한 분쟁을 없앨 수 있고, 정말 싸워야 할 싸움이 무엇인지 알게 되며, 한평생 온힘을 기울여 싸워야 할 대상이 에서가 아니라는 것을 알게 됩니다. 에서는 싸움의 대상이 아닙니다. 선한 이웃입니다. 에서와 싸우려 드는 사람은 진짜 바보입니다. 지금은 갈등과 불편한 점들이 있어서 마치 원수처럼 지낸다 해도, 본질적으로 그는 싸움의 대상이 아니에요. 그런데도 그를 싸움의 대상으로 삼아서 미워하고 증오하면서 일기장에 '저 인간이 언제 내 눈앞에서 사라져 줄까'라고 매일 밤 적는 사람은 바보입니다. '에서는 나의 적이 아니라 선한 이웃이다. 하나님께서는 나의 형제라는 이유만으로도 그를 축복하기 원하신다. 안 믿는 아버지나 직장 상사도 나 때문에 복 주시기 원하신다'고 생각할 때 불필요한 적들이 없어집니다.

　나와 참으로 불편한 관계에 있던 사람이 어느 날 갑자기 그 본성을 누르고 독사 같은 말 대신 인자한 말을 하면서 인사를 해온다면, 그것이 곧 하나님의 손길인 줄 아십시오. 그것은 하나님의 능력으로 일어난 일이며, 하나님이 나를 사랑하시고 귀히 여기신다는 증거입니다.

　세상은 우리의 연약함을 알기를 원합니다. "저도 부족한 사람입니다. 예수를 믿지만 그래도 두려울 때가 있습니다"라고 알려 줄 때 안 믿는 사람한테 도와주고 싶어 하는 마음이 생겨요. "너도 그렇게 힘들었구나! 그러면 내가 호위병이라도 되어 줄까?" 그리스도인들의 불필요한 자존심이 사람들과의 관계를 얼마나 힘들게 만드는지 모릅니다.

　하나님은 우리의 마음만 주장하시는 것이 아닙니다. 내가 두려워하는 대상, 말이 통하지 않는다고 생각하는 대상도 얼마든지 바꾸실 수 있습니다. 그러나 근본적으로 바꾸시는 것은 아닙니다. 일시적으로 그의 악한 본성을 누르시는 것일 뿐입니다. 그러므로 그 마음이 바뀌었다고 해서 하나님을 의지하던 데에서 떠나 그 사람을 의지하면 안 됩니다. 그렇게 하다가는 곧 크게 당할 날이 옵니다.

그는 건너가야 할 징검다리일 뿐입니다. 그 사람과의 문제에 매여 있을 필요가 없습니다. 왜 징검다리 하나 위에 서서 물구나무서고 줄넘기 하고 이것저것 다 하려 듭니까? 앞으로 건너가야 할 징검다리가 얼마나 많은데 그 한 사람한테 매여서 나의 모든 열정을 다 불사르려 합니까? 왜 불필요한 데 붙잡혀서 모든 에너지와 정열을 쏟아 부으려 합니까? 가족과의 불편한 관계, 상관과의 불편한 관계는 딛고 넘어가야 할 징검다리일 뿐입니다.

사랑하는 성도 여러분, 내 안에 있는 교만과 자존심을 낮추고 머리를 숙이십시오. 그러면 이 세상에서 못할 일이 없을 것입니다.

# 2

# 세겜에서
# 당한 일

자기 나름대로 어떻게든지 믿음으로 살려고 애쓰고 있음에도 불구하고 예기치 못한 불행이 닥칠 경우, 우리는 크게 당황할 때가 많습니다. 예를 들어 하나님의 말씀을 거역하고 고집스럽게 죄악을 향해 달려가고 있다가 사고를 당했다면 '하나님께서 나의 죄 때문에 이렇게 치시는구나'라고 생각할 것입니다. 그런데 어떻게든지 하나님의 말씀에 순종하려고 하고 믿음으로 살려고 애를 쓰고 있는데도, 예컨대 집에 불이 나서 모든 것이 타 버린다든지 교통사고로 사랑하는 식구가 크게 다치거나 목숨을 잃게 될 때, '하나님께서 분명히 나를 지켜 주실 텐데 왜 이런 일이 일어났을까' 하는 문제로 심한 혼란을 겪게 됩니다.

오늘 본문을 보면 가나안 땅에서 새로운 생활을 시작한 야곱이 바로 그런 상태에 처하게 된 것을 알 수 있습니다. 야곱은 자신의 오랜 결심에 따라 가나안 땅에 돌아왔습니다. 무려 20년의 기다림 끝에 이루어진 일이었습니다. 그는 다시는 가나안을 떠나지 않을 생각으로 이곳에 땅을 샀습니다. 그리고 아버지 이삭과 할아버지 아브라함이 했던 것처럼 단을 쌓고 하나님께 예배를 드렸습니다. 그는 단을 쌓은 그곳의 이름을 '엘 엘로헤 이스라엘'이라고 불렀습니다. 이것은 '이스라엘의 하나님은 강하시다'는 뜻입니다. 그는 하나님의 뜻대로 살기 위해 가나안 땅에 돌아왔고, '엘 엘로헤 이스라엘'이라는 이름까지 지으면서 아주 힘차게 새로운 출발을 다짐했습니다.

그런데 이 힘찬 출발과 너무나 어울리지 않는, 어처구니없는 일이 터지고 말았습니다. 야곱에게는 디나라는 딸이 있었는데, 이 딸이 가나안 여자들을 만나려고 세겜으로 혼자 들어갔다가 그곳 추장인 하몰의 아들 세겜에게 강간을 당한 것입니다. 야곱은 지금 하나님의 말씀을 붙들고 가나안에서 막 힘찬 출발을 했습니다. 그런데 자기 딸이 할례받지 못한 자에게 강간당하는 어처구니없는 사건에 당면하게 되었습니다. 게다가 문제는 그것으로 끝나지 않았습니다. 세겜이 디나와 결혼시켜 달라고 찾아온 것입니다.

야곱은 이 문제를 어떻게 처리해야 할지 몰라서 들에 나간 아들들이 돌아오기를 기다렸고, 아들들은 누이가 할례받지 못한 남자에게 욕을 보았다는 사실에 크게 격분했습니다. 그래서 복수하기 위해 하몰과 세겜을 속였습니다. 할례받지 않은 사람과 결혼할 수 없으니 자기들처럼 할례를 받으라고 한 것입니다. 하몰과 세겜이 그 말을 믿고 모든 사람들에게 할례를 받게 한 후 고통스럽게 누워 있을 때, 시므온과 레위가 칼을 차고 가서 모든 세겜 사람들을 살육했습니다.

이것은 엄청난 불행이요 비극이었습니다. 야곱이 가나안 땅에 온 것은 남을 살육하기 위해서가 아니었습니다. 믿음으로 살기 위해, 하나님의 뜻대로 살기 위해 온 것입니다. 그런데 거기에서 그가 처음으로 겪은 일은 딸의 강간과 아들들의 살육이라는 엄청난 비극이었습니다.

왜 이런 일이 일어났는지는 다 알 수 없습니다. 그러나 성경 저자가 오늘 이 사건을 기록한 데에는 분명히 이유가 있을 것입니다. 우리는 오늘 그것을 찾아야 합니다.

## 새 출발

야곱이 가나안 땅으로 건너와 처음 장막을 친 곳은 세겜이었습니다. 아마도 세겜은 얍복 강에서 가장 가까운 가나안 땅이었던 것 같습니다. 그는 거기에서 믿음으로 예배를 드림으로써 하나님 앞에 새로운 출발을 다짐했습니다.

> 야곱이 밧단 아람에서부터 평안히 가나안 땅 세겜 성에 이르러 성 앞에 그 장막을 치고 그 장막 친 밭을 세겜의 아비 하몰의 아들들의 손에서 은 백개로 사고 거기 단을 쌓고 그 이름을 엘 엘로헤 이스라엘이라 하였더라(33:18-20).

성경은 야곱이 밧단 아람에서부터 가나안 땅 세겜까지 평안히 왔다고 기록하고 있습니다. 물론 중간에 전혀 어려움이 없었던 것은 아닙니다. 라반에게 잡혀 다시 종으로 끌려갈 뻔했고, 천사와 씨름하는 과정에서 엉치뼈를 다쳐 다리를 절게 되었습니다. 또 에서와 만나는 과정도 야곱에게는 너무나도 두렵고 어려운 문제였습니다. 그러나 이 모든 일을 다 끝내고 돌이켜 보았을 때 참으로 그는 "평안히" 여기까지 왔다는 사실을 알게 되었습니다.

야곱은 가나안 땅에서 새로운 생활을 시작하면서 옛 이름을 버리고 '이스라엘'이라는 새 이름으로 새로운 삶을 시작하고 있습니다. 그는 세겜에 땅을 샀고 그곳 사람들이 보는 앞에서 하나님께 단을 쌓고 예배를 드렸습니다. 그는 자기가 산 땅 이름을 특별하게 지었습니다. 그 이름은 '엘 엘로헤 이스라엘'로서, '이스라엘의 하나님은 강하시다'는 뜻입니다. 야곱은 더 이상 자신을 야곱이라 부르지 않고 '이스라엘'이라 부릅니다. 여기에는 '내가 하나님과 겨루어 이겼으니 이제는 세상 어느 누구와도 겨루어 이길 자신이 있다. 앞으로 어떤 어려움이나 환난이 오더라도 굳게 믿음을 지키겠다'는 뜻이 담겨 있습니다.

중요한 사실은 야곱이 여기에서 땅을 샀다는 것입니다. 자세한 내막은 알 수 없지만, 이것은 그가 세겜 사람들에게 아주 존귀하고 위대하게 보였다는 것을 의미합니다. 원래 가나안 사람들은 이방인들에게 땅을 소유하게 하지 않았습니다. 그래서 가나안 땅에 그렇게 오래 살았던 아브라함이나 이삭도 자기 땅을 소유할 수가 없었습니다. 그런데 야곱이 가나안에 오자마자 땅을 살 수 있었던 것은, 아마도 그가 워낙 거부여서 세겜 사람들이 어떻게 해서든지 그의 환심을 사려고 했기 때문이었던 것 같습니다.

야곱은 하나님의 도우심으로 가나안 땅까지 그야말로 평안히 오게 되었습니다. 그리고 가나안 사람들의 눈에도 크게 보여서 자기가 장막을 칠 수 있는 곳에 땅을 사고 거기서 하나님께 공식적으로 예배드릴 수 있을 정도의 위치에 올랐습니다. 얼마나 희망찬 모습이며 당당한 출발입니까? 그는 약속의 땅으로 돌아왔고, 거기서 힘찬 출발을 하고 있으며, '이스라엘'이라는 이름으로 새로운 삶을 시작하고 있습니다.

우리가 보기에 야곱은 모든 것을 움켜쥔 사람 같습니다. 그는 하나님의 말씀을 붙들고 여기까지 왔습니다. 그가 여기까지 온 과정을 보면 하나님께서 그를 직접 붙들고 계시며 보호하고 계신 것을 알 수 있습니다. 게다가 그는 많은 재산을 가지고 있었습니다. 가나안 사람들의 눈에 얼마나 위대하게 보였던지 할아버지 아브라함이나 아버지 이삭이 그토록 오래 살면서도 갖지 못했던 땅을 오자마자 살 수 있을 정도였습니다. 야곱의 삶 앞에는 거칠 것이 하나도 없는 것 같았습니다.

그러나 거부로 돌아와서 가나안 땅 사람들의 존경을 받으며 땅을 샀다고 해서 모든 문제가 자동적으로 해결되는 것은 아니었습니다. 야곱의 가나안 생활은 아무 어려움 없는 평탄한 것이 결코 아니었습니다. 그는 이 가나안 땅에서 자녀 문제로 말할 수 없는 고난을 겪어야만 했습니다. 디나의 강간 사건은 앞으로 그가 흘려야 할 눈물의 시작에 불과했습니다. 그는 믿음도 가지고 있었고 돈도 가지고 있었고 지위도 가지고 있었고 사람들의 인정도 받았지만, 그것이 그의 모든 삶을 보장해 주지는 못했습니다. 그는 이제부터 엄청난 눈물을 흘려야 하며 수많은 밤을 뜬눈으로 새워야 합니다. 그는 출발하자마자 뼈를 깎는 고통의 시작을 맞이하고 있습니다.

믿음이 있고 세상 사람들이 나를 업신여길 수 없는 돈과 지위가 있다고 해서 나의 생활 또한 평탄하리라고 생각하지 마십시오. 이 세상은 한순간도 한눈을 팔 수 없는 불확실성의 연속으로서, 끊임없는 도전과 시련이 기다리고 있는 곳임을 기억해야 합니다.

## 문제가 발생하다

가나안 땅에서 야곱이 겪어야 했던 최초의 시련은 딸 디나가 가나안 여자들을 만나러 나갔다가 그곳 남자에게 붙들려 강간당한 사건이었습니다. 34장 1절과 2절을 보십시오.

> 레아가 야곱에게 낳은 딸 디나가 그 땅 여자를 보러 나갔더니 히위 족속 중 하몰의 아들 그 땅 추장 세겜이 그를 보고 끌어들여 강간하여 욕되게 하고

여기서 '디나가 그 땅 여자들을 보러 나갔다'는 것은 단순히 눈으로 보기 위해 나간 것이 아니라 만나기 위해 방문했다는 뜻입니다. 다시 말해서 디나는 이날 처음으로 집 밖에 나간 것이 아니라 전부터 가나안 여자들을 사귀고 있었고, 이날도 그들을 만나려고 나갔다가 변을 당한 것입니다.

그러면 왜 디나는 집 안에 가만히 있지 않고 가나안 여자들

을 만나기 위해 세겜 거리로 혼자 나선 것일까요? 성경은 단순하게 '그 땅 여자들을 보러 나갔다'고만 기록하고 있어서 자세한 사정을 알 수는 없지만, 아마 단순한 호기심 때문이 아니었나 생각합니다.

성경에 가나안 여자 이야기가 나올 때에는 단순히 '가나안에 사는 여자'로 생각하면 안 됩니다. 가나안 여자들은 창녀들입니다. 성적으로 너무나도 문란해서 도저히 어떻게 할 수 없는 여자들이에요. 그래서 아브라함은 이삭의 처를 구할 때 가나안 여자들은 절대 안 된다는 맹세를 종에게 받았습니다. 이처럼 가나안 여자들의 행실이 좋지 않다는 것은 어제 오늘의 이야기가 아닌데 왜 굳이 디나는 그 여자들을 사귀려고 했을까요?

그 여자들과 함께 타락하고 싶어서는 아니었을 것입니다. 디나는 가나안 여자들과 분명히 달랐습니다. 그는 단지 호기심 때문에 그곳에 갔을 것입니다. 아마 그들이 입고 있는 옷이며 몸에 달고 있는 장식이며 거침없이 쏟아내는 남자들에 대한 이야기는 디나에게 엄청난 충격을 주었을 것입니다.

미국에서 활동하고 있는 한 한국계 누드 모델이 우리나라를 방문한 적이 있었습니다. 그때 텔레비전 방송이나 잡지나 직장 남성들은 거의 폭발적인 반응을 보였습니다. 남자들은 그 여자의 사인을 받으려고 겹겹이 줄을 서기까지 했습니다. 왜 그렇게 텔레비전이 난리를 부리고 남자들이 열광한 것입니까?

누드 모델은 지금까지 우리나라에서 일종의 금기였습니다. 관심이나 호기심이 많아도 감히 드러낼 수 있는 분위기는 아니었어요. 그런데 그 모델이 "나는 누드 모델이요!" 하면서 아주 공개적으로 들어오니까 그야말로 봇물 터지듯이 뜨거운 환영이 터져 나온 것입니다.

하나님의 백성들은 항상 이 세상에 호기심을 가지고 있습니다. 그들이 늘 가지고 있는 전제는 '인간은 죄인'이라는 것입니다. 그래서 어떤 것을 다 말해 주거나 보여 주지 않으며, 무엇이든지 지나치면 죄가 된다고 해서 유혹이나 호기심을 언제나 억제합니다. 그러니까 마음속에 늘 억압된 욕구가 있습니다.

그러나 세상은 어떻습니까? 물론 사회에 따라 개방의 정도가 다르기는 하지만 그래도 교회보다는 모든 면에서 훨씬 더 개방적이고, 특히 성에 대해서는 더욱 그렇습니다. 반면에 하나님의 백성들은 늘 성에 대한 욕구 불만의 상태에 있다고 해야 할 것입니다. 거룩을 추구하는 마음과 하나님 앞에 바로 서려는 마음 때문에 생각하지 못하는 것도 많고 보지 못하는 것도 많고 말하지 못하는 것도 많습니다. 그래서 신앙 상태가 좋을 때는 그래도 괜찮은데, 영적으로 좀 침체되거나 환경이 바뀌면 '성이라는 게 대체 어떤 걸까? 타락한다는 건 어떤 걸까? 세상 여자들은 어떻게 생겼을까?' 하는 호기심이 마음속에서 끊임없이 올라오는 것입니다.

어렸을 때 '미성년자 관람불가' 딱지가 붙은 영화 포스터를 보면 유난히 그 영화를 보고 싶은 것이나 마찬가지입니다. 사실 보고 나면 별 것도 아니에요. 그런데도 보지 못하게 막으니까 오히려 보고 싶은 욕구가 치밀어 올라오는 것입니다.

이런 성적인 호기심 자체를 죄라고 말할 수는 없습니다. 그러나 이런 지나친 호기심이 어느 한순간 우리를 걷잡을 수 없는 죄의 구렁텅이로 몰고갈 때가 있습니다. 처음에는 단순히 알고 싶은 호기심에서 출발합니다. '저 사람들이 뭘 가지고 저렇게 수근대고 낄낄거리는지 알고 싶다'는 것입니다. 죄짓고 싶다는 것도 아니고 그냥 알고만 싶다는데 그게 죄가 됩니까?

그러나 이 호기심이라는 욕망이 실제적인 상황과 접촉되면 한순간에 스파크가 일어나게 되어 있습니다. 자기는 그냥 한 번만 보고 오려고 했어요. 그런데 막상 가서 보니 확 불이 붙어 버리는 것입니다. 그때부터는 걷잡을 수 없는 상황으로 빠져들기가 쉽습니다.

사실 세상을 경험해 보면 정말 별것이 아닙니다. 세상에 있는 것들은 전부 우리 안에 있는 타락한 성향이 흘러나가서 구체화

된 것이기 때문에 새로울 게 하나도 없어요. 그런데 욕망이 억제되어 있을 때에는 이것이 호기심의 형태로 집요하게 우리를 자극하게 되고, 이 호기심이 실제적인 상황에 노출되면 곧바로 죄로 폭발해 버릴 가능성이 큽니다.

그러면 하나님의 백성들은 자기 안에 있는 이런 호기심이나 욕구를 늘 억제해야만 합니까? 아니면 도저히 억제가 안 되니까 일단은 다 경험해 본 다음에 "에이, 별것 아니잖아" 하면서 하나님께 돌아와도 될까요? 프로이트 심리학은 강한 자의식이 우리 속에 있는 자연스러운 욕망을 너무 심하게 억압하는 데서부터 정신적인 문제가 생긴다고 봅니다. 어떻게 보면 어쩔 수 없는 생리적인 현상인데도 그것을 지나치게 정죄함으로 정상적인 생활을 못하게 만든다는 것입니다. 그렇다고 해서 일단 다 경험해 본 후에 실망하고 하나님께 돌아오기에는 이 세상의 죄가 너무나도 많습니다.

디나의 불행은 이 호기심이 단순한 눈요기로 끝나지 않고 한 남자에게 강압적으로 강간당하는 비극적인 사태로 발전했다는 데 있습니다. 강간에 대해서는 간혹 판단이 어려울 때가 있습니다. 예컨대 여자는 자기가 아무 생각 없이 길을 가고 있었는데 남자가 강도처럼 덮쳐서 겁탈했다고 합니다. 그런데 남자는 여자가 먼저 유혹했기 때문에 자기가 이성을 잃고 그런 짓을 저질렀다고 주장하는 경우가 간혹 있습니다. 그래서 모세의 율법은 여자가 겁탈당할 때 소리를 질렀느냐 여부에 따라 여자에게 책임이 있는지를 판단했습니다. 즉 거리나 집에서 강간당했을 때 여자가 아무 소리를 지르지 않은 경우에는 여자에게도 어느 정도 책임이 있는 것으로 규정했습니다.

요즘은 여자의 몸을 만지는 것은 물론이고 듣기 거북한 농담을 할 때에도 '성추행'의 죄가 적용되어, 경우에 따라 구속되거나 사회적으로 심한 비난을 받게 됩니다. 얼마 전에는 우리나라 최고의 대학이라는 곳에서 교수의 성추행 사건이 일어나서 충격을 주었습니다. 그것은 아무리 지성 사회라 해도 결국 그 지성이 욕망의 문제를 해결하지 못한다는 점을 잘 보여 주는 사건이었습니다. 신체적으로 남성보다 약한 여성의 성은 사회적으로 보호를 받아야 합니다. 여성들이 두려움 없이 편안하게 자신의 삶을 살 수 있는 사회가 고상한 사회이며 안정된 사회입니다.

강간은 참으로 어려운 문제입니다. 사람이 살다 보면 강도를 만날 수 있습니다. 강간을 당하는 것도 강도를 만나는 것과 같습니다. 남자가 마치 강도짓을 저지르듯이 덤벼들어서 강제로 자기 성욕을 채우는 것이기 때문입니다. 그러나 강도는 물건이나 돈을 빼앗는 데서 그치지만, 강간은 여자의 몸에 죄를 범하는 것으로서 그 상처가 한평생 남는다는 데 문제가 있습니다.

디나의 경우, 그를 겁탈한 사람은 그 사회의 책임자였습니다. 게다가 문제를 더 복잡하게 만든 것은 그가 디나를 겁탈함으로 자신의 성욕만 채우고 만 것이 아니라 디나를 깊이 사랑하게 되어 결혼하기를 원했다는 점입니다.

> 히위 족속 중 하몰의 아들 그 땅 추장 세겜이 그를 보고 끌어들여 강간하여 욕되게 하고 그 마음이 깊이 야곱의 딸 디나에게 연련하며 그 소녀를 사랑하여 그의 마음을 말로 위로하고 그 아비 하몰에게 청하여 가로되 이 소녀를 내 아내로 얻게 하여 주소서 하였더라(34:2-4).

우리는 여기에서 두 가지 사실을 알 수 있습니다. 하나는 세겜이 법과 질서가 있는 사회라고는 하지만 추장이라는 사람이 남의 딸을 강간할 수 있을 정도로 무질서하고 무책임한 곳이었다는 것입니다. 아마도 이곳은 성 문제에서만큼은 철저하게 개방적이고 무책임한 사회였던 것 같습니다.

또 하나는 세겜이라는 사람이 디나가 그곳 여자들과 다르다는 사실을 알았다는 것입니다. 그곳 여자들에게는 성적인 수치심이 없었습니다. 마치 창녀와 같았어요. 그러나 디나는 호기심 때문에 그 여자들과 어울리기는 했지만, 그럼에도 불구하고 생각이나 행동이 근본적으로 달랐습니다. 그래서 마치 깡패 두목이 교양 있는 여대생을 보고 사족을 못 쓰는 것처럼, 세겜도 디나를 꼭 자기 여자로 만들고 싶어서 결혼을 시켜 달라고 나선 것입니다.

어떻게 보면 세겜이 이해되기도 합니다. 원래 그곳 사람들은 성에 대해서는 별로 통제가 없었습니다. 마음에 들기만 하면 예사로 성관계를 가졌고, 강간 같은 것이 죄가 되긴 했지만 세겜처럼 결혼하겠다고 나서기만 하면 얼마든지 무마될 수 있는 분위기였습니다.

그런데 문제는 이 일의 대상이 그렇게 간단하지 않은 집안이라는 데 있었습니다. 야곱의 집에는 가나안 사람들과 다른 법이 있었습니다. 이 법으로 볼 때 성적인 범죄는 죽음과 같았습니다. 특히 야곱의 집에는 할례받지 않은 자들과는 통혼할 수 없다는 원칙이 있었습니다. 이러한 야곱 집안의 딸을 욕보였다는 것은 마치 이스라엘 전체에 도전한 것과 같은 행동으로서, 절대로 용납될 수 없는 죄였습니다. 7절을 보십시오.

> 야곱의 아들들은 들에서 이를 듣고 돌아와서 사람 사람이 근심하고 심히 노하였으니 이는 세겜이 야곱의 딸을 강간하여 이스라엘에게 부끄러운 일 곧 행치 못할 일을 행하였음이더라

디나가 세겜 거리에 나가서 강간을 당했다는 것, 그것도 그곳 추장인 세겜에게 당했다는 것은 야곱에게 엄청난 충격을 주었습니다. 아마도 그가 할 수 있었던 말은 "어찌 이런 일이!"라는 말뿐이었을 것입니다.

야곱은 도대체 왜 이런 일이 일어났는지 이해할 수가 없었습니다. 땅을 사고 그곳 사람들로부터 높임을 받으며 거기서 예배

를 드리면서 이스라엘의 하나님은 강한 분이라고 고백했을 때, 그는 모든 것이 자기 뜻대로 될 줄만 알았습니다. 그런데 절대로 일어나지 말아야 할 일이 일어났고, 그 일이 너무나도 엄청나서 도대체 어떻게 수습해야 좋을지 알 수가 없었습니다.

## 이 문제를 어떻게 풀까?

우리는 너무 원칙을 중요시한 나머지 '이런 일이 절대 일어나서는 안 된다'는 주장만 되풀이할 뿐, 막상 그런 일이 일어났을 때 어떻게 해결해야 좋을지 몰라서 당황할 때가 많습니다. 신앙 가진 집 딸이 세상 사람에게 강간당하는 것은 물론 절대 일어나지 말아야 할 일입니다. 신앙 가진 집뿐 아니라 신앙 없는 집에서도 일어나지 말아야 할 일이지요. 그런데 이런 일이 절대 일어나서는 안 된다는 것과 실제로 이런 일이 터졌을 때 어떻게 수습할 것인가는 전혀 다른 문제입니다.

예를 들어 집에는 불이 나면 안 됩니다. 이것은 당연한 것입니다. 그런데도 불이 났다면 어떻게 하겠습니까? "불나면 안 되는데" 하면서 집에 가만히 앉아 있겠습니까? 뭐라도 하나 건져서 뛰쳐나와야 하지 않겠습니까? 믿는 사람이 하는 사업에 부도가 나면 안 되지만, 실제로 부도가 나 버렸다면 어떻게 해야 합니까? 어떻게든 수습해야 하지 않겠습니까?

하나님의 백성들은 원칙은 잘 압니다. '이혼하면 안 된다', '불나면 안 된다', '부도나면 안 된다'는 원칙은 너무나도 중요하게 생각해요. 그러나 막상 그런 일들이 터졌을 때에는 수습을 못 합니다. 야곱도 마찬가지였습니다. 5절을 보십시오.

야곱이 그 딸 디나를 그가 더럽혔다 함을 들었으나 자기 아들들이 들

에서 목축하므로 그들의 돌아오기까지 잠잠하였고

야곱이 애써 직접 반응하지 않은 것은 이 일이 그의 마음에 너무나 큰 충격을 주었기 때문입니다. 그는 하나님께서 '이스라엘'이라는 이름을 주셨을 때, '나는 하나님을 상대해서 이겼다. 그러니까 이 세상 어느 누구도 나를 이길 수 없다. 라반도 나를 건드리지 못했고 에서도 건드리지 못했다. 그런데 어떻게 이 세겜 사람들이 감히 나를 건드리겠는가'라고 생각했습니다. 그래서 '이스라엘의 하나님은 강하시다'고 선언하면서 새로운 출발을 다짐하지 않았습니까? 그런데 그로부터 불과 얼마 되지 않아서 딸이 강간당하는 일이 벌어진 것입니다.

야곱은 어떻게 이런 일이 일어날 수 있는지 이해할 수가 없었고, 어떻게 이 일을 수습해야 좋을지 대책이 서지 않았습니다. 그가 아들들이 돌아오기까지 기다린 것은 자기 혼자서는 도저히 이 짐을 질 수 없다고 생각했기 때문인 것 같습니다.

그때 세겜의 아비 하몰이 야곱에게 정식으로 청혼하기 위해 야곱을 찾아왔습니다.

하몰이 그들에게 이르되 내 아들 세겜이 마음으로 너희 딸을 연련하여 하니 원컨대 그를 세겜에게 주어 아내를 삼게 하라 너희가 우리와 통혼하여 너희 딸을 우리에게 주며 우리 딸을 너희가 취하고 너희가 우리와 함께 거하되 땅이 너희 앞에 있으니 여기 머물러 매매하며 여기서 기업을 얻으라 하고(34:8-10).

이것은 상당히 타당성 있는 제안이었고, 이방인인 야곱에게는 파격적이기까지 한 제안이었습니다. 기왕 일이 이렇게 되었으니 두 사람을 결혼시켜 주자는 것입니다. 그리고 서로 물과 기름처럼 지낼 것이 아니라 아예 이 일을 기점으로 해서 통혼도 하고 물건 매매도 하고 땅도 사서 자손들에게 물려 주라는 것입니다. 사실 "여기서 기업을 얻으라"는 말은 야곱의 귀가 솔깃해질 만한 제안입니다. 야곱은 할아버지 때부터 가나안 땅에 살았지만 기업이라 할 만한 땅은 얻지 못했습니다. 그런데 하몰은 얼마든지 땅을 사서 자손에게 물려 주라는 것입니다. 이것은 이방인에 대한 모든 제한을 해제하고 가나안 사람들과 똑같이 대우해 주겠다는 뜻입니다. 그는 아예 자신들과 같은 가나안 사람이 되라고 야곱을 설득하고 있습니다.

또 당사자인 세겜도 야곱의 아들들을 만나서 사정을 했습니다. 11절과 12절을 보십시오.

> 세겜도 디나의 아비와 남형들에게 이르되 나로 너희에게 은혜를 입게 하라 너희가 내게청구하는 것은 내가 수응하리니 이 소녀만 내게 주어 아내가 되게 하라 아무리 큰 빙물과 예물을 청구할지라도 너희가 내게 말한 대로 수응하리라

우리 같으면 이런 일이 터졌을 때 어떻게 수습하겠습니까? 첫 번째로 아예 없었던 일로 치는 경우가 있을 수 있습니다. 즉 '여러 사람들이 알아 봐야 좋을 것도 없으니, 디나가 길을 가다가 잘못해서 미친개한테 물린 걸로 여기자. 목숨이나 건진 걸 다행으로 여기고 아무 일 없었던 걸로 치자'는 것입니다.

두 번째는 하몰과 세겜의 제안대로 '기왕 이렇게 된 것, 결혼으로 합법화시켜 주자'는 것입니다. '세겜을 보니까 그렇게 나쁜 사람 같지도 않고, 이렇게 직접 와서 사죄하면서 뭐든지 요구를 들어 주겠다고까지 하니 이 사람들이 하자는 대로 하자. 기업도 준다 하지 않는가. 가나안에서 기업을 얻는 것은 하나님의 중요한 약속이니까 오히려 이런 일을 통해서 하나님의 약속이 성취될 수도 있겠지. 오로지 할례가 걸림돌인데 그것도 기꺼이 받겠다니 전도도 되고 잘 됐다'는 것이지요.

세 번째는 디나를 할례받지 않은 사람에게 주는 것은 하나님의 백성으로서 옳지 않은 일이므로, 일단 하몰과 세겜을 설득해서 딸을 되찾아 오는 것입니다. 그리고 이것은 딸의 의사와 상관없이 당한 일이니만큼 그 죄에 해당하는 사회적 책임을 물리는 것입니다. 다시 말해서 강간에 대한 형사처벌법이 있으면 그 법대로 처벌받게 하고 손해배상제도가 있으면 그 제도에 따라 배상을 받는 것입니다. 그리고 디나는 독신으로 양을 치면서 가족들과 함께 살게 하는 것입니다.

네 번째는 이 사실을 절대로 인정하지 않는 것입니다. 즉 '이것은 이스라엘에 대한 전적인 도전이다. 우리는 끝까지 세겜을 용서하지 않을 것이며 땅끝까지 찾아가서 그 족속을 죽일 것이다. 형사처벌도 필요 없고 손해배상도 필요 없다. 우리가 원하는 건 오직 세겜의 목숨뿐'이라는 것입니다.

이 가운데 어떤 방법이 제일 지혜로운 것 같습니까? 제 생각으로는 세 번째 방법이 제일 좋을 것 같습니다. 다시 말해서 디나를 세겜과 결혼시키면 혹시 디나 개인은 행복할 수 있다 해도 결국 신앙을 떠나 세상으로 보내는 것이 되니, 가해자에게 응분의 대가를 치르게 하고 디나의 더럽혀진 명예를 회복시킨 후 한평생 보호하면서 데리고 사는 것이 가장 현명한 방법이라고 생각합니다. 세상적으로는 불행할지도 모르지만, 신앙을 떠나 세겜으로 가는 것보다는 독신으로 살더라도 하나님의 한 공동체 안에서 끝까지 함께 사는 편이 낫지 않겠습니까?

우리는 손해배상을 좋지 않은 것으로 생각합니다. 체면을 중시하는 문화이기 때문에 돈이라면 일단 아름답지 못하게 보는 것이지요. 실제로는 줄 것 다 주고 받을 것 다 받으면서도 그것이 노출되는 것은 좋아하지 않습니다. 그러나 회복이 불가능한 피해에 대해 금전적으로 보상하게 하는 것은 대단히 필요한 일이며 중요한 일입니다.

결국 야곱의 아들들은 이 문제를 어떻게 해결하기로 했습니까?

> 야곱의 아들들이 세겜과 그 아비 하몰에게 속여 대답하였으니 이는 세겜이 그 누이 디나를 더럽혔음이라 야곱의 아들들이 그들에게 말하되 우리는 그리 하지 못하겠노라 할례받지 아니한 사람에게 우리 누이를 줄 수 없노니 이는 우리의 수욕이 됨이니라 그런즉 이같이 하면 너희에게 허락하리라 만일 너희 중 남자가 다 할례를 받고 우리같이 되면 우리 딸을 너희에게 주며 너희 딸을 우리가 취하며 너희와 함께 거하며 한 민족이 되려니와 너희가 만일 우리를 듣지 아니하고 할례를 받지 아니하면 우리는 곧 우리 딸을 데리고 가리라(34:13-17).

야곱의 아들들은 가장 비극적인 방식으로 이 문제를 해결하기로 했습니다. 자신들의 거룩함을 지키기 위해서라면 할례 제도를 속임수의 수단으로 써도 상관없으며, 자신들의 순결을 지키기 위해서라면 세겜 사람들을 전부 죽여도 된다고 생각한 것입니다. 그래서 그들은 추장 세겜의 강간 사건과는 아무 상관도 없는 부족 전체를 도륙해 버렸습니다.

그러나 이것은 하나님이 원하시는 거룩이 아닙니다. 내 거룩과 내 자존심을 지키기 위해서라면 다른 사람의 자존심은 얼마든지 짓밟아도 좋고 그들의 명예는 바닥에 떨어뜨려도 좋으며 이 일과 상관 없는 사람들까지 한 꾸러미에 엮어서 도매금으로 넘겨도 좋다고 생각하는 것은 거룩이 아니에요. 하나님의 거룩은 다른 사람들을 살리는 거룩입니다. 자기 자존심 때문에 다른 사람들을 다 죽이는 것은 결코 거룩이 될 수 없습니다.

야곱의 아들들은 기왕에 벌어진 이 사건을 냉철하게 보지 못하고 이스라엘의 거룩을 자존심과 혼동했기 때문에, 너무나도 비극적인 방식으로 이 문제를 해결하고 말았습니다.

## 그 후에 남는 문제

오늘 우리가 생각해야 할 문제가 남아 있습니다. 그것은 야곱이 하몰과 세겜의 제안을 받아들여 그들과 통혼하는 것이 옳은 일이냐 하는 점입니다. 성경은 이에 대해 강한 거부 반응을 보이고 있습니다. 창세기 6장 1절부터 3절까지 보십시오.

> 사람이 땅 위에 번성하기 시작할 때에 그들에게서 딸들이 나니 하나님의 아들들이 사람의 딸들의 아름다움을 보고 자기들의 좋아하는 모든 자로 아내를 삼는지라 여호와께서 가라사대 나의 신이 영원히 사람과 함께하지 아니하리니 이는 그들이 육체가 됨이라 그러나 그들의 날은 백이십년이 되리라 하시니라

여기서 '하나님의 아들들이 사람의 딸들을 보고 아내로 삼았다'는 것은 천사가 사람과 결혼했다는 뜻이 아닙니다. "하나님의 아들들"은 경건한 믿음의 자손들을 가리킵니다. 그 경건한 믿음의 자손들이 하나님을 전혀 알지 못하는 사람의 딸들과 통혼하는 것을 하나님은 굉장히 싫어하셨습니다. 그 이유가 무엇입니까? 구약 시대에 하나님께서 가장 중요하게 생각하신 것은 경건한 뿌리의 보존이었기 때문입니다. 하나님께서는 어떻게 하든지 경건한 자손을 보존시켜서 그 뿌리로부터 예수 그리스도가 와야 한다고 생각하셨습니다. 그러나 노아 시대 사람들은 아무도 그런 소망을 갖지 않은 채 결혼하고 먹고 마시며 재미있게 사는 것으로 인생의 낙을 삼았습니다.

디나의 강간 사건은 그 자체가 하나의 큰 불행이기도 했지만, 이 일을 잘못 처리할 경우에는 그보다 더 큰 위험이 생길 수 있었습니다. 그것은 야곱이 가나안 땅이라는 불신 세상에서 믿음으로 싸워 이기기는커녕 정말 가나안 사람이 됨으로써 세상과 하나가 되어 버릴 위험이었습니다. 즉 하몰과 세겜의 말은 세상적인 기준으

로는 상당히 타당성 있는 파격적 제안이었지만, 신앙적으로는 대단히 위험한 제안이었던 것입니다.

신약 시대의 결혼에는 구약 시대 때보다 훨씬 더 승화된 아름다움이 있습니다. 그리스도인들은 믿음의 결혼을 통해서 그리스도와 교회의 관계에 비유될 수 있는 아름다운 관계를 체험합니다. 믿는 남자는 여자가 남자의 갈비뼈로 만들어졌다는 것을 압니다. 여자가 행복해지려면 남자가 갈비뼈를 하나 빼야 한다는 것, 무언가 수술을 해야 한다는 것을 알아요. "나는 돈 벌어 오잖아!" 하면서 아내를 위해 아무것도 희생하지 않으려 드는 것은 믿지 않는 남자들이나 하는 짓입니다. 믿는 남편은 아내의 풍성한 삶을 위해서 승진 기회를 포기한다든지, 유학 기회를 포기한다든지, 교회 문제에 대해 어떤 결정을 한다든지, 그 밖에 중요한 결단을 내림으로써 아내가 더 풍성한 삶을 살게 합니다. 또 믿는 아내는 아내대로 남편을 머리로 삼아 전적으로 복종합니다. 같이 살다 보니 연애할 때와는 달리 결점이 보이기도 하고 못마땅한 점이 보이기도 하지만 그럼에도 불구하고 그를 머리로 섬김으로써 신비로운 연합의 축복을 누립니다. 이것이 그리스도인들의 결혼생활입니다.

그러나 신앙적으로 결혼하지 않고 외모를 보고 욕심으로 서로를 소유한 사람들은 얼마 지나지 않아 결혼생활이 얼마나 진부한지를 알게 됩니다. 흔히 하는 말로 "나 왔다, 묵자, 자자"밖에는 할 말이 없어요. 그냥 앉아서 텔레비전 보다가 자는 거예요. 무언가 새로운 것이 나오지 않습니다. 결혼하기 전에 집에도 바래다 주고 아이스크림도 사 주고 꽃다발도 안겨 주었다고 해서 '영원히 이렇게 해주겠지' 생각하면 큰코 다칩니다.

부부의 사랑이 끝없이 성숙하려면 성령께서 계속 새로운 마음을 주셔야 합니다. 성령 충만하면 아무리 오래 살아도 늘 새로운 사람을 만난 것 같습니다. 립스틱 색깔을 바꾸지 않아도 아침마다 새롭고 신선해요. 그러면 사랑이 시들지 않습니다.

한 가지 더 생각해 봅시다. 하나님을 믿지 않는 자들이 결혼을 위해 할례를 받는다고 해서 진정한 하나님의 백성이 될 수 있을까요? 그럴 수 없습니다. 간혹 결혼하고 싶은 사람이 있는데 그 사람이 예수 믿지 않으면 결혼할 수 없다고 하니까 할 수 없이 교회에 나와 세례받는 사람들이 있습니다. 이것은 잘못된 일입니다.

할례란 우리 안에 있는 더러운 본성을 잘라내는 것입니다. 물론 남성의 성기 표피를 자른다고 해서 사람 안에 있는 더러운 본성까지 없어지는 것은 아닙니다. 그러나 이스라엘 백성들은 할례를 행함으로써 자기 안에 도저히 잘리지 않는 부패한 본성이 있으며 하나님의 은혜가 없으면 결코 그분 앞에서 아름다운 생활을 살 수 없다는 것을 고백했습니다. 이런 고백이 없는 할례는 참된 할례가 될 수 없습니다.

이 디나 사건을 통해 성경이 우리에게 말씀하려고 하는 것이 무엇입니까? 우선, 이 세상에 사는 한 아무 일 없이 평안하게만 살 수는 없다는 것입니다. 우리 안에는 죄성이 있고 이 세상에는 죄가 모여 있습니다. 죄에 대한 호기심은 적당한 기회를 만나기만 하면 언제든지 폭발할 가능성을 가지고 있습니다. 이런 호기심을 아주 없앨 수는 없어요. 아무리 단단히 결심해도 틈만 나면 고개를 쳐들게 되어 있습니다.

그래서 우리는 우리 자신을 믿어서는 안 됩니다. 아무리 이 세상에서 형편이 나아졌고 지위가 높아졌고 신앙생활을 잘 하고 있다 하더라도 늘 자신에 대해 경계하고 주의해야 하며, 하나님의 은혜가 나와 내 가정을 지켜 주시기를 겸손하게 간구해야 합니다. 그렇지 않고 막연히 '하나님이 늘 지켜 주시겠지' 생각하면서 영적인 일에 소홀히하다가 이런 일이 터지면 야곱처럼 실패하게 되어 있습니다.

야곱이 그렇게 힘차게 새로운 삶을 시작했음에도 불구하고 디나 문제로 온 가정이 시험에 들고 큰 실패를 경험한 이유는 무엇입니까? 그가 공동체로 함께 신앙을 지키지 않았기 때문입니다. 하나님의 백성들은 공동체로 함께 성장해야 세상을 이길 수 있습니다. 야곱은 분명히 하나님 앞에서 바로 살기로 결단했지만, 그의 아내들이나 자녀들은 아직 세상을 떠나지 못했습니다. 디나 사건 때문에 세겜을 떠나게 되었을 때에야 비로소 야곱은 가족들에게 우상을 다 버리자고 제안하고, 가족들은 그동안 가지고 있던 많은 우상을 버리게 됩니다.

바로 이것입니다. 가족들은 몸만 야곱을 따라왔을 뿐 마음은 진리로 하나 되지 못한 상태에 있었습니다. 그러니까 어디에서 구멍이 생겨도 생기게 되어 있었던 것입니다. 특히 그들은 디나 사건에 냉철하게 대처하지 못함으로써 엄청난 비극을 맞이했습니다. 야곱 집안은 '하나님과 겨루어 이겼기 때문에 모든 문제를 극복할 수 있다'는 이론적인 믿음은 가지고 있었지만 구체적인 현실에서는 그 믿음을 전혀 사용하지 못하고 감정적으로 보복하고 말았습니다.

오늘날 우리는 음란과 폭력이 가득한 이 세상에서 하나님을 모르는 사람들과 어울려서 살아야 합니다. 우리가 이 세상과 하나 될 수 없다는 것은 분명합니다. 함께 어울려서 술을 마시거나 음란한 짓을 할 수는 없어요. 그렇다고 세상 모든 것을 완전히 배척하자니 밥 먹고 살 길이 막연합니다. 우리는 잘못하면 디나처럼 호기심을 따라갔다가 세상 사람에게 당하거나, 야곱의 아들들처럼 너무나도 거룩을 추구한 나머지 세상 사람들을 다 죽이고 나서야 직성이 풀리는 초강경 독선주의에 빠지기 쉽습니다.

그렇다면 어떻게 해야 디나처럼 호기심에 끌려서 죄에 빠지지 않으면서도, 믿지 않는 사람들을 다 죽여야 직성이 풀리는 분노에 찬 독선주의자가 되지 않을 수 있습니까? 그 길은 공동체와 하나 되는 데 있습니다. 항상 진리와 성령이 역사하는 공동체 생활을 하는 것만이 이 세상에 살면서 세상을 이길 수 있는 유일한 비결입니다.

그래서 하나님께서는 이스라엘 백성들이 성전에 떡을 드릴 때 각각의 알곡들을 가루로 만들어서 온전한 떡덩이로 바치게 하셨습니다. 일주일에 한 번 교회 나와서 예배드리는 것만으로는 세상을 이길 수 없습니다. 나 혼자 아무리 큰 은혜를 받았다고 해도 그것으로 세상을 이길 수는 없어요. 나 혼자 잘난 것, 내 자존심과 내 개성을 고수하는 것은 결코 좋은 게 아닙니다. 나 자신을 깔아뭉개서 다른 사람과 하나가 되지 않으면 결코 이 세상을 이기지 못합니다. 혼자 예배만 달랑 드리고 돌아간다면 결국 디나처럼 호기심에 걸려 넘어지든지 야곱의 아들들처럼 극단적인 방법으로 나아갈 수밖에 없습니다.

나를 낮추십시오. 나를 부수어 다른 사람들과 하나가 되십시오. 나의 개성과 자존심과 우월감을 깨뜨려서 다른 사람들과 하나가 될 때, 하나님께서는 우리에게 지혜를 주실 것이며 서로서로 붙들어 주는 과정을 통해 이 세상을 이기게 하실 것입니다.

# 3

# 야곱의 아들들의
# 복수

월남전 때 베트콩이 미군 한 명을 죽였다고 해서 미군 측에서 마을 주민 전체를 사살한 후, 증거 인멸을 위해 아예 그 마을 자체를 없애 버렸다는 말을 들은 적이 있습니다. 왜 한 명의 미군이 죽었는데 주민 전체를 죽이고, 심지어 마을 전체를 흔적조차 없이 불살라 불도저로 밀어 버린 것일까요? 더 놀라운 사실은 그 일에 참여한 군인들이 전혀 죄의식을 느끼지 못했다는 것입니다.

우리는 월남전에서나 벌어질 법한 이런 사건이 바로 믿음의 조상 야곱 집안에 의해 집단적으로 저질러졌다는 데 경악을 금할 수가 없습니다. 야곱의 딸 디나가 세겜에서 가나안 여자를 만나기 위해 집을 나섰다가 그곳 지도자의 아들이자 추장인 세겜의 눈에 띄어 강간당했다는 것은 이미 살펴본 바와 같습니다.

하란에서 가나안에 오기까지 하나님의 특별한 도우심이 있었기 때문에, 야곱은 가나안 생활이 아주 평탄할 줄 알았습니다. 그는 세겜에서 장막을 세울 수 있는 땅을 사고, 거기서 하나님께 예배를 드리면서 그곳 이름을 '엘 엘로헤 이스라엘'이라고 불렀습니다. 그것은 '이스라엘의 하나님이 오늘까지 강한 손으로 나를 붙들어 주셨으니 앞으로 나의 생활은 평탄할 것'이라는 신앙의 고백이었습니다. 그런데 그로부터 불과 얼마 되지 않아서 딸 디나가 그곳 사람에게 강간당하는 사건이 벌어졌습니다. 더구나 디나를 강간한 사람이 보통 사람이 아니라 바로 그곳 지도자의 아들이요 추장이라는 사실은 더 큰 충격이 아닐 수 없었습니다. 야곱은 이 일을 어떻게 해결해야 할지 몰라, 들에서 양을 치는 아들들이 돌아오기를 기다렸습니다.

야곱의 아들들은 세겜 사람들이 자기 누이를 더럽힌 것에 참을 수 없는 분노를 느꼈습니다. 그들은 세겜을 절대로 용서하지 않기로 결심하고 그를 속였습니다. 그렇게 디나를 좋아한다니까 결혼은 시켜 주겠지만 그 전에 세겜 자신과 모든 주민이 할례부터 받으라고 한 것입니다. 세겜은 그들의 말을 전혀 의심하지 않고 주민들을 설득해서 집단적인 할례를 행했습니다. 남자가 할례를 받으면 2, 3일간은 거의 움직일 수 없을 정도의 고통을 받습니다. 그때 야곱의 아들들이 칼을 차고 쳐들어가 세겜 사람들을 전부 죽이고, 그것도 부족해서 그 성을 노략질한 후 아이들과 여자들과 짐승들을 모조리 잡아 왔습니다.

그들은 자신들의 행동을 책망하는 아버지 야곱의 말에도 전혀 죄의식을 느끼지 못했습니다. 우리는 가장 정의로워야 하고 가장 분별력 있어야 할 야곱 집안의 식구들이 이웃에게 이토록 무자비하고 감정적인 보복을 할 수 있었다는 점에 경악을 금할 수가 없습니다.

오늘 본문은 이 사건을 통해 우리에게 무엇을 말씀하려는 것일까요? 누군가 우리나 우리 식구들을 해치려 들 때 자신을 지키기 위해 열 배 백 배 보복하는 것이 옳다는 것입니까? 아니면 엄연히 할례를 받았고 지속적으로 예배를 드리고 있는 하나님의 백성임에도 불구하고 그 본성이 타락해 있으며 구제불능의 죄성을 가지고 있음을 보여 주려는 것입니까?

## 세겜의 설득

세겜은 야곱의 딸 디나를 강간한 후 집으로 돌려보내지 않고 계속 자기 집에 억류해 두면서, 야곱과 그의 아들들을 찾아와 디나와 결혼시켜 달라고 졸랐습니다. 그때 아들들은 세겜과 그곳 사람들을 모조리 죽일 음모를 꾸미고, 세겜이 할례를 받지 않아서 결혼을 시켜 줄 수 없으니 그와 그의 모든 백성들이 할례를 받기만 하면 누이를 주겠다고 말했습니다. 하몰과 세겜은 그 말을 아주 좋게 생각했습니다. 34장 18절을 보십시오.

<u>그들의 말을 하몰과 그 아들 세겜이 좋게 여기므로</u>

우리는 여기서 아주 복잡한 생각에 빠져들지 않을 수 없습니다. 첫 번째는 하나님을 섬긴다는 야곱의 아들들이 우발적인 사고도 아니고 어떻게 이렇게 고의로 남을 죽이려는 음모를 꾸밀 수 있었느냐는 것입니다. 그것도 다른 방법이 아니라 하나님의 거룩한 이름이 걸려 있는 할례 의식을 통해서 속일 생각을 할 수 있었느냐는 거예요.

모세의 율법은 사람을 살해했을 때 고의로 죽였느냐, 우발적으로 죽였느냐를 분명히 구별합니다. 처음부터 사람을 죽일 작정을 하고 의도적으로 살해한 경우에는 절대로 용서받을 수 없습니다. 그러나 죽이겠다는 의도가 전혀 없이 우발적으로 죽이게 되었을 때, 예를 들어 나무를 하다가 도끼자루에서 날이 빠지는 바람에 사람을 죽이게 되었을 때에는 지정된 장소로 도망칠 수 있었고, 그곳을 벗어나지 않는 한 안전하게 살 수 있었습니다. 어쨌든 사람을 죽였기 때문에 자기의 모든 자유를 누릴 수는 없었지만, 삶의 범위를 도피성 안으로 제한시키기만 하면 살 수 있었습니다.

물론 야곱 시대에 이런 율법의 규정들이 명문화되어 있었던 것은 아닙니다. 그러나 그들의 가정 안에서는 율법으로 인식되고 있었던 것이 분명합니다. 세겜이 누이 디나를 겁탈한 것이 죄라는 것도 알았는데, 다른 사람을 의도적으로 죽이는 것은 더 큰 죄라는 것을 왜 몰랐겠습니까? 그런데도 그들은 대단히 의도적으로 세겜과 그 백성들을 죽일 음모를 세웠을 뿐 아니라, 그들이 의심하지 못하도록 가장 거룩한 하나님의 의식을 구실로 삼았습니다.

두 번째로 생각할 것은 세겜과 그 아비 하몰의 반응입니다. 그들은 분명히 자기 종교를 가지고 있었습니다. 그런데 아무리 디나가 좋고 결혼하고 싶기로서니 어떻게 그동안 믿던 신을 한순간에 버리고 여호와 종교로 개종하겠다는 것입니까?

사람들은 기독교를 오해하고 있습니다. 기독교에서 말하는 그 하나님을 자기 하나님으로 믿기만 하면 기독교 신앙을 가지게 된 걸로 생각해요. 그러나 기독교 신앙을 갖는다는 것은 단순히 하나님을 믿고 예배에 참석하는 것만을 뜻하지 않습니다. 기독교 신앙을 갖는다는 것은 하나님이 주신 윤리, 하나님이 주신 삶의 방식에 따라 사는 것입니다. 어떤 어려움과 환난이 오더라도 하나님께서 자신을 지켜 주시고 인도해 주신다는 믿음으로 끝까지 참고 견디는 것입니다.

그러니까 음란한 직업을 그대로 가지고 있으면서 하나님을 믿는다는 것은 그 정의 자체가 맞지 않는 것입니다. 하나님을 버리든지 음란한 직업을 버리든지 둘 중에 하나를 택해야 합니다. 이중적인 결혼생활을 하면서 하나님을 믿는다는 것도 마찬가지입니다. 이중적인 생활을 포기하든지 그게 싫으면 하나님을 포기해야 합니다. 음란한 직업을 갖고 있거나 이중적인 결혼생활을 하고 있으면서 하나님을 잘 믿는다는 것은 뭐가 잘못되어도 한참 잘못된 것입니다.

세겜과 하몰은 분명히 자기 종교와 자기 신을 가지고 있었습니다. 그런데 그 종교가 무엇이 잘못되었는지, 여호와 종교의 특징은 무엇인지, 하나님의 백성이 되면 어떻게 살아야 하는지는 전혀 생각지도 않고, 디나와 결혼하기 위해 무조건 할례부터 받고 보자고 나선 것입니다. 이것은 그들이 마음속으로 얼마나 하나님을 업신여기고 있었으며 할례라는 거룩한 의식을 우습게 여기고 있었는지를 잘 보여 줍니다.

또한 저는 이 일의 상당한 책임이 야곱에게 있다고 생각합니다. 그는 자기 아들들이 세겜과 하몰에게 이 제안을 할 때 분명히 옆에서 듣고 있었으면서도 전혀 반대의사를 표명하지 않았습니다. 세겜과 하몰이 진정한 하나님의 백성이 되는 문제보다는 '일이 이미 저질러진 이 상황에서 어떻게 하면 주위 사람들과 마찰 없이 잘 지낼 수 있을까' 하는 실용적인 문제에만 관심이 있었기 때문입니다. 그는 하나님의 거룩한 이름과 의식이 자기 아들들과 이 이방인 부자에 의해 이렇게 더럽혀지는지에 대해서는 전혀 관심이 없었습니다. 우리는 여기에서 하나님의 거룩한 이름이 아들들의 분노에 찬 복수심과 세겜 부자의 욕심, 야곱의 현실적인 계산에 의해 철저히 짓밟히고 있는 것을 볼 수 있습니다.

야곱은 아들들의 제안을 마땅히 거부했어야 합니다. "애들아, 할례는 결혼하기 위해 하는 것이 아니다. 할례를 그런 식으로 이용하는 것은 하나님을 욕되게 하는 일이야. 일단 디나를 찾아오자. 그리고 차근차근 이 문제를 다시 생각해 보자"라고 말했어야 해요. 야곱에게 하나님의 이름을 두려워하는 마음이 조금만 있었다면, 하나님의 영광이 손상되는 것을 두려워하는 마음이 조금만 있었다면 이 엄청난 음모를 막을 수 있었을 것입니다.

세 번째로 생각할 것은 세겜 주민들이 세겜뿐 아니라 자신들도 함께 할례를 받아야 한다는 제안을 큰 거부감 없이 받아들였다는 점입니다. 20절 이하를 보십시오.

하몰과 그 아들 세겜이 성문에 이르러 그 고을 사람에게 말하여 가로

> 되 이 사람들은 우리와 친목하고 이 땅은 넓어 그들을 용납할 만하니
> 그들로 여기서 거주하며 매매하게 하고 우리가 그들의 딸들을 아내로
> 취하고 우리 딸들도 그들에게 주자 그러나 우리 중에 모든 남자가 그
> 들의 할례받음 같이 할례를 받아야 그 사람들이 우리와 함께 거하여
> 한 민족 되기를 허락할 것이라 그리하면 그들의 생축과 재산과 그 모
> 든 짐승이 우리의 소유가 되지 않겠느냐 다만 그 말대로 하자 그리하
> 면 그들이 우리와 함께 거하리라

한번 생각해 보십시오. 성인이 되기까지 할례받지 않고 살
아오다가 나이든 다음에 굳이 할례를 받는다는 것은 쉬운 일이 아
닙니다. 게다가 야곱이란 이방인을 붙들어 두기 위해 할례를 받는
다는 것은 더더욱 쉬운 일이 아니에요. 그런데도 세겜과 하몰의 말
이 그곳 주민들에게 먹혀들어갔다는 것은 무엇을 보여 줍니까?

이것은 세겜과 하몰이 얼마나 신뢰를 얻고 있었는가, 또는
그곳 사람들이 얼마나 지도자의 말에 잘 순종하는가를 보여 주는
것이 아닙니다. 사람은 무언가 자기에게 유익이 있을 때 움직이지,
단순히 남을 위해 자발적으로 수고하거나 고통을 감수하는 경우는
없습니다. 성인이 되어서 포경수술을 받은 사람들은 알겠지만, 이
것은 대단히 고통스러운 일입니다. 더구나 진통제나 마취제도 제대
로 없는 그 옛날에 성인이 할례를 받는다는 것은 예삿일이 아니에
요. 그럼에도 불구하고 세겜 사람들이 선뜻 그 말을 받아들여서 할
례를 받으려고 한 이유는 무엇일까요?

우선 그들은 아주 가난했던 것 같습니다. 그래서 돈 있는 사
람들을 붙들어 두려면 약간이라도 그들의 요구를 들어 주어야 한다
고 생각했던 것으로 보입니다. 예를 들어 아주 가난한 마을에 굉장
히 큰 공장이 들어설지도 모른다고 합시다. 자기 마을에 공장을 유
치하기 위해서라면 오래된 가옥들이 철거된다든지 자신들이 중시
하던 전통을 일부 포기하는 것처럼 어느 정도의 손해는 감수해야 합

니다. 우리나라에서도 우루과이라운드 문제가 불거진 적이 있었습니다. 그 협정에 가입할 경우 농촌이 황폐해지는 것이 분명한데도 가입한 이유가 무엇입니까? 그래야 공산품을 팔 수 있기 때문입니다. 그러니까 다른 손해를 감수하면서 그 협정에 가입한 것입니다.

세겜 사람들이 좋아서 할례받은 게 아닙니다. 지도자인 하몰과 세겜이 '야곱을 붙들어야 국물이라도 얻어 먹을 것 아니냐, 이 기회에 그 집안을 아예 우리 사람들로 만들어 버리면 그 재산이 다 우리 것이 되지 않겠느냐'고 설득하니까, 이 부자를 놓치지 말자는 심정으로 내키지 않는 할례를 받은 것입니다.

과연 이런 식으로라도 할례를 받으면 하나님의 백성이 될 수 있을까요? 분명히 아닙니다. 우리는 하나님의 부르심에 의해 그의 백성이 되는 것입니다. '예수 믿으면 복 받고 천국 간다'는 말에 설득당해서 예수 믿기로 하는 것은 진짜 믿는 것이 아닙니다. 예수 믿고 하나님의 백성이 된다는 것은 하나님이 우리에게 주신 삶의 방식으로 사는 것입니다. 그 백성으로서 해야 할 생각과 지켜야 할 윤리가 따로 있어요. 지금까지 내가 욕심과 야망을 향해 달려왔다면 이제부터는 하나님과 이웃을 사랑하며 살아야 합니다. 하나님을 믿겠다고 해 놓고 여전히 자기 돈벌이와 욕심을 위해 사는 것은 하나님을 욕되게 하는 일입니다. 만약 야곱이나 그의 아들들에게 세겜과 그곳 사람들을 진정으로 사랑하는 마음이 조금이라도 있었더라면 그들이 이런 식으로 할례받는 것을 반대했을 것입니다.

지금 여기에는 정상적인 사람이 하나도 없습니다. 야곱이나 그 아들들이나 하몰이나 세겜이나 그 주위 사람들 가운데 정상적인 사람이 아무도 없어요. 이리와 이리가 만나고 있고 늑대가 늑대를 속이고 있습니다. 그들의 마음속에 조금이라도 하나님을 두려워하는 마음이 있었더라면 감히 이런 식으로 할례를 이용해서 자기 욕심을 채우려 들지는 않았을 것입니다.

하나님의 거룩한 의식에 참여하는 것 자체가 우리를 거룩하게 하지 못합니다. 중요한 것은 마음입니다. 그 속에 조금이라도 하나님을 두려워하는 마음이 있을 때에만 예배드리는 가운데 변화가 일어납니다. 그렇지 않고 완악한 마음으로 하나님을 이용하려고 할 때, 그 예배는 축복이 아니라 저주가 된다는 것을 오늘 본문은 우리에게 보여 주고 있습니다.

## 보복

성인이 할례를 받으면 2, 3일 후가 가장 고통스럽습니다. 세겜 사람들은 한꺼번에 할례를 받았기 때문에 2, 3일이 지나자 성 전체가 큰 고통에 빠지게 되었습니다. 그때 야곱의 아들들이 칼을 차고 가서 인간 사냥을 시작했습니다.

> 제삼일에 미쳐 그들이 고통할 때에 야곱의 두 아들 디나의 오라비 시므온과 레위가 각기 칼을 가지고 가서 부지중에 성을 엄습하여 그 모든 남자를 죽이고 칼로 하몰과 그 아들 세겜을 죽이고 디나를 세겜의 집에서 데려오고(34:25, 26)

'시므온과 레위가 각기 칼을 가지고 갔다'는 것은 두 사람만 가서 이 사람들을 다 죽였다는 뜻이 아니라, 그들이 주동이 되어 다른 형제들과 하인들을 끌고 가서 살육을 저질렀다는 뜻입니다. 할례받고 고통 중에 있는 사람들을 칼로 찔러 죽이는 것은 전혀 어려운 일이 아닙니다.

전에 지방 어느 곳에서 경찰 한 사람이 마을 사람들을 총으로 쏴 죽이면서 돌아다닌 사건이 있었습니다. 아무 무장도 되어 있지 않은 사람들을, 더욱이 상대방이 경찰이라고 믿고 있는 사람들을 총으로 쏴 죽이는 것은 전혀 어려운 일이 아닙니다. 그는 그야말로 인간 사냥을 했습니다.

야곱의 두 아들은 세겜에 있는 모든 남자들을 칼로 죽였고, 다른 아들들은 성을 노략질했습니다.

> 야곱의 여러 아들이 그 시체 있는 성으로 가서 노략하였으니 이는 그
> 들이 그의 누이를 더럽힌 연고라 그들이 양과 소와 나귀와 그 성에 있
> 는 것과 들에 있는 것과 그 모든 재물을 빼앗으며 그 자녀와 아내들을
> 사로잡고 집 속의 물건을 다 노략한지라(34:27-29).

여기에는 두 가지 사실이 나타납니다. 하나는 야곱의 아들들이 분노에 차서 세겜 남자들을 전부 죽였다는 것입니다. 이 분노는 특히 디나와 어머니가 같은 시므온과 레위에게 더 심하게 나타났습니다. 다른 형제들은 살육에는 소극적이었던 것 같습니다. 물론 누이를 겁탈한 자를 향한 오라비들의 분노가 얼마나 극렬했겠는가는 능히 짐작할 수 있는 바이지만, 그렇다고 해도 이 일과 아무 상관 없는 주민들까지 다 죽인 것은 너무 지나치지 않습니까? 만일 우리가 시므온과 레위를 만나서 정말 이래야만 직성이 풀렸겠느냐고 물어 본다면, 아마 그들은 그렇다고 주장할 것입니다. 그러나 그 이유가 무엇이냐고 물으면 대답하지 못할 것입니다.

분노란 이유가 없는 것입니다. 속에서 분노가 끓어오르는 것은 분명한데, 왜 화가 나는지, 왜 누군가를 죽이고 싶은지 논리적으로 설명할 수가 없습니다. 그 이유가 무엇입니까? 그것이 바로 우리 안에 있는 죄성이기 때문입니다. 이유가 있어서 화를 내거나 논리적으로 설명이 가능하기 때문에 폭력을 휘두르는 것이 아니에요. 우리 안에 있는 짐승 같은 죄성은 자극만 좀 있으면 곧 폭발하게 되어 있습니다.

시므온과 레위의 분노를 자극한 요인은 여러 가지가 있을 것입니다. 예를 들어서 레위와 시므온의 어머니 레아는 늘 분노에

차 있었습니다. 그런 어머니 밑에서 자란 레위와 시므온 역시 마음 속에 열등감과 분노가 있었을 것입니다. 아버지는 어머니를 사랑하지 않았고 자신들도 마땅히 받아야 할 사랑과 관심을 받지 못했다는 것이 마음속에 응어리로 자리 잡고 있다가, 누이가 강간당했을 때 세겜 사람들을 다 죽여도 직성이 풀리지 않을 정도로 거세게 폭발했을 수 있습니다.

사람 속에 있는 분노는 반드시 희생양을 찾아 폭발하게 되어 있습니다. 강한 사람을 건드렸다가는 국물도 못 건지니까 성격이 가장 약한 식구나 제일 만만한 친구한테 바가지로 쏟아내 버립니다. 레위와 시므온이 아버지에게 보복하겠습니까, 그렇다고 라헬에게 보복하겠습니까? 괜히 잘못 건드렸다가 본전도 못 찾지요. 그러니까 만만한 세겜과 그곳 사람들을 다 죽여 버림으로써 마음속에 쌓여 있던 분노를 폭발시킨 것일 수 있습니다.

그뿐만 아니라 야곱의 아들들은 지금까지 계속 불안한 생활을 해 왔습니다. 그들은 하란에 있을 때 외할아버지 라반으로부터 심한 스트레스를 받아야만 했습니다. 또 하란을 떠나 가나안까지 오는 동안에도 계속 쫓기듯이 와야만 했고, 한 번도 본 적 없는 큰아버지 에서를 만나기 위해 거의 목숨을 내어놓다시피 해야만 했습니다. 그 모든 긴장들이 이들의 마음속에 견딜 수 없는 분노의 형태로 자리 잡고 있다가 일시에 폭발했을 수 있습니다. 사실 사람이 오랫동안 긴장 상태에 있으면 생각이 지나치게 자기중심적이 되어서 충동을 다스릴 수 없게 되기 쉽습니다.

그렇다고 해도 이 모든 것은 세겜 거민들을 다 죽여야 하는 이유가 되지 못합니다. 이것은 그들의 마음속에 자리 잡은 악한 죄성이 아니고서는 도저히 설명될 수 없는 일입니다.

야곱의 다른 아들들은 사람을 죽이는 데는 소극적이었을지 몰라도 약탈에서는 조금도 소극적이지 않았습니다. 오늘 본문은 "그 시체 있는 성으로 가서"라고 말씀하고 있습니다. 그들이 시체가 즐비한 그 성에 다시 들어간 것은 죄를 마저 짓기 위해서였습니다. 그들은 성을 철저하게 노략질하고 부녀자와 아이들을 전부 노예로 끌고 왔습니다. 그리고 아마 그 성에 불을 질러서 증거를 완전히 없 앴을 것입니다. 이것은 누이가 겁탈당한 것과는 아무 상관 없는 행 동이었습니다. 단지 죄가 죄를 불러들였을 뿐입니다. 남자들을 다 죽이고 나니 재물이나 사람에 욕심이 생긴 것입니다.

야곱의 아들들이 세겜에서 한 짓은 전쟁 행위였습니다. 물 론 그 당시에는 어느 한 부족이 다른 부족을 이유 없이 침공해서 이 런 식으로 사람이나 물건을 빼앗는 일이 흔히 있었습니다. 그러나 야곱의 아들들은 서로 잘 지내 보려고 자신들의 말에 따라 할례까 지 받은 자들을 전혀 준비되지 않은 상태에서 기습하여 초토화시켜 버렸습니다.

이 일에서 깨달을 수 있는 것이 무엇입니까? 하나님께서 이 들을 철저히 버려 두셨다는 것입니다. 사실 우리 속에는 분노가 불 쑥불쑥 치밀어 오를 때가 너무나도 많습니다. 어떤 때는 다른 사람 이 죽기를 바랄 정도로 미움이 올라올 때도 있습니다. 그러나 거의 대부분 이런 분노는 행동에 옮겨지지 못합니다. 왜 그렇습니까? 하 나님께서 우리의 마음속에 간섭하시기 때문입니다. 하나님께서 간 섭하셔서 때로는 분노를 잊게 하시고 때로는 더 좋은 일에 관심을 가지게 하심으로써 이 분노를 누그러뜨리시기 때문입니다. 만약 하 나님께서 간섭하지 않고 내버려 두시면 어떻게 되겠습니까? 분노 만 폭발시키는 데서 그치는 것이 아니라 이 분노와 아무 상관 없는 다른 죄까지 실컷 저지른 후에야 직성이 풀릴 것입니다.

바로 이 사실 때문에 우리는 하나님 앞에 죄인이라는 사실 을 인정하지 않을 수 없습니다. 우리 안에는 걷잡을 수 없는 분노와 죄성이 있습니다. 분노가 한번 폭발하면 그 분노를 자극한 일과 전 혀 상관 없는 다른 것까지 도매금으로 싸잡아서 욕심을 채워야 직 성이 풀리는 이것이야말로 우리가 그분 앞에 죄인이라고 고백하는 이유입니다.

　사람의 마음속에는 피해의식이 있습니다. '나는 마땅히 받아야 할 관심과 사랑을 받지 못하고 컸다', '나는 다른 사람으로부터 이러저러한 상처를 입었다, 자칫 잘못하면 또 상처를 입을지 모른다'는 피해의식이 있어요. 그래서 누군가 자기에게 약간의 상처만 입히려고 하는 것 같아도 그 사람이 다시는 덤비지 못하도록 분노를 바가지로 덮어씌웁니다. 나에 대해 아주 질려 버리도록, 그래서 감히 나를 우습게 여기지 못하도록, 그 분노와 상관 없는 다른 분노까지 다 쏟아부음으로써 자기를 지키는 것입니다.

　분노가 한번 터지면 그냥 그 분노로 그치지 않습니다. 처음에는 어떤 문제에 대해 분노하는 게 정당하고 의로운 것 같습니다. 그런데 조금 지나서 그 문제와 아무 상관 없는 다른 사람의 약점까지 들고 나오거나 그 약점을 자신에게 유리하게 이용하는 모습을 볼 때, 우리는 죄인이라는 사실을 고백하지 않을 수 없습니다.

　'이전투구'(泥田鬪狗)는 진흙탕에서 개 두 마리가 서로 물고 물리면서 뒹굴고 싸우는 것을 가리키는 말입니다. 물론 처음부터 진흙탕에서 뒹구는 것은 아닙니다. 처음에는 점잖게 논리적으로 시작해요. 그러나 시간이 조금만 지나면 체면이나 염치는 다 사라지고 '나부터 살고 보자'는 생각이 들면서 완전히 한 마리 개가 되어 상대방을 물고 늘어집니다.

　이것은 법정에서도 많이 일어나는 일입니다. 부부간에 이혼 합의가 되지 않아서 법정까지 가게 되었을 때, 처음에는 변호사를 통해서 실제로 있었던 일을 중심으로 자신의 입장을 주장하다가도, 조금만 지나고 나면 일단 이기고 봐야 한다는 생각이 들면서 온갖 거짓말과 더러운 인신공격을 서슴지 않게 됩니다. 그때부터는 사람이 싸우는 것이 아닙니다. 개 두 마리가 싸우는 것입니다.

　이런 사실들이 보여 주는 것이 무엇입니까? 우리 모든 인간은 죄인이라는 것입니다. 이스라엘 백성들의 뿌리는 바로 이런 무서운 죄성에 있었습니다. 저는 야곱의 아들들이 이런 엄청난 죄를 저지르고도 곧장 하나님의 심판을 받지 않은 것이 이해가 되지 않습니다. 왜 하나님께서는 그들을 그 자리에서 심판하시지 않은 것입니까?

그것은 그들을 구원하기로 작정하셨기 때문입니다. 다른 사람의 피를 흘린 사람은 반드시 그 사람의 피도 흘려야 한다는 것이 율법의 정신입니다. 그런데도 하나님의 거룩한 이름을 악용하고 다른 사람을 죽이며 재산까지 빼앗은 이 야곱의 아들들을 죽이시지 않은 것은 영원한 작정 가운데 그들을 구원하기로 결심하셨기 때문입니다.

하나님께서는 이 아들들 대신 죄 없는 다른 아들을 죽임으로써 그들을 살려 주셨습니다. 그 아들이 누구입니까? 그들이 그토록 미워하던 요셉입니다. 그들은 요셉을 거의 죽인 것이나 다름없었습니다. 애굽에 노예로 팔아먹은 것은 죽인 것이나 다름없는 행동입니다. 그런데 하나님께서는 요셉의 죽음에 가까운 고난을 통해서 이들의 죄를 용서하셨습니다. 그런 의미에서 요셉은 예수 그리스도를 예표합니다.

사실 이 세상에 있는 모든 인간들은 하나님 앞에서 심판받아 마땅한 죄인들입니다. 그러나 하나님께서는 거의 대부분의 사람들을 살려 두셨습니다. 그 이유가 무엇입니까? 예수 그리스도의 죽음으로 우리 모두의 죄를 대속하기로 작정하셨기 때문입니다. 예수께서 이 세상에 오셨을 때 인간들은 그를 시기해서 십자가에 못 박아 죽였습니다. 그러나 하나님께서는 놀랍게도 그 억울한 죽음을 통하여 우리의 죄를 용서하셨습니다.

오늘날 사람들은 너무나도 분노하고 있습니다. 청소년들은 입만 벌리면 욕을 뱉어 내고 가출하고 싶다고 합니다. 그것도 안 되면 누구한테 실컷 두들겨 맞거나 비라도 맞으면서 무한정 방황하고 싶어 합니다. 왜 그렇습니까? 속에 꺼지지 않는 분노의 불이 있기 때문입니다. 또 어른들은 그나마 예의를 차리는 것처럼 보이지만, 그것은 자신을 방어하기 위한 행동의 일부일 뿐입니다. 마치 곤충이나 새가 보호색을 통해 자신을 지키려 하듯이, 다른 사람에게 예의를 지킴으로써 '나는 당신을 해칠 생각이 없으니 당신도 나를 해치려 들지 마시오'라는 무언의 표시를 하는 것입니다.

어떤 사람과 사이가 나빠졌을 때 우리는 어떻게 합니까? 그 사람이 나에게 한 말을 밤새도록 생각하고 또 생각하고 다른 사람들에게 여러 차례 분노에 찬 말을 뱉어 냄으로써 그 사람을 마음으로 수없이 죽입니다. 이것은 우리가 하나님의 은혜에서 멀리 떨어져 죄의 상태에 머물고 있다는 표시입니다.

우리가 살 수 있는 유일한 길은 예수 그리스도 안으로 도망치는 것입니다. 예수 그리스도 안에 나의 한계를 그어 놓고 그 밖으로 나가지 않는 것입니다. 이 세상에서 자기 욕심껏 살려 하는 사람, '내 인생이니까 내 마음대로 산다, 내 돈이니까 내 마음대로 쓴다'고 생각하는 사람을 하나님은 절대로 용서하시지 않을 것입니다.

기분이 좋을 때에는 우리가 죄인인지 의인인지 알 수 없습니다. 기분 좋을 때 의인 아닌 사람이 누가 있으며, 기분 좋을 때 남에게 잘해 주지 않는 사람이 누가 있습니까? 자기 속에 있는 자존심이 건드려지거나 욕망이 좌절될 때 얼마든지 진흙탕에서 뒹구는 짐승이 될 수 있는 그것이 우리 인간의 본성입니다.

결국 누군가 죽어야 합니다. 야곱의 아들들 속에 있는 분노는 세겜 사람들을 다 죽이고서도 풀리지 않았습니다. 그들은 죄 없는 동생 요셉을 거의 죽음에 이르게 하고 애굽에 노예로 팔아넘기고 나서야 비로소 자기들 안에 있는 죄성을 보았습니다. 그리고 나중에 요셉을 다시 만날 때까지 자신들의 죄 때문에 괴로워해야만 했습니다.

## 야곱의 집에 필요한 것

우리가 기억해야 하는 사실이 무엇입니까? 야곱은 하나님의 집이요 구약의 교회라는 사실입니다. 그러나 그 하나님의 집은 사람을 살리고 사랑을 실천하는 곳이 아니라 다른 사람을 속이고 무참하게 살해하며 결국 그 모든 재산과 가족까지 빼앗는 깡패 같은 집단이 되고 말았습니다.

이것이 야곱 집의 모순입니다. 그의 집에는 도저히 하나 될 수 없는 두 가지가 공존하고 있었습니다. 하나는 거룩한 하나님의 영광이었습니다. 그의 집에는 하나님의 약속의 말씀이 있었고 그의 거룩한 임재가 있었습니다. 그리고 다른 하나는 그 교회를 채우고 있는 강도 같은 구성원들이었습니다. 그 집 식구들은 거짓말쟁이요 살인자요 남의 물건을 도둑질하고 강탈하고서도 조금도 죄의식을 느끼지 못하는 뻔뻔한 사람들이었습니다. 이것은 오늘날 교회의 모순이기도 합니다.

교회의 영광은 그 규모나 화려한 시설이나 건물에 있지 않습니다. 교회의 영광은 그 안에 있는 하나님의 말씀과 영광에 있습니다. 그런데 이 교회를 채우고 있는 구성원들은 어떤 사람들입니까? 이 세상에서 이리 구르고 저리 구르던 개뼈다귀 같은 인생들입니다. 늘 거짓말하고 싸우고 다른 사람에게 보복하려고 하는 사람들이 그 구성원이에요.

그러면 어떻게 해야 야곱의 집이, 교회가 참으로 아름답고 영광스러운 하나님 백성의 공동체가 될 수 있습니까? 자기 자신을 믿지 않고 하나님께 무릎을 꿇을 때입니다. 우리 안에 있는 죄성, 깨질 줄 모르는 자존심을 하나님 앞에 내려놓고 간구할 때입니다. 그렇지 않고 위선적으로 자신의 모든 삶을 감추어 놓고 예배 의식으로만 만족하려는 사람들은 예배를 통해 더 위선적이고 악한 자들로 나타나게 될 것입니다.

오늘 말씀을 보면 이 엄청난 사건이 벌어진 후 야곱은 자기 아들들의 죄성을 인하여 하나님을 두려워하는 것이 아니라 '가나안 사람들을 이렇게 죽여 놓았으니 이제 이 땅에서 어떻게 살 수 있을까'를 두려워하고 있습니다. 30절을 보십시오.

> 야곱이 시므온과 레위에게 이르되 너희가 내게 화를 끼쳐 나로 이 땅 사람 곧 가나안 족속과 브리스 족속에게 냄새를 내게 하였도다 나는 수가 적은즉 그들이 모여 나를 치고 나를 죽이리니 그리하면 나와 내 집이 멸망하리라

야곱은 철저하게 계산적인 사람입니다. 그는 얼마나 많은 사람이 죽임을 당했는가, 하나님의 거룩한 의식이 얼마나 짓밟혔는가는 생각하지 않습니다. 가나안 사람들에게 미움을 받게 되었으니 이제 어떻게 이 땅에 살 수 있겠는가만을 걱정하고 있어요. 이방인은 현지인들에게 호감을 얻어야만 견딜 수 있는 법인데 아들들이 무지막지한 이빨과 발톱을 드러내어 그들을 해쳐 버렸으니 이제 어떻게 여기에서 살겠느냐는 것입니다.

아들들은 아버지의 책망에 뭐라고 대꾸하고 있습니까?

> 그들이 가로되 그가 우리 누이를 창녀같이 대우함이 가하니이까 (34:31).

누이를 창녀같이 대했으니 그들은 그런 식으로 죽어 마땅하다는 것입니다. 야곱의 아들들은 자신들의 잘못을 조금도 인정하지 않았습니다. 왜 그렇습니까? 그들은 몸만 가나안 땅에 와 있었을 뿐, 마음은 참으로 하나님께 돌아오지 않았기 때문입니다.

사람이 하나님으로부터 멀리 떨어져 있을 때 나타나는 현상이 무엇입니까? 아무리 죄를 지어도 그것이 죄인 줄 모른다는 것

입니다. 오히려 죄를 지은 사람이 더 당당하게 큰소리를 쳐요. 아들들은 '우리가 잘못한 것이 뭐가 있느냐, 그러면 남들이 우리 누이를 창녀처럼 대해도 된단 말이냐'는 식으로 오히려 더 반격하고 있습니다.

하나님께 가까이 있을 때는 아직 행동으로 옮겨지지도 않은 아주 작은 욕심이나 나쁜 생각 하나만으로도 그렇게 가슴이 아플 수가 없습니다. '나의 더러운 욕심이 하나님의 마음을 아프게 했구나. 나의 악한 분노가 또 하나님의 마음에 아픈 상처를 드렸구나. 내가 욕심을 이기지 못해서 하나님이 주신 존귀함을 더럽혔구나' 하는 것을 깨닫기 때문입니다. 하나님의 성령이 우리 안에 찾아오시면 꼭 서치라이트가 마음속을 온통 비추는 것 같습니다. 내 안에 있는 것 가운데 죄 아닌 것이 없습니다. 심지어 숨 쉬는 것조차 죄로 느껴질 때가 있습니다.

그런데 교도소에 가면 오히려 죄인이 한 명도 없습니다. 저마다 "나는 억울합니다. 내가 왜 여기에 있는지 모르겠어요. 올 사람은 안 오고 나만 들어왔습니다" 하고 항변합니다. 성령이 역사하시지 않으면 교회도 교도소와 똑같습니다. '지가 뭔데 나만 가지고 죄인이니 아니니 떠드는 거야?' 하는 마음이 생겨요. 교도소와 똑같은 현상이 나타납니다.

나는 잘못한 것이 하나도 없는데 주위 사람들이 괜히 괴롭히는 것 같습니까? 나한테는 문제가 없고 다른 사람들한테만 문제가 있는 것 같습니까? 그것은 내가 하나님과 바른 신앙으로부터 얼마나 멀리 떨어져 있는가를 보여 주는 증표입니다.

야곱의 집은 하나님의 집이었습니다. 물론 그 집에 늘 하나님의 은혜가 충만했던 것은 아니었습니다. 그래도 아브라함 때에는 대체로 은혜가 충만해서 천사의 방문을 받기도 했고, 소돔 사람들을 포로로 잡아가는 그돌라오멜의 연합군을 격파하기도 했습니다. 물론 아브라함이 사람의 말을 듣고 하갈을 첩으로 얻었을 때 일시적으로 갈등과 침체에 빠진 적이 있긴 했지만, 그래도 사람의 피를 흘리거나 남의 물건을 빼앗은 적은 한 번도 없었습니다. 오히려 소돔 사람들이 자청해서 재물을 주겠다는데도 신발 하나 건드리지 않고 돌려주는 자비를 베풀었습니다.

이삭의 때에 이르렀을 때는 두 아들의 갈등이 너무도 컸던 나머지 에서가 야곱을 죽일 마음까지 먹었지만, 야곱이 도망침으로써 하나님의 집에서 살인이 일어나는 사태까지는 막을 수 있었습니다. 그러나 야곱이 도망쳐 있는 동안 하나님의 집은 오랫동안 에서의 관할 아래 있어야 했습니다. 신앙이 전혀 없는 에서가 하나님의 집을 맡아서 목회를 했으니 그 집에 얼마나 말씀이 궁핍했고 하나님 나라의 구실을 제대로 못 했을지 쉽게 짐작할 수 있습니다.

그러나 야곱 때에는 엄청난 살육과 이유 없는 약탈이 벌어졌습니다. 그리고 같은 형제들이 동생을 죽음의 자리나 다름없는 애굽에 노예로 팔아넘기는 일이 생겼습니다.

이것은 무엇을 보여 줍니까? 하나님의 집이 인간의 욕심과 추악한 죄로 인해 얼마나 심하게 더럽혀질 수 있는가, 그 참된 영광을 잃고 얼마나 쉽게 강도의 소굴이 될 수 있는가를 보여 줍니다. 그래서 예수님께서는 예루살렘 성전에서 예배를 통해 사람들을 죄에서 떠나게 하는 생명의 역사를 일으키려 하기보다는, 거기서 생기는 돈만 챙기는 유대 관원들을 향하여 "내 집은 기도하는 집이라 일컬음을 받으리라 하였거늘 너희는 강도의 굴혈을 만드는도다!"(마 21:13하)라고 책망하셨습니다.

야곱의 아들들은 야곱의 집에 속해 있었기 때문에 오히려 자신들의 죄를 더 깨닫지 못했습니다. 늘 은혜를 받아 왔고 자동적으로 용서받아 왔기 때문에 남을 죽이며 남의 것을 빼앗고 나서도 그것이 죄인 줄 알지 못했습니다. 그들은 하나님의 집을 강도의 소굴로 만들고 말았습니다.

지금 야곱의 집에 필요한 것이 무엇입니까? 어떻게 하면 가나안 사람들의 미움을 덜 받느냐, 어떻게 하면 이 끔찍한 죄를 은폐하고 이곳에서 잘 먹고 잘살 수 있느냐가 아닙니다. 정말 중요한 것은 어떻게 하면 하나님과의 관계를 회복함으로써 성령의 역사가 다시 나타나게 할 것인가, 어떻게 하면 하나님과 자신들 사이를 가로막고 있는 죄를 청산함으로써 진정한 성령의 역사를 회복시킬 것인가 하는 것입니다.

그들이 살 수 있는 길은 하나님의 집으로서 참된 하나님의 영광을 되찾는 데 있었습니다. 자기들의 죄를 하나님 앞에 고백하고 그의 용서를 체험함으로써 성령의 역사가 다시 그들 가운데 충만하게 임하시게 하는 것이 가장 중요한 숙제였습니다.

오늘 우리가 기독교적인 신앙을 가지고 있으며 주일 예배에 참석하고 있다는 그 사실 자체로는 결코 거룩해질 수 없습니다. 우리 마음속에 있는 교만과 분노를 그대로 가지고 예배를 드린다면 오히려 예배를 드리고 나서 훨씬 더 완악하고 강퍅한 자, 죄를 짓고 나서도 전혀 죄의식을 느끼지 못하는 자가 될 것입니다.

우리는 얼마든지 교회를 강도의 소굴로 만들 수 있습니다. 일주일 내내 자기 욕심대로 살다가 주일에 한 번, 그것도 느지막히 와서 반쯤 졸면서 예배드린 후에 할 일 다 했다고 생각하는 사람은 진짜 강도 같은 사람이에요. 이 세상에서 가장 거룩한 자도 교회 안에 있고 가장 끔찍한 죄인도 교회 안에 있다는 것을 아십시오.

오늘 우리가 해야 할 일은 우리 안에 있는 분노와 다른 사람에 대한 미움과 재물에 대한 욕심을 내려놓고 하나님의 은혜를 간구하는 것입니다. 우리 안에도 야곱의 아들들과 같은 분노가 있으며, 나와 전혀 상관 없는 사람들의 집이나 재물이나 자녀들에 대한 욕심이 있습니다. 그것을 보며 "오호라, 나는 곤고한 사람이로다! 이 사망의 몸에서 누가 나를 건져 내랴!" 탄식하면서 눈물로 기도하는 사람에게 살 길이 열립니다.

눈물 없는 예배는 죽은 예배입니다. 내가 몇 년 믿었고 직분은 무엇이며 교회에서 얼마나 봉사했느냐가 우리를 살려 주지 못합니다. "하나님, 평소에는 괜찮지만 속에 있는 저의 자존심이나 열등감이 건드려질 때는 견딜 수 없는 분노가 올라옵니다. 제가 이렇게 어쩔 수 없는 죄인이라는 것을 고백합니다. 제가 가지고 있는 모든 자랑을 버리도록 도와주옵소서!" 이렇게 자기 모습을 똑똑히 보고 하나님의 은혜를 간구하며 땅을 치고 통곡하는 예배만이 우리를 살릴 것입니다.

얼마나 오랫동안 눈물 없는 예배를 드려 왔습니까? 얼마나 오랫동안 의미 없는 예배를 드려 왔습니까? 그러면서도 하나님의 집에 들어와 있다고 생각한다면 자기 스스로를 속이는 것밖에 되지 않습니다. 우리가 오늘 이 시간 할 수 있는 것은 하나님의 은혜를 간구하는 일입니다. 물론 또 실패하고 또 넘어지겠지요. 그럼에도 불구하고 그때마다 다시 하나님의 은혜를 간구하는 것만이 오늘 우리가 살 수 있는 길입니다.

하나님의 예식이 인간의 욕심과 편의에 악용되어서는 안 됩니다. 예배나 거룩한 할례가 인간의 욕심에 악용되는 것을 우리는 단호하게 거절해야 합니다. 교회가 다른 사람의 돈 버는 수단으로 전락될 때 분명히 "안 된다!"고 해야 합니다. 교회는 사람들이 하나님께 돌아오는 곳, 만민이 기도하는 집이 되어야 합니다. 교회가 사람이 자기를 자랑하고 자기를 나타내는 곳이 되는 것을 우리는 단호히 거부해야 합니다.

우리 안에 있는 무서운 죄성은 나와 상관 없는 다른 사람을 다 죽여도 절대로 없어질 수 없는 것입니다. 오직 예수 그리스도의 십자가 죽음만이 우리 속에 있는 이 죄성을 깨닫게 하고 우리의 분노를 잠재울 수 있습니다.

여러분, 이 시간 교만한 마음을 다 버리고 하나님 앞에 있는 모습 그대로 나아갑시다. 우리의 죄성을 고백하고 성령의 역사가 회복되기를 간구합시다. 그것만이 죄인 된 우리가 살 길입니다.

# 4

# 벧엘로 올라간
# 야곱

고등학교에 올라가서 얼마 있지 않으면 문과와 이과 중에 진로를 결정해야 합니다. 사실 학생들은 자기 적성이 문과에 잘 맞는지 이과에 잘 맞는지 모르는 경우가 많습니다. 또 적성은 둘째 문제로 치더라도, 문과로 갈 때 더 성공할 수 있는지 이과로 갈 때 더 성공할 수 있는지 알지 못하는 경우가 거의 대부분입니다. 이것은 비단 고등학생들만의 문제는 아닙니다. 아마도 현재의 직업이나 직책이 적성이나 소질에 맞지 않는데도 어쩔 수 없이 직장생활 하고 있는 사람들도 많이 있을 것입니다. 적성에 맞을 뿐 아니라 정말 자기가 꼭 하고 싶었던 일을 지금 열심히 하면서 살고 있는 사람이 있다면 그는 참으로 행복한 사람입니다. 그러나 그런 사람은 백 명 중에 한 명, 혹은 천 명 중에 한 명 있을까 말까 할 것입니다.

저는 한때 어느 시중 은행의 온라인계에서 근무한 적이 있습니다. 아마도 제가 은행원이었다고 하면 고개를 갸우뚱할 분이 많을 것입니다. 누가 봐도 저와 은행 일은 맞아 보이지가 않기 때문입니다. 저의 가장 큰 문제는 돈을 잘 헤아리지 못한다는 것이었습니다. 100만 원 다발을 놓고 아무리 헤아려도 좀처럼 숫자가 맞지 않았습니다. 늘 100만 원이 넘든지 아니면 모자라는 것입니다. 저는 주판도 전혀 다룰 줄 몰랐습니다. 손으로 계산하는 것이 훨씬 빠를 정도였습니다. 게다가 저에게는 돈을 싫어하는 기질이 있었습니다. 그런 사람이 은행 카운터에 앉아서 손님들의 돈을 받고 또 큰 소리로 고객들의 이름을 불러서 통장을 돌려 주어야 한다는 것은 결코 기쁜 일이 아니었습니다.

그렇다고 저에게 맞는 다른 일이 있었던 것도 아닙니다. 저는 결혼을 하고 직장생활을 하면서도 나 자신에게 맞는 일이 무엇인지 알 수가 없었습니다. 그처럼 내가 도대체 내가 어떤 사람인지도 모르고 나한테 맞는 일이 어떤 일인지도 모른 채 긴 기간을 살았습니다.

자기한테 맞는 일이 무엇인지 모르는 사람은 어떤 일을 하고 있으면서도 늘 마음속에 갈등과 방황이 있습니다. 싫어도 그 일을 계속해야 하는지, 아니면 다 집어치우고 다른 일을 해야 하는지, 그렇게 다른 일을 시작하면 과연 실패하지 않고 성공한다는 보장이 있는지, 이런 고민들이 늘 그의 머리를 지배합니다.

야곱의 경우에는 다행스럽게도 하나님께서 그에게 가장 어울리는 일, 가장 그다운 모습이 무엇인지 일찍이 체험하게 하셨습니다. 그것은 바로 벧엘에서 만났던 하나님을 그 위치에서 모시고 사는 것이었습니다. 벧엘은 야곱의 인생에서 가장 낮은 밑바닥을 의미했습니다. 그는 형 에서의 분노를 피해 가진 것 하나 없이, 동행하는 사람 한 명 없이 도망치다가 벧엘이라는 빈들에 쓰러져 잠들었습니다. 그리고 거기서 하나님을 만나는 놀라운 경험을 했습니다. 야곱에게 벧엘은 단순히 장소적인 의미만 가지는 것이 아니었습니다. 벧엘은 그의 인생에서 가장 비참하고 무력하며 낮은 자리였습니다. 하나님께서는 거기에서 야곱을 만나 주셨고 축복하셨습니다. 그는 그 가장 낮은 자리에서 가장 풍성하고 영광스러운 밤을 보냈습니다.

하나님께서 야곱에게 이런 체험을 주신 것은 앞으로 여러 가지 경험도 하고 여러 가지 직업도 가지겠지만 본질적으로 그에게 가장 아름다우면서도 잘 어울리는 일은 바로 '벧엘과 같은 상태에서 하나님을 만나는 것'임을 미리 보여 주시기 위해서였습니다. 그러나 야곱은 벧엘로 돌아가기 싫어했습니다. 다시는 그렇게 낮아지고 싶지 않고 그렇게 비참해지고 싶지 않았기 때문입니다. 그러나 하나님께서는 야곱을 벧엘로 가게 하셨고, 거기에서 다시 야곱에게 나타나셨으며, 하나님을 새롭게 경험하게 하셨습니다.

## 벧엘로 올라가라

지금 야곱은 어떤 형편에 있습니까? 죽느냐 사느냐 기로에 처해 있습니다. 아들들이 세겜 땅에서 엄청난 일을 저지르는 바람에, 그는 도대체 무엇을 어떻게 해야 좋을지 알 수 없는 곤경에 처하게 되었습니다. 그들은 가나안 족속 한 성을 완전히 초토화시켜 버렸습니다. 남자들은 전부 죽여 버렸고 아이와 여자와 재산은 모조리 빼앗아 왔습니다. 그런 일을 저지르고도 가나안 땅에서 살 수 있다고 생각하는 사람이 있다면 아마 그는 미친 사람일 것입니다. 그들이 살 수 있는 유일한 길은 빨리 다른 곳으로 도망치는 것뿐이었습니다.

그러나 야곱은 갈 곳이 없었습니다. 요단 강을 건너 하란으로 되돌아갈 수도 없었고, 그렇다고 애굽으로 도망칠 수도 없었습니다. 혹시 간다고 해도 도중에 습격을 당해 죽을 확률이 컸습니다. 세일 땅으로 가서 에서에게 도움을 청하는 것이 가장 현명한 선택일 수 있었지만, 사실은 에서도 그렇게 만만한 사람이 아니었습니다.

그는 하나님의 말씀에 따라 가나안 땅으로 오긴 왔지만, 도저히 여기에서 살 수 없는 곤경에 부닥치고 말았습니다. 그때 하나님께서 야곱에게 말씀하셨습니다. 35장 1절을 보십시오.

> 하나님이 야곱에게 이르시되 일어나 벧엘로 올라가서 거기 거하며 네
> 가 네 형 에서의 낯을 피하여 도망하던 때에 네게 나타났던 하나님께
> 거기서 단을 쌓으라 하신지라

한번 생각해 보십시오. 사람한테는 날개가 달린 것도 아니
고 지느러미가 있는 것도 아닙니다. 사람은 반드시 이 땅 위 어느
사회에 속해서 살아야만 합니다. 그런데 어떤 어려움이 생겨서 도
무지 자기가 속해 있는 그 사회에 발붙이고 살 수 없는 형편이 되었
다고 생각해 보십시오. 그는 도대체 어디로 가야 하겠습니까?

어떤 사람이 카드로 술을 마시기 시작했습니다. 처음에는
그 대금이 얼마 되지 않았는데 자꾸 마시다 보니 나중에는 수천만
원으로 불어나게 되었습니다. 그 사람이 택한 길이 무엇인지 아십
니까? 자살이었습니다. 외상값을 도저히 갚을 능력이 없으니까 그
냥 자살해 버렸어요. 더구나 야곱의 아들들은 단순히 외상 술을 마
신 정도가 아닙니다. 그들은 상상할 수도 없는 엄청난 죄를 저질렀
습니다. 한 성을 완전히 쑥대밭으로 만들어 버렸어요. 그러고서도
거기에서 발붙이고 살 수 있다고 생각한다면 사람도 아니지요.

야곱은 가나안 땅에서 살 길이 없었습니다. 그가 선택할 수
있는 길은 가나안 사람들과 싸우다 죽느냐, 잡혀서 죽느냐 둘 중에
하나밖에 없었어요. 그들이 가나안 땅에서 살 수 있는 가능성은 바
늘 구멍만큼도 보이지 않았습니다. 그런데 바로 그 순간 하나님의
음성이 야곱에게 들렸습니다. 그들이 가나안 땅에서 살 수 있는 길
이 있다는 것입니다. 어떻게 살 수 있습니까? 야곱이 에서를 피해서
도망치다가 하나님을 만난 적이 있는 바로 그 벧엘이라는 곳으로
가서, 그때 그 심정으로 하나님께 기도하고 단을 쌓으라는 것입니
다. 그러면 가나안 땅에서 살 수 있다는 것입니다.

하나님께서는 왜 하필 벧엘로 도망치라고 하셨을까요? 여기에는 두 가지 의미가 있습니다. 우선 첫째로 하나님이 그곳에서 야곱을 특별하게 만나 주셨기 때문입니다. 야곱은 다른 곳에서도 하나님을 체험했습니다. 하나님은 하란에서도 꿈에 나타나셨고 그곳을 떠나 올 때에도 그와 함께하셨습니다. 또 그는 마하나임에서 천사 두 무리를 직접 목격하기도 했고 하나님의 천사와 씨름도 했습니다.

그러나 벧엘에서 하나님을 만난 경험은 이런 것들과 달랐습니다. 그것은 그에게 특별한 경험이었습니다. 그는 벧엘에서 처음으로 살아 계신 하나님을 체험했습니다. 그 전까지 하나님은 어디까지나 이론적인 분에 불과했습니다. 그림 속의 호랑이 같았어요. 그러나 벧엘에서 야곱은 너무나도 생생하게 살아 계시며 자기를 보고 계신 하나님, 할아버지나 아버지나 다른 어떤 사람에게 말씀하시는 것이 아니라 바로 자기 자신에게 말씀하시는 하나님을 체험하게 되었습니다. 어떤 사람은 그가 꿈을 꾼 것이 아니냐고 말할지 모르지만, 이 꿈은 보통 꿈과 달랐습니다. 하나님이 임재하시는 꿈은 현실보다 더 강력한 법입니다. 얼마나 영광스럽고 생생하며 압도적인지 모릅니다.

우리는 신앙생활을 하면서 여러 모양으로 성령의 역사를 체험합니다. 그런데 그중에서도 처음 하나님의 성령을 경험할 때와 다른 때 사이에는 좀 차이가 있습니다. 처음 성령을 경험할 때는 하나님 앞에서 자신이 얼마나 무서운 죄인인지 처음으로 느끼고 그것을 하나님께 고백하게 됩니다. '이것이 바로 나의 모습이로구나! 내가 이 모양 이 꼴이구나! 잘난 줄 알고 오늘까지 달려왔는데, 이제 보니 철저하게 무능하고 모순투성이구나! 하나님 앞에서는 죽은 개보다도 못한 존재로구나!' 하고 깨닫게 되는 것입니다. 청교도들은 처음 하나님을 실제적으로 체험하는 이 경험을 '성령 세례'라고 불렀습니다.

야곱이 처음으로 살아 계신 하나님을 체험하고 그 앞에서 아무것도 자랑할 것이 없는 죄인임을 고백한 벧엘은 그의 성소(聖所)였습니다. 야곱이 벧엘에 있는 한 어느 누구도 그를 건드릴 수 없습니다. 야곱이 하나님 앞에서 철저한 죄인으로 낮아져 있는 한 아무도 그에게 손댈 수 없습니다. 그래서 하나님이 벧엘로 가라고 하신 것입니다.

둘째로, 야곱은 벧엘에서 가장 낮은 자리에 있었습니다. 그때까지 그토록 가난하고 무력해 본 적이 없었습니다. 함께 있어 줄 이도 없고 도와줄 이도 없으며 돈도 없이, 정말이지 아무것도 없이 누워 있던 그 자리야말로 인생의 밑바닥이었습니다. 혹시라도 에서가 부하를 보내어 죽이려 든다면 꼼짝없이 죽을 수밖에 없었습니다.

그러나 하나님께서는 바로 그 자리에서 야곱을 만나 주셨고 거기에서 야곱을 축복해 주셨습니다. 하나님께서는 지금 야곱에게 하나님 앞에 아무것도 가진 것 없었던 벌거벗은 그 자리로 다시 돌아가야 한다고 말씀하십니다. '네가 지금 가진 재산과 하인이 많다고 좀 까불고 있는 모양인데 너는 원래 그 자리로 돌아가야 가장 너답고 풍성한 삶을 살 수 있으며, 더 이상 방황하지 않는 온전한 삶을 살 수 있다'고 말씀하십니다.


## 야곱의 결단

야곱은 이 어려운 상황에 하나님의 말씀이 임했을 때, 그 말씀에 전적으로 순종하기로 결심했습니다. 다시 말해서 인간적인 계산을 전혀 하지 않기로 한 것입니다. 사실 벧엘로 가면 더 위험할 수 있었습니다. 벧엘은 사방이 뚫린 빈들로서 가나안 사람이 공격해 오면 전혀 방어할 길이 없는 곳이었기 때문입니다. 그보다는 에서의 도움을 받거나 잠시 가나안 땅을 떠나는 편이 더 안전할지도 모릅니다. 그러나 야곱은 더 이상 그런 인간적인 생각을 하지 않았습니다.

야곱은 벧엘로 가기로 했을 뿐만 아니라 더 철저히 순종하기로 했습니다. 그래서 어떻게 했습니까? 이번 기회에 자기 집을 하나님 앞에 아름다운 집으로, 그가 기뻐하시는 순결한 집으로 회복시키겠다고 결단했습니다. 그는 가족들에게 이렇게 말합니다.

> 야곱이 이에 자기 집 사람과 자기와 함께한 모든 자에게 이르되 너희 중의 이방 신상을 버리고 자신을 정결케 하고 의복을 바꾸라(35:2).

믿음의 사람인 야곱의 집에 그토록 우상이 많았다는 것은 놀라운 사실이 아닐 수 없습니다. 4절을 보십시오.

> 그들이 자기 손에 있는 모든 이방 신상과 자기 귀에 있는 고리를 야곱에게 주는지라 야곱이 그것들을 세겜 근처 상수리나무 아래 묻고

야곱의 식구들은 하나님께서 그렇게 함께하시며 많은 은혜를 주셨음에도 불구하고 아직까지 자기들의 우상을 전혀 버리지 않고 있었습니다. 여기 나오는 귀고리는 단순한 장식품이 아니라 부적 같은 것입니다. 그들은 나쁜 귀신이 덤비지 못하게 하려고 저마다 이런 귀고리를 달고 있었습니다. 야곱의 식구들은 형식적으로는 하나님께 예배를 드렸고 그를 찬양했지만, 집 구석구석마다 우상을 두었고 저마다 호신용 장신구를 가지고 있었습니다. 예를 들어 아주 믿음이 좋다는 신자의 집 구석구석에서 화투와 저질 잡지가 나오고 찬장마다 외제 술이 진열되어 있다면 누가 그 집을 온전한 믿음의 집이라고 말할 수 있겠습니까?

야곱은 이 엄청난 어려움이 생긴 이유가 아직도 자기 집에 청산되지 못한 죄에 있다는 것을 알게 되었습니다. 야곱 집의 특징

은 상당히 자유분방하다는 것입니다. 아내도 많고 식구들도 워낙 많아서 일일이 통제하기가 어려워서였는지, 아니면 야곱 자신의 성격이 그러했는지는 모르겠지만, 그는 집안을 상당히 자유분방하게 이끌어 왔던 것 같습니다. 그러나 자유분방하다는 것과 그 집에 아직도 많은 우상이 남아 있다는 것은 질적으로 다른 문제입니다.

이제 야곱은 자기가 이 집에서 신앙적인 지도력을 발휘하지 못했던 것이 분명히 잘못된 일임을 깨닫고, 온 식구들에게 전심으로 하나님께 돌아가자고 권면합니다. "우리 하나님께 돌아가자. 우리가 가지고 있는 우상과 더러운 삶과 더러운 옷을 다 벗어 버리고 새로운 마음으로 온전히 하나님을 만날 준비를 하자!"

야곱은 하나님께서 벧엘로 가라고 하실 때 그곳에서 또 특별하게 나타나시리라는 것을 알았습니다. 이제는 야곱 개인뿐 아니라 그의 식구들, 그와 함께 공동체에 속해 있는 모든 사람들에게 특별하게 나타나시리라는 것을 알았어요. 그래서 모두에게 하나님을 만날 준비를 하자고 합니다. 어떻게 우상을 품에 안고 하나님의 거룩한 존전에 나아갈 수 있으며, 어떻게 부정한 몸으로 하나님을 만날 수 있겠습니까? 어떻게 더러운 옷을 입고 그분의 얼굴을 뵐 수 있겠습니까? 어떻게 오른손에는 술병을, 왼손에는 카드와 화투를 들고 예수님을 만날 수 있으며, 가슴에 음란 비디오를 품고 그분을 만날 수 있겠습니까? 그래서 야곱은 온 식구들에게 '하나님께서 벧엘에서 우리를 지켜 주시고 보호해 주실 뿐만 아니라 그 영광을 보여 주실 테니, 우리가 그것을 체험할 수 있도록 하나님을 만날 준비를 하자'고 권고했습니다.

야곱은 무엇을 깨닫고 있습니까? 지금까지 자신이 바른 위치에 있지 못했다는 것입니다. 이것이야말로 이 모든 비극의 원인이라는 것입니다. 그는 많은 재물을 가지는 것을 자신다운 일로 생각했습니다. 많은 자녀와 하인들을 거느리는 것을 행복으로 여겼습니다. 그러나 하나님께서는 가나안의 큰 실패를 통해, 이것이 그의 바른 모습이 아니라고 말씀하십니다. 형에게 쫓겨 벧엘에서 쓰러져 자던, 낮아질 대로 낮아졌던 그 모습이야말로 참으로 그다운 모습이며 하나님의 영광을 회복할 수 있는 모습이라고 말씀하십니다.

오늘 무엇이 가장 나다운 모습이라고 생각합니까? 어떤 일을 하면 내 적성에도 잘 맞고 행복할 것 같습니까? 책상 앞에 앉아 열심히 컴퓨터에 몰입하는 것입니까? 무대 위에서 연주에 몰두하는 것입니까? 커피가 식는지, 누가 부르는지도 모른 채 밤낮 구별 없이 일에 빠져 보는 것입니까? 사람들은 자기가 하고 싶은 일을 실컷 할 수 있을 때, 지극히 자기다운 모습을 찾을 수 있을 것이라고 생각합니다. 그러나 이 세상에 완전한 일은 없습니다. 어느 곳에 가도 자기에게 꼭 맞는 일은 없어요.

가장 나다운 모습은 하나님을 바로 만나는 자리에 있습니다. 다른 사람이 이야기하는 하나님이 아니라 불타는 눈으로 나를 보고 계시며 내 모든 것을 알고 계시는 하나님, 나에게 말씀하시는 그 하나님을 아무것도 가진 것 없는 상태에서 만나는 그 모습이야말로 가장 나다운 모습입니다.

야곱은 실패한 그곳에서 다시 하나님을 만날 준비를 하고 있습니다. 왜냐하면 그 전에도 그가 가장 어려웠을 때, 가장 비참한 자리에 떨어졌을 때 만나 주셨기 때문입니다. 좋은 옷을 입고 화려한 화장을 하고 돌아다닌다고 해서 하나님이 만나 주시는 것이 아닙니다. 이 세상에서 가장 나다울 수 있을 때는 살아 계신 하나님 앞에서 철저하게 낮아질 때입니다.

이 세상에서 살아남을 수 있는 길이 무엇입니까? 사면초가의 현실에서 살아남을 수 있는 유일한 길이 무엇입니까? 있는 모습 그대로 나아가 살아 계신 하나님을 만나는 것입니다.

5절을 보십시오.

<u>그들이 발행하였으나 하나님이 그 사면 고을들로 크게 두려워하게 하</u>

<u>신 고로 야곱의 아들들을 추격하는 자가 없었더라</u>

가나안 사람들은 야곱과 그의 아들들이 도망치는 것을 보았습니다. 그럼에도 불구하고 감히 그 일행을 추격하여 공격하는 자가 없었습니다. 하나님께서 그들에게 야곱을 크게 두려워하는 마음을 주셨기 때문입니다.

## 새로워질 필요가 있다

야곱의 공동체는 바로 구약의 교회요 하나님의 나라였습니다. 그러나 그 공동체 역시 죄인들이 모인 곳이었기 때문에 하나님의 은혜를 입으면서도 계속 하나님으로부터 멀어졌습니다. 그들은 하나님을 믿는다고 하면서도 여전히 우상을 섬겼고 부적 같은 귀고리를 달고 다녔습니다. 결국 이 공동체는 엄청난 살육을 저지르는 강도의 소굴로 변하고 말았습니다.

큰 어려움을 당하게 되었을 때 야곱은 단지 그 어려움만 피하는 것이 아니라, '이때야말로 하나님께 돌아갈 기회구나. 이 기회를 통해서 정말 하나님이 기뻐하시는 사람이 되어야겠다. 나의 삶과 우리 집안 가운데서 하나님이 싫어하시는 것들을 청산하고 그분이 기뻐하시는 모습을 되찾자. 이제 더 이상 망설이지 말자. 우리 집이 교회냐, 강도의 소굴이냐? 이제는 정말 결단해야 한다'고 생각했습니다.

무슨 말입니까? 야곱과 그의 가족들은 자신들의 삶 가운데 어떤 부분이 하나님을 기쁘시게 못하는지 알고 있었다는 것입니다. 다 알면서도 차일피일 청산하지 못했던 것입니다. 그러다가 이런 엄청난 일을 당하게 되자 비로소 그 가운데서 말씀하시는 하나님의 음성을 듣게 되었습니다. 그것이 무엇입니까? 지금 결단을 내리지 않으면 그야말로 다 결딴난다는 것입니다. 여기에서 더 머뭇거리면 다 죽는다는 것입니다.

하나님께서 계속 은혜를 주시는데도 불구하고 자기가 붙들고 있는 그 작은 욕심이나 악취미나 좋지 못한 습관을 포기하지 못하는 것을 보면, 정말이지 우리는 죄인이 아닐 수 없습니다. 이렇게 하루 이틀 결단을 미루다가 어떻게 됩니까? 하나님으로부터 자꾸 자꾸 멀리 떠내려갑니다. 이 핑계 저 핑계 대고 있기는 하지만, 사실은 지금 자기 삶에서 무엇이 하나님을 기쁘시게 못하는지, 자기 기질과 자기가 만나고 있는 사람과 자기의 생활방식 중에서 무엇이 하나님을 기쁘시게 못하는지 우리 자신이 누구보다 잘 알고 있습니다. 그런데도 결단하지 않고 미룰 때 결국은 엄청난 비극이 터지는 것입니다.

우리가 하루하루 별일 없이 잘 지내는 것은 하나님께서 그 크신 손으로 늘 붙들어 주시기 때문입니다. 그런데 하나님께서 참다 참다 더 이상 참지 못하게 되실 때에는 붙들고 있던 손을 놓아 버리십니다. 그러면 바로 눈앞에서 모든 것의 종말이 닥쳐옵니다.

야곱은 이 어려운 상황에서 하나님의 말씀을 듣고 그분을 만날 준비를 하고 있습니다. 그는 참으로 하나님이 기뻐하시는 사람이 되기로 결심합니다. 그리고 모든 식구들에게 하나님을 만나기에 부족함이 없도록 버릴 것은 버리고 청산할 것은 청산하는 마음과 태도를 가지라고 명령합니다. 3절을 보십시오.

우리가 일어나 벧엘로 올라가자 나의 환난 날에 내게 응답하시며 나의 가는 길에서 나와 함께하신 하나님께 내가 거기서 단을 쌓으려 하노라

일어나서 가자는 것입니다. 가서 그 영광의 하나님을 되찾자는 것입니다. 이 말을 들은 야곱의 가족들은 그 말에 순종하여 자

기들이 붙들고 있던 엄청나게 많은 우상들을 기꺼이 내놓았습니다.

> 그들이 자기 손에 있는 모든 이방 신상과 자기 귀에 있는 고리를 야
> 곱에게 주는지라 야곱이 그것들을 세겜 근처 상수리나무 아래 묻고
> (35:4).

이렇게 그동안 가지고 있던 모든 우상과 자기들을 지켜 준다고 생각했던 귀고리들을 전부 나무 밑에 파묻은 후에, 그들은 새 마음으로 하나님을 만날 각오를 하고 벧엘로 올라갔습니다.

어떤 사람은 야곱이 우상을 태워서 재로 만드는 대신 나무 아래 묻고 떠난 것을 놓고, 그의 신앙이 아직 부족한 탓이라고 말하기도 합니다. 이스라엘 백성들은 우상을 없앨 때 그것을 태워서 가루로 만들어 버리곤 했기 때문입니다. 그러나 야곱이 지금 주위 사람들로부터 쫓기는 입장에 있다는 것을 생각하면, 우상을 태워서 가루로 만든다는 것은 큰 시간 낭비였으리라는 점을 짐작할 수 있습니다. 그냥 땅에 파묻고 가는 것만 해도 대단한 일이었어요. 그는 황급히 우상들을 땅에 파묻고 하나님이 싫어하시는 모든 것들을 청산한 후 벧엘을 향하여 떠났습니다.

오늘 하나님께서 이 사건을 통하여 우리에게 말씀하려고 하는 것이 무엇입니까? 우리 역시 야곱처럼 하나님과 바른 관계에 있을 때 지극히 나다운 모습을 찾을 수 있으며, 진정한 만족을 누릴 수 있다는 것입니다. 그런데도 우리는 자꾸 다른 데서 만족을 찾으려 합니다. '직장을 옮기면 더 만족한 삶을 누릴 수 있을까? 더 넓은 집으로 옮기면 더 만족할 수 있을까? 전공을 바꾸면 더 온전한 내 모습을 되찾을 수 있을까?'

그러나 하나님께서는 '그런 것은 둘째 문제다. 너는 왜 내 앞에 있는 모습 그대로 나아오지 않느냐'고 물으십니다. '벌거벗고 궁핍하고 상처받은 모습 그대로 나오지 않고 왜 자꾸 멀어져만 가느

냐'는 것입니다. 하나님께서 지금 우리에게 원하시는 것은 야곱처럼 그분 앞에 나아가는 것입니다.

우리 한 사람 한 사람 안에는 하나님이 싫어하시는 우상들이 있습니다. 우리는 그런 죄들을 마치 신주단지나 되는 것처럼 붙들고 있습니다. 다른 사람은 몰라도 우리는 우리 삶 가운데서 하나님을 기쁘시게 못하는 부분이 어떤 것인지 알고 있습니다. 하나님께서는 그것을 버리고 가장 낮은 모습으로 나아오라고 하십니다. "하나님, 저는 이것 없으면 정상적인 삶을 살 수 없을 정도로 약한 사람입니다. 하나님, 저를 도와주십시오!" 이렇게 기도할 때 하나님께서는 그 놀라운 임재를 보여 주실 것입니다.

사랑하는 여러분, 예배드릴 때 어떤 심정으로 나아갑니까? 하나님의 그 영광스러운 얼굴을 만날 준비를 하고 나아갑니까? 마음속에 숨어 있는 우상을 나 나무 밑에 파묻어 버리고 나아갑니까? 아니면 그저 하루하루 사는 것이 너무나도 지겹고 의미가 없는 것 같습니까? 이 세상에서 살기는 살아야겠는데 도저히 살 길이 없어 보입니까?

함께 하나님께 나아갑시다. 나중에 시간 내서 정리하려고 하지 말고 지금 이 자리에서 우상을 꺼냅시다. 무엇이 나를 하나님 앞에서 그렇게 답답하게 만들었는지, 무엇이 하나님으로 하여금 나를 싫어하시게 만들었는지, 그 모든 더러운 습관과 취미들을 꺼내서 파묻고, 가장 낮은 모습으로 하나님을 만날 준비를 합시다.

그러면 하나님께서 우리 모두에게 놀랍게 임재하실 것이며 우리 모두를 영광스럽게 변화시키실 것입니다. 우리 안에 있는 모든 어려움들이 갑자기 작아져 버릴 것입니다. 아무리 절망과 좌절에 빠져 있는 자라 하더라도 우리 가운데 오기만 하면 새로운 힘을 얻는 역사가 일어날 것입니다. 이 세상에서 전혀 살 소망이 없는 사람이라 하더라도 이 안에 들어오기만 하면 새 힘을 얻고 일어서는 놀라운 일이 일어날 것입니다.

## 언약의 갱신

야곱과 그의 가족들이 벧엘로 돌아와서 하나님께 단을 쌓고 예배를 드렸을 때 하나님께서는 다시 야곱에게 나타나셔서 그를 축복하셨습니다.

> 야곱이 밧단 아람에서 돌아오매 하나님이 다시 야곱에게 나타나사 그에게 복을 주시고 그에게 이르시되 네 이름이 야곱이다마는 다시는 야곱이라 부르지 않겠고 이스라엘이 네 이름이 되리라 하시고 그가 그의 이름을 이스라엘이라 부르시고 그에게 이르시되 나는 전능한 하나님이니라 생육하며 번성하라 국민과 많은 국민이 네게서 나고 왕들이 네 허리에서 나오리라 내가 아브라함과 이삭에게 준 땅을 네게 주고 내가 네 후손에게도 그 땅을 주리라 하시고 하나님이 그와 말씀하시던 곳에서 그를 떠나 올라가시는지라(35:9-13).

이 축복은 아브라함과 이삭에게 주신 것과 똑같은 축복입니다. 하나님께서는 전에도 야곱에게 이 약속을 주신 적이 있었습니다. 그러나 이번에는 그의 아들들과 그에게 속한 온 무리가 함께 이 축복에 동참하고 있습니다.

하나님께서 우리에게 주실 축복이 얼마나 많습니까? 그런데도 하나님께서는 딱 두 가지 축복, 즉 많은 자손과 가나안 땅만 약속하셨습니다. 하나님은 왜 이 약속을 반복하시는 것입니까? 이 두 가지야말로 하나님 나라를 이루는 요건이기 때문입니다. 나라를 이루려면 일단 국민과 땅이 있어야 합니다. 다시 말해서 많은 후손과 가나안 땅을 주신다는 것은 그들로 하나님 나라가 되게 하시겠다는 것과 같은 말입니다. 이보다 더 큰 축복이 없습니다.

하나님의 백성에게는 특별한 것이 많습니다. 그중에서도 가장 중요한 것이 자유입니다. 하나님의 백성만이 이 세상에서 진정한 자유를 누릴 수가 있습니다. 그들이야말로 자기 양심이 원하는 바에 따라 자기가 원하는 대로 살 수 있는 사람들입니다. 하나님의 백성에게는 하나님의 특별한 보호가 있습니다. 아무도 그들을 함부로 건드리지 못합니다. 그들이 죄를 지을 때에는 하나님께서 직접 징계하시지만, 그가 징계하시지 않는데도 주위 사람들이 함부로 괴롭히고 공격할 때에는 하나님께서 직접 그자들을 심판하십니다. 또한 하나님 나라의 백성에게는 하나님의 특별한 공급이 있으며, 가진 것 하나 없어도 기도만으로 모든 것을 얻을 수 있는 특권이 있고, 진정한 존귀함이 있습니다.

하나님의 언약은 새로워질 필요가 있습니다. 하나님이 변하시기 때문이 아닙니다. 우리가 늘 변하기 때문입니다. 우리는 그냥 가만히 있어도 하나님과의 바른 관계에서 자꾸만 멀어져 가는 성향을 가지고 있습니다. 하나님께서 우리에게 은혜를 주시지 않는 것은 그의 능력이 줄어들었기 때문이 아닙니다. 그의 팔이 짧아졌기 때문이 아니에요. 하나님께서 우리에게 은혜를 주시지 않는 것은 우리가 그 은혜를 받을 만한 위치에 있지 못하기 때문입니다.

사실은 우리 가운데 성령이 충만히 임하고 생명력이 넘치는 것이 정상입니다. 그리스도인들이 모였는데도 힘없이 비실거리며 누울 자리만 찾는 것은 비정상적인 일이에요. 하나님의 백성은 힘이 넘쳐야 하고 소망이 넘쳐야 합니다. 왜 그렇습니까? 하나님께서 그렇게 되도록 생명과 경건에 속한 모든 것을 부어 주겠다고 약속하셨기 때문입니다. 아무리 낙심한 자라도 우리 가운데 있으면 벌떡 일어서는 것이 정상입니다. 그러나 그런 일이 우리 가운데 일어나지 않는다면, 그것은 우리가 하나님이 원하시는 위치에 있지 못하고 다른 곳으로 떠내려갔다는 증거입니다.

주일 예배가 무엇입니까? 바로 이 언약을 갱신하는 것입니다. 나도 모르는 사이에 하나님과의 바른 관계에서 멀어져 세상으로 떠내려갔던 것을 회복하는 것입니다. 단순히 사람만 많아진다고 해서 부흥이 아닙니다. 어려운 일을 당했을 때, 또는 하나님의 강력한 말씀을 들었을 때, '내가 하나님과 바른 관계에서 너무 멀리 떠나 왔구나. 나와 하나님 사이를 가로막는 것이 너무나도 많구나. 지금 내 모습은 하나님이 기뻐하시지 않는 모습이구나. 내가 정말 하나님이 싫어하시는 모습으로 여기 앉아 있구나' 하는 것을 깨닫고, 하나님과 나 사이를 가로막고 있는 모든 것을 청산하고 하나님께 바른 모습으로 나아가는 것이 진짜 부흥입니다.

회개는 단지 자신의 실패나 죄에 대해 감정적으로 슬퍼하는 것이 아닙니다. 눈물을 흘리면서 지난 시절을 안타깝게 생각하는 것은 참회입니다. 그러나 성경은 '참회하라, 천국이 가까웠느니라'고 하지 않고 "회개하라, 천국이 가까웠느니라"고 합니다. 오히려 눈물 한 방울 흘리지 않아도 좋으니 버릴 것은 버리고 청산할 것은 청산하고 끊을 것은 끊고 바른 관계를 회복하라는 것입니다.

회개는 자신의 모습을 바로 보고 삶을 뜯어 고치는 것입니다. 스케줄을 바꾸고 생활 습관을 고치고 버릴 것은 버리고 바른 위치에 두어야 할 것은 바른 위치에 두는 것입니다. 그렇게 할 때 하나님의 엄청난 영광이 내 속에 임하는 것과, 그분이 나를 얼마나 기뻐하시고 사랑하시는가를 전인격적으로 체험할 수 있습니다. 우리의 마음이 하나님 앞에서 흥분되며 '내가 참으로 하나님의 사랑받는 사람이구나' 하는 것을 온몸으로 느낄 수 있어요. 이보다 더 큰 상급이 어디에 있습니까?

여러분, 우리는 이 엄청난 축복의 문턱에 다 함께 와 있습니다. 이제 건드리기만 하면 하나님의 축복이 쏟아질 판입니다. 여기에서 돌아서면 안 됩니다. 참회하지 마십시오. 눈물 흘리려고 생각하지 마십시오. 우리가 해야 할 일은 결단을 내리는 것입니다. 하나님을 기쁘시게 못하는 것이 나의 삶에 있습니까? 그것이 취미든지 직업이든지 무엇이든지 간에 버리겠다고 결단하십시오.

## 야곱의 반응과 드보라의 죽음

야곱은 하나님의 말씀을 듣고 또다시 하나님 앞에 돌을 세우고 전제와 기름을 붓습니다.

> 야곱이 하나님의 자기와 말씀하시던 곳에 기둥, 곧 돌 기둥을 세우고 그 위에 전제물을 붓고 또 그 위에 기름을 붓고 하나님이 자기와 말씀하시던 곳의 이름을 벧엘이라 불렀더라(35:14, 15).

야곱은 30년 전에 이미 자기가 베고 자던 돌기둥을 세우고 거기에 기름을 부으면서 하나님께 서원한 적이 있습니다. 벧엘에서 하나님을 만난 그 경험은 야곱에게 특별한 것이었습니다. 우리도 하나님을 특별하게 만날 때가 있습니다. 그냥 환경적으로 도우시고 인도하시는 것이 아니라 직접 찾아오셔서 나를 감동시키시고 충만하게 채우실 때가 있습니다. 벧엘에서 야곱의 경험이 바로 그러했습니다.

야곱은 하나님의 특별한 임재를 체험한 후에 거기 돌을 세우고 전제와 기름을 부었습니다. 전제란 포도주를 붓는 의식으로서, 제사드리는 자의 생명을 의미합니다. 제물 위에 포도주를 부으면 꺼져 가던 불길이 다시 솟아 오릅니다. 마치 캠프파이어를 할 때 꺼져 가는 불에 기름을 부으면 다시 불길이 솟아 오르는 것과 같습니다. 다시 말해서 이것은 '나의 모든 생명을 다해, 나의 남은 삶을 다해 이 벧엘의 하나님을 떠나지 않겠다. 다시는 교만하지 않으며 나 자신을 자랑하지 않고 내 삶을 온전히 하나님께 드리겠다. 다시는 우리 가정에 우상을 허용하지 않겠다'는 뜻입니다. 앞으로 또 실패할지도 모르고 또 신앙이 흔들릴지도 모르지만, 그 부족한 믿음 그대로 하나님께 바치겠다는 것입니다.

하나님께서 특별한 체험을 주실 때 우리는 거기에 반응을 해야 합니다. 나의 중심으로 감사드리면서 그분이 주시는 것으로 만족하겠다는 결심을 드려야 합니다.

본문에는 리브가의 유모 드보라가 죽는 사건이 기록되어 있습니다.

리브가의 유모 드보라가 죽으매 그를 벧엘 아래 상수리나무 밑에 장사하고 그 나무 이름을 알론 바굿이라 불렀더라(35:8).

어떤 이는 그가 리브가의 유모가 아니라 라헬의 유모가 아니겠느냐고 말하기도 합니다. 리브가는 야곱의 모친으로서 이미 죽었는데, 더구나 그의 유모라면 얼마나 늙었겠습니까? 또 설사 그가 늦게까지 살아 있었다 하더라도 이삭의 집에 있어야지, 어떻게 야곱과 함께 벧엘에 있을 수 있었겠느냐 하는 의문도 있습니다. 리브가의 유모라면 적어도 160세는 넘었을 것입니다. 그런데 과연 그 나이가 되도록 야곱을 따라다닐 수 있었겠습니까?

드보라가 어떻게 거기 있게 되었는지는 모르겠지만, 모든 이가 그의 죽음을 애도한 것을 볼 때 야곱 집 사람들에게 큰 사랑과 존경을 받았다는 것은 알 수 있습니다. 드보라가 묻힌 나무 이름을 '알론 바굿'이라고 했는데, 이것은 '애통의 나무'라는 뜻입니다. 아마도 드보라는 리브가가 죽고 난 후 그가 그토록 사랑하던 아들 야곱을 보고 싶어했고, 자기의 최후를 그와 함께하고 싶어했던 것이 아닌가 생각합니다. 그러나 늙은 몸으로 하란까지 찾아갈 수는 없었을 것이고, 야곱이 가나안 땅에 왔을 때 비로소 찾아왔을지도 모르겠습니다. 여하튼 드보라는 야곱과 그의 문제 많은 아들들이 다 함께 하나님께 돌아와서 예배드리며 하나님의 은혜로 충만해지는 것을 보고 죽었습니다.

저는 그런 점에서 드보라가 성전에서 늘 기도하며 이스라엘의 위로를 기다렸던 안나와 비슷하다고 생각합니다. 안나는 어려서 남편을 잃은 후 무려 84년간 과부로 지내면서 성전을 떠나지 않고 주야로 기도하다가, 마침내 성전에 할례를 받으러 오신 아기 예수를 안고 축복하는 영광을 얻었습니다. 비록 육신의 눈은 멀었지만 마음의 눈으로 영광의 주가 성전에 임하시는 것을 목격한 후에 그는 죽었습니다.

드보라는 에서가 다스리는 병든 교회에서 야곱의 영광의 회복을 바라보며 기도하던 여성도였습니다. 그는 리브가가 죽고 난 후에도 그 소망을 포기하지 않고 기다리다가, 마침내 야곱과 그의 열두 아들이 돌아와 하나님을 경배하며 교회를 온전케 하는 것을 본 후에 죽어서 벧엘에 묻혔습니다.

오늘 우리가 바라보고 사모해야 할 것이 무엇입니까? 하나님의 교회가 온전히 그 영광을 회복하는 것입니다. 우리 주위에 얼마나 많은 사람들이 바른 복음을 듣지 못해서 고통 가운데 신앙생활을 하고 있습니까? 이 땅에 얼마나 많은 교회들이 병들어 있고 죽어 있으며 업신여김받고 있습니까? 그럼에도 불구하고 더 나은 영광을 바라보지 못하고 세상에서 돈 벌고 애 키우는 재미에 빠지거나 작은 취미와 욕심을 끌어안고 살 수 있습니까? 하나님이 기뻐하시지 않는 줄 알면서도 죄된 것들을 품고 살 수 있습니까?

우리가 그것으로 인해 가슴아파하지 않고 결단을 내리지 못한다면 야곱의 살인자 아들들보다 나을 것이 하나도 없습니다. 우리는 이 땅에 있는 교회들이 온전한 영광을 회복하기를 죽을 때까지 바라보아야 합니다. 야곱의 아들들과 같은 이 땅의 그리스도인들이 벧엘로 나아가 그 영광스러운 하나님의 얼굴을 뵙고 새로운 결단 내리는 모습을 우리 눈으로 보게 되기를 사모해야 합니다.

오늘 우리 앞에 그 영광의 순간이 다가오고 있습니다. 우리는 다함께 그 영광의 존전에 나아와 있습니다. 아직도 미련을 가지고 있고 아직도 포기하지 못하고 있는 욕심이 무엇입니까? 그것을 버릴 때 가장 나다운 모습, 가장 온전하고 영광스러운 모습을 회복할 것입니다.

사랑하는 성도 여러분, 일어나십시오. 가지고 있는 우상을 버리십시오. 몸을 정결케 하십시오. 새 옷을 입으십시오. 우리 모두 하나님을 만날 준비를 하고 나아갑시다.

# 5
# <u>요셉의</u>
# 꿈

가끔 집에서 아내와 남편이 병원 가는 문제를 두고 다툴 때가 있습니다. 대개 여성들은 몸이 좀 이상하면 병원에 잘 가는 편이지만, 남자들은 자신의 약한 모습을 인정하기 싫어서인지 몰라도 웬만해서는 병원에 가려고 하지 않습니다. 그런 남편을 설득해서 병원에 가게 하는 것이 얼마나 어려운 일인지 모릅니다.

구원의 필요성을 전혀 느끼지 못하는 사람을 설득해서 구원에 관심을 갖게 하는 것은, 자신은 건강하다고 믿고 있는 남편을 설득해서 병원에 가게 하는 것보다 훨씬 더 어려운 일입니다. 사람들은 자신의 인격이 완전하지는 않지만 그래도 지옥 형벌을 영원히 면할 수 없을 정도로 악하다고까지는 생각하지 않습니다. 그래서 인생에 특별한 계기가 생기기 전에는 신앙이나 하나님의 말씀에 주의를 기울이려고 하지 않습니다.

우리는 하나님의 백성으로 택함받은 야곱의 아들들이 얼마나 잔학하고 추잡스러운 죄성을 가지고 있는지 이미 살펴보았습니다. 저는 설교를 하면서도 얼마나 가슴이 찢어지고 아팠는지 말할 수가 없습니다. 야곱의 딸 디나는 가나안 여자와 놀기 위해 세겜 거리로 나갔다가 강간을 당했습니다. 그리고 야곱의 아들들은 그 분풀이로 모든 세겜 사람들을 칼로 쳐 죽였습니다. 그것도 할례를 받으면 결혼시켜 주겠다고 속여서 디나를 강간한 당사자뿐 아니라 거기 사는 남자들을 전부 죽이고 재산을 약탈했습니다.

그럼에도 불구하고 그들은 전혀 죄의식을 느끼지 못했습니다. 35장 끝부분에는 더 충격스러운 사실이 기록되어 있습니다. 야곱의 큰아들 르우벤이 자신의 작은어머니라고 할 수 있는 아버지의 첩 빌하와 통간한 것입니다. 그런데도 야곱의 아들들은 자신들에게 아무 문제가 없다고 생각했습니다. 자신들이 하나님 앞에서 멸망받을 수밖에 없는 죄인이며 하나님의 특별한 구원이 필요한 자들이라는 사실을 인정하지 않았습니다. 그런 가운데 하나님께서는 한 구원자를 준비하셨습니다. 그는 바로 요셉이라는 아들이었습니다.

우리가 요셉의 생애에서 볼 수 있는 것은 그가 너무나도 그리스도를 닮았다는 사실입니다. 요셉은 야곱이 끔찍이도 사랑하는 아들이었습니다. 그러나 그는 바로 그 사실 때문에 첩의 아들들로부터 미움을 받았습니다. 오늘 본문은 요셉이 배다른 형제들로부터 무엇 때문에 미움을 받게 되었고, 무엇 때문에 죽임을 당할 뻔했으며, 무엇 때문에 애굽까지 종으로 팔려가게 되었는지를 설명해 주고 있습니다.

요셉은 어느 정도 성장한 후에 아주 강력한 꿈을 하나 꾸게 되었습니다. 그것은 그가 밭에서 형제들과 함께 곡식단을 묶고 있는데, 갑자기 자기 단은 벌떡 일어서고 다른 형제들의 단이 그 단을 둘러서서 절하는 꿈이었습니다. 우리 생각에는 이 꿈을 꾸고 난 요셉의 기분이 아주 좋았을 것 같습니다. 그러나 실상은 정반대였습니다.

하나님이 주시는 꿈은 일상적인 꿈과 그 성질이 완전히 다릅니다. 하나님이 주시는 꿈은 희망사항이나 잠재의식의 발현이 아니라 하나님의 계시입니다. 하나님의 계시로 주어지는 말씀은 너무나도 무게 있고 강력하기 때문에 그것을 받은 사람이 완전히 탈진하게 되어 있습니다. 그 말씀에 사로잡히고 압도당한 나머지 때로는 자리에 드러누울 정도로 앓기도 합니다.

요셉은 이 꿈을 꾼 후에 완전히 하나님의 말씀에 사로잡혀서 다른 일을 할 수가 없었습니다. 그는 엄청난 말씀의 위력 앞에서 염려하고 근심했으며, 이 말씀을 형제들과 나누고 싶어했습니다. 그러나 막상 그 꿈을 이야기했을 때, 형제들로부터 버릇없고 나쁜 동생으로 더 미움을 받게 되었습니다.

하나님의 꿈은 한 번으로 끝나지 않았습니다. 요셉은 얼마 후에 비슷한 꿈을 또 꾸었습니다. 이번에는 한 걸음 더 나아가 하늘에 있는 태양과 달과 열한 별이 자기에게 절하는 꿈이었습니다. 요셉은 이 꿈을 또 이야기했다가 아버지 야곱에게도 심한 책망을 받았을 뿐 아니라 형들에게도 더 심하게 미움받는 처지에 빠지게 되었습니다.

## 요셉이 형들에게 미움받은 이유

우리는 35장 끝부분과 36장을 건너뛰고 37장으로 바로 넘어왔습니다. 36장에는 에서와 그 후손들의 족보가 나옵니다. 하나님의 약속에는 관심도 없이 자기 욕심에 따라 에돔 지역으로 거처를 옮긴 에서와 그 후손들에 대해 성경이 이렇게 깊은 관심을 보이는 것은 생각 밖의 일이 아닐 수 없습니다.

아마 이렇게 에서의 후손에 대해 자세한 족보를 기록하고 있는 것은, 이스라엘 백성들에게 일종의 영적인 부담을 주기 위해서가 아닌가 합니다. 즉 '아무리 에서가 하나님의 약속을 무시하고 자기 기질대로 다른 길로 갔다 하더라도 결국 그들은 너희의 형제 민족이 아니냐? 그러므로 너희는 에돔 후손을 절대 적으로 생각하지 말고, 언젠가는 다시 하나님의 나라에 들어올 대상으로 생각하고 있어야 하며 언젠가는 관계를 회복해야 한다'는 뜻에서 상세한 족보를 기록하고 있는 것 같습니다.

예를 들어 우리는 북한에 관심이 많습니다. 그래서 북한이 대만의 핵 쓰레기를 반입하지 못하도록 적극적으로 저지 운동을 벌이고 있습니다. 우리가 살고 있는 곳도 아니고 마음대로 갈 수 있는 곳도 아닌데 그토록 관심을 가지는 이유가 무엇입니까? 비록 지금은 갈 수 없지만 언젠가는 다시 회복되어야 할 곳으로 믿기 때문입니다.

우리에게는 신앙이 없거나 신앙이 아주 약한 형제들이나 친척들이 있습니다. 어떤 의미에서 그들은 멀고도 가까운 관계의 사람들입니다. 한 번씩 만나서 이야기해 보면 생각하는 것이나 관심 갖는 바가 그렇게 다를 수가 없습니다. 그렇다고 해서 남처럼 완전히 잊고 살 수는 없습니다. 우리는 조카들이 어떤 아이들이며 어떻게 살고 있는지 관심을 가지지 않을 수 없습니다. 언제인지는 모르지만 하나님께서 기회를 주시면 그들도 우리와 같은 신앙의 울타리 안에 들어오게 되기를 바라기 때문입니다.

37장으로 넘어오면 다시 야곱의 이야기가 시작됩니다. 우리는 이미 야곱의 생애를 자세하게 살펴 왔습니다. 그런데 성경은 에서의 족보를 기록하고 난 후에 "야곱의 약전이 이러하니라"라고 하면서, 마치 야곱의 생애를 다시 기록할 듯이 말씀을 시작하고 있습니다. 그런데 자세히 보면 더 이상 야곱의 생애가 아니라 그 아들들의 생애이며, 특히 요셉이 그 중심 인물로 등장하고 있는 것을 볼 수 있습니다.

그렇다면 왜 성경 기자는 '요셉의 생애가 이러하니라'라고 말씀하지 않고 "야곱의 약전이 이러하니라"고 하면서 이야기를 시작하는 것일까요? 성경 기자가 이제부터 다루고 싶어 하는 것은 한 개인으로서의 야곱의 생애가 아니라 한 나라로서의 이스라엘의 역사이기 때문입니다. 그렇다면 또 한 가지, 왜 아예 '이스라엘의 역사가 이러하니라'라고 하지 않았을까요? 하나님께서 야곱을 이스라엘로 불러 주시긴 했지만 아직도 그들은 죄에서 구원받아야 할 사람들이었습니다. 그래서 새 이름이 아니라 옛 이름 야곱으로 기록하고 있는 것입니다.

그러므로 37장부터는 한 개인으로서의 야곱이나 개인으로서의 요셉이 아니라, 한 민족이요 나라로서 이스라엘이 어떻게 죄에서 구원받아 영광스러운 하나님의 백성으로 변해 가는지 그 과정을 보여 준다고 생각하면 되겠습니다.

이스라엘의 역사는 야곱의 사랑을 받는 한 아들의 이야기로부터 시작됩니다. 오늘 본문은 야곱이 그토록 사랑했던 아들 요셉이 하나님이 주신 꿈 때문에 배다른 형제들에게 미움을 받아 거의 죽을 뻔했다가 결국에는 애굽에 종으로 팔려가게 되는 이유를 설명하고 있습니다. 37장 2절부터 4절까지 보십시오.

> 야곱의 약전이 이러하니라 요셉이 십칠세의 소년으로서 그 형제와 함께 양을 칠 때에 그 아비의 첩 빌하와 실바의 아들들로 더불어 함께하였더니 그가 그들의 과실을 아비에게 고하더라 요셉은 노년에 얻은 아들이므로 이스라엘이 여러 아들보다 그를 깊이 사랑하여 위하여 채색옷을 지었더니 그 형들이 아비가 형제들보다 그를 사랑함을 보고 그를 미워하여 그에게 언사가 불평하였더라

여기에서 문제가 되는 것은 두 가지입니다. 첫째는 요셉이 자기의 배다른 형들, 곧 빌하와 실바의 소생들과 함께 양을 치면서 그들의 잘못을 아버지에게 고해 바쳤다는 사실입니다. 다시 말해서 요셉은 형제들의 잘못을 아버지에게 고자질했습니다. 둘째는 야곱이 요셉을 너무나도 사랑해서 다른 아들들에게는 주지 않는 채색옷을 만들어 입혔다는 것입니다.

이것을 보면서 우리는 요셉이 정말 미움 살 만한 짓을 했다

고 생각하기 쉽습니다. 우리 문화에서는 다른 사람, 특히 형제의 잘못을 덮어 주지 못하고 부모에게 일러바치는 것을 굉장히 신사적이지 못한 행동으로 생각하기 때문입니다. 아버지의 특별한 편애를 받는 동생이 겸손할 줄 모르고 오히려 형들의 비행을 조사해서 일러바치니, 어떤 형이 그런 동생을 좋아하겠습니까?

더 나아가 요셉은 아주 황당한 꿈을 꾸어서 형제들을 화나게 만들었습니다.

> 요셉이 꿈을 꾸고 자기 형들에게 고하매 그들이 그를 더욱 미워하였더라 요셉이 그들에게 이르되 청컨대 나의 꾼 꿈을 들으시오(37:5, 6).

요셉은 사정이 어떻게 돌아가는지도 모르고 눈치없이 자기 꿈 이야기를 했습니다. 그 꿈의 내용이 어떤 것이었습니까?

> 우리가 밭에서 곡식을 묶더니 내 단은 일어서고 당신들의 단은 내 단을 둘러서서 절하더이다(37:7).

추수를 하고 있는데 형들의 곡식단이 벌떡벌떡 일어서더니 자기 단을 향해 절을 하더라는 것입니다. 그 꿈 이야기를 들은 형들의 반응이 8절에 나옵니다.

> 그 형들이 그에게 이르되 네가 참으로 우리의 왕이 되겠느냐 참으로 우리를 다스리게 되겠느냐 하고 그 꿈과 그 말을 인하여 그를 더욱 미워하였더니

'네가 아버지의 사랑을 좀 받는다고 해서 우리 일을 고자질하고 다니더니 이제는 아예 우리를 다스리는 왕이 되고 싶다는 거냐?'는 것입니다.

그런데 문제는 꿈이 이 한 번으로 그치지 않았다는 데 있었습니다.

> 요셉이 다시 꿈을 꾸고 그 형들에게 고하여 가로되 내가 또 꿈을 꾼즉 해와 달과 열한 별이 내게 절하더이다 하니라(37:9).

이번에는 한 술 더 떠서 하늘에 있는 해와 달과 별이 자기에게 절하더라는 것입니다. 그러자 이번에는 아버지 야곱도 요셉을 책망했습니다. 10절을 보십시오.

> 그가 그 꿈으로 부형에게 고하매 아비가 그를 꾸짖고 그에게 이르되 너의 꾼 꿈이 무엇이냐? 나와 네 모와 네 형제들이 참으로 가서 땅에 엎드려 네게 절하겠느냐

11절은 이 일의 결과에 대해 이렇게 말씀하고 있습니다.

> 그 형들은 시기하되 그 아비는 그 말을 마음에 두었더라

이런 것들을 볼 때 요셉은 형들에게 미움받을 짓만 했던 것 같습니다. 그는 동생인 주제에 형들의 잘못을 아버지에게 고해 바쳤고, 아버지는 아버지대로 그를 편애했습니다. 게다가 과대망상증에 걸린 사람처럼 이상한 꿈까지 꾸어댔으니 미움받는 게 당연하지 않느냐고 쉽게 생각할 수 있어요.

그러나 이것은 우리가 가지고 있는 문화의 틀에 성경을 억지로 끼워 맞추는 생각입니다. 요셉의 형들이 어떤 사람들이며 지금까지 어떤 짓을 저질러 왔는지 잊어서는 안 됩니다. 요셉의 형들은 이유 없이 한 성의 남자들을 다 죽이고 여자와 아이들을 잡아오며 가축과 재산을 약탈했으면서도 조금도 죄의식을 느끼지 못한 자

들이었습니다. 그 버릇이 어디로 가겠습니까? 요셉은 이 악인들과 함께 생활하면서 도저히 묵과할 수 없는 그들의 죄를 본 것입니다. 물론 성경은 그들이 구체적으로 어떤 짓을 저질렀는지 기록하고 있지 않습니다. 그러나 그들이 하는 짓들이 세겜에서 했던 짓의 연장이라는 사실을 기억하지 않으면 안 됩니다.

요셉은 그들이 세겜에서 한 짓과 같은 짓들을 여기에서도 계속 하고 있는 것을 보았고, 그것에 동의할 수 없었습니다. 요셉이 아버지 야곱에게 고해 바친 것은 형들의 사소한 실수가 아니라 분명한 범죄 행위였습니다. 즉 요셉은 그들의 죄에 가담하지 않았을 뿐 아니라 죄를 죄로 지적하는 의로운 삶을 살려고 했기 때문에 형들의 미움을 산 것입니다.

요셉은 죄와 의에 대해 남다른 의식을 가지고 있었습니다. 그는 애굽에 종으로 팔려 갔을 때에도 철저하게 하나님과 동행했고 죄짓는 것을 두려워했습니다. 그는 주인의 회계 일을 맡았을 때 철저한 정직함으로 그 일을 했습니다. 노예로 팔려온 사람이 주인 집의 재산을 다 관리할 수 있었다는 것은 그가 얼마나 정직한 사람이었는가를 잘 보여 주는 증거입니다. 또 그는 주인의 아내가 유혹했을 때 그 유혹을 단호히 뿌리치고 도망을 쳤습니다. 이런 것들을 생각할 때 요셉이 단순히 형들을 골탕먹이기 위해 작은 실수들을 부풀려서 고해 바쳤다고 볼 수 없습니다. 오히려 형들의 불의를 보고 참을 수가 없어서 '이것은 하나님 앞에서 용납될 수 없는 죄다. 반드시 시정되어야 한다'는 의미로 아버지에게 고했다고 보는 것이 더 자연스럽습니다.

그뿐만 아니라 빌하나 실바의 소생들과 요셉 사이에는 분명한 차이가 있었습니다. 요셉은 본처의 아들이고 빌하와 실바의 소생들은 첩의 아들로서 입양된 자들입니다. 물론 모두 야곱의 아들인 것은 사실이지만 자격은 같지가 않았습니다. 야곱은 본처의 아들인 요셉을 구별해서 사랑해야 할 이유가 있었고 권리가 있었습니다. 빌하와 실바의 아들들은 야곱의 아들로 인정받는 것만으로도 만족해야만 했습니다. 그러나 그들은 요셉을 시기했고 요셉보다 더 높은 위치에 서고자 했습니다.

이것은 마치 종의 아들인 이스마엘이 본처의 아들인 이삭을 시기해서 그에게 많은 고통과 상처를 안겨 준 일과 같습니다. 이스마엘이 아브라함의 집에서 쫓겨난 것은 단순히 종의 아들이었기 때문이 아닙니다. 이삭을 인정하고 그를 통해 하나님께 나아가려고만 했다면 이스마엘도 얼마든지 아브라함의 집에서 살 수가 있었습니다. 그러나 그는 이삭을 인정하지 않았습니다. 자기 자신을 너무나도 대단하게 생각한 나머지 이삭을 인정할 수가 없었습니다. 그는 하나님께서 이삭을 택하신 것을 알고서 그를 미워했고, 그보다 더 나은 위치에 서기 위해 괴롭히고 핍박했습니다. 그래서 결국 아브라함의 집에 있지 못하고 쫓겨났습니다.

하물며 야곱의 아들들은 이미 씻을 수 없는 죄를 저지른 자들입니다. 범죄자들이 살 수 있는 길이 무엇입니까? 자신의 욕망에 한계를 정해서 그 이상 벗어나지 않는 것입니다. 그런데 그들은 자신들이 야곱의 아들이라는 데에서 만족하지 않고, 요셉보다 더 높아지려 했으며 더 큰 것을 차지하려 했습니다. 그리고 그가 자기들의 죄에 동참하지 않는다는 이유로, 또 아버지의 사랑을 받는다는 이유로 미워하고 시기했습니다.

## 꿈의 의미

하나님의 계시의 성격을 이해하지 못하면 요셉의 꿈을 과대망상증에 걸린 사람의 황당무계한 공상으로 생각하기 쉽습니다. 그러나 서두에서 밝힌 것처럼 하나님이 주시는 꿈은 평범한 꿈이 아닙니다. 하나님이 주시는 꿈을 꾸는 사람은 그것이 하나님의 계시라는 것을 너무나도 분명히 알 수 있습니다. 계시로서의 꿈은 꿈꾼 사람을 완전히 사로잡아 버리기 때문입니다. 가위에 눌리면 어떻습니까? 꿈에 완전히 압도당해서 몸이 마비되고 소리도 안 나오지 않습니까? 하나님의 꿈도 그와 비슷합니다. 다만, 하나님이 주시는 꿈은 그 메시지가 너무나도 분명합니다. 그 말씀의 능력이 꿈꾼 사람을 압도해서 탈진하게 만들든지 자리에 눕게 만드는 것입니다.

하나님께서 꿈을 주시면 그 꿈의 내용에 마음을 완전히 빼앗길 뿐 아니라 그 후에도 계속 그 말씀에 붙들리게 됩니다. 요셉은 하나님께서 주신 꿈을 꾸고 난 후 완전히 딴사람이 된 것 같았습니다. 그는 그 꿈의 내용 때문에 심히 두려웠을 뿐 아니라 그 뜻을 알지 못해서 번민했습니다. 그는 그 꿈에 대해서 형들과 나누고 싶었습니다. 형들은 이런 부분에 대해서 어떻게 생각하는지, 자신보다 경험이 많으니 혹시 이런 계시를 받아본 적이 있지는 않은지 얘기해 보고 싶었습니다.

그러나 형들은 하나님의 말씀에 관심 있는 사람들이 아니었습니다. 그들은 오히려 요셉의 꿈을 건방진 동생의 과대망상증으로 치부했습니다. 8절을 보십시오.

> 그 형들이 그에게 이르되 네가 참으로 우리의 왕이 되겠느냐 참으로 우리를 다스리게 되겠느냐 하고 그 꿈과 그 말을 인하여 그를 더욱 미워하더니

우리는 이제 요셉의 꿈을 해석할 필요가 있습니다. 이 꿈의 의미가 무엇입니까? 요셉이 처음에 꾼 꿈은 하나님께서 앞으로 이스라엘 백성들을 어떻게 구원하실지, 그 계획을 보여 주시는 꿈입니다. 그 해석의 핵심은 "우리가 밭에서 곡식을 묶더니"라는 말에 있습니다. 야곱의 가족들은 밭에서 곡식을 거두는 사람들이 아닙니다. 그들은 목축업을 하기 때문에 밭에서 추수 행위를 하지 않습니

다. 그럼에도 불구하고 야곱의 아들들이 밭에서 곡식을 거두고 있었다는 것은 무언가 곡식과 관련해서 하나님의 특별한 계획이 있다는 뜻입니다. 앞으로 그들은 양식 때문에 굉장히 큰 어려움을 겪게 될 것입니다. 그러나 하나님께서는 요셉을 통해 그 어려움에서 그들을 구원해 주실 것입니다. 요셉의 꿈은 그 계획을 미리 보여 주시는 계시입니다.

그러나 사실 하나님의 계획은 단순히 양식 문제에 그치는 것이 아니었습니다. 하나님께서는 야곱의 아들들 안에 있는 죄성을 치료하여 그들을 참된 하나님의 백성으로 삼고자 하셨습니다. 야곱의 아들들은 자신들이 요셉보다 못하게 되리라는 꿈 이야기를 듣고 그를 죽이려고 했습니다. 하나님께서 높이기로 작정하신 자가 자기들보다 못한 동생이라는 사실을 알고, 그런 하나님의 뜻이 이루어지지 못하도록 그를 죽이려고 한 것입니다.

바로 이것입니다. 하나님께서는 그들의 상태 그대로는 도저히 하나님의 백성이 될 수 없다는 것을 아셨습니다. 그들은 다른 사람들을 이유 없이 죽이고서도 죄의식조차 느끼지 못하는 사람들이었습니다. 그래서 하나님께서는 그들이 정말 어떤 죄인인지를 스스로 깨닫고 그 죄에 대해 고민하며 번민하게 하시려고 의로운 요셉을 죽이게 하십니다.

즉 이 꿈의 표면에 나타나는 주제는 '양식'이지만 그 안에 깊이 들어 있는 핵심은 '죄성과 죽음'인 것입니다. 그들은 자기 죄성 때문에 하나님이 택하신 의로운 요셉을 죽이고 그 일로 인해 양심의 고통을 받아서 자기들이 죄인이라는 것을 알게 될 것이며, 죽은 줄만 알았던 요셉을 통해 구원받을 것입니다. 이것이 하나님의 놀라운 구원 계획이었습니다.

이처럼 요셉이 처음에 꾼 꿈은 이스라엘에 대한 하나님의 구원 계획을 보여 줄 뿐 아니라 특히 이스라엘의 아들들 마음속 깊이 자리 잡은 하나님을 향한 미움과 적개심, 하나님의 뜻에 굴복하지 않으려고 하는 교만을 들추어내서, 그들이 엄청난 죄인이라는 사실과 결국 구원받지 않고서는 하나님의 백성이 될 수 없다는 사실을 보여 주시려는 것이었습니다.

그런 의미에서 요셉은 그리스도의 완전한 모형이 됩니다. 이스라엘 백성들이 예수 그리스도를 십자가에 못박아 죽인 이유가 무엇입니까? 말로 표현할 수 없는 시기심 때문이었습니다. 보잘것 없는 갈릴리 출신 목수가 하나님의 아들이요 자기들을 구원할 자라는 사실을 알았을 때, 그들은 시기심으로 의로운 그를 십자가에 못박아 죽였습니다. 그러나 예수님은 죽음에서 부활하여 온 세상을 구원하셨습니다.

두 번째 꿈은 요셉이 첫 번째 꿈 때문에 말할 수 없는 고난을 받겠지만 결국은 승리해서 높은 자리에 오르게 되리라는 것을 보여 주는 계시입니다. 9절을 보십시오.

> 요셉이 다시 꿈을 꾸고 그 형들에게 고하여 가로되 내가 또 꿈을 꾼즉 해와 달과 열한 별이 내게 절하더이다 하니라

"해와 달과 열한 별"은 하늘에서 가장 빛나는 것들입니다. 야곱은 이것을 당장 이런 식으로 해석합니다.

> 너의 꾼 꿈이 무엇이냐 나와 네 모와 네 형제들이 참으로 가서 땅에 엎드려 네게 절하겠느냐(37:10하)

즉 그는 이 꿈을 나중에 요셉이 높아져서 자신과 요셉의 어머니와 그 형제들이 그 앞에 절하게 되는 것으로만 해석했습니다. 물론 나중에 요셉은 실제로 애굽의 총리대신이 되고, 그의 형들은 곡식을 사기 위해 그를 찾아가 무릎을 꿇고 절을 합니다. 그러나 그때에도 야곱은 요셉에게 엎드려 절하지 않습니다. 그는 지금 너무

성급한 해석을 내리고 있습니다. '열한 별'이라는 말만 듣고 곧바로 요셉의 형제들을 의미한다고 생각했어요. 그러니까 이 꿈이 요셉 스스로 자신을 높이려는 것으로밖에 보이지 않은 것입니다.

그러나 이 꿈에서 단순히 요셉이 나중에 총리대신이 되어 영광의 자리에 이르게 된다는 것만 보아서는 안 됩니다. 이 꿈은 그리스도의 승귀(昇貴), 즉 그의 높아지심을 보여 주는 꿈입니다. 요셉은 그리스도의 모형입니다. 그리스도께서 이스라엘 백성들을 구원하기 위해 말할 수 없이 낮아지며 큰 고통을 받겠지만, 결국은 지극히 높은 자리에 앉아 모든 성도들의 찬양과 경배를 받게 될 것을 해와 달과 별의 경배로 미리 보여 주시는 것입니다.

신학자들은 '달'의 해석을 놓고 어려움을 많이 겪었습니다. 라헬은 그때 이미 죽은 상태였는데, 어떻게 요셉에게 무릎을 꿇고 절을 하겠느냐는 것입니다. 그래서 '달'은 죽은 라헬이 아니라 빌하를 가리킨다고 주장하는 학자도 있었습니다. 그러나 이것은 요셉의 영광을 애굽의 총리대신이 되는 데 맞추어 해석하려는 태도에서 나오는 주장입니다.

물론 이 꿈은 일차적으로 요셉이 고생 끝에 누릴 영광을 보여 줍니다. 그러나 궁극적으로는 예수 그리스도께서 부활하신 후 영원한 지위를 얻고 영광의 자리에 앉을 것을 보여 주는 계시입니다. 그 앞에서는 야곱과 라헬뿐 아니라 모든 이스라엘이 살아서, 영원토록 경배하며 찬양하게 될 것입니다.


## 꿈에 대한 반응

요셉의 꿈에 대한 가족들의 반응은 11절에 잘 표현되고 있습니다.

## 그 형들은 시기하되 그 아비는 그 말을 마음에 두었더라

야곱의 아들들은 요셉의 꿈 이야기를 듣고 그를 시기하고 미워하여 결국 죽이려는 자리까지 나아가게 됩니다. 그들이 이런 식으로 반응한 이유가 무엇일까요? 자기들에게는 전혀 문제가 없다고 생각했기 때문입니다. 그들은 이유 없이 다른 사람들을 죽이고 그들의 아내와 아이들과 모든 재산을 빼앗았음에도 불구하고 자기들에게 구원이 필요하다고 생각하지 않았습니다.

만일 그들이 스스로 죄인이라는 것을 알고 하나님 앞에서 죄 용서를 받아야만 살 수 있다고 생각했다면, 하나님께서 이렇게 죄인 된 자기들을 살려 두시는 이유는 그분께 무슨 계획이 있기 때문이라는 것과 특히 그 일을 위해 요셉을 택하셨다는 사실을 깨달았을 것입니다. 적어도 하나님께서 요셉을 통해 자기들이 생각지 못하는 어떤 일을 하실 계획을 가지고 계신다는 걸 알았을 거예요. 그리고 그것을 알았다면 '앞으로 요셉이 우리를 위해 얼마나 많은 수고를 할까! 그러니 그런 영광스러운 위치에 오르는 것도 당연하지'라고 생각했을 것입니다.

그러나 그들은 요셉의 꿈 이야기를 듣고 그를 시기했습니다. 그의 꿈이 하나님의 계시라는 것을 몰랐기 때문이 아닙니다. 그들이 그 꿈을 단순한 개꿈으로 여겼다면 그렇게까지 시기하고 미워할 이유가 없습니다. 하나님께서 무언가 아주 중요한 일을 이루기 위해 요셉을 택하셨다는 것을 알았기 때문에 그토록 미워한 것입니다. 그들은 그것이 자신들에게 꼭 필요한 일이라는 것을 알지 못했습니다. 다른 사람을 죽이고 재산을 약탈했으면서도 자기들이 죄인인지 몰랐어요. 주변에 있는 사람들도 다 자기들처럼 살고 있었기 때문입니다. 이처럼 스스로 죄인인지 모르는 사람에게 구원의 필요성을 가르쳐 주는 것보다 더 어려운 일은 없습니다.

그런데 야곱은 어떤 반응을 보였습니까? 그는 이중적인 반응을 보였습니다. 우선 요셉을 책망해서 그가 이 꿈으로 인해 교만한 마음을 가지지 못하도록 하는 한편, 자신은 이 꿈을 마음속 깊은 곳에 새겨 두었습니다. 아들들은 아무도 관심을 보이지 않는 이 꿈에 왜 유독 야곱만큼은 이렇게 깊은 관심을 가지고 있었을까요?

그는 자기 가족들 사이에서 저질러진 엄청난 죄에 대해 고민하고 있었습니다. 성경을 보면 그가 자기 집 안에서 일어나고 있는 살인과 간음과 도둑질에 대해서 침묵하고 있음을 알 수 있습니다. 디나가 강간을 당했을 때에도 그는 아무 말 하지 않았습니다. 아들들이 세겜 남자들을 다 죽여 버렸을 때에도 아무 말 하지 않았습니다. 르우벤이 자기 첩과 통간했다는 사실을 알았을 때에도 아무 말 하지 않았습니다.

그 이유가 무엇입니까? 왜 야곱은 자기 집에서 저질러지고 있는 이 엄청난 죄에 대해서 침묵을 지키고 있는 것입니까? 이 모든 것이 죄가 아니라는 뜻입니까?

야곱은 이 죄들이 자기가 감당할 수 있는 성질의 것이 아니라는 사실을 알았습니다. 아들들의 죄를 죄로 생각지 않아서 침묵한 것도 아니고 그들을 너무 사랑했기 때문에 침묵한 것도 아닙니다. 그 아들들 안에 있는 죄성, 심지어 자기 안에까지 있는 이 죄성은 인간이 다룰 수 있는 성질의 것이 아니라는 사실을 그는 알았던 것입니다. 자기가 아들들의 죄를 처리하려면 다 죽이는 수밖에 없습니다. 마치 〈대장 부리바〉에 나오는 주인공처럼 아들들을 일렬로 세워 놓고 한 명씩 죽이는 수밖에 없어요.

사실 야곱은 족장으로서 그렇게 할 수 있는 권한과 책임이 있었습니다. 그럼에도 불구하고 그는 아들들의 무서운 죄에 대하여 일언반구하지 않고, 요셉이 일러 준 그 많은 비행들에 대해서도 잔소리 한마디 하지 않고, 가만히 기다렸습니다. 자신이 직접 그 죄를 처리하려고 든다면 아들들을 다 죽일 수밖에 없고, 그렇게 죽인다고 한들 문제가 해결되지 않는다는 것을 알았기 때문입니다.

사람의 방법으로는 도저히 그들의 죄를 해결할 수 없었습니다. 그래서 그는 기다리고 있었습니다. 하나님께서 오셔서 자기 집을 이 죄로부터 건져 주시기를 기다리고 있었습니다. 그것이 아니라면 야곱의 침묵을 설명할 수 있는 길이 없습니다.

야곱이 요셉의 꿈 이야기를 듣고 어떤 생각을 했겠습니까? 한편으로는 그 꿈의 당돌함 때문에 당황했겠지만, 다른 한편으로는 '그럴 수도 있다'고 생각했을 것입니다. '이 꿈의 의미를 당장 다 알 수는 없지만 하나님께서 우리 집 안에 있는 이 엄청난 죄를 해결하기 위해 어떤 계획을 가지고 계시며 그 일을 위해서 요셉을 쓰실지도 모른다'는 생각을 했을 것입니다.

지금 야곱의 마음속에 있는 가장 무거운 짐이 무엇입니까? 자기 집을 가득 채우고 있는 폭력과 타락과 음란입니다. 야곱은 하나님께서 이스라엘을 이 무서운 죄에서 구원해 주시기를 기다리고 있었습니다. 곡식단의 꿈이나 하늘의 해와 달과 별의 꿈이 이 죄와 어떻게 연결되는지는 그도 모릅니다. 그러나 하나님께서 이 아들들을 다 죽이지 않고서도 그들의 죄를 해결할 계획을 가지고 계시며, 그 열쇠를 쥐고 있는 사람이 요셉일지도 모른다는 생각으로 야곱은 그 꿈을 마음속에 담아 놓았습니다.

사람들은 자신을 어떻게 생각하느냐에 따라 하나님의 말씀에 각기 다르게 반응합니다. 자기 안에 있는 죄성 때문에 고민하고 번민하던 사람은 오늘 이 말씀을 들으면서 '완전히 나한테 하시는 말씀이로구나' 생각할 것이고, 그 의미를 당장은 모른다 해도 여하튼 하나님께서 어떤 일을 행하실 것을 기대할 것입니다. 그러나 자기한테 전혀 문제가 없다고 생각하던 사람은 마치 무시당한 듯한 불쾌한 느낌을 받을 것입니다. 밖에서 밥 냄새는 솔솔 들어오고 설교는 들어도 무슨 말인지 알 수가 없는데, 불행하게도 오늘은 졸립지도 않습니다. 이런 사람은 설교가 5분만 길어져도 화가 나서 못 견딥니다. 자기는 아무 문제도 없는데 왜 저 인간이 설교를 5분이나 더 끄느냐는 것이지요.

자신을 어떻게 생각하느냐에 따라 말씀 앞에 이렇게 다른 반응이 나타납니다. 만약 야곱의 아들들이 자신들이 이제껏 저질러 온 죄에 대해 조금이라도 생각하고 있었다면 '하나님이 무슨 계획을 가지고 계시구나. 우리를 죽이시지 않고 요셉을 통해 건져 내시겠구나. 그러려면 요셉이 앞으로 고생이 많겠네. 어쩌면 우리 형제들이 지금까지 지어 온 모든 죄를 다 뒤집어쓸지도 모르잖아. 그러고 보니 요셉이 참 귀한 존재로구나' 하는 생각을 가졌을 것입니다. 그런데 자기들은 죄가 없다고 생각하니까 요셉이 미운 것입니다.

반면에 야곱은 죄의 문제를 놓고 고민하고 있었습니다. 말 한마디 하지 않았지만, 사실은 엄청나게 고민하고 있었습니다. 자기가 이 문제를 해결하려면 자식들을 다 죽여야 하는데, 사실은 그렇게 죽인다고 해서 해결될 일도 아니었습니다. 오직 하나님이 오셔야 했습니다. 그래서 기다리고 있던 중에 하나님의 말씀이 아들 요셉에게 임한 것입니다. 그래서 그는 요셉의 꿈을 마음속 깊이 담아 두었습니다.

오늘 우리는 어떤 심정으로 여기에 앉아 있습니까? 물론 스스로 인격이 완전하다고 생각하는 사람은 없겠지만, 자신이 지옥에서 영원히 멸망당해야 할 죄인이라는 생각까지는 못하는 사람이 많을 것입니다. 그러니까 말씀을 들어도 급할 것이 전혀 없습니다. 적어도 남을 죽이거나 큰 피해를 입힌 적은 없지 않습니까? 또 주변 사람들도 다 나처럼 살고 있지 않습니까? 그래서 흔히 하는 말이 "나만 지옥 가냐?"라는 것입니다. 그런 식으로 따지고 들면 지옥 안 갈 사람 없고, 그렇게 다 간다면 까짓것 자기도 가면 된다는 것이지요.

그러나 우리가 오늘까지 살아오면서 마음속으로 얼마나 많은 사람을 죽였습니까? 다른 여자나 남자에 대해 마음속으로 비행을 저지른 적은 또 얼마나 많습니까? 그러면서도 이런 것들이 영원히 멸망당할 죄라고는 생각지 못하는 것입니다.

그러나 예수 그리스도께서 십자가에 못박혀 죽으심으로써 이야기는 달라집니다. 그리스도는 바로 내 속에 있는 죄성 때문에 죽임을 당하셨습니다. 행동은 둘째 문제입니다. 내 속에 있는 이 죄성, 겉으로 보기에는 점잖지만 속으로는 수없이 남을 죽이고 저주하고 음란한 짓을 하는 이 죄성 때문에 십자가에 못박혀 죽으신 것입니다. 그러나 그는 죽음으로 끝날 분이 아닙니다. 죽음에서 부활하여 영원한 영광 가운데 경배와 찬양을 받으실 분입니다. 하나님께서는 요셉의 꿈을 통해 이것을 미리 예표로 보여 주셨습니다.

요셉의 형들이 요셉을 미워한 것은 스스로 죄인이라고 생각하지 않았기 때문입니다. 그들은 스스로 구원받아야 할 필요가 있다고 생각한 적이 없었어요. 그러니까 요셉의 꿈 이야기가 자신들을 완전히 무시하고 업신여기며 건방지게 도전하는 것으로밖에 들리지 않은 것입니다. 오늘날도 마찬가지입니다. 자신을 죄인이라고 생각하지 않는 사람에게 예수 그리스도의 십자가는 미친 짓으로밖에 보이지 않습니다. 자신을 멸망당할 죄인으로 생각하지 않는 사람에게 말씀은 건방진 도전으로밖에 들리지 않습니다.

## 하나님의 말씀과 비전

요셉은 꿈의 사람입니다. 그는 소년 때 꾸었던 꿈에 붙들려서 말할 수 없는 고난을 겪었습니다. 그는 자신의 꿈 때문에 노예로 팔려갔고, 바로의 꿈을 해석함으로써 감옥의 죄수에서 일약 애굽의 총리로 발탁되었습니다. 그는 결국 이 꿈의 성취를 보았습니다.

요셉은 이 꿈을 꾸었을 때, 분명히 하나님께서 자기에 대해 어떤 계획을 가지고 계신다는 것을 알았고 또 믿었습니다. 그 믿음이 그로 하여금 한평생 그 엄청난 시련과 유혹에 굴복하지 않게 했습니다. 저는 요셉이 이 꿈의 의미를 제대로 알았다고는 생각하지 않습니다. 그러나 적어도 하나님께서 자신에 대해 놀라운 계획을 가지고 계시다는 것은 알았을 것입니다. 그래서 형제들에게 미움을 받고 죽음의 위협을 받으며 결국 노예로 팔려 가면서도 형들을 원망하지 않았습니다. 그는 사람에게 섭섭해하지도 않았고 사람을 붙들려고도 하지 않았습니다. 오직 하나님의 뜻은 반드시 이루어진다는 믿음으로 한평생 살았습니다.

한번 생각해 보십시오. 그 어린 나이에, 특히 어머니를 일찍 여읜 상태에서 남도 아니고 형들의 손에 노예로 팔려갈 때 그 심정이 어떠했겠습니까? 사랑받던 아들에서 비참한 노예로 전락하여 목에 쇠사슬을 감고 맨발로 그 뜨거운 사막을 걸어 애굽으로 향했을 때, 그 어려운 노예생활 속에서도 하나님의 인도하심을 믿고 열심히 일했는데 여주인의 유혹을 거절하는 바람에 감옥에 가게 되었을 때는 또 어떠했겠습니까? 감옥의 신고식은 참 무섭습니다. 특히 애굽의 시위대 감옥은 악명 높은 곳이었습니다. 거기에서 얼마나 매를 많이 맞았겠으며 얼마나 큰 두려움에 빠졌겠습니까? 도대체 무슨 운명이 이렇게 기구한 것입니까? 그의 인생은 꿈 때문에 완전히 망한 인생이었습니다. 그런데도 그는 꿈을 포기하지 않았습니다. 하나님은 반드시 자신과 함께하시며 자신에 대한 놀라운 계획을 이루신다는 것을 믿었습니다.

이 일을 통해 깨닫게 되는 것이 무엇입니까? 첫째로, 나에 대한 하나님의 계획은 단번에 알 수가 없다는 것입니다. 요셉이 무슨 재주로 자신의 꿈의 의미를 알겠습니까? 곡식단을 묶는 의미를 무슨 재주로 알며, 해와 달과 별의 의미는 또 무슨 수로 알겠습니까? 단지 그가 붙든 것은 '구체적으로는 모르겠지만, 하나님은 분명히 나를 사랑하시며 나에 대한 계획을 가지고 계신다'는 것뿐입니다. 그것 하나만을 붙들고 그는 인생 밑바닥까지 내려갔습니다.

또한 요셉은 하나님의 뜻이 이루어지기 위해서는 반드시 고통의 긴 터널을 통과해야 한다는 것을 배웠습니다. 하나님의 나라에서 높아지려면 반드시 낮아져야 합니다. 하나님 나라에서 가장 높아질 수 있는 사람은 인생의 가장 밑바닥까지 내려간 사람입니다. 요셉이 그렇게 높은 곳에 앉을 수 있었던 것은 그가 인생 밑바닥, 노예보다 더한 시위대 감옥의 죄수로까지 낮아지는 경험을 했기 때문입니다.

하나님 나라에서는 공부 잘하고 사업 잘해서 높아지는 경우는 없습니다. 그것은 세상 나라의 특징입니다. 인간은 죄성을 가지고 있기 때문에 이 죄의 쓴맛을 못 본 사람은 절대로 하나님 나라에서 영광스러워질 수가 없습니다. 하나님 나라는 그냥 이루어지지 않습니다. 야곱이 단지 아들들을 많이 낳았다고 해서 그들이 저절로 하나님의 백성이 되는 게 아니에요. 희생을 통해 고난의 쓴잔을 맛보아야 비로소 하나님의 백성이 될 수 있는 것입니다.

오늘 우리는 죄인으로서 구원받은 자들임을 기억해야 합니다. 죄인이 살 수 있는 유일한 길은 자기 욕망에 한계를 긋고 그 안에 머무르는 것입니다. 자신이 죄인이었다는 사실을 잊고 무한정 자신의 욕망을 넓히려고 할 때, 결국은 하나님의 은혜 밖으로 튕겨 나가게 됩니다. 도피성 안으로 도망쳤던 살인자들을 생각해 보십시오. 물론 그들이 고의로 살인한 것은 아닙니다. 그러나 여하튼 사람을 죽였기 때문에 도피성을 자신의 한계로 정해야만 했습니다.

하나님께서 나에게 주신 것으로 만족하십시오. 월셋집을 주시고 보잘것없는 직장을 주셨더라도 그것으로 만족해야 합니다. 자기가 할 수 있는 모든 것을 다 하는 사람보다 어리석은 사람이 없습니다. 현명한 사람은 남이 준다고 해서 절대로 다 받지 않습니다. 선을 그어 놓고 그 안에 있는 것으로 자족합니다. 그리스도인들의 바른 자세는 목숨을 건진 것으로 만족하는 것입니다. 더 가지려고 하지 마십시오. 모든 것을 다 채우려 하지 마십시오.

오늘 나에 대한 하나님의 뜻이 무엇이라고 생각합니까? 우리도 이 세상을 살면서 나에 대한 하나님의 뜻을 하나 붙들고 살아야 할 것 아닙니까? 그 뜻이 무엇인 것 같습니까? 성경 아무 곳이나 읽다가 마음에 드는 부분을 나에 대한 뜻으로 무조건 믿어 버리면 될까요?

처음부터 자신에 대한 하나님의 뜻을 다 알 수는 없습니다. 그러나 분명한 것은 그리스도인 중에 의미 없이 부름 받은 자는 아무도 없다는 것입니다. 처음에는 그 뜻이 구체적으로 어떤 것인지 알 수가 없습니다. 완전히 오리무중이에요. 계속 안개 속을 헤매는 것 같습니다. 그러나 말씀을 점점 더 알아 가다 보면 자신을 휘어잡는 말씀이 있습니다. 어느 한순간 거대한 하나님의 성이 보이기 시작하고, 그 성 중에서 어느 부분을 위해 나를 부르셨는지 구체적으로 밝혀지는 때가 있습니다.

하나님께서는 우리 안에 점진적으로 강한 소망을 주십니다. 그러나 그 소망은 반드시 공동체적인 확인을 받아야 합니다. 사도 바울은 주님이 자신을 이방의 빛으로 택하셨다는 것을 알았습니다. '이방의 빛'은 이사야서 말씀으로서 예수님을 가리키는 표현입니다. 그런데 바울은 그 말씀을 자신에게 적용해서 스스로 이방인에게 복음을 전할 자로 생각했습니다. 그러나 그가 실제로 선교사로 파송된 것은 주님을 영접하고서도 무려 14년이 지난 후, 안디옥 교회라는 공동체를 통해서였습니다. 중요한 것은 나에 대한 하나님의 계획을 인정하고 끝까지 인내하는 것입니다.

말씀을 붙들고 바닥으로 내려가지 않는 사람은 높아질 수가 없습니다. 주님을 위해 사용되기 위해서는 반드시 잃는 것이 있어야 합니다. 주님을 위해서 잃는 것이 하나도 없는 사람은 그와 함께 기쁨의 잔치에 참여할 수 없습니다. 아마 들어오라고 해도 부끄러워서 들어가지 못할 것입니다. 그 잔치에 들어간 사람은 모두 주님을 위하여 가족을 잃거나 직장을 빼앗기거나 때로는 목숨까지 잃은 자들인데 어떻게 가만히 앉아서 그 영광의 자리에 들어가겠습니까? 이 세상에서 욕심스럽게 내 것 다 챙기고 아무것도 잃지 않은 사람은 그 기쁨의 잔치에 들어갈 수 없습니다.

세상에서 가장 부러운 사람이 누구입니까? 요셉처럼 하나님의 말씀 때문에 온갖 고난을 받는 사람입니다. 그는 고난받은 만큼 높아질 것입니다. 주님의 약속 때문에 가족을 잃고 직장을 잃고 인생 밑바닥에서 헤매고 있는 사람을 볼 때, '저 사람이야말로 가장 높아질 사람이구나, 정말 부럽다'고 생각해야 옳습니다. 전부 눈이 멀어서 별 어려움 없이 편하게 잘살고 사업도 잘되는 사람을 부러워하는데, 부러워할 이유가 하나도 없어요. 그런 사람은 결국 맨 밑바닥으로 떨어질 것입니다. 오히려 나보다 더 많이 고난받고 나보다 더 많이 낮아진 사람을 보면 부러워서 견디지 못하는 그런 눈을 가져야 합니다.

내가 편하게 살고 있는 동안, 주님의 말씀을 멀리하고 내 욕심을 위해 살고 있는 동안, 에어컨 틀어 놓고 맛있는 것 챙겨 먹고 있는 동안, 다른 사람들이 상을 다 가져가고 있습니다. 자기의 직장을 포기하고 가족들에게도 버림받은 채 말씀 하나 들고 이곳 저곳 돌아다니면서 상을 전부 다 챙겨 가고 있어요. 아무 문제 없이 편하게 사는 사람에게는 상이 없습니다.

사랑하는 여러분, 하나님 나라에서 가장 중요한 것은 말씀 때문에 바닥으로 내려가는 것입니다. 누군가 말씀 때문에 바닥으로 내려가는 걸 보면서 '와, 저 사람 행복하겠네. 나도 더 내려가야 하고 더 당해야 할 텐데' 하는 사람은 뭔가를 알고 있는 사람입니다. 하나님께서는 그를 통해 이 땅에서 놀라운 구원을 일으키실 것이며, 그는 낮아진 만큼, 고통의 쓴잔을 마신 만큼 영광스러워질 것입니다.

# 6

# 고난의
# 시작

인기 있는 텔레비전 역사 드라마 중에 〈용의 눈물〉이라는 것이 있습니다. 이 드라마는 태조 이성계의 아들 가운데 이방원이 벌이는 궁중 쿠데타를 사극으로 다룬 것입니다. 왕의 자리는 하나이고 왕이 되고 싶어 하는 사람은 여러 명이다 보니, 그들 사이에 암투와 경쟁과 살육이 일어날 수밖에 없습니다. 이방원은 두 차례에 걸쳐 왕자의 난을 일으켜 경쟁자들을 제거하고 결국 왕위에 오릅니다.

이 세상에서 최고의 자리에 오르려면 이런 방식으로 경쟁자를 제거하는 수밖에 없습니다. 무언가 남들보다 한 수 빠르고 한 발 앞서 가는 사람이 결국 승리하게 되어 있습니다. 그래서 우리는 자주 '인생의 낙오자'라는 말을 듣습니다. 인생의 경기에서 한번 밀린 사람은 결국 그 차이를 극복하지 못해서 낙오자가 되고 만다는 뜻입니다.

그러나 하나님의 나라는 그렇지 않습니다. 하나님의 나라에서 지도자가 되려면 무엇보다 남들이 겪지 않은 고난과 어려움을 몸소 다 겪어 보아야 합니다. 먼저 그는 자기 백성들의 미움을 받아야 하고 배신을 당해야 합니다. 그들로부터 버림을 받아 죽음의 자리에 이르러야 하며 인생 맨 밑바닥까지 던져져야 합니다. 그것도 그냥 밑바닥이 아니라 인간의 힘으로는 도저히 다시 소생할 수 없는 절망의 수렁까지 빠져 보아야 합니다. 그래야 인간의 죄성을 깊이 이해하게 됩니다. 그 사람이 마침내 하나님의 능력으로 그 절망의 자리에서 빠져나왔을 때, 그분의 손에 붙들려 그 백성들을 위기에서 구출하는 지도자가 되는 것입니다.

그래서 하나님 나라의 지도자에게는 두 가지 자질이 필요합니다. 하나는 인간의 죄성에 대한 깊은 이해입니다. 즉 인간은 겉으로 보이는 것과 그 중심이 완전히 다르며, 모든 사람의 중심에는 어느 누구도 다룰 수 없는 깊은 죄성이 있다는 것을 깨닫는 것입니다. 그리고 다른 하나는 그럼에도 불구하고 이들을 사랑하고 구원하기를 기뻐하시는 하나님의 능력과 사랑을 깨닫는 것입니다.

오늘 본문은 요셉이 형들을 도우러 갔다가 그들의 손에 거의 죽임을 당할 뻔한 것과 결국 애굽으로 가는 대상들에게 팔려서 노예로 전락하는 내용을 보여 주고 있습니다. 이것은 요셉이 앞으로 겪어야 할 고난의 시작에 불과합니다. 바로 이 순간부터 요셉은 바닥으로 곤두박질치기 시작하고, 결국 인생의 맨 밑바닥까지 떨어지게 됩니다.

이러한 요셉의 고난을 단순히 많은 형제들 사이의 파워 게임에서 희생당한 것으로 생각하면 안 됩니다. 예를 들어 아무리 우애가 좋은 형제라 하더라도 재산 상속 문제가 걸리면 의가 갈리게 마련입니다. 서로 원수가 되기도 하고 심한 경우에는 청부살인이 일어나기도 합니다. 그러나 요셉의 경우를 이처럼 상속의 문제를 사이에 둔 단순한 갈등의 구도로 보면 안 됩니다. 이것이 단순히 여러 어머니를 둔 형제 사이의 재산 상속을 둘러싼 알력과 갈등의 문제였다면, 요셉은 이번에 제거됨으로써 완전히 끝장이 났어야 합니다. 형들과의 경쟁에서 이렇게 한번 밀려난 후에 인생의 낙오자가 되었어야 해요.

그러나 놀랍게도 요셉의 인생은 이것으로 끝나지 않습니다.

그는 놀랍게 재기합니다. 그것도 그냥 재기하는 것이 아니라 멸망할 수밖에 없는 형제들을 살릴 능력을 가진 자로 나타납니다. 그렇게 될 수 있었던 이유가 무엇입니까? 하나님께서 이 악한 야곱의 아들들을 사랑하시며, 이런 방식으로 그들을 구원하기로 계획하셨기 때문입니다. 이 점에서 요셉은 놀라우리만큼 예수 그리스도를 닮았습니다.

## 아버지의 파송

요셉의 고난은 아버지 야곱이 그를 형들에게 보내는 데서부터 시작됩니다. 37장 12절과 13절을 보십시오.

> 그 형들이 세겜에 가서 아비의 양 떼를 칠 때에 이스라엘이 요셉에게 이르되 네 형들이 세겜에서 양을 치지 아니하느냐 너를 그들에게로 보내리라 요셉이 아비에게 대답하되 내가 그리하겠나이다

세겜이라고 하면 생각나는 것이 있을 것입니다. 세겜은 야곱의 아들들이 가나안 사람들을 이유 없이 처절하게 살육했던 곳입니다. 누이 디나가 강간당하고 왔을 때 그 분풀이로 족장과 남자들을 다 죽이고 아이들과 여자들을 노예로 빼앗고 재산을 약탈한 곳이 바로 세겜이에요. 야곱의 아들들은 자신들이 얼마 전에 엄청난 죄를 지은 바로 그곳까지 가서 양을 먹이게 되었습니다. 아마 바로 세겜은 아니고 그 근처 어디였을 것입니다.

그럼에도 불구하고 그곳은 적진이나 마찬가지였습니다. 아들들을 염려한 야곱은 그들이 잘 있는가 살펴보고 어려움에 처해 있다면 도움을 주기 위해 요셉을 파송합니다. 14절을 보십시오.

> 이스라엘이 그에게 이르되 가서 네 형들과 양 떼가 다 잘 있는 여부를
> 보고 돌아와 내게 고하라 하고 그를 헤브론 골짜기에서 보내매 이에
> 세겜으로 가니라

야곱은 왜 이 위험한 곳에 요셉을 혼자 보냈을까요? 아마 요
셉이 충분히 성인이 된 데다가 지혜도 뛰어났기 때문에 이 정도의
일은 혼자서도 잘 감당할 수 있으리라고 믿었던 것 같습니다. 이처
럼 요셉은 자기 혼자 생각으로 형들이 있는 곳에 가려 한 것이 아니
라 아버지의 명령을 받고 그 뜻에 따라 세겜에 갔습니다. 다시 말해
서 사적인 방문을 한 것이 아니라 아버지를 대신하여 공적인 임무
를 띠고 보냄을 받은 것입니다.

그러나 그는 세겜 어느 곳에서도 형들과 양 떼들을 만날 수
가 없었습니다. 그들은 이미 다른 곳으로 옮긴 상태였습니다.

> 어떤 사람이 그를 만난즉 그가 들에서 방황하는지라 그 사람이 그에
> 게 물어 가로되 네가 무엇을 찾느냐 그가 가로되 내가 나의 형들을 찾
> 으오니 청컨대 그들의 양 치는 곳을 내게 가르치소서 그 사람이 가로
> 되 그들이 여기서 떠났느니라 내가 그들의 말을 들으니 도단으로 가
> 자 하더라 요셉이 그 형들의 뒤를 따라가서 도단에서 그들을 만나니
> 라(37:15-17).

아마도 세겜은 양을 먹이는 곳으로 유명했던 것 같습니다.
야곱의 아들들이 그 끔찍한 짓을 해 놓고서도 다시 그곳으로 갈 수
밖에 없었던 것은 세겜의 풀이 그만큼 좋았기 때문이 아닌가 생각
됩니다. 그러나 그들은 세겜에 오래 있지 못하고 훨씬 북쪽에 있는
도단이라는 곳으로 옮겨 갔습니다. 헤브론은 남쪽에, 세겜은 가운
데, 도단은 그보다 위쪽에 있습니다. 요셉의 형들이 아무래도 세겜
에 있기가 불안해서 신변 보호를 위해 도단으로 옮긴 것인지, 아니

면 세겜도 풀 사정이나 물 사정이 여의치 않아서 옮긴 것인지는 분명치 않습니다. 그러나 원래 있기로 한 세겜에 있지 못하고 도단으로 옮긴 것을 보면 무언가 어려움이 있기는 있었던 것 같습니다.

야곱이 요셉을 보낸 것은 바로 이러한 형제들의 어려움을 도와주기 위해서였습니다. 그가 이렇게 요셉을 위험한 곳에 혼자 보낸 것을 보면 그의 능력을 얼마나 신뢰하고 있었는지 잘 알 수 있습니다. 요셉은 단순히 형들의 안부만 확인하기 위해서 간 것이 아니라 그들을 도와주기 위해서 갔고, 야곱은 요셉이 간 것을 마치 자신이 직접 간 것과 마찬가지로 생각했습니다. 요셉에게는 그만큼 위기를 극복할 만한 능력과 지혜가 있었습니다.

요셉이 어려움에 빠진 것은 이렇게 아버지의 보냄을 받았기 때문입니다. 만일 야곱이 그를 보내지 않았거나 그가 아버지의 말씀에 순종하지 않았더라면 어려움에 빠질 이유가 없습니다. 세겜에 형들이 없는 것을 보고 그냥 돌아가기만 했어도 어려움을 겪지 않았을 거예요. 그러나 요셉은 아버지의 말씀에 순종해서 끝까지 형들을 찾으려고 했기 때문에 변을 당하게 되었습니다.

이 점에서도 요셉은 예수 그리스도의 완벽한 모형이 됩니다. 그리스도께서 어려움을 당하신 이유는 그가 스스로 왔기 때문이 아니라 아버지의 보냄을 받았기 때문입니다. 그리스도께서는 얼마든지 아버지의 뜻에 순종하지 않을 자유가 있었습니다. 그러나 그분은 아버지를 기쁘시게 하기 원했고 이 세상에서 아버지의 뜻을 철저하게 이루려고 했기 때문에 미움을 받아 결국 십자가에서 죽임을 당하셨습니다. 예수님은 요한복음에서 자신이 스스로 온 것이 아니라 아버지의 보냄을 받아서 왔다는 점을 강조하셨습니다.

> 예수께서 가라사대 하나님이 너희 아버지였으면 너희가 나를 사랑하였으리니 이는 내가 하나님께로 나서 왔음이라 나는 스스로 온 것이 아니요 아버지께서 나를 보내신 것이니라(요 8:42).

하나님께서 그 아들을 직접 인간들에게 보내신 것은 인간들이 어려움에 빠져 있었기 때문입니다. 그렇지 않다면 아들까지 보내실 이유가 없습니다. 예를 들어 어떤 사람이 몸에 이상이 있어서 병원에 진찰받으러 갔는데 병원 원장이 직접 그 병에 대해 설명하면서 수술하라고 했다면, 그것은 그 병이 상당히 심각하다는 뜻입니다. 그렇지 않으면 그 바쁜 원장이 직접 나와서 이러쿵저러쿵 설명할 이유가 없습니다. 마찬가지로 하나님께서 아들을 보내신 것은 우리 인간이 대단히 위험한 자리에 있었기 때문입니다. 사람들은 어려움을 느끼지 못하고 있었고 자기들의 삶이 그런 대로 괜찮다고 생각했지만, 하나님께서는 그 앞에 기다리고 있는 위험을 보시고 예수 그리스도를 보내신 것입니다.

야곱이 사랑하는 아들 요셉을 보낸 것은 세겜에 있는 아들들의 상황이 심상치 않다는 것을 느꼈기 때문입니다. 어쩌면 그들 모두가 가나안 사람들의 보복을 받아서 목숨을 잃을 수도 있었습니다. 그래서 야곱 자신만큼이나 지혜로운, 아니 어쩌면 자신보다 훨씬 더 힘이 있고 순발력이 있는 요셉을 보냄으로써 그들을 도와주려고 했습니다. 그러나 그들은 요셉의 방문을 달가워하지 않았습니다.

## 형제들의 음모

요셉이 다가오는 것을 알아본 형제들이 어떻게 했습니까?

요셉이 그들에게 가까이 오기 전에 그들이 요셉을 멀리서 보고 죽이기를 꾀하여 서로 이르되 꿈꾸는 자가 오는도다 자, 그를 죽여 한 구덩이에 던지고 우리가 말하기를 악한 짐승이 그를 잡아먹었다 하자 그 꿈이 어떻게 되는 것을 우리가 볼 것이니라 하는지라(37:18-20).

요셉이 도단까지 자기들을 찾아온 것을 보면 분명히 많은 고생을 한 것이 틀림없습니다. 그런데도 형제들은 그를 영접하러 나가기는커녕 죽일 생각을 했습니다. 요셉임이 확인되자마자 마음 속에 절제할 수 없는 시기심과 분노가 끓어 오르면서 그를 이번에 반드시 죽여야 한다는 데 금방 의견일치를 보게 된 것입니다.

그들은 왜 요셉을 죽이려고 했을까요? 놀랍게도 요셉의 꿈 때문이었습니다. 그들은 요셉을 '꿈꾸는 자'라고 부르면서, 그를 죽이면 그 꿈이 어떻게 되는지 보자고 말하고 있습니다. 그들은 요셉으로부터 꿈 이야기를 들었을 때, 그것이 보통 꿈이 아니라 요셉을 통해 어떤 중요한 일을 하시려는 하나님의 계획을 보여 주는 꿈이라는 것을 알았습니다. 그러자 하나님을 향해 원망과 분노가 터져 나오기 시작했습니다. 왜 하나님이 자기들의 일에 대해 계획을 가지고 계시느냐는 것입니다. 다른 말로 표현하면 하나님이 뭔데 요셉을 들어서 자기들의 머리로 삼으려 하시느냐는 것입니다.

이 심리를 제대로 이해하려면 마태복음 21장에 나오는 포도원 농부의 비유를 이해해야 합니다. 한 주인이 포도원을 만들어 농부들에게 세를 주고 먼 곳으로 떠났습니다. 그런데 포도를 딸 때가 되어서 종들을 보내 세금을 내라고 했더니, 농부들이 종을 두들겨팬 후에 빈손으로 돌려 보냈습니다. 그 이유가 무엇입니까? 포도원을 빼앗기 위해서입니다. 종을 한 명 보내서는 안 되겠다고 생각한 주인이 더 많은 종을 보냈더니, 그중에 더러는 죽이기까지 했습니다. 결국 주인은 사랑하는 아들을 보내면서 '설마 내 아들까지 박대하지는 않겠지'라고 생각했습니다. 그러나 농부들은 그가 상속자라는 것을 알고 그를 죽여서 포도원 밖에 내던져 버렸습니다.

예수님께서 이 비유를 말씀하신 이유가 무엇입니까? 그가 오신 것은 우리의 삶에서 하나님의 주권을 회복하기 위해서입니다. 원래 우리의 삶은 우리의 것이 아닙니다. 전부 하나님의 것입니다. 우리 재산, 우리 재능, 우리 돈, 전부 하나님의 것입니다. 그러나 그리스도가 오시기까지는 하나님께서 사람들을 자기 마음대로 살도록 내버려 두셨습니다. 그것이 옳기 때문이 아닙니다. 아직 하나님께서 그들의 죄를 용서하지 않으셨기 때문입니다.

마침내 예수 그리스도가 오셨을 때, 하나님께서는 그를 통해 우리 인간들의 죄를 다 용서하기로 결심하셨습니다. 그리고 그때부터 우리의 삶 가운데 개입해서 '이제 너희 마음대로 살거나 너희 계획과 감정대로 살지 말고 내 뜻대로 살아야 한다'고 주권을 요구하기 시작하셨습니다. 유대인들은 그 사실을 알자마자 예수를 죽이기로 결정했습니다. 그 이유가 무엇입니까? 이 모든 것을 자기들의 것으로 여겼기 때문입니다. 자기 돈이고 자기 인생인데 예수가 왜 이러쿵저러쿵 하느냐는 거예요. 자기들의 인생은 어디까지나 자기들의 것이니까 하나님은 간섭하지 말라는 것입니다.

하나님께서 요셉에게 그 꿈을 보여 주신 것은 야곱의 아들들의 삶에 간섭하시기 위해서였습니다. 그들은 지금까지 자기 마음대로 살아왔습니다. 말이 이스라엘이지 실제로 그들이 살아온 삶은 영락없는 죄인의 삶이었습니다. 그들은 살인하고 약탈하고 강간하고 거짓말했습니다. 그 모습 그대로는 도저히 하나님의 복된 백성이 될 수 없었습니다. 하나님께서는 요셉을 통해 그들의 죄를 용서하고 그들의 남은 삶을 하나님의 뜻대로 살게 하겠다는 계획을 가지고 계셨습니다. 그러나 그들은 하나님께서 자신들의 삶에 개입하려고 하신다는 것을 알자마자 그가 보내신 자를 죽이려고 했습니다.

신앙은 단지 기독교라는 종교를 가지는 것이 아닙니다. 신앙에서는 '사는 것'보다 더 중요한 것이 없습니다. 예배도 굉장히 중요하지만, 예배 끝나고 나서 우리의 일상생활을 어떻게 사느냐가 예배만큼 중요합니다. 우리는 지금까지 인생을 우리 것으로 생각해서, 우리 마음대로 결정하고 우리 마음대로 살아왔습니다. 하나님께서 예수님을 보내신 것은, 그런 우리의 삶이 실패라는 것을 인정하고 이제 남은 삶이라도 하나님의 뜻대로 살기 위해 그분에게 맡기라는 뜻입니다.

지금까지 야곱의 아들들의 삶은 완전한 실패였습니다. 그들의 삶에서는 음란과 거짓말과 도둑질과 살인 외에는 찾을 것이 없었습니다. 그런데 하나님께서는 요셉을 통해서 그들의 남은 삶을 붙들고 주장해서 아름답게 사용하기를 원하셨습니다. 그들은 이제라도 하나님께서 자신들에 대한 계획을 가지고 계심을 기뻐하는 마음으로 요셉을 환영하며, 혹시 하나님께서 그에게 새로 보여 주신 것이 있는지 겸손하게 듣는 태도를 가져야 했습니다.

지금까지 나의 삶은 어떠했습니까? 아마도 선뜻 '성공'이라고 말할 수 있는 사람은 별로 없을 것입니다. 그렇다면 앞으로 남은 삶을 내가 계속 책임지고 살 때 과연 성공할 자신이 있습니까? 나의 남은 삶을 전적으로 내가 책임지고 살 때 이전보다 큰 죄에 빠지지 않을 자신이 있습니까? 신앙은 내 몸을 어떻게 사용하느냐, 내 인생을 어떤 방식으로 사느냐와 관계가 있습니다. 내 몸을 하나님의 뜻대로 사용하는 것, 나의 남은 인생을 내 마음대로 살지 않고 하나님의 뜻대로 사는 것이 진정한 신앙입니다.

그리스도께서 오신 것은 우리 삶에서 하나님의 주권을 회복함으로써 남은 삶을 바로 살게 하시기 위한 것입니다. 내가 가진 모든 것에 차압 딱지를 붙여서 어떤 것도 내 마음대로 사용하거나 결정하지 못하게 하시고 하나님 뜻대로 살게 하심으로써, 우리의 남은 삶을 복되게 하기 위한 것입니다. 더 이상 내 욕심대로, 내 야망을 실현하기 위해 사는 것이 아니라 나의 모든 것을 통해 하나님을 나타내고 하나님을 기쁘시게 하기 위해 사용하라는 거예요.

만약 제가 헌금 시간에 여러분의 집 문서를 다 내놓으라고 한다면 고분고분하게 내놓을 사람이 과연 있겠습니까? 다들 "저 도둑놈 같으니라고!" 하고 욕하면서 입에 거품을 물고 덤벼들지 않겠습니까? 그런데 하나님은 우리에게 그렇게 하십니다. 집 문서 다 내놓으라는 겁니다. 가지고 있는 통장 다 내놓으라는 겁니다. 직장 사표를 하나님이 받아 두시겠다는 겁니다. 텔레비전에도 빨간 딱지 붙이고, 내 머리에도 빨간 딱지 붙이라는 겁니다. 왜 아무거나 보고 아무거나 생각합니까? 왜 돈을 제멋대로 쓰고 몸을 제멋대로 씁니까? 왜 성질난다고 제멋대로 소리지릅니까? 그렇게 제멋대로 못하게 하려고 예수님이 오신 것입니다.

야곱의 아들들이 요셉을 죽이기로 결정한 것은, 그가 오면 그가 시키는 대로 해야 한다는 것을 알았기 때문입니다. 그는 지금 아버지 대신 오고 있습니다. 그러니까 이제부터는 마음대로 행동하고 마음대로 누리고 마음대로 옮겨다니던 자유를 다 빼앗긴 채, 요셉이 시키는 대로 해야 하는 것입니다. 계속 죄짓고 거짓말하고 양도 잡아먹어야 하는데 요셉이 오면 그런 짓들을 더 이상 못한다는 거예요. 그들은 요셉을 죽이지 않으면 자유가 없다는 것을 알았습니다.

제가 목회를 하면서 느끼는 것은, 교인들은 목사가 설교만 하기를 바란다는 것입니다. 목사가 조금이라도 자기 사생활에 뛰어든다는 느낌이 들면 그때부터 원수의 관계로 돌변해 버립니다. '당신은 설교만 하고 내 문제는 내가 결정하도록 내버려 두라'는 것이지요. 자녀 교육에서도 마찬가지입니다. 그리스도인이라고 하면서도 철저하게 자기 욕심대로, 자기 방식대로 아이를 교육해야 직성이 풀립니다.

그러나 여러분, 내가 낳은 자식이라고 해서 내 자식이 아닙니다. 그렇게 애지중지 키워서 결혼시켜 놓았더니 완전히 배우자한테 매여 정신 못 차린다고 한탄할 필요가 없어요. 자식은 하나님이 나에게 맡겨 주신 존재일 뿐입니다. 부부도 마찬가지입니다. 부부가 천국에 가서도 계속 팔짱 끼고 다닐 것 같습니까? 천년만년 부부로 살 것처럼 예배 시간까지 땀 나게 손잡고 팔짱 끼고 집착할 필요가 없습니다. 이 세상 살 때 친구로 잘 지내면 되지요. 천국에 가면 부부보다 더 가까운 관계가 될 겁니다.

우리 삶에 '나의 것'이라고는 아무것도 없습니다. 배우자도 하나님께서 맡겨 주신 사람이고 자식도 하나님께서 맡겨 주신 사람입니다. 돈도 하나님이 맡기신 것이고, 직책도 하나님이 맡기신 것입니다. 그것을 인정하지 못하는 것이 죄성입니다.

오늘 본문이 우리에게 보여 주는 것이 무엇입니까? 이스라엘 백성들은 원래부터 구원받을 만한 자격이 없는 사람들이었다는 것입니다. 하나님께서 일방적으로 그들을 사랑하셨고, 일방적으로 요셉을 보내셨으며, 거의 죽음에 가까운 요셉의 고난을 통해서 일방적으로 그들을 용서하시고, 제멋대로 살려는 그들을 설득해서 하나님의 백성으로 만드셨다는 것입니다.

## 르우벤의 도움

야곱의 아들들이 요셉을 죽이려고 했을 때 놀랍게도 르우벤이 요셉을 도와주었습니다.

> 르우벤이 듣고 요셉을 그들의 손에서 구원하려 하여 가로되 우리가 그 생명은 상하지 말자 르우벤이 또 그들에게 이르되 피를 흘리지 말라 그를 광야 그 구덩이에 던지고 손을 그에게 대지 말라 하니 이는 그가 요셉을 그들의 손에서 구원하여 그 아비에게로 돌리려 함이었더라 (37:21, 22).

왜 하필 르우벤이 요셉을 도우려고 했을까요? 두 가지 가능성을 생각할 수 있습니다. 하나는 르우벤도 요셉처럼 본처 소생이었기 때문에 요셉을 미워할 이유가 없었으리라고 보는 것입니다. 다시 말해서 첩의 소생들보다는 본처 소생인 르우벤이 요셉에게 적개심을 덜 가졌을 수도 있다고 가정하는 것입니다. 그러나 우리는 본처인 레아와 라헬의 관계가 오히려 더 적대적이었다는 사실을 기억할 필요가 있습니다. 첩들보다는 본처들이 더 심한 알력과 경쟁의 관계였어요. 더욱이 재산 상속의 문제를 놓고 본다면 첩의 소생보다는 본처의 소생들이 훨씬 더 요셉과 경쟁 관계에 있었습니다. 그리고 르우벤을 제외한 다른 본처 소생들은 전혀 요셉을 편들어 주지 않았습니다. 이런 점들로 미루어 볼 때 르우벤이 요셉처럼 본처의 소생이었기 때문에 도우려고 했다는 주장은 설득력을 잃습니다.

우리는 이러한 행동의 유일한 이유를 르우벤의 죄의식에서 찾아볼 수 있습니다. 르우벤은 야곱의 아들들 중에서 가장 무서운 죄를 지었습니다. 그것은 아비의 침상을 더럽힌 죄였습니다. 르우벤은 서모 빌하와 동침을 했습니다. 물론 야곱의 집에는 십계명처럼 명문화된 율법은 없었습니다. 그러나 불문율로서 율법이 있었습니다. 르우벤은 자기가 간음을 행했으며, 그것은 죽임당해 마땅한 죄라는 것을 알고 있었습니다. 아마 그는 자신의 죄 때문에 심히 괴로워했을 것입니다. 그런데 자기처럼 마땅히 죽임당해야 할 죄인은 살아 있고, 아무 죄도 짓지 않은 요셉은 죽게 된다는 사실이 그를 고통스럽게 만든 것 같습니다. 르우벤은 형제들의 분노를 가라앉힐 길이 없었기 때문에, 직접 죽이는 대신 광야에 있는 구덩이에 던져 넣어서 굶어 죽게 하자고 제안했습니다. 나중에 자기가 그를 다시 끌어내서 아버지에게 보낼 생각이었던 것입니다.

여기에서 우리는 요셉의 고통에 대해 두 가지 입장이 있는 것을 볼 수 있습니다. 하나는 요셉이 고통을 받으면 받을수록 좋아하는 입장입니다. 시기하고 질투하는 마음 때문에 요셉이 잔인하게 죽임을 당하면 당할수록 더 좋아하는 것이지요. 단번에 쳐서 몇 초 만에 죽이기보다는, 구덩이 안에 넣어서 서서히 굶겨 죽이는 편이 더 재미있는 것입니다. 아마 그래서 형제들은 르우벤의 제안에 선뜻 동의했을 것입니다.

그러나 자신을 죄인으로 생각한 르우벤은 요셉의 고통을 곧 자신의 고통으로 느끼고 괴로워했습니다. '요셉이 이 상태에서 죽는다면 나는 수십 번 수백 번 죽어야 할 사람이고, 요셉이 여기에서 돌에 맞아 죽는다면 나는 수천 번 수만 번 돌에 짓이김을 당해 죽어야 하는 죄인'이라는 생각을 하니까, 요셉을 나서서 구하지는 못해도 그의 편에 서려고 노력하게 되는 것입니다.

성경은 예수 그리스도의 십자가 고통을 통해 인류를 두 부류로 나누고 있습니다. 하나는 예수 그리스도를 십자가에 못박는 사람들이요 다른 하나는 십자가의 고통에 동참하는 사람들입니다. 물론 거의 대부분의 사람은 예수 그리스도의 고통은 자기와 아무 상관 없는 일로서, 자신은 둘 중에 어느 편도 아니라고 생각합니다. 그러나 무죄한 사람이 죽었을 때에는 누구나 둘 중에 하나의 편에 서지 않을 수 없습니다. 즉 그를 죽인 세력의 편에 서든지, 죽임당한 그 사람의 편에 서게 되는 것입니다.

군사정권 시절에 한 학생이 경찰에 끌려가서 물고문을 받다가 죽은 일이 있었습니다. 그의 죽음은 '탁' 치니까 '억' 하고 죽었다는 유명한 말을 남겼습니다. 물론 그의 물고문에 직접 가담한 경찰은 몇 명 되지 않았고, 그들은 처벌을 받았습니다. 그러나 그 학생의 죽음은 단지 그 몇 명에 의해 저질러진 일이 아닙니다. 억압의 방식으로 정권을 유지하고자 했던 사람들은 모두 그 학생을 죽인 자의 편에 선 것입니다. 직접 그의 목을 누르고 물을 먹이지 않았다 해도, 그 정권에 가담해서 그런 방식으로 정권을 유지하고자 했던 사람들은 모두 그 학생을 죽인 죄를 지은 것입니다. 반면에 그 정권 밑에서 탄압받고 고생한 사람들은 그 학생과 같은 고통을 마음속으로 경험했을 것입니다.

우리는 대개 그리스도의 십자가 죽음과 자신은 아무 상관이 없다고 생각합니다. 그런데 하나님께서 나의 삶에 간섭하시며 예수를 믿지 않으면 구원받을 수 없다고 하실 때, 갑자기 반발심이 올라옵니다. '도대체 예수가 뭔데 나한테 이래라저래라 하는 거야? 왜 십자가 아니면 안 된다는 건데?' 하는 마음이 고개를 쳐드는 것입니다. 그래서 어떤 사람은 할 수 있는 한 율법을 다 깨뜨려 보고 싶어 합니다.

제가 그랬습니다. 하나님이 율법을 다 지켜야 한다니까 오히려 다 어겨 보고 싶었어요. 그래도 살인하지 말라, 간음하지 말라 같은 계명들까지 어기면 윤리적으로 문제가 생기니까, 제사할 때 남은 음식 먹고 제사술을 마심으로써 하나님께 반항했습니다. 그렇게 실제로는 율법을 다 어길 수 없었지만, 마음으로는 다 어겨 보고 싶었어요. 예수 그리스도를 십자가에 못박은 것은 바로 그런 반발심입니다. '왜 예수 아니면 구원받을 수 없다는 거야? 하나님이 뭔데 나의 삶에 간섭하는 거야?' 하는 반발심이 결국 예수를 십자가로 몰아간 것입니다.

그러나 자신의 죄를 깊이 깨닫고 괴로워하는 사람은 예수의 십자가를 볼 때 '내가 바로 저기에 달려 있어야 하는데 저분이 대신 달렸구나!' 하는 생각이 들면서, 사실은 자신이야말로 사람들의 비웃음과 침 뱉음을 당해야 할 것 같은 느낌을 받습니다.

그리스도인이 살고 있는 삶은 제2의 인생입니다. 이것은 예수께서 침 뱉음을 당하고 가시에 찔리고 채찍에 맞음으로써 주신 귀중한 삶입니다. 너무나도 존귀한 분이 이런 값을 지불하고 우리에게 새로운 삶을 주셨다는 것을 깨달을 때 도저히 인생을 허비하거나 낭비할 수가 없습니다. 혼자서 헛된 공상이나 하고 궁상이나 떨면서 몇 달 몇 년씩 침체에 빠져 지낼 수가 없어요. 방황하기에는 너무나도 아까운 시간입니다. 내 욕심대로 이것도 해 보고 저것도 해 보기에는 너무나도 귀중한 시간입니다.

르우벤이 요셉의 편에 섰던 이유가 무엇입니까? 자기가 죽어야 할 죄인이라는 것을 깨달았기 때문입니다. 참으로 놀라운 것은 야곱의 아들들 중에서도 가장 무서운 죄를 지은 자가 자기도 모르게 요셉을 도우려고 했다는 이 사실입니다. 물론 그는 요셉을 건져 내지 못했습니다. 그러기에는 그 자신의 죄가 컸고 형제들 사이에 영향력도 없었습니다. 그러나 그가 요셉 편에 서려고 했다는 것, 어떻게 해서든지 그를 도우려고 했다는 사실만큼은 성경의 기록으로 영원히 남게 되었습니다.

## 구덩이에 빠진 요셉

마침내 요셉은 구덩이에 빠지게 되었습니다. 형들은 요셉의 채색옷을 벗기고 물이 없는 깊은 구덩이에 던져 넣어서 마시지도 못하고 먹지도 못하는 고통을 주었습니다. 요셉은 그 깊은 구덩이에서 사망의 고통을 맛보아야만 했습니다.

> 요셉이 형들에게 이르매 그 형들이 요셉의 옷 곧 그 입은 채색옷을 벗기고 그를 잡아 구덩이에 던지니 그 구덩이는 빈 것이라 그 속에 물이 없었더라(37:23, 24).

요셉의 형들이 가장 싫어했던 것은 요셉의 채색옷이었습니다. 그래서 그들은 그 옷부터 벗겼습니다. 아버지가 준 사랑과 영광부터 빼앗은 것입니다. 그리고 물이 없는 깊은 구덩이에 던져 넣어서 굶주리고 목말라 죽게 하려 했습니다.

이것은 요셉이 겪어야 할 고난의 시작에 불과했습니다. 사실 이 구덩이는 그가 앞으로 당할 환난과 고통에 비하면 아무것도 아닙니다. 이 구덩이는 쉽게 빠져나갈 수 있는 곳이었습니다. 누군가 줄만 내려 주면 올라갈 수 있는 곳이었어요. 그는 앞으로 더 깊은 구덩이, 사람이 던져 준 줄로는 도저히 올라갈 수 없는 구덩이에 빠지게 될 것입니다. 애굽의 노예생활과 억울한 누명, 가장 악명 높은 시위대의 감옥살이라는 인생의 밑바닥이 그를 기다리고 있었습니다.

하나님께서는 왜 이렇게 엄청난 환난을 준비해 두신 것일까요? 요셉을 이스라엘의 구원자로 세우시기 위해서입니다. 전에 말했듯이 하나님의 집을 다스릴 사람은 두 가지를 알아야 하는데, 그 중에 하나가 인간의 죄성입니다. 그 죄성을 철저히 깨닫지 못한 사람은 이스라엘 백성들이 가진 돈이나 재주나 사람의 숫자를 자꾸 믿게 됩니다.

그러나 하나님은 그런 것으로 일하기를 원치 않으십니다. 하나님은 사람들이 서로 힘을 합하여 그의 구원을 이루거나 그의 나라 세우는 것을 기뻐하지 않으십니다. 사람들은 의기투합하는 것을 좋아합니다. 같은 고향 사람들끼리, 같은 학교 출신들끼리, 비슷한 성향을 가진 사람들끼리, 마음이 맞고 이야기가 통하는 사람들끼리 의기투합해서 일 벌이기를 좋아해요. 그러나 그런 것을 하나님의 일이라고 생각하면 큰일납니다.

하나님이 요셉에게 원하신 것은 인간의 죄성과 소망 없음을 철저히 보는 것이었습니다. 그는 형들을 도우러 간 자신을 오히려 그들이 죽이려 하는 것을 보면서, 그것도 가장 고통스러운 방법으로 죽이려 하다가 결국 애굽으로 가는 상인들에게 노예로 팔아먹는 것을 보면서, 이스라엘이 하나님 앞에서 얼마나 무서운 죄인이며 구원받을 자격이 없는 자들인지 뼈저리게 경험했습니다.

요셉은 사람을 의지하지 않았습니다. 르우벤은 요셉을 구덩이에 넣으면서 나중에 자기가 구해 주겠다고 귓속말을 했을지도 모릅니다. 그러나 그는 오지 않았습니다. 애굽의 감옥에서도 요셉의 도움을 받은 관원장이 그를 꺼내 주겠다고 했지만, 그 후로도 무려 2년 동안 그의 존재를 까맣게 잊고 지냈습니다. 하나님께서는 요셉을 사람이 꺼내 줄 수 없는 깊은 구덩이에 빠뜨리시고 하나님의 방법으로 끄집어내셨습니다. 요셉은 오직 하나님의 말씀과 그의 뜻과 그의 능력에만 붙들렸습니다. 그는 사람의 방법과 수단을 믿지 않았습니다. 만약 사람이 어떤 일을 해주더라도 그것은 하나님께서 하시는 것이지 사람이 하는 것이 아니라는 사실을 그는 분명히 알았습니다.

그런 사람만이 다른 사람을 미워하지 않을 수 있습니다. 사람이 어떤 존재인지 알고 아무 기대도 하지 않기 때문입니다. 그래서 요셉은 나중에 형들을 만났을 때에도 보복하려고 하지 않았습니다. 다른 사람을 미워하는 것은 무언가 기대한 바가 있기 때문입니다. 기대한 게 있으니까 섭섭하고, 믿었기 때문에 속에서 불이 붙는 것입니다. 그러나 아예 기대를 갖지 않는 사람은 실망할 것도 없고 욕할 것도 없습니다. 그런 사람만이 '원래 인간들이 다 그렇다'는 것을 알고 분풀이하지 않으며 남을 불쌍히 여기고 사랑으로 끌어안을 수 있습니다.

하나님께서 요셉을 그토록 낮추시고 형제들이나 믿을 만한 모든 사람들에게 배반당하게 하시며 결국 하나님의 때에 하나님의 능력과 방법으로 그 깊은 구덩이에서 끌어올리신 이유가 무엇입니까? 사람을 의지하지 않고 오직 하나님만 의지함으로써, 모든 사람을 용서하고 끌어안는 자로 만드시기 위해서입니다. 그들 모두를 구원하는 자로 세우시기 위해서입니다.

좋아하는 사람과 싫어하는 사람, 기질이 비슷한 사람과 완전히 다른 사람을 나누는 것은 도토리 키재기와 같은 일입니다. 왜 특정 부류의 사람들만 사랑하려고 합니까? 철저하게 사람에게 실망하고, 사람 안에 선한 것이 없다는 것과 혹시 있더라도 그것은 하나님에게서 나온 것이라는 사실을 깨달을 때에야 비로소 우리는 사람에게 기대를 갖거나 사람을 의지하지 않고 하나님만 바라보게 됩니다.

사랑하는 여러분, 아직도 가족이나 남편이나 다른 사람에게 섭섭한 마음이 있습니까? 몰라서 그렇습니다. 더 당해 봐야 섭섭한 마음이 없어질 것입니다. 섭섭한 마음이 있다는 그 자체가 아직도 사람의 죄성을 모른다는 뜻이고 사람에게 기대하는 바가 있다는 뜻입니다. 하나님은 오늘 우리에게 온전히 그분만 바라보고 그분께만 영광돌리며 그분이 나에 대해 가지고 계신 선한 뜻을 신뢰하라고 말씀하십니다.

오늘 본문이 보여 주는 것이 무엇입니까? 요셉의 생애가 아닙니다. 오늘 본문은 우리의 완악한 본성에도 불구하고 일방적으로 오셔서 우리의 죄를 감당하신 예수 그리스도를 보여 주고 있습니다. 예수님은 하나님의 보냄을 받아 오셨습니다. 그가 이렇게 직접 오셨다는 것은, 우리 인생이 마치 한 걸음만 잘못 디뎌도 결코 회복될 수 없는 엄청난 사망의 낭떠러지를 아슬아슬하게 걸어가는 것처럼 위태롭다는 뜻입니다.

예수님은 우리의 남은 인생을 하나님께서 사용하실 수 있게 하려고 오셨습니다. 어떤 사람은 "어쨌든 천국만 가면 되니까, 실컷 술 마시면서 놀다가 죽기 5분 전에 회개하자"고 합니다. 그것은 신앙을 오해하고 하는 말입니다. 진정한 신앙은 남은 삶을 내 욕심과 정욕대로 쓰지 않고 하나님의 방법대로 쓰는 것입니다.

우리는 실패할 수밖에 없는 사람들입니다. 그래서 주님이 오신 것입니다. 주님이 내 인생에 차압 딱지를 붙이신 것은, 내 마음대로 결혼도 되지 않고 유학도 가지 못하고 취직도 잘 되지 않게 하신 것은 나를 완전한 실패자로 만들기 위해서가 아닙니다. 나의 남은 인생을 정말 멋지게 살게 하기 위해서, 정말 하나님 앞에 아름답게 살게 하기 위해서입니다. 그래서 그는 침 뱉음을 당하셨고 채찍에 맞으셨으며 십자가에 못박혀 죽으신 것입니다.

우리에게는 낭비할 시간이 없습니다. 우리가 엉망으로 만들었던 캔버스는 예수님이 이미 다 처리하셨고, 지금 우리 앞에는 완전히 새로운 흰 도화지가 주어져 있습니다. 생각해 보십시오. 여기에 무엇을 그려야 할지, 어떻게 하면 실패하지 않고 온전한 그림을 그럴 수 있을지 생각해 보십시오. 너무 나이들어서 믿었기 때문에 못한다고 하지 마십시오. 지금이야말로 마지막 불꽃을 태울 좋은 기회입니다.

하나님께서는 사람에게 기대하지도 말고 섭섭해하지도 말라고 말씀하십니다. 아직도 사람에게 미움과 분노를 느끼는 사람은 깊은 구덩이의 맛을 못 본 사람입니다. 가장 가까운 사람에게 배신당해 보지 않은 사람은 인간성을 논할 자격이 없어요. 하나님은 인간을 믿지 말라고 하십니다. 우리가 믿는 것은 오직 사람 안에서 역사하시는 성령입니다. 성령의 선을 넘어서 인간적인 방법으로 친하게 지내거나 사랑에 빠질 때 결코 하나님의 뜻을 이룰 수 없습니다. 절제되고 통제된 사랑과 감정만이 하나님의 뜻을 이룰 수 있는 길입니다.

철저하게 하나님만 의지하십시오. 하나님만 바라보십시오. 그가 우리를 깊은 구덩이에서 건지시며 우리의 영광을 회복시키실 것입니다.

# 7

# <u>야곱의</u>
# <u>통곡</u>

요즘 학원 폭력이 심각한 사회 문제로 대두되고 있습니다. 그런데 문제는 실세로 다른 학생을 때리는 청소년 자신은 그렇게 죄의식을 느끼지 못한다는 것입니다. 단지 주먹이 근질근질하거나 상대방이 너무 건방지게 굴어서 좀 손봐 준 것뿐이라고 생각합니다. 그러나 괴롭힘을 당하는 당사자에게는 그것이 얼마나 큰 고통이요 절망인지 말로 표현할 수가 없습니다.

어느 학교에서 몇 명의 불량한 학생들이 좀 건방져 보이는 아이를 데려다가 두들겨팼습니다. 그런데 그 아이는 폭력을 견디다 못해 그만 자살을 하고 말았습니다. 때린 학생들은 그때까지만 해도 자기들이 얼마나 엄청난 짓을 했는지 잘 몰랐습니다. 그런데 그 부모가 아이의 시신을 붙들고 몸부림치며 통곡하는 것을 보았을 때에야 비로소 '우리가 무언가 엄청난 일을 저지르기는 저질렀구나' 하는 생각이 들기 시작했습니다.

야곱의 아들들은 동생 요셉을 죽이려고 물이 없는 우물에 처넣은 다음에도 전혀 죄의식을 느끼지 못하고 있었습니다. 그들은 요셉이 그 안에서 죽어 가고 있는데도 태연하게 자기들끼리 음식을 먹을 수 있을 정도로 마음이 굳어 있었고, 도대체 무엇이 죄이며 자기들이 지금 어떤 짓을 저지르고 있는지 전혀 깨닫지 못했습니다.

그런데 그들 가까운 곳에 대상들이 지나가고 있었습니다. 그들은 사막을 횡단하는 상인들이었습니다. 야곱의 아들들 중 하나가 그들을 보고 다른 형제들에게 제안을 했습니다. "굳이 우리 손으로 직접 죽일 필요가 뭐 있냐? 저 대상들에게 팔아 버리자." 듣고 보니 그럴듯해서, 형제들은 은 20개를 받고 요셉을 노예로 팔아 버렸습니다. 그리고 아버지에게는 요셉이 죽었다고 하려고, 일부러 숫양 한 마리를 죽여서 그 피를 요셉의 옷에 묻혔습니다. 그리고 그 옷을 아버지에게 보내면서 '이 옷을 길에서 발견했는데, 혹시 요셉의 옷이 아닌지 봐 달라'고 했습니다.

그들은 아버지가 이 피 묻은 옷을 보고 대충 슬퍼하다가 얼마쯤 지나면 그 슬픔을 극복할 줄 알았습니다. 그러나 야곱의 슬픔은 진정되지 않았습니다. 그는 요셉의 옷을 보고 엄청나게 통곡했습니다. 이렇게 슬퍼하고 애통하는 모습은 여지껏 같이 산 사람들도 본 적이 없을 정도였습니다. 야곱은 어머니가 돌아가셨을 때에도 이렇게 울지 않았고, 아버지가 돌아가셨을 때에도, 심지어는 디나가 강간당하고 자식들이 밖에 나가서 사람을 죽이는 죄를 짓고 돌아왔을 때에도 울지 않고 잘 참아 냈습니다. 그러나 요셉의 피 묻은 옷을 보고 울 때에는 아무도 그를 달래거나 말릴 수가 없었습니다.

야곱의 이 엄청난 통곡을 보았을 때에서야 비로소 아들들은 조금씩 겁이 나기 시작했습니다. 야곱에게 요셉은 단순히 사랑하는 아들이 아니었습니다. 아버지에게 요셉은 모든 재산과 아들들과 이 세상 전부를 합친 것보다 더 귀중한 존재였다는 사실을 아들들은 깨닫기 시작했습니다.

야곱은 장난이나 심심풀이로 요셉을 보낸 것이 아닙니다. 다른 아들들을 돕기 위해 이 세상 전부보다 소중한 그 아들을 보낸 것입니다. 그들은 일시적인 시기심으로 요셉을 팔아넘겼지만, 야곱한테는 세상 전부를 잃은 것과 같았습니다. 자식들은 야곱을 위로

하려고 여러 가지로 노력해 보았습니다. 그러나 그의 슬픔은 어떤 것으로도 진정될 수가 없었습니다. 그는 모든 위로를 거절했습니다. 그가 바라는 것은 오직 하나, 슬퍼하며 음부로 내려가서 아들에게로 가는 것뿐이었습니다.

오늘 본문이 우리에게 보여 주고자 하는 것이 무엇입니까? 야곱의 애통은 지금까지 아들들이 저질러 온 죄에 대한 그의 침묵에 약간의 빛을 비추어 주고 있습니다. 우리가 지금까지 야곱의 집에 대한 말씀을 죽 살펴 오면서 느낀 것은 '이것은 결코 하나님 백성의 모습이 아니다. 무언가 잘못되어도 크게 잘못되었다'는 것입니다. 여동생이 강간당했다고 칼 차고 나가서 동네 사람들을 전부 죽여 버리는 것은 하나님 백성의 모습이 아닙니다. 아버지가 자기 동생을 더 사랑한다고 해서 그를 죽이려고 음모하는 것은 성도들의 모습이 아닙니다. 우리는 성경을 읽으면서 계속 '이건 아닌데' 하는 마음을 가졌습니다.

그런데 이런 아들들의 모습을 보면서도 잘 참았던 야곱이 사랑하는 요셉의 죽음 앞에서는 엄청난 애통을 참지 못한 것입니다. 요셉의 죽음은 지금까지 다른 아들들이 저질러 온 모든 죄보다 더 큰 아픔을 야곱에게 안겨다 주었습니다. 의로운 한 아들의 피흘림은 다른 많은 아들들의 불의보다 더 큰 고통을 주었습니다. 지금까지 자신들의 잘못을 조금도 깨닫지 못하던 아들들은 아버지의 이 엄청난 애통을 보고서야 자신들이 어떤 짓을 했는지 깨닫기 시작했습니다.

이 점에서 요셉은 예수 그리스도의 완벽한 예표입니다. 하나님이 심심해서 예수 그리스도를 이 세상에 보내신 것이 아닙니다. 정말 우리를 너무나도 사랑하기 때문에, 정말 우리를 돕고 싶었기 때문에 하나밖에 없는 사랑하는 아들을 보내신 것입니다. 그 아들은 하나님께 온 우주를 합친 것보다, 온 천사를 합친 것보다 더 귀한 존재였습니다. 그러나 인간들은 이 아들을 제 맘대로 처리해 버렸습니다. 예루살렘 성문 밖으로 끌고 나가 십자가에 못박아 죽여 버린 것입니다. 그러고 나서도 자기들이 어떤 짓을 했는지 제대로 깨닫지 못했습니다.

그런데 복음과 성령의 역사를 통하여 조금씩 그 죄에 대한 각성이 일어나기 시작했습니다. 그리스도의 죽음이 정말 어떤 것인지 깨닫게 되면서 애통하는 사람들이 하나 둘 생겨났습니다. 자기 어머니가 죽는 것을 보면서도 눈물 한 방울 흘리지 않던 사람들이, 동생한테 사고가 났을 때도 전혀 울지 않던 사람들이, 십자가 죽음의 의미를 알고 나서는 애통하기 시작했습니다. 그리고 자신들이 지금까지 살면서 했던 일들이 얼마나 하나님 가슴에 못을 박는 짓이었는지 조금씩 깨닫기 시작했습니다.


## 아들들의 무서운 죄성

야곱의 아들들은 요셉을 잡아서 죽이려고 하면서도 이것이 얼마나 엄청난 죄인지 알지 못하고 있었습니다. 그래서 그들은 요셉을 물 없는 구덩이에 처넣고서도 태연하게 자기들끼리 음식을 먹을 수 있었습니다. 37장 25절 앞부분을 보십시오.

그들이 앉아 음식을 먹다가

지금 동생은 물 없는 구덩이 속에서 두려움과 허기로 죽어가고 있습니다. 그런데 형이란 사람들은 밖에서 태연하게 음식을 먹고 있는 것입니다. 음식은 원래 편하게 먹어야 체하지 않는 법입니다. 부담스러운 상황에서 먹으면 목에 딱 걸리게 되어 있고, 마음에 미움과 분노가 있거나 흥분된 상태에서는 음식이 잘 넘어가지 않게 되어 있어요. 하물며 옆에서 사람이 죽어 가고 있는데 음식이 목구멍으로 들어갑니까? 살려 달라는 외침이 귀를 찌르는데도 편안하게 음식을 먹을 수 있는 사람은 정상적인 사람이 아닙니다.

요셉이 구덩이 속에서 허기와 공포로 죽어 가고 있는데도 형들이 태연하게 잘 먹고 있었다는 것은, 동생을 죽이는 일이 전혀 마음에 고통스럽지 않았다는 것을 의미합니다. 그들은 이 엄청난 죄 앞에서도 마음의 평안을 누렸습니다.

어떻게 그럴 수 있습니까? 마음속에 있는 양심의 등불을 다 꺼버렸기 때문에 그럴 수 있습니다. 조금이라도 양심이 살아 있으면 마음이 약해지고 갈등이 생기니까 아예 철저하게 마음문을 닫아 버리고 양심을 죽여 버린 것입니다. 그러니까 옆에서 동생은 죽어 가고 있는데도 편하게 음식을 먹을 수 있는 거예요. 지금 야곱의 아들들은 철저한 어둠에 빠져 있습니다. 그들은 지금 자기들이 얼마나 엄청난 짓을 저지르고 있는지 전혀 모르고 있습니다.

그때 그들 앞에 새로운 상황이 벌어졌습니다. 그들 옆으로 한 무리의 상인들이 지나가고 있었던 것입니다.

> 한 떼 이스마엘 족속이 길르앗에서 오는데 그 약대들에게 향품과 유향과 몰약을 싣고 애굽으로 내려가는지라 유다가 자기 형제에게 이르되 우리가 우리 동생을 죽이고 그의 피를 은닉한들 무엇이 유익할까 자, 그를 이스마엘 사람에게 팔고 우리 손을 그에게 대지 말자 그는 우리의 동생이요 우리의 골육이니라 하매 형제들이 청종하였더라 때에 미디안 사람 상고들이 지나는지라 그들이 요셉을 구덩이에서 끌어올리고 은 이십개에 그를 이스마엘 사람들에게 팔매 그 상고들이 요셉을 데리고 애굽으로 갔더라(37:25하-28).

원래 길르앗은 향료로 유명한 곳입니다. 이 대상들은 길르앗에서 향료를 사서 애굽에 가져다가 파는 상인들이었습니다. 아마도 수십 명씩 무리를 지어서 낙타를 끌고 사막을 지나다녔을 것입니다.

이 상인들을 보자 형제들 중의 하나인 유다에게 한 가지 생각이 떠올랐습니다. 요셉을 제거하는 것이 목적이라면 굳이 직접 죽일 필요가 뭐가 있느냐는 것입니다. 그냥 지나가는 상인들에게 팔아 버리면 죽을 때까지 노예로 살 테니 요셉은 자연히 제거되는 셈이고, 자신들은 돈을 쥘 수 있으니 일거양득이 아니냐는 것이지요. 그래서 그는 형제들에게 요셉을 죽이지 말고 이 대상들에게 팔아 버리자고 제안했고, 형제들은 선뜻 동의했습니다.

그들이 이렇게 한 것은 요셉에 대한 마음이 관대해졌기 때문이 아닙니다. 실제로 그들의 마음은 조금도 관대해지지 않았습니다. 오히려 더 치밀해졌습니다. 야곱의 아들들은 무죄한 자의 피를 흘리는 것이 하나님 앞에서 분명히 죄가 된다는 것을 알았습니다. 그래서 자신들이 직접 죽이기보다는 다른 사람의 손에 넘겨서 죽게 하는 편이 훨씬 더 책임을 줄일 수 있는 길이라고 생각했던 것입니다.

정말 그렇습니까? 자신이 직접 죽이지 않고 다른 사람의 손에 넘겨서 죽이면 책임을 줄일 수 있습니까? 세상에서는 그것을 크게 문제 삼지 않을지 모릅니다. 그러나 하나님 앞에서는 직접 살인이나 간접 살인이나 똑같이 유죄라는 것을 알아야 합니다.

제가 군대에서 장교 훈련을 받을 때였습니다. 우리를 대단히 비인격적으로 대하던 부대장이 한 명 있었습니다. 어느 날, 훈련을 하기 위해 사격장에 가게 되었을 때 우리는 저마다 '누구 한 명이 저놈을 쏘아 주었으면' 하고 바랐습니다. 물론 실제로 쏜 사람은 없었습니다. 그런 식으로 자기 인생을 망치고 싶은 사람이 없었기 때문입니다. 결국 사격장 훈련은 별 사고 없이 끝났습니다. 그러나 우리에게는 누군가 거기서 큰일을 저질러 주기를 바라는 마음이 정말 있었습니다. 실제로 그를 쏜 사람은 없었지만, 누군가 쏘았다면 아마 굉장히 좋아했을 것입니다. 자기 손에 피를 묻히지 않고도 미운 사람을 제거할 수 있었을 테니까요.

사람은 다른 사람을 죽이고 싶은 충동을 여러 번 느낍니다. 그러나 대개는 직접 죽일 정도로 어리석지 않습니다. 남을 직접 죽이면 자기 인생도 같이 끝나 버린다는 것을 알기 때문이지요. 그래서 직접 죽이는 대신, 상대방을 무참하게 쓰러뜨리는 프로복싱을 보거나 악한 사람을 설정해 놓고 그들을 잔인하게 죽이는 영화를 보면서 기분을 풉니다. 설교 열 번 듣는 것보다 이렇게 쏘고 저렇게 쏘는 영화 한 편 보는 게 더 기분전환이 돼요.

성적 충동을 느낄 때도 마찬가지입니다. 사회적인 책임도 있고 아내도 신경쓰이고 돈도 없으니 직접 음란한 짓을 하지는 못하고, 그 대신 음란한 영화나 잡지나 소설을 읽음으로써 대리만족을 느낍니다. 그러면서도 '난 아무도 죽이지 않았어. 난 아무도 건드리지 않았어'라고 생각하는 것입니다.

유다가 다른 형제들에게 요셉을 죽이지 말고 이스마엘 상인들에게 팔자고 제안한 것은 그의 마음이 관대해졌기 때문이 아닙니다. 단지 자기들의 손에 직접 피를 묻히지 않고 요셉을 제거하고 싶었던 것뿐입니다. 물론 말은 그럴듯하게 했습니다. "우리 손을 그에게 대지 말자. 그는 우리의 동생이요 우리의 골육이니라." 정말 동생이요 골육으로 생각한다면 왜 노예로 팔아먹습니까? 그 당시에 노예로 팔려 간다는 것은 곧 죽음을 의미했습니다. 정말 자기 말대로 요셉을 동생으로 생각한다면 노예로 팔지 말아야지요. 유다는 위선자입니다. 그는 겉으로는 가장 자비로운 사람인 양 말했지만 실제로는 더 악한 자였습니다. 직접 죽이는 것보다는 팔아 버리는 편이 양심의 고통도 적고 경제적으로도 득이 되니까 이런 제안을 한 것입니다.

이제 남은 문제는 그 은 20개로 무엇을 하느냐는 것이었습니다. 과연 누가 그 은을 가지려 들겠습니까? 아마 형제들 가운데 누구도 이 재수 없는 돈을 가지려 들지 않았을 것입니다. 이 일은 놀랍게도 유대인들이 예수님을 십자가에 못박았을 때 거의 그대로 재연되었습니다. 가룟 유다는 예수님을 은 30개에 팔았습니다. 유대인들은 예수님을 체포하고 난 후 자신들의 손에 피를 묻히지 않기 위해 로마 총독 빌라도를 끌어들였습니다. 빌라도는 이 일에 말려들지 않으려고 몸부림을 쳤지만 마치 늪에 빠진 사람처럼 몸부림치면 칠수록 빠져들어서, 결국 예수님께 사형선고를 내리게 되었습니다. 그는 유대인들 앞에서 손을 씻으면서 "나는 무죄하니 이 죄는 너희가 감당하라"고 했지만, 지금도 우리는 사도신경에서 "본디오 빌라도에게 고난을 받으사"라고 고백하고 있습니다. 아무리 손을 씻어도 소용이 없습니다.

예수님을 판 후 유다는 양심의 가책이 생겨서 돈을 도로 갖다 주면서 물러 달라고 했습니다. 그러나 아무도 그 재수 없는 돈을 받으려 하지 않았습니다. 결국 가룟 유다는 그 돈을 성전에 던져 놓고 자신은 목을 매어 죽어 버렸습니다. 그 돈은 핏값이었기 때문에 사람들은 그것을 성전궤에 넣지 않고 나그네의 묘지를 구하는 데 썼습니다. 요즘으로 치면 행려자들의 묘지를 구하는 데 쓴 것입니다.

이 형제들이 요셉을 판 돈을 어디에 썼는지는 모르지만, 절대로 마음이 편하지는 않았을 것입니다. 떳떳하게 번 돈이라면 부끄러워할 이유가 없습니다. 그러나 그 돈에는 동생의 피가 묻어 있었습니다. 형제들은 아마 서로 그 돈을 받지 않으려고 하다가 결국 공평하게 나누어 가졌을 것입니다. 이것은 각자 그 죄에 동참했다는 표지입니다. 그 돈을 받은 사람은 결코 무죄할 수가 없습니다.

오늘 우리는 옳지 않은 것 앞에서 자기 입장을 분명히 밝혀야 합니다. 자기가 직접 살인하지 않고 직접 간음하지 않았다는 것으로는 하나님 앞에서 변명이 되지 않습니다. 옳지 않은 일이면 처음부터 분명히 거부해야 그 핏값이 자기에게 돌아오지 않습니다.

## 르우벤의 탄식과 형제들의 음모

야곱의 아들들 중에서 요셉을 살리려고 했던 유일한 인물은 가장 죄 많은 르우벤이었습니다. 그는 처음에 형제들이 요셉을 죽이려고 했을 때, 그러지 말고 구덩이에 던져 넣자고 해서 위기를 모면케 한 사람이었습니다. 그는 다른 아들들이 요셉을 상인에게 팔아넘기는 자리에 없었던 것 같습니다. 요셉이 팔리고 난 후에야 돌아와서 구덩이를 보니 요셉이 없었습니다.

> 르우벤이 돌아와서 구덩이에 이르러 본즉 거기 요셉이 없는지라 옷을 찢고 아우들에게로 와서 가로되 아이가 없도다 나는 나는 어디로 갈까(37:29, 30)

여기에서 보게 되는 것은 르우벤에게 요셉을 살리고 싶은 마음은 있었지만 그럴 만한 힘이 없었다는 점입니다. 아마도 르우벤은 요셉을 구덩이에 두었다가 형제들이 없는 틈을 타서 꺼내려 했던 것 같습니다. 그런데 그가 없는 사이에 동안 다른 형제들이 상인들에게 팔아 버린 것입니다. 르우벤이 할 수 있는 일은 그저 자기 옷을 찢으면서 "나는 나는 어디로 갈까?" 하며 절망하고 좌절하는 것뿐이었습니다.

르우벤의 이 말은 무슨 뜻이었을까요?, '이제 어떻게 하면 좋으냐'는 뜻도 있었을 테고, '이 넓은 천지에 어디로 가서 요셉을 찾느냐'는 뜻도 있었을 것입니다. 르우벤은 아버지의 첩과 동침하는 죄를 저질렀습니다. 그래서 아버지에 대한 죄를 갚을 수 있는 유일한 길은 그가 사랑하는 요셉을 살려 보내는 것이라고 생각했을지도 모르겠습니다. 그러나 이미 다른 형제들이 요셉을 팔아 버린 것을 알았을 때, '이제 영원히 아버지 앞에서 내 부끄러움을 씻을 수 없게 되었다'는 뜻에서 이렇게 탄식했을 수도 있습니다.

르우벤은 왜 요셉을 살리지 못했습니까? 죄인에게는 다른 죄인을 살릴 자격이 없기 때문입니다. 르우벤은 장자임에도 불구하고 다른 형제들에게 전혀 인정받지 못하고 있었습니다. 아마 이렇게 형제들의 무리에 낄 수 있는 것만도 엄청난 은혜였을 것입니다. 이렇게 자기도 겨우 끼여 있는 주제에 어떻게 다른 형제들을 설득해서 요셉을 살려 낼 수 있었겠습니까? 죄인이 다른 죄인을 걱정해 주는 것은 아무 소용 없는 일입니다. 아무도 그의 말을 들어 주지 않습니다. 만일 르우벤이 죄가 없는 상태에서 요셉 대신 자기가 죽겠다고 나섰더라면 혹시 살릴 수 있었을지 모릅니다. 그러나 그는 자기 자신이 이미 죄인이었을 뿐 아니라 요셉을 대신해서 죽을 자신도 없었습니다. 그러니까 요셉에게 아무 도움도 되지 못했던 것입니다.

가끔 자기도 깊은 죄에 빠져 있는 사람이 다른 사람의 죄를 걱정해 주는 것을 볼 때가 있습니다. 그러나 그의 걱정은 전혀 도움이 되지 않습니다. 자기 죄가 해결되어야 남을 돕는 것이지, 자신도 죄에 빠져 있는 상태에서 동생이나 동료의 미래를 걱정해 봐야 무슨 소용이 있습니까? 그 사람 걱정은 하나님께 맡기고 자신부터 먼저 죄에서 떠나는 것이 급선무입니다.

그다음 일어난 일을 보면 르우벤이 형제들 사이에서 얼마나 무력했는지를 알 수 있습니다.

> 그들이 요셉의 옷을 취하고 숫염소를 죽여 그 옷을 피에 적시고 그 채색옷을 보내어 그 아비에게로 가져다가 이르기를 우리가 이것을 얻었으니 아버지의 아들의 옷인가 아닌가 보소서 하매(37:31, 32).

그들은 요셉이 짐승에 찢겨 죽은 것으로 가장하기로 했습니다. 그래서 숫염소를 하나 죽여서 요셉의 옷을 그 피에 적셨습니다. 그리고 그 옷을 자기들이 직접 가져가지 않고 다른 사람 편에 아버지에게 보냈습니다. 그들이 직접 옷을 들고 가지 않은 것은 약간이나마 마음에 가책이 있었기 때문이었던 것 같습니다. 좌우간 형제들은 요셉이 죽은 것으로 하자는 데 완전히 의견 일치를 보았고, 르우벤도 여기에 대해서는 아무 소리 하지 못했습니다.

어떻게 수가 적지도 않은 형제들이 이 거짓 증거에 완전히 하나가 될 수 있었을까요? 돈의 힘이었을 수도 있고, 집단적인 이기주의가 발동했을 수도 있습니다. 아무래도 요셉을 판 돈을 받은 자들은 입을 다물 수밖에 없었을 것입니다. 르우벤이 아무리 "나는 나는 어디로 갈까?"라고 탄식해도, 돈을 받고 나서는 아무 소리 할 수 없는 것입니다. 또 정직하게 요셉이 노예로 팔려 갔다고 말하면 아버지가 도로 찾아올지도 모르고, 그렇게 되면 일이 더 골치 아파지지 않겠습니까? 그래서 형제들은 일단 요셉이 죽은 것으로 하는 편이 모두에게 편하다는 생각으로 자신들의 머리에서 그를 지우기로 했습니다.

가족 중 한 명이 정신병에 걸렸을 때 멀리 떨어진 수용소 같은 데 넣어 놓고 잊어버리려 드는 경우가 간혹 있습니다. 다른 식구들이 그 한 사람을 감당하기가 너무나 힘들기 때문입니다. 그런데 이와는 달리 멀쩡한 남편이나 아내를 정신병자로 몰아서 병원에 집어넣고 유산을 가로채거나 불륜을 저지르는 사람들도 있습니다. 요셉의 형제들은 멀쩡한 사람을 노예로 팔아 버린 후, 죽은 것으로 만들어 버렸습니다. 그리고 그를 자신들의 기억에서 영영 지워 버리기로 했습니다.

## 야곱의 통곡

야곱의 아들들이 자기들이 저지른 짓의 심각성을 깨달은 것은 요셉의 죽음을 확인한 야곱의 태도를 보았을 때였습니다.

> 아비가 그것을 알아보고 가로되 내 아들의 옷이라 악한 짐승이 그를
> 먹었도다 요셉이 정녕 찢겼도다 하고 자기 옷을 찢고 굵은 베로 허리
> 를 묶고 오래도록 그 아들을 위하여 애통하니 그 모든 자녀가 위로하
> 되 그가 그 위로를 받지 아니하여 가로되 내가 슬퍼하며 음부에 내려
> 아들에게로 가리라 하고 그 아비가 그를 위하여 울었더라(37:33-35).

야곱의 아들들은 다른 아들도 많으니 아버지가 잠깐 애통하다가 시간이 지나면 그만 포기하고 잊을 줄 알았습니다. 그러나 야곱의 애통은 그들이 생각한 것 이상으로 심각했습니다. 그는 엄청나게 울었습니다. 지금까지 야곱은 이렇게 운 적이 없었습니다. 어떤 어려움이 있어도 잘 참아 냈어요. 그런데 사랑하는 아들 요셉의 죽음 앞에서는 그 어떤 것으로도 위로받지 못했습니다. 울고 또 울어도 그의 울음은 그치지 않았습니다.

그때서야 아들들은 야곱에게 요셉이 얼마나 특별한 존재였는지를 깨달았습니다. 아무리 아버지를 위로하고 그 슬픔을 덜어 드리려고 해도 소용이 없었어요. 단순히 요셉을 편애했기 때문이 아니었습니다. 정확한 이유는 알 수 없었지만, 요셉은 아버지의 모든 것이었고 요셉이 없는 아버지의 삶은 의미가 없었습니다. 아들들은 애통하는 아버지의 모습 앞에 '우리가 너무나도 엄청난 일을 저질렀구나. 우리는 단순한 시기심에서 요셉을 제거하려고 했는데, 아버지한테는 요셉이 모든 것이었어. 요셉은 그냥 좀 편애받은 것이 아니라 아버지의 삶 전부였던 거야' 하면서 문제의 심각성을 느끼기 시작했습니다.

야곱은 다른 것으로는 이런 식으로 울지 않았습니다. 야곱은 지독한 사람이에요. 절대로 울지 않습니다. 심지어는 아버지나 어머니가 돌아가셨을 때에도 울지 않았고, 딸이 강간당했을 때에도 울지 않았고, 아들들이 죄를 지었을 때에도 울지 않았습니다. 그런데 요셉이 없어졌을 때에는 오래오래 울었고, 그의 슬픔은 도무지

진정이 되지 않았습니다. 그때서야 비로소 아들들은 죄인 열 명보다 참으로 의롭게 살려고 했던 이 아들 한 명이 아버지에게 얼마나 소중했으며, 그 무죄한 한 명의 피를 흘린 것이 얼마나 용서받을 수 없는 죄인가를 어렴풋이 알게 되었습니다.

하나님께서 이 세상에 하나밖에 없는 아들을 보내신 것은 너무나도 큰 사랑의 표현이었습니다. 하나님께서는 사람들이 하나님을 싫어한다는 것을 아시면서도 사랑하는 아들을 보내셨습니다. 그 아들만큼이나 우리를 사랑하셨기 때문입니다. 사람들은 예수를 유대인이니 4대 성인 중 한 사람이니 하지만, 하나님께는 이 아들이 전부였습니다. 이 세상 모든 사람들, 모든 천사들, 태양과 별들을 다 합쳐도 이 아들 하나만 못했어요. 그런데 사람들은 마치 주인 없는 개 한 마리 잡듯이 이 아들을 십자가에 못박아 죽여 버렸습니다. 그러면서도 자기들이 무슨 짓을 하고 있는지도 모르고, 그 밑에서 희희낙락 옷을 나눠 가졌습니다.

중요한 것은 예수를 유대인들이 죽였느냐 로마 군인들이 죽였느냐가 아닙니다. 이 세상에 오신 하나님의 아들을 인간 중에 누군가 잡아서 죽였다는 사실 그 자체가 이미 하나님을 향한 선전포고인 것입니다. 예를 들어 일본 국왕의 가장 사랑하는 아들이 좋은 의도로 우리나라를 방문했는데, 우리나라 사람들이 그를 잡아서 개 패듯이 패고 나무에 달아서 죽였다고 합시다. 그것은 일본과 사생결단하고 싸워 보겠다는 선전포고나 다름없습니다. 하물며 하나님께서 보내신 아들을 때리고 욕하고 십자가에 못 박아 죽인 것은 어떻겠습니까? 그 사실 자체가 이 세상 사람들은 단 한 명도 하나님 앞에 용서받을 수 없음을 보여 주는 것이 아닙니까? 이 죄 하나만으로도 세상 사람들은 하나님께 도저히 용서받을 수 없습니다.

하나님 아버지의 슬픔은 성령의 역사를 통해서 우리에게 전달됩니다. 우리는 자신이 무슨 짓을 했는지, 지금까지 하나님을 인정하지 않고 내 인생을 내멋대로 사용하면서 살아온 것이 얼마나 큰 죄인지를 아주 조금씩 깨닫고 애통하기 시작합니다. 그래서 스가랴 선지자는 이렇게 말씀했습니다.

> 내가 다윗의 집과 예루살렘 거민에게 은총과 간구하는 심령을 부어 주리니 그들이 그 찌른 바 그를 바라보고 애통하기를 독자를 위하여 애통하듯 하며 그를 위하여 통곡하기를 장자를 위하여 통곡하듯 하리로다(슥 12:10).

아들들이 요셉을 죽이려고 했다는 것을 야곱이 몰랐기에 단지 옷만 찢고 슬피 우는 데서 그친 것이지, 만약 그들이 하나같이 요셉을 죽이기 위해 구덩이에 빠뜨려 굶기고 결국 애굽에 노예로 팔아 버렸다는 사실을 알았다면 과연 그들을 살려 두었겠습니까? 아마 당장 그들과 전쟁을 치르려 했을 것입니다. 그것만큼은 절대 용서할 수 없는 일입니다. 르우벤이 자기 첩과 통간하고 시므온과 레위가 세겜 사람들을 죽이고 다른 아들들이 재산을 약탈한 것은 참을 수 있다 해도, 그들이 다 한통속이 되어서 요셉을 죽이려 하다가 결국 노예로 팔아 버린 것만큼은 절대 용서할 수 없는 일입니다. "너희 같은 죄인들이 공모해서 의롭게 살려는 이 아들을 구덩이에 빠뜨려서 굶기고 결국은 노예로 팔아먹어? 그리고 감히 요셉이 죽었다고 나를 속여?" 절대로 살려 놓지 않았을 겁니다. 열 명 다 죽였을 거예요.

　　그러나 하나님께서는 야곱이 하나님의 선지자임에도 불구하고 요셉이 살아 있다는 사실을 그에게 감추셨습니다. 아직 하나님이 정하신 때가 되지 않았기 때문입니다. 그때가 올 때까지 요셉은 감추어 있어야만 했습니다. 마치 십자가 구원이 나타나기까지 그리스도께서 감추어 있고, 그 대신 애통하는 율법이 사람들의 마음을 지배한 것과 비슷합니다.

　　의로운 이 아들의 죽음은 다른 아들들의 모든 죄보다 더 큰 슬픔을 야곱에게 안겨 주었습니다. 이것은 우리가 지금까지 지어 온 모든 죄보다 예수 그리스도의 죽음이 하나님 앞에 더 고통스럽고 안타까웠다는 것을 보여 줍니다. 우리의 그 어떤 죄도 예수 그리스도의 피만큼 값지지 못합니다. 야곱의 아들들은 요셉을 은 20개에 팔았지만 야곱에게는 요셉이 그의 모든 재산이었고 모든 삶이었습니다.

중요한 것은 하나님의 용서를 받는 것입니다. 그리고 하나님의 아들을 죽인 인류가 그분의 용서를 받을 수 있는 유일한 길은 지금까지 하나님을 거역하고 내 고집대로 살아왔음을 고백하고 나의 남은 삶을 하나님께 드리는 것뿐입니다.

## 더 낮아진 요셉

하나님께서 요셉에게 주신 비전은 그가 참으로 영화로워지며 모든 형제들 중에 높아지는 것이었습니다. 그러나 요셉에게 실제로 일어난 일은 꿈과는 정반대로 가장 비참한 자리까지 낮아지는 것이었습니다. 36절을 보십시오.

<u>미디안 사람이 애굽에서 바로의 신하 시위대장 보디발에게 요셉을 팔았더라</u>

요셉을 사간 상인들을 이스마엘 사람이라고도 하고 미디안 사람이라고도 하는 것은 그들 가운데 이스마엘 사람들과 미디안 사람들이 섞여 있었기 때문인 것 같습니다. 요셉은 노예로 팔려 가면서 자기는 노예가 아니요 자유인의 아들로서 자기와 함께 아버지에게 가기만 하면 노예값을 다 갚겠노라고 수없이 이야기했을 것입니다. 그러나 절망스럽게도 이런 간절한 요청에도 아랑곳없이, 그들

은 요셉을 애굽의 시위대장 보디발에게 노예로 팔아 버렸습니다.

하나님께서는 분명히 요셉이 높아지는 꿈을 보여 주셨습니다. 그런데 왜 그에게 나타난 현실은 말씀과 정반대로 인생 밑바닥으로 곤두박질치고 있습니까? 왜 하나님의 꿈 때문에 오히려 인생의 가장 비참한 자리까지 떨어지는 일이 일어나는 것입니까? 이처럼 하나님 안에서 소망하는 바와 실제로 나타나는 현실이 정반대가 될 때 우리가 취할 수 있는 행동은 무엇입니까?

대개의 사람들은 그럴 때 하나님의 말씀이 잘못되었다고 생각합니다. "하나님의 말씀은 믿을 수가 없어. 괜히 말씀을 붙들었다가 인생에서 실패하고 시간만 낭비했네" 하면서 하나님 믿은 것을 후회하고 세상을 향해 나가는 사람들이 많습니다. 그러나 정말 하나님의 신실하심과 전능하심을 믿는 사람은 말씀을 붙들고 기꺼이 인생 밑바닥으로 내려갑니다. 왜냐하면 바로 거기에 다시 솟아오를 수 있는 길이 있기 때문입니다.

하나님께서는 우리에게 가장 좋은 것을 주시기 전에 반드시 우리의 믿음을 달아 보십니다. 과연 어떤 장애나 어려움이 있어도 끝까지 말씀을 신뢰하고 붙드는지 시험해 보십니다. 하나님께서는 가장 좋은 것을 그냥 주시는 법이 없어요. 말씀을 붙드는 자들을 먼저 깊은 구덩이에 처넣으십니다. 그러면 어떻게 됩니까? 거의 대개의 사람들은 살기 위해 말씀을 버립니다. 그러나 깊은 구덩이에 빠졌으면서도 말씀을 절대로 놓지 않는 사람이 있습니다. 그런 사람은 다시 솟아오르게 되어 있습니다.

가끔 강에서 수영을 하다 보면 큰 소용돌이를 만날 때가 있습니다. 잘못해서 그 소용돌이에 휩쓸리면 아무리 헤엄을 쳐도 점점 더 그 안으로 빨려 들어가게 되어 있습니다. 소용돌이에 갇혔을 때 빠져나오는 법은 그냥 바닥으로 내려가는 것입니다. 수영의 기본은 잠수입니다. 밑으로 내려가면 밖으로 나오게 되어 있어요.

하나님의 소용돌이도 그렇습니다. 말씀을 붙들면 그때부터 하나님의 소용돌이에 휩쓸리게 되어 있습니다. 내가 원하지 않는 방향을 향해 나의 삶과 모든 것이 점점 끌려 들어가게 됩니다. 그때 살 수 있는 유일한 길은 말씀을 붙들고 잠수하는 것입니다. 이것은 침체와 다른 것입니다. 이렇게 잠수하면 물에 밀려서 밖으로 나오게 되어 있어요. '하나님은 나에게 단잔도 주시지만 쓴잔도 주신다. 왜 내게 지금 쓴잔을 주시는지는 모르겠지만 하나님께서 주시는 잔을 나는 기꺼이 마시겠다' 생각하고 그 잔을 남김없이 다 마시는 사람은 다시 올라오게 되어 있습니다.

하나님께서는 우리를 고난으로 시험해 보십니다. 어려움 가운데 있는 사랑하는 성도 여러분, 말씀을 붙들고 기꺼이 그 고난의 시간을 감당하십시오. 그러면 하나님께서 그 꿈대로, 그 약속대로 다시 여러분들을 영화롭게 하실 것입니다.

# 8

# 유다의 타락과
# 다말의 신앙

바닷속 화산이 폭발했을 때 처음 생기는 섬은 나무 한 그루, 풀 한 포기 없는 돌섬입니다. 그런데 세월이 지나서 흙이 생기게 되면 어디서 왔는지 모를 식물의 씨가 그 위에 떨어져 풀이 자라고 나무가 생깁니다. 주위에 섬도 없고 육지도 없는데 어디선가 식물의 씨가 운반되어 그 무인도에 울창한 숲을 만들어 내는 것을 볼 때, 비록 식물에 불과하지만 그 생명의 강인함에 놀라지 않을 수가 없습니다. 학자들은 이런 씨가 조류를 따라 흘러 들어가거나 새의 몸에 붙어서 옮겨지는 것이 아닌가 생각한다고 합니다.

그런데 그런 생명의 강인함만큼이나 강인한 것이 하나 있습니다. 그것은 바로 말씀의 능력입니다. 우리는 하나님의 말씀이 구체적으로 어디에서 어떻게 전달되는지 잘 모릅니다. 그러나 어떤 경로를 통해서든지 일단 말씀이 들어가기만 하면 하나님을 믿는 사람들이 하나 둘씩 생겨납니다.

오늘 우리는 대단히 어려운 한 가지 문제에 봉착하게 됩니다. 그것은 하나님께서 믿는 백성의 타락을 통해서도 이방인을 구원하실 수 있느냐 하는 문제입니다. 우리 생각으로는 믿는 백성의 타락을 통해서는 이방인을 구원할 수 없을 것 같습니다. 그러나 하나님의 백성이 타락하는 과정에서라도 말씀의 씨가 떨어질 경우, 그 말씀을 듣고 구원받는 사람이 생길 수 있습니다. 물론 그 백성이 단순히 타락하는 데서만 그친다면 아무 일도 일어나지 않을 것입니다. 그러나 그 과정에서 하나님의 말씀이 전달될 기회가 있다면, 그 자신은 망할지 몰라도 그 말씀을 전해 듣고 믿는 자는 살게 되어 있습니다.

우리는 이런 아이러니컬한 일이 바로 유대인과 이방인 사이에서 일어났다는 것을 기억할 필요가 있습니다. 어떻게 우리 같은 이방인들이 이렇게 많이 그의 백성이 될 수 있었습니까? 하나님을 떠난 유대인들 때문이었습니다. 유대인들 다수가 하나님을 떠남으로써, 복음은 유대인이라는 강한 껍질을 벗고 그 테두리를 벗어나 땅끝까지 전파될 수 있었습니다. 그리고 이 복음이 떨어지는 곳마다 우후죽순처럼 하나님의 백성들이 만들어지고 교회가 생겨났습니다.

우리는 오늘 본문에서 야곱의 아들들 가운데 하나인 유다가 자기 형제들을 떠나 가나안 사회 안으로 깊숙히 들어가는 것을 보게 됩니다. 이것은 분명히 유다의 타락을 의미합니다. 야곱 집안은 3대에 걸쳐 가나안 땅에 살아왔지만 마치 물과 기름처럼 그들과 섞이지 않았습니다. 어떻게 하든지 가나안 사람들과는 구별된 삶을 살았어요. 그런데 그런 구별을 과감하게 깨뜨린 장본인이 바로 유다였습니다.

유다는 자기 형제들을 떠나 가나안 사람들 속에 깊숙히 들어가서 그들과 어울려 살았고, 가나안 여자와 결혼해서 세 아들을 낳았으며, 큰아들을 가나안 여자와 결혼시켰습니다. 이것은 유다가 하나님 나라의 비전을 버리고 완전히 이 세상에 동화되어 세상 사람들과 똑같이 살았다는 것을 의미합니다. 그런데 이 집안에 중요한 인물이 한 사람 있었습니다. 그 사람은 바로 이방인 며느리 다말이었습니다.

유다의 큰아들 엘은 하나님 앞에서 중요한 죄를 지어 즉사했습니다. 그런데 그 당시에는 형이 죽으면 동생이 형수와 관계를 맺음으로써 형의 아들을 낳아 주는 형사취수 제도가 있었습니다. 유다는 둘째 아들한테 형수에게 들어가 형의 아들을 낳아 주라고 일렀습니다. 그러나 둘째 아들은 그렇게 하기가 싫어서 형수와 성관계만 갖고 결정적인 순간에 정액을 밖에 쏟음으로써 임신을 불가능하게 했습니다. 하나님께서는 오난의 행동을 징계하여 그를 죽이셨습니다. 이제 유다는 큰일이 났습니다. 다말이라는 여자 때문에 아들들을 다 잃게 생겼기 때문입니다. 그래서 셋째 아들이라도 살리려는 생각으로, 그가 어리다는 핑계를 대서 다말을 아비 집에 보내 수절하게 했습니다.

오늘 본문이 이야기하는 내용은 여기까지입니다. 그러나 나중에 보면 이 다말이라는 여자가 얼마나 중요한 인물인지가 드러납니다. 이 여자는 자기 시아버지와의 관계를 통해 쌍둥이 아들을 낳는데, 그 가운데 하나에게서 다윗의 왕가가 나오는 것입니다.

본문은 유다의 타락을 보여 주고 있습니다. 그러나 그는 끝까지 타락하지 않고 다시 하나님께 돌아오는데, 그 과정에서 원치 않게 이방 여인 다말을 하나님께 데리고 오게 됩니다. 유다의 타락과 회복의 과정은 이 이방 여인을 인도해 오는 하나님의 손길이었습니다. 물론 이 중간 과정에서 일어난 일들은 경악을 금치 못할 정도로 추악하고 비도덕적입니다. 그러나 하나님께서는 이 모든 것을 뛰어넘어 한 이방 여인을 사랑하셨고 그를 구원하기를 기뻐하셨으며 그의 자손을 통해 그리스도를 보내기로 작정하셨습니다.

## 형제들을 떠난 유다

유다는 자기 형제들을 떠나 아둘람 사람 히라에게 갔습니다.

> 그 후에 유다가 자기 형제에게서 내려가서 아둘람 사람 히라에게로 나아가니라(38:1).

여기에서 유다가 자기 형제를 떠나 히라에게 갔다는 것은 볼일이 있어서 잠시 다니러 갔다는 뜻이 아닙니다. 완전히 가나안 사람이 되기 위해 자기 형제들과 관계를 끊고 신앙적인 모든 생활을 포기한 채, 아둘람 사람 히라와 연합하여 살려고 거처를 옮겼다는 뜻입니다. 유다는 거기서 가나안 여자와 결혼하여 완전히 정착하고 살았습니다.

> 유다가 거기서 가나안 사람 수아라 하는 자의 딸을 보고 그를 취하여 동침하니(38:2).

유다의 형제들이 완전한 것은 아니었지만 그래도 그들은 신앙의 공동체를 이루고 있었습니다. 그런데 유다는 그 공동체를 버리고 완전한 가나안 사람이 되기 위해서 히라에게 갔습니다. 그가 왜 형제들을 떠났는지에 대해서는 성경이 밝히고 있지 않습니다. 그러나 하나님께 대한 신앙을 버리고 자기 형제들을 떠났다는 것만큼은 분명한 사실입니다.

그런 의미에서 저는 룻기가 창세기 38장에 대한 완벽한 주석서가 된다고 생각합니다. 그 배경은 사사들이 이스라엘을 통치할 무렵으로서, 유다가 살았던 시대보다 훨씬 후대입니다. 베들레헴에 엘리멜렉이라는 사람이 살고 있었습니다. 그는 상당한 재산을 가진 자였는데 베들레헴에 흉년이 들자 가난한 자들과 물건을 나누기 싫어서 재산을 정리하고 모압 땅으로 이사를 가 버렸습니다. 그는 자기 두 아들을 모압 여자와 결혼시키고 아예 거기에 정착해 버렸습니다.

그러나 하나님께서는 그것을 기뻐하지 않으셨고, 엘리멜렉과 두 아들은 징계를 받아 죽었습니다. 결국 엘리멜렉의 집에는 과부 세 사람만 남게 되었습니다. 엘리멜렉의 아내인 나오미는 베들레헴에 양식이 있다는 말을 듣고 모압 땅을 떠나 베들레헴으로 돌아가기로 했는데, 그 과정에서 하나님을 믿기 원하는 한 이방 여인 룻을 데려가게 됩니다. 하나님께서는 이 룻을 축복하셔서 다윗 왕의 할머니가 되게 하셨습니다.

우리는 이와 거의 비슷한 모습을 유다의 타락에서 볼 수 있습니다. 유다가 형제들을 버리고 히라에게 간 이유는 분명치 않지만, 신앙을 버리려 했다는 것만큼은 분명합니다. 신앙이나 믿음의 형제들과의 관계를 중요하게 생각지 않고 이렇게 떠난 유다는 가나안 땅에서 하나님의 축복을 받지 못했습니다. 아들 셋을 낳았는데 둘이 죽어 버렸고, 어쩌면 남은 하나마저도 죽을지 몰랐습니다.

유다는 결국 자기 형제들에게로 돌아가기로 합니다. 아마도 가나안 땅에 찾아온 엄청난 흉년 때문에 다시 형제들을 찾게 된 것이 아닌가 합니다. 가나안 땅에 흉년이 들어 야곱의 아들들이 애굽에 가서 곡식을 사려고 할 때, 유다도 그 가운데 끼어 있기 때문입니다. 그는 세상을 사랑해서 형제들을 떠났지만, 완전히 실패하고 빈털터리가 된 채 이방 여자 한 명을 데리고 형제들을 다시 찾아왔습니다.

다말이라는 여자는 이방인이었지만 하나님의 백성이 되기를 원했습니다. 그는 남편이 죽었을 때 얼마든지 가나안 방식대로 새출발을 할 수 있었음에도 불구하고, 끝까지 자기에게 주어진 믿음의 기회를 포기하지 않고 하나님 백성의 아이를 낳았습니다. 그리하여 그 자신이 하나님의 백성이 되었을 뿐 아니라, 다윗 왕가를 창설하는 믿음의 어머니, 복된 어머니가 되었습니다.

하나님께서 이 일을 통해 보여 주려고 하시는 바가 무엇입니까? 그가 가나안 사람들을 멸망시키려 하시는 것은 어디까지나 그들의 도덕적인 타락 때문이지 그들에게 편견이나 좋지 않은 감정이 있어서가 아니라는 것입니다.

하나님께서는 하나님의 백성이 되기를 원하는 가나안 여자들을 높이셔서 이스라엘의 어머니가 되게 하셨습니다. 그 최초의 여인이 여기 나오는 다말이며, 그다음이 여호수아 때 이스라엘을 도운 여리고 성의 라합이고, 다른 한 사람은 사사 시대의 모압 여자 룻입니다. 이들은 모두 정상적으로는 하나님의 백성이 될 수 없는 사람들이었습니다. 그러나 자기에게 주어진 믿음의 기회를 사생결단하고 붙듦으로써 하나님의 백성이 되었고, 믿음의 어머니가 되었으며, 자신들을 통해 예수 그리스도가 이 땅에 오시는 축복을 누렸습니다.

## 유다의 결혼과 아들들의 죽음

하나님을 모르고 우상을 숭배하면서 사는 것과, 하나님을 믿는다 하면서도 도덕적으로 타락하고 성적으로 문란하게 사는 것 중에 어느 것이 더 위험할 것 같습니까?

우리 생각에는 일단 하나님을 믿기만 하면 좀 타락한 생활을 살아도 회개하면 될 것 같습니다. 그러나 하나님께서는 그분을 모르고 우상을 숭배하는 것보다 그분을 안다고 하면서도 도덕적·성적으로 타락한 삶을 사는 것을 더 싫어하십니다. 후에 예루살렘이 바벨론에게 멸망당한 것은 이스라엘 백성들이 하나님을 섬기지 않았기 때문이 아니라 도덕적·성적으로 타락했기 때문입니다. 오늘 유다의 타락은 왜 이스라엘 자손들이 애굽으로 가야 했는지, 왜 그들이 가나안 땅을 차지하게 되기까지 그 땅에서 430년이나 노예로 지내야 했는지를 설명해 주고 있습니다.

아브라함은 무슨 일이 있어도 이삭을 가나안 여자와는 결혼시켜서는 안 된다는 전제 하에, 자기 종을 멀리 하란까지 보내서 며느리를 구해 오게 했습니다. 이삭 또한 아들 야곱을 밧단 아람까지 보내어 아내를 구하게 했습니다. 그 이유가 무엇입니까? 가나안 여자들은 성적으로 너무나도 타락해 있어서 창녀와 다를 바가 없었기 때문입니다.

하나님께서는 이스라엘 백성들이 하나님을 섬기는 것도 중요하지만 그에 못지 않게 도덕적·성적으로 순결한 삶을 살기를 원하셨습니다. 이스라엘 백성들은 가나안 땅을 차지하기 전에 무려 430년 동안 애굽에서 노예 생활을 했습니다. 그래서 비록 신앙적으로는 하나님을 잘 알지 못했지만, 적어도 성적으로는 가나안의 타락한 문화로부터 자신들을 지킬 수 있었습니다.

그런데 오늘 본문에서 유다는 너무나도 쉽게 가나안 여자와 결혼하는 것을 볼 수 있습니다. 이것은 유다가 하나님의 말씀이나 약속에 관심이 없었다는 것을 나타냅니다. 지금 유다의 행동은 신앙이라고는 조금도 없었던 이스마엘이나 에서가 한 짓과 전혀 다를 바가 없습니다. 아브라함의 큰아들 이스마엘이나 이삭의 큰아들 에서는 신앙이 없는 사람들이었지만 그래도 신앙의 흉내는 냈습니다. 밥 먹을 때 형식적으로나마 기도를 한다든지 비록 졸더라도 주일에 교회에는 나와서 앉아 있는 식으로 신앙의 흉내는 내고 있었어요. 그런데 결정적으로 가나안 여자들과 결혼함으로써 하나님을 떠나고 말았습니다.

그런데 유다는 자기 발로 신앙의 공동체를 떠나서 이방 여자와 결혼해 버렸습니다. 이것은 스스로 하나님의 약속과 신앙을 완전히 포기해 버리는 것과 같은 행동이었습니다. 그런데 하나님께서는 유다가 자기 길을 가지 못하도록 그를 징계하심으로써 가나안 생활을 실패로 돌리시고 완전히 망하게 하셨습니다. 무엇보다 유다에게 큰 충격을 준 것은 큰아들 엘의 죽음이었습니다.

유다가 장자 엘을 위하여 아내를 취하니 그 이름은 다말이더라 유다의 장자 엘이 여호와의 목전에 악하므로 여호와께서 그를 죽이신지라 (38:6, 7).

엘이 하나님 앞에서 구체적으로 무슨 죄를 지었는지는 알수 없습니다. 그러나 무언가 하나님 앞에서 중요한 죄를 지었고, 그 죄 때문에 하나님께서는 그를 죽이셨습니다.

여기에서 우리에게 떠오르는 의문이 있습니다. 야곱의 아들들이 저지른 그 엄청난 죄에 대해서는 그렇게 오래 참으셨던 하나님께서 이 유다의 아들은 왜 이렇게 급하게 징계하여 죽이셨을까요? 야곱의 아들들은 세겜 사람들을 몰살시키는 죄를 지었습니다. 르우벤은 서모와 간통하는 죄를 지었습니다. 또한 그들은 요셉을 시기해서 죽이려고 하다가 노예로 팔아 버리는 큰 죄까지 지었습니다. 그럼에도 불구하고 그들은 전부 다 살아 있었습니다. 그런데 엘은 살인이나 간음이나 자기 형제를 팔아먹는 것보다 더 큰 무슨 죄를 지었길래 이렇게 곧바로 즉사한 것입니까?

저는 이 문제에 대한 답을 죄의 질에서 찾기보다는 공동체의 문제에서 찾아야 한다고 생각합니다. 야곱의 아들들이 무서운 죄를 지었음에도 불구하고 살 수 있었던 것은, 그들이 아직 아버지 집에 머물러 있었기 때문입니다. 야곱의 집은 구약 시대의 교회였고 거기에는 여전히 하나님의 은혜가 임하고 있었습니다. 그러나 유다는 이 신앙의 공동체를 떠나 세상으로 갔고, 세상에는 그를 지켜 줄 하나님의 은혜가 없었습니다.

이것은 엘리멜렉의 가정에도 그대로 적용될 수 있습니다. 엘리멜렉이 굶주리게 될 것을 각오하고서라도 베들레헴에 머물렀더라면 하나님의 은혜가 그 가족들을 지켜 주었을 것입니다. 그러나 베들레헴을 떠나 모압으로 갔을 때 그들은 더 이상 하나님의 은혜의 보호를 받을 수 없었고, 결국 남자 셋이 다 죽고 말았습니다.

사도 바울은 고린도 교회에 편지를 쓰면서, 교인 중에 성적으로 무서운 죄를 지은 한 형제를 교회에서 내쫓음으로써 그를 사단에게 넘겨주라고 말씀했습니다.

> 이런 자를 사단에게 내어주었으니 이는 육신은 멸하고 영은 주 예수의
> 날에 구원얻게 하려 함이라(고전 5:5).

사도 바울은 믿음의 공동체가 사탄의 엄청난 세력으로부터 한 영혼 한 영혼을 지켜 주는 피난처라는 것을 알고 있었습니다. 눈에 보이지는 않지만 하나님께서 불과 화염검으로 교회 안에 있는 사람들을 보호하고 계시다는 것을 알고 있었어요. 하나님의 공동체에 신실하게 속해 있다는 것은 곧 수많은 유혹과 시험으로부터 자동적으로 보호받는다는 뜻입니다.

사도 바울은 교만하게 죄를 짓고서도 회개하지 않는 형세를 믿음의 공동체 안에서 더 이상 보호해 줄 이유가 없다고 말했습니다. 그를 내쫓아서 자기 하고 싶은 대로 실컷 하게 두라는 것입니다. 그러다가 자신의 비참한 모습을 보고 회개하고 돌아오면 다시 받아 줄 수 있습니다. 유다가 바로 그런 경우였습니다. 그는 하나님 백성들의 공동체를 별로 중요하게 생각하지 않고 세상으로 떠났지만, 가나안 땅에서 실패하고 두 아들을 잃은 후에 비참한 모습으로 돌아왔습니다.

오늘날 사람들은 이 신앙의 공동체에 하나님의 보호막이 있다는 사실을 잘 모르고 있습니다. 그래서 나오고 싶으면 나오고 빠지고 싶으면 빠집니다. 아주 자기 마음대로 들락날락거려요. 그럴 경우에는 별 도리가 없습니다. 자기 마음대로 하게 두어야 합니다. 그렇게 실컷 자기 욕심대로 살다가 만신창이가 되어서라도 회개하고 돌아오면 정말 다행이지만, 실제로는 돌아오지 못하는 경우가 더 많습니다.

사람들은 눈에 보이지 않는 세계에 대해 아는 바가 없기 때

문에, 이 세상 안에 자기에게 필요한 모든 것이 다 있는 줄 압니다. 세상으로만 달려가면 돈과 명예와 모든 것을 움켜쥘 수 있다고 생각해요. 그러나 우리가 보지 못하는 것이 있습니다. 그것은 믿음의 공동체를 덮고 있는 하나님의 은혜입니다. 그래서 저는 교인들에게 졸아도 교회에 와서 졸라고 합니다. 물론 교회에 와서 매일 졸기만 하는 것도 문제지만, 너무 피곤해서 어쩔 수 없다면 그래도 교회에 와서 조는 게 나아요. 집에서 조는 것과 교회에서 조는 것은 질적으로 다른 일입니다.

이것은 장소의 문제가 아닙니다. 하나님의 백성이 모여 있는 곳이라면 어디든지, 하나님께서 그 위에 그룹 날개를 치시고 웬만한 시험으로부터는 자동적으로 보호받게 하십니다. 우리 눈에 보이지 않는 시험이 얼마나 많습니까? 건물 공사하는 곳 지나가다가 위에서 떨어지는 벽돌 하나만 맞으면 아무리 머리가 단단한 사람이라도 바로 죽게 되어 있어요. 우리가 사는 세상에는 도처에 위험이 깔려 있습니다. 사람들은 자기 영혼이 얼마나 망가져 있고 이 세상에 얼마나 많은 영적인 병균과 유혹이 있는지 잘 모르기 때문에 신앙의 공동체를 따분하게 생각하고 재미없게 생각합니다. 그러나 그것은 굉장히 위험한 생각입니다. 사람의 영혼을 치료할 수 있는 유일한 곳은 믿음의 공동체뿐이라는 것을 잊지 마십시오.


## 형사취수 제도

엘이 하나님께 죄를 지어 죽임을 당했을 때, 유다는 둘째 아들 오난에게 형수에게 들어가 형을 위해 아이를 낳게 하라고 명했습니다. 이것이 그 유명한 형사취수 제도(levirate)로서, 형이 죽으면 동생이 형수와 관계를 맺음으로써 형의 후손을 남기는 풍습입니다. 우리나라에도 고대에 이런 제도가 있었습니다.

이것은 특히 상속과 관계가 있는 제도였습니다. 만일 어떤 남자가 아들을 낳지 못하고 죽어 버리면 아버지의 아들로서 받을 수 있는 그의 몫은 이 세상에서 완전히 없어지고 맙니다. 그런데 굳이 아버지가 그 죽은 아들에게 유산을 물려주고 싶을 때 그 동생으로 하여금 형수와 관계를 맺게 함으로써 아들을 낳게 할 수 있었습니다. 그때 태어난 아들은 동생의 아들이 아니라 죽은 형의 아들이 됩니다. 그러면 그 아들에게 죽은 이의 몫을 물려주는 것입니다. 이것이 형사취수 제도입니다. 이 경우에 동생은 큰 희생을 해야 합니다. 가만히 있으면 형의 몫까지 자기 것이 될 텐데 형에게 아들을 만들어 줌으로써 자기 몫을 줄여 버리는 셈이 되기 때문입니다.

엘이 죽었을 때 유다가 둘째 아들에게 형수와 관계를 맺으라고 명한 것은, 아마도 큰아들의 죽음이 너무나 애석했기 때문이었던 것 같습니다. 그리고 또 한편으로는 그 당시 문화 안에 이런 풍습이 있었기 때문일 것입니다. 이것은 후에 율법 안에 구체적으로 명시됨으로써 굉장히 영광스러운 제도로 이스라엘 안에 정착됩니다. 그러나 이것을 하나님께서 이방의 풍습을 끌어들여서 율법으로 정하신 것으로 생각하면 안 됩니다. 이것은 우연의 일치라고 할 수 있습니다. 할례 제도와 비슷하게 보면 좋겠습니다.

할례는 이스라엘 자손들에게만 있는 풍습이 아니었습니다. 블레셋 족속은 할례를 행하지 않았던 것이 분명하지만, 그 밖의 민족들 중에는 할례를 행하는 민족들이 있었습니다. 그러나 그 의미는 이스라엘 자손들이 생각하는 의미와 완전히 달랐습니다. 이방 민족들의 할례에는 위생적인 의미나 성인식의 의미가 있었지만, 이스라엘 사람들의 할례에는 하나님의 언약을 자기 몸에 새기며 자기 안에 있는 부패한 본성을 잘라 낸다는 영적인 의미가 있었던 것입니다.

형사취수 제도 역시 이방인들은 상속의 문제 때문에 행했지만, 율법에서는 하나님의 백성들은 죽어도 살며 하나님이 주신 기업은 영원히 사라지지 않는다는 의미에서 행하게 한 것입니다. 즉 이것은 부활에 대한 예표인 동시에 자신의 몸을 바쳐 죽은 자의 기업을 지켜 주는 진정한 구제와 사랑의 실천이었습니다.

물론 유다가 오난에게 형수를 취하라고 한 것은 이방인의 풍습에 따른 명령이었습니다. 그러나 오난은 죽은 형에게 아들이 생기는 것을 기뻐하지 않았습니다. 가만히 있으면 형의 몫까지 자동적으로 자기 것이 될 텐데, 공연히 죽은 사람에게 아들을 만들어 주어서 자기 몫을 줄일 필요가 뭐가 있겠습니까? 형에게 아들이 생기면 재산이 반으로 줄어드는 것이 아니라 삼분의 일로 줄어듭니다. 장자는 상속을 받을 때 다른 형제의 배를 받게 되어 있기 때문입니다. 그러니까 손해도 보통 손해가 아니에요. 그래서 오난은 성관계를 하다가 결정적인 순간에 몸 밖에 사정을 함으로써 피임을 해버렸습니다.

> 오난이 그 씨가 자기 것이 되지 않을 줄 알므로 형수에게 들어갔을 때에 형에게 아들을 얻게 아니하려고 땅에 설정하매(38:9).

그래서 요즘도 오난처럼 피임하는 방법을 오나니즘(onanism)이라고 합니다. 죽은 형의 아들을 낳기 위해 형수와 성관계를 갖는 것은 간음이 아닙니다. 그러나 오난처럼 성관계는 하면서 피임을 해버리면 간음이 됩니다. 겉으로는 아버지의 말씀에 순종하며 죽은 형을 불쌍히 여기는 체하면서 실제로는 피임을 해서 형수가 임신하지 못하게 한 것은 너무나도 큰 위선이었고 음란한 짓이었습니다. 그래서 하나님께서는 오난을 바로 심판하여 죽이셨습니다.

오늘 본문을 잘못 이해하면 마치 하나님께서 피임 자체를 금지하신 것처럼 생각하기 쉽습니다. 그래서 간혹 피임을 하거나 임신을 인위적으로 조절하는 것은 죄이기 때문에 주시는 대로 무조건 낳아야 한다고 생각하는 사람들도 있습니다. 그러나 오난이 죽은 것은 피임했기 때문이 아니라 간음했기 때문입니다. 차라리 처음부터 형의 아들을 낳게 해주기 싫다고 했으면 그것으로 끝났을 것입니다. 형사취수 제도는 강요할 수 있는 일이 아니라 동생의 전적인 희생과 헌신으로 이루어지는 일이기 때문입니다. 그런데 오난은 겉으로는 아버지의 뜻에 따를 것처럼 해놓고, 실제로는 성관계만 맺고 사정은 엉뚱한 데 함으로써 임신을 불가능하게 만들었습니다. 이것은 하나님 보시기에 아주 가증한 행동이었습니다.

우리는 이 일을 보면서 유다의 가족이 신앙 공동체를 떠난 후 얼마나 도덕적으로 타락했고 이기적으로 변해 있었는지를 알 수 있습니다. 물론 유다의 형제들도 완전한 사람들이 아니었고 야곱의 집도 완전한 하나님의 나라는 아니었습니다. 그 안에도 미움과 음행과 죄가 있었습니다. 그럼에도 불구하고 거기에는 하나님의 은혜가 있어서 늘 회복이 되곤 했습니다. 그러나 일단 공동체를 떠난 유다의 가족은 마치 활시위를 떠난 활처럼 갈 데까지 가고 있었습니다. 거기에는 믿음도, 사랑도, 눈물도 없었습니다.

## 다말의 수절

이제 유다의 세 아들 중 둘이 죽고 하나만 남았습니다. 그러나 그 아들은 아직 어려서 형사취수를 시킬 수 있는 연령이 아니었던 것 같습니다. 유다는 그 사실을 굉장히 다행스럽게 생각하면서 다말에게 아비 집에 가서 수절하고 있으라고 말했습니다. 11절을 보십시오

> 유다가 그 며느리 다말에게 이르되 수절하고 네 아비 집에 있어서 내 아들 셀라가 장성하기를 기다리라 하니 셀라도 그 형들같이 죽을까 염려함이라 다말이 가서 그 아비 집에 있으니라

문제는 유다가 다말에게 아비 집에 가서 수절하라고 한 데 있습니다. 성경 시대는 우리나라 조선 시대와 다릅니다. 다말은 수절하면 열녀문을 세워 주고 정절을 못 지키면 은장도로 자결하는 문화에 사는 여자가 아니었어요. 가나안 땅에는 수절이란 것이 없었습니다. 남편이 죽으면 얼마든지 자신의 의사에 따라 다른 남자와 결혼할 수 있었습니다. 즉 다말이 다른 남자와 결혼하기를 포기한다는 것은 그 당시 가나안 사회에서 당연한 일이 아니라 아주 이상한 일이었습니다. 그런데 왜 유다는 다말에게 이런 말을 하게 된 것일까요?

두 가지 가능성을 생각할 수 있습니다. 하나는 유다가 다말에게 희망을 심어 주었다고 보는 것입니다. "너는 재혼하지 말아라. 만약 네가 네 마음을 지킨다면 이스라엘 안에서 씨를 가지게 해주겠다. 씨를 갖는다는 것은 굉장한 축복이야. 큰아들도 죽고 둘째도 죽었지만 네가 원한다면 셋째도 있지 않으냐? 하지만 셋째는 아직 어리니 클 때까지 기다려 보거라." 이런 식으로 언질을 주었다고 보는 것입니다.

또 다른 하나는 유다 편에서 그런 희망이나 언질을 주려고 한 말이 아니라 다말 자신이 이것을 워낙 강력하게 소망했기 때문에 나온 말이라고 보는 것입니다. 다시 말해서 다말이 유다의 집에 남기를 강력하게 소원하며 요청하는데 그렇다고 셋째 아들을 덥석 주기는 아까우니까, 일단 아비 집에 가서 있으라고 말했을 수 있습니다.

저는 후자의 가능성이 훨씬 크다고 생각합니다. 오늘 본문을 보면 유다가 셋째 아들까지 다말에게 주는 것을 상당히 꺼리고 있음을 알 수 있습니다. 그는 이 여자와 관계를 맺은 아들이 둘이나 죽는 걸 보면서 이 여자에게 무슨 문제가 있는 것은 아닌가 의심했습니다. 다시 말해서 미신적인 생각을 한 것이지요. '이 여자와 관계를 맺은 아들들은 다 죽었다. 이 여자는 무언가 불길한 운명을 가

지고 있는 것이 틀림없어. 셋째를 주면 그 애도 죽고 말 거야.'

유다는 자기 아들들이 하나님 앞에서 무슨 죄를 지었느냐는 생각지도 않고, 무조건 이 이방 여자에게 문제가 있을 것이라고 생각하고 있습니다. 사실 남성 위주의 사회는 전부 이런 식입니다. 우리나라에서도 여자가 아이를 낳지 못하면 무조건 여자 쪽에 문제에 있는 것으로 몰아붙이지 않았습니까? 비단 아이 낳는 문제뿐 아니라 집에 무슨 좋지 않은 일이 생기기만 해도 "여자가 잘못 들어와서 이런 불길한 일이 자꾸 생긴다"고 몰아가는 일이 많았습니다.

이번에는 다말의 입장에서 한번 생각해 봅시다. 남편이 죽은 후 그는 얼마든지 다른 남자와 재혼할 수 있었습니다. 그런데도 다말은 그렇게 하지 않고 자꾸 유다에게 이스라엘의 씨를 달라고 요구했습니다. 자기가 이스라엘의 아들을 낳아 합법적인 이스라엘 백성이 될 수 있게 해 달라는 것입니다. 그렇지 않았다면 유다가 집에 가서 수절하고 있으라는 말을 했을 리가 없습니다.

그렇다면 다말은 왜 그렇게 히브리인의 씨를 원했을까요? 여기에 엄청난 비밀이 있습니다. 다말은 시아버지 유다를 통해 한 새로운 세계를 보았습니다. 마치 룻이 시어머니 나오미를 통해 새로운 믿음의 세계를 본 것과 같습니다. 비록 유다가 신앙적으로 타락하고 침체된 상태에 있긴 했지만, 그래도 가나안 사람들과는 질이 달랐습니다. 마치 귀족이 망해서 거지가 되어도 그 몸에서 풍겨 나는 품위는 감출 수 없는 것이나 마찬가지입니다.

다말은 유다를 통해 야곱 집의 비밀을 알게 되었고, 특히 후손과 땅의 약속을 들은 것이 분명합니다. 그래서 어떤 일이 있어도 그 씨를 가져야 하며 하나님의 약속을 움켜쥐어야 한다고 생각한 것입니다. 하나님 나라에서 땅을 차지하려면 반드시 씨를 가져야 합니다. 아들이 없으면 나그네에 불과해요. 그런데 남편이 죽음으로써 아들을 낳을 가능성이 없어졌고, 그 동생은 의도적으로 피임을 하다가 죽고 말았습니다. 집에 가서 수절하면서 기다려 보았지만 시간이 지나도 시아버지에게서는 아무 소식이 없었습니다. 다말에게는 약속의 씨를 가질 수 있는 정상적인 기회가 없었습니다. 그럼에도 불구하고 그는 너무나도 강력하게 씨를 갖고 싶었습니다.

우리의 개념으로 보면 이상한 것 같지만, 하나님 나라의 개념으로 보면 굉장히 아름다운 열망입니다. '나는 창피해도 좋고 업신여김을 받아도 좋다. 시동생이라는 사람이 들어와서 피임했을 때에는 말할 수 없는 굴욕감까지 느껴야 했지만 그래도 상관없다. 나는 결코 포기하지 않겠다. 무슨 수를 써서라도 나는 이 축복을 붙들고 싶다!'는 것입니다. 그는 결국 하나님의 축복을 움켜쥡니다. 창녀로 변장하고 시아버지 유다와 관계를 맺음으로써 이스라엘의 씨를 얻어 낸 것입니다.

단지 유다의 재산이 탐나서가 아니었습니다. 어떻게 해서든지 하나님 나라의 당당한 백성이 되고 싶은 소원과 자기 후손으로 하여금 그 나라 안에서 당당하게 땅을 차지하는 축복을 받게 하고야 말겠다는 열망 때문이었습니다. 그는 마침내 자신의 소원대로 이스라엘에서 가장 복받은 여자가 되었습니다. 이스라엘 백성들은 오고 오는 세대에 다말을 복 있는 여자로 칭송했습니다. 그가 하나님의 백성이 되고 믿음의 아들들을 낳기까지는 많은 현실적인 어려움이 있었습니다. 그럼에도 불구하고 그는 결국 믿음의 아들을 낳았고, 그로부터 다윗의 왕가가 나왔습니다.

오늘 본문이 우리에게 말씀하고자 하는 것이 무엇입니까? 이 세상 어느 누구도 다말이라는 이 이방 여자를 주의해 보는 사람이 없었지만, 하나님께서는 그를 보고 계셨다는 것입니다. 다말 자신은 몰랐지만 하나님은 수많은 타락한 여자들 가운데서 그를 보고 계셨고, 유다의 타락과 시련을 통해 하나님의 온전한 백성으로 인도하셨습니다.

우리는 유다가 자기 형제들을 버리고 일시적으로 타락한 삶을 살게 된 이유를 알 수 없습니다. 그러나 이 모든 일의 결과를 볼 때 하나님께서 모든 것을 합력하여 선을 이루셨음을 알게 됩니다. 하나님께서는 유다의 타락과 불순종과 실패를 통해서 이 귀한 한 영혼을 구원하셨습니다.

우리 한 사람 한 사람도 바로 이런 과정을 통하여 하나님의 백성이 되었습니다. 그 과정은 마치 거대한 파노라마와 같습니다. 깊은 구덩이에 빠져 있는 한 어린이를 구출하기 위해서 수많은 장비와 인력이 동원되는 것처럼, 하나님께서는 내가 모르는 사이에도 나를 보고 계셨고, 파노라마 같은 수많은 과정을 통해 나를 찾아와 복음을 듣게 하셨으며, 결국 이 축복을 움켜쥐게 하셨습니다.

또한 오늘 본문은 교회가 얼마나 중요한지에 대해 말씀하고 있습니다. 신앙의 공동체는 눈에 보이지 않는 하나님의 보호막으로 둘러싸인 피난처입니다. 우리가 모인 곳이야말로 구약의 선지자들이 꿈에도 그리던 시온 성이에요. 그런데 사람들은 이 신앙의 공동체가 완전하지도 않고 문제도 많아 보이고 자기 욕망을 채워 줄 것 같지도 않으니까 제 마음대로 들락날락거립니다. 그것은 굉장히 위험한 일입니다. 유다는 만신창이가 되어서야 돌아왔습니다. 그러나 유다처럼이라도 돌아오는 사람보다는 못 돌아오는 사람이 훨씬 더 많습니다.

요즘 젊은이들이 너무 계산적이라는 것은 참으로 안타까운 일입니다. 그들은 매사에 자기중심적으로 생각하고 판단하고 행동합니다. 그러나 믿음의 사람들은 그렇게 하지 않습니다. 항상 신앙의 공동체와의 관계를 중심으로 생각합니다. 예를 들어 집을 구해도 신앙의 공동체에 신실하게 동참할 수 있고, 내 자녀들이 신앙 교육을 받을 수 있으며, 늘 기도하러 갈 수 있고, 다른 성도들도 초청할 수 있는 집을 구합니다.

우리 교회는 사람이 오는 것을 크게 환영하지만 가겠다는 사람을 억지로 잡지는 않습니다. 자기 스스로 알아야 합니다. 이 공동체에 속한다는 것이 정말 귀중한 일이라는 것, 환영하기는커녕 등을 떼밀면서 쫓아내도 들어와야 한다는 것, 문을 부수고서라도 들어와야 한다는 것을 알아야 해요. 사람들이 참 어리석습니다. 우리는 지금 눈에 보이지 않는 하나님의 보호막 안에 있기 때문에, 누군가 나를 위해 기도하고 있으며 눈에 보이지 않는 손이 지키고 있기 때문에 웬만한 시험은 그냥 지나가고 있다는 사실을 알아야 합니다. 마치 공기가 지구를 싸고 있기 때문에 웬만한 운석은 다 소멸되는 것과 같습니다.

유다가 신앙의 형제들을 떠났을 때 그 아들들이 죽었습니다. 하나님이 그들을 용서하시지 않았어요. 엘리멜렉이 모압 땅에 갔을 때에도 하나님은 베들레헴에서와 다른 방식으로 그들을 대하셨고, 엘리멜렉과 두 아들은 바로 죽었습니다.

야곱의 형제들은 문제가 많은 사람들이었습니다. 그럼에도 불구하고 그 공동체에는 하나님의 이름이 있었고 그의 임재가 있었으며 성령의 역사가 있었습니다. 유다가 그곳을 쉽게 떠난 것은 실수였습니다. 그는 결국 사랑하는 엘을 잃고 오난까지 잃은 후, 흉년이 들었을 때에야 비로소 만신창이가 되어서 돌아옵니다.

그러나 무엇보다 오늘 본문의 핵심을 이루고 있는 것은 다말의 열심입니다. 다말은 새로운 삶을 살 수 있었습니다. 세상적인 방법으로 얼마든지 새출발할 수 있는 젊음을 가지고 있었습니다. 그러나 그렇게 하면 자신에게 찾아온 믿음의 기회를 잃을 수밖에 없었습니다. 그가 정상적인 방법으로 믿음의 씨를 가질 수 있는 가능성은 점점 줄어들고 있었습니다. 남편도, 시동생도 죽었고, 그 밑엣동생은 시아버지가 주지 않았습니다. 결국 그는 시아버지에게 쳐들어가서 씨를 받아 냈습니다. 도덕, 비도덕의 문제를 떠나 정말 엄청난 열망이 아닐 수 없습니다. 하나님은 다말을 축복하셔서 그의 쌍둥이 아들 중 한 명을 통해 예수 그리스도를 보내셨습니다.

물론 믿음의 씨는 예수 그리스도를 예표하는 것이기 때문에, 그리스도가 오신 신약 시대에는 이런 열심을 그대로 적용할 수 없습니다. 그럼에도 불구하고 어떻게 하든지 예수 그리스도를 구하고 그 안에 거하려 하며 그가 주시는 힘으로 이 세상을 살려고 하는 열망은 오늘 우리에게도 있어야 합니다. 사도 바울은 무엇이라고 했습니까?

> 그러나 무엇이든지 내게 유익하던 것을 내가 그리스도를 위하여 다 해로 여길 뿐더러 또한 모든 것을 해로 여김은 내 주 그리스도 예수를 아는 지식이 가장 고상함을 인함이라 내가 그를 위하여 모든 것을 잃어버리고 배설물로 여김은 그리스도를 얻고 그 안에서 발견되려 함이니 (빌 3:7-9상).

예수 그리스도 안에 있는 것, 예수 그리스도 안에 붙들리는 것, 예수 그리스도가 자기 안에서 일하시게 하는 이것이야말로 사도 바울의 열망이었습니다. 그 외에는 원하는 것이 없었습니다. 그는 나머지를 다 배설물로 여겼습니다.

오늘날 우리가 다말처럼 믿음의 씨를 낳을 수는 없습니다. 그러나 나의 모든 것이 그리스도에게서 나오며 그분이 온전히 내 안에서 일하시도록 하기 위해 기꺼이 모든 것을 잃겠다는 믿음은 곧 다말의 믿음과 같은 것입니다.

성령께서는 아무에게나 충만하게 나타나시지 않습니다. 세상도 취하고 말씀도 취하며 하나님께도 인정받고 사람에게도 인정받으려고 하는 사람에게는 역사하시지 않습니다. 하나님은 자기의 모든 학벌이나 재능이나 계획이나 생활의 편의를 다 배설물로 여기고, 오직 그리스도 안에서 발견되며 그 안에 있으려는 그 사람에게 성령을 퍼부어서 구원 역사의 주인공이 되게 하십니다.

하나님의 나라에서 주인공과 엑스트라는 바뀌는 법이 없습니다. 영화 촬영을 할 때는 엑스트라가 갑자기 발탁되어 주인공이 되는 수가 있을지 몰라도, 하나님 나라에서는 절대로 그렇지 않습니다. 한번 엑스트라는 영원한 엑스트라이고 한번 주인공은 영원한 주인공입니다. 왜 그렇습니까? 그리스도를 위해 잃어버린 만큼 주님이 그 사람 안에서 역사하시기 때문입니다. 주님을 위해서 돈을 잃어버린 사람에게는 그 잃어버린 돈만큼 주님께서 역사하십니다. 주님을 위해서 친구를 잃고 미래를 잃어버린 사람에게는 또 그 잃어버린 친구나 미래만큼 찾아오셔서 역사하십니다.

우리 앞에는 두 가지 선택의 길이 있습니다. 하나는 세상적으로 잘되려 하는 것입니다. 다말이 재혼해서 살 수 있었던 것처럼, 우리도 세상에 나가서 살 수 있습니다. 또 한 가지 길은 다말처럼 다른 모든 것을 포기하고 오직 하나님의 약속만을 구하는 것입니다. 그는 자기가 할 수 있는 모든 방법을 다해서 하나님의 약속을 붙들었고 결국 그 축복을 받아 냈습니다.

사랑하는 성도 여러분, 여러분은 어떤 길을 택하겠습니까?

# 9
# 유다의
# 불륜

나다니엘 호손의 《주홍 글씨》라는 소설을 보면, 불륜으로 사생아를 낳은 후 헌평생 주위 사람들의 조롱과 멸시를 받는 여자가 나옵니다. 그 여자는 붉은 글씨로 'A'라고 수놓은 표시를 가슴에 달고 다니는데, 'A'는 간음을 뜻하는 영어 단어 'adultery'의 첫 글자입니다. 그런데 사람들은 그 여자와 관계를 맺은 남자가 누구인지 몰랐습니다. 그 여자가 끝까지 입을 열지 않았기 때문입니다. 사실 그 여자와 간음한 남자는 그 고장에서 가장 존경받는 목사였습니다. 나중에 그가 병들어서 더 이상 살 수 없게 되었을 때 가슴을 찢는데 보니까 그의 옷 안에도 'A'라는 글자가 있었습니다. 그는 자기 스스로 그 글자를 새겨 놓고 수없이 괴로워하면서 살아온 것입니다. 결국 그는 자기가 죄인이라는 것을 고백하고 죽습니다.

만일 어떤 사람이 성인이 되고 난 후에 자신의 출생을 둘러싼 불륜의 사실을 알게 되었다면 어떤 반응을 보이겠습니까? 예를 들어 자기가 정상적인 부모에게서 태어난 것이 아니라 어머니가 도저히 용납될 수 없는 불륜의 죄를 저지른 결과로 태어났다는 것을 알게 되었다면 어떻게 반응하겠습니까? 대략 세 가지 반응이 나타나리라고 생각합니다.

첫 번째 반응은 죽을 때까지 그 충격에서 벗어나지 못하는 것입니다. 자기 어머니가 그런 방식으로 자기를 낳았다는 사실 자체를 인정하지 못해서 계속 고민하고 괴로워하면서 술로 세월을 보내는 것입니다. 술을 계속 마셔 대는 사람들에게 왜 그렇게 마시냐고 물으면 맨 정신으로는 도저히 살 수가 없어서 마신다고들 하지 않습니까?

두 번째 반응은 할 수 있는 한 그 사실을 감추고 어떻게 해서든지 다른 사람이 되려고 애를 쓰는 것입니다. 출생의 비밀을 아무도 모르게 숨기고 자신도 망각 속에 묻어 둔 채, 다른 사람 행세를 하면서 살아가는 것이지요.

세 번째 반응은 어머니의 행동을 적극적으로 두둔하는 것입니다. 그때 그 상황에서 생각해 볼 때 연약한 여성으로서는 다른 도리가 없었으리라고 보는 것이지요. 그래서 예수님의 말씀대로 '누구든지 죄 없는 자가 돌을 들어 이 여자를 치라'는 식으로 어머니의 불륜을 두둔하거나, 아니면 거기서 한 걸음 더 나아가 종교적으로 승화함으로써 합리화시키려고 하는 것입니다.

어느 여성 신학자가 있었습니다. 그는 한국 여성의 마음속에 자리 잡은 한(恨)이라는 감정이 아주 중요하다고 생각하고, 이 한을 푸는 것을 자기 신학의 주제로 삼았습니다. 그런데 그가 이런 주제를 잡게 된 것은 우연히 자기 출생의 비밀을 알았기 때문이라고 합니다. 지금까지 어머니로 알았던 분은 친어머니가 아니었고, 진짜로 자기를 낳아 준 분은 이 집안에 아들을 낳아 주기 위해 씨받이로 들어왔던 여자라는 사실을 알게 된 것입니다. 그 씨받이 여인은 아들은 낳지 못하고 딸만 낳았는데, 결국 이 딸을 빼앗긴 충격으로 정신병자가 되었습니다. 그 여성 신학자는 이러한 출생의 비밀을 알게 되면서, 봉건 체제에서 딸을 빼앗기고 자신의 삶까지 잃은 어머니의 한을 자기 신학의 중심 사상으로 삼게 되었습니다. 즉 그는 어머니의 슬픔을 신학적으로 대변하는 적극적인 입장을 취한 것입니다.

오늘 본문은 이스라엘 열두 지파 가운데 가장 중요한 유다 지파의 출생 비밀을 폭로하고 있습니다. 유다 지파는 열두 지파 중에서도 가장 중요한 지파로서, 이 지파에서 이스라엘의 왕인 다윗이 나왔습니다. 다른 지파들이 망했을 때에도 유다는 끝까지 하나님의 백성으로 남았고, 그리스도께서도 이 지파를 통해 오셨습니다. 그런데 오늘 본문을 보면 이 유다 지파의 시작에 엄청난 부정과 불륜의 관계가 얽혀 있다는 사실을 발견하게 됩니다. 즉 유다 지파는 유다가 며느리 다말과 관계를 맺음으로써 낳은 불륜의 아들에게 그 뿌리를 두고 있는 것입니다.

아마 유다 지파에게 오늘 본문보다 더 치욕스럽고 부끄러운 기록은 없을 것입니다. 할 수만 있었다면 이 본문의 기록만큼은 지우고 싶었을 거예요. 그러나 하나님의 말씀은 누가 부끄러워한다고 해서 지우거나 없앨 수 있는 성질의 것이 아닙니다. 일단 지나간 과거는 영원히 하나님의 것이기 때문입니다.

이스라엘 열두 지파 중에서도 가장 중요한 이 지파의 뿌리에 대한 비밀을 하나님께서 이렇게 폭로하시는 이유가 무엇입니까? 앞으로 유다의 왕이 나올 뿐 아니라 이스라엘을 구원할 메시아가 나올 지파라면 할 수 있는 대로 좋은 내용만 기록해도 모자랄 텐데, 왜 이렇게 엄청난 불륜의 과거를 폭로하시는 것입니까?

## 유다의 불륜

본문에 따르면 유다는 가나안 사람인 아내가 죽은 후 상당히 적적했던 것 같습니다. 어느 날 그는 아둘람 사람 히라라는 친구와 함께 양털을 깎으러 딤나에 가게 되었습니다. 이 소식을 들은 다말은 지금까지 입고 있던 과부의 복장 대신 화려하고 반짝이는 창녀의 옷을 입고 얼굴에는 면박을 쓴 채, 딤나로 가는 길 옆 에나임 문에서 시아버지를 기다렸습니다. 의도적으로 그를 노리고 기다린 것입니다.

예상대로 유다는 다말에게 걸려들었습니다. 그렇지 않아도 적적했던 터에 창녀를 보니 욕정이 끓어오른 것입니다. 그는 이 창녀와 관계를 맺고 싶었지만 마침 수중에 가지고 있는 것이 없었습니다. 이것을 보면 처음부터 창녀를 찾아갈 의도는 없었고, 그저 길을 가다가 우연히 보고 유혹을 느꼈던 것 같습니다. 그런데 이 창녀는 너무나 고맙게도 외상도 된다고 했습니다. 그래서 유다는 나중에 염소 새끼를 한 마리 주겠다고 약속했고, 그 창녀는 약속한 것을 줄 때까지 약조물로 그의 도장과 끈과 손에 든 지팡이를 달라고 했습니다. 유다는 달라는 것을 주고 창녀에게 들어가 관계를 맺었습니다. 그리고 다말은 바로 시아버지의 아이를 잉태했습니다.

다말은 시아버지와 관계를 맺은 후 딤나에서 바로 철수했습니다. 그는 창녀의 옷을 벗고 원래 입었던 과부 옷을 다시 꺼내 입었습니다. 유다는 창녀와의 약속을 지키고 자기 물건을 되찾기 위해 친구 히라 편에 염소 새끼를 보냈지만 어디에서도 그 창녀를 찾을 수 없었습니다. 그래서 주위 사람들에게 물어 보니 원래 딤나에는 창녀가 없다고 했습니다. 히라는 할 수 없이 염소 새끼를 다시 데리고 왔고, 유다는 굉장히 언짢아하면서 혹시 이 말이 퍼지면 수치스러우니 굳이 약조물을 찾으려 들지 말고 이쯤에서 끝내자고 했습니다.

그런데 석 달쯤 후에 며느리 다말이 다른 남자와 행음하여 아기를 가졌다는 소문이 들렸습니다. 유다는 너무 화가 나서 다말을 끌어내 불로 태워 죽이라고 명령했습니다. 그랬더니 다말이 자신과 불륜을 저지른 남자의 물건이라면서 도장과 끈과 지팡이를 꺼냈습니다. 그것은 유다 자신의 것이었습니다. 그때서야 비로소 유다는 자기와 관계를 맺은 창녀가 진짜 창녀가 아니라 며느리 다말이었다는 사실을 알았습니다. 그리고 이 결정적인 순간에 그는 많은 사람들 앞에서 자기의 죄를 시인하면서 다말을 죽이지 못하게 했습니다.

우리는 여기에서 유다의 두 얼굴을 봅니다. 그는 겉으로 볼 때 대단히 도덕적인 생활을 하는 것 같았습니다. 그는 창녀에게서 자기의 증표를 찾을 때 혹시라도 좋지 않은 소문이 날까 봐 친구를 대신 보냈고, 며느리가 간음해서 임신했다고 하자 당장 끌어와 불에 태워 죽이라고 명령했습니다. 그러나 그의 마음은 겉과 달랐습니다. 창녀를 본 순간 참을 수 없는 충동에 사로잡혔고, 수중에 가진 것이 없자 도장을 꺼내 주고 끈도 끌러 주고 지팡이를 맡기면서까지 자기 정욕을 채우고자 했습니다.

이 모든 일이 드러났을 때 유다가 깨달은 것이 무엇입니까? 아버지 집을 떠난 후 갈 데까지 가 버린 자신의 모습입니다. 비록 알지 못하는 가운데 저지른 죄이긴 하지만 그 대상이 바로 며느리였다는 것을 알게 된 순간, '나는 도저히 구제받을 수 없는 인간이구나. 정말 갈 데까지 다 가 버렸구나' 하는 것을 깨달았습니다. 그는 자기 안에 더 이상 어찌 할 수 없는 죄악이 가득 차 있다는 것을 인정하지 않을 수 없었습니다.

유대인들은 죄인과 접촉함으로써 죄가 감염되기 때문에 사람이 죄를 짓는다고 생각했습니다. 그래서 죄인들과의 접촉을 막기 위해 많은 규정을 만들었습니다. 손을 씻지 않으면 음식을 먹지 않는 것도 그런 규정 중에 하나였습니다. 그래서 유대인들은 예수님의 제자들이 손을 씻지 않고 먹는 것을 보고 그들을 공격했습니다. 그때 예수님께서는 손을 씻지 않고 음식을 먹는 것이 사람을 더럽히는 것이 아니라, 사람의 마음속에서 나오는 것이 사람을 더럽힌다고 말씀하셨습니다. 다시 말해서 사람이 죄를 짓는 것은 단순히 죄인과 접촉했기 때문이 아니라 그 마음이 이미 타락해 있고 썩어 있기 때문이라는 것입니다. 그 타락한 마음이 죄스러운 분위기에 접촉되기만 하면 바로 스파크가 일어나면서 불이 붙게 되어 있습니다.

유다가 믿음의 형제들과 함께 있을 때에는 그래도 어느 정도 죄성이 통제되는 것 같았습니다. 또 아내가 살아 있는 동안에는 그나마 정욕이 통제되는 것 같았습니다. 그러나 아내가 죽고 혼자 가나안 땅에 떨어져 있다가 길에서 아름다운 창녀를 보게 되자 도저히 정욕을 다스릴 수가 없었습니다. 그래서 스스로 그 유혹에 빠져 들어갔는데, 하필이면 상대가 바로 자신의 며느리였습니다.

## 다말이 유다를 노린 이유

오늘 본문은 이 불륜의 관계가 며느리 다말의 치밀한 계획에 의해 이루어진 것임을 보여 줍니다. 다말은 왜 유다와 이런 불륜의 관계를 가지려고 했을까요?

시아버지 유다를 너무나도 사랑했기 때문은 아니었습니다. 다말이 유다를 사랑할 이유가 없어요. 유다는 그때 이미 많이 늙어 있었습니다. 그렇다고 시아버지에게 복수하기 위해서도 아니었습니다. 셋째 아들이 자라면 주겠다고 해 놓고, 다 자란 후에도 주지 않으니까 복수하려고 저지른 일이 아니었다는 것입니다. 그렇다면 다말이 이런 엄청난 죄를 저지른 이유는 도대체 무엇입니까?

그것은 오직 하나, 이스라엘의 씨를 갖기 위해서였습니다. 38장 14절을 보십시오.

> 그가 그 과부의 의복을 벗고 면박으로 얼굴을 가리고 몸을 휩싸고 딤나 길 곁 에나임 문에 앉으니 이는 셀라가 장성함을 보았어도 자기를 그의 아내로 주지 않음을 인함이라

이방 여자였던 다말은 유다의 큰아들 엘과 결혼함으로써 하

나님을 알게 되었습니다. 그런데 남편은 하나님 앞에 죄를 짓고 죽어 버렸습니다. 그때 그가 선택할 수 있는 길은 둘 중에 하나였습니다. 하나는 다시 가나안 여자로 돌아가는 것입니다. 그러면 재혼해서 행복하게 살 수도 있었습니다. 그러나 그는 유다 집안에 남는 길을 택했습니다. 유다를 통해 가나안 사람들의 세계와 근본적으로 다른 세계를 보았기 때문입니다. 비록 유다가 제대로 신앙생활을 한 것은 아니었지만, 그럼에도 불구하고 그의 몸에 배어 있는 하나님의 세계는 다말에게 참으로 새로운 것이었습니다.

아마 처음에는 유다가 먼저 "다시 가나안 여자로 돌아가지 마라. 네가 히브리인의 아이를 낳는다면 영원히 하나님의 백성이 될 수 있다"고 권면한 것 같습니다. 둘째 아들 오난에게 형수와 관계를 맺어 자식을 낳게 하라고 명한 것도 바로 유다였습니다. 이것은 다말에게는 완전한 복음이었습니다. 다말은 유다를 통해 인격적인 하나님을 알게 되었고, 그 후손들이 이 가나안 땅을 차지할 것이며 약속의 후손을 통해 하나님께서 온 세상을 구원하시리라는 이야기를 들었을 것입니다. 물론 그가 이러한 약속에 대해 어느 정도까지 자세하게 알았는가는 분명치 않습니다. 그러나, 그 후손의 씨가 아주 중요하다는 것과 그 씨를 통해 하나님의 축복이 이루어진다는 것만큼은 알았을 것입니다.

사실 형수가 시동생과 관계를 맺음으로써 아이를 가진다는 것은 결코 유쾌한 일이 아닙니다. 이것은 자식을 구걸하는 것이나 다를 바가 없습니다. 더구나 며느리가 늙은 시아버지와 관계를 맺어서 후손을 갖는다는 것은 너무나도 굴욕스러운 일일 뿐 아니라 대단히 위험한 죄였습니다. 그러나 아이 없이 과부가 된 이방 여자는 이스라엘 안에서 아무 소망이 없었고, 단지 나그네요 객의 자리에 머물 수밖에 없었습니다. 이때 다말이 결심한 것은 아무리 치욕을 당하고 사람들에게 손가락질을 받는다 해도 이스라엘의 씨를 가질 기회를 놓치지 않겠다는 것이었습니다. 다말은 가나안 여자로 돌아가지 않기로 했습니다. 어떻게 해서든지 이 기회를 움켜쥐기로 했습니다. '약속의 씨는 이 집안에 있고, 나는 그 씨를 낳고야 말겠다'는 생각이 다말로 하여금 이 엄청난 짓을 저지르게 한 것입니다.

만일 우리나라 왕궁에서 어느 궁녀에게 왕의 씨를 가질 수 있는 기회가 주어졌다고 합시다. 그 기회를 놓칠 사람이 어디 있겠습니까? 하물며 다말은 왕의 아들이 아니라 온 세상을 구원할 하나님의 약속의 씨를 가지려 하는 것입니다. 이스라엘에 열두 지파가 있지만 온 세상을 구원할 하나님의 아들은 유다의 후손으로 올 것입니다. 다말이 이것을 어느 정도까지 자세히 알았는지는 모릅니다. 그러나 그는 어떤 굴욕과 위험이 있어도 이 씨를 가져야겠다고 생각했고, 결국 그 약속의 씨를 얻었습니다.


## 유다의 자백


우리는 오늘 이 사건에서 다말의 행동을 결코 정당화할 수 없습니다. 그의 행동은 분명한 불륜이었고 마땅히 불에 타 죽어야 할 죄였습니다. 유다는 다말을 끌어내서 불에 태워 죽이라고 명령했습니다. 족장에게는 그렇게 명할 자격이 있었습니다.

그런데 중요한 일은 그다음에 일어났습니다. 유다는 그 여자가 제시하는 물건을 보았을 때 그와 관계를 맺은 사람이 바로 자기 자신이었다는 것과 며느리가 의도적으로 자기에게 접근했다는 것을 알게 되었습니다. 다말이 창녀 같은 몸치장을 하고 시아버지를 유혹해서 관계를 맺은 것은 불에 태워 죽여 마땅한 죄였습니다. 그러나 유다는 그 여자가 제시하는 증표를 보았을 때 자기가 이 여자보다 훨씬 더 악하고 무서운 죄를 지었다는 것을 알았습니다. 25절과 26절을 보십시오.

> 여인이 끌려나갈 때에 보내어 시부에게 이르되 이 물건 임자로 말미암
> 아 잉태하였나이다 청컨대 보소서 이 도장과 그 끈과 지팡이가 뉘 것
> 이니이까 한지라 유다가 그것들을 알아보고 가로되 그는 나보다 옳도
> 다 내가 그를 내 아들 셀라에게 주지 아니하였음이로다 하고 다시는
> 그를 가까이하지 아니하였더라

유다는 다말의 행동이 죽임을 당해야 할 죄라는 것은 분명
하지만, 사실은 자기가 며느리보다 더 큰 죄인이라는 것을 알았습
니다. 여기에서 유다는 결정적으로 방향을 바꿉니다. 만일 유다의
양심이 철저하게 죽어 있었다면 자기 체면을 위해 거짓말을 했을
지도 모릅니다. "저것들은 내가 얼마 전에 도둑질당한 물건이야. 저
여자가 자기 죄를 나한테 뒤집어씌우려는 거라구"라고만 말하면
그냥 끝나는 거예요. 어느 누구도 이 이방 여자의 말을 믿어 주지
않을 것입니다.

그러나 이 결정적인 순간에 유다는 모든 사람 앞에서 자기
의 죄를 자백합니다. "저 물건은 진정 나의 것이며 저 여자의 몸속
에 있는 아이는 나의 아이입니다. 물론 저 여자의 행동이 옳은 것은
아니지만 내 행동은 더 악한 것이었습니다. 나는 내 셋째 아들을 준
다고 해 놓고 그렇게 하지 않았습니다. 저 여자가 이런 일을 저지른
것은 순전히 내가 약속을 지키지 않았기 때문입니다."

유다는 다말이 제시한 증표를 통해서 무엇을 느꼈을까요?
지금 자기가 다말을 재판하고 있는 줄 알았더니, 실제로는 하나님
께서 자기를 재판하고 계시더라는 것입니다. 다말이 제시한 도장과
끈과 지팡이는 유다 자신이 지금까지 어떻게 살아왔으며 현재 영적
상태가 어떠한지를 생생하게 보여 주는 증거였습니다.

여기서 유다는 하나님 앞에서 자기의 죄를 자복하고 굴복합
니다. 그는 사람들 앞에서 이런저런 핑계를 대면서 빠져나가려고
하지 않았습니다. "그는 나보다 옳도다"라는 것은 '내가 다말보다

더 큰 죄인'이라는 자백입니다. 즉 만약 다말이 불에 타 죽어야 한다면 자신은 여러 번 타 죽어야 마땅한 사람이라는 것입니다.

유다는 하나님의 약속이 무엇이며 그 약속의 씨가 얼마나 중요한 것인지 알고 있었으면서도 그것을 중요하게 생각하지 않았습니다. 이 이방 여자는 자기 목숨을 걸고 이 씨를 가지려고 했는데, 그는 이방 신전의 창녀에게 그냥 갖다 바치려고 했습니다. 여기에 나오는 '창녀'는 요즘 개념의 창녀가 아니라 종교적인 창녀(temple prostitute)입니다. 가나안 종교에는 풍요를 비는 다산의 의식이 있었고, 그것을 위해 신전에 창녀를 두었습니다. 그리고 제사를 지낸 후에는 그들과 무분별한 성관계를 가졌습니다. 그는 이렇게 더러운 창녀에게 자기 몸을 줄 정도로 타락해 있었던 것입니다.

유다는 사람의 눈만 속이면 될 줄 알았습니다. 그런데 그 증표가 자기 며느리 손에 있었고, 그로 인해 자신이 얼마나 타락한 생활을 해 오고 있었는지가 모든 사람 앞에서 폭로되었습니다. 그때 유다는 하나님과 여러 사람 앞에서 자신의 타락한 생활과 죄를 솔직하게 인정했습니다. 그 인정과 자백이 유다와 다말과 배 속에 있는 아이를 다 살렸습니다.

만일 유다가 끝까지 거짓말을 하고 자기 책임을 다말에게 뒤집어씌웠더라면 다말과 아이는 죽었을 것이고 결국 하나님께서 유다도 죽이셨을 것입니다. 그러나 그가 사람들 앞에서 자신의 죄를 인정함으로써 모든 사람이 다 살 수 있었고, 다말이 낳은 아들 가운데 한 명의 씨를 통해 그리스도가 오실 수 있게 되었습니다.

그러면 유다의 자백이 유다와 다말의 죄를 정당화할 수 있을까요? 그럴 수는 없습니다. 자백을 한다고 해서 모든 것을 원점으로 돌릴 수는 없습니다. 그러나 이 자백은 하나님 외에는 어느 누구도 우리의 죄를 해결할 수 없다는 믿음의 표현입니다. 그는 이 자백을 통해 하나님의 구원과 용서를 바라보았습니다. 즉 여기에는 '우리는 이 문제를 해결할 수 없습니다. 이것은 제가 죽거나 다말이 죽는다고 해서 해결될 수 있는 문제가 아닙니다. 하나님, 이 죄를 사실로 인정합니다. 이제 그 약속한 씨를 보내셔서 우리를 구원해 주십시오. 그것만이 우리가 살 수 있는 유일한 길입니다'라는 뜻이 들어 있는 것입니다. 그는 하나님께서 약속하신 자가 오지 않는 이상 이스라엘에는 아무 소망이 없다는 것을 알았습니다. 결국 유다의 죄는 약속하신 그분이 오시지 않는 이상 인간의 죄는 해결되지 않는다는 것을 보여 주는 것입니다.

유다로 하여금 자기 죄를 자백하게 만든 것은 다말이 유다에게 받아 둔 증표였습니다. 다말은 자신의 행동이 본인은 물론이고 앞으로 태어날 아기의 생명까지 위태롭게 하리라는 것을 잘 알고 있었습니다. 그래서 유다와 관계를 맺기 전에 삼중의 증표, 즉 도장과 끈과 지팡이를 요구했습니다. 아마 그 당시에는 도장을 반지로 만드는 대신 끈으로 연결해서 묶어 놓고 본인이 풀지 않는 이상 절대로 몸에서 떨어질 수 없게 만들었던 것 같습니다. 또 지팡이는 그 주인의 권세나 지도력을 나타내는 아주 중요한 물건이었습니다.

다말은 유다에게 삼중의 증표를 요구했습니다. 아마 한 가지만 요구했다가는 목숨이 위태로워질지도 모른다고 생각했던 것 같습니다. 도장만 가지고 있으면 누군가 자는 사이에 끊어갔다고 주장할 수도 있고, 지팡이는 여러 개가 있을지도 모르지 않습니까? 그는 나중에라도 도저히 본인이 부인할 수 없도록 삼중의 증표를 요구했고, 결국 그 증표로 인해 자신은 물론이고 태중에 있는 아이들의 생명까지 구할 수 있었습니다.

여리고 성의 기생 라합도 이런 증표를 요구했습니다. 그는 이스라엘의 두 정탐꾼들을 살린 후에 그들을 달아 내려 준 붉은 끈을 증표로 삼았습니다. 그 붉은 끈이 달려 있는 집은 안전하게 보호받게 되어 있었고 그 안에 다른 죄인이 들어와도 다 살게 되어 있었습니다. 그 붉은 끈은 생명을 건 증표였기 때문입니다.

왜 이런 증표들이 필요한 것일까요? 사람의 마음은 수시로 변하기 때문입니다. 사실 십자가라는 증표가 없다면 우리가 하나님 앞에서 무죄한 의인으로 서리라는 것을 장담할 수 없습니다. 나중에 하나님의 심판대 앞에서, 우리보다 훨씬 의롭고 고결하며 만인의 존경을 받던 이들이 엄청난 죄인으로 판정받고 지옥으로 쫓겨나는 모습들을 볼 때 우리는 감히 그 앞에 서지도 못할 것입니다. 그러나 예수 그리스도의 십자가 보혈만 있으면 아무리 무서운 죄를 지은 자라 하더라도 당당하게 설 수 있습니다.

사실 예수 그리스도의 십자가는 결코 자랑스러운 것이 아닙니다. 유다의 증표가 그의 음란의 대가였던 것처럼 그리스도의 십자가도 그가 가장 수치스럽게 처형당하신 상징입니다. 그러나 하나님께서는 그 수치스러운 십자가로 우리를 구원하기를 기뻐하셨습니다.

오늘 본문에서도 마찬가지입니다. 만일 다말이 불에 타 죽어야 한다면 유다도 타 죽어야 합니다. 다말이 가지고 있는 증표가 유다와 다말을 연합시키고 있기 때문입니다. 결국 그 여자가 이렇게 죽게 된 원인은 유다에게 있습니다. 다말에게 중요한 것은 염소 새끼 한 마리가 아니었습니다. 그에게 정말 중요한 것은 자기 배 속에 있는 아이가 바로 유다의 아이라는 증표였습니다.

만약 십자가를 믿는 사람이 멸망당해야 한다면 예수님은 또다시 십자가에 달리셔야 합니다. 십자가는 우리와 그리스도를 연합시키고 있기 때문입니다. 우리를 하나님 앞에서 살게 하는 것은 이세상의 많은 재산이나 권력이 아닙니다. 하나님의 아들의 증표입니다. 예수의 십자가를 믿는 사람이 멸망한다면 그것은 예수 그리스도를 다시 한 번 십자가에 매다는 것과 같은 일입니다.

그러므로 우리는 하나님께 다른 것을 요구하면 안 됩니다. 누구든지 가질 수 있는 염소 새끼 한 마리나 자동차나 냉장고 같은 것을 요구하면 안 됩니다. 하나님의 아들이 이 세상에 다시 오실 때 우리가 영원히 살 수 있는 증표, 하나님의 심판의 불을 통과할 수 있는 증표를 요구해야 합니다. 그것이 무엇입니까? 예수 그리스도의 십자가 보혈이요 우리 안에 계신 성령의 역사입니다. 이 이중의 증표가 우리를 영원히 살게 할 것입니다.

사랑하는 여러분, 만일 우리 안에 성령이 계시다면 어떤 불시험도 다 통과할 수 있습니다. 우리는 잘 모르지만 우리 주위에는 너무나도 많은 사망의 골짜기가 있습니다. 우리가 이 모든 시험을 통과하고 어떤 어려움과 불확실한 상황 가운데서도 끝까지 살 수 있는 길은 십자가와 성령의 역사밖에 없습니다.

만약 예수를 믿는 우리가 멸망한다면 그리스도도 멸망해야 합니다. 우리와 그리스도는 십자가와 성령으로 하나가 되었습니다. 다말을 태우려면 유다도 태워야 하는 것처럼, 우리를 태우려면 그리스도도 태워야 합니다. 그만큼 십자가와 성령은 우리에게 분명한 증표입니다.


## 다말, 마리아의 예표

유다가 사람들 앞에서 자신의 책임을 인정했을 때 하나님께서는 유다와 다말과 배 속의 아기를 전부 살려 주셨습니다. 결국 다말은 쌍둥이 아들을 낳았습니다. 이 쌍둥이 아들은 이미 죽은 유다의 두 아들을 대신해서 하나님께서 주신 것입니다. 다말은 자기 품에서 두 명의 남자가 죽는 것을 경험했습니다. 그러나 하나님께서는 새로운 두 명의 아들을 주셨습니다.

출산할 때 한 아이의 손이 먼저 나와서 산파가 얼른 붉은 실을 그 손에 매어 주었습니다. 그런데 그 손이 안으로 들어가고 다른 아이가 먼저 나왔습니다. 그래서 손이 먼저 나온 아이를 제치고 태어난 이 아이의 이름을 '베레스'라고 지었는데, 이 이름은 '터친다' 는 뜻을 가지고 있습니다. '터친다'는 것은 누군가 자기가 가지려고 하는 물건을 가지려고 할 때 그것을 밀쳐 내고 자기가 차지하는 것과 같은 것입니다. 결국 홍색 실을 맨 아이가 아니라 터치고 나온 베레스가 유다의 주된 지파가 됩니다.

오늘 본문이 우리에게 보여 주려는 핵심이 무엇입니까? 인간의 가장 부끄러운 본성과 죄 가운데 하나님의 은혜가 있다는 것입니다. 사실 오늘 본문 같은 말씀을 누가 자기 아이들에게 읽어 주겠으며, 특히 딸을 가진 부모가 어떻게 읽어 줄 수 있겠습니까? 인간의 가장 부끄러운 치부를 하나님께서 드러내신 것은 바로 이런 상태에서 하나님의 구원이 이루어지며, 그가 이런 우리들을 찾아오기를 부끄러워하지 않으신다는 것을 보여 주시기 위한 것입니다.

이런 의미에서 다말은 예수 그리스도의 모친 마리아의 예표가 됩니다. 다말은 정상적인 방법으로는 이스라엘의 씨를 가질 수가 없었습니다. 남편도 죽었고 시동생도 죽었습니다. 또 셋째는 시아버지가 주지 않았습니다. 그래서 그는 시아버지와 관계를 맺는 비정상적인 방법으로 씨를 가졌습니다. 다말의 아이들은 아마 사생아 취급을 받으면서 부끄럽게 컸을 것입니다. 그런데 그들에게서 유다의 왕이 나왔습니다. 하나님께서는 그 사생아들을 축복하셨습니다.

예수의 모친 마리아는 정상적으로는 아이를 가질 수가 없었습니다. 아직 정식으로 결혼하지 않았기 때문입니다. 그럼에도 불구하고 그는 하나님의 말씀을 듣고 순종하여 기쁨으로 그 씨를 받았습니다. 마리아에게 잉태된 아이는 사생아였습니다. 마리아는 이 아이 때문에 한평생 부정한 여자로 낙인찍힌 채 살아야 했고, 예수도 사생아 취급을 받아야 했습니다. 그가 고향에서 설교를 했을 때 동네 사람들은 그를 절벽에 떨어뜨려 죽이려고 했습니다. 사생아 주제에 목수 일이나 할 것이지 설교는 왜 하고 다니느냐는 것이지요. 예수 그리스도에 대한 좋지 못한 이미지는 그가 성인이 되었을 때도 고향 사람들의 마음속에 남아 있었습니다. 그러나 이 부끄러운 사생아는 하나님의 아들이었고 그의 기름부음을 받으신 분이 었습니다. 하나님께서는 이 사생아를 통해서 온 세상을 구원하기를 기뻐하셨습니다.

이것이 보여 주는 바가 무엇입니까? 하나님께서는 인간의 가장 부끄러운 죄악 가운데서 우리를 찾아오고 구원하며 축복하기를 기뻐하신다는 것입니다. 진정으로 하나님의 나라를 소유하려고 하는 사람은 그런 취급을 받는 부끄러움을 개의치 말아야 합니다. 하나님께서는 우리가 고상하게 믿기를 원치 않으십니다. 우리의 본질을 제대로 안다면 절대로 고상하게 믿을 수가 없습니다. 유다는 자기가 고상하다고 믿었을지 모르지만, 결국 자기가 창녀의 남편이요 쌍둥이 사생아의 아버지라는 것을 부인할 수가 없었습니다. 그리고 이것을 인정한 유다의 자백은 자신뿐 아니라 모든 사람을 살려 냈습니다.

기독교를 고상한 종교로 생각한다면 분명히 잘못 생각하고 있는 것입니다. 박사 학위 가진 고결한 성품의 소유자가 설교하고, 부정한 것은 쳐다보지도 못하는 천사 같은 성도들이 모인 종교를 기독교로 생각하는 사람은 기독교를 믿으면 안 돼요. 기독교는 그런 종교가 아닙니다. 기독교는 창녀들의 종교이고 사생아들의 종교입니다. 그 이유가 무엇입니까? 우리 안에 들어 있는 것이 결코 고상한 것이 아니기 때문입니다. 우리 안에 있는 것은 이런 음란하고 더러운 것들입니다. 그럼에도 불구하고 자신의 부끄러움을 개의치 않고 하나님께 나아올 때 하나님께서는 바로 그 창녀와 사생아들 가운데 임하셔서 놀라운 구원의 역사를 이루고 그들을 축복하시며 그들을 살리십니다.

하나님께서는 우리가 있는 모습 그대로 나아오는 것을 기뻐하십니다. 정신병에 걸려서 몇 번씩 병원에 들락날락거리고, 우울증에 걸려서 정상적인 직장생활도 하지 못하며, 성장 과정에서 학대받고 누구의 사랑도 받지 못한 그 모습 그대로 나아오기를 바라십니다.

저는 오늘 우리의 예배에 감사가 넘치기를 바랍니다. 하나님께서 창녀 같고 사생아 같은 우리를 찾아오셔서 우리와 함께 계시다는 것에 진심으로 감사하는 예배가 되길 바랍니다. 이 시간, 우리가 지닌 모든 위선의 탈을 벗어 버립시다. 내 모습 그대로 내어놓고 은혜를 간구합시다. 그렇게 할 때 하나님께서는 우리에게 도장과 끈과 지팡이를 내어주셔서, 이 세상의 불 같은 시험 가운데 어느 누구도 손가락 하나 대지 못하도록 우리를 지켜 주실 것입니다.

오늘 이 본문은 대단히 비윤리적인 출생의 비밀을 우리에게 알려 주고 있습니다. 물론 정상적인 부모 밑에서 태어난 대부분의 사람들은 이런 이야기를 듣는 것 자체가 부담스럽겠지만, 사실 우리 안에 있는 본성은 그렇게 아름다운 것이 아닙니다. 그 상한 모습 그대로 하나님께 나아갈 때, "잘 왔다. 내 도장과 끈과 지팡이를 너에게 주마. 이 세상의 어떤 고귀한 자들도 너에게 손가락 하나 대지 못하도록 지켜 주마. 내가 너를 구원해 주마"라고 말씀해 주실 것입니다.

이 세상에서 가장 복된 자가 누구입니까? 자기의 모습을 있는 그대로 보고, 하나님께서 이 모습 그대로 사랑하신다는 사실을 발견하는 사람입니다. 그는 그만큼 더 풍성한 하나님의 은혜를 체험할 수 있을 것입니다.

다말을 생각해 보십시오. 다말은 약속의 씨에 대한 이야기를 들은 후 모든 부끄러움을 개의치 않고 시동생에게 씨를 구걸했습니다. 그리고 그것도 안 되니까 시아버지를 유혹해서 그 씨를 도둑질했습니다. 다말은 하나님의 은혜를 도둑질한 여자입니다. 그는 사생결단하고 하나님의 약속을 붙잡았습니다. 온갖 부끄러움과 멸시를 무릅쓰고 약속의 씨를 얻어냈습니다. 그리하여 결국 이스라엘 중에서 가장 복받은 여자가 되었습니다.

처녀가 임신하면 얼마나 부끄럽겠습니까? 예수의 모친 마리아는 그런 처녀였습니다. 그는 하나님의 아들을 잉태하리라는 말씀 앞에 모든 부끄러움을 기꺼이 감당했습니다. 그 이유가 무엇입니까? 자신의 명예와 자랑과 꿈을 다 버리더라도 하나님께서 약속하신 그리스도가 오셔야 하며, 자신이 나서서 그분을 영접해야 한다는 믿음 때문이었습니다. 오늘 이 땅에 구원이 이루어질 수 있었던 것은 다말과 마리아 같은 여인들의 헌신이 있었기 때문입니다.

사랑하는 성도 여러분, 우리의 마음속에는 베레스와 세라 같은 불행한 과거와 상처가 있습니다. 그러나 하나님께서는 그런 우리를 구원하기를 부끄러워하지 않으시고, 그런 우리와 함께하시기를 기뻐하십니다. 그래서 약속의 아들을 바로 그런 모습으로 우리에게 보내 주신 것입니다.

오늘 우리 모두 다말처럼, 마리아처럼 기도합시다. "주여, 오시옵소서. 사람들이 나를 손가락질해도 좋습니다. 비웃어도 좋습니다. 오직 주 예수여, 오시옵소서. 성령이여, 오시옵소서. 그리하여 나의 이 비참한 삶과 몸을 통해서 모든 사람을 축복해 주옵소서!"

# 10

# 고난받는 종

얼마 전에 어느 교수 부인이 법원에서 파산 선고를 받았습니다. 그는 오빠의 사업에 보증을 서 주었다가 그 사업이 망하는 바람에 모든 부채를 뒤집어썼습니다. 그런데 자기의 간호사 봉급과 남편의 교수 봉급을 다 합쳐도 도저히 그 빚을 갚을 길이 없자, 결국 법원에 파산 신청을 한 것입니다. 그는 교수 부인이요 경력이 많은 간호사로서 사회적으로 안정된 지위와 신분을 가지고 있었습니다. 그러나 오빠의 빚보증을 잘못 서주는 바람에 하루아침에 알거지가 되었을 뿐 아니라 파산자라는 딱지를 한평생 붙이고 살게 되었습니다.

우리 주위에는 자기 잘못 때문이 아니라 다른 사람을 믿었던 탓에 하루아침에 신세가 곤두박질치는 사람들이 많습니다. 자기 잘못 때문에 그렇게 되었다면야 어쩔 수 없지만 다른 사람 때문에 신세가 비참해진 경우, 피해를 입은 그 사람의 심정이 어떻겠습니까? 아마 자기가 사람을 너무나도 쉽게 믿은 것을 두고두고 후회할 것이고, 또 자기를 이렇게 망하게 만든 그 사람을 쉽게 용서하지 못할 것입니다. 마음이 진정된 후에도 경제적인 문제가 닥칠 때마다 미움과 원망이 일어날 거예요. 이런 식으로 한번 망해 본 사람은 다시는 아무도 믿으려 하지 않을 뿐 아니라 마음까지 병드는 경우가 많습니다. 그러면 정말 비참해지는 것입니다. 생활이 어려워진 것만도 억울한데 마음도 병들고 육체까지 병들게 될 때, 그는 정말 폐인이 되고 맙니다.

우리는 오늘 본문에서 요셉이 애굽에 팔려와 본격적으로 노예생활을 시작하는 모습을 봅니다. 요셉이 노예가 된 것은 자신의 잘못 때문이 아닙니다. 노름을 하다가 빚을 얻었거나 전쟁에 나갔다가 포로가 된 게 아니에요. 순전히 형들을 돕기 위해서 아버지의 명령에 따라 찾아간 것인데 형들이 배신하고 팔아 버리는 바람에 이렇게 된 것입니다. 요셉의 아버지는 엄청난 부자입니다. 노예값 정도 물어주는 것은 아무것도 아닙니다. 아버지는 그 몇십 배 몇백 배라도 줄 수 있는 부자였습니다. 그러나 요셉의 말을 믿어 주는 사람은 아무도 없었고, 결국 요셉은 애굽에 팔려와 노예생활을 시작하게 되었습니다. 채색옷을 입은 사랑받는 아들에서 이방의 노예로 하루아침에 전락하고 만 것입니다.

그런데 놀랍게도 요셉은 이 노예생활에 잘 적응하고 있습니다. 그는 사랑받던 아들의 대접을 받으려고 하지 않았습니다. 자기를 배신하고 노예로 팔아넘긴 형들을 미워하거나 원망하지도 않았고, 다른 사람들에게 꿈 이야기를 하면서 자기가 얼마나 존귀한 사람인지 설명하려 들지도 않았습니다. 도망을 치려고 하거나 아버지 집에 편지를 보내서 자기가 살아 있다는 소식을 알리려고 하지도 않았습니다. 그는 자기가 노예라는 사실을 겸손하게 인정하고 노예로서 최선을 다했습니다. 그는 어느 곳에 배치되든지 그곳에서 최선을 다해 일했고 노예로 인정받았습니다. 물론 자기 마음만큼은 결코 인격 없는 노예가 되게 하지 않았지만, 삶으로는 철저하게 노예가 되었고 노예로서 최선을 다했습니다.

요즘 우리 믿는 사람들의 삶의 자세는 어떻습니까? 우리의 삶에는 고난이라는 개념이 빠져 있습니다. 할 수 있는 대로 세상 사람들과 똑같이 잘되려고 하고 똑같이 높아지려고 합니다. 자기가 실패할 수 있다는 것을 인정하려 들지를 않아요. 이런 입장에서 보면 요셉의 고난을 이해할 수가 없습니다. 어떻게 하나님을 믿는 사람이 이토록 철저하게 낮아질 수 있습니까? 어떻게 하나님이 그 사랑하는 자녀를 이런 고난의 구렁텅이에 빠뜨리실 수가 있습니까? 그러나 요셉은 이런 원망을 하지 않았습니다. 그는 그저 노예로서 최선을 다했습니다.

오늘 본문이 이야기하려는 것은 믿음의 조상 요셉의 성공 사례가 아닙니다. 오히려 오늘 본문이 이야기하려는 것은, 요셉의 고난은 하나님께서 함께하신 고난이며 가나안에 있는 그의 형제와 온 가족을 구원하기 위한 준비 과정이라는 것입니다. 하나님께서는 요셉의 고난을 통해 그 가족과 모든 애굽 사람을 구원할 계획을 하나씩 실천하고 계셨습니다. 하나님의 백성들이 낮아지고 고난을 받을 때, 우리는 그 고난이 단순한 고난이 아니요 다른 사람을 구원하기 위한 준비 과정이라는 것을 알 필요가 있습니다.

하나님께서는 요셉을 철저하게 밑바닥까지 낮추시고 그 밑바닥에서 그와 함께하셨습니다.

## 하나님이 함께하시는 고난

요셉은 애굽에 노예로 팔려 옴으로써 화려한 채색옷을 입은 사랑받는 아들에서 비천한 노예의 신분으로 하루아침에 전락했습니다.

> 요셉이 이끌려 애굽에 내려가매 바로의 신하 시위대장 애굽 사람 보디발이 그를 그리로 데려간 이스마엘 사람의 손에서 그를 사니라(39:1).

노예의 가장 큰 고통은 한 인격체로 인정받지 못한다는 것입니다. 노예는 주인이 소유하고 있는 소나 말과 하나도 다를 바가 없습니다. 단지 차이가 있다면 말을 알아들을 수 있다는 것뿐입니다.

애굽에서 요셉을 기다리고 있는 것은 요행이 아니었습니다. 그는 모든 면에서 다른 노예들과 똑같았습니다. 그는 노예들이 거치는 과정을 그대로 거쳤습니다. 거기에는 요셉이 누구이며 얼마나 사랑받는 아들이었는지, 그가 가졌던 비전이 무엇인지 알아주는 사람이 한 명도 없었습니다. 오직 그는 애굽의 수많은 노예 중 한 명이었을 뿐입니다.

그런데 애굽의 노예로서 사는 요셉의 모습에는 두 가지 특징이 나타납니다. 하나는 그가 스스로 노예라는 사실을 철저하게 인정했다는 사실입니다. 그는 도망치려 하거나 자존심을 내세우거나 고집을 부리지 않고 노예로서 철저하게 주인에게 헌신했습니다. 그리고 다른 하나는 이런 요셉에게 하나님께서 함께하시는 역사가 자꾸 나타났고, 그것을 주인이 알았다는 사실입니다.

> 여호와께서 요셉과 함께하시므로 그가 형통한 자가 되어 그 주인 애굽 사람의 집에 있으니 그 주인이 여호와께서 그와 함께하심을 보며 또 여호와께서 그의 범사에 형통케 하심을 보았더라(39:2, 3).

사실 이 두 가지는 결코 흔히 일어나는 일이 아닙니다. 노예가 아니었던 사람이 노예라는 신분을 이렇게 잘 받아들이고 주인에게 충성한다는 것도 흔한 일이 아니고, 인격적인 신을 믿지 않는 애굽인이 노예의 행동을 보고 하나님이 함께하심을 알아챘다는 것도 흔한 일이 아닙니다.

물론 요셉도 사람이기 때문에 처음부터 노예생활에 잘 적응한 것은 아니었을 것입니다. 노예로 팔리고 난 다음 날 아침부터 '아, 나는 이제 노예구나. 노예로서 최선을 다해야지'라고 결심하지는 않았을 거예요. 요셉도 처음에는 울기도 하고, 형들을 원망도 하며, 이 젊은 나이에 낯선 땅에 팔려 와 한평생 노예로 살아야 하는 자신의 기구한 운명에 낙심도 했을 것입니다.

그러나 그것이 전부는 아니었습니다. 그는 울었고 절망했고 분노했지만, 그것이 그의 마음의 전부는 아니었어요. 그의 마음속에는 어딘지 모르게 따뜻하고 밝은 부분이 남아 있었습니다. 그것이 무엇입니까? 하나님의 약속의 말씀이었습니다. '하나님은 결코 나를 버리지 아니하시며 약속한 것을 반드시 이루신다. 하나님께서 주신 꿈은 절대로 헛되지 않다'는 확신이었습니다. 하나님이 주셨던 꿈을 꾸었을 때를 생각하면 지금 노예로 살고 있다는 사실조차 잊을 정도로 영혼이 흥분되고 가슴이 벅차 왔습니다.

요셉도 사람입니다. 그에게도 분노가 있었고 모든 것을 때려치우고 자포자기하고 싶은 심정이 있었을 것입니다. 그러나 이러한 분노와 절망이 마음을 전부 채우고 있는 것은 아니었습니다. 그의 마음속에는 무언가 이유를 알 수 없는 기쁨이 있었습니다. 그것은 말로 표현할 수 없는 영광스러운 기쁨이었습니다. 이 기쁨이 요셉으로 하여금 애굽의 노예라는 극한 상황 속에서도 낙심하지 않고 오히려 더 현실에 충실할 수 있게 한 것입니다.

베드로 사도는 많은 어려움 가운데 처해 있는 성도들에게 이렇게 편지했습니다.

> 예수를 너희가 보지 못하였으나 사랑하는도다 이제도 보지 못하나 믿고 말할 수 없는 영광스러운 즐거움으로 기뻐하니(벧전 1:8).

초대 교회 교인들은 굉장히 어려운 상황에 처해 있었습니다. 어떤 사람은 생활형편이 어려웠고 어떤 사람은 가정생활이 어려웠으며 어떤 사람은 박해 때문에 어려웠습니다. 그런데 그들에게는 현실적인 고난을 능가하는 기쁨이 있었습니다. 그것은 무언가 말로 표현할 수 없는 영광스러운 기쁨이었습니다. 이 세상 사람들의 기쁨처럼 무슨 이유가 있는 기쁨이 아니었어요. 도저히 이유를 알 수 없고 설명할 수 없는 기쁨, 하나님께서 함께하시는 기쁨이었습니다.

바울과 실라가 빌립보 성에서 전도했을 때입니다. 이것은 복음을 최초로 유럽 대륙에 전하는 기회였는데, 이 전도가 굉장히 힘들었습니다. 귀신들려서 점을 치는 한 소녀가 집요하게 따라다니면서 괴롭히고 조롱했기 때문입니다. 바울은 주님의 능력으로 그 귀신을 쫓아냈습니다. 그런데 이제 그 노예 소녀를 통해 더 이상 돈을 벌 수 없게 된 주인이 바울과 실라를 고발하는 바람에 감옥에 잡혀가서 심하게 매질을 당해야 했습니다. 그들은 온몸이 상처투성이가 되고 발이 차꼬에 채워진 채 깊은 감옥에 갇혔습니다. 그런데 한밤중이 되었을 때 그들의 마음에 이상한 기쁨이 일어나기 시작했습니다. 그것은 말로 설명할 수 있는 기쁨이 아니었습니다. 죄수들은 그들이 그 기쁨으로 기도하고 찬미하는 소리를 들었습니다. 그때 갑자기 지진이 일어나면서 옥문이 열리고 사람들을 매어 놓은 사슬이 전부 풀리는 역사가 일어났습니다.

애굽에 노예로 팔려 온 요셉에게는 바로 이와 같은 기쁨이 있었습니다. 그는 분명히 분노했고 절망했습니다. 형들의 원수를 갚고 싶었습니다. 그러나 그것이 전부는 아니었습니다. 마음 한구석에 무언가 설명할 수 없이 따뜻한 기쁨과 희망이 남아 있었습니다. 그것은 하나님이 요셉을 버리지 않으셨다는 증거였습니다.

그는 노예로 지내면서 오히려 하나님을 더 가까이 느낄 수 있었습니다. 그가 가나안에 있을 때 경험한 하나님은 다분히 이론적인 하나님이었습니다. 그러나 이 애굽 땅에서 함께하시는 하나님은 실제적인 하나님, 그를 지혜롭게 하시며 그의 마음이 무너지지 않도록 붙들어 주시며 분노에 사로잡히지 않도록 지켜 주시는 하나님이었습니다. 신앙은 이론적인 하나님이 아니라 실제적인 하나님을 만나는 것입니다. 애굽에서 하나님은 요셉에게 실제적인 분이 되셨습니다.

그뿐만 아니라 주인이 요셉에게 맡긴 일들은 그 결과가 아주 좋았습니다. 그것도 그냥 좋은 정도가 아니라 아주 뛰어났어요. 노예가 집안에서 할 수 있는 일 중에서 그렇게 뛰어나게 할 만한 일이 무엇이 있었을까요? 추측에 불과합니다만, 보디발이 시위대장으로 있으면서 장사도 약간 했을 가능성이 있습니다. 그런데 요셉이 이 보디발의 사업에 관여해서 그의 재산을 엄청나게 불려 준 일이 있지 않았을까 생각합니다. 그렇지 않으면 노예가 그렇게 뛰어난 수완을 발휘할 일이 뭐가 있겠습니까? 방을 쓸어 봐야 얼마나 뛰어나게 쓸겠으며, 말털을 빗겨 봐야 얼마나 뛰어나게 빗기겠습니까? 그냥 부지런히 할 뿐이지요. 하지만 요셉이 한 일은 아주 뛰어났습니다. 사실 요셉은 회계 부분에서 아주 뛰어난 사람이었습니다.

그러나 그에게 사업적인 수완만 있었던 것은 아닙니다. 그에게는 미래를 예측할 수 있는 능력이 있었습니다. 사람들은 바로 이 능력 때문에 하나님이 요셉과 함께하신다는 것을 알게 되었습니다. 애굽 사람들은 인격적인 하나님을 믿지 않았습니다. 그런데 놀랍게도 요셉은 불확실한 상황 가운데서 미래를 예측했고, 그의 추론과 예측은 늘 정확했습니다. 아마 사람들은 그에게 물었을 것입니다. "아니, 너는 어떻게 늘 이렇게 정확하게 예측하는 거냐?" 그때마다 요셉의 입에서는 "여호와 하나님이 나에게 지혜를 주시기 때문입니다"라는 말이 나왔을 것입니다. 그러니까 '저 노예 뒤에 누가 있기는 있는 모양이다. 그렇지 않으면 족집게 도사도 아니면서 어떻게 늘 정확하게 미래를 예측할 수 있겠는가' 하는 생각이 들게 된 것이지요.

마침내 요셉은 보디발의 모든 재산을 관리하는 노예가 되었습니다.

요셉이 그 주인에게 은혜를 입어 섬기매 그가 요셉으로 가정 총무를

삼고 자기 소유를 다 그 손에 위임하니 그가 요셉에게 자기 집과 그 모
든 소유물을 주관하게 한 때부터 여호와께서 요셉을 위하여 그 애굽
사람의 집에 복을 내리시므로 여호와의 복이 그의 집과 밭에 있는 모
든 소유에 미친지라(39:45).

주인이 요셉을 선대하니 하나님께서 그 주인을 더 축복하셨
습니다. 시험 삼아 요셉에게 좋은 자리를 줘 보니까 하나님이 더 축
복하시는 거예요. 그러니까 요셉을 무시할 수가 없었습니다. 하나
님께서 노예 요셉을 도와주며 지켜 주고 계셨습니다.

여기에서 생각해야 할 것이 몇 가지 있습니다. 첫째는 그 당
시 사람들은 지역신의 신관(神觀)을 가지고 있었다는 것입니다. 즉
신을 믿는다 하더라도 그것은 지역에 한정된 신으로서, 일단 그 지
역을 벗어나면 아무 영향력도 행사할 수 없다고 믿었습니다. 그러
나 요셉의 신앙은 그렇지 않았습니다. 그는 하나님이 어디에서나
자기와 함께하시며 동행하신다는 믿음을 가지고 있었습니다.

오늘날 많은 사람들은 자기 안에 있는 종교적인 열정을 불
태우는 것을 신앙으로 생각합니다. 물론 자기 안에 하나님을 향한
열정이 있음에도 불구하고 그것을 억누르고 세상적인 일에 빠져 있
는 것도 좋은 것은 아닙니다. 그러나 믿음의 조상들이 보여 주는 신
앙의 모습은 속에 있는 열정을 불태우는 그런 것이 아닙니다. 그들
이 가지고 있던 신앙의 모습은 철저히 하나님과 동행하는 것이었습
니다.

그러면 하나님과 동행한다는 것은 무엇입니까? 어떤 사람
은 '하나님과 내가 손을 잡고 함께 걸어가는 것'이라고 표현하기도
하고, 또 어떤 사람은 '나는 혹시 손을 놓치더라도 하나님 편에서
그 큰 손으로 나를 붙드시는 것'이라고 말하기도 합니다. 이런 것들
도 틀린 말은 아닙니다. 그러나 구체적으로 하나님과 동행한다는
것은, 내가 어떤 경우에도 하나님의 말씀을 버리지 않고 붙드는 것

이며 그럴 때 하나님께서 나의 모든 삶을 지켜 주시고 붙들어 주시며 책임지시는 것입니다.

아브라함이 어떻게 살았습니까? 상황이나 주위의 여건을 보지 않고 오직 말씀만 바라보며 좇아갔습니다. 그것이 하나님과 동행하는 것입니다. 요셉은 하나님의 약속을 버리지 않았고 그가 자기에게 보여 주신 말씀을 붙들었습니다. 그리고 하나님께서는 놀라울 정도로 성실하게 요셉을 지켜 주시고 그와 함께하셨습니다.

하나님은 신전에 머물러 계시거나 어느 한 지역에 한정되는 분이 아닙니다. 민간인에게만 역사하고 군대에는 없는 분이 아니에요. 그는 자기 백성이 있는 곳이라면 어디든지 찾아가서 함께하시는 분입니다. 내가 어느 곳에 있든지 말씀을 붙들기만 하면 나의 삶을 책임지시며 나를 축복하는 자들에게 복을 주시는 분입니다.

둘째는, 하나님께서 자기 백성을 돕기 위해 하나님을 전혀 모르는 사람들을 사용하셨다는 것입니다. 누가 시위대장 보디발의 마음을 움직여서 요셉에게 관심을 가지게 할 수 있다고 생각했겠습니까? 그러나 하나님께서는 눈에 보이지 않게 일하시는 분이시며, 하나님을 모르는 사람의 마음이라도 얼마든지 움직여서 자기 백성을 도우실 수 있는 분입니다.

우리는 하나님이 믿는 자 안에서만 일하신다고 생각할 때가 너무 많습니다. 그래서 내가 상대해야 하는 사람이 하나님을 전혀 모를 때, 아예 마음 문을 닫고 처음부터 그 사람을 정죄하며 부정하는 경우가 많습니다. 그러나 하나님은 믿는 사람 속에서만 역사하는 분이 아닙니다. 믿지 않는 사람도 얼마든지 움직일 수 있는 분입니다. 보디발뿐 아니라 바로도 움직여서 당신의 선한 뜻을 이루시는 분이에요. '예수 믿는 과장은 움직이실지 몰라도 그 위에 있는 술고래 부장이나 더 위에 있는 불교 신자 사장은 절대로 못 움직이실 거야'라고 생각하지 마십시오. 하나님은 모든 사람을 움직이실 수 있습니다.

셋째로, 하나님의 백성들에게는 이 세상에 잘 적응하는 일이 꼭 필요하다는 것입니다. 아무리 자기 속에 꿈이 있고 계획이 있고 비전이 있는 그리스도인이라 하더라도 이 세상에 살고 있는 이상 이곳에 꼭 필요한 사람이 되어야 합니다. 하나님께서 우리를 살게 하신 이 세상은 천사들만 사는 낙원이 아닙니다. 신앙적으로는 도저히 먹혀 들어가지 않는 악한 사람들이 살고 있는 곳이에요. 만약 애굽에서 요셉이 일은 하지 않고 자기가 꾼 꿈만 설명하고 자기가 본 엄청난 환상만 이야기했다면 사람들이 어떻게 반응했을 것 같습니까? 아마 더 먼 아프리카로 팔아 버렸을 겁니다.

요셉이 깨달은 것이 무엇입니까? 그는 처음에 자기가 꾼 꿈을 형들에게 알려 주기만 하면 그들을 변화시킬 수 있다고 생각했습니다. 하나님이 자기에게 주신 비전, 계획, 자기가 체험한 계시로서의 말씀을 나누기만 하면 말씀이 그들을 변화시킬 거라고 생각했어요. 하지만 형들은 변하지 않았습니다. 오히려 그 이야기를 듣고 더 마음이 완악해져서 결국 자신을 노예로 팔아먹는 자리까지 나아가게 되었습니다.

이 일을 통해 요셉이 알게 된 사실은, 진리 그 자체로 할 수 있는 일은 아무것도 없다는 것이었습니다. 하늘에 높이 떠 있는 진리로는 단 한 사람도 바꾸지 못합니다. 진리는 반드시 성육신의 과정을 거쳐야 합니다. 다른 사람들이 납득할 수 있는 수준으로, 그들이 알아들을 수 있고 용납할 수 있는 수준으로 성육신되어야 합니다.

요셉은 애굽에서 꿈 이야기를 한 마디도 하지 않았습니다. 그 대신 철저하게 노예의 자리로 낮아져서 다른 사람들을 섬겼습니다. 진리가 진리 되기 위해서는 이처럼 낮아져야 합니다. 낮아질 대로 낮아져서 내가 미워하던 사람을 사랑할 수 있게 될 때, 내가 정죄하고 판단하던 그 사람을 이해할 수 있게 될 때, 비로소 진리는 진리가 되는 것입니다.

만일 진리 그 자체만으로 우리가 구원을 얻을 수 있다면 그리스도께서 이 세상에 오실 이유가 없었을 것입니다. 그러나 그는 죄인의 몸으로 이 세상에 오셔서 우리가 알아들을 수 있는 이야기를 하셨고, 우리처럼 사셨으며, 우리보다 훨씬 비참한 자리로 내려가셨습니다. 그는 진리를 성육신시키셨습니다.

어떤 사람을 사랑한다는 것은 그 사람과 똑같이 낮아지는 것입니다. 그때 진리가 살아납니다. 요셉은 그것을 알았습니다.

## 고난보다 무서운 유혹

애굽에서의 요셉은 적어도 노예로서는 성공한 것처럼 보였습니다. 그러나 전혀 생각지도 못한 어려움이 그를 기다리고 있었습니다. 주인 보디발의 아내가 그를 성적으로 유혹했던 것입니다. 이것은 육체적인 고난보다 훨씬 더 무서운 것이었습니다.

> 주인이 그 소유를 다 요셉의 손에 위임하고 자기 식료 외에는 간섭하지 아니하였더라 요셉은 용모가 준수하고 아담하였더라 그 후에 그 주인의 처가 요셉에게 눈짓하다가 동침하기를 청하니(39:6, 7).

젊은 청년 요셉에게 육체적인 고난보다 더 무서운 것은 성적인 유혹이었습니다. 그 당시에는 여주인들이 남자 노예를 자신의 성적 노리개로 사용하는 예가 빈번하게 있었습니다. 요셉도 남자요 정욕이 있는 사람입니다. 그뿐만 아니라 그는 노예입니다. 노예한테 무슨 인격이 있습니까? 여주인이 눈짓으로 부르면 얼른 대령해야지 노예가 어떻게 감히 거부할 수 있습니까? 출세하고 싶으면 오히려 여주인의 말을 듣는 편이 더 유리하지 않겠습니까?

만약 요셉에게 자포자기하는 심정이 조금이라도 있었다면 이런 유혹을 거절하기가 쉽지 않았을 것입니다. 그러나 그는 주인이 자신의 아내를 사랑하는 것까지는 허락지 않았다고 하면서 유혹을 단호하게 거절했습니다. 8절과 9절 앞부분까지 보십시오.

> 요셉이 거절하며 자기 주인의 처에게 이르되 나의 주인이 가중 제반 소유를 간섭지 아니하고 다 내 손에 위임하였으니 이 집에는 나보다 큰 이가 없으며 주인이 아무것도 내게 금하지 아니하였어도 금한 것은 당신 뿐이니 당신은 자기 아내임이라

지금 요셉은 주인의 아내를 설득하기 위해 설명하고 있습니다. 주인이 집안 모든 일을 자기에게 맡겼지만 그 아내까지는 맡기지 않았고, 사실 아내는 맡길 수 있는 성질의 것도 아니라는 것입니다. 무슨 뜻입니까? 주인의 아내는 자신의 사람이 아니며, 그럼에도 불구하고 옳지 못한 성관계를 가진다면 주인의 신뢰를 완전히 저버리는 배신 행위가 된다는 것입니다. 물론 아무도 모르게 죄를 지으면 되지 않겠느냐고 할지 모르겠지만, 이것은 사람이 아느냐 모르느냐의 문제가 아니라 근본적으로 신뢰를 배신하는 무서운 죄였습니다. 요셉의 머릿속에는 이처럼 자기 것과 자기 것 아닌 것이 정확히 구별되어 있었고, 그는 자기 것 아닌 것에 대해 좋지 않은 마음을 품는 것 자체가 교만이며 죄라는 것을 알고 있었습니다.

요셉은 자기가 이 정도로 말하면 여자가 알아들을 줄 알았습니다. 그러나 정욕에 논리적인 설명은 아무 소용이 없습니다. 강제로 떼어 놓든지 아니면 그 자리에서 도망치는 수밖에 없습니다. 어디 논리적으로 죄짓는 사람 봤습니까? 또는 논리적으로 추론한 결과 죄는 좋지 못하다는 결론을 내리고 죄를 포기하는 사람 봤습니까? 정욕은 불입니다. 논리적인 설명으로 잠재워지는 것이 아닙니다.

그러나 요셉은 계속해서 이런 탈선이 하나님 앞에서 엄청난 죄가 된다는 것을 설명하고 있습니다.

**그런즉 내가 어찌 이 큰 악을 행하여 하나님께 득죄하리이까**(39:9하).

요셉은 주인의 아내를 건드리는 것은 자신을 믿고 사랑해 준 주인에 대한 배신일 뿐 아니라 사람을 남자와 여자로 만드신 하나님께 엄청난 범죄가 된다는 사실을 이야기하고 있습니다. 이것은 일종의 선포입니다. 즉 다른 사람에게 상처를 주는 것은 그 사람에 대한 죄로 끝나는 것이 아니라, 모든 사람에게 자신의 형상을 주신 하나님께 상처를 주는 것이며 그분의 얼굴에 침을 뱉는 것과 같다는 것입니다. 이것이 요셉의 신앙이었습니다.

사실 이 여자가 유혹해 오는 것 자체가 요셉에게는 너무나도 큰 고통이었습니다. 그것은 이 여자가 자신을 정말 노예로 생각하고 있다는 증거였기 때문입니다. 만일 그가 요셉을 존귀한 존재로 생각한다면 어떻게 감히 이런 식으로 유혹할 수 있겠으며 동침하기를 요구할 수 있겠습니까? 이것은 그가 정말 요셉을 한낱 노예로 보고 있다는 뜻입니다. 여주인은 요셉의 외모가 마음에 들었습니다. 그리고 자신이 눈짓만 하면 꼼짝 못하고 자기 뜻에 따르리라고 생각했습니다. 그 사실 자체가 요셉에게는 큰 고통이었습니다.

지금까지 요셉이 당한 고난은 거룩한 고난이었습니다. 그러나 만일 여기서 범죄한다면 지금까지 받아 온 고난은 진짜 고난이 아니라 생고생에 그치게 될 것이고, 그는 하나님의 뜻에 따라 된 노예가 아니라 진짜 노예가 될 것입니다. 그러면 지금까지 받아 온 것이 연단인지 죄에 대한 심판인지 구별할 수 없게 되는 것입니다.

하나님의 백성에게 가장 비참한 것은 하나님께서 주신 어려움 가운데서 범죄하는 것입니다. 그렇게 범죄하면 지금까지 아름다웠던 모든 고난이 엉망이 되어 버립니다. 아무리 지금까지 잘 참아 왔다 해도 범죄하는 순간 모든 것이 다 무너지고 맙니다. 한순간의 유혹을 참지 못하고 넘어지면 그때까지 붙들고 있던 모든 믿음이 와르르 무너져 버리는 것입니다. 그러면 정말로 비참해집니다.

하나님의 백성들에게 가난이나 질병보다 더 무서운 것이 바로 이러한 유혹입니다. 이것은 단순히 성적인 유혹만 의미하지 않습니다. 하나님의 인도를 잘 따라가다가 결정적인 순간에 '이게 아닐지도 몰라. 내가 혹시 잘못 믿은 거 아닐까?' 하는 의심이 들면서 그 인도하심을 부인하게 된다든지, 자기 자신을 학대해서 술을 퍼마신다든지, 벽에 머리를 처박는다든지, 자신을 분노 가운데 내던져 버리는 것도 다 유혹입니다.

이스라엘 백성들이 애굽을 떠나서 광야를 방황할 때 참으로 그들을 위험하게 했던 것은 더위나 전갈이나 불뱀이 아니라 하나님을 향한 불신과 원망과 성적인 유혹이었습니다. 대충 입고 춤추는 모압 여자들을 보자마자 "우리는 40년 동안 이런 여자들 못 봤다" 하면서 덤벼들다가 하루에 3만 명이 죽어 버렸어요. 하나님 앞에서 가장 무서운 것은 가난이나 질병이나 어려운 상황이 아닙니다. 정말 무서운 것은 그러한 상황 가운데서 마음을 지키지 못하고 자신을 방탕이나 성적인 유혹에 내던지는 것이며, 하나님을 불신하고 원망하는 것입니다.

요셉이 이 여자의 집요하고 무서운 유혹으로부터 자신을 지킬 수 있었던 가장 중요한 이유는 무엇입니까? 그의 마음에 진정한 존귀함이 있었기 때문입니다. 하나님이 주시지 않은 여자나 남자에게 자신의 몸을 던지는 것, 분노에 자신을 맡기거나 스스로 학대하는 것은 하나님이 주신 존귀함을 포기하는 행동입니다. 존귀한 사람은 절대로 그렇게 하지 않습니다. 별것 아닌 일에 바르르 떨면서 뒤로 넘어가지 않아요. 또 누군가 자기를 좋지 못한 농담거리로 삼을 때 분명히 거절합니다.

요셉은 노예로 전락했고 그 신분을 받아들였지만 마음만은 절대로 노예가 되지 않게 했습니다. 그는 자신의 존귀함을 놓치거나 포기하지 않았습니다. 그는 화를 내지 않았습니다. 노예가 되어 애굽까지 끌려온 것도 억울한데, 여기에서 화까지 낸다면 너무 비참하지 않겠습니까?

부부도 마찬가지입니다. 그렇지 않아도 살기 어려울 때 싸움까지 하게 되면 정말 비참해집니다. 형편이 어려울 때일수록 남편은 아내를 '사랑한다'며 보듬어 주어야 하고, 아내는 남편을 '당신이 최고'라며 세워 주어야 합니다. 그렇지 않고 서로에게 분노를 터뜨리면 그때부터 시험이 진짜 시험 되고 위기가 진짜 위기 되는 것입니다. 어려울 때 아내나 남편을 공격하지 마십시오. 진짜 싸우고 싶으면 어려움이 끝나고 나서 싸워야지, 먹을 것도 없고 돈도 없고 외부적으로 막 눌리는 상황에서 서로 화내고 싸우고 각 방 쓰면 정말 비참해집니다.

요셉이 여자의 유혹에 넘어가지 않은 것은 몸은 노예였어도 마음만큼은 결코 노예가 되지 않았기 때문입니다. 그는 더러운 여자의 일시적인 충동의 노예가 되는 것은 곧 자기 안에 있는 하나님의 언약을 포기하는 행동이라는 사실을 알았습니다. 그는 놀라울 정도로 건강한 자아상을 가지고 있었습니다. 사람들은 그가 노예로 최선을 다하는 것을 보고 자존심까지 다 버린 줄 알았습니다. 그러나 그는 자존심을 버리지 않았습니다. 아무도 그를 죄에 굴복시킬 수 없었습니다. 그가 노예생활에 최선을 다한 것은 여기에 하나님의 뜻이 있다고 생각해서 자발적으로 자신을 낮추었기 때문이지, 마음까지 노예가 되었기 때문이 아니었습니다. 오히려 그의 마음은 아버지 밑에서 사랑받을 때보다 더 놀랍게 치료되어 있었습니다.

이것이 그리스도인들에게 고난이 필요한 이유입니다. 그리스도인들이 어려움 가운데 빠져 있을 때에는 죄에 아주 민감해져서 마음속으로만 죄를 지었을 때에도 금방 회개합니다. 이 어려움 가운데서 자기를 지켜 줄 분은 오로지 하나님 한 분뿐이며, 만일 하나님으로부터도 버림을 받는다면 더 이상 바라볼 분이 없다는 것을 알기 때문입니다. 그래서 고난 가운데 있는 성도들을 만나 보면 놀랍게도 죄에 민감하게 깨어 있는 것을 느낄 수 있습니다.

오늘 자기 자신을 한번 돌아보십시오. 너무 쉽게 화를 내고, 너무 쉽게 유혹에 넘어가며, 너무 쉽게 자신을 학대하지는 않습니까? 만약 그렇다면 마음이 많이 파괴되어 있는 것입니다. 요셉은 그렇게 하는 것이 진짜 자신을 비참하게 만드는 길이라는 것을 알았습니다. 그는 '몸은 비록 노예가 되었을지 몰라도 나는 절대 노예가 아니다. 나는 자유인이며 사랑받는 아들이다'라는 자신의 존귀함을 굳게 지켰기 때문에, 여자의 유혹을 이길 수 있었습니다.

## 하나님께서 요셉을 낮추신 이유

이 일에서 우리에게 잘 이해되지 않는 것이 하나 있습니다. 하나님께서는 왜 이렇게 요셉을 낮추시는 것일까요? 하나님은 분명히 요셉을 사랑하시지 않습니까? 그런데 왜 굳이 그를 노예로 만드시고 그 상황에서 그와 함께하시는 것일까요? 요셉을 사랑하시며 함께하실 거라면 아예 처음부터 이런 고통을 받지 않게 하는 편이 더 좋지 않습니까?

물론 하나님께서도 요셉이 이런 고통과 환난당하는 것을 좋아하시지 않으십니다. 그럼에도 불구하고 그를 이렇게 낮추신 것은 하나님의 계획을 이루시기 위해서입니다. 앞으로 십수 년 후에 팔레스타인과 애굽 지역에는 굉장히 무서운 흉년이 닥칠 것입니다. 하나님께서는 그 엄청난 재앙에서 애굽 사람들과 그 주위에 있는 사람들, 특히 가나안에 있는 이스라엘 사람들을 살리기 위해 요셉을 미리 이곳에 보내신 것입니다. 요셉 혼자만의 문제라면 그는 노예가 될 필요가 없습니다. 그러나 하나님께서는 그를 통해 온 세상을 무서운 기근으로부터 구원하실 계획이 있었기 때문에 그를 낮추셨습니다.

한번 생각해 보십시오. 평생에 단 한 번도 고생하지 않고 늘 채색옷만 입으면서 잘사는 것이 행복한 일입니까, 일시적으로 인생 밑바닥까지 낮아지는 한이 있더라도 앞으로 닥쳐올 재난의 7년 동안 자신의 지혜와 미래를 예측할 수 있는 능력으로 모든 사람들을 엄청난 기근에서 살리는 것이 더 복된 일입니까?

물론 개인적으로 보면 한 번도 고생하지 않고 편하게 사는 쪽이 더 좋겠지요. 그러나 그렇게 살면 7년 기근에 자기 자신도 살아남지 못합니다. 그보다는 인생 밑바닥까지 내려간다 해도 거기에서 삶의 지혜와 하나님의 인도하심을 배우고 다른 사람들을 끌어안을 수 있는 능력과 마음의 여유를 얻는 것, 그래서 자기 형제들뿐 아니라 모든 애굽 사람을 살리는 위대한 구원자가 되는 편이 더 복되지 않겠습니까? 요셉의 고난은 그의 형제들을 살리는 준비 과정이었고 온 애굽인을 살리는 준비 과정이었습니다.

그뿐만 아니라 하나님께서는 야곱 집안에 있는 엄청난 죄를 요셉 한 사람에게 뒤집어씌움으로써 그들을 속죄하기로 작정하셨습니다. 요셉이 그 점에 관해 어느 정도까지 자세히 깨달았는지는 모르겠습니다. 그러나 하나님의 넓은 계획 안에는 요셉의 노예생활을 통해 형제들의 살인과 음란과 그 모든 죄를 치료하는 일이 포함되어 있었습니다. 요셉이 채찍에 맞을 때 그 형제들이 나음을 입고, 그가 매를 맞아 신음할 때 그들의 죄가 씻겨나가게 하신 것입니다.

그래서 또 한 번 요셉은 예수 그리스도의 완전한 모형이 됩니다. 만일 그리스도 혼자의 문제였다면 이 세상에 오셔서 고난을 받으실 필요가 없었습니다. 사실 이 세상에 오신 것 자체가 그분께는 엄청난 고난이었습니다. 죄인들이 그를 거역한 것을 보십시오. 끝내 그를 십자가에 못박아 죽인 것을 보십시오. 그는 이 세상에서 정말 모진 고난을 받으셨습니다. 그러나 그 결과가 무엇입니까? 우리 죄인들을 하나님의 무서운 심판에서 구원하신 것입니다. 그가 채찍에 맞아 신음하실 때 우리의 죄는 하나님 앞에서 씻겨나갔습니다. 그가 고난의 매를 맞고 가시에 찔리고 피를 흘릴 때 우리의 죄는 하나님 앞에서 면제되었습니다.

그리스도는 우리로 하여금 풍성한 삶을 살게 하시려고 모든 것을 다 버리고 죄인의 형상과 노예의 모습으로 우리에게 오셨습니다. 이보다 더 큰 사랑은 없습니다.

요셉은 애굽에서 절대로 형들을 미워하거나 원망하지 않았습니다. 어떻게 그렇게 할 수 있었습니까? 자신의 문제를 하나님과의 관계에서 보았기 때문입니다. 물론 그도 처음에는 애굽의 노예 생활을 받아들이기 힘들었을 것입니다. 그러나 나중에 그는 형제들에게, 자신을 애굽에 오게 한 분은 하나님이시므로 그들에게 보복할 의사가 없다고 고백합니다. 하나님의 성령이 그 마음에 간섭하셔서 미움을 사라지게 하신 것입니다.

남을 미워하는 자는 결코 남을 도울 수가 없습니다. 하나님의 백성이 되는 데에는 개인적으로 가지고 있는 분노나 열등감이 크게 문제 되지 않습니다. 그러나 남을 구원하기 위해서는 무엇보다 먼저 내 마음속에 있는 분노가 완전히 없어져야 합니다. 속에 분노가 남아 있는 사람은 절대로 남을 돕지 못합니다. 머리를 숙일 줄 모르는 사람은 남을 도울 수 없어요. 남을 미워하고 원망하는 사람은 절대로 남의 발을 씻는 종이 될 수가 없습니다. 마음속에 열등감과 분노가 가득 차 있는 사람은 결코 노예의 신분을 인정할 수 없습니다.

우리가 병원에서 의사들을 만나면서 느끼는 것이 무엇입니까? 의사들은 환자를 너무 모른다는 겁니다. 환자가 알아들을 수 없는 소리만 해요. 그래서 나이든 분들 중에는 병원에 가느니 차라리 기도원에 가는 편이 낫다고 말하는 사람들까지 있습니다. 왜 그렇습니까? 의사들이 한 번도 환자처럼 아파 보지 않았기 때문입니다. 남을 진정으로 도우려면 자기가 바닥까지 낮아져 봐야 합니다. 진짜 의사가 되려면 환자의 심정으로 아파 봐야 합니다. 낮아지지 않는 사람은 계속 나와 남을 구별해서 나는 높이고 남은 무시하는데,

그것은 바보나 하는 짓입니다. 똑똑한 사람은 절대로 그렇게 하지 않습니다.

우리 속에 있는 분노와 열등감이 치료되지 않으면 남이 나를 무시하는 말을 한마디만 들어도 바르르 화를 내면서, "주님이고 뭐고 필요 없다! 너 죽고 나 죽자"고 덤벼듭니다. 물론 그렇게 한다고 해서 지옥에 가는 것은 아니지만 그런 사람은 하나님 나라에서 아무 쓸모가 없습니다. 예수를 믿는다고 하면서도 계속 분노와 열등감과 콤플렉스를 가지고 있는 사람은 하나님께 쓰임받을 수가 없어요.

왜 하나님께서 요셉을 구원자로 택하셨는지 여기에서 알 수 있습니다. 그는 절대로 분노하지 않았습니다. 다른 형제들 같았으면 자기 성질에 지레 기절해 버렸을 겁니다. 남이 때려 주지 않아도 자기가 먼저 벽에 머리 박고 죽어 버렸을 거예요. 그러나 요셉은 자기에게 주어진 모든 상황을 기쁨으로 받아들였고, 원수인 형들과 애굽인들을 사랑했습니다. 그리스도께서는 십자가 위에서도 자기를 못박고 욕하는 자들을 위해 하나님께 용서를 구했습니다. "아버지여, 저희를 사하여 주옵소서. 자기의 하는 것을 알지 못함이니이다"(눅 23:34).

어떤 사람이 정말 평화의 사도인지 아닌지는 한 대 때려 보면 알 수 있습니다. 맞으면서도 자기를 때린 그 사람들을 위해 기도하고 그들을 불쌍히 여기는 마음이 솟아나오는 사람이라야 평화의 사도가 될 수 있습니다. 욕하면서 닮는다는 말이 있습니다. "저 사람은 틀렸어. 엉터리야" 하면서 남을 비난하던 사람이 나중에 보면 그와 똑같은 짓을 합니다. 왜 그렇습니까? 그 사람의 속이 치료되지 않아서 그렇습니다. 남을 욕하면 자기한테서는 바른 것이 나올 것 같습니까? 천만의 말씀입니다. 욕하는 자신의 마음속에서는 괴물이 나옵니다.

속에 분노가 있는 사람은 상대를 선별합니다. 자기가 좋아하는 스타일과 좋아하지 않는 스타일의 사람으로 나누어 놓고, 자기가 좋아하지 않는 사람은 망해도 좋다고 생각합니다. 하나님 앞에서 이보다 더 악한 것이 없습니다. 그리스도인은 좋아하는 스타일을 만들면 안 됩니다. 좋은 사람일수록 덜 좋아해야 하고, 좋아하기 힘든 사람일수록 더 관심을 가져야 합니다. 마음이 맞는 사람들하고만 가까이 만난다면 안 믿는 사람과 하나도 다를 게 없어요. 이것은 굉장히 무서운 일입니다. 하나님께서는 할 수 있는 대로 모든 사람이 하나님의 구원에 이르기를 원하십니다. 좋아하는 사람을 따로 만들지 마십시오. 할 수 있는 한 내가 가지고 있는 선입견으로 사람의 영혼까지 판단하지 않도록 주의해야 합니다.

성도들의 고난은 자신이 알지 못하는 많은 사람들을 구원하는 준비과정입니다. 내가 기쁨으로 고난의 길을 걸어갈 때, 기쁨으로 이유를 알 수 없는 고난을 감당할 때, 하나님께서 그 낮아짐과 고난을 통해 진리를 성육신시키시고 내 형제들이나 가족들의 죄까지 용서해 주실 것입니다. 공중에 떠 있는 진리로는 단 한 사람도 살릴 수 없습니다. 진리는 성육신되어야 합니다. 요셉이 꾼 꿈으로는 한 사람도 변화시킬 수 없었습니다. 그러나 그가 기쁨으로 노예가 되었을 때, 그의 진리는 하나님을 모르는 사람들 가운데 살아 역사하는 진리가 되었습니다.

사랑하는 여러분, 쉽게 화내는 것은 좋은 것이 아닙니다. 자기 자신을 학대하는 것은 결코 좋은 것이 아닙니다. 오늘 주님께 나의 상한 마음을 고쳐 달라고 구하십시오. 내 속에 존귀한 형상을 회복시켜 달라고 기도하십시오. 화내지 마십시오. 자신을 더러운 농담거리로 내주지 마십시오. 나에게 주어진 상황에 기쁨으로 적응하십시오. 그때 하나님께서 나의 고난을 통해 다른 사람들을 살리실 것입니다.

# 11

## 감옥에 갇힌 요셉

우리나라 군사 정권 시절에 '삼청교육대'라는 것이 있었습니다. 이 것은 사회 각층의 부조리를 일소(一掃)한다는 취지 아래, 깡패나 범죄의 소지가 있는 사람들을 데려다가 교화시키겠다는 명분으로 만들어진 것입니다. 그러나 실제로는 여기 끌려갈 이유가 없는데도 단지 힘 있는 사람의 눈에 미운 털이 박혔거나 사회에 대한 불만을 토로했다가 잡혀가서 짐승 같은 취급을 받으며 억지로 훈련받은 경우들이 많았습니다. 그런 사람들은 거기에서 나온 후에도 육체적으로나 정신적으로 오랫동안 심한 후유증을 앓아야 했습니다.

오늘 본문을 보면 애굽에 노예로 팔려 와 그런 대로 잘 적응하던 요셉이 여주인의 유혹을 완강하게 거절하는 바람에 미움을 사서 강간미수죄로 감옥에 들어가는 내용이 나옵니다. 우리는 이와 비슷한 이야기들을 많이 알고 있습니다. 우리나라만 해도 변사또의 수청을 거절한 춘향이가 호된 매를 맞고 감옥에 갇히게 되는 이야기라든지, 한 남자가 온갖 여자들의 유혹을 다 이겨 내고 결국 자기가 사랑하는 약혼녀를 찾아간다는 식의 이야기들이 많이 있습니다. 그런데 이러한 이야기의 주인공들이 끝까지 유혹을 이길 수 있는 것은 그들에게 사랑하는 남자나 여자가 있기 때문입니다. 그 사랑이 자포자기할 수밖에 없는 절망적인 상황에서도 그 마음을 지켜 줌으로써 죄와 타협하지 않고 끝까지 이기게 해 준 것입니다.

그러나 요셉의 경우는 다릅니다. 그는 사랑하는 여자가 있기 때문에 여주인의 유혹을 거절한 것이 아닙니다. 그를 유혹에서 지켜 준 것은 여인의 사랑이 아니라 하나님의 사랑이었습니다. 하나님이 자신의 모든 행동을 보고 계시며 자신과 함께 계신다는 그 사실이 여주인의 집요한 유혹을 거부할 힘을 준 것입니다.

그 결과 그는 가장 악명 높은 감옥에 들어가게 되었습니다. 우리가 생각하기에는 그래도 왕의 죄수들이 들어가는 감옥의 환경이 다른 감옥들보다는 나을 것 같지만, 그 당시 사정은 오히려 정반대였습니다. 요셉이 들어간 감옥은 한번 들어가면 죽을 때까지 나오기 힘든 곳이었습니다. 그러나 그 무서운 감옥 안에서도 그는 썩지 않았습니다. 오히려 그 안에서 하나님과 동행하는 삶을 살았고 주위 사람들에게 인정을 받았습니다.

## 여주인의 유혹과 요셉의 거절

우리는 이미 지난 본문을 통해서 보디발의 아내가 그렇게 정숙한 여자가 아니라는 것을 알았습니다. 이 여자는 자주 요셉에게 유혹의 눈짓을 보냈고 때로는 노골적으로 그를 침실로 끌어들이려고 애를 썼습니다.

성경은 보디발을 '내시'라고 기록하고 있습니다. 그래서 여주인이 그렇게도 요셉을 유혹하려고 애쓴 것인지, 아니면 그저 잘생긴 노예를 성적 노리개로 삼았던 일반적인 상류층 여인들의 풍습에 따라 그렇게 한 것인지는 알 수 없습니다. 또 성경에 나오는 '내시'라는 표현이 우리나라에서처럼 성기능이 없는 사람을 가리키는 것인지, 아니면 그 당시에 웬만한 신하는 다 그렇게 불렀던 것인지도 알 수 없습니다.

여하튼 보디발의 아내는 요셉에게 대단히 부담스러운 존재였습니다. 전혀 사랑하지 않는 여자가 계속 성적으로 유혹해 온다고 생각해 보십시오. 이것은 보통 괴로운 일이 아닙니다. 여하튼 항상 기회를 엿보고 있던 여주인은 마침 집 안에 아무도 없는 틈을 타서 결정적으로 요셉을 무너뜨리려고 했습니다. 39장 11절과 12절을 보십시오.

> 그러할 때에 요셉이 시무하러 그 집에 들어갔더니 그 집 사람은 하나도 거기 없었더라 그 여인이 그 옷을 잡고 가로되 나와 동침하자 요셉이 자기 옷을 그 손에 버리고 도망하여 나가매

이 여주인에게서는 체면도, 위신도 찾아볼 길이 없습니다. 그래도 여주인이면 노예 앞에서 최소한의 체통 같은 것을 지킬 수도 있었을 텐데, 이 여자는 정욕에 눈이 어두워진 나머지 노예에게 애원하다시피 매달리고 있습니다. 그리고 그것도 여의치 않자 무력으로 일을 성사시켜 보려고 남자의 옷을 잡고 늘어집니다.

이 여자가 이렇게 된 이유가 어디에 있습니까? 완전히 정욕의 노예가 되었기 때문입니다. 겉으로 보기에는 이 여자가 자유인이고 요셉이 노예인 것 같지만, 정욕의 문제에서는 오히려 요셉이 자유인이고 이 여자가 노예였습니다. 사실 이것은 비단 이 여자만의 문제가 아닙니다. 사람이라면 누구나 그 속에 무서운 정욕을 가지고 있습니다. 평소에는 교양이나 신분이 먹혀 들어가고 지성인이자 도덕가로 행세하는 것이 가능하지만, 속에 있는 동물적인 욕구가 자극을 받아서 한번 발동하기 시작하면 어떤 장사도 당할 도리가 없습니다.

죄성이란 사람의 속에 잠재되어 있는 이러한 욕망을 가리키는 말입니다. 모든 사람 안에는 엄청난 죄성이 잠재되어 있습니다.

그러다가 무슨 자극이 주어지거나 기회가 제공되기만 하면 이 죄성이 그의 인격을 지배해서 본인의 의사와 전혀 상관없이 그 사람을 끌고 가기 시작합니다.

하나님 앞에서 문제가 되는 것은 겉으로 나타난 모습이 아니라 우리 안에 잠재되어 있는 이 죄성, 이 욕망입니다. 여주인의 광란하는 모습을 보십시오. 이 여자도 평소에는 이런 식으로 행동하지 않았을 것입니다. 그러나 집 안에 아무도 없다는 사실이 확인되었을 때 속에 있는 죄성이 그를 완전히 지배함으로써, 체면도 염치도 없는 동물의 수준으로 전락시켜 버렸습니다.

이 여자의 잘못이 무엇입니까? 잘생긴 남자 노예를 보고 멋있다고 생각하는 그 자체를 죄라고 말할 수는 없을 것입니다. 혹시 한순간 마음속에 좋지 않은 생각이 떠올랐다고 해도 그것 자체만 가지고 큰 죄라고 말할 수도 없습니다. 그러나 이 여자는 그런 음란한 생각을 통제하지 않았고, 계속 그런 생각을 가지고 요셉을 바라보았으며, 그 생각을 실천할 수 있는 기회를 기다렸고, 그 기회가 포착되자마자 자신을 정욕에 내던짐으로써 인간의 기본적인 도리를 포기해 버렸습니다.

가인이 아벨에게 좋지 않은 감정을 가지고 있었을 때 하나님께서는 이렇게 말씀하셨습니다.

> 네가 선을 행하면 어찌 낯을 들지 못하겠느냐 선을 행치 아니하면 죄가 문에 엎드리느니라 죄의 소원은 네게 있으나 너는 죄를 다스릴지니라(창 4:7).

가인은 자존심이 상해서 어떻게 해서든지 아벨에게 복수하려고 기회를 엿보고 있었습니다. 그것이 그의 마음속에 있는 "죄의 소원"입니다. 다시 말해서 죄의 욕망이 그의 마음속에 엎드린 채 덤벼들 기회만 노리고 있었던 것입니다. 그러나 하나님께서는 가인에게 그 죄를 다스리라고 말씀하셨습니다. 이것은 모든 인간을 향한 명령이기도 합니다.

사람의 마음속에서 죄스러운 욕망이 일어나는 것까지 없앨 수는 없습니다. 인간인 이상 이런 마음이 틈틈이 일어나는 것은 막을 수가 없어요. 살다 보면 아주 끔찍한 생각이나 충동들이 떠오르기도 하고, 어떨 때는 예배 시간에까지 흉칙한 생각이 솟아오르기도 합니다. 그것까지는 우리 힘으로 어쩔 수가 없습니다. 그러나 하나님께서는 이런 욕망에 자신을 내던지지는 말라고 하십니다. '이런 욕망이 문 앞에서 엎드려 너를 삼키려고 노리고 있지만, 너는 절대로 이 욕망에 기회를 주지 말고 이 욕망을 다스리라'는 것입니다.

이것은 모든 인간을 향한 명령입니다. 가인도 이 명령을 들어야 하고 요셉의 여주인도 이 명령을 들어야 합니다. 하나님을 알든지 모르든지 간에 어쨌든 인간이라면 좋지 못한 욕망에 자신을 내던지지 말아야 합니다. 한두 번 눈짓을 했는데도 뜻대로 안 되는 걸 보았으면 포기를 해야지요. 계속 죄지을 기회를 노리다가 마침 집에 아무도 없다는 사실을 알게 되자마자 자기 안에 있는 양심의 등불을 꺼버리고 욕망의 하수인이 되어 요셉에게 덤벼든 것은 자신의 가치를 스스로 짓밟는 짓입니다.

지금 이 여자의 마음속에서는 하나님이 주신 일반 은총이 완전히 사라져 버렸습니다. 모든 사람에게는 예의나 도리 같은 기본적인 은총이 주어져 있습니다. 물론 이것이 사람을 새롭게 해주지는 못하지만, 적어도 벌거벗은 모습은 가려 줍니다. 일단 예의를 지키면 그 안에 아무리 추한 욕망이 있어도 서로 못 보지 않습니까? 그렇게만 되어도 훨씬 낫지요. 그러나 이 여자는 욕망의 노예가 되어 예의나 도리의 옷을 다 벗어 버린 채 벌거숭이가 되어 덤벼들고 있습니다. 이것은 그가 죄성의 노예라는 것을 보여 줍니다.

그러나 요셉은 결코 이 여자의 유혹에 넘어가지 않았습니다. 그는 분명한 태도로 거절했고, 분명한 거절로도 이 여자의 욕망을 가라앉힐 수 없다는 것을 알게 되자 여자가 붙잡고 있던 옷을 벗어 버리고 도망을 쳤습니다.

여기서 몇 가지 생각할 것이 있습니다. 우선, 남자인 요셉이 여주인보다는 아무래도 힘이 더 셌을 텐데 왜 옷을 빼앗겼느냐 하는 점입니다. 여자의 손에서 옷을 빼내서 도망을 쳤더라면 불리한 증거가 남지 않았을 텐데 왜 옷을 벗어 두고 도망을 쳐서 결국 누명을 뒤집어썼느냐는 것이지요.

두 번째 문제는 좀더 심각합니다. 요셉도 남자니까 그 안에 육체의 정욕이 있었을 텐데 이렇게 사생결단하고 덤비는 여자의 유혹에 어떻게 끝까지 넘어가지 않고 자신을 지킬 수 있었을까요? 그에게는 자신을 기다리는 약혼녀도 없었고, 게다가 그는 비천한 노예였습니다. 노예가 이렇게 살든 저렇게 살든 무슨 상관이 있습니까? 아무렇게나 굴러먹는 것이 노예들의 인생 아닙니까? 그런데 무엇이 요셉으로 하여금 이 여자를 끝까지 밀쳐 내고 옷까지 벗어 던진 채 도망치게 했을까요?

이 두 가지는 결국 같은 질문입니다. 요셉이 이 여자로부터 옷을 빼내지 못하고 벗은 채 도망친 것은 자기 안에서 죄성이 발동하는 것을 느꼈기 때문입니다. 요셉은 돌이 아닙니다. 욕망도 느끼지 못하고 감정도 없는 목석 같은 사람이 아니에요. 다른 정상적인 사람들처럼 요셉 안에도 욕망이 있고 죄성이 있고 타락한 본성이 있었습니다. 그런데 여자가 집요하게 옷을 잡고 늘어지자 요셉 안에 있던 이 죄성이 움직이기 시작했습니다. 거기서 1초라도 지체한다면 옷을 빼내는 것은 고사하고 자기 자신조차 감당할 수 없는 상태가 올 것입니다.

그는 이처럼 자기 안에 있는 짐승이 서서히 잠을 깨는 것을 보았고, 당장 거기서 도망치지 않는다면 분명히 범죄할 수밖에 없다는 것을 알았습니다. 물론 힘으로만 치자면 옷을 빼앗아 올 수도 있어요. 그러나 그 순간 그의 안에서 무서운 욕망이 고개를 쳐들고 있었습니다. 요셉은 자신에 대해서 '비상사태'를 선언했습니다. 그래서 앞뒤 재지 않고 불난 집에서 도망치듯이 무서운 그 상황에서 몸만 빠져나온 것입니다.

가장 어리석은 사람은 불난 집에서 지갑도 챙기고 열쇠도 챙기고 일기장도 챙기는 사람입니다. 그렇게 다 챙기다가 타 죽습니다. 무서운 죄성이 고개를 쳐들고 있는데도 체면이나 인간관계 때문에 자신을 위험한 상태에 계속 방치하는 것은 아주 어리석은 짓입니다. 자기가 지금 유혹에 빠졌다, 사탄의 꾀임에 빠졌다고 생각되면 즉시 비상등을 켜고 무슨 수를 써서라도 빠져나와야 합니다. 1초도 지체하면 안 돼요. 죄에서 빠져나올 때 예의 다 지키는 사람은 바보입니다. 그런 사람은 절대로 도망치지 못합니다. 요셉처럼 옷을 던져 두고라도 뛰어나와야 합니다.

요셉을 유혹에서 지켜 준 힘은 무엇이었습니까? 하나님과의 관계였습니다. 하나님과의 관계가 그런 무서운 죄에 자신을 내던지는 것을 거부하게 했습니다. 그는 평소에 하나님과 늘 가까이 동행했기 때문에 죄가 가까이 올 때 알레르기 반응을 나타냈습니다. 한편으로는 호기심이 생기기도 했지만 다른 한편으로는 거부감이 생겼습니다. 그럼에도 불구하고 이 죄의 유혹이 너무나도 강해서 계속 거기에 머무르면 스스로를 지킬 수 없다는 것을 알았기에, 그는 한순간도 머뭇거리지 않고 유혹의 현장에서 도망쳤습니다.

## 감옥에 갇히다

여인의 욕망을 거부한 요셉은 그로부터 무서운 보복을 당하게 되었습니다. 이 여자는 이성을 잃은 짐승 같았습니다. 그러면서도 요셉에게 보복하는 일에서는 거의 천재적인 두뇌회전을 보여 주고 있습니다. 요셉이 옷을 벗어 던지고 도망을 치자 자존심이 상한

213

이 여자는 요셉이 자신을 강간하러 들어온 것처럼 죄를 뒤집어씌우기로 했습니다.

> 그가 요셉이 그 옷을 자기 손에 버려 두고 도망하여 나감을 보고 집
> 사람들을 불러서 그들에게 이르되 보라 주인이 히브리 사람을 우리에
> 게 데려다가 우리를 희롱하게 하도다 그가 나를 겁간코자 내게로 들
> 어오기로 내가 크게 소리질렀더니 그가 나의 소리질러 부름을 듣고
> 그 옷을 내게 버려 두고 도망하여 나갔느니라 하고(39:13-15).

여자는 막 소리를 질러서 사람들을 불러 모았습니다. 그리고 옷을 보이면서 요셉이 자기를 겁탈하러 들어오길래 소리를 질렀더니 옷을 벗어 두고 도망쳤다고 거짓말을 했습니다. 사람들은 그 말을 믿을 수밖에 없었습니다. 그들은 여주인이 지르는 소리를 들었고 그의 손에는 요셉의 옷이 들려 있었기 때문입니다.

이것은 요셉으로서는 꼼짝달싹할 수 없는 불리한 증거였습니다. 아무도 현장을 본 사람이 없었고 오직 요셉의 옷만 남아 있었습니다. 그리고 다른 노예들은 대개 요셉을 시기하고 있는 자들이었습니다. 늦게 온 주제에 집안의 모든 것을 다 관리하는 요셉에게 좋은 감정을 가졌을 리가 있겠습니까? 그리고 누가 감히 여주인이 노예를 유혹하려 했다가 거절당했다고 생각하겠습니까? '건방진 노예가 여주인까지 건드리려고 들어갔다가 안 되니까 도망쳤다'는 것과 '여주인이 노예에게 꼬리치다가 안 되니까 누명을 씌우려고 한다' 중에 어느 것이 더 말이 됩니까? 이 일의 증인은 오직 하나님 한 분밖에 없었습니다.

사실 이 여주인과 요셉의 관계는 피할 수 없는 숙명적인 관계입니다. 이 여자가 아니었더라면 요셉은 감옥에 들어갈 일이 없었을 것이고, 그랬더라면 바로 앞에 서지 못했을 것입니다. 여주인은 요셉의 인생을 망하게 했고, 요셉은 그 망한 자리에서 다시 존귀

해졌습니다. 하나님께서는 이 여자의 악을 사용하셔서 자신의 선을 이루셨습니다. 이 여자가 정욕에 눈이 뒤집혀 요셉에게 죄를 뒤집어씌우지 않았더라면 요셉의 영광은 있을 수 없었을 것입니다. 이 여자의 이야기가 생략될 경우 요셉의 생애에는 도저히 설명할 수 없는 불연속점이 생기게 됩니다.

그러므로 우리는 악한 자를 원망하거나 그에게 보복하려고 해서는 안 됩니다. 하나님께서는 그런 악한 자를 사용하셔서 누구도 할 수 없는 일을 하시기 때문입니다.

여인은 의기양양하게 요셉의 옷을 옆에 두고 주인이 돌아오기를 기다렸습니다.

> 그 옷을 곁에 두고 자기 주인이 집으로 돌아오기를 기다려(39:16).

욕망이 거절당했을 때의 분노는 어떻게 해서든지 상대방을 파멸시켜야만 만족이 됩니다. 그래서 그는 즐거운 마음으로 주인이 돌아오기를 기다렸고, 주인이 돌아오자 참을 수 없는 말로 그를 충동질해서 분노를 불러일으켰습니다. 17절과 18절을 보십시오.

> 이 말로 그에게 고하여 가로되 당신이 우리에게 데려온 히브리 종이 나를 희롱코자 하여 내게로 들어왔기로 내가 소리질러 불렀더니 그가 그 옷을 내게 버려 두고 도망하여 나갔나이다

학자에 따라서는 보디발이 고자였기 때문에 이 일이 더 그의 자존심을 상하게 했을 것이라고 주장하는 이들도 하지만, 고자가 아내를 데리고 살 리가 있겠느냐고 생각하는 이들도 있습니다. 하여튼 이 말은 보디발을 엄청나게 분노하게 만들었습니다.

> 주인이 그 아내가 자기에게 고하기를 당신의 종이 내게 이같이 행하였

다 하는 말을 듣고 심히 노한지라(39:19).

아마도 보디발은 자기가 이 히브리 노예를 너무 믿었다고 생각한 것 같습니다. 그래서 믿은 만큼 더 증오했을 것입니다. 그가 정말 요셉을 신뢰했다면 한 번쯤은 요셉을 불러서 자세한 내막을 물어 볼 수도 있었겠지만, 자세한 내막을 들어 봐야 둘 중에 하나입니다. 요셉이 거짓말하는 것이 아니라면 자기 아내가 거짓말하는 거예요. 그러면 누구를 택하고 누구를 버려야 하겠습니까? 결국 팔은 안으로 굽게 되어 있습니다. 보디발은 요셉을 버렸습니다.

그래서 보디발의 분노에 대해 요셉에게 배신감을 느꼈기 때문이라고 생각하는 사람들이 있는가 하면, 그가 아직도 요셉을 믿긴 하지만 이런 일이 불거져 나왔다는 사실 자체에 화가 났을 것이라고 보는 사람도 있습니다. 어쨌든 주위 사람들의 말이나 아내의 방에 요셉의 옷이 남아 있는 정황으로 볼 때 요셉의 혐의에는 변명의 여지가 없었습니다. 요즘 세상이라고 해도 여자의 비명 소리가 들리고 남자의 옷이 현장에 떨어져 있다면 누구를 의심하겠습니까? 결국 사람들은 요셉을 죄인으로 낙인찍어 버렸습니다.

요셉은 이 여자의 유혹을 거절했다가 지금까지 쌓아 온 신뢰와 명성을 하루아침에 다 잃게 되었습니다. 적어도 요셉을 아는 사람들은 다 크게 실망했을 것입니다. '정말 정직한 사람인 줄 알았는데 이제 보니 겉 다르고 속 다른 위선자'라고 생각했을 거예요.

오늘 본문에서 중요한 것은 요셉이 들어간 감옥이 어떤 곳이냐 하는 점입니다. 20절 상반절을 보십시오.

이에 요셉의 주인이 그를 잡아 옥에 넣으니 그 옥은 왕의 죄수를 가두는 곳이었더라

왕의 죄수를 가두는 감옥이라고 좋은 곳이 아닙니다. 오히

려 그 반대예요. 왕의 감옥은 가장 악명 높은 정치범 수용소였습니다. 그 당시 바로 왕은 애굽인이 아니었습니다. 힉소스 족이 애굽을 침범하여 세운 힉소스 왕조가 정권을 잡고 있었습니다. 이렇게 침략자들이 애굽인들을 다스리고 있는 입장이었기 때문에, 안정된 통치를 위해서는 공포의 정치범 수용소가 필요했습니다. 그래서 반역의 의사를 가진 중죄수들을 이 왕의 감옥에 가두었고, 거기 갇힌 죄수는 사형 내지는 종신형을 받았습니다. 애굽에 '타르의 감옥'이라고 불리던 유명한 정치범 수용소가 있었다는 사실은 역사적 고증에 의해서도 확인된 바입니다.

그렇다면 보디발은 왜 요셉을 일반 감옥에 넣거나 손목을 자르거나 목을 치지 않고 이 악명 높은 정치범 수용소에 가두었을까요? 아마도 그는 요셉을 일반 감옥에 넣거나 그를 죽임으로써 자기 집안의 불미스러운 이야기가 다른 사람 입에 오르내리게 되는 것을 원치 않았던 것 같습니다. 물론 당장 손목을 자르거나 목을 쳐버리면 직성이야 풀리겠지만 아무래도 자기 집안 이야기가 사람들의 입에 오르내리게 될 것 같으니까, 자기에게 불명예가 돌아오지 않도록 노예 한 명 없애는 셈치고 한번 들어가면 다시는 나오지 못하는 정치범 수용소에 집어 넣은 것입니다. 그는 요셉을 사랑하고 신뢰했던 것만큼 자신의 호의를 싹 거두어 버렸습니다. 왕의 죄수들을 가두는 감옥에 넣었다는 것은 요셉을 완전히 죽인 것이나 다름없는 일이었습니다.

요셉은 지금 이중적인 죽임을 당하고 있습니다. 하나는 그래도 지금까지 주위 사람들에게 얻었던 신뢰와 좋은 평판을 잃고 하루아침에 가장 파렴치한 강간미수범으로 전락한 것입니다. 이것은 사회적인 죽음이었습니다. 오늘까지 요셉은 양심 하나는 깨끗하게 붙들고 살아왔습니다. 그런데 정숙하지 못한 여자의 한마디에 모든 사람들의 의심을 한 몸에 받게 되었고 파렴치범이자 위선자로 낙인찍히고 말았습니다.

그리고 다른 하나는 더 이상 태양을 볼 수 없는 무서운 정치범 수용소에 갇히게 된 것입니다. 바로의 특별한 배려 없이 거기서 살아 나온다는 것은 불가능한 일이었습니다. 하지만 바로가 무엇 때문에 별 볼일 없는 이 히브리 노예를 배려해 주겠습니까? 이것은 그에게 육체적인 죽음이나 마찬가지였습니다.

노예로 팔려서 애굽에 온 것은 고난의 전부가 아니었습니다. 그는 거기서 더 낮은 곳으로 내려가야만 했습니다. 거의 완전한 죽음의 장소, 다시는 살아서 나올 수 없는 곳, 모든 사람들이 무덤이라고 부르는 곳, 그 무서운 정치범 수용소까지 내려가야만 했습니다. 요셉은 완전히 죽은 것과 같았습니다.

이 점에서도 요셉은 우리 주 예수 그리스도의 완전한 모형이 되고 있습니다. 주님께서 인간의 몸을 입고 이 세상에 오셨다는 것은 그 자체가 말할 수 없는 굴욕입니다. 요셉이 노예로 애굽에 팔려 온 것보다 더 굴욕적인 일이에요. 그러나 그것은 그리스도가 당하실 고난의 전부가 아니었습니다. 그는 이 땅에서 더 굴욕적인 취급을 받아야만 했습니다. 하루아침에 하나님을 모욕한 자, 로마에 반역한 자로 낙인찍혀 파렴치한 살인범과 함께 십자가에 달려야 했던 것입니다. 그는 모든 사람의 존경과 신뢰를 다 잃어 버렸습니다. 그래도 유대 사회에서는 그를 존경스러운 랍비로 생각하는 사람들이 많았습니다. 그러나 벌거벗긴 채 파렴치범들과 함께 십자가에 못박혔을 때, 그를 아는 모든 사람이 실망했고 침을 뱉었으며 욕을 했습니다. 그는 감옥에 내려가셨습니다. 그곳은 아무도 살아 나온 적이 없는 감옥, 곧 지옥이요 사망이었습니다. 그러나 그는 거기서 썩을 수 없었습니다. 하나님께서 그와 함께하셨기 때문입니다.

## 감옥에서 함께하신 하나님

성경은 요셉이 감옥에서 어떤 고생을 했는지 기록하고 있지 않지만, 분명히 그는 감옥에서 심한 신고식을 당했을 것이며 모진 육체적인 고통과 정신적인 두려움을 겪었을 것입니다. 그러나 그 감옥 안에서도 빛은 감춰질 수 없었습니다. 그가 감옥에 갇힌 후부터 감옥이 달라지기 시작했습니다. 21절부터 보십시오.

> 여호와께서 요셉과 함께하시고 그에게 인자를 더하사 전옥에게 은혜를 받게 하시매 전옥이 옥중 죄수를 다 요셉의 손에 맡기므로 그 제반 사무를 요셉이 처리하고 전옥은 그의 손에 맡긴 것을 무엇이든지 돌아보지 아니하였으니 이는 여호와께서 요셉과 함께하심이라 여호와께서 그의 범사에 형통케 하셨더라

요셉이 처음부터 노예생활에 잘 적응한 것이 아닌 것처럼 처음부터 감옥생활에 잘 적응한 것은 아니었을 것입니다. 감옥에 들어간 그다음 날부터 '오늘부터는 감옥에 잘 적응해야지. 하나님은 여기에서도 나와 함께하시니까' 하면서 기쁨으로 지내지는 않았을 거예요. 아마 그는 자신의 기구한 처지에 굉장히 절망했을 것입니다. 애굽에 노예로 팔려 온 것만 해도 말할 수 없는 절망이고 견딜 수 없는 고통이었는데, 이제는 강간미수범으로 몰려서 이 엄청난 정치범 수용소까지 들어오게 되었습니다. 하나님께서 살아 계신다면 어떻게 이런 일이 일어날 수 있습니까?

그러나 그는 자기가 죄인이 아님에도 불구하고 감옥에 있어야 한다는 사실을 인정했습니다. 어떻게 그렇게 할 수 있었을까요? 둘 중에 하나입니다. 첫째로, 지금까지 자기가 많은 고난을 받긴 했지만 그래도 아직 자기 안에 죄성이 남아 있기 때문에 고난을 더 받아야 한다고 생각했을 수 있습니다. 여주인에게 잡혀서 옷을 벗어

던지고 도망을 쳤을 때 분명히 자기 안에 생각해서는 안 될 충동이 일어났다는 것을 그 자신은 알고 있었습니다. 양심이 죽은 여주인 은 그런 짓을 하고서도 오히려 당당할 수 있었지만, 요셉은 자기 안 에 일어났던 그 실현되지 않은 욕망을 심히 부끄러워하면서, 아직 자기에게는 더 많은 연단과 훈련이 필요하다고 생각했을 것입니다. 그래서 감옥생활을 기꺼이 감수했을 수 있습니다.

죄인들은 자기가 죄가 없다고 생각합니다. 감옥에 갇힌 사 람들을 보면 저마다 "이 세상에 나만큼 죄 안 지은 인간 있으면 나 와 보라고 해" 하면서 억울해합니다. 그러나 오히려 정말로 하나님 앞으로 의롭게 살려고 하는 사람들은 자기 안에 남모르는 죄의 충 동이 있다는 것을 인정하면서 자신은 심판받아 마땅한 사람이라고 이야기합니다. 그래서 야고보 사도는 이렇게 권면했습니다.

> 그러므로 모든 더러운 것과 넘치는 악을 내어버리고 능히 너희 영혼을 구원할 바 마음에 심긴 도를 온유함으로 받으라(약 1:21).

우리 안에는 언제나 악이 솟구쳐 오르고 있습니다. 그럼에 도 불구하고 차일피일하면서 그 악을 포기하려고 하지 않습니다. 무슨 일이 터져야 그제서야 하나님 앞에 무릎을 꿇지, 그 전까지는 정말 자기 생활이 교만하고 오만방자함에도 불구하고 그것을 버리 려고 하지 않아요. 그래서 큰 어려움을 당한 성도들이 자주 하는 말 이 "올 것이 왔습니다. 오히려 담담하네요"라는 것입니다. 이것은 자기한테 이런 연단이 필요하다는 것을 아는 사람이 할 수 있는 말 입니다.

하나님께서는 저를 여러 가지 방법으로 연단하셨습니다. 그 런데 그 연단이 끝났다고 생각되었을 때 제가 느낀 것은 '내 죄의 뿌리에 비해 연단의 기간이 굉장히 짧았다'는 것이었습니다. 이 정 도면 죄의 뿌리가 뽑혔을 수도 있겠다고 생각했는데, 실제로 보니까 여전히 마음속에 악하고 교만한 생각들이 남아 있었습니다. 엄청난 연단을 통과한 성도들도 다 그렇게 말합니다. 연단받던 당시에는 밤이 너무 긴 것 같고 영원히 지속될 줄만 알았는데 끝나고 나서 보니 오히려 너무 짧았다는 것입니다. 자기한테는 아직 더 변해야 할 부분, 더 연단받아야 할 부분이 많다는 것입니다.

요셉이 감옥에서 절망하지 않을 수 있었던 또 다른 힘은 하나님의 말씀에서 왔습니다. 요셉의 마음속에는 여전히 그 꿈의 약속이 남아 있었습니다. 과정은 알 수 없지만 하나님께서 그 꿈의 약속을 반드시 이루시리라는 것을 믿었기에, 그는 무서운 감옥에서도 절망하지 않을 수 있었습니다. 그는 이 믿음으로 그 무서운 감옥에도 잘 적응했고 거기에서 전옥의 사랑과 신뢰를 얻었습니다.

믿음이 무엇입니까? 자기 혼자 어떤 사실을 믿어 버리는 것은 믿음이 아니라 신념입니다. 예를 들어 고시 공부할 때 "나는 합격한다! 하면 된다!" 하면서 밀어붙이는 것은 신념이에요. 믿음은 하나님과 동행하는 것입니다. 창세기에서 죽 보아 왔듯이, 어려울 때나 편안할 때나 하나님과 동행하는 것이 믿음입니다.

믿음의 조상들에게 늘 좋은 일만 생겼던 것은 아닙니다. 어려운 일들도 있었고 절망적인 일들도 있었습니다. 하지만 그들은 그때마다 하나님이 함께하시는 것을 느꼈습니다. 어떻게 느꼈습니까? 그 어려움이 항상 감당할 수 있는 범위 안에서 일어나더라는 것입니다. 처음에는 죽을 것 같습니다. 그 일은 자신의 한계를 벗어나는 것으로서 절대로 감당할 수 없을 것만 같아요. 그런데 막상 부딪혀 보니까 의외로 쉬운 것입니다. 왜 그렇습니까? 하나님께서 그 짐을 함께 지고 계시기 때문입니다.

어떤 아저씨가 손수레에 짐을 잔뜩 싣고 고개를 올라가고 있습니다. 그는 처음에 고개를 도저히 올라가지 못할 것이라고 생각했습니다. '나는 저 고개 올라가다 죽을 거야.' 고개는 너무 높고 짐은 너무 무겁습니다. 그런데 이상하게 생각보다 쉽게 올라가는

221

거예요. 다 올라가서 보니까 뒤에서 어떤 학생이 수레를 밀어 주고 있었습니다.

이것이 믿음입니다. 모든 것이 내 뜻대로 되기를 바라는 것은 믿음이 아닙니다. 그것은 신념이에요. 믿음은 하나님과 함께 걸어가는 것입니다. 하나님과 함께 수많은 어려움과 역경을 헤쳐 나가는 것입니다.

또 하나 생각하게 되는 것은 여기 나오는 '형통케 한다'는 말이 무슨 뜻이냐 하는 것입니다. 요셉이 형통케 되는 길은 감옥에서 나가는 것이 아니겠습니까? 그러나 하나님께서는 요셉을 감옥 안에서 형통케 하셔서, 다른 사람들이 요셉을 사랑하게 하시고 그의 지혜로 감옥 안에 벌어지는 여러 어려움들을 원만하게 해결하게 하셨습니다. 왜 하나님께서는 이렇게 요셉을 감옥에 가두어 두신 채 그 안에서 일어나는 작은 일들을 도와주시는 것입니까?

하나님의 일에는 때가 있기 때문입니다. 이 세상 일에는 때가 없습니다. 아무 일이든지 마음 내킬 때 하면 됩니다. 자고 싶을 때 자고 먹고 싶을 때 먹으면 돼요. 그러나 하나님의 일은 그렇지가 않습니다. 반드시 때가 있습니다. 그때가 되기까지 하나님은 절대로 그 사람을 풀어 놓지 않으십니다.

요셉의 믿음은 바로 그 하나님의 때가 되기까지 주어진 환경에서 최선을 다하는 것이었습니다. 요셉의 삶은 감옥 밖에서만 의미 있는 것이 아니었습니다. 감옥 안에서나 밖에서나 그의 인생은 그의 인생이었고, 그는 하나님 앞에서 최선을 다할 필요가 있었습니다. 주님은 제자들에게 작은 일에 충성된 자가 큰 일에도 충성되다고 말씀하셨습니다. 여러 사람에게 각광 받는 큰 일만 중요한 것이 아닙니다. 작은 일도 중요합니다. 아주 작은 일에 만족하고 최선을 다하는 사람이 결국 큰 일에서도 하나님께 영광을 돌릴 수 있습니다.

이 시대의 특징이 무엇입니까? 너무나도 경쟁적이어서 다른 사람들보다 한 걸음이라도 먼저 사회적인 사다리를 올라가는 것을 성공으로 믿는다는 것입니다. 그래서 중학생 때 고등학교 공부를 하고 고등학생 때 대학교 공부를 하는 것이 남보다 한 걸음 앞서 나갈 수 있는 길이라고 생각합니다. 그러나 하나님께서 그 백성에게 요구하시는 것은 한 걸음 더 빨리 가는 것이 아닙니다. 하나님이 요구하시는 것은 철저하게 겸손을 배우는 것입니다. 하나님께서는 겸손한 사람을 들어서 모든 것을 다 주십니다. 왜냐하면 하나님은 사람의 중심을 보시는 분이시며, 이 세상 모든 것을 처분하고 결정하실 수 있는 주인이시기 때문입니다.

오늘날 사람들이 아직 큰 일을 맡을 만한 그릇이 되지 않았으면서도 자꾸 큰 자리에 앉으려고 하는 것을 많이 보게 됩니다. 소인배일수록 큰 자리에 앉으려고 하는데 그것은 자신에게도 불행이고 다른 많은 사람들에게도 불행입니다.

사람들은 대개 진화론적인 사고방식을 가지고 있습니다. 오늘 내가 다른 사람보다 한 걸음 앞서 나가면 그것을 기초로 내일은 더 앞서 나갈 수 있다고 생각하는 것입니다. 그래서 다른 사람들보다 한 걸음이라도 더 빨리 가면서 경쟁자를 물리치는 것을 성공의 비결로 여깁니다. 그러나 하나님께서는 준비된 사람을 통해 이 세상을 뒤집어엎으십니다. 일단 준비되기만 하면 인생 밑바닥에서부터 최고로 끌어올려서 이 세상을 변혁시키십니다.

그렇게 준비된 사람이 있어야 환난의 때에 사람들이 살아남을 수 있습니다. 좋은 학교 다니면서 사람들의 인정을 받아 가며 평탄한 길만 걸어 온 사람들이 뭘 할 수 있겠습니까? 고생 한 번 안 해보고 좋은 머리로 시험 잘 쳐서 높은 자리 올라간 사람이 뭘 할 수 있겠습니까? 그런 사람들에게는 위기를 극복할 수 있는 능력이 없습니다. 겉보기에는 멀쩡해도 실제로는 아무것도 못해요. 그런 사람이 높은 자리에 앉는 것은 자신에게나 남에게나 불행입니다. 인생 밑바닥에서 하나님의 때가 되기를 기다리며 죽고 또 죽음으로써 겸손이 철저하게 몸에 밴 사람, 그 사람만이 이 세상을 뒤집어엎을 수 있으며 많은 사람을 위기에서 건져낼 수 있습니다.

오늘 본문이 우리에게 말씀하시는 것이 무엇입니까? 신분이 자유인이라고 해서 진정한 자유인은 아니라는 것입니다. 진정한 자유인은 자기의 욕망과 분노와 기질을 다스릴 수 있는 사람입니다. 요셉의 여주인은 몸은 자유인이었지만 실제로는 정욕의 노예였습니다. 반대로 요셉은 몸은 노예였지만 자신의 정욕을 다스릴 수 있는 힘을 가지고 있었습니다. 진정한 자유인은 자기 안에 있는 분노와 정욕과 헛된 망상을 이기고 정신을 집중시킬 수 있는 사람입니다.

이렇게 정욕을 누를 수 있는 요셉의 힘은 어디에서 나왔습니까? 늘 하나님 앞에서 산 데서 나왔습니다. 누구든지 하나님 앞에 서기 전까지는 결코 진정한 자유를 얻을 수 없습니다. 혈기나 음란한 정욕이나 분노나 욕심의 노예가 될 수밖에 없습니다. 하나님 앞에 서야 비로소 그 욕망의 굴레가 벗겨져서 모든 것을 제대로 보며, 양심에 옳다고 생각하는 바대로 할 수 있습니다. 남이 옷을 잡고 늘어지든 머리채를 잡고 늘어지든 절대로 동요하지 않을 수 있습니다.

하나님께서는 낮아진 요셉을 더 낮추셨습니다. 보디발의 아내라는 악한 여자를 사용하셔서 살아서는 도저히 나올 수 없는 무시무시한 정치범 수용소에 집어넣으신 것입니다. 이제 요셉의 인생은 완전히 끝장입니다. 이 감옥은 죄수들이 영원히 이를 갈며 사는 곳입니다. 그러나 요셉은 친구도, 신뢰도 잃고 강간미수범이라는 낙인까지 찍혔지만 하나님 앞에서는 깨끗했습니다. 그는 감옥 안에서도 썩지 않았습니다. 사람들은 "군대 가서 완전히 썩었지", 또는 "실업자 생활 3년에 완전히 썩었어"라고들 합니다. 그러나 요셉은 썩지 않았습니다. 그는 살아 있었고, 자유의 혼을 가지고 있었습니다. 그는 감옥을 가든 군대에 가든 썩을 수가 없었어요. 왜냐하면 그의 정신만큼은 노예가 아니었기 때문입니다. 그는 하나님 앞에서 자유로웠고 어느 누구에게도 비굴하지 않았기 때문에 남이 자신을 어떻게 부르든지 간에 상관하지 않았습니다.

하나님의 뜻 아래서 낮아지는 것은 결코 망하는 것이 아닙니다. 당장 친구를 잃고 사람들의 신뢰를 잃는 것보다 더 중요한 것은 하나님의 때를 기다리며 더 철저하게 낮아지는 것입니다. 그런 사람만이 다른 사람들을 위기에서 건져 낼 수 있습니다. 예수 그리스도는 철저하게 낮아지셨습니다. 그가 인간으로 오셨다는 것만 해도 말할 수 없는 굴욕인데, 심지어 처참한 십자가 위에서 죄인의 신분으로 처형까지 당하셨습니다. 그러나 그는 음부에서 썩을 수 없었습니다. 하나님께서 그와 함께하셨기 때문입니다.

우리는 주어진 상황에 좀더 잘 적응할 필요가 있습니다. 그 상황을 부정하고 내 비전, 내 뜻만 주장한다고 해서 알아줄 사람 아무도 없습니다. 오히려 그런 사람은 하나님의 선하심을 체험하지 못할 것입니다. 하나님께서는 우리에게 더 좋은 것을 주기 원하십니다. 그러나 그것은 항상 고난의 잔을 먼저 마신 후의 일입니다. 그러므로 고난의 쓴잔을 주실 때 고개를 저어서는 안 됩니다. 한 번에 마셔야 합니다.

믿지 않는 부모님께 더 순종하십시오. 직장 분위기나 여건이 좋지 않을수록 더 최선을 다함으로써 선한 인정을 받으십시오. 말단이라고 해서 매일 졸면서 헛된 망상에 빠지면 안 됩니다. 상관이 좋지 않은 사람이라도 요령 피우지 말고 진심으로 복종하십시오. 진짜 현명한 사람은 바닥에 내려갔을 때 최선을 다합니다. 거기에서 기본기가 닦이는 것입니다.

하나님께서 요셉을 형통하게 하셨다는 것은 감옥에서 풀어 주셨다는 뜻이 아닙니다. 감옥 안의 작은 일에 최선을 다하게 하시고, 그 악명 높은 수용소에서 인정받게 하시며, 하나님의 동행하심을 항상 체험할 수 있게 하셨다는 것입니다. 그는 여기에서 자기 가족들뿐 아니라 모든 애굽인들을 살리는 지혜로운 재상으로 준비되었습니다.

　　사랑하는 형제자매 여러분, 오늘 주님께 가까이 나아갑시다. 몸만 교회에 와서 형식적인 예배를 드리지 말고 하나님께 더 가까이 나아갑시다. 그러면 내 안에 있는 정욕과 헛된 망상의 굴레가 벗겨질 것입니다. 진정한 자유인이 될 것입니다.

# 12

# 요셉이
# 꿈을 해석하다

어떤 부인이 어느 날부터 자기 몸에 신체적인 이상이 나타나고 있다는 것을 느끼게 되었습니다. 그런데 아무리 여러 병원을 다니면서 진찰을 해 보아도 그의 병명을 알아내는 의사가 없었습니다. 이 의사는 이 소리를 하고 저 의사는 저 소리를 하는데, 아무래도 자신 없는 소리들만 하는 것 같습니다. 그래서 혼자서 자신은 고칠 수 없는 불치의 병에 걸렸다고 생각하고, 수없이 낙심도 하고 절망도 했습니다.

그런데 그러던 어느 날 훌륭한 의사 한 사람을 만났습니다. 그는 너무나도 정확하게 병을 진단해 주고 처방을 내려 주었습니다. 그때의 기쁨이란 이루 말로 표현할 수가 없는 것입니다. 진단이 정확하면 그 병은 이미 이겨 낸 것이나 마찬가지입니다. 사람 속에 있는 병을 여러 증세만 가지고 정확하게 진단해 낸다는 것은 결코 쉬운 일이 아닙니다. 아마 그 부인은 자기 병에 대해 정확한 진단과 처방을 내려 준 그 의사를 하나님이 보낸 천사로 생각했을 것입니다.

사실 이것은 비단 자신의 병명을 몰랐던 그 부인만의 경험은 아닙니다. 거의 대부분의 사람들이 문제를 가지고 있으면서도 그 답을 모르는 상태에서 살아가고 있습니다. 대학은 가야겠는데 어느 대학 무슨 과를 가야 할지 알 수가 없습니다. 결혼은 해야겠는데 어떤 사람과 어떻게 만나야 할지 알 수가 없습니다.

물론 이런 일상적인 문제들은 살아가면서 한 가지씩 풀 수 있는 시간적인 여유가 있습니다. 그러나 원인을 알 수 없는 병에 걸려서 몸이 자꾸 쇠약해져 가고 있는데 병명을 모른다면, 어떻게 해서든지 그 병명부터 찾아내야만 합니다. 그렇게 하지 않으면 도저히 다른 일들을 할 수 없을 뿐 아니라, 남은 삶을 절망과 좌절 속에 보낼 수밖에 없습니다.

오늘 본문을 보면 요셉이 갇혀 있는 감옥에 두 명의 고관이 들어옵니다. 한 사람은 바로의 술을 책임지고 있던 사람이었고, 다른 한 사람은 떡을 책임지고 있던 사람이었습니다. 옛날 왕들은 다른 사람들이 언제 자기를 독살할지 모른다고 생각했기 때문에, 내시 중에서도 가장 신임하는 내시에게 음식이나 술을 맡겼습니다. 그런데 이 두 내시는 무언가 왕에게 미움 살 일을 하는 바람에 이 감옥에 들어오게 되었습니다.

이 두 사람은 어느 날 동시에 의미심장한 꿈을 꾸고 나서 깊은 시름에 빠졌습니다. 그 꿈이 각자의 운명에 대하여 무슨 의미를 가지고 있는 것이 분명한데, 그것이 무엇인지 도무지 알 수가 없었기 때문입니다. 그동안 살면서 얻은 경험이나 다른 사람들에게서 줏어 들은 단편적인 지식으로는 이 문제를 풀 수가 없었습니다. 자기들 앞에 무언가 심상치 않은 일이 기다리고 있다는 것은 분명해요. 그러나 자기들의 머리로는 도저히 그 문제를 풀 수가 없었습니다.

하루는 요셉이 내시들의 감방에 들어갔다가 두 사람의 심상치 않은 표정을 보고 그 이유를 물었습니다. 그들은 꿈 때문이라고 하면서 '너 같이 어린 노예가 어떻게 이런 꿈의 의미를 알겠느냐'는 식으로 아예 이야기를 하려고 하지 않았습니다. 그러나 요셉은 그들을 설득해서 꿈 이야기를 털어놓게 한 후, 그 의미를 명확하게 해석해 주었습니다. 그리고 사흘 만에 요셉의 해석은 현실로 실현되었습니다.

오늘 우리에게 중요한 것은 하나님께서 왜 요셉의 감옥에 갇혀 있는 두 고위직 내시에게 이런 특별한 꿈을 주셨느냐 하는 점과, 그 꿈의 해석이 우리에게 주는 의미가 무엇이냐 하는 점입니다.

## 감옥에 들어온 바로의 두 내시

일반적으로 감옥은 햇빛이 들지 않는 곳입니다. 여기서 햇빛이 들지 않는 곳이라는 것은, 그 속에서 '썩는다'는 것이 적합한 표현일 정도로 변화가 없는 곳이라는 뜻입니다. 감옥 안에서 10년, 20년 있는다고 해서 누가 알아주는 것도 아니고, 무슨 특별한 일이 생기는 것도 아닙니다. 그저 누군가 밖으로 내보내 줄 때까지 그 안에 가만히 있을 수밖에 없습니다.

그런데 이 요셉의 감옥 안에 조용한 변화의 조짐이 일어나고 있었습니다. 바로를 측근에서 모시던 두 내시가 왕의 미움을 사서 감옥에 갇히게 된 것입니다.

> 그 후에 애굽 왕의 술 맡은 자와 떡 굽는 자가 그 주 애굽 왕에게 범죄를 한지라 바로가 그 두 관원장 곧 술 맡은 관원장과 떡 굽는 관원장에게 노하여 그들을 시위대장의 집 안에 있는 옥에 가두니 곧 요셉의 갇힌 곳이라(40:1-3).

이 두 사람은 바로를 가장 가까이에서 모시던 관원장들이었습니다. 내시 중에서도 가장 신분이 높은 사람들이었고, 바로가 가장 신임하던 귀족들이었습니다. 이 두 사람이 어떻게 왕의 미움을 사서 이 감옥까지 오게 되었는지는 모릅니다. 그러나 적어도 바로가 이 두 사람에게 여간 진노한 것이 아니었다는 것만큼은 알 수 있습니다.

> 시위대장이 요셉으로 그들에게 수종하게 하매 요셉이 그들을 섬겼더라 그들이 갇힌 지 수일이라(40:4).

우리가 여기서 알게 되는 사실은 두 가지입니다. 하나는 이 두 사람이 확정 판결을 받은 죄수의 신분으로 갇힌 것은 아니라는 사실입니다. 즉 바로가 너무 화가 난 나머지 감옥에 가두기는 했지만 신분까지 완전히 박탈하지는 않았다는 것입니다. 바로는 일단 두 사람을 감옥에 가둔 후에 그들의 문제를 곰곰히 생각하면서 처리할 작정이었던 것 같습니다. 이처럼 이들은 미결수의 신분으로 여기에 왔기 때문에 아직 귀족의 신분을 유지하고 있었습니다. 그래서 시위대장은 요셉에게 이 두 사람을 섬기게 했습니다.

또 한 가지 우리가 알 수 있는 사실은 시위대장이 여전히 건재하다는 것입니다. 그는 요셉을 기억하고 있었고, 감옥 안에 있는 그를 아직도 자기 노예처럼 부려 먹고 있었습니다. 즉 그는 자기가 살아 있는 한 요셉을 감옥 밖으로 내보낼 생각이 전혀 없었습니다. 요셉은 그런 상태에서 이 두 귀족을 보살피는 책임을 맡게 된 것입니다.

요셉에게는 감옥을 나갈 수 있다는 희망이나 새로운 가능성이 전혀 보이지 않고 있었습니다. 여전히 그는 절망적인 상태에서 감옥 안에서 썩고 있었습니다. 그 안에서 청춘을 다 날릴 판이었어요. 그러나 그 감옥 안에서도 하나님의 역사는 나타나고 있었습니다. 바로의 가장 가까운 측근인 이 두 사람이 요셉이 갇혀 있는 감옥으로 온 일이 바로 그것입니다.

## 그들이 풀 수 없었던 꿈

바로의 내시들은 둘 다 같은 시간에 아주 의미심장한 꿈을 꾸고 큰 근심에 빠졌습니다. 40장 5절과 6절을 보십시오.

옥에 갇힌 애굽 왕의 술 맡은 자와 떡 굽는 자 두 사람이 하룻밤에 꿈을 꾸니 각기 몽조가 다르더라 아침에 요셉이 들어가 보니 그들에게 근심 빛이 있는지라

원래 왕의 음식을 맡은 자들은 그 표정이 중요했습니다. 다른 건 몰라도 표정 관리만큼은 철저히 해야 했어요. 왜냐하면 왕이 음식을 먹기 전에 늘 그들의 표정부터 살폈기 때문입니다. 만약 그들이 음식이나 술에 독약을 넣었다면 표정이 밝지 못하고 어딘지 모르게 어두운 그림자가 드리워져 있을 것입니다. 그러면 왕은 그 음식이나 술을 의심하게 되어 있습니다. 그래서 이 신하들은 개인적으로 아무리 어려운 일이 있어도 늘 표정을 밝게 해야 했습니다. 혹시라도 어두운 표정을 지을 때에는 왕의 의심을 살 수밖에 없었어요.

비록 감옥에 갇히긴 했지만 이들은 매너 하나로 한평생을 살아온 사람들이었고 표정 관리에 능숙한 사람들이었습니다. 그럼에도 불구하고 아침에 요셉이 그 방에 들어가 보았을 때, 그 얼굴에 깊은 근심 빛이 있었습니다. 요셉은 이들이 확정 판결을 받을 때까지 잘 모시는 임무를 맡은 입장에서, 두 사람이 똑같이 근심하는 이유를 묻지 않을 수 없었습니다. 그는 그들을 돕고자 하는 선한 뜻으로 그 이유를 물었습니다. '비록 감옥 안이지만 이들을 편하게 모시는 것이 내 책임'이라는 게 요셉의 생각이었습니다.

그래서 물어 보았더니 꿈 때문이라는 겁니다. 요셉은 귀가 번쩍 뜨였습니다. 자기 별명이 '꿈꾸는 사람' 아닙니까? 자기가 그

꿈 때문에 이 모양 이 꼴이 되지 않았습니까? 꿈이라면 요셉이 전문가입니다. 그래서 한번 이야기를 해 보라고 했습니다.

그러나 그들은 요셉에게 선뜻 꿈 이야기를 털어놓으려고 하지 않았습니다. 인생 경험이 많은 자신들도 풀 수 없는 이 꿈의 의미를 젊디젊은 감옥의 노예가 풀 수 있으리라고 생각하지 않았기 때문입니다. 그러나 요셉은 자기에게 이야기를 해 보라며 그들을 계속 설득했습니다. 다른 이유 때문이 아닙니다. '꿈에 본 이상은 하나님의 계시로서, 하나님께서는 나에게 반드시 그 뜻을 가르쳐 주신다'고 믿었기 때문이고, 그들을 순전히 도와주고 싶었기 때문입니다. 8절을 보십시오.

그들이 그에게 이르되 우리가 꿈을 꾸었으나 이를 해석할 자가 없도다 요셉이 그들에게 이르되 해석은 하나님께 있지 아니하나이까 청컨대 내게 고하소서

"이를 해석할 자가 없도다"라는 것이, 감옥 안에 있는 다른 사람들에게 물어 보았지만 아무도 대답하지 못했다는 뜻인지, 아니면 옛날처럼 왕궁에 있을 때에는 점술사들이 많아서 꿈을 해석해 달라고 할 수 있었지만, 지금은 왕의 의심을 받고 있는 입장이어서 이런 것도 물어 볼 수 없다는 뜻인지 알 수 없습니다. 아마도 후자일 가능성이 높다고 봅니다. 그들은 왕을 측근에서 모시던 자들이었고, 그래서 이런 꿈을 해석할 수 있는 점술가들을 잘 알았을 것입니다. 그러나 지금은 미결수로 감옥에 갇혀 있기 때문에 사람을 보내어 이런 것을 물어 볼 수도 없는 처지라는 뜻에서 이렇게 말한 것 같습니다.

꿈에 대한 생각에서 고대인과 현대인 사이에는 많은 차이가 있습니다. 고대인들은 꿈을 미래에 대한 암시나 신의 계시로 생각했습니다. 실제로 구약 성경을 보면 하나님께서 꿈을 통해 선지자

들에게 자신의 뜻을 보여 주신 적이 많았습니다. 인간의 의식에 어떤 자극을 주셔서 그들로 하여금 눈앞에 보이는 것을 넘어서는 하나님의 뜻을 보게 하신 것입니다.

그러나 이렇게 꿈을 통해서 계시를 받는 경우, 선지자 자신에게도 그 의미가 그리 명확하지 않을 때가 많았습니다. 우리가 요한계시록 같은 성경을 보면서 느끼는 것이 바로 이런 점입니다. 구체적으로 무슨 의미인지가 명확하지 않은 거예요. 선지자들의 꿈이나 계시록이 보여 주는 바는, 눈에 보이는 세계가 전부가 아니라는 것입니다. 그 위에 또 다른 세계가 있다는 거예요. 지금 눈앞에서는 세상의 왕이 모든 것을 지배하며 절대적인 존재로 군림하고 있지만, 하나님께서 그 위에서 이 모든 것을 보고 계시며 그 백성들을 보호하시고 그들에 대한 뜻을 반드시 이루신다는 것입니다. 즉 지금은 악이 세상을 지배하고 있지만, 어느 한순간 하나님이 이 악을 깨뜨리고 들어와 간섭하시며 악의 세력을 심판하시고 그 백성들의 지위를 회복시키신다는 것이 이 꿈들이 가진 메시지였습니다. 이런 꿈이나 환상은 이 세상에 대한 하나님의 수직적인 개입이라고 할 수 있습니다.

그러나 이런 경우가 아니라면, 꿈은 대체로 사람의 의식 속에 잠재되어 있던 것이 잠자는 동안 의식에 자극을 주어서 나타나는 현상으로 보아야 합니다. 프로이드는 꿈을 '억압된 욕망의 표현'으로 보았습니다. 그는 특히 욕망 중에서도 가장 원초적인 성적 욕망 같은 것이 잠자는 동안 자연스럽게 나타난다고 생각했습니다. 예를 들어 소변을 보고 싶은데 꾹 참고 잠을 자면 그날 밤에는 여지없이 신나게 소변보는 꿈을 꿉니다. 그런데 대개는 꿈으로 끝나는 것이 아니라 실제로 이불에 지도를 그리는 놀라운 역사로 나타나는 경우가 많지요. 그래서 아침에 "네가 지금 몇 살이야!" 하는 야단과 함께 온갖 핍박을 받아 가며 옆집에 소금 얻으러 가던 기억을 여러분이나 저나 가지고 있지 않습니까? 또 어떤 아이가 낮에 아빠와 함께 배를 타고 싶었는데 못 탔을 때, 아빠와 신나게 뱃놀이하는 꿈을 꾸게 되기도 합니다.

이렇게 아이들의 경우에는 비교적 경험이 꿈에 그대로 나타나는 편이지만, 어른들의 경우에는 수많은 요인들의 영향으로 꿈이 상당히 복잡해지는 것을 볼 수 있습니다. 그래서 정신과 의사들은 꿈의 해석을 정신적 문제를 푸는 중요한 단서로 생각합니다. 실제로 그들이 꿈을 해석하는 것을 보면 참 놀랍다 싶을 정도로 잘합니다. 이럴 때 꿈의 해석은 주로 과거를 푸는 열쇠로 작용합니다. 과거에 받았던 어떤 충격이 그 사람의 의식을 억압함으로써 계속해서 병적인 증세를 일으킨다고 보는 것이지요.

그러나 옛날 사람들은 과거의 상처라는 것을 잘 몰랐습니다. 혹시 자신의 과거가 불행했다 하더라도 전부 신의 뜻이자 운명으로 여겼기 때문입니다. 그들에게 중요한 것은 과거의 상처보다는 불안한 미래였습니다. 그래서 미래에 대한 여러 두려움들이 꿈으로 나타나곤 했습니다. 물론 미래가 반드시 그 꿈대로 되는 것은 아닙니다. 사람들은 "꿈은 현실과 반대야"라고 하면서 스스로 위로하곤 하는데, 이것은 현실이 반드시 꿈대로 되는 것은 아니라는 사람들의 생각을 반영합니다.

그러나 이번에 바로의 두 내시가 꾼 꿈은 특이했습니다. 우선 두 사람은 동시에 꿈을 꾸었는데, 그 구체적인 내용은 달랐지만 전체적인 구성이 같았습니다. 이것을 볼 때 그들의 꿈은 어떤 신의 암시일 가능성이 컸습니다. 그들은 이 꿈의 심각성으로 인해 깊이 근심했습니다. 두 사람이 동시에 꿈을 꾸었다 해도 내용이 전혀 상관 없다면 그냥 무시하고 넘어갈 수도 있어요. 그러나 두 사람은 동시에 꿈을 꾸었을 뿐 아니라 두 꿈의 전체적인 흐름과 플롯(plot)이 같았습니다. 이것은 어느 동일한 작가가 이 꿈을 주었다는 뜻입니다. 그래서 두 사람은 이 꿈을 예사 꿈이 아니라 자신들의 미래를 결정하는 아주 중요한 신의 뜻으로 생각하게 되었습니다.

특히 애굽 사람들은 자신들의 운명이 이미 결정되어 있으며 그 운명이 별의 움직임이나 꿈을 통해서 나타난다고 믿었기 때문에, 두 사람은 한층 더 심각해지지 않을 수 없었습니다. 몸은 아픈데 병명을 모르는 것과는 비교도 안 됩니다. 자기 운명에 대한 결정적인 뜻이 눈앞에 나타났는데 그것을 해석할 수 없을 때, 얼마나 마음이 답답하겠습니까?

이것은 하나님께서 이방인들의 의식 속에 작용하여 그 꿈속에 자신의 뜻을 집어넣으신 경우로서, 극히 예외적인 일입니다. 하나님께서 왜 이렇게 하셨을까요? 지금 하나님은 이방인들을 자신의 계획 안으로 끌어들이시려는 것입니다. 다시 말해서 하나님께서 이방인들에게 질문을 던지시고 그 답을 자기 백성들에게 주심으로써, 그들이 하나님의 백성을 자신들의 어려움을 해결하는 데 없어서는 안 될 존재로 인정하게 하시려는 것입니다.

우리는 모두 문제를 끌어안은 채 살아가고 있습니다. 어떤 의미에서는 삶 전체가 풀리지 않는 문제라고 해도 될 것입니다. 학생들은 공부를 하기는 하지만 자신의 실력이 어느 정도나 되며, 어느 학교 무슨 과를 가야 성공할 수 있느냐 하는 문제를 가지고 있습니다. 또 아픈 아이를 둔 부모한테는 이 아이가 언제 건강해질까, 언제 어떤 치료나 수술을 받게 해야 할까가 전부 문제입니다. 결혼도 그렇습니다. 연애할 때는 괜찮은 사람 같은데 결혼하고 나면 어떻게 변할지 누가 알겠습니까? 또 사업을 새로 시작하는 사람은 이 사업이 성공할 것인지 실패할 것인지 알 수가 없습니다. 전부 다 풀어야 할 문제요 숙제입니다. 그러나 이런 문제들이 당장 해결하지 않으면 사는 데 지장을 줄 정도로 급한 것은 아니기 때문에, 사람들은 그 문제들을 그대로 끌어안은 채 살아갑니다.

하나님의 백성들은 이런 사람들의 문제에 대개는 별 도움이 되지 않습니다. 자기 자신의 문제도 제대로 해결하지 못하고 있는 경우가 많기 때문입니다. 하나님의 백성들과 세상 사람들은 서로 평행선을 달리고 있는 것과 같습니다. 바로의 내시들은 감옥에서 깊은 근심에 빠져 있었지만, 자신의 일도 제대로 처리할 수 없는 감옥 노예였던 요셉은 그들에게 도움을 줄 수 있는 처지가 아니었습니다. 아마도 그래서 두 내시가 요셉에게 선뜻 자신들의 문제를 말하려 들지 않았던 것 같습니다. '네 자신의 문제도 해결하지 못하고 노예로 사는 주제에 어떻게 왕의 신하들의 운명을 결정하는 일에 끼어 들려고 하느냐? 네 일이나 잘 하라'는 것이지요.

물론 하나님의 백성들은 자기 문제도 제대로 해결하지 못한 채, 가족이나 친구들에게 도움이 되기는커녕 짐처럼 살 때가 많습니다. 하나님의 백성들과 세상 사람들은 같은 세상에 살고 있지만 서로 아무 상관없이 살아가고 있고, 사실 그들한테 하나님의 백성이란 자기 자신의 문제부터 먼저 해결해야 할 사람들로밖에 보이지 않는 것이 현실입니다.

그러나 하나님의 때가 되면 하나님께서 세상 사람들에게 문제를 던지십니다. 그런데 그 문제에는 답이 없습니다. 사람들은 세상의 경험과 지식을 다 동원해서 그 답을 찾으려고 하지만, 하나님이 던지신 문제의 답은 절대로 찾을 수가 없습니다.

그 답을 누가 가지고 있습니까? 고난받는 하나님의 백성이 가지고 있습니다. 그들이 이방인을 살리는 구원자의 역할을 합니다. 자기 문제도 제대로 해결하지 못하는 사람이, 지금도 여전히 남의 신세를 지고 있는 그 사람이 결정적인 문제에 부딪힌 세상 사람들에게 답을 제시하고 그들을 어려움에서 건져 내는 것입니다. 이렇게 하나님의 백성은 온 세상을 살리고 온 세상을 축복하는 사람의 역할을 감당한 후에 다시 자신의 연약한 처지로 돌아갑니다.

오늘 본문에서 우리는 요셉이 이 두 관원장의 꿈을 해석하는 일에 대단히 적극적으로 나서고 있는 모습을 볼 수 있습니다. 8절을 보십시오.

요셉이 그들에게 이르되 해석은 하나님께 있지 아니하니이까 청컨대
내게 고하소서

그는 지금 이 두 사람의 불행을 통해 무슨 덕을 보려고 이렇
게 적극적으로 나서는 것이 아닙니다. 그는 정말 이들을 돕고 싶다
는 선한 마음으로 그들의 문제에 대해 꼬치꼬치 캐묻고 있습니다.

이처럼 그는 자기 자신이 어려운 처지에 있었으면서도, 다
른 사람의 문제에 늘 마음을 열고 있었습니다. 그래서 노예 신분으
로 감옥에서 썩고 있는 그 상황에서도 다른 사람의 근심에 관심을
가지고 돕고자 했습니다. 그의 이 작은 사랑은 결국 두 사람의 문제
를 해결하는 계기가 되었을 뿐 아니라 요셉 자신에 대한 하나님의
뜻을 이루는 실마리가 되었습니다.

나의 상황이 힘들 때, 하나님께서는 나보다 더 힘든 형제나
자매를 통해 나를 찾아오십니다. 그래서 힘든 때일수록 나보다 더
어려운 형편에 있는 사람을 외면하면 안 됩니다. 그들에게 보여 준
작은 관심이 하나님의 엄청난 역사를 불러오는 경우가 많습니다.
요셉은 자기도 감옥에서 썩고 있었으면서도, 탈출할 생각은커녕 자
기보다 더 어려운 사람들을 돕기 위해 애를 썼습니다.

요셉은 꿈꾸는 사람이었습니다. 그 꿈은 곧 하나님의 말씀
이었습니다. 요셉이 감옥 안에서 수년 동안 견딜 수 있었던 것은 그
꿈을 계속 해석하고 적용하는 일을 했기 때문입니다. 그에게는 하
나님의 말씀이 있었습니다. 그래서 번민하는 두 사람을 쉽게 도울
수 있었습니다. 물론 그가 하나님의 말씀을 전부 다 알았기 때문에
도울 수 있었던 것은 아닙니다. 하나님의 말씀은 너무나도 엄청나
기 때문에 어느 누구도 다 알 수 없습니다. 그러나 하나님을 모르는
세상 사람이나 초신자가 고민할 정도의 문제라면, 그 자신은 이미
수없이 생각하고 또 생각했던 문제임이 틀림없습니다.

이것은 하나님의 말씀에 질적인 차이가 있다는 말이 아닙니

다. 그러나 꿈의 성격을 볼 때, 요셉이 꾼 꿈은 꿈 중에서도 가장 고차원적이고 어려운 것이었습니다. 곡식단이 일어나 절하는 꿈을 보면서 수십 년 후 흉년이 닥쳤을 때 양식으로 자기 가족을 구원하게 된다는 것을 어떻게 예측하며, 해와 달과 열한 별이 엎드려 절하는 꿈을 보면서 하나님께서 고난의 종을 높여 지극히 높은 자리에 앉게 하시리라는 것을 어떻게 알겠습니까?

그러나 요셉은 하나님이 이 꿈들을 주셨다면, 그 해석도 자신에게 주실 것을 믿었습니다. 그는 이 꿈을 놓고 많이 생각했고, 해석을 주실 것을 기대했으며, 자신의 삶에 적용하려고 애썼습니다. 그러던 중에 하나님을 모르는 이 두 신하가 꾼 꿈 이야기를 듣고 '이것은 분명히 내가 풀 수 있는 것'이라고 확신했던 것입니다.

오늘 우리는 문제를 가진 사람들을 주위에서 많이 접합니다. 그들의 문제는 자녀의 가출에서 시작하여 남편의 외도나 부도 위험에 처한 사업에 이르기까지 많고도 다양합니다. 우리는 이 모든 어려움들에 대한 답이 하나님의 말씀 안에 있다는 사실을 분명히 알아야 합니다. 세상에서 아무리 어렵다고 하는 문제라도, 성경이 말씀하는 예수 그리스도에 관한 예언에 비하면 아무것도 아닙니다. 예수 그리스도께서 몸을 입고 와서 죽으셨다가 부활해서 그 영광의 자리에 앉으신 그 일에 비하면 말할 수 없이 쉬운 거예요. 하나님의 말씀에서 이런 진리를 이끌어내고 이런 진리를 자신의 삶에 적용할 수 있는 사람이라면, 어떤 어려운 문제도 풀어 낼 수 있습니다. 예수 그리스도에 대해 알려 주신 하나님께서는 그 문제에 대한 답도 자기 백성들에게 주실 것입니다.

### 요셉의 해석

마침내 술 맡은 관원장이 먼저 꿈 이야기를 털어놓았습니다.

술 맡은 관원장이 그 꿈을 요셉에게 말하여 가로되 내가 꿈에 보니 내 앞에 포도나무가 있는데 그 나무에 세 가지가 있고 싹이 나서 꽃이 피고 포도송이가 익었고 내 손에 바로의 잔이 있기로 내가 포도를 따서 그 즙을 바로의 잔에 짜서 그 잔을 바로의 손에 드렸노라(40:9-11).

이에 대해 요셉은 어떻게 해석하고 있습니까?

요셉이 그에게 이르되 그 해석이 이러하니 세 가지는 사흘이라 지금부터 사흘 안에 바로가 당신의 머리를 들고 당신의 전직을 회복하리니 당신이 이왕에 술 맡은 자가 되었을 때에 하던 것 같이 바로의 잔을 그 손에 받들게 되리이다(40:12, 13).

이 해석의 특징이 무엇입니까? 아주 명확하고 구체적이라는 것입니다. 그는 대충 짐작해서 말하지 않았습니다. "무슨 뜻인지는 정확히 모르겠지만 상당히 좋은 꿈 같군요. 아마도 머지않아 당신에게 좋은 소식이 있을 겁니다"라는 식으로 두루뭉실하게 말하지 않았어요. 그는 분명하게 꿈을 주석했습니다. "세 가지는 사흘이라. 지금부터 사흘 안에 바로가 당신의 머리를 들고 당신의 전직을 회복하리니." 얼마나 명확합니까? 여기에는 모호한 구석이 하나도 없습니다. 아주 분명하고 구체적입니다. 이것은 단순한 희망사항이 아니에요. "꿈에 포도를 봤다구요? 우리 할머니가 그러시는데 꿈에 거울이 깨지는 걸 보면 나쁘지만 포도를 보면 좋대요. 그러니까 조금 기다려 보세요" 하는 식이 아닙니다. 아마도 요셉은 이 꿈 이야기를 듣는 순간, 성령의 가르침으로 그 의미를 분명하게 깨달았던 것 같습니다.

그는 더 나아가 적용까지 합니다.

당신이 득의하거든 나를 생각하고 내게 은혜를 베풀어서 내 사정을 바로에게 고하여 이 집에서 나를 건져 내소서 나는 히브리 땅에서 끌려온 자요 여기서도 옥에 갇힐 일은 행치 아니하였나이다(40:14, 15).

이것은 이 사람의 덕을 보겠다는 말이 아닙니다. 요셉은 이 사람이 복직될 것을 확신하고 있었기 때문에, 하나님께서 이 사람을 통해 자기를 이 감옥에서 나가게 하실 것이라고 생각했던 것입니다.

이렇게 꿈의 해석이 좋은 것을 보고, 이번에는 떡 굽는 관원장이 자기 꿈 이야기를 꺼냈습니다.

떡 굽는 관원장이 그 해석이 길함을 보고 요셉에게 이르되 나도 꿈에 보니 흰떡 세 광주리가 내 머리에 있고 그 윗광주리에 바로를 위하여 만든 각종 구운 식물이 있는데 새들이 내 머리의 광주리에서 그것을 먹더라(40:16, 17).

요셉은 그 꿈을 이렇게 해석합니다.

요셉이 대답하여 가로되 그 해석은 이러하니 세 광주리는 사흘이라 지금부터 사흘 안에 바로가 당신의 머리를 끊고 당신을 나무에 달리니 새들이 당신의 고기를 뜯어 먹으리이다 하더니(40:18, 19).

떡 맡은 관원장의 꿈에 대한 해석은 아주 불길한 것이었습니다. 즉 바로가 사흘 안에 그를 처형한다는 것입니다. 이번에도 요셉의 해석은 명확했고 조금도 숨기는 것이 없었습니다.

이어지는 말씀은 그 후에 이 두 사람이 실제로 어떻게 되었는가를 보여 주고 있습니다.

제삼일은 바로의 탄일이라 바로가 모든 신하를 위하여 잔치할 때에

> 술 맡은 관원장과 떡 굽는 관원장으로 머리를 그 신하 중에 들게 하니라 바로의 술 맡은 관원장은 전직을 회복하매 그가 잔을 바로의 손에 받들어 드렸고 떡 굽는 관원장은 매달리니 요셉이 그들에게 해석함과 같이 되었으나(40:20-22).

우리가 여기서 볼 수 있는 것이 무엇입니까? 요셉의 꿈 해석은 일단 해석이 명확했고 적용이 아주 구체적이었다는 것입니다. 이것은 하루아침에 생긴 능력이 아닙니다. 아무리 요셉이라도 하루아침에 이렇게 명확한 해석과 구체적인 적용을 할 수는 없어요. 하나님께서 선지자들에게 주신 꿈은 전부 해석이 필요한 것들이었습니다. 그래서 선지자들이 하나님의 꿈을 받았을 때 열심히 한 일이 무엇인가 하면, 하나님께서 자기에게 주신 꿈을 해석하고 그 시대에 맞게 구체적으로 적용하는 것이었습니다.

요셉은 아버지 집에서 살 때 꾸었던 꿈을 계속 추억하면서, '언젠가는 하나님의 큰 뜻이 나타나겠지' 하고 무작정 기다린 것이 아닙니다. 그는 계속 그 꿈을 생각했고, 그 꿈을 해석했으며, 자기가 살고 있는 시점에 적용했습니다. 그러는 가운데 명확하고 구체적으로 생각할 수 있는 능력을 얻게 된 것입니다. 창세기에 여러 번 나오는 '여호와께서 요셉과 함께하셨다'는 말씀은, 요셉이 이처럼 꿈을 해석하고 현실에 적용한 일을 가리키는 표현이 아닌가 합니다.

우리가 예배로 모이는 것은 막연한 희망사항이나 단순히 듣기 좋은 소리를 듣기 위해서가 아니라, 명확하고 구체적인 하나님의 음성을 듣기 위해서입니다. 오늘날 사람들은 너무나도 많은 문제를 가지고 있습니다. 우리 자신의 삶만 보아도 풀리지 않는 문제들이 얼마나 많이 있습니까? 그러나 하나님의 말씀 안에는 그 모든 답이 다 들어 있습니다. 더욱이 오늘 우리가 가지고 있는 말씀은 요셉이 가졌던 것과는 비교도 되지 않을 만큼 엄청난 말씀입니다.

그런데도 우리는 말씀에서 답을 끌어내지 못한 채, 점쟁이라도 찾아가고 싶을 만큼 정신적으로 심한 방황을 겪습니다. 왜 그렇습니까? 말씀을 해석할 수 있는 열쇠를 가지고 있지 못하기 때문입니다. 말씀을 자신의 삶에 구체적으로 적용하는 훈련이 되어 있지 못하기 때문입니다.

요셉이라고 해서 처음부터 하나님의 뜻을 명확히 알고 그것을 적용할 수 있었던 것은 아닙니다. 그는 감옥에서 하나님이 주신 꿈을 해석하고 구체적으로 적용하는 훈련을 했습니다. 지금 두 관원장의 꿈을 해석하고 적용하는 것을 보면, 그의 능력이 이미 높은 경지에 도달했다는 것을 알 수 있습니다.

하나님의 말씀은 절대로 그냥 해석되지 않습니다. 그 말씀에 헌신해야 합니다. 그 말씀에 모든 것을 걸고 그 말씀과 함께 인생 밑바닥까지 기꺼이 내려갈 때, 비로소 말씀이 열리고 그 해석이 성취의 능력을 갖게 되는 것입니다. 개인적인 희망사항은 누구나 말할 수 있습니다. 그러나 오늘 우리에게 필요한 말씀은 명확한 말씀, 아주 구체적으로 적용될 수 있는 말씀입니다. '내가 이렇게 하면 살겠구나' 깨달아지는 말씀입니다. 이렇게 말씀이 바로 해석되고 적용될 때 성취의 능력이 나타납니다.

오늘날 사람들이 결정적으로 어려운 순간에 듣고 싶어 하는 것이 무엇입니까? 자신에 대한 하나님의 구체적인 말씀입니다. 모든 일을 성취시키시는 말씀입니다. 그러나 사람들은 다른 이들의 말을 너무 많이 듣고 있습니다. 이 사람이 이 소리 하면 이리 끌려가고, 저 사람이 저 소리 하면 또 저리 끌려갑니다. 하나님의 말씀도 잡고 다른 사람들의 말도 잡겠다는 것이지요.

그러나 그 결과가 무엇입니까? 방황입니다. 비참한 파국입니다. 그런 사람은 눈에 보이는 것을 전부 잡으려 드는 욕심쟁이로서, 말씀이 성취된다 해도 자기 것으로 가지지 못할 것입니다. 단지 교회 안 나가면 불안하니까 나가는 사람은 불행합니다. 예배드릴 때는 그래도 말씀에 귀를 기울이지만 예배 끝나고 계단만 내려가면

이 사람 저 사람의 말을 들으려 하는 사람은 불행합니다.

하나님의 말씀에 전적으로 헌신하지 않는 자에게는 말씀이 역사하지 않습니다. 우리는 자신에 대한 하나님의 말씀을 듣기 위해 교회에 나옵니다. 그중에는 듣기 좋은 말씀만 있는 것이 아니라 듣기 싫은 말씀도 있습니다. 그러나 사람들은 설사 틀린 말이라 하더라도 일단 자기에게 듣기 좋은 말을 듣고 싶어 합니다. 저도 정확한 체중계보다는 무게가 덜 나오는 체중계가 좋더라구요. 무게가 정확하게 나오는 체중계를 보면 "이건 고장 난 거야. 만든 회사에 전화해 줘야 해" 합니다. 그러나 하나님 앞에서는 그것이 통하지 않습니다. 요셉은 떡 맡은 관원장이 사흘 안에 매달려 죽으리라는 사실을 있는 그대로 알려 주었습니다.

그러면 오늘도 하나님께서 우리의 운명을 미리 정해 놓고 알려 주십니까? 그렇지 않습니다. 우리의 운명은 고정되어 있지 않습니다. 우리의 노력에 따라 얼마든지 살아날 수도 있고 죽을 수도 있습니다. 물론 우리가 구원받느냐 멸망당하느냐는 하나님께서 정해 놓으셨습니다. 그리고 우리가 어떤 일을 통해서 하나님께 영광을 돌리기 원하시는지도 그의 뜻 안에 들어 있습니다. 그럼에도 불구하고 우리의 삶은 우리에게 열려 있습니다. 그러므로 우리는 하나님의 뜻을 알아내야 하고, 그 뜻을 자신의 삶 속에서 실천해 내야 합니다. 내가 가만히 있는데 내 인생을 대신 살아 줄 사람은 아무도 없습니다.

오늘 본문이 우리에게 말씀하려는 것이 무엇입니까? 우리 눈에 보이는 것이 전부가 아니라는 것입니다. 지금 요셉의 눈에는 여전히 그를 미워하는 시위대장이 보입니다. 그는 이 감옥을 지배하고 있고, 그가 있는 한 자신은 영원히 여기에서 썩게 될지도 모릅니다. 그리고 세상은 자신의 뜻에 따라 사람을 복직시키기도 하고 사람의 목을 매달기도 하는 바로가 다스리고 있습니다.

그런데 요셉이 꿈을 통해 본 것이 무엇입니까? 이 모든 것 뒤에 또 다른 세계가 있으며, 그 세계를 주장하시는 하나님이 계신다는 것입니다. 하나님께서는 그 뜻을 요셉에게 보여 주셨고, 그 꿈의 해석대로 모든 것을 다 이루셨습니다. 그러면 바로는 무엇입니까? 하나님께서 사용하시는 한 도구에 불과합니다.

선지자들이 꾼 꿈의 메시지가 대체로 그러한 것이었습니다. 이 세상의 현실을 보면 그렇게 비관적일 수가 없습니다. 너무나도 절망적이에요. 그러나 눈을 들어서 하늘을 보면 이 모든 인간의 악을 극복하고 선한 뜻을 이루시는 하나님의 능력과 주권과 계획이 보입니다.

세상에 있는 악의 세력 앞에서 하나님의 백성들은 자신의 문제조차 제대로 해결하지 못하고 있습니다. 아마 우리가 다른 사람들을 도우려고 나서면 "네 일이나 똑똑히 해" 하고 비웃을 것입니다. 그러나 하나님이 질문을 던지시면 이야기는 달라집니다. 하나님이 던지신 질문의 답은 오직 고난받는 성도들을 통해서만 나옵니다. 하나님께서는 이방인들을 자신의 계획 속에 끌어들임으로써 그들로 하여금 자기 문제를 인정하게 하시고, 고난받는 하나님의 백성들이 얼마나 존귀한 자들인지를 깨닫게 하십니다.

오늘 우리는 문제를 많이 가지고 있으면서도 그 답은 모르는 사람들에게 에워싸여 있습니다. 그들은 자기 귀를 솔깃하게 할 만한 답을 찾아 이리저리 헤매고 다닙니다. 그러나 그들은 절대로 답을 얻을 수 없습니다. 그 답은 오직 고난받는 성도들, 말씀 때문에 인생 밑바닥까지 내려간 사람들에게만 있습니다. 하나님께서는 그들의 해석이 성취되게 하십니다. 그러나 이 능력은 아무에게나 성취되는 것이 아닙니다. 그 말씀에 전적으로 헌신한 사람에게만 성취됩니다.

오늘 이 시대에 필요한 사람은 어떤 사람입니까? 감옥에서, 실직 상태에서, 병중에서 끊임없이 하나님의 말씀을 묵상하고 해석하며 삶에 구체적으로 적용하는 훈련을 쌓은 사람들입니다. 바로 그런 사람들이 이 시대에 답을 던질 것이며, 하나님께서는 그들을 통해 이 세상 일을 이루어 나가실 것입니다.

오늘 마지막 말씀은 이렇게 되어 있습니다.

<u>술 맡은 관원장이 요셉을 기억지 않고 잊었더라</u>(40:23).

요셉은 술 맡은 관원장의 도움으로 감옥에서 나갈 수 있을 줄 알았습니다. 그러나 그는 감옥에서 나간 뒤에 요셉을 완전히 잊어버렸습니다. 이 사람이 나가고 난 후 2년 동안 요셉은 아마 훨씬 더 침체되어 살았을 것입니다. 그러나 그것은 아직 하나님의 때가 되지 않았기 때문입니다.

기대했던 대로 되지 않는다고 해서 실망하지 마십시오. 하나님께서 한번 시작하신 일은 반드시 이루어집니다. 하나님께서 징조를 보여 주신 일은 반드시 크게 성취됩니다. 때가 되면 그가 이루실 것입니다.

요셉은 하루라도 빨리 감옥에서 나가기만을 원했을 것입니다. 그러나 하나님께서는 그가 사람의 도움으로 나가는 것이 아니라 하나님의 큰 역사로 나가기를 원하셨습니다. 하나님께서는 그가 감옥에서 나감과 동시에 온 세상을 구원하는 구원자로 나타나기를 원하셨습니다. 하나님의 생각은 우리의 생각보다 엄청나게 크고 높다는 것을 기억하시기 바랍니다.

# 13

# 감옥에서 나온
# 요셉

어떤 조각가가 아주 큰 초대형 작품을 만들려고 할 때 먼저 하는 일은, 똑같은 모양의 작은 모형을 미리 만들어 보는 것입니다. 머리로 생각하는 것과 실제로 만들어지는 것 사이에는 큰 차이가 있기 때문입니다. 어떤 작품을 머리로 구상했을 때에는 분명히 균형을 이룰 것 같았는데, 막상 실제로 만들어 보면 세워지지 않는 경우가 있습니다. 그래서 먼저 작은 모형을 만들어 여러 가지 세부사항들을 미리 검토한 후에 대형 작품의 제작으로 들어가야 실패하지 않습니다.

이것은 군에서 결정적으로 중요한 작전을 수행하려고 할 때에도 마찬가지입니다. 예를 들어서 거대한 규모의 상륙 작전을 감행하려 한다든지 폭탄 같은 것을 투하하려고 할 때, 미리 비슷한 지형에서 모의 실험을 많이 해보아야 그만큼 실패할 가능성이 줄어듭니다.

오늘 본문을 보면 하나님께서 이와 비슷한 과정을 통해 요셉을 사용하시는 것을 알 수 있습니다. 요셉이 감옥 안에서 두 내시의 꿈을 해석한 것은 하나님께서 앞으로 시행하실 엄청난 작전의 모의 실험이었습니다.

중동 지방에 몇 년에 걸쳐 닥칠 극심한 기근은 이미 수십 년 전부터 하나님의 계획 안에 변경될 수 없는 사항으로 확정되어 있었습니다. 하나님께서 이런 무서운 재앙을 내리시지 않을 수 없었던 것은 인간들의 죄가 수준을 넘어섰기 때문입니다. 아마도 노아홍수나 소돔과 고모라의 멸망 이후 가장 무서운 재앙이 될 만한 일이 애굽과 가나안 땅에 준비되어 있었습니다. 그러나 하나님께서는 이런 무서운 재앙을 앞둔 가운데서도 자신의 백성들을 기억하셨습니다. 그래서 요셉을 미리 애굽에 보내어 그를 준비시키셨습니다.

이처럼 수많은 사람들이 목숨을 잃게 될 대기근에 대비하여 하나님께서 요셉에게 준비시키신 것은 감자 싹을 틔우는 법이나 옥수수 품종 개량 같은 것이 아니었습니다. 하나님께서는 엄청난 재앙에 대비하여 요셉에게 두 가지 훈련을 시키셨습니다. 하나는 철저하게 낮아지는 훈련이었습니다. 처음에는 그를 노예로 만드시더니 그것도 부족해서 죄수로까지 전락시키셨습니다. 그것도 그냥 편안하게 앉아 있는 죄수가 아니라, 다른 죄수를 섬겨야 하는 노예 죄수로 만드셨습니다. 그리고 다른 한편으로는 꿈의 해석을 통해 하나님의 뜻을 분별하는 능력을 갖추도록 훈련시키셨습니다.

물론 하나님이 어떤 일을 하시는 데에는 사전 준비나 예행연습이 필요 없습니다. 하나님은 그런 것을 하지 않아도 결코 실수하지 않으십니다. 그러나 문제는 하나님께서 자신의 엄청난 구원 계획을 연약한 인간을 통해, 또 때로는 하나님을 전혀 모르는 사람을 통해 이루신다는 데 있습니다. 사람은 실수도 많고 일을 잘 감당할 능력도 없을 뿐 아니라 큰일을 하고 난 후에 타락하거나 교만해지거나 믿음을 잃을 위험이 있습니다. 그래서 하나님께서는 자기 사람을 여러 차례 훈련시키고 준비시키신 후, 결정적인 순간에 그 일에 투입하시는 것입니다.

하나님께서는 수많은 사람들이 굶어 죽는 재앙 중에 요셉을 사용해서 사람들을 살리기로 작정하시고 그를 준비시키셨습니다. 하나님은 바로의 왕궁에 요셉을 신하로 들여보내서, 하나님을 전혀 모르는 교만한 바로를 움직여 그분의 일을 하게 하십니다. 여기에는 한 치의 오차도 허용될 수 없습니다. 하나님의 뜻을 철저하게 분별하면서도 바로의 마음이 상하지 않도록 그를 잘 설득해서 그 뜻을 이루려면, 얼마나 큰 겸손과 인내와 설득력과 지혜가 필요하겠습니까?

이처럼 하나님께서는 하나님을 모르는 사람들, 교만한 사람들, 포악한 사람들을 통해 자신의 뜻을 이루게 하심으로써, 그 종을 낮추시며 겸손하게 하시고 기다리게 하시며 그 가운데 하나님의 뜻을 예민하게 분별하는 지혜를 갖게 하십니다.

마침내 하나님의 뜻을 이룰 시간이 되었습니다. 요셉은 이제 한 치의 오차도 없이 이 뜻을 이루어 드려야 합니다. 만일 여기에 조금이라도 오차가 생긴다면 수백만 명이 굶어 죽게 될 것입니다.


## 먼저 바로를 움직이신 하나님

하나님께서는 요셉이 바로 앞에 서서 이 엄청난 재앙에 대한 지혜를 말하기 전에 먼저 바로의 마음을 움직이기 시작하셨습니다.

사람들은 앞으로 어떤 재앙이 닥칠지 전혀 모르고 있습니다. 또 그 재앙에서 자신들을 살릴 수 있는 지혜가 감옥에 갇혀 있는 한 노예의 머릿속에 들어 있다는 사실도 모르고 있습니다. 그런데 이것을 모르는 한 그들은 살아날 수가 없습니다. 게다가 그 재앙이 닥치기 전, 하나님께서는 엄청난 풍년을 허락하실 것입니다. 이풍년은 유혹입니다. 이런 풍년을 누리면서 누가 앞으로 이런 재앙이 오리라는 것을 예측할 수 있겠습니까? 그래서 하나님께서는 이놀라운 구원을 위해 한 중요한 인물의 마음을 움직이기 시작하셨습니다. 그는 애굽 왕 바로였습니다.

요셉이 두 내시의 꿈을 해석한 후 2년이라는 시간이 지났습

249

니다. 이 2년이 요셉에게 얼마나 답답하고 힘든 기간이었을지는 능히 짐작할 수 있을 것입니다. 아마도 요셉은 '바로의 술 맡은 관원장이 나를 잊은 게 분명해. 누구를 통해서라도 다시 한 번 말해 볼까?' 하는 생각들을 수없이 했을 것입니다. 그러면서 2년이 지났고, 마침내 하나님의 때가 되었습니다. 그러자 하나님이 움직이기 시작하셨습니다.

하나님은 어떤 방식으로 바로를 이 엄청난 계획 안으로 끌어들이셨습니까? 하나님이 쓰실 수 있는 방법은 여러 가지가 있었습니다. 혜성이 나타나게 하거나 불길하게 생긴 검은 새가 바로의 왕궁 앞에서 울게 하는 식의 초자연적인 현상들을 통해 그의 마음에 두려움을 불러일으킴으로써 하나님의 계획에 관심을 갖게 하실 수도 있었습니다. 그러나 그분은 아주 평범한 방법, 꿈을 사용하셨습니다.

우리 생각에 꿈은 너무나 하찮은 방법인 것 같습니다. 요셉을 감옥에서 끌어내시고 야곱 집안을 포함한 많은 사람들을 살리시려면 더 위대한 방법을 사용하셔야 하는 것 아닙니까? 그러나 우리 눈에는 바로가 대단해 보일지 몰라도 하나님 앞에서는 전혀 대단한 존재가 아니라는 사실을 알아야 합니다. 하나님께서는 꿈 하나만으로도 얼마든지 그의 무릎을 꿇리실 수 있으며, 꿈 하나만으로도 얼마든지 그의 마음을 사로잡으실 수 있습니다.

우리는 출애굽 때 바로를 미천한 벌레와 파리와 개구리로 징계하신 일을 기억할 필요가 있습니다. 하나님은 왜 힘센 군사나 강한 군대로 치시는 대신, 파리 사단과 개구리 편대를 보내서 징계하신 것일까요? 이것은 바로가 하나님 앞에서 이 미물들보다 못한 존재임을 보여 주는 것입니다. '개구리가 우스워 보이느냐? 넌 개구리보다 못한 존재야'라는 거예요.

그래서 우리는 바로가 꿈을 꾸었다는 사실 자체에 너무 많은 의미를 부여하지 않도록 조심해야 합니다. 하나님께서는 선지자들에게 꿈이나 환상을 통해 그 뜻을 보여 주셨습니다. 그러나 여기에서 바로에게 꿈을 주어 번민에 빠지게 하신 것은 그를 선지자로 대접해서가 아니라, 가장 간단한 방법으로 자신의 계획에 끌어들이시기 위해서일 뿐입니다.

바로가 꾼 꿈이 무엇입니까? 그는 두 번의 꿈을 꾸었는데, 그중에 하나는 나일 강가에 아주 보기 좋고 살진 암소 일곱 마리가 올라와 풀을 뜯어 먹는 꿈이었습니다. 그런데 잠시 후에 아주 여위고 못생긴 암소 일곱 마리가 강에서 올라오더니 이 살진 암소들을 다 잡아먹어 버렸습니다. 그는 잠시 잠에서 깨었다가 다시 꿈을 꾸었습니다. 이번에는 한 곡식 줄기에 아주 충실하게 잘 익은 이삭 일곱 개가 달려 있었습니다. 그런데 잠시 후에 동풍에 바짝 마른 형편없는 이삭 일곱 개가 나오더니 잘 익은 이삭 일곱 개를 삼켜 버렸습니다.

바로는 이 꿈이 보통 꿈이 아니라는 것을 알았습니다. 무엇보다 너무 생생했어요. 사람들은 꿈을 꾸고 나서도 대개는 그 내용을 잊어버립니다. 그러나 이 꿈은 숫자까지 다 기억날 정도로 생생했습니다. 게다가 그는 꿈을 두 번이나 연속해서 꾸었는데, 그 세부 내용은 달라도 구성은 똑같았습니다. 게다가 이 꿈들은 무언가 불길한 조짐을 보여 주고 있었습니다.

꼭 이런 이유가 아니더라도 정치가나 대기업 회장처럼 중요한 결정을 내려야 하는 사람들은 꿈이나 징조에 신경을 많이 쓰는 법입니다. 정치를 하거나 대기업을 이끌다 보면 자신이 전혀 생각지 못했던 요인에 의해 사태가 뒤집히는 경우가 너무나도 많기 때문입니다.

사실 우리가 살고 있는 이 세상의 삶은 온통 질문으로 가득 차 있다고 해도 과언이 아닙니다. 나는 누구이며 내가 이 세상에 사는 목적은 무엇인지, 도대체 무엇을 위해 살아야 하며 죽고 나면 어떻게 되는 것인지, 모든 것이 의문투성이입니다. 그러나 대개는 그냥 질문을 지닌 채로 살아가지요. 그러다가도 인생의 중요한 고비에 맞닥뜨리면, 다시금 근본적인 질문을 생각하지 않을 수가 없습니다. 예를 들어 새로운 생명이 탄생하거나, 자녀들이 성장하여 결혼을 하거나, 사랑하는 사람을 잃거나, 직장에서 원치 않는 퇴직을 하게 되거나, 죽음을 재촉하는 중병에 걸렸을 때, 인간은 본질적인 문제에 대면하지 않을래야 않을 수가 없습니다. 즉 인생이란 도대체 무엇이냐 하는 질문에 부딪치지 않을 수 없어요. 그런 인생의 고비마다 깨닫게 되는 것은, 그런 질문을 제기한 분이 바로 하나님이시라는 것입니다.

하나님께서 바로에게 이런 특이한 꿈을 꾸게 하신 것은, 그분이 바로의 통치에 개입하시며 이제 그분의 원대한 계획에 그를 끌어들이겠다는 뜻을 보여 주신 것입니다. '바로'는 원래 애굽 왕의 칭호입니다. 그러니까 애굽 왕들은 전부 '바로'인 것입니다. 그런데 특별히 요셉 때의 바로에게 하나님은 꿈으로 무언가를 보여 주셨습니다. 이것이 불행한 일일까요, 다행한 일일까요? 엄청나게 다행한 일입니다.

지금 바로 앞에는 거의 모든 사람을 굶겨 죽일 수 있는 무서운 대재앙, 소돔과 고모라의 멸망에 버금가는 멸망이 기다리고 있습니다. 하나님이 이처럼 그에게 질문을 제기하지 않으셨더라면, 이 이상한 두 번의 꿈을 통해 통치한다는 것이 무엇이며 산다는 것이 무엇인지, 그의 앞에 기다리고 있는 것이 무엇인지에 대해 질문을 주시지 않았더라면, 그는 매일 술이나 마시고 자기 교만에 취해 살다가, 마침내 재앙이 일어났을 때 수많은 사람들이 굶어 죽어 가는 것을 손 놓고 구경할 수밖에 없었을 것입니다.

그러나 하나님은 그의 평안한 삶에 개입하셨습니다. 그에게 꿈을 주셨고 질문을 던지셨습니다. "도대체 네 존재가 뭐냐? 네 앞에 무엇이 기다리고 있는지 아느냐? 한번 생각해 보거라!" 하나님은 이 질문을 통해 바로가 알지 못하는 사이에 엄청난 구원 계획으로 그를 끌어들이셨고, 결국 그는 이 위기에서 수많은 사람들을 살려 내는 통치자가 될 수 있었습니다.

오늘 우리는 우리의 삶이 다른 사람처럼 평범하지 못한 것에 대해 비관적으로 생각할 때가 많습니다. 분명히 붙을 수 있는 시험에 떨어지거나 훌륭하다고 생각한 계획이 틀어지면서 자기 삶이 전혀 예기치 못한 방향으로 흘러갈 때, '나는 참 무능하구나. 나는 결국 실패하고 말았구나' 하면서 평탄치 못한 자신의 운명을 쉽게 비관하게 되지요.

그러나 그것은 결코 비관할 성질의 것이 아닙니다. 그것은 하나님께서 나의 삶에 간섭하고 계신 증거입니다. 즉 그분이 나의 평범한 삶에 질문을 던지고 계신 것입니다. "너는 네 앞에 기다리고 있는 것이 무엇인지 아느냐? 내가 너에게 가지고 있는 계획이 무엇인지 아느냐? 나는 너의 삶에 개입함으로써 너를 내 계획에 끌어들이고 있다." 여러분, 이것은 비관할 일이 아니라 기뻐할 일입니다.

정말 평범하게 살고 싶었는데, 제때 결혼해서 제때 애 낳아 키우면서 집안 청소나 하고 방바닥에 떨어진 머리카락이나 주우면서 살려고 했는데, 갑자기 어느 순간부터 삶이 틀어지기 시작하면서 전혀 예상치 못한 곳에 와 있는 자신의 모습을 보게 되었습니까? '하나님께서 나의 삶에 개입하고 계시며 그 원대한 계획에 나를 끌어들이고 계시구나'라고 생각하십시오. 우리는 우리 앞에 어떤 어려움이 기다리고 있으며, 그에 대한 하나님의 뜻이 무엇인지 알지 못합니다. 그래서 하나님께서 그런 장애나 예기치 못한 간섭을 통해, 내가 모르는 무서운 재앙이나 내가 감당할 수 없는 어려움에서 나를 지키시고 보호하시는 것입니다.

물론 내 삶이 내 계획대로 평탄하게 흘러가지 못할 때 기뻐하고 감사한다는 것은 굉장히 어려운 일입니다. 그러나 적어도 그런 장애를 통해 나의 삶에 간섭하시는 하나님을 보아야 합니다. 비록 기뻐하고 감사하기까지는 못한다 해도, 자기 욕심을 버리고 경건한 마음으로 하나님의 뜻을 기다려야 합니다.

## 이 꿈에 어떻게 반응할 것인가?

바로 왕은 이 특이한 꿈을 꾼 뒤 어떻게 했습니까? 그는 이 꿈을 두고 마음속에 깊이 번민했습니다. 그리고 아침이 되자 애굽의 모든 술객과 박사들을 불러서 꿈 이야기를 한 후에 해석을 하라고 했습니다. 그러나 그 꿈을 해석할 수 있는 사람이 아무도 없었습니다. 41장 8절을 보십시오.

> 아침에 그 마음이 번민하여 보내어 애굽의 술객과 박사를 모두 불러 그들에게 그 꿈을 고하였으나 그것을 바로에게 해석하는 자가 없었더라

바로가 그 꿈을 놓고 깊이 번민하며 아침이 되자마자 점치는 자들과 점술가들을 전부 불러 모아서 그 꿈을 해석하려 한 것은, 그가 이 문제를 진지하게 대면했다는 것을 보여 줍니다.

오늘날 사람들의 치명적인 문제는 진지하지 못하다는 것입니다. 사랑을 할 때도 깊이 번민하면서 하는 것이 아니라 "한번 만나 볼래요? 싫으면 말고" 하는 식으로 장난스럽게 하고, 진리에 대한 이야기를 들을 때도 깊이 번민하면서 듣지를 않습니다. 예를 들어 믿는 자매가 믿지 않는 사람의 청혼을 받고 많이 고민하고 기도한 끝에 "그럼 교회 다닐 수 있어요?" 하고 어렵게 물었다고 합시다. 그런데 상대방이 여기에 너무나 피상적으로 반응한다면 실망하지 않을 수가 없지요. 자기는 그 한마디를 하기 위해 정말 많이 기도하고 고민했는데, 그 문제는 그만큼 자기에게 소중한 것인데, 상대방이 너무나 가볍게 반응할 때 마음이 깊이 상하지 않을 수 없습니다.

사람들은 어려움이 닥쳤을 때 진지하게 반응하는 대신 "어떻게든 되겠지, 뭐. 별일이야 있을라고?"하면서 대수롭지 않게 넘어갈 때가 많습니다. 병으로 쓰러질 때 대개 2, 3년 전에는 좋지 않은 징후가 나타나게 되어 있습니다. 심장병도 어느 날 갑자기 쓰러지는 것처럼 보여도 그전에 어떤 징후가 나타나는 경우가 많아요. 그러나 사람들은 그런 문제를 정면으로 대하기를 두려워합니다. 바빠서 그럴 때도 있지만, 근본적으로는 문제를 대하는 자세가 진지하지 못하기 때문입니다. 물론 매일매일 일어나는 일상적인 일들은 당장 처리하지 않으면 불편하니까 그때그때 해나갑니다. 그러나 인생에 한 번씩 찾아오는 징후와 질문은 이렇게 매일 처리하는 일상의 일과보다 훨씬 중요한 문제, 나의 사활을 결정하는 결정적인 문제임에도 불구하고 외면해 버릴 때가 많습니다.

바로는 이 꿈을 꾸었을 때 분명히 신이 자기에게 무슨 뜻을 보여 주는 것이라고 생각했습니다. 그가 혼자 번민했다는 것은 자기 스스로 이 꿈이 제기하는 문제를 풀어 보려고 애를 썼다는 말입니다. 그러나 혼자 힘으로는 도저히 그 문제를 풀 길이 없었습니다. 그래서 아침이 되자마자 점치는 자들과 점술가들을 전부 불러 모아서 꿈 이야기를 하고 해석해 달라고 했습니다.

이것은 그에게 이 꿈의 의미를 반드시 알아내고야 말겠다는 의지가 있었다는 사실을 보여 줍니다. 그는 이 꿈을 그냥 있을 수 있는 일로 대수롭지 않게 생각하고 넘어가려 하지 않았습니다. 그의 마음속에는 무슨 일이 있어도 이 꿈의 의미를 알아내야겠다는 열정이 있었습니다.

문제는 있는데 답이 없을 때 우리는 대개 어떻게 합니까? 잠시 혼동을 겪다가 '별일 없겠지' 하는 식으로 그냥 넘어갑니다. 그러나 바로는 그렇게 할 수 없었습니다. 왜냐하면 이 꿈이 너무나도 강렬했고, 신이 자기에게 무언가 중요한 뜻을 알리려고 보여 준 것 같았기 때문입니다.

그러나 애굽의 그 많은 점성가들과 점치는 자들은 이 바로의 꿈에 대해 한마디도 하지 못했습니다. 좀 이상하지 않습니까? 꿈 해석은 수학 공식처럼 딱 맞아떨어지는 것이 아닙니다. 그냥 제멋대로 지껄여도 어디가 맞고 어디가 틀리는지 꼭 집어서 확인할 수가 없어요. 그런데도 바로 주변에는 그의 꿈을 해석해 주는 사람이 아무도 없었습니다.

"그것을 바로에게 해석하는 자가 없었더라"는 것이, 이런저런 해석들이 나왔는데 바로의 마음에 들지 않았다는 뜻인지, 아니면 전부 입을 다물고 아예 아무 말도 하지 않았다는 뜻인지 정확하지 않습니다. 저는 후자일 것이라고 생각합니다. 때로 하나님께서 사람의 입을 봉하여 아무 말도 못하게 하시는 경우가 있기 때문입니다.

정신세계나 신앙세계는 눈으로 볼 수 있고 손으로 만질 수 있는 구체적인 것이 아니기 때문에 그에 대해 증명할 수가 없습니다. 사이비 종교가 많이 생기는 이유가 여기 있습니다. 이 종교에서 조금, 저 철학에서 조금 떼어 와서 지껄여 대면 그럴듯하게 들립니다. 그것이 옳은지 그른지 어떻게 증명하겠습니까? 듣기에 그럴듯하기만 하면 사람들은 그냥 믿고 따라오게 마련입니다.

바로의 점술가들도 마찬가지입니다. 그냥 그럴듯한 말만 하면 되는 것입니다. "꿈에 암소가 나타났다는 것은 굉장히 맛있는 고기를 먹을 거라는 징조입니다. 또 마른 소가 올라왔다는 것은 그 다음에 먹을 고기는 맛이 없다는 뜻입니다"라고 헛소리를 한들 누가 그 진위를 따져서 반박을 하겠습니까, 과학적으로 증명을 하겠습니까? 그러나 하나님께서 특별하게 간섭하실 때에는 사람들의 입을 틀어막아 버리십니다. 그래서 아무리 거짓말하고 싶고 참견하고 싶은 마음이 굴뚝 같아도, 이상하게 입이 봉해져서 한마디도 못하는 경우가 많습니다.

여러분은 그런 경우가 없었습니까? 다른 사람한테 무슨 말을 하고 싶었는데 입이 봉해져서 한마디도 나오지 않았던 경우가 없습니까? 저는 그런 경우가 몇 번 있었습니다. 하고 싶은 말이 있었는데 결국 한마디도 못한 경우가 있었어요. 그때마다 느끼는 것은 내가 그 말을 못한 것이 모두에게 얼마나 유익한 일인지 모른다는 것입니다. 물론 말 못하는 그 당시에는 속이 타지요. 결정적인 순간에 그 말을 함으로써 잘난 척을 하고 내 자랑을 해야 하는데 그걸 못하니까 답답합니다. 그러나 나중에 시간이 지나서 보면, 그때 내 입을 딱 막아서 다른 사람에게 상처 주지 못하게 하시고 다른 사람을 넘어뜨리지 못하게 하신 하나님을 찬양하지 않을 수 없습니다.

지금까지 애굽의 점술가들과 점치는 자들은 사람의 운명이나 국가의 장래에 대해 수없는 거짓말을 지껄여 왔습니다. 그러나 하나님께서 주신 이 꿈에 대해서만큼은 전부 꿀 먹은 벙어리가 되었습니다. 그들의 입에서는 단 한마디도 나오지 못했어요. 아마 사람들에게 영적인 세계를 볼 수 있는 눈이 있었다면, 한 사람 한 사람의 입을 틀어막고 있는 천사의 모습이 보였을 것입니다.

하나님이 왜 이렇게 하셨습니까? 다가오고 있는 엄청난 재앙으로부터 사람들을 살리고자 하시는 열심 때문입니다. 물론 처음부터 그런 재앙이 일어나지 못하게 막으시면 되지 않느냐고 물을 수도 있지만, 인간의 죄가 이미 도를 넘어선 상황에서 이 재앙은 불가피했습니다. 그런 가운데서도 하나님께서는 택한 백성들을 구원하기 원하셨고, 그래서 이 엄청나게 중요한 일에 대해 점술가들이 헛소리를 하지 못하도록 그 입을 막아 바로의 생각을 흩어지지 못하게 하신 것입니다.

이것이 바로에게 꿈을 주신 일에 이은 하나님의 두 번째 간섭입니다.

## 하나님은 실수하지 않으신다

드디어 요셉이 등장할 때가 되었습니다. 하나님께서는 요셉에게 해몽을 들었던 술 맡은 관원장의 기억을 되살리셨습니다. 9절부터 13절까지 보십시오.

> 술 맡은 관원장이 바로에게 고하여 가로되 내가 오늘날 나의 허물을 추억하나이다 바로께서 종들에게 노하사 나와 떡 굽는 관원장을 시위대장의 집에 가두셨을 때에 나와 그가 하룻밤에 꿈을 꾼즉 각기 징조가 있는 꿈이라 그곳에 시위대장의 종 된 히브리 소년이 우리와 함께 있기로 우리가 그에게 고하매 그가 우리의 꿈을 풀되 그 꿈대로 각인에게 해석하더니 그 해석한 대로 되어 나는 복직하고 그는 매여 달렸나이다

참으로 놀라운 일이 아닐 수 없습니다. 바로의 술 맡은 내시는 감옥에서 나온 후 바로 요셉의 부탁을 잊어버렸습니다. 정말 잊어버린 것인지, 생각하기 싫어서 일부러 모른 체한 것인지, 아니면 감히 바로에게 감옥 안에 있는 일개 히브리 노예에 대해 말할 처지가 못 되었던 것인지는 알 수 없습니다. 여하튼 그는 2년 동안이나 요셉을 잊고 있었습니다.

그러나 오늘 하나님께서는 그로 하여금 바로 앞에서 정확하게 요셉의 일을 말하게 하십니다. "내가 오늘날 나의 허물을 추억하나이다"라는 말이 무슨 뜻입니까? 자기가 지금까지 요셉을 감옥에 방치해 둔 것은 요셉에게 큰 죄였다는 것입니다. 그는 요셉을 도와줄 생각이 없었습니다. 그러나 더 이상 입을 다물고 있다가는 바로에게 더 큰 죄를 짓게 된다는 사실을 알았습니다. 전에는 요셉의 사정을 바로에게 말하는 것이 자신에게 불리한 일이었습니다. 그러나 바로의 꿈 때문에 나라가 뒤집힌 이 상황에서도 요셉의 일을 말하

지 않고 있다가 혹시라도 다른 경로를 통해 그가 바로 앞에 나오게 된다면, 자신은 결코 바로의 노여움을 피할 수 없을 것입니다.

하나님께서는 이 신실하지 못한 바로의 내시를 구석으로 몰아서 그의 입으로 요셉에 대해 말하지 않으면 안 되게 하셨습니다. 내시는 요셉을 2년이나 잊고 지냈지만, 하나님은 결코 그를 잊지 않으셨습니다. 요셉은 자기를 도와줄 줄 알았던 그가 무려 2년이 지나도록 아무 소식을 주지 않을 때 깊은 실망감과 배신감을 가지게 되었을 것입니다. 그러나 인간은 실수해도 하나님은 절대로 실수하시는 법이 없으십니다. 하나님은 내시의 입을 억지로 벌려 바로 앞에서 요셉의 일을 말하지 않을 수 없게 만드셨습니다.

우리의 눈에는 사람만 보이기 때문에 사람의 말 한마디, 행동 하나에 마음이 상할 때가 많습니다. 나와 결혼하겠다고 해 놓고 2년 동안 연락이 없어서 찾아보니 다른 사람과 살고 있습니다. 어려울 때 도와주겠다고 철석같이 약속했는데, 막상 그런 일이 닥쳐서 찾아가니 나 몰라라 합니다. 그럴 때 우리는 너무나 큰 상처를 받습니다. 그래서 울고불고 절망하면서 일기에 "아무도 믿지 말자!"라고 쓰게 되지요.

그러나 그럴 필요가 없습니다. 우리 하나님은 신실한 분이시기 때문입니다. 사람은 너무나도 자주 잊어버릴 뿐 아니라, 뻔히 알면서도 손해가 두려워서 약속을 지키지 않을 때가 많습니다. 그러나 하나님이 하시는 일은 틀림이 없습니다. 사람이 아무리 잊어버려도, 아무리 피하려고 해도, 하나님이 한번 정하시면 결국 그 입을 열지 않을 수 없습니다. 아무리 요셉 얘기를 하고 싶지 않아도 하지 않을 수 없도록 하나님께서 구석으로 몰아넣으십니다.

여러분, 하나님은 결코 실수하지 않으십니다. 내시는 2년이나 요셉을 잊고 있었지만 하나님은 그 입을 여셨습니다. 이것이 하나님의 세 번째 간섭입니다.

## 감옥에서 나온 요셉

드디어 요셉은 감옥에서 나오게 되었습니다.

이에 바로가 보내어 요셉을 부르매 그들이 급히 그를 옥에서 낸지라 요셉이 곧 수염을 깎고 그 옷을 갈아입고 바로에게 들어오니(41:14).

요셉은 중간 과정을 전혀 알지 못합니다. 갑자기 사람들이 몰려와서 수염을 깎고 옷을 갈아입히는데 정신을 차릴 수가 없습니다. 처음에는 자기를 죽이려 한다고 생각했을지도 모르겠습니다. 그런데 나중에 알고 보니 바로가 자기를 찾는다는 것입니다.

요셉은 몰랐지만 바로의 신하들이 그를 찾아오기까지 하나님께서 얼마나 많은 일을 하셨는지 모릅니다. 그는 바로에게 꿈을 주셨고 그를 고민하게 하셨으며 모든 술객의 입을 봉하셨습니다. 그리고 진짜 잊었는지 일부러 잊었는지 모르지만 어쨌든 요셉의 일을 잊고 있었던 술 맡은 관원장의 입을 열게 하셨습니다. 이 모든 간섭 끝에 드디어 요셉이 감옥에서 나오게 된 것입니다.

우리는 나타난 결과만 보기 때문에 우리가 모르는 사이에 하나님께서 얼마나 많은 일을 하셨는지 모를 때가 많습니다. 하나님께서 보이지 않는 곳에서 입 틀어막아야 할 사람의 입은 틀어막고, 입 열어야 할 사람의 입은 열고, 고민해야 할 사람은 고민하게 하고, 기억 못하는 사람에게는 기억나게 하는 그 많은 일을 하셨기 때문에 나에게 이런 작은 희망적인 일이 일어나게 되었다는 것을 모릅니다.

그래서 우리는 이런 경우에 술 맡은 관원장에게 감사하게 되기 쉽습니다. 만일 그가 바로 앞에서 얘기를 꺼내지 않았다면 어떻게 요셉이 감옥에서 나올 수 있었겠습니까? 그러나 실상 요셉은 그 사람에게 감사할 필요가 없었습니다. 그는 무려 2년 동안이나 요셉을 잊고 있었던 사람입니다.

우리는 겉으로 나타나는 현상만 보고 사람에게 고마워하고 싶을 때가 많습니다. 그러나 사실 진정으로 감사드려야 할 대상은 하나님이십니다. 사실 그 사람은 하나님이 시키신 일의 십분의 일, 백분의 일도 다 못한 거예요. 그런데 그 십분의 일, 백분의 일만 나타나도 우리에게는 너무나 큰 역사가 됩니다. 실제로 인간의 게으름과 이기심에도 불구하고 결국 이런 일을 하지 않을 수 없게 만드신 분은 하나님이십니다. 그가 수없이 간섭하시고 수없이 애쓰셨기 때문에 이런 결과가 나타난 것입니다.

만일 인간들이 하나님의 뜻에 자발적으로 순종만 했다면 이 세상은 천국으로 변해도 벌써 수십 번은 변했을 것입니다. 그러나 사람들은 그렇게 하지 않습니다. 하나님이 아무리 말씀하셔도 움직이질 않아요. 하나님이 입을 열어 말하라고 해도 입을 자물통처럼 잠그고 있습니다. 자기는 기억이 안 난다는 거예요. 기억이 안 나서 말을 못한다는 것입니다. 그러나 하나님은 그 자물통을 열어서 말하게 하시는 분입니다. 또한 거짓말하는 사람의 입을 틀어막아서 어느 누구도 진리를 호도하지 못하게 하는 분이십니다.

우리는 나타난 작은 결과에 놀랍니다. 그리고 그 일에 사용된 사람에게 깊은 감사의 마음을 가집니다. 그러나 그 작은 일이 있기까지 하나님께서는 눈에 보이지 않는 수많은 사람들을 움직이셨습니다. 부모님의 마음을 움직이시고 친구의 마음을 움직이시고 그 모든 장애를 극복해서 우리에게 이 작은 일이 나타나게 하신 것입니다. 사용된 그 사람은 그렇게 하지 않을 수 없도록 하나님께서 결정적으로 간섭하셨기 때문에 그렇게 한 것일 뿐입니다. 사람은 잊기도 하고 일부러 모르는 체하기도 합니다. 그러나 하나님은 절대로 실수하지 않으십니다.

우리가 모든 일을 앞두고 기도해야 할 이유가 무엇입니까? 이 세상에 있는 모든 것들은 하나님의 뜻이 이루어지지 못하게 막는 장애물들이기 때문입니다. 그래서 한 치의 오차만 생겨도 일이 틀어지기 쉽습니다. 사람들은 무지해서 하나님께서 아무리 그 뜻을 보여 주셔도 깨닫지 못합니다. 또 너무나도 이기적이어서 아무리 옳은 일이라도 자기에게 불리하다 싶으면 절대로 기억하려 들지 않습니다. 누구한테 얼마 꾸어 주었는지는 천재적으로 기억하면서, 남을 위해 해야 할 일은 어쩌면 그렇게 생각을 못하는지 모릅니다.

이처럼 인간의 이기심은 알면서도 입을 다물게 만들고, 때로는 자기 일이 아니라는 이유로 쉽게 잊어버리게 만듭니다. 그런데 그 가운데서도 하나님의 뜻은 한 치의 오차 없이 이루어져야 합니다. 그러려면 하나님이 개입하셔야 하고, 하나님이 움직여 주셔야 합니다.

요셉은 드디어 감옥에서 나왔습니다. 감옥에 들어갈 때는 강간미수범의 죄를 뒤집어쓴 채 아무도 알아주는 이 없이 들어갔지만, 하나님의 시간이 되자 수염 깎고 새 옷 입고 모든 사람이 보는 앞에서 당당히 나와 바로 앞에 서게 되었습니다. 그것도 바로 앞에 자기의 무죄를 알아 달라고 애원하기 위해서가 아니라, 하나님의 뜻을 가르치는 선생의 자격으로 서게 되었습니다.

애굽의 모든 술객과 박사들을 제치고 감옥의 노예가 입을 벌리는 것을 모두 숨죽이고 기다리고 있습니다. 그는 당당하게 옥문을 열고 감옥에서 나와, 이제 모든 사람을 살리는 역사를 이루기 위하여 바로 앞에 서 있습니다.

오늘 본문이 우리에게 말씀하려고 하는 것이 무엇입니까? 극심한 기근의 재앙은 이미 오래전부터 예정되어 있었다는 것입니다. 노아 홍수나 소돔과 고모라의 심판에 가까울 정도로 무서운 재앙이 이 중동 지방에 작정되어 있었습니다. 하나님께서는 그 가운데서 택한 백성들을 살리기 위해 요셉을 애굽에 보내어 그를 낮추시고 하나님의 뜻을 분별하는 사람으로 준비시키셨습니다. 그러나 사람들은 그를 알아보지 못하고 수치스러운 죄명을 뒤집어씌워서 가장 비천한 죄수 노예로 감옥에 가두었습니다.

그러나 그는 감옥에서 썩지 않았습니다. 그 이유가 무엇입니까? 감옥 안에서도 하나님께서 그와 함께하셨기 때문입니다. 하나님이 함께하시는 사람은 절대 썩을 수 없습니다. 어디를 가도 썩을 수 없습니다. 감옥에 있든, 군대에 있든, 실업자로 있든 절대 썩을 수가 없어요. 하나님께서 그의 마음을 늘 새롭게 하시기 때문입니다.

애굽의 흉년은 예정되어 있는 것이었습니다. 사람들의 죄가 하나님께서 참으실 수 있는 수준을 넘어섰기 때문입니다. 그러나 하나님께서는 그 가운데서도 피할 길을 준비하여 그 백성을 살리셨습니다.

오늘 우리가 이 세상에 살면서 전혀 어려움을 당하지 않을 수는 없습니다. 그러나 하나님께서는 반드시 피할 길을 준비하셔서, 우리만 살리는 것이 아니라 우리와 관계되는 이들도 모두 살릴 계획을 가지고 계십니다. 하나님께서 요셉을 애굽에 보내신 일차 목적은 야곱의 식구들을 구원하시는 것이었습니다. 그러나 이 야곱의 집으로 인해 거의 대부분의 애굽 사람들 또한 살려 주셨습니다. 그래서 애굽 사람들은 정권이 바뀌기까지 야곱의 식구들과 요셉을 아주 고맙게 생각했습니다.

요셉은 술 맡은 관원장의 꿈을 해석해 주면서 바로에게 말해서 자기를 감옥에서 꺼내 달라고 부탁했습니다. 아마 이런 부탁을 할 수 있을 정도로 두 사람의 사이가 가까워졌던 것 같습니다. 그러나 그는 요셉과의 약속을 지키지 못했습니다. 그는 감옥에서 나가자마자 요셉을 잊어버렸습니다. 바로 앞에서 술을 따를 때 그저 한마디만 해주어도 될 텐데, 그는 무려 2년 동안 입을 다물고 있었습니다. 그러나 하나님은 요셉을 잊지 않으시고 그 다문 입을 열어 요셉에 대해 말하지 않을 수 없도록 몰아가셨습니다.

사람에게 실망하지 마십시오. 부모님에게 받은 상처, 친구에게 받은 상처, 내가 믿고 기대했던 사람에게 받은 상처에 너무 많은 의미를 부여하지 마십시오. 그런 상처가 있다면 이 예배 시간에 다 씻어 버리세요. 사람은 원래 그럴 수밖에 없습니다. 그러나 그 뒤에 계신 하나님은 절대로 그렇지 않습니다. 그는 도저히 움직이지 않을 것 같은 사람의 마음을 움직이시며, 그렇게 나불대는 사람의 입을 틀어막아 당신의 선한 뜻을 이루는 분이십니다. 사람은 실수합니다. 그러나 하나님은 결코 실수하지 않으십니다.

그러면 하나님께서는 당신이 택하신 요셉을 왜 이렇게 감옥에서 고생시키신 것일까요? 요셉 안에 있는 죄성을 보셨기 때문입니다. 그가 높아졌을 때 얼마든지 교만해질 수 있으며 그 은혜에서 떨어져 나갈 수 있다는 것을 아셨기 때문에 미리 고난으로 인을 치신 것입니다. 고난을 통해 '너는 내 것이다. 네가 아무리 높아지고 영광스러워진다 해도 너는 결코 나를 떠날 수 없다'는 것을 이중, 삼중으로 인치신 것입니다.

아무리 신실한 사람이라도 높은 자리에 앉거나 많은 이들의 인정을 받으면 변질되게 되어 있고 교만해지게 되어 있습니다. 이것이 우리의 죄성입니다. 그런데 하나님의 종이 높은 자리에 올라간 후에 타락하면, 자신은 물론 수많은 사람을 멸망과 절망에 빠뜨리게 될 뿐만 아니라 세상 사람들에게 하나님에 대한 불신을 심어주게 됩니다. 그래서 하나님께서는 그 사랑하시는 자들이 아무리 높은 자리에 올라가더라도 그분을 떠나지 못하도록 미리 고난으로 준비시켜서 끝까지 그분께 매달리게 하시는 것입니다.

사람은 참 고약한 존재입니다. 일단 편안해지면 하나님을 떠날 생각부터 해요. 그래서 하나님께서는 아무리 형편이 좋아져도 그 택한 백성들이 당신을 떠나지 못하도록 고난으로 인을 치시고, 그 고난을 통해 우리가 혼자 할 수 있는 일은 이 세상에 단 하나도 없다는 것을 철저하게 깨닫게 하십니다.

술 맡은 관원장에게 부탁한 것은 요셉이 동원할 수 있는 마지막 수단이었을 것입니다. 그러나 그 일은 아무런 변화도 가져오지 못했습니다. 사람에게 매달려 보았지만 돌아온 것은 허탈과 분노뿐이었습니다. 하나님께서 말씀하시는 것은 '왜 사람을 의지하고 사람에게 애원하느냐? 사람을 믿지 마라. 철저하게 나를 의지하고 나에게 매달리라'는 것입니다. 요셉은 이렇게 철저하게 낮아지는 과정을 통해, 자신의 문제를 책임질 수 있는 분은 오직 하나님뿐이시며, 비록 사람이 사용된다 하더라도 그것은 하나님께서 그렇게 하지 않을 수 없도록 만드셨기 때문임을 깨달았습니다.

우리는 사람에게 지나치게 감사하지 말아야 합니다. 물론 그 사람이 그 정도라도 순종한 것은 고마운 일입니다. 그의 수고가 없었더라면 우리가 어떻게 되었겠습니까? 그러나 '아이고, 저 사람 아니었으면 어떻게 이런 일이 가능했겠어? 전부 저 사람 덕이야'라고까지는 생각할 필요가 없습니다. 실제로는 하나님이 다 하신 것입니다. 보이지 않는 많은 부분에서 그분이 준비하신 것입니다.

결국 오늘 본문이 우리에게 보여 주려고 하는 것이 무엇입니까? 예수 그리스도입니다. 하나님께서는 사람들 앞에 놓여 있는 엄청난 멸망에서 그들을 건지기 위해 예수 그리스도를 보내셨습니다. 그러나 사람들은 그를 아무렇게나 대했습니다. 유대인들은 요셉의 형들처럼 그를 로마인들에게 팔아넘겼고, 로마인들은 마치 주인 없는 개 한 마리 매달듯이 그를 십자가에 매달고 못박아 버렸습니다. 그러나 그는 무덤에서 썩을 수 없었습니다. 그는 하나님이 택하신 의로운 자였기 때문입니다. 그의 살과 뼈는 결코 무덤에서 썩을 수 없었습니다. 그는 무덤 문을 활짝 열고 영광스러운 모습으로 나타나셨습니다.

이렇게 그리스도께서 무덤 문을 열고 다시 살아나신 것은 하나님께서 그의 고난에 만족하셨다는 뜻입니다. 이스라엘 백성들이 하나님께 제사를 드릴 때, 피를 가지고 지성소에 들어간 대제사장이 살아 나오는 것은 곧 그들의 모든 죄가 용서받았다는 것을 의미했습니다. 요셉이 감옥에서 영광스럽게 나온 것은 하나님께서 그의 고난을 의로운 제사로 받으셨으며, 그 고난을 통해 형제들뿐 아니라 애굽 사람들까지 살리시라는 것을 의미했습니다. 그리스도께서 살아서 무덤에서 나오셨을 때, 우리의 모든 죄는 용서되었고 하나님의 무서운 심판에서 구원받는 축복이 우리에게 임했습니다.

요셉이 감옥 안에서 두 내시의 꿈을 해석한 것은 앞으로 모든 사람을 재앙에서 건지는 큰 구원의 연습이었습니다. 하나님께서는 큰 구원을 이루시기 전에 미리 작은 일을 통해 하나님의 뜻을 깨닫는 훈련을 많이 하게 하십니다.

하나님의 뜻을 깨닫는 데에는 왕도가 없습니다. 도무지 이해되지 않는 어려움 가운데서 하나님의 뜻을 구하고 그 하나님을 기뻐하는 훈련을 계속해야 합니다. 절대로 자포자기하지 마십시오. '될 대로 되겠지. 하나님의 뜻은 너무 골치 아파. 나는 그냥 평탄한 길로 갈 거야. 더 이상 고민하지 않을 거야'라고 포기하지 마십시오. 그것은 하나님의 질문을 외면하는 것입니다.

하나님이 질문을 던지실 때 우리는 진지하게 그 질문에 반응해야 합니다. 그럴 때 우리는 큰 어려움에서 많은 이들을 돕는 자가 될 수 있습니다.

# 14

# 유일한
# 대안

요즘 우리나라 사람들은 모이기만 하면 경제가 어렵다고들 합니다. 사실 걱정은 지금 이 불황이 도대체 언제까지 지속될지, 그리고 어느 선까지 악화될지 아무도 모른다는 데 있습니다.

한때 우리나라 경제가 아주 좋은 기회를 얻었던 적이 있었습니다. 저물가, 저금리, 저환율을 가리키는 이른바 '3저' 시대는 우리 경제가 다시 한 번 도약할 수 있는 절호의 기회였습니다. 그러나 우리 국민들이나 기업은 이 좋은 기회를 잘 사용하지 못하고 엉뚱한 짓만 하다가 급기야 대단히 어려운 시기를 맞이하고 말았습니다. 국민들은 해외여행이나 비싼 소비재를 수입하는 데 돈을 물 쓰듯 쓰고 기업은 정부만 믿고 방만하게 운영한 결과, 이제는 하루에도 수많은 중소기업들이 쓰러지고 대기업들도 연쇄적으로 쓰러지는 사태를 맞이하게 된 것입니다. 이제 우리는 경제가 앞으로 얼마나 더 나빠질 것인가, 이런 난국이 앞으로 얼마나 오래 갈 것인가를 우려하기에 이르렀습니다.

오늘 본문을 보면, 애굽은 앞으로 14년에 걸쳐 명암이 완전히 엇갈리게 될 미래를 앞두고 있습니다. 앞으로 7년간은 대풍년이 와서 아주 풍족하게 살게 될 것입니다. 그러나 그 다음 7년간은 거의 모든 사람이 굶어 죽을 수밖에 없는 대흉년이 닥칠 것입니다. 하나님께서는 바로 이 어려운 대재앙의 때를 위해 요셉을 준비시켜 놓으셨습니다. 요셉은 14년 동안 일어날 일을 정확하게 예측했고, 7년 대풍년 기간에 그 후에 찾아올 대흉년을 대비하게 함으로써 수많은 사람들을 굶어 죽지 않게 했습니다.

그의 원리는 간단한 것이었습니다. 즉 아직 시간이 있을 때 앞으로 닥칠 어려움에 대비하자는 것입니다. 그는 사람들이 자포자기하지 못하게 했습니다. '이 모든 게 운명의 장난이야. 그러니 돈 있을 때 내 마음대로 실컷 쓰고 먹고 마실 거야. 그러다가 흉년이 오면 다른 사람들하고 다 같이 굶어 죽는 거지, 뭐' 하는 식으로 생각하지 못하게 했어요. 그 대신 하나님의 뜻을 깨닫고 그것을 바로 실천에 옮김으로써 그 어려움을 너끈히 극복하게 했습니다. 그는 '대안은 있다. 풍년은 축복이 아니라 유혹이며 무서운 시험이다. 이때 정신을 차려서 조금만 절약하면 흉년 때 아무도 굶어 죽지 않고 다 살아남을 수 있다'는 희망을 제시했습니다.

우리는 경제적으로나 정치적으로 어려운 요즘의 실정을 보면서, 요셉 같은 지혜와 믿음을 가진 사람이 얼마나 필요한가 하는 생각을 하게 됩니다. 그러나 다시 한 번 생각해 봅시다. 이 어려운 때 바로 우리가 요셉처럼 될 수는 없겠습니까? 오늘 설교의 목표는 하나님께서 요셉의 지혜를 통해 오늘 우리에게 하시는 말씀은 무엇이며, 또 우리가 실천해야 할 일은 무엇인지를 찾는 것입니다.

## 바로가 꿈을 설명하다

바로는 요셉이 감옥에서 나와 그 앞에 서자 다시 한 번 자신의 꿈 이야기를 하면서 해석을 요구합니다. 그런데 성경 저자는 우리가 이미 그 꿈의 내용을 읽었다는 사실을 알면서도, 같은 내용을 또다시 반복하고 있습니다.

> 바로가 요셉에게 이르되 내가 꿈에 하숫가에 서서 보니 살지고 아름
> 다운 일곱 암소가 하숫가에 올라와 갈밭에서 뜯어 먹고 그 뒤에 또 약
> 하고 심히 흉악하고 파리한 일곱 암소가 올라오니 그같이 흉악한 것
> 들은 애굽 땅에서 내가 아직 보지 못한 것이라 그 파리하고 흉악한 소
> 가 처음의 일곱 살진 소를 먹었으나 먹은 듯하지 아니하여 여전히 흉
> 악하더라 내가 곧 깨었다가 다시 꿈에 보니 한 줄기에 무성하고 충실
> 한 일곱 이삭이 나오고 그 후에 또 세약하고 동풍에 마른 일곱 이삭이
> 나더니 그 세약한 이삭이 좋은 일곱 이삭을 삼키더라 내가 그 꿈을 술
> 객에게 말하였으나 그것을 내게 보이는 자가 없느니라(41:17-24).

성경을 하나의 이야기로 읽으려 하는 사람이나 재미로 읽으
려 하는 사람들에게 가장 걸림돌이 되는 것이 바로 이러한 반복입
니다. 우리는 모든 사건이 빠른 템포로 진행되는 것을 좋아합니다.
텔레비전 드라마를 볼 때에도 내용이 빨리빨리 진행되어야 흥미를
느끼지, 이미 나온 내용이 반복된다면 금방 채널을 돌려 버릴 것입
니다. 그러나 이 점이야말로 성경이 단순한 드라마나 하나의 이야
기가 아니라는 사실을 보여 줍니다.

성경을 읽다 보면 이미 나온 내용이 지루할 정도로 반복되
고 있는 부분들을 만나게 됩니다. 예를 들어 아브라함의 종이 이삭
의 아내를 구하려고 리브가의 집에 갔을 때, 이미 우리가 알고 있는
내용이 다시 자세하게 반복되는 것을 볼 수 있습니다. 오늘 본문도
마찬가지입니다. 물론 바로의 입장에서야 요셉한테 처음부터 꿈 이
야기를 다시 할 필요가 있었을 것입니다. 그러나 성경에서도 굳이
같은 내용을 반복할 필요는 없지 않습니까? 그런데도 성경 저자는
생략 없이 그 내용을 전부 다 기록하고 있습니다. 또 출애굽기에도
성막을 만드는 일에 관한 하나님의 긴 명령이 나온 다음, 이스라엘

백성들이 실제로 그 명령을 어떻게 따랐는지가 일일이 반복되고 있는 부분이 나옵니다.

성경 저자들이 이렇게 같은 내용을 반복하는 이유가 무엇입니까? 그들이 가지고 있는 사상 때문입니다. 그들에게 하나님의 말씀은 단순한 드라마나 이야기가 아닙니다. 구체적으로 일어난 한 사건입니다. 우리도 드라마에서는 같은 내용이 반복되는 것을 보고 싶어 하지 않지만, 뉴스는 같은 내용, 같은 화면을 몇 번씩 보지 않습니까? 예를 들어 비행기가 추락했을 경우 방송국은 방송국대로 같은 내용을 매시간 반복해서 내보내고, 우리는 우리대로 혹시 새로운 사실이 추가되지는 않았는가 해서 이미 본 내용을 보고 또 봅니다.

하나님의 말씀이나 지시는 단순한 드라마나 이야기가 아닙니다. 그것은 중요한 사건입니다. 우리는 그것이 도대체 어떻게 성취되는지 시간의 흐름에 따라 매순간 체크할 필요가 있습니다.

성경 저자들이 우리가 이미 알고 있는 내용을 다시 그대로 기록하는 또 다른 이유는, 다음 내용으로 넘어가려고 하는 우리의 관심을 붙잡아 그 사건에 집중하게 하기 위해서입니다. 우리의 나쁜 버릇이 무엇입니까? 한 사건을 제대로 알지도 못하면서 자꾸 새로운 사건이나 새로운 내용으로 넘어가려고 하는 것입니다. 우리는 그렇게 함으로써 자신의 지적인 호기심을 채우려고 합니다.

우리가 '난 이거 다 읽었어. 다 안다구' 하면서 넘어가려고 할 때, 성경 저자는 이미 알고 있는 사실을 다시 상세하게 기록함으로써 우리의 관심을 그 하나의 사건에 붙들어맵니다. '너희가 알긴 뭘 알아? 너희는 엉뚱한 생각 하면서 성경을 읽고 다음 부분으로 넘어가려고 하는데, 이 부분에 관심을 집중시키라구. 이건 사활을 결정하는 중요한 문제야'라고 하는 것입니다.

오늘 본문에서 성경 저자는 바로의 꿈 이야기를 다시 기록함으로써, 우리의 관심을 바로 이 꿈에 붙들어 놓고 있습니다. 즉 성경은 바로의 꿈속에 나타나고 있는 하나님의 계획에 우리의 모든 관심을 집중시킬 것을 원하고 있는 것입니다. 단순히 '바로가 심각한 꿈을 꾸었다'는 게 전부가 아니에요. '하나님께서는 이 꿈을 통해 오늘 우리에게도 무언가 말씀하시려는 게 있다'는 것입니다. 그것을 들으려는 자세를 가지라는 것입니다.

우리는 하나님의 말씀을 들을 때에도 마치 사람들이 하는 말을 들을 때처럼 생각하는 경우가 많습니다. 그래서 항상 새로운 것을 찾으면서 무언가 흥미를 끌 만한 재미있는 이야기나 정보가 나오면 귀를 곤두세우다가도, 이미 들었던 말씀이 반복되면 지루하게 느끼기 시작합니다. '이건 내가 이미 알고 있는 내용이잖아! 그런데 왜 했던 말을 하고 또 하는 거야' 생각하면서 관심을 잃어버리는 것입니다.

그러나 하나님의 말씀은 '사건'입니다. 이것은 모든 사람의 마음이 그 한 가지 말씀의 의미와 그 말씀이 요구하는 바에 온전히 집중되기까지 말해지고 또 말해져야 합니다. 이것이 창세기 저자가 바로의 꿈을 그의 입을 통해 그대로 다시 재방송하는 이유입니다. 즉 지금 이 꿈의 내용을 바로 알고 자신의 삶에 적용하는 것보다 더 중요한 일은 없다는 것입니다. 그러니 지금 머릿속에 든 다른 생각들을 다 제쳐 놓고 성경이 이야기하고 있는 이 내용에 모든 관심을 집중시키라는 것입니다. 지금 하고 있는 일을 중단하고 이 꿈속에 들어 있는 하나님의 뜻에 마음을 모으라는 것입니다.

드라마 보듯이, 이야기 듣듯이 설교를 감상하거나 즐기려고 하지 마십시오. 반쯤 졸면서, 예배 마치고 할 일들 생각하면서, 아이하고 눈 맞추면서 설교 들으려고 하지 마십시오. 내가 듣는 말씀을 있을 수 있는 여러 사건들 중의 하나로 여기지 마십시오. 그렇게 하지 말라고 지금 성경 저자가 이렇게 같은 내용을 반복하고 있는 것입니다.

성경은 바로의 꿈이 여러 꿈들 중의 하나가 아니라 바로 '그 꿈'이며, 우리가 여러 개의 사건에 신경 쓸 것이 아니라 바로 이 하나의 꿈속에 담겨 있는 의미에 집중하기를 바라고 있습니다.

## 요셉이 꿈을 해석하다

드디어 요셉은 바로의 꿈을 해석합니다. 성경 저자가 바로의 꿈을 이렇게 상세하게 다시 기록한 것은 우리가 이 해석에 관심을 집중시키며, 이 해석을 통해 오늘 겪고 있는 어려움에 해답을 얻기를 바라기 때문입니다. 41장 25절을 보십시오.

> 요셉이 바로에게 고하되 바로의 꿈은 하나이라 하나님이 그 하실 일을 바로에게 보이심이니이다

요셉이 가장 먼저 이야기한 것이 무엇입니까? 이 두 꿈은 하나라는 점입니다. 즉 한 꿈의 사건이 일어나고 그 다음 꿈의 사건이 일어나는 것이 아니라, 한 메시지가 두 번 반복해서 나타난 것이라는 점입니다. 그는 이 두 꿈을 하나로 묶어서 설명하고 있습니다.

> 일곱 좋은 암소는 일곱 해요 일곱 좋은 이삭도 일곱 해니 그 꿈은 하나이라 그 후에 올라온 파리하고 흉악한 일곱 소는 칠년이요 동풍에 말라 속이 빈 일곱 이삭도 일곱 해 흉년이니(41:26-27).

우리는 요셉이 꿈을 해석하는 원리를 보면서 세 가지 특징을 생각할 수 있습니다. 첫째는 그가 이 꿈을 해석하기 위해 엑스터시 상태에 빠지려 하지 않았다는 것입니다. 그 당시 점술가들이나 박사들은 신적인 계시를 알아내려고 할 때 몰아의 경지에 빠지곤 했습니다. 그들은 정상적인 상태에서는 신의 뜻을 알아내지 못했습니다. 심한 영적 흥분 상태에서, 다시 말해서 제 정신을 잃은 상태에서야 겨우 어떤 신의 뜻을 알아내곤 했습니다. 그러나 요셉은 아주 정상적인 상태에서 자신의 건전한 지각을 사용해서 이 꿈을 해석하고 있습니다.

둘째로, 요셉은 이 꿈을 해석하는 데 외적인 사례나 경험들

을 끌어들이지 않았습니다. 대개는 어떤 일을 해석할 때 그와 유사한 외부의 경험이나 사례를 끌고 와서 그것과 비교하기 쉽습니다. 예를 들어 바로의 꿈을 해석하기 위해 주위에서 비슷한 꿈을 꾼 사례들을 조사해서 비교하는 것이지요. 그러나 요셉은 그렇게 하지 않았습니다. 그는 오직 바로의 꿈 내용에 자신을 제한시켰고, 그 꿈 안에서 메시지를 길어 왔습니다. 그는 오직 그 꿈에 자신을 헌신했으며, 그것을 풀기 위해 다른 자료들을 사용하려고 하지 않았습니다.

셋째로, 요셉은 하나하나의 세부적인 내용에 매달리지 않고 무엇보다 먼저 전체적인 그림을 그렸습니다. 이삭은 무엇이냐, 왜 일곱이냐, 살진 소는 무엇이고 마른 소는 무엇이냐 하는 세부적인 문제를 물고 늘어지는 대신 전체적인 그림을 먼저 그렸어요. 그는 살진 일곱 암소와 충실한 일곱 이삭을 같은 것으로 보면서, 이것이 7년을 의미한다고 말합니다. 그리고 파리하고 흉악한 일곱 암소와 동풍에 마른 이삭도 같은 7년으로 봅니다. 여기서 해결의 실마리가 나타나기 시작합니다.

우리는 요한계시록을 해석할 때에도 이와 동일한 어려움을 느낍니다. 계시록에는 일곱 인의 재앙이 나온 다음 일곱 나팔과 일곱 대접의 재앙이 나옵니다. 요한계시록은 분명히 고난받는 성도들을 위로하기 위한 말씀이라고 들었는데, 실제로 그 말씀을 읽다 보면 앞으로 그들을 기다리고 있는 것은 위로가 아니라 엄청난 재앙 같습니다. 한 재앙이 끝날 만하면 또 새로운 재앙이 시작되는 것 같아요.

그러나 그것은 그런 중복된 재앙을 의미하지 않습니다. 사람들은 로마의 겉모습만 보고, 로마는 인간이 이룩할 수 있는 최고의 문화요 법이며 사회라고 생각했습니다. 많은 이들이 로마 이후의 인류 역사는 없을 거라고 생각했습니다. 그러나 성경은 그렇게 말씀하지 않습니다. 로마 이후로도 역사는 계속될 것이며 전쟁이나 기근이나 재앙도 계속 일어난다는 것입니다.

어린 양이 인을 하나씩 뗄 때마다 이 세상에는 새로운 무서운 일들이 일어납니다. 지진이 일어나고 전쟁이 일어나고 전염병이 퍼집니다. 이것은 최종적으로 있을 하나님의 심판에 대한 예고입니다. 즉 로마가 역사의 끝이 아니라는 것입니다. 로마 이후에도 전쟁과 지진과 질병은 계속될 텐데, 그 가운데서도 어린 양이신 그리스도는 택한 백성들을 능히 구원하시며 교회는 그 사명을 다 감당하고 결국 영광스럽게 나타나리라는 것입니다.

오늘날 사람들이 문제를 풀지 못하는 것은 전체적인 그림을 그리지 못하기 때문입니다. 언제나 지금 자기가 누리고 있는 그 자리에서부터 시작합니다. 자기가 가지고 있는 직업, 돈, 몇 평의 아파트에서부터 출발하니까, 그것을 전부 다 붙들고 하나도 손해 보지 않으려고 하니까 문제가 풀리지 않는 것입니다. 이렇게 전체적인 그림을 그리지 못하는 사람은 미래가 불안할 수밖에 없습니다. 하나의 어려움을 겪고 나면 또 새로운 어려움이 닥칩니다. 산 너머 산이에요.

그러나 요셉은 어떻게 합니까? 세부적인 문제에 매달리지 않습니다. 전체적인 그림부터 그립니다. 앞으로 크게 봐서 어떤 일이 생길 것이며 지금 처한 형편이 어떤 것인지 전체적인 그림을 그린 후에 세부적인 사항으로 들어가니까 문제가 풀리기 시작합니다.

> 내가 바로에게 고하기를 하나님이 그 하실 일로 바로에게 보이신다 함이 이것이라 온 애굽 땅에 일곱 해 큰 풍년이 있겠고 후에 일곱 해 흉년이 들므로 애굽 땅에 있던 풍년을 다 잊어버리게 되고 이 땅이 기근으로 멸망되리니 후에 든 그 흉년이 너무 심하므로 이전 풍년을 이 땅에서 기억하지 못하게 되리이다 바로께서 꿈을 두 번 겹쳐 꾸신 것은 하나님이 이 일을 정하셨음이라 속히 행하시리니(41:28-32).

이보다 더 명확한 해석은 없습니다. 요셉은 이방인 주술사들처럼 알아듣지 못할 말로 중얼린 것이 아니라 모두가 알아들을 수 있는 말로 해석했습니다. 간단하게 말해서 앞으로 일곱 해 풍년이 들고 그 후에 일곱 해 흉년이 들 텐데, 그때 많은 사람들이 굶어 죽으리라는 것입니다.

이러한 해석의 원리가 왜 중요합니까? 이것이야말로 오늘 우리의 난관을 해결할 수 있는 성경적 원리이기 때문입니다. 사람들은 어려움이 닥칠 때 자꾸 신비적인 세계에 빠지려고 합니다. 그러나 우리는 우리가 가지고 있는 성경적인 안목으로 얼마든지 이 시대의 문제들을 풀어 낼 수 있습니다. 정신만 차리면 모든 것을 분별할 수 있어요. 그런데도 사람들은 어려운 문제에 직면하는 대신 자꾸 도망치려고 합니다. 어려운 때일수록 집에도 늦게 들어가고 비디오나 텔레비전도 더 많이 봅니다. 또 자기는 기도하지 않으면서, 신비스러운 체험을 많이 한 사람들을 찾아가 그들을 의지하려고 합니다. 그 사람들이 해주는 이상한 이야기, 알아듣지 못할 이야기, 최면 같은 이야기가 일시적으로는 위로가 될지도 모르지요. 그러나 그것으로는 아무것도 바꿀 수 없습니다.

어려운 일이 닥칠수록 우리는 더욱더 정상적인 사고를 해야 합니다. 미신적인 생각에 빠질 필요가 없어요. 신령한 사람 찾아가서 알아듣지도 못할 이야기 들어 봐야 남는 것이 없습니다. 우리는 더 정상적인 사람이 되어야 합니다.

또한 중요한 것은 성경에 자기의 생각이나 경험을 덧붙이는 방식으로는 아무것도 해결되지 않는다는 점입니다. 주어진 그 성경 본문에 자신을 제한시키고, 거기에서 메시지를 길어 와야 합니다. 그 성경 본문 외에는 아무것도 몰라야 합니다. 오직 말씀 안에서 메시지를 길어 내는 능력이 있어야 합니다.

오늘 우리 시대에 필요한 것은 사람의 경험이나 지식을 성경에 갖다 붙이는 것이 아닙니다. 그런 이야기는 듣기에 좋을지 몰라도 문제를 해결하는 데에는 전혀 도움이 되지 않습니다. 그리스도인들이 그렇게 오래 예수를 믿고 말씀을 들었으면서도 문제를 해결하지 못하는 이유가 무엇입니까? 성경에서 문제를 해결하는 관점을 길어 올 능력이 없기 때문입니다. 요셉은 바로의 꿈을 해석하기 위해 다른 경험이나 지식을 끌어다 붙이지 않았습니다. 자기가 예전에 꾸었던 꿈이라든지 다른 나라 왕이 꾸었던 꿈 같은 것을 끌어와서 해석하려고 하지 않았어요. 그냥 바로의 꿈 그 자체에서 메시지를 길어 냈습니다.

성경 한 구절을 붙들고 자기에게 적용시키려 하다 보면 전체적인 그림을 보지 못하는 위험에 빠지게 됩니다. 많은 사람들이 성경을 읽거나 설교를 들으면서도 유익을 얻지 못하는 것은 자기에게 유익한 구절만 붙든 채 전체적인 메시지를 들으려 하지 않기 때문입니다. 이를테면 바로의 꿈에서 살진 암소 일곱 마리만 눈에 들어오는 거예요. "아멘, 아멘, 할렐루야! 암소가 굉장히 살이 쪘대. 앞으로 7년 동안 풍년이 온대" 하면서, 그 뒤에 나오는 파리하고 흉악한 암소 일곱 마리는 보려 들지도 않는 것입니다. 축복의 말씀만 좋아하고 그 뒤에 따라오는 경고의 말씀에는 관심도 없어요. 설교를 들을 때도 자기한테 듣기 좋은 말이 나오면 눈물을 흘리면서 좋아하다가도, 그 뒤에 나오는 경고의 말씀에는 귀를 틀어막아 버립니다. 이처럼 자기한테 은혜스럽게 들리는 말씀 한두 가지만 보고 전체적인 그림을 그리려 하지 않기 때문에 아무리 오래 믿어도 성장하지 못하는 것입니다.

요셉은 전체적으로 그림을 그립니다. 풍년이 먼저 오고 그다음에 흉년이 올 것입니다. 그런데 먼저 올 풍년은 축복이 아니라는 것입니다. 이보다 더 명쾌한 해석이 어디 있습니까? 잘 먹고 잘 사는 것이 좋은 게 아니라는 거예요.

요셉은 그 꿈을 구체적으로 그들의 형편에 적용합니다.

이제 바로께서는 명철하고 지혜 있는 사람을 택하여 애굽 땅을 치리하게 하시고 바로께서는 또 이같이 행하사 국중에 여러 관리를 두어 그 일곱 해 풍년에 애굽 땅의 오분의 일을 거두되 그 관리로 장차 올 풍년의 모든 곡물을 거두고 그 곡물을 바로의 손에 돌려 양식을 위하여 각 성에 적치하게 하소서 이와 같이 그 곡물을 이 땅에 저장하여 애굽 땅 에 임할 일곱 해 흉년을 예비하시면 땅이 이 흉년을 인하여 멸망치 아 니하리이다(41:33-36).

요셉은 사람들의 관심을 7년 풍년으로 모으지 않았습니다. 그들에게 중요한 것은 일곱 해의 풍년이 아니라 그 뒤에 오는 흉년 이었습니다. 그때 살아남을 수 있느냐가 중요한 거예요. 요셉은 바 로와 그 신하들에게 "풍년이 들었을 때 실컷 먹어 버립시다. 남는 곡식으로는 술을 빚어서 실컷 취해 봅시다. 그러고 나서 다 굶어 죽 어 버립시다"라고 말하지 않았습니다. 그는 "7년 풍년이 올 텐데 이 것은 유혹입니다. 잘 먹고 잘살다 보면 마음이 풀어질 것이고 교만 해질 것이기 때문입니다. 지금 여러분이 주목해야 할 것은 풍년이 아니라, 그 풍년 뒤에 찾아올 흉년입니다. 그러므로 풍년이 들었을 때 흥청망청 쓰지 마십시오. 곡식이 많다고 마음대로 먹지 마십시 오. 적어도 5분의 1은 비축을 해두어야 흉년 때 목숨을 구할 수 있 습니다"라고 말하고 있습니다.

기독교의 생명이 어디에 있습니까? 미래에 있을 재난을 항 상 눈앞에 끌어다 놓고 산다는 데 있습니다. 세상 사람들은 그렇지 않습니다. 돈 있으면 쓰고 보고, 돈 없어도 카드 긁고 보고, 먹고 싶 은 것이 있으면 먹고 보고, 입고 싶은 것이 있으면 사 입고 봅니다. 그런 사람들은 미련한 사람들입니다. 나중에 재앙이 닥쳤을 때 그 대로 죽는 수밖에 없어요.

그러나 하나님의 백성들은 항상 하나님의 심판을 눈앞에 끌 고 와서 삽니다. 그래서 어떤 심판의 순간에도 이미 대비가 되어 있 습니다. 그들은 자기에게 주어진 기회나 돈을 절대로 그냥 쓰지 않 습니다. 남 보기에는 풍덩풍덩 쓰는 것 같아도 다 남을 위한 것이지, 자기를 위해서는 절대 그렇게 쓰지 않습니다. 우리는 언젠가 주님이 이 세상에 오신다는 것을 알고 있습니다. 언젠가는 그분 앞에 서야 합니다. 그것보다 더 우리를 긴장시키는 사실이 없습니다. 우리가 이 세상에서 아무리 욕심을 내고 이것저것 한다고 해도 주님이 오시면 무슨 소용이 있습니까?

신랑을 기다리는 열 처녀 중에 지혜로운 처녀들은 신랑이 올 것에 대비해서 기름을 준비했습니다. 신랑이 언제 올지 모른다는 사실이 그들의 생활을 통제한 것입니다. 하고 싶은 게 많아도 신랑이 언제 올지 모른다는 사실 때문에 아무것도 못 해요. 그것은 그들에게 고통이었을 것입니다. 그러나 그들은 마침내 신랑의 잔치에 들어갈 수 있었습니다. 미래의 한 사건을 언제나 현재에 끌어다 놓고 살았기 때문입니다.

현명한 그리스도인은 주님이 오실 그 순간을 항상 눈앞에 끌어다 놓고 삽니다. '이 순간 주님이 오신다면 지금 나의 모습이 어떤 의미가 있을까? 술이나 마시고 좋지 못한 비디오나 보고 내 멋대로 사는 이 모습을 보면 뭐라고 하실까? 주님 앞에 섰을 때, 나의 삶은 과연 칭찬받을 수 있을까?'를 생각하기 때문에 자기 하고 싶은 대로 다 하지 않습니다. 돈이 있다고 해서 흥청망청 쓰지 않고, 시간이 있다고 해서 이 사람 저 사람 만나러 다니지 않습니다. 지금 자기가 하고 싶은 것을 다 해야 직성이 풀리고, 지금 자기가 사고 싶은 것을 다 사야 기분이 좋은 사람은 주님 앞에 설 수 없습니다.

요셉은 바로와 그 신하들에게 절대로 7년 풍년을 보지 말라고 했습니다. 7년 풍년은 축복이 아닙니다. 유혹입니다. 시험입니다. 중요한 것은 흉년을 눈앞에 끌고 와서 그 흉년을 통해 풍년을 보는 것입니다. 그래야 흉년에도 살 수 있습니다.

왜 우리나라 사람들이 지금 고생을 할 수밖에 없게 되었습니까? 잘 먹고 잘사는 것이 유혹이라는 것을 모른 채 돈과 시간을 다 써 버렸기 때문입니다. 돈이 좀 있다고 해서, 지금 젊다고 해서, 쓸데없는 일에 돈과 시간을 다 써 버리고 아무것도 남기지 않으면 어려움이 닥칠 때 결국 망할 수밖에 없습니다. 다 함께 절망의 늪에 빠질 수밖에 없어요.

우리나라 사람들은 믿는 사람들이나 믿지 않는 사람들이나 예사 고생으로는 정신을 차리지 못합니다. 죽도록 고생을 해도 깨닫지를 못해요. 어떻게 이 죄악된 세상에서 살면서 어려움 한 번 없는 평안하고 복된 삶만을 기대할 수 있습니까? 그런데도 자기 집 가구나 바꾸고 애들 좋은 거나 사 먹이면서 재앙에는 아무 대비도 하지 않습니다. 그러다가 다 망하는 거예요.

한평생 고난 없는 평탄한 삶이란 있을 수 없습니다. 좋은 시절이 있는 만큼 고난의 순간도 있고, 고통의 시간이 오는 만큼 기쁨의 순간도 오게 되어 있습니다. 우리는 평안할 때 앞으로 올 고난의 때를 생각하면서 대비를 해야 합니다. 어떻게 하는 것이 대비하는 것입니까? 모든 것을 자기를 위해 쓰지 않는 것입니다. 하나님 앞에 교만하지 않으며, 무언가 부족한 모습으로 생활하는 것입니다. 많이 가졌어도 아무것도 가진 것 없는 사람처럼 사는 것입니다.

과거에 고생했던 것을 생각해서 죽어라고 돈을 쓰지 않는 사람도 있습니다. 그러나 그것은 고난에 대비해서가 아니라 단지 구두쇠라서 그렇게 하는 것입니다. 하나님은 우리에게 구두쇠가 되라는 게 아닙니다. 하나님이 원하시는 것은 평안할 때 그 평안을 다 쓰지 말라는 것입니다. 왜냐하면 이 세상은 완전히 평안할 수 없기 때문입니다. 그래서 언제나 나의 부족함과 죄성을 눈앞에 끌어와서 고난이 없어도 고난당하는 사람처럼 하나님께 매달릴 때, 고난이 와도 살아남을 수 있습니다.

우리는 어려울 때는 하나님께 기도하면서 매달립니다. 그러다가 그 어려움이 해결되면 기도할 이유가 없어져 버립니다. 아이가 아파서 죽어 가면 막 기도하지만 잘 뛰어놀면 기도할 게 없어요. 사업이 부도나서 넘어가려고 하면 매일 입에서 단내가 나면서 기도가 나오지만, 돈이 잘 벌리면 기도할 게 없습니다. "하나님, 안녕하십니까?" 말고는 할 기도가 없어요. 저도 마찬가지입니다. 그만큼 평안은 위험한 것입니다. 만일 평안할 때 마치 고난을 당한 것처럼 눈물을 흘리면서 기도할 수 있는 사람이 있다면, 그는 요셉의 지혜를 가진 자라고 할 수 있습니다.

오늘 우리의 형편이 힘들고 절망스럽습니까? 하나님의 말씀 안에 우리의 갈 길이 다 기록되어 있습니다. 어떤 정신나간 사람은 성경을 암호로 풀어서 예언의 책으로 만들어 놓았습니다. 그는 미친 사람입니다. 성경으로 점을 치려는 사람이에요. 정상적인 지식에서 나오는 해석, 누구나 납득할 수 있는 해석이 바른 해석입니다. 하나님의 말씀에 내 생각을 갖다 붙이려고 하지 마십시오. 말씀에 전적으로 헌신하고 말씀 안에서 메시지를 길어 오십시오. 그럴 때 이 세상을 예측하며 바로 볼 수 있는 능력이 생깁니다.

## 바로와 신하들의 반응

요셉의 해석은 아직 실현된 것이 아닙니다. 그것은 무려 14년에 걸쳐 이루어질 일입니다. 지금으로서는 그의 말 외에 아무것도 보장된 것이 없는 상태입니다. 그럼에도 불구하고 바로와 그 신하들은 요셉의 말을 전적으로 청종하기로 결정합니다.

> 바로와 그 모든 신하가 이 일을 좋게 여긴지라 바로가 그 신하들에게 이르되 이와 같이 하나님의 신이 감동한 사람을 우리가 어찌 얻을 수 있으리요 하고 요셉에게 이르되 하나님이 이 모든 것을 네게 보이셨으니 너와 같이 명철하고 지혜 있는 자가 없도다 너는 내 집을 치리하라 내 백성이 다 네 명을 복종하리니 나는 너보다 높음이 보좌뿐이니라 (41:37-40).

바로와 그 모든 신하가 요셉의 말을 하나님의 말씀으로 받아들인 것은 큰 은혜가 아닐 수 없습니다. 그들은 원래 인격적인 하나님을 믿지 않는 사람들입니다. 그러나 이번에는 요셉의 말을 듣고 누군가 인격적인 신이 계시며, 그 신의 감동으로 요셉이 이런 말을 한다는 사실을 인정했습니다. 참으로 놀라운 은혜가 아닐 수 없습니다.

이스라엘 백성들이 출애굽할 당시의 바로를 생각해 보십시오. 그의 눈앞에서 하나님의 역사가 나타났고 그가 자신을 심판하시는 것을 뻔히 보면서도 끝까지 인정하지 않고 대항하다가 멸망하지 않았습니까? 그러나 요셉 때의 바로는 아직 나타나지도 않은 일에 경고를 받았는데도 그것을 마치 당장 눈앞에서 일어난 일처럼 여겨 하나님과 요셉 앞에 전적으로 복종하고 있습니다.

여기에서 우리가 먼저 생각해 보아야 할 것은 바로와 신하들이 왜 요셉을 최고의 자리에 앉혔느냐 하는 점입니다. 그들은 요셉의 해석을 듣고 앞으로 7년 대풍년과 7년 대흉년이 올 것을 알았습니다. 풍년 때 5분의 1을 비축해 두면 흉년 때 살 수 있다는 것도 알았습니다. 그러면 자기네들이 그렇게 대비하면 될 것 아닙니까? 왜 군이 요셉을 애굽의 총리로 삼고, 심지어 바로까지 요셉에게 모든 실권을 넘겨주면서 그에게 기꺼이 복종하려 드는 것입니까?

바로와 애굽 사람들이 깨달은 바가 있기 때문입니다. 그것은 '아는 것과 실제로 실천하는 것은 다르다'는 사실입니다. 그들은 요셉을 최고의 자리에 앉히고 그에게 전적으로 복종하지 않는다면, 7년 풍년에 자신들의 마음이 교만해져서 그의 모든 경고를 잊고 말리라는 것을 알고 있었습니다. 물론 처음 1, 2년은 조심하겠지요. 그러나 풍년의 기간이 길어질수록 교만해져서 재앙이 닥칠 줄 알면서도 그 대비에 소홀해질 것이 틀림없습니다. "어떻게든 되겠지, 뭐. 그때 가면 무슨 수가 생길 거야" 하다가 굶어 죽게 될 거예요. 사람은 수중에 돈이 있고 사는 게 편안하면 영적인 감각이 무뎌지게 되어 있습니다.

그러나 요셉은 어떤 사람입니까? 풍년이 오거나 흉년이 오거나 동요될 사람이 아닙니다. 그는 하나님의 철저한 훈련을 받은 사람이었고, 그 말씀에 헌신된 사람이었습니다. 부요해진다고 해서 나태해지거나 가난해진다고 해서 비참해질 사람이 아니었어요. 7년 풍년에도 흔들리지 않고 이 정책을 끝까지 수행할 사람은 오직 요셉밖에 없었습니다. 그만이 유일한 대안이었습니다.

하나님께서 사람들을 살리기 위해 얼마나 많은 은혜를 주시는지 보십시오. 하나님은 바로에게 꿈을 주셨고, 해석을 주셨으며, 하나님의 말씀 앞에 겸손한 마음을 주셨습니다. 이것은 오직 야곱과 그의 식구들, 그리고 모든 애굽 사람들을 살리기 위한 하나님의 은혜였습니다. 바로는 요셉에게 전적인 권력을 실어 주지 않는다면 사람들의 마음이 교만해져서 풍년 때 결코 흉년을 대비하지 않으리라는 것을 알았습니다. 그래서 요셉에게 절대적인 힘을 실어 주었고 바로 자신도 그 권세에 굴복함으로써 이 무서운 흉년에 대비했습니다.

이 본문이 우리에게 말씀하시는 것이 무엇입니까? 오늘 우리의 경제적인 난관을 해결하기 위해 지혜로운 재상을 주시겠다는 것이 아닙니다. 우리 민족은 하나님의 말씀 앞에 좀더 겸손할 필요가 있습니다. 우리는 무엇이 조금 잘 된다 싶으면 굉장히 교만해집니다. 그래서 정치가들은 정치가들대로 지나치게 정치의 논리를 가지고 경제를 운영하다가 좋은 기회를 다 놓쳐 버렸고, 국민들은 국민들대로 흥청망청 가진 돈을 다 날려 버렸습니다. 그러다가 아이엠에프 같은 결과가 닥치고 만 것입니다.

그러나 교회의 사명이 형편없이 추락한 경제를 다시 살리는 데 있다고는 생각하지 않습니다. 오늘 우리가 해야 할 일은 하나님께서 우리에게 하시는 말씀에 집중하는 것이고, 그 말씀에서 오늘 이 시대에 필요한 메시지를 길어 내는 것이며, 돈이 있거나 없거나 다른 사람들이 알아주거나 알아주지 않거나 그 말씀에 헌신하는 것입니다.

오늘날 교회는 성경 말씀에 자꾸 다른 것을 끼워 넣으려 합니다. 말씀에 자꾸 버터를 발라서 듣기 좋게 만들려고 해요. 살진 일곱 암소에 대해서만 자꾸 설교하고, 그다음에 나오는 파리한 암소나 재앙이나 하나님의 심판에 대해서는 전혀 가르치지 않습니다. 그 결과가 무엇입니까? 위기에 대처할 능력이 전혀 없는 것입니다. 전체적인 그림을 그릴 줄 몰라요. 집 한 채만 있어도 눈에 보이는 게 없고 직장만 좀 든든해도 눈에 보이는 게 없어집니다. 여러분, 그러면 안 됩니다. 다른 것들이 눈에 보여야 합니다.

잘 먹고 잘사는 것이 축복이 아닙니다. 내 입에 밥이 들어올 때, 내 집이 있을 때, 돈이 제때제때 들어올 때 앞으로 닥칠 어려움을 미리 끌어오고 주님의 심판을 미리 끌어와서 내 삶을 통제해야 합니다. 이것이 요셉의 지혜입니다. 주님은 우리에게 보혜사 성령을 주셨습니다. 이분은 요셉보다 훨씬 더 지혜로운 분입니다. 하나님의 말씀을 겸손하게 청종하기만 하면 아무리 큰 어려움이 닥쳐도 살 수 있어요. 왜 어려움을 회피하려고 합니까? 왜 자기 책임을 남에게 미루려고 합니까? 눈을 똑바로 뜨고 내가 감당할 일을 감당해야 합니다.

요셉은 하나님을 전혀 모르는 바로를 설득해서 하나님의 뜻에 순종하게 했습니다. 얼마나 지혜롭습니까? 오늘날 그리스도인들은 미련합니다. 직장이나 가정에서 믿지 않는 사람들과 마치 물과 기름처럼 자꾸 나뉘려고만 합니다. 우리가 개인적으로 아무리 똑똑하고 많은 것을 안다고 해도, 그 지혜로 신앙이 없는 상관이나 부모의 마음을 설득해서 움직이게 만들 수 없다면 아무 소용이 없습니다. 물론 믿는 바가 다르고 가치관이 다르기 때문에 아주 나뉘지 않을 수는 없겠지만, 그럼에도 불구하고 세상에서 믿는 사람들끼리만 살 수는 없습니다. 어차피 하나님을 모르는 사람들과 협력해서 살아야 하고, 때로는 그들이 움직여 주어야 합니다.

우리 자존심만 내세워서 그들을 설득하지 못하는 것은 어리석은 일입니다. 우리는 그들이 알아들을 수 있는 진리로만 세상을 움직일 수 있습니다. 그리스도인들이 공부하는 이유가 무엇입니까? 우리가 알고 있는 진리를 이 세상 사람들이 알아들을 수 있는 방식으로 전달하기 위해서입니다.

기독교인의 윤리는 앞으로 있을 하나님의 심판을 눈앞으로 끌어와서 현재를 사는 데 있습니다. 미래가 없다면 현재 절제하거나 조심해야 할 이유가 전혀 없습니다. 앞으로 나의 모든 행동이 하나님 앞에서 심판받을 때가 온다는 걸 알기 때문에 말도 마음껏 못하고 행동도 욕심껏 못하는 것입니다. 누구는 입이 없어서 말 못하는 줄 압니까? 주님 오실 날이 눈앞에 있기 때문에 못하는 거지요. 심판을 앞당겨 사는 사람은 돈이 있고 시간이 있어도 마음대로 쓰지 못합니다. 하나님의 심판대에서 나의 모든 것이 심판받을 날이 오고 있다는 것도 모른 채 다른 사람 하자는 대로 다 따라하는 사람은 정말 어리석은 사람입니다.

바로와 그 신하들은 7년의 풍년이 굉장히 위험한 축복이라는 것을 알았습니다. 이 7년 동안 자신들의 마음이 교만해져서 결국 하나님의 진노의 심판을 잊으리라는 것을 알았어요. 그래서 하나님의 말씀에 전적으로 헌신된 요셉에게 절대적인 권력을 줌으로써 풍년에도 일관되게 하나님의 재앙을 준비하게 했습니다. 풍년이나 흉년에 상관없이 말씀에 헌신할 사람은 요셉밖에 없었습니다. 그 외에 다른 대안은 없었습니다.

오늘 이 시대에 필요한 사람은 바로 이런 사람입니다. 하나님의 말씀에 일관되게 헌신하는 사람, 말씀에서 이 시대에 필요한 메시지를 길어 내는 사람, 돈이 있든 없든 사람들이 알아주든 알아주지 않든 오직 그 말씀에 헌신하는 사람이 필요한 것입니다. 그런 사람만이 풍요로울 때에도 교만해지지 않고 미래에 대비하여 자신의 삶을 통제할 수 있으며, 다른 사람들을 살릴 수 있습니다.

# 15

# 요셉을 높이신
# 하나님

영국에서는 애굽인 연인과 함께 교통사고로 죽은 영국의 황태자비 다이애나에 대한 추모 열기가 오랫동안 이어졌습니다. 불륜의 관계로 죽었음에도 불구하고 사람들이 이처럼 계속 그를 추모하는 것은 아마 인간적인 동정 때문일 것입니다. 무명의 유치원 교사 자리에서 한순간에 부귀와 영화, 아첨과 구설수 등 모든 좋은 것과 나쁜 것이 다 있는 영국 황실의 주인공으로 발탁되었을 때, 아마 다이애나는 자기 자신을 바로 추스르기가 쉽지 않았을 것입니다.

사람들은 그를 '신데렐라'라고 부르면서 부러움과 존경의 시선으로 쳐다보았지만, 남편의 사랑을 받지 못하는 신데렐라는 그 어느 것에서도 만족을 얻을 수 없었습니다. 그 많은 돈으로도, 그 많은 사람들의 부러움이나 존경으로도, 잘 자라고 있는 두 아들로도, 그 많은 결혼 보상금으로도 만족할 수가 없었습니다. 결국 그는 불륜의 관계에 빠지기 시작했고, 추문을 쫓아 거머리처럼 따라다니는 파파라치에 쫓기다가 교통사고로 목숨을 잃고 말았습니다. 영국 사람들이 이렇게 죽은 다이애나에 대해 그토록 애석해하는 것은 왕실을 향한 곱지 않은 시선과 다이애나에 대한 인간적인 연민의 정을 가지고 있기 때문이라고 생각됩니다.

우리는 이런 비극을 통해서 바른 자아상을 갖는다는 것이 얼마나 중요한 일인가를 알 수 있습니다. 자기 안에서 스스로의 존귀함이 회복되지 않으면, 아무리 외부적으로 부귀와 영화가 주어지고 사람들의 존경과 찬사가 쏟아진다 해도 마음속에 늘 채워지지 않는 공허함이 있게 마련입니다.

사실 우리 그리스도인들보다 더 건전한 자아상을 회복할 필요가 있는 사람은 없을 것입니다. 혹시 어떤 분은 "예수만 믿으면 되는 것이지 다른 게 또 뭐가 필요하다는 거냐?"고 반문할지도 모르겠습니다. 그러나 그리스도인들이 건전한 자아상을 회복하지 못한다면, 천국에는 가도 하나님이 주시는 풍성한 삶을 누릴 수는 없습니다.

하나님께서는 그리스도인들에게 먼저 고난을 주십니다. 그들을 낮추시고 어렵게 하십니다. 그래서 자기 힘으로는 이 세상에서 살 수 없음을 깨닫고 전적으로 하나님만 의지하게 하십니다. 그러나 이런 고난이 그리스도인들에게 주어지는 전부는 아닙니다. 그것은 훈련과정으로서, 하나님께서 그를 다시 세상에 복귀시켜서 사람들에게 봉사하고 인간다운 삶을 누리며 살게 하실 때가 있습니다.

그런데 문제는 우리가 그 어려운 연단의 과정을 거치면서 자신에 대해 일그러진 자아상을 가지게 된다는 점입니다. '나는 사회적인 불구자야. 내가 다시 세상에 적응할 수 있을까?' 하는 생각을 갖게 되기 쉬워요. 자아상은 자기 혼자 만드는 것이 아니라 자신을 대하는 주변 사람들의 자세나 태도의 영향을 받아 형성해 가는 것이기 때문입니다.

이렇게 고난 가운데 파괴되고 부서진 자아상을 치료받지 못한 사람은 사회생활을 제대로 할 수가 없습니다. 사람들과 어울리지 못할 뿐 아니라 행동도 독특하게 하기 때문에 사람들은 사람들대로 그를 대하기 어려워하고, 본인은 본인대로 이렇게 상한 자아가 세상에서 빛으로 나타나고 소금이 되는 데 큰 걸림돌이 된다는 사실을 느낄 것입니다.

오늘 본문에서 바로는 요셉을 아주 존귀하게 높이고 있습니다. 그는 요셉에게 자신의 인장 반지를 끼우고 세마포 옷을 입히고 금사슬을 걸어 줍니다. 그리고 왕에 버금가는 수레에 그를 태우고 시내를 행진하게 합니다. 이것은 바로가 요셉에게 전권을 주었다는 사실을 사람들에게 인식시키는 것으로서, 요셉이 자신의 의지대로 마음껏 나라를 통치하게 하기 위한 조처였습니다.

그러나 다른 한편으로 볼 때, 이것은 요셉에게 개인적으로 아주 중요한 일이었습니다. 왜냐하면 요셉은 무려 13년 동안 노예와 죄수로 살면서 얻게 된 마음의 상처와 구겨진 자아상을 그대로 가지고 있었기 때문입니다. 만일 이것이 치료되지 않는다면 애굽의 가장 중요한 자리에 앉아서 귀족들을 설득해 가면서 이 위기를 극복해 나갈 수가 없을 것입니다.

이처럼 바로는 자신의 필요에 따라 요셉을 높였지만, 또 한편으로 그 구체적인 행위들이 요셉의 자신감을 회복시켜 주고 그 자신의 온전한 모습을 회복하는 데 큰 도움이 되었다는 것 또한 부인할 수 없는 사실이었습니다.


## 요셉을 높인 바로


우리는 애굽에서 바로가 자신 외에 이런 2인자를 임명하는 것이 결코 흔한 일이 아니었으리라는 점을 짐작할 수 있습니다. 절대적인 권력을 가진 왕이 가장 우려하는 것은 권력의 누수 현상입니다. 그래서 절대 권력을 잡은 왕일수록 절대로 2인자를 용납하지 않습니다. 그러나 애굽의 바로는 요셉을 애굽의 2인자로 임명했을 뿐 아니라 눈에 보이는 구체적인 행동으로 그것을 입증했습니다. 41장 41절부터 43절까지 보십시오.

바로가 또 요셉에게 이르되 내가 너로 애굽 온 땅을 총리하게 하노라 하고 자기의 인장 반지를 빼어 요셉의 손에 끼우고 그에게 세마포 옷을 입히고 금사슬을 목에 걸고 자기에게 있는 버금 수레에 그를 태우매 무리가 그 앞에서 소리 지르기를 엎드리라 하더라 바로가 그로 애굽 전국을 총리하게 하였더라

우리나라에도 국무총리가 있지만 대개는 그렇게 많은 실권을 가지고 있지 못합니다. 대체로 대통령의 바람막이 정도의 역할을 할 때가 많지요. 이를테면 대통령에게 무슨 욕이 돌아갈 만한 일이 터지면 총리가 책임을 지고 물러나는 식입니다.

그런데 바로는 요셉을 그런 바람막이로 쓴 것이 아니라 정말 특별하게 대우했습니다. 그는 자기가 끼고 있던 인장 반지를 빼서 요셉에게 주었고, 아주 존귀한 사람들이 입는 세마포 옷을 입혔습니다. 그리고 목에 금사슬을 걸어 주고 왕의 두 번째 수레에 태워 시내를 행진하게 했습니다. 또 그가 행진할 때 앞에서 유도하는 사람들은 "엎드리라"고 소리쳤습니다.

요셉이 행진을 마치고 돌아오자 바로가 다시 말했습니다.

바로가 요셉에게 이르되 나는 바로라 애굽 온 땅에서 네 허락 없이는 수족을 놀릴 자가 없으리라 하고(41:44).

바로의 친절은 여기서 끝나지 않았습니다. 그는 요셉의 이름을 애굽식으로 다시 지어 주었고, 제사장의 딸을 아내로 주어 결혼하게 했습니다. 바로가 요셉에게 지어 준 이름 '사브낫바네아'의 뜻이 무엇인지는 분명치 않습니다. 단지 끝에 있는 말에 '생명'이라는 뜻이 있기 때문에, '생명의 구원자' 정도의 뜻이 아니겠는가 짐작할 뿐입니다. 애굽의 제사장은 단순한 종교인이 아니라 가장 높은 귀족이었습니다. 바로는 애굽에서 가장 존귀한 귀족의 딸을 요

셉의 아내로 준 것입니다.

바로가 이렇게 요셉을 특별하게 대우한 것을 보면, 풀리지 않던 그 꿈이 그에게 얼마나 심각한 문제였는지 짐작할 수 있습니다. 그는 그 꿈에 자신의 생사가 달려 있다고 생각했기 때문에, 그 꿈을 명쾌하게 풀어 준 요셉을 생명의 은인으로 생각했습니다. 그는 진정으로 요셉의 은혜에 감사했습니다. 만일 그 지혜의 말씀이 없었더라면 얼마나 비참한 파국을 맞이했겠습니까? 아니 그 파국이 오기 전에 마음속의 혼란 때문에 미쳐서 죽었을지도 모릅니다. 그러니까 요셉이 너무나 고맙지요.

그런데 그 꿈은 아직 끝난 것이 아니었습니다. 그 꿈은 지금 진행 중이며 앞으로 이루어질 일이었습니다. 그래서 바로는 요셉이 거기에 대비할 수 있도록, 꿈에 나타난 흉년 동안 자신과 자신의 백성들을 살릴 수 있도록 그에게 실권을 넘겨주고 힘을 실어 준 것입니다. 이것이 바로가 요셉을 높인 실제적인 이유였습니다. 이 정도로 높이지 않는다면, 노예 출신이고 죄수 출신인 요셉의 말을 누가 들으려 하겠습니까? 그래서 바로는 실제적으로 요셉에게 힘을 실어 주고 영광을 줌으로써 그의 의지대로 통치하게 한 것입니다.

그런데 이것이 요셉에게는 개인적으로 굉장히 중요한 일이었습니다. 왜냐하면 무려 13년 동안 노예생활과 죄수생활을 하면서 얻은 큰 아픔과 상처가 그의 마음속에 있었기 때문입니다. 특히 그는 많은 배신을 겪었는데, 그를 배신한 사람들은 전부 그와 가까운 사람들이었습니다. 그가 충성을 다 바쳤던 사람들이 그를 팔아먹었고 그를 배신했어요.

요셉이 어떻게 애굽까지 노예로 오게 되었습니까? 형들의 배신 때문이었습니다. 형들이 그들을 도와주기 위해 그 먼 곳까지 찾아간 자기를 죽이려 하다가 결국 노예로 팔아 버렸기 때문에 애굽에 오게 된 것입니다. 또 그가 어떻게 감옥에 들어가게 되었습니까? 자기가 그렇게 충성을 바쳤던 보디발이 아내의 말만 듣고 다시는 살아서 나올 수 없는 감옥에 집어넣었기 때문입니다. 보디발은 요셉의 결백함을 알고 있었습니다. 그러면서도 요셉을 감옥에 가둔 것입니다. 감옥 안에서 만난 바로의 술 맡은 내시는 또 뭐라고 했습니까? 밖으로 나가기만 하면 바로에게 말해서 자기를 감옥에서 꺼내 주겠다고 하지 않았습니까? 그런데 그 후로 무려 2년이 지나도록 그에게서는 아무 소식이 없었습니다. 우리가 이 정도로 사람들에게 속고 배신을 당했다면, 아마 다시는 아무도 믿으려 하지 않았을 것입니다.

그뿐 아니라 오랜 노예생활과 죄수생활을 하는 가운데 그의 자존감은 많이 일그러져 있었습니다. 이런 고난들이 하나님께서 요셉을 낮추어서 죽을 때까지 전적으로 하나님만 의지하도록 하기 위한 훈련과정이었음에도 불구하고, 그 과정 동안 그의 자존감은 상처를 입지 않을 수 없었습니다. 그의 속에는 늘 다른 사람의 눈치를 보면서 누가 큰소리치면 쉽게 주눅이 드는 노예의 마음, 죄수의 마음이 여전히 남아 있었습니다. 이것이 치료되지 않는 이상 그는 애굽 전체를 통치할 수 없으며, 귀족들을 설득해 가면서 바로의 뜻을 실천에 옮길 수가 없습니다. 그래서 하나님께서는 바로의 손을 통해 삼중 사중으로 요셉의 존귀함을 회복시켜 주신 것입니다.

요셉은 바로가 자기에게 인장 반지를 끼워 주고 세마포 옷을 입히고 금사슬을 걸어 줄 때 '내 평생에 이런 순간도 다 오는가' 하는 생각에 어안이 벙벙했을 것입니다. 언제 다시 이 옷을 벗기고 감옥에 집어넣지는 않을까 의심했을지도 모릅니다. 중요한 것은 주눅 들어 있고 위축되어 있으며 다른 사람을 믿지 못하는 마음의 부분들이 완전히 치료되는 것입니다. 그렇지 않으면 아무리 높은 자리에 앉아서도 노예나 죄수처럼 살게 됩니다.

우리 속에 있는 자존감이 완전히 회복되지 않으면 한순간에 비참해질 수 있습니다. 평소에는 그런 대로 괜찮아요. 그런데 위기가 오거나 스트레스를 받으면 비참했던 그 시절로 곧바로 돌아가 버립니다. 하나님께서는 요셉이 가장 높은 자리에 앉아서 죄수같이 생활하기를 원치 않으셨습니다.

예수님께서는 "내가 온 것은 양으로 생명을 얻게 하고 더 풍성히 얻게 하려는 것이라"(요 10:10하)고 말씀하셨습니다. 그가 오신 것은 다만 우리를 천국에만 데려가기 위해서가 아닙니다. 이 세상에서도 최고로 풍성하고 최고로 멋진 삶을 살게 하시기 위해서입니다. 그러나 이 풍성함은 처음부터 주어지는 것이 아닙니다. 오히려 예수를 믿었을 때 먼저 찾아오는 것은 모든 것을 잃어버렸다는 상실감입니다.

가족들과의 관계가 소원해지기 시작하고 친구들도 떠나기 시작합니다. 사회에 적응하기도 힘듭니다. 전에는 가족들과 이야기가 잘 통했어요. 친구들과도 거리낌이 없었습니다. 그런데 그리스도를 알고 난 후에는 모든 것이 생소해지고 멀어진 것만 같습니다. 공부는 왜 해야 하며 직장생활은 왜 해야 하는지 모르겠습니다. 때로는 세상적인 가치관과 신앙적인 가치관이 충돌을 하는 바람에 죽도 밥도 안 되는 경우도 생깁니다. 학교에서 배운 전공도 써먹지 못하는 것 같고 직장도 잘 구해지지 않습니다. 친구도 없고 가족도 없습니다. 이것이 무슨 풍성한 삶입니까?

그러나 하나님께서는 자기 백성을 훈련만 시키고 내버려 두시는 법이 없습니다. 반드시 이 세상에 다시 복귀하게 하시고, 세상 사람들로 하여금 내 속에 있는 아름다운 것을 보게 하시며 인정하고 칭찬하게 하십니다. 그러나 정작 본인은 너무나도 오래 자신감을 잃은 채 살았기 때문에, 도대체 어떤 것이 자신의 참된 모습인지 몰라 헤맬 때가 많습니다. 마치 다이애나가 시골의 유치원 교사로 있다가 갑자기 황태자비가 되었을 때 어떤 모습이 자신의 진정한 모습인지 찾지 못해 방황하다 죽은 것과 비슷합니다. 어느 것이 자신의 참모습인지 모르니까 돈으로도 만족이 안 되고 자식으로도 만족이 안 되고 애인으로도 만족이 안 되는 거예요.

우리는 성경이 이야기하는 나의 모습과 세상에서의 나의 모습이 너무나도 달라서 어느 것이 진정한 나의 모습인지 몰라 당황할 때가 많습니다. 하나님의 말씀을 들으면 내가 하나님 앞에서 참으로 존귀한 사람인 것 같습니다. 엘리베이터 타고 하늘로 마구 올라가는 것 같아요. 그런데 직장에 출근해서 자기 모습을 보면 그대로 바닥에 곤두박질쳐진 느낌입니다. 도무지 아무것도 내세울 것이 없습니다. 우리는 그 사이에서 왔다 갔다 하며 방황하게 되기 쉽습니다.

그러나 하나님께서는 그 사랑하는 자들을 이 세상에서 존귀케 하십니다. 때가 되면 세상 사람들의 입을 통해서 위로해 주시고 만져 주시고 회복시켜 주십니다. 반드시 그때가 옵니다. 자기 스스로 믿을 수 없을 정도로 계속 높이셔서, 한두 번으로는 안 믿을지도 모르니까 세 번 네 번 자꾸 높이셔서, 성경에서 말하는 그 모습이야말로 진정한 나의 모습이라는 것을 결국은 인정하고 감격하며 하나님을 찬양하게 만드십니다.


## 바로의 친절에 대한 요셉의 반응

바로의 넘치는 자비와 친절에 대해 요셉이 보인 반응은 두 가지였습니다. 하나는 자신의 일을 더욱 열심히 한 것입니다. 요셉은 총리로 임명되자마자 바로 자신의 임무를 수행하기 위해 순찰을 시작했습니다. 45절 끝부분을 보십시오.

요셉이 나가 애굽 온 땅을 순찰하니라

그리고 다른 하나는 자기 아내가 흉년이 오기 전에 낳은 두 아이의 이름을 의미 있게 지은 일입니다. 고대인들은 자식의 이름을 통해 자신의 마음을 표현하는 경우가 많았습니다. 요셉은 큰아들의 이름을 '므낫세'라고 지었는데, 이것은 '잊는다'는 뜻입니다. 그리고 둘째 아들의 이름을 '에브라임'이라고 지었는데, 이것은 '결실한다'는 뜻입니다.

이것을 보면 요셉이 결혼해서 첫아이를 낳기까지 애굽이 얼마나 생소하게 느껴졌으며 가나안의 자기 집을 얼마나 잊지 못하고 있었는지를 알 수 있습니다. 그리고 그가 그 과정에서 겪은 배신과 고통과 비참한 생활의 기억을 떨쳐 버리지 못한 채 계속 가슴아파하고 있었다는 것을 알 수 있습니다. 그는 큰아들을 낳았을 때 이 모든 과거를 정리했습니다. 그리고 둘째 아들이 태어났을 때 이제야말로 본격적으로 애굽에서 열매 맺는 생활을 하기로 작정했습니다.

요셉이 두 아이를 낳고 난 후에 가나안 땅에 있는 아버지 집을 잊고 본격적인 애굽인이 되기로 한 데 대해, 그가 편해지면서 가나안 땅에 있는 식구들을 잊어버리고 신앙적으로 타락하여 교회를 완전히 잊고 세상적인 삶에 빠지게 되었다고 생각하는 사람도 있습니다. 그러나 이것은 요셉이 진짜 애굽인이 되기로 작정했다는 의미가 아닙니다.

그는 지금까지 자기가 왜 애굽에 있어야 하는지 이해하지 못했습니다. 물론 큰 관점에서는 하나님의 뜻을 믿고 그의 인도하심을 인정하지만, 그럼에도 불구하고 구체적으로 자기가 왜 애굽까지 흘러와 있는지, 왜 여전히 여기 머물러 있어야 하는지 이해가 안 되는 거예요. 아무래도 뭔가가 잘못된 것만 같습니다. 그런데 그는 두 아이를 낳고 나서 애굽에 대한 비전, 애굽에 대한 하나님의 뜻을 깨닫게 되었습니다. 그래서 뼈아픈 과거는 하나님께 맡기고, 주어진 처지에서 최선을 다해 열매를 맺기로 결심한 것입니다.

예를 들어 집안이 몰락해서 대충 짐을 꾸려 서울에 올라온 사람이 있다고 합시다. 그는 서울 생활에 잘 적응하지 못합니다. 서울역에서 내렸을 때 처음 본 뿌연 회색빛 풍경이 마음속에 남아서 사라지질 않습니다. 게다가 서울의 겨울은 왜 그리 춥습니까? 고향 가는 고속버스만 봐도 눈물이 좍 흘러내리고, 기차 소리만 들려도 고향 생각이 간절해집니다. '도대체 내가 왜 서울까지 흘러왔을까. 이건 분명히 뭔가 잘못된 거야. 내 인생의 어느 부분이 한순간에 틀어져서 여기까지 오게 된 거야' 하는 생각이 절로 듭니다. 물론 하나님이 나와 함께하시지요. 그래도 내가 여기 있는 것은 무언가 잘못된 일인 것만 같습니다.

그런데 이런 일들이 마음에 정리가 되면서 이제부터는 열매를 맺으며 살겠다는 마음이 드는 순간이 있습니다. 예를 들어 결혼을 해서 아내의 사랑을 느끼게 될 때, '이것이 주님의 뜻이구나. 이제 나는 서울 사람이다' 하면서 고생스러웠던 과거를 잊고 그때부터 열심히 살겠다고 결심하게 되는 순간이 있어요. 요셉의 경우가 그와 같은 것입니다.

요셉은 바로의 친절을 개인적인 친절로 생각하지 않았습니다. 하나님께서 자신을 사랑하시는 증표라고 생각했습니다. 그는 바로의 말과 행동을 통해 하나님의 음성을 들었고 하나님의 손길을 느꼈습니다. 지금까지도 하나님께서 말씀을 통해 수없이 사랑하신다고는 했지만, 이렇게 바로를 통해서 눈으로 볼 수 있고 손으로 만질 수 있게 확인해 주시니 더 좋았습니다.

하나님은 그 사랑하는 자에게 말씀을 주십니다. 그러나 우리는 말씀만으로는 만족할 수 없을 때가 많습니다. 왜냐하면 우리는 몸을 가지고 있는 인간이기 때문입니다. 말씀만으로는 부족합니다. 돈이 있으면 더 좋을 것 같아요. 하나님이 사랑한다고 말씀해 주시는 것도 기쁘지만, 돈도 생기면 더 기쁩니다. 예수님은 광야에서 40일 동안을 굶주리시면서도 풍성하실 수 있었지만, 만약 우리가 40일 동안 굶으면서 설교만 들어야 한다면 굉장히 비참한 생각이 들 겁니다. 제발 설교 좀 그만하고 먹을 것 좀 달라고 간청하게 될 거예요. 물론 하나님께서 우리를 구원해 주신 것은 정말 감사한 일입니다. 그런데 때로는 이 구원에 추가해서 직장도 주시고 집도 주시고 아이도 주셨으면 할 때가 있습니다.

여러분, 하나님께서는 그런 것들을 우리에게 주십니다. 구원을 대신해서 주시는 것이 아니라, 구원이 얼마나 풍성한가를 체험하게 하시기 위해서, 우리가 누리는 구원이 단지 설교만 듣고 찬송만 부르고 눈물만 흘리게 하는 것이 아니라 우리의 삶을 풍성하게 해주는 구체적인 것임을 경험하게 하시기 위해서 우리에게 가정을 주시기도 하고 직장을 주시기도 하며 아이를 주시기도 합니다.

그럴 때 그것을 이 세상이 주는 선물로 생각하면 안 됩니다. 그러면 타락하게 됩니다. 우리는 그것을 하나님이 나를 사랑하시는 증표로 생각해야 합니다. 세상 사람들이 나를 칭찬할 때, '하나님이 이런 방법으로 나를 위로하시는구나'라고 생각해야 해요.

요셉이 실권을 잡고 난 뒤에 한 일이 무엇입니까? 그는 기쁨에 잠겨 있거나 정치적인 보복을 하려 들지 않았습니다. 사람들은 실권을 잡으면 꼭 '손을 봐야 할 사람'이 몇 명 있다고 하면서 보복을 하려고 합니다. 그러나 요셉은 아무에게도 보복하려고 하지 않았습니다. 하나님께서 자기에게 이렇게 큰 은혜를 베풀어 주셨는데 무슨 보복을 하겠습니까? 그중에 백분의 일, 천분의 일이라도 다른 사람과 나누어 가지는 것이 이 은혜에 조금이라도 보답하는 길이지요. 그래서 그는 보디발이나 술 맡은 관원장에게 보복할 생각을 전혀 하지 않았습니다.

하나님께서 놀라운 은혜를 베푸셨을 때 어떻게 하는 것이 그 은혜에 제대로 반응하는 것입니까? 과거에 나에게 아픔을 주고 나를 배신했던 사람을 관대하게 용서하는 것이 제대로 반응하는 것입니다. 흘러간 과거는 돌이킬 수가 없습니다. 그 과거는 그대로 하나님께 맡기고 그를 용서해야 합니다. 또 지금 내 마음에 들지 않는 사람이 있다면 그를 좀더 관대하게 대해야 합니다. 하나님이 나에게 베풀어 주시고 있는 이 은혜의 백분의 일, 천분의 일이라도 남에게 흘려 보내야 할 것 아닙니까? 국물이라도 좀 나누어 주어야 할 것 아닙니까?

그리스도인에게 자존감은 굉장히 중요한 것입니다. 물론 이 것이 하나님과의 관계에 무슨 영향을 주는 것은 아닙니다. 그러나 다른 사람을 대하는 데에는 대단히 중요하게 작용합니다. 예를 들어 자존감이 회복되지 않은 사람은 누군가가 칭찬을 해주어도 그 칭찬을 있는 그대로 받아들이지 못하고, 다른 사람이 한마디만 해도 쉽게 오해하거나 화를 냅니다. 이런 사람은 비참해야 마음이 편합니다. 굶어야 기뻐요. 욕을 바가지로 얻어먹어야 마음에 안식이 오고, 다른 사람의 결점을 지적해야 자기가 정직해지는 것 같습니다. 무슨 일이든지 일단은 '못한다'고 해야 좋아요. 이것은 일종의 병적인 경건입니다.

그리스도인들 중에서 가난을 예찬하는 사람들을 가끔 보게 됩니다. 물론 성경은 여러 곳에서 부(富)가 얼마나 위험하며 사람을 잘못되게 만들 수 있는지 경고하고 있습니다. 그러나 그렇다고 해서 가난이 곧 경건은 아닙니다. 만일 모든 그리스도인들이 가난하다면, 그래서 예배 후에 전부 깡통 차고 "필승! 목사님, 더 많이 얻어오겠습니다!" 하면서 거리로 나간다면, 사람들은 그리스도인들이 이 세상에 사는 이유를 이해하지 못할 것입니다. 이 세상에서 남을 섬기려면 돈도 필요하고 학식도 필요하고 기술도 필요합니다. 다만 그것은 어디까지나 구원에 따라오는 선물이지 그 이상의 것은 될 수 없습니다.

그러면 우리는 어떻게 건강한 자아상을 회복할 수 있습니까? 우선 중요한 것은 때가 되면 하나님께서 회복시켜 주신다는 사실을 아는 것입니다. 이 세상에도 때가 있지만 하나님께는 특히 이 '때'라는 것이 굉장히 중요합니다. 하나님께서는 그때가 되었을 때 주위 사람들을 설득하고 감동시켜서 나에게 칭찬과 명예를 돌리게 하시고 아름다운 말을 하게 하십니다. 내 속에 있는 숨어 있던 아름다움을 보게 하시고 인정하게 하십니다. 그것은 하나님이 하시는 일입니다. 우리 눈에는 사람이 하는 일처럼 보이지만, 사실은 하나님께서 나를 회복시키시고 만지시며 치료하시는 과정입니다.

그뿐만 아니라 우리는 우리에게 일어나는 모든 일들을 하나님의 주권 아래서 보는 훈련을 해야 합니다. 사람들은 모두 사용된 종에 불과하며 나의 삶을 책임지시는 분은 결국 하나님이심을 인정하게 된다면, 형편이 좀 어려워도 비굴해지지 않으며 형편이 좀 좋아져도 교만해지지 않는 아주 아름다운 모습을 가질 수 있습니다.

여러분, 이런 인격이야말로 작품입니다. 높은 자리에 올라가도 겸손하며 어렵고 궁핍해도 비굴해지지 않는 인격은 놀라운 작품이고 예술이에요. 이런 사람을 만드는 것이 하나님의 놀라운 능력입니다. 그분은 형편없는 흙 한 덩어리로 천사보다 나은 작품을 만들어 내시는 분입니다.

주위의 상황이 변해서 좋은 옷을 입고 좋은 차를 타고 좋은 대접을 받을 때 "이러면 안 됩니다. 이러면 타락합니다. 금목걸이는 가져가시고, 내 죄수복이나 돌려주세요" 하면서 애써 뿌리칠 필요 없습니다. "하나님께서 또 이런 방법으로 나를 위로하시는구나. 하나님, 감사합니다" 하면서, 그가 베풀어 주신 작은 부분이라도 관대함으로 다른 사람과 나누면 되지요.

하나님께서는 자기 백성들을 훈련시키신 후에 이 세상으로 다시 복귀시키십니다. 그때 불시착하지 않으려면 끝까지 하나님을 바라보아야 합니다. 가난을 고집하거나 감옥으로 돌아가려고 할 필요가 없습니다. 그것이 더 경건하다고 주장하는 것은 병적인 태도입니다. 주님은 우리를 풍성하게 하려고 오셨습니다. 그러나 그 풍성함은 하나님의 손길을 느끼며 그것을 다른 사람에게 나누어 주는 풍성함입니다. 남에게 아무리 풍성하게 나눈다 해도 하나님께서 주신 것의 천분의 일, 만분의 일도 안 돼요. 내세우기도 부끄럽습니다. 그러나 그렇게라도 하는 것을 하나님은 굉장히 기뻐하십니다.

이스라엘 백성들은 40년간의 광야생활을 통해 훈련을 받았습니다. 그들은 40년 동안 만나만 먹었습니다. 그러다가 마침내 가나안 땅에 들어가서 건포도 떡을 보았을 때, 그들은 불시착하고 말았습니다. 그 떡을 하나님의 선물이요 사랑의 확인으로 생각하지 않고 가나안 땅이 주는 것으로 생각했기 때문입니다. 그들은 하나님께서 혹시 이 축복을 빼앗아 가실까 봐 그분을 멀리했습니다.

똑같이 고급 차를 타고 다니면서도 하나님의 은혜를 누리는 사람이 있는가 하면 죄를 짓는 사람이 있습니다. 똑같이 좋은 집에 살면서도 그 집을 누리면서 사는 사람이 있는가 하면 죄짓는 사람이 있습니다. 그 차이가 어디에서 옵니까? 그 좋은 차나 집이 어디에서부터 왔는가에 대한 생각이 근본적으로 다른 데서 옵니다.

나에게 주어진 것을 하나님의 구체적인 사랑의 확인으로 생각하는 사람은 부요하면서도 당당합니다. 그러나 그것을 하나님의 선물로 생각하지 않고 이 세상에서 자기 힘으로 얻은 것으로 생각하는 사람은 상대적인 빈곤감으로 더 인색해질 것입니다. 이 세상에 있는 모든 것을 주님이 주관하신다는 것을 인정하며, 그것이 나에게 주어지면 하나님의 선물로 감사히 받고 주지 않으셔도 나를 사랑하시기 때문에 주지 않으시는 것으로 믿을 때, 우리는 상황에 상관없이 아름답게 살 수 있습니다.

돈이 많을 때 쓰기가 쉬운 것 같습니까, 없을 때 쓰기가 쉬운 것 같습니까? 없을 때 쓰기가 쉽습니다. 왜냐하면 돈은 생길수록 힘을 갖게 되고 목표를 갖게 되기 때문입니다. 천만 원이 모이면 1억을 목표로 삼습니다. 1억이 모이면 10억을 목표로 삼습니다. 그렇게 돈은 모일수록 힘이 강력해져서 나를 지배해 버립니다. 그러나 돈을 단순히 돈으로 보지 않고 하나님이 주신 선물로 생각하는 사람은 하나님의 구원도 누리고 돈도 제대로 사용하면서 다른 사람을 풍성히 섬길 수 있습니다.

## 요셉의 행정

요즘 정치하는 사람들에게도 가장 어려운 것은 농업 정책입니다. 농산물은 수요와 공급을 정확하게 조절하기가 어렵기 때문입니다. 공산품이야 공장 가동만 통제하면 수급을 조절할 수 있지만, 농산물은 생산에도 1년 이상이 걸릴 뿐 아니라 남으면 관리하기가 힘들고 모자라면 굶는 사람들이 생깁니다.

김천 지역을 지나면서 길가에 양파가 굉장히 많이 쌓여 있는 것을 본 적이 있습니다. 그런데 그 양파더미가 몇 달 후에 지나갈 때에도 그대로 있었습니다. 양파 농사를 지으면 돈을 번다고 하니까 너도 나도 양파를 재배했다가 결국 공급량이 너무 많아져서 처치할 수 없게 된 것입니다. 그래서 전국에 양파 썩는 냄새가 진동을 했습니다. 배추나 고추 같은 것도 마찬가지입니다. 꼭 필요한 만큼 생산이 되어야지 너무 많이 생산되면 결국 버리는 수밖에 없습니다. 이처럼 농산물은 저장하기도 쉽지 않지만 유통도 문제입니다. 한쪽에서는 남아돌고 다른 쪽에서는 바닥이 나 있다면 남는 쪽에서 부족한 쪽으로 수송을 해야 하는데, 그 중간 상인들의 횡포가 보통 문제가 아닙니다.

그런데 요셉의 행정을 보면 수요와 공급, 유통 문제까지 한꺼번에 해결하는 것을 볼 수 있습니다. 46절부터 49절까지 보십시오.

요셉이 애굽 왕 바로 앞에 설 때에 삼십세라 그가 바로 앞을 떠나 애굽 온 땅을 순찰하니 일곱 해 풍년에 토지 소출이 심히 많은지라 요셉이 애굽 땅에 있는 그 칠년 곡물을 거두어 각 성에 저축하되 각 성 주위의 밭의 곡물을 그 성중에 저장하매 저장한 곡식이 바다 모래같이 심히 많아 세기를 그쳤으니 그 수가 한이 없음이었더라

사실 농산물에서 가장 어려운 것은 저장 문제입니다. 그냥

두면 썩어 버리기 때문입니다. 아마도 요셉은 애굽 사람들한테 농사를 짓되 될 수 있으면 잘 썩지 않는 곡식을 중심으로 농사를 지으라고 했을 것입니다. 그리고 생산된 것은 저장 가능한 상태로 가공해서 저장하게 했을 것입니다. 그는 유통이나 수송의 부담을 줄이기 위해 성마다 곡식 저장소를 둠으로써, 불필요한 성의 건축을 막고 저축이나 분배를 용이하게 했습니다. 이처럼 애굽의 농업 정책은 7년 흉년에 대비하여 일사불란하게 이루어졌습니다.

요즘 민심이 정권에서 이완된 가장 큰 이유는 농업 정책의 실패에 있다고 할 수 있습니다. 농업 정책은 단순한 수출 수입의 문제가 아니라 국민들의 사활을 결정하는 가장 중요한 문제입니다. 그런데 우리나라 농업 정책이 실패만 거듭하는 이유가 어디에 있습니까? 책상에 앉아서 펜대로만 정책을 짜기 때문입니다. 책상 위에서 생각한 것을 실제로 실천에 옮기려 들면 미처 예기치 못한 요소들이 얼마나 많이 생기는지 몰라요. 그래서 이런 정책을 세우려면 발로 뛰어다녀야 합니다.

요셉은 가만히 책상에 앉아서 보고서나 읽는 사람이 아니었습니다. 그는 끊임없이 전국을 순찰하면서 실제적인 상황을 살폈고 그 상황에 맞는 정책을 폈습니다. 하나님이 주신 것은 전체적인 그림입니다. 요셉은 그것을 구체적이고 효과적으로 이루기 위해 전국을 발로 뛰어다니면서 계속 확인하는 정책을 폈습니다.

책상에 가만히 앉아서 남의 보고만 받으며 일하는 사람은 너무 이상적이고 비현실적이어서 많은 사람들을 설득해 나갈 수가 없습니다. 사실 보고서와 현실 사이에는 굉장한 차이가 있습니다. 반면에 실제로 발로 뛰는 사람은 남들이 가지고 있지 못한 현실감을 가지고 있으며 구체적인 사정을 잘 알기 때문에 실정에 맞는 정책을 펼 수가 있습니다.

요셉은 바로의 칭찬을 감상하면서 사무실에 앉아 있지 않았습니다. 그는 과거에 자기에게 아픔을 주었던 사람들의 명단을 작성해서 한번 손을 봐 주겠다고 작정하지도 않았습니다. 그는 자기가 애굽에 종으로 팔려 온 이유를 알았습니다. 그것은 바로 이 7년 대흉년 동안 사람들을 먹여 살리는 것이었습니다. 그는 이 일에 전적으로 헌신했습니다.

오늘날 사람들은 자기가 하고 싶은 일을 하는 사람이 복되다고 말합니다. 그러나 그보다 더 복된 일은 하나님께서 자기를 이 땅에 살게 하신 이유를 깨닫고, 그 일에 전적으로 헌신하며 사는 것입니다. 자기가 지금 이 문제 많은 땅에 살아야 하는 이유가 무엇인지 아는 사람은 복된 사람입니다.

우리는 여기서 왜 요셉을 만난 사람들마다 그에게 자신의 모든 것을 다 맡겼는지 알 수 있습니다. 야곱은 요셉에게 자신의 전권을 주어 그 형들에게 보냈습니다. 시위대장 보디발은 자기 집의 모든 일을 요셉에게 맡겼습니다. 간수는 감옥의 모든 일을 요셉에게 맡겼고, 바로는 애굽의 모든 일을 요셉에게 맡겼습니다. 아버지가 보기에 아들들이 하는 일은 아무래도 엉성하게 마련입니다. 사장이 보기에 부하 직원들 중에 완전히 믿을 만한 사람은 거의 없을 것입니다. 대통령이 보기에 장관들 중에 정말 마음에 쏙 들게 일하는 사람은 거의 없을 것입니다. 왜냐하면 사람들마다 가지고 있는 관점이 다르기 때문입니다. 그러나 요셉을 만난 사람들은 전부 기꺼이 요셉에게 자신의 모든 것을 맡겼고 그 결과는 항상 성공적이었습니다. 그 이유가 어디에 있을까요?

사람들은 언제나 자기 욕구가 다 채워져야 비로소 다른 사람의 일에 관심을 가집니다. 그러니까 다 '보통 사람'으로 사는 것이지요. 그러나 요셉은 항상 '나는 왜 여기 있는가? 나를 보낸 사람이 의도하는 것은 무엇인가?'를 생각했습니다. 그는 자기를 보낸 사람의 목적에 충실했고 자기에게 맡겨진 그 사람들을 사랑했습니다.

사람들은 무언가 자기에게 이익이 되니까 충성하는 것이지, 아무 이익도 없는데 회사나 다른 사람에게 충성하지 않습니다. 그러나 요셉은 그렇게 했고 그 결과 아주 아름다운 삶을 살았습니다. 나를 보낸 사람에게 충실하면서도, 그에게 잘 보이기 위해서가 아니라 진짜 거기 있는 사람들을 사랑하는 마음으로 최선을 다하는 것, 그것이 진짜 아름다운 삶이요 천사보다 뛰어난 삶이지요.

이런 점에서 요셉은 너무나도 그리스도를 닮았습니다. 그리스도는 자신을 보내신 아버지의 의도에 끝까지 충성하셨고, 이 세상에 있는 죄인들을 사랑하셨습니다. 그래서 그리스도에게만은 우리의 모든 삶을 다 맡길 수 있고, 또 그래야만 안전한 것입니다.

사회생활을 하다 보면 정신적으로 어린 사람들을 만나게 됩니다. 가진 것도 많고 직책도 높은데 하는 짓을 보면 자기밖에 모릅니다. 지적으로는 뛰어난데 정서적으로 보면 완전히 어린아이예요. 왜 그렇습니까? 여러 이유가 있겠지만 한 가지 분명한 점은 그가 다른 사람의 처지를 이해하는 능력을 가지지 못했다는 것입니다. 즉 다른 사람과의 관계에서 자라지 못한 것입니다.

그 증상이 가장 심하게 나타나는 것이 자아 도취입니다. 저 잘난 맛에 사는 사람들은 다른 사람의 처지를 이해하지 못합니다. 그런 사람들에게 일을 맡기면 모든 것을 제멋대로 처리해 버립니다. 우리 그리스도인들이 가장 빠지기 쉬운 병이 바로 이 자아 도취입니다.

요셉은 이 단단한 자아의 껍질이 깨진 사람이었습니다. 그래서 남의 필요를 한 발 앞서서 채워 줄 수 있었습니다. 그리스도인은 남이 말하기 전에 그의 필요를 간파할 수 있어야 합니다. 그런 사람이야말로 이 세상이 필요로 하는 사람입니다.


## 드디어 흉년이 닥치다

요셉의 흉년 시나리오는 결코 가상 시나리오가 아니었습니다. 실제로 흉년이 닥쳤을 때, 사람들은 다시 한 번 그의 선견지명을 깨닫게 되었습니다. 53절부터 57절까지 보십시오.

> 애굽 땅에 일곱 해 풍년이 그치고 요셉의 말과 같이 일곱 해 흉년이 들기 시작하매 각국에는 기근이 있으나 애굽 온 땅에는 식물이 있더니 애굽 온 땅이 주리매 백성이 바로에게 부르짖어 양식을 구하는지라 바로가 애굽 모든 백성에게 이르되 요셉에게 가서 그가 너희에게 이르는 대로 하라 하니라 온 지면에 기근이 있으매 요셉이 모든 창고를 열고 애굽 백성에게 팔새 애굽 땅에 기근이 심하며 각국 백성도 양식을 사려고 애굽으로 들어와 요셉에게 이르렀으니 기근이 온 세상에 심함이었더라

요셉의 말은 그대로 성취되었습니다. 왜냐하면 그것은 요셉의 말이 아니라 하나님의 말씀이었기 때문입니다. 우리의 삶에 가장 중요한 것은 하나님의 말씀을 우리 삶에 구체적으로 적용하는 것입니다. 그렇게 삶에 적용되는 말씀을 '예언'이라고 합니다. 우리는 할 수 있는 대로 하나님의 말씀에서 그 뜻을 풍성하게 길어와 내 생활에 적용해야 합니다. 자기 혼자 믿어 버리는 것은 자기 신념이나 자기 확신에 불과합니다.

눈에는 보이지 않지만 우리 주위에는 사망의 음침한 골짜기들이 수없이 많이 있습니다. 한때 아무리 잘살았다고 해도 이런 골짜기에 한번 빠지면 모든 것이 한순간에 날아가 버립니다. 어떻게 그렇게 순식간에 없어지는지 자기도 이해가 안 돼요. 그래서 지금 자기가 가지고 있는 약간의 돈이나 재산을 믿는 사람은 굉장히 어리석은 사람입니다.

그러나 하나님의 말씀이 있는 곳에는 풍성함이 있습니다. 다른 모든 곳에는 굶주림과 기아가 있었지만 말씀이 있는 애굽에는 양식이 있었습니다. 그래서 온 세상 사람들이 양식을 구하기 위해

애굽을 찾아 왔고 그때 요셉의 진가는 제대로 나타나게 되었습니다. 그는 참으로 그의 애굽식 이름의 뜻 그대로 생명의 구원자가 되었습니다.

　　요셉은 창고를 열어서 사람들에게 곡식을 팔았습니다. 우리 생각으로는 이렇게 형편이 어려울 때에는 무상으로 분배해도 될 것 같은데, 요셉은 절대로 그렇게 하지 않았습니다. 자기 목숨은 자기가 책임지라는 것입니다. 만약 무상 분배를 한다면 사람들의 마음이 흐트러져서 7년이나 버티지 못할 것입니다. 전부 도둑이 되거나 자기 목숨을 다른 사람의 책임 하에 두는 게으른 사람이 되고 말 거예요. 그래서 땅을 팔든지 뭘 팔아서라도 자기 목숨을 자기가 책임지게 했습니다. 그래야 7년을 버틸 수가 있습니다. 정신을 해이하게 가져서 '요셉이 다 알아서 해주겠지' 하는 식으로 생각하면 도저히 이 고난의 때를 넘길 수가 없습니다.

　　오늘 본문 말씀의 뜻이 무엇입니까? 하나님이 우리에게도 요셉과 같은 지혜를 주셔서 농림부 장관이나 재경원 장관이 되게 하시겠다는 것입니까? 유감스럽게도 오늘날은 하나님께서 요셉에게 하셨듯이 구체적으로 언제 무슨 일이 일어난다는 식으로 말씀하시지 않습니다. 그 대신 어떤 일이 일어나기 전에 도덕적으로 대비하게 하십니다.

　　사실 애굽의 7년 대흉년은 공연히 생긴 일이 아니었습니다. 이것은 하나님의 심판이요 징계였습니다. 요셉은 이 흉년에 대비하여 곡식을 준비하게 했지만, 우리는 하나님의 재앙과 심판에 대비하여 사람들의 도덕성을 회복시켜야 합니다. 사람들이 정신을 차리도록, 자기의 삶을 절제하도록, 겸손을 되찾도록 준비를 시켜야 하며, 사람들의 도덕적인 수준이 바닥으로 추락할수록 앞으로 있을 하나님의 징계를 대비하는 쪽으로 지혜를 모아야 합니다. 그래서 자기 개인적으로 하고 싶은 일이 있다고 해서 마음대로 할 것이 아니라, 어떻게 해서든지 자주 모여서 기도하고 말씀을 듣는 일에 열심을 내야 합니다. 그렇지 않으면 모든 것이 한순간에 날아갈 것입니다.

그리스도인들은 신앙 때문에 잃는 것이 많습니다. 친구도 잃고 세상적인 욕망도 잃고 때로는 자신의 계획도 포기해야 합니다. 하나님께서는 내 힘으로 할 수 있는 것이 아무것도 없다는 것을 깨닫고, 죽을 때까지 하나님을 떠날 수 없도록 만드십니다. 그러나 이것은 하나님의 백성으로 만들어지는 과정에서 받는 훈련입니다. 하나님께서 우리를 다시 이 세상에 보내어 남은 생애 동안 다른 사람들을 섬길 수 있게 하실 때가 옵니다.

그때 세상으로 다시 진입하면서 불시착하지 않으려면 모든 것을 철저하게 하나님과의 관계에서 보아야 합니다. 좋은 것을 주시고 사람들에게 인정받게 하실 때 '이것은 하나님이 주신 선물이구나. 하나님이 나를 회복시키고 계시구나. 참 감사하다. 이것의 작은 부분이라도 다른 사람과 나누자. 그리고 과거에 있었던 섭섭했던 일들은 다 잊어버리자.' 이렇게 할 때 그 사람은 교만해지지 않을 수 있으며 예전의 순수한 맛을 잃지 않을 수 있습니다.

하나님이 주신 좋은 것이 있습니까? 구원의 풍성함을 체험하게 해주시는 하나님의 선물이요 사랑의 증표로 여기고, 그분의 부르심에 더욱 충성하며 그분이 주신 것의 일부라도 다른 사람들과 나누십시오. 하나님이 부를 주셨습니까? 죄의식을 느끼지 말고 주님이 주신 풍성함을 나누며 함께 기뻐하는 기회로 삼으십시오.

결국 우리가 이 세상 사람들을 도울 수 있는 방법이 무엇입니까? 지혜입니다. 이 세상 사람들의 지혜가 아니라 모든 일이 하나님의 창조 원리대로 이루어질 것을 믿는 지혜입니다. 자기중심적인 사람들은 이 지혜를 절대로 알 수가 없습니다. 바로 눈앞에 재앙이 기다리고 있는데도 그것을 몰라요. 오직 고난을 통과한 그리스도인들의 지혜로만 이들의 어려움을 도울 수 있습니다. 무언가 잘못된 것이 있을 때 임시 미봉책으로는 해결할 수 없습니다. 뿌리를 파헤쳐서 근본적인 것을 바로 잡을 때 비로소 진정한 평화와 안식이 오는 것입니다.

# 16

# 진정한
# 화해

추석이나 설 같은 명절이 되면 부모와 형제를 만나기 위해 고향을 찾아 떠나는 대단히 긴 행렬을 보게 됩니다. 우리나라에서는 명절에 대략 3,000만 명이 가족을 찾아 이동한다고 합니다. 그래서 어떤 분은 평소에 네다섯 시간 걸리던 길을 무려 열다섯 시간이나 걸려서 간신히 고향에 다녀왔다고 말하기도 합니다. 그 이유가 무엇입니까? 왜 사람들은 그렇게 엄청난 시간과 경비를 들여 가면서까지 고향을 찾아가는 것입니까?

바로 그곳에 자신의 뿌리가 있기 때문입니다. 살아 계신 부모님을 1년에 한두 번 만나는 것인데, 그것마저 가지 못하면 1년 내내 마음이 불편하고 기분이 좋지 않습니다. 그것은 인간의 기본적인 도리라고 생각하기 때문이지요. 그러니까 아무리 힘이 들어도 부모님이 계신 고향을 찾아가는 것입니다.

한국의 가족을 하나로 묶는 것은 제사 제도입니다. 형제들은 '우리가 이렇게 잘살게 된 것은 조상님들의 음덕 때문'이라고 하면서 다 함께 모여 조상 앞에 절하고 술이나 음식을 나누어 먹음으로써 서로 하나임을 확인합니다. 이처럼 제사는 흩어진 형제들을 하나로 묶어 주는 대단히 중요한 의식입니다.

그러나 그리스도인들 중에는 이렇게 제사드리러 가는 명절이 즐거운 것이 아니라 고통스럽게 느껴지면서, '과연 이런 식으로 마음에 잔뜩 부담을 가지고 가서 굳이 부모님이나 형제를 만날 필요가 있을까'라는 생각을 하는 사람들이 많습니다. 신앙 없는 사람들에게는 제사를 중심으로 온 가족이 하나 되는 것이 너무나도 당연한 일입니다. 그러나 신앙을 가진 사람들에게는 이미 죽은 조상을 중심으로 하나 되는 것이 무슨 의미가 있으며, 이런 식으로 효도하고 이런 식으로 형제와 하나 되는 것이 정말 진정한 효도이며 우애인가 하는 회의가 생길 때가 많습니다.

우리 중에는 가족 가운데 자기 혼자 신앙생활을 하는 사람들이 많습니다. 그들의 마음 깊은 곳에는 부모님이나 형제들에 대한 애타는 사랑이 있습니다. 그러나 실제로 만나서 이야기를 나누어 보면 서로 생각하는 것이나 느끼는 것에 너무나 큰 거리가 있습니다. 그래서 마음속에 죄의식을 느낄 때가 많지요. 부모나 형제들을 만나면 늘 신앙 때문에 마음이 불편하니까 '피를 나누지 않은 교인들과는 가까이 지내고 할 말 못할 말 다 하면서, 막상 나를 낳아준 부모님이나 친형제들을 만나러 갈 때는 이렇게 억지로 가고 만나서도 불편함을 느끼는 것이 과연 옳은 일일까' 하는 죄의식을 느낄 때가 많습니다.

오늘 본문을 보면 양식을 찾아서 멀리 애굽 땅까지 찾아온 요셉의 형들이 드디어 요셉을 만나는 장면이 나옵니다. 이 형제들을 십수 년만에 만나게 해 준 것은 흉년이었습니다. 요셉이 예측했던 대로 7년 대흉년은 어느 한 지역에만 국한된 것이 아니었습니다. 애굽 주위의 모든 나라에 심한 가뭄이 닥쳤기 때문에, 사람들은 양식을 찾아서 애굽으로 몰려들고 있었습니다. 그 행렬에 야곱의 열 아들이 포함되어 있었습니다. 요셉은 꿈에도 잊을 수 없었던 형들을 눈앞에서 보게 되었습니다. 요셉은 그들을 알아보았지만 그들은 요셉을 전혀 알아보지 못했습니다. 지난 20년 동안 요셉은 너무나 변해 있었습니다. 또 자기들이 노예로 팔아넘긴 동생이 애굽의 총리가 되어 있다는 것은 꿈에도 생각할 수 없는 일이었습니다.

이때 요셉이 형들을 어떻게 대해야 그들을 바로 만나는 것일까요? 어떻게 대하는 것이 끊어졌던 형제 관계를 회복하는 길일까요? "형!" 하면서 달려들어 그들을 껴안고 울어야 합니까? 아니면 그들을 한 명씩 불러서 복수해야 할까요?

요셉은 이 둘 중 어느 방법도 취하지 않습니다. 그 대신 자신의 신분을 감추고 형들을 자꾸 심문하면서 지금 그들이 어떤 상태에 있는지 알아내고자 합니다. 마침내 그는 아직 여기에 오지 않은 막내가 하나 더 있다는 자백을 받아 낸 후, 그를 데리고 오게 합니다. 요셉이 이렇게 한 이유는 무엇일까요?

## 가고 싶지 않은 애굽

오늘 본문을 보면 양식이 없어서 상황이 너무나 어려운데도 애굽에 양식을 구하러 가지 않고 가만히 있는 아들들을 책망하는 야곱의 모습이 나옵니다.

> 때에 야곱이 애굽에 곡식이 있음을 보고 아들들에게 이르되 너희는 어찌하여 서로 관망만 하느냐 야곱이 또 이르되 내가 들은즉 저 애굽에 곡식이 있다 하니 너희는 그리로 가서 거기서 우리를 위하여 사오라 그리하면 우리가 살고 죽지 아니하리라 하매(42:1, 2).

이 말을 통해 알 수 있는 것은 야곱의 아들들은 누구라고 할 것도 없이 애굽에 가는 것을 대단히 꺼리고 있다는 사실입니다. 지금 양식이 다 떨어져 가고 있는데, 다행히 애굽에는 양식이 있다고 합니다. 그럼에도 불구하고 야곱의 아들들은 서로 눈치만 보면서 누구도 선뜻 애굽에 가서 양식을 구해 오겠다고 나서지 않았습니다. 그 이유가 무엇이겠습니까?

대략 두 가지로 생각해 볼 수 있습니다. 첫째는, 그들이 애굽으로 가는 길 자체를 대단히 위험하게 생각했다는 것입니다. 즉 애굽으로 가는 길목에 강도나 도둑들이 득실거렸다든지, 애굽 사람들이 외국인들을 상당히 좋지 않게 대했다든지 하는 이유가 있었으리라는 것입니다. 아마도 그들은 아브라함이 흉년을 피해 애굽으로 갔다가 큰 욕을 보았던 사실을 알고 있었을 것입니다. 아브라함은 애굽 사람들이 아내 사라를 빼앗고 자기를 죽일 것을 두려워하였습니다. 그러다가 애굽 왕 바로에게 진짜 사라를 빼앗기는 일이 벌어졌습니다. 물론 하나님의 도우심으로 겨우 빠져나오기는 했지만, 그 후에도 애굽은 아브라함의 자손들에게 마치 '사자의 입' 같은 의미로 남아 있었을 수 있습니다.

또 다른 이유는, 애굽이 그들에게 구린내 나는 곳이었다는 점에서 찾아볼 수 있습니다. 그들이 십수 년 전에 동생 요셉을 노예로 팔아넘긴 곳이 어디입니까? 바로 애굽 아닙니까? 그들은 아직까지 그의 생사조차 모르고 있습니다. 그들에게 애굽은 자신들의 범죄를 생각나게 하는 곳이었습니다. 그래서 아마도 야곱의 아들들 사이에서는 어느 누구도 애굽의 이야기를 꺼내지 말기로 묵계가 성립되어 있었던 것 같습니다. 그런데 하필 그 애굽으로 양식을 구하러 가야 한다니, 누가 선뜻 나서려고 했겠습니까?

제가 생각하기에는 이 두 가지 이유가 다 성립되는 것 같습니다. 야곱은 열 아들을 다 보내면서도 막내인 베냐민은 보내지 않았습니다. 그때 야곱이 드는 이유를 보면 애굽으로 가는 길이나 애굽 사람들 자체가 외국인들에게 대단히 거칠고 위험한 존재였음을 알 수 있습니다.

요셉의 형 십인이 애굽에서 곡식을 사려고 내려갔으나 야곱이 요셉의

아우 베냐민을 그 형들과 함께 보내지 아니하였으니 이는 그의 말이
재난이 그에게 미칠까 두렵다 함이었더라(42:3,4).

야곱이 양식을 사기 위하여 한두 명의 아들을 보내지 않고
열 명을 한꺼번에 보낸 것이나, 그러면서도 막내 베냐민만큼은 그
들과 함께 보내지 않은 것은, 야곱 자신도 애굽을 상당히 위험한 곳
으로 생각했기 때문일 것입니다.

두 번째 이유가 성립된다고 보는 근거는 야곱의 열 아들이
애굽에서 총리를 만나게 되었을 때 하는 말에서 찾을 수 있습니다.
애굽의 총리를 만나는 자리에서 일이 잘 풀리지 않고 계속 어렵게
꼬이자, 형제들은 과거에 그렇게 애원하던 요셉을 무자비하게 팔아
먹었던 사건을 기억하면서 이것을 '핏값'이라고 말합니다. 다시 말
해서 야곱의 열 아들들의 기억 속에 애굽은 대단히 위험하며 외국
인에게 배타적인 곳이었을 뿐 아니라 자기들의 동생을 노예로 팔아
버린 끔찍한 곳, 그래서 어느 누구도 가고 싶지 않은 곳이었습니다.

이것을 볼 때 사람 안에 있는 나쁜 기억이나 죄의식은 아무
리 세월이 흘러도 쉽게 없어지지 않는다는 것을 알 수 있습니다. 그
들이 요셉을 팔아넘긴 후 무려 20년의 세월이 흘렀습니다. 그러나
그들의 마음속에는 과거에 지은 그 죄의 기억이 없어지지 않고 남
아 있었습니다. 누군가 '애굽'이라는 말만 꺼내도 자신도 모르게 등
에 식은땀이 흐르면서, 누군가 자기들의 죄를 들추어내지는 않을까
하는 두려운 마음이 들었습니다.

예를 들어 어떤 수퍼마켓에서 도둑질을 한 적이 있는데, 하
필 그곳으로 심부름을 가야 한다고 생각해 보십시오. 아마 자기도
모르게 등에 식은땀이 흐를 것입니다. 죄라는 것은 시간이 오래 지
나간다고 해서 없어지는 것이 아닙니다. 죄는 그 죄를 지은 사람의
기억 속에 고스란히 살아 있습니다. 그래서 그 죄를 지었던 곳, 그
죄와 연관되는 상황에 처하게 되면 옛날의 죄가 그대로 다 생각나

는 것입니다. 요셉을 죽이려고 하다가 노예로 판 사람들이 요셉을 팔아넘겼던 바로 그곳에 가는데 어떻게 옛날의 죄가 생각나지 않을 수 있겠습니까?

죄는 무조건 묻어 버린다고 없어지는 것이 아닙니다. 내가 알고 있고 하나님이 알고 계시기 때문에 세월이 오래 흐른다고 해서 절대 없어지지 않습니다. 특히 우리가 알아야 할 것은 우리가 짓는 모든 죄는 하나님께 대하여 짓는 죄라는 사실입니다. 누군가를 죽이는 것은 그 사람에 대한 죄일 뿐 아니라 그 사람에게 생명을 주시고 자신의 형상을 주신 하나님께 대한 죄입니다. 마찬가지로 다른 사람의 물건을 훔치거나 빼앗는 것은 모든 사람에게 소유를 주신 하나님께 죄를 짓는 것이며, 다른 사람의 아내나 남편을 가로채는 것은 모든 사람을 남녀로 지으시고 짝지워 주신 하나님께 죄를 짓는 것입니다.

그래서 죄를 처리하려면 항상 이중적인 조치를 해야 합니다. 하나는 자기가 죄를 지은 그 사람을 찾아가서 죄값을 치르는 것입니다. 그리고 또 하나는 하나님 앞에 가서 용서를 받는 것입니다. 율법을 보면 죄를 해결할 때 반드시 이중적으로 하게 되어 있습니다. 죄를 지은 사람은 하나님께 나아가서 속죄제를 드려야 합니다. 그리고 율법이 정한 바에 따라 피해를 입은 자에게 자기가 지은 죄에 해당되는 보상을 해야 합니다. 말로만 미안하다고 해서 죄값이 없어지는 게 아니에요.

예를 들어 도둑질을 한 자는 자기가 훔친 것의 네 배를 물어주게 되어 있었습니다. 왜 하필 네 배냐고 할지 모르겠습니다. 아마 거기에는 정신적인 고통의 대가도 포함되어 있을 것입니다. 또 그렇게 하지 않으면 도둑질하는 죄의 습성이 없어지지 않기 때문이기도 할 것입니다. 그리고 다른 사람을 유괴하거나 납치한 사람은 반드시 사형을 당하게 되어 있었습니다. 그렇게 해야 그런 죄가 이 세상에서 없어질 것이기 때문입니다. 설사 하나님 앞에 자신의 죄를 고백한다 해도, 그 사람은 죽어야 했습니다. 이것이 율법의 정신이 었습니다. 오늘날 사람들은 속으로만 '미안한데……' 하면서 아무 값도 치르지 않고 넘어가려 하기 때문에 죄가 해결되지 않습니다.


## 형들이 요셉 앞에 머리를 숙이다

요셉의 형들은 가장 가기 싫은 곳 애굽에 드디어 도착했습 니다. 그들은 애굽의 총리인 요셉 앞에 머리를 숙여 절을 했습니다.

> 때에 요셉이 나라의 총리로서 그 땅 모든 백성에게 팔더니 요셉의 형 들이 와서 그 앞에서 땅에 엎드려 절하매 요셉이 보고 형들인 줄 아 나 모르는 체하고 엄한 소리로 그들에게 말하여 가로되 너희가 어디 서 왔느냐 그들이 가로되 곡물을 사려고 가나안에서 왔나이다(42:6, 7).

요셉을 죽이려고 음모했고 결국 그를 애굽에 노예로 팔았던 형들이 드디어 요셉 앞에 섰습니다. 그들은 자기 앞에 서 있는 사람 이 누구인지 모른 채 곡식을 팔라고 부탁하고 있습니다. 이들이 요 셉 앞에 서게 된 것은, 아마도 외국인은 먼저 총리의 허락을 받아야 했기 때문이었는지도 모르겠습니다. 혹은 요셉이 언젠가는 형들이 곡식을 사러 올 줄 알고 기다리고 있었을지도 모르겠습니다. 이유 가 어떻든 간에 그들은 지금 요셉의 눈앞에 서 있습니다.

요셉은 모든 권력을 가진 자로서 얼마든지 그들을 죽일 수 도 있고 살릴 수도 있습니다. 예전에 읽은 책 중에, 우여곡절 끝에 크게 성공한 어떤 사람이 옛날의 원한 관계를 갚기 위해 일곱 명의 원수를 외딴 별장에 초청하는 추리소설이 있었습니다. 그는 그렇게 불러 모은 사람들을 한 명씩 한 명씩 죽여 나갑니다. 사람들은 같이 있던 이들이 이유도 없이 하나씩 죽어 가는 것을 보면서, 옛날에 자기들이 지었던 죄를 떠올리며 두려움과 공포에 떱니다.

요셉은 지금 애굽의 모든 권한을 다 가지고 있습니다. 그의 한마디에 형들은 한순간에 죽임을 당할 수도 있고 종신형에 처해질 수도 있습니다. 그런데 이 결정적인 순간에 요셉은 무엇을 생각했습니까?

> 요셉이 그들에게 대하여 꾼 꿈을 생각하고 그들에게 이르되 너희는 정탐들이라 이 나라의 틈을 엿보려고 왔느니라(42:9).

요셉은 이 결정적인 순간에 꿈을 생각했습니다. 요셉이라고 해서 화도 낼 줄 모르고 천사처럼 용서만 하는 사람으로 생각하면 안 됩니다. 그의 마음속에도 분노와 정욕과 보복하려는 마음이 있었습니다. 그러나 그는 그 결정적인 순간에 하나님의 말씀을 생각했습니다. 그것은 옛날에 자기가 꾸었던 꿈이었습니다. 어떤 꿈입니까? 형들과 함께 곡식을 베는데 자기 단은 서 있고 형들의 단이 일어서서 절하는 꿈입니다. 그 의미가 무엇입니까? 앞으로 흉년이 들 때 하나님께서 요셉의 곡식을 통하여 형들을 먹여 살린다는 것입니다. 즉 요셉은 하나님께서 자신을 이곳에 보내신 것은 곧 자신의 가족을 구원하기 위해서라는 사실을 생각한 것입니다.

이처럼 요셉은 형들을 만났을 때 복수를 하려고 하거나 섣불리 화해하려고 하는 대신, 말씀을 생각했습니다. '내가 오늘까지 오게 된 근본 원인이 어디 있는가? 하나님의 계획에 있다. 하나님의 계획은 기근 가운데 이들을 살려 내는 것이다. 나는 이들 중에 한 명도 죽게 하면 안 된다.' 이것이 요셉의 생각이었습니다.

결정적인 순간에 어떤 생각이 나느냐에 따라 운명이 달라집니다. 위기에 처했을 때 실패했던 과거나 용납할 수 없는 일들이 생각나면 그대로 무너져 버립니다. 그런데 하나님의 백성들은 결정적인 순간에 말씀이 생각납니다. 그러면 살아나게 되어 있습니다.

요셉이 형들을 보았을 때 지난 시절의 원한과 고통이 생각나지 않은 것이 아닙니다. 그러나 그의 중심을 잡게 해 준 것은 하나님의 말씀이었습니다. '하나님께서 나를 이곳에 보내신 것은 형제들에게 보복하게 하시기 위해서가 아니라, 그들을 구원하고 살리기 위해서이다'라는 것이 생각났어요. 그래서 그는 자기의 신분을 드러내서 그들에게 보복하려고 하거나 인간적으로 화해하려고 하지 않았습니다. 그 대신 어떻게 하면 이 열 명의 형제들과 남은 식구들을 이곳에 데리고 와서 앞으로의 흉년을 피해 살게 할 것인가를 생각했습니다.

그런데 어려움이 무엇입니까? 이들은 자기들이 필요로 하는 양식을 한 번 사 가지고 떠나면 그만입니다. 그러나 흉년은 앞으로도 수년 동안 계속될 것입니다. 그들은 이 애굽으로 와야만 7년 흉년에 살아남을 수가 있습니다. 그런데 무슨 재주로 가족들을 이곳으로 데려오며 특히 아버지와 베냐민을 데려올 수 있겠습니까?

게다가 이 열 명의 형들은 믿을 수 없는 사람들입니다. 예전에 그들을 전적으로 믿었다가 쓰라린 배신을 당한 적이 있지 않습니까? 이들을 통해서 아버지와 동생과 가족들을 구원하긴 해야 할 텐데 어떻게 그들을 믿을 수 있겠습니까? 만약 "내가 요셉입니다"라고 자기 신분을 쉽게 드러냈다가는 형들이 혼비백산해서 도망친 후 다시는 오지 않을지도 모릅니다. 여기에 또 오느니 가나안에서 그냥 죽으려 들지도 몰라요. 아버지한테 요셉이 살아 있다는 말은 꺼내지도 않을 테고, 어쩌면 동생 베냐민까지 노예로 팔아먹을지도 모릅니다. 문제는 어떻게 이들을 믿으며 어떻게 이들을 통해서 아버지와 동생을 애굽으로 데려오느냐 하는 것이었습니다.

요셉이 지금 고민하고 있는 것은 어떻게 하면 이들에게 멋진 복수를 하느냐가 아닙니다. 그가 고민하고 있는 것은 어떻게 이들을 잘 설득해서 자기가 있는 이곳으로 데려와 흉년의 재앙을 피하게 하느냐입니다. 애굽의 총리가 자기라는 것을 밝히면 형들은 다

시는 애굽으로 오려 하지 않을 것입니다. 그러면 아버지와 동생을
건질 수가 없습니다. 그래서 요셉은 형들을 심문하기 시작합니다.

> 너희는 정탐들이라 이 나라의 틈을 엿보려고 왔느니라(42:9 하).

아마 그 당시에 워낙 양식이 없었기 때문에 할 수만 있으면
애굽의 양식을 탈취해 가려는 자들이 많았던 것 같습니다. 요셉은
이들이 한꺼번에 많은 양식을 사러 온 걸 보니 개인의 자격으로 온
것이 아니라 어떤 나라의 첩자로 온 것이 분명하다고 하면서 그들
을 심문했습니다. "너희들은 정탐이다. 곡식을 훔쳐 가려고 온 떼도
둑들이다. 곡식을 사려고 왔다면 왜 열 명씩이나 왔느냐? 너희들은
정탐이 분명해!" 물론 형들은 이 사실을 극구 부인했습니다.

> 그들이 그에게 이르되 내 주여 아니니이다 종들은 곡물을 사러 왔나
> 이다 우리는 다 한 사람의 아들로서 독실한 자니 종들은 정탐이 아니
> 니이다 요셉이 그들에게 이르되 아니라 너희가 이 나라의 틈을 엿보러
> 왔느니라(42:10-12).

이들의 설명이 부족하다고 생각한 요셉은 그들을 계속 간첩
으로 몰아갔습니다. 그랬더니 그들의 입에서 아주 중요한 대답이
나왔습니다. 13절을 보십시오.

> 그들이 가로되 주의 종 우리들은 십이 형제로서 가나안 땅 한 사람의
> 아들들이라 말째 아들은 오늘 아버지와 함께 있고 또 하나는 없어졌
> 나이다

자신들이 정탐이 아니라는 것을 증명하려면 사실을 있는 그
대로 말하는 수밖에 없었습니다. 그래서 원래는 열두 형제였는데

그중에 하나는 없어지고 하나는 아버지와 함께 가나안 땅에 있다고 대답했습니다. 물론 형제들은 사실대로 말하지 않을 수 없어서 마지못해 한 말이었지만, 이것이 요셉에게는 아주 중요했습니다. 왜냐하면 아버지와 동생 베냐민이 아직 살아 있다는 사실을 알게 되었기 때문입니다.

형제들은 자기들 열 명이 형제의 전부라고 우기고 싶었을 것입니다. 그러나 총리가 워낙 무섭게 다그치니까 사실대로 털어놓을 수밖에 없었습니다. 그들이 말하기 가장 고통스러웠던 것은 '하나가 없어졌다'는 것입니다. 그들은 차마 자신들이 팔아먹었다고는 말할 수가 없었습니다. 그래서 그냥 '하나가 없어졌다'라고만 말합니다. 물론 그들은 그 없어진 '하나'가 바로 지금 그들을 심문하며 다그치고 있는 그 사람이라는 사실을 모르고 있습니다.

요셉은 이 말을 들으며 자기 가족들을 구원할 방법을 하나 생각해 냈습니다. 그것은 말째 아우를 데려오게 하는 것이었습니다. 베냐민이 오면 아버지는 오게 되어 있고, 아버지가 오면 다른 식구들은 다 따라오게 되어 있습니다. 그래서 요셉은 베냐민을 데려오라고 하면서 그때까지 형제들을 잡아 놓겠다고 합니다.

> 요셉이 그들에게 이르되 내가 너희에게 이르기를 너희는 정탐들이라 한 말이 이것이니라 너희는 이같이 하여 너희 진실함을 증명할 것이라 바로의 생명으로 맹세하노니 너희 말째 아우가 여기 오지 아니하면 너희가 여기서 나가지 못하리라 너희 중 하나를 보내어 너희 아우를 데려오게 하고 너희는 갇히어 있으라 내가 너희의 말을 시험하여 너희 중에 진실이 있는지 보리라 바로의 생명으로 맹세하노니 그리 하지 아니하면 너희는 과연 정탐이니라 하고 그들을 다 함께 삼일을 가두었더라(42:14-16).

요셉의 목적은 어떻게 해서든지 남은 가족들을 안전하게 애굽으로 데려와서 앞으로 남은 흉년을 피하게 하는 것입니다. 그래서 일단은 그들을 다 붙들어 놓고 막내를 데려오게 했습니다. 막내가 오면 결국 아버지도 올 것입니다. 베냐민은 하나님의 은혜에서 도망치지 못하도록 이들을 붙들어 매어 놓는 끈이었습니다.

하나님께서 우리에 대해 일하시는 방식도 이와 비슷합니다. 우리는 하나님 앞에서 내가 원하는 것만 딱 얻으면 도망쳐 버리려고 합니다. 그래서 재수할 때는 성경도 읽고 교회도 다니던 사람이 대학만 들어가면 다시는 나타나지 않습니다. 자녀나 부모가 병들었을 때는 그렇게 열심히 기도하던 사람이 병만 나으면 다시는 보이지 않습니다. 실업자로 있을 때는 교회의 모임이란 모임은 다 참석하던 사람이 직장이 생긴 다음부터는 교회에 발걸음도 하지 않습니다. 이제 대학도 들어가고 아픈 식구 때문에 걱정할 필요도 없어졌고 직장도 생겼으니 헬스도 다녀야 하고 운전도 배워야 하고 컴퓨터도 배워야지요. 신앙생활 할 틈이 어디 있습니까?

한번은 예수님께서 열 명의 문둥병자들을 말씀으로 치료하셨습니다. 그들은 예수님의 말씀대로 제사장에게 몸을 보이려고 가는 길에 문둥병이 치료되었다는 사실을 알게 되었습니다. 자기들의 몸이 나았다는 것을 안 순간 그들은 바빠지기 시작했습니다. 세상에서 버림받았을 때에는 마음에 여유가 있었어요. 그런데 세상으로 복귀할 가능성이 보이자마자 그들은 너무나도 바빠지기 시작했습니다.

결국 예수님 앞에 나아와서 감사한 사람은 누구였습니까? 사마리아 출신 문둥병자뿐이었습니다. 그는 사마리아인이었기 때문에 문둥병이 나아도 여전히 그 사회에서는 소외 계층이었습니다. 그래서 문둥병이 나았다고 해서 급히 가야 할 곳도 없었고 바빠질 일도 없었습니다. 예수님께 감사하기 위해 나아온 그는 결국 자기 삶 전체를 치료받았습니다. 예수님은 그의 육신만 치료해 주신 것이 아니라 그의 죄를 사해 주셨고 그 영혼과 인격과 삶 전체를 치료해 주셨습니다.

오늘날 많은 사람들은 복음을 가난이나 무지나 질병으로부터의 해방으로 생각합니다. 그래서 병 낫기 위해 교회에 오고 무언가 배우기 위해 교회에 오고 물질적인 축복을 구하기 위해 교회에 옵니다. 그런 사람들은 자기가 원하던 것을 얻으면 더 이상 교회에 다닐 이유를 찾지 못합니다. 물론 무지나 가난이나 질병은 우리가 극복해야 할 필요가 있는 문제들로서, 그 상태 그대로는 결코 풍성한 삶을 살 수가 없습니다.

그러나 하나님과의 관계가 회복되지 않는 이상 완전한 행복은 있을 수 없습니다. 왜냐하면 이 세상에 고난이 한두 가지만 있는 것이 아니기 때문입니다. 산 너머 산이에요. 마치 요셉의 형들이 한 번 양식을 사서 도망친다 해도 또다시 이 기근의 문제에 부딪쳐야 하는 것과 같습니다. 그들이 요셉과 진정으로 화해하지 않는 이상, 다시 말해서 그들이 과거에 지은 죄를 용서받지 못하는 이상, 그들은 기근의 문제를 해결할 수 없으며 완전한 안식을 누릴 수가 없습니다.

그래서 요셉은 그들이 이 은혜에서 도망치지 못하도록 자꾸 구실을 찾고 있고 중요한 한 부분을 붙들고 있습니다. 요셉이 이렇게 계속 질문하고 구실을 찾고 문제에 파고드는 이유는 이 20년의 공백을 메우는 일이 쉽지 않기 때문입니다. 자기를 죽이려고 했다가 노예로 팔아먹은 형들에 대한 불신을 한순간에 극복한다는 것은 결코 쉽지 않은 일이었습니다. 그리고 겨우 양식이나 주고 끝낸다면 이 문제는 결코 해결될 수가 없었습니다. 그들은 또 오든지, 아니면 굶어 죽어야 했습니다.

하나님은 우리의 결정적인 문제를 잡고 늘어지십니다. 건강이 좋지 않은 사람은 완전히 회복시키지 않고 조금만 고치십니다. 가난한 사람에게는 돈을 조금만 주십니다. 무식한 사람에게는 공부를 조금만 하게 하십니다. 다 주면 그때부터 자기 멋대로 돌아다닌다는 것을 아시기 때문입니다. 그 뒤로는 도저히 얼굴을 볼 수가 없어요. 그래서 우리의 결정적인 부분을 딱 붙들어서, 어쩔 수 없이 도망치지 못하고 하나님 주위에서 맴돌게 하십니다.

## 요셉의 위로와 형들의 뉘우침

요셉은 형들이 심하게 위축될까 봐 그들을 가둔 지 3일 후에 풀어 주면서 위로합니다.

> 삼일 만에 요셉이 그들에게 이르되 나는 하나님을 경외하노니 너희는 이같이 하여 생명을 보전하라 너희가 독실한 자이면 너희 형제 중 한 사람만 그 옥에 갇히게 하고 너희는 곡식을 가지고 가서 너희 집들의 주림을 구하고 너희 말째 아우를 내게로 데리고 오라 그리하면 너희 말이 진실함이 되고 너희가 죽지 아니하리라 그들이 그대로 하니라(42:18-20).

요셉은 형제들에게 해결의 실마리를 보여 주고 있습니다. 그 실마리가 무엇입니까? 그것은 자기도 하나님을 경외한다는 것입니다. 이 말 한마디는 마치 어둠 가운데 비치는 빛과 같았습니다. 조금 전까지만 해도 바로의 이름으로 맹세를 한다고 하니 '하나님을 모르는 이 사람을 어떻게 대해야 할까' 절망스러웠는데, 그도 하나님을 경외한다는 것입니다. 다시 말해서 이 말은 '너희가 진심으로 하나님을 믿는다면 겁낼 것 없다'는 뜻과 같습니다.

요셉은 원래 이들을 다 가둬 놓고 한 명만 보내서 베냐민을 데려오게 할 작정이었습니다. 그런데 그렇게 하면 가족들이 너무 굶주리게 된다는 것을 알았습니다. 그래서 한 명만 붙들어 놓고 나머지 아홉 명을 보내 줍니다. 즉 이 붙들린 한 명은 그들이 다시 오지 않으면 안 되게 만드는 인질인 셈입니다.

원래도 애굽에 오기 싫었는데 일이 이렇게 복잡하게 꼬이자, 형제들 사이에서 자연스럽게 자신들 안에 있는 죄에 대한 고백이 나오게 되었습니다. 21절과 22절을 보십시오.

> 그들이 서로 말하되 우리가 아우의 일로 인하여 범죄하였도다 그가 우리에게 애걸할 때에 그 마음의 괴로움을 보고도 듣지 아니하였으므로 이 괴로움이 우리에게 임하도다 르우벤이 그들에게 대답하여 가로되 내가 너희더러 그 아이에게 득죄하지 말라고 하지 아니하였느냐 그래도 너희가 듣지 아니하였느니라 그러므로 그의 핏값을 내게 되었도다 하니

지금까지 형제들은 요셉의 이야기를 아무도 입 밖에 내지 않았던 것 같습니다. 그러나 애굽의 총리로부터 정탐일지도 모른다는 의심을 받고 생사가 위태로워지자, 그 옛날 요셉을 팔 때 마음속에 양심의 가책이 있었는데도 불구하고 그를 노예로 판 것이 기억나면서 '이 일은 그 죄값'이라는 말이 나오게 된 것입니다. 그들에게도 양심은 있었습니다. 동생을 살려 주고 싶은 마음이 있었어요. 그런데도 그 마음을 억누르고 팔아먹은 것입니다. 이 이야기를 할 때에도 가장 용감한 사람은 역시 그때 요셉을 살리려고 했던 르우벤이었습니다.

그들은 요셉과 자기들 사이에 통역관이 있었기 때문에 요셉이 이 말을 알아듣지 못할 것이라고 생각했지만, 그는 그 말을 듣고 나가서 울었습니다.

> 요셉이 그들을 떠나가서 울고 다시 돌아와서 그들과 말하다가 그들 중에서 시므온을 취하여 그들의 목전에서 결박하고(42:24).

요셉이 울음을 참고 있다가 다른 곳에 가서 운 다음 다시 아무렇지도 않은 모습으로 돌아온 것은, 그가 얼마나 자신의 감정을 자제하고 절제했는가를 보여 줍니다. 사람은 자기가 가장 어렵고 비참했던 시절의 이야기를 들을 때 감정이 북받쳐오르고 울음을 참지 못하는 법입니다. 그러나 요셉은 그것을 누른 채 사람들 앞에서 눈물을 보이지 않았습니다. 그는 아직도 형들을 믿을 수 없었을 뿐 아니라 여기서 섣불리 정체를 드러내는 것은 하나님의 뜻을 이루는 데 전혀 도움이 되지 않는다는 사실을 알고 있었기 때문입니다.

회개는 요셉의 형들처럼 단순히 과거를 뉘우치는 것이 아닙니다. 이 형제들 사이에서는 아직도 서로에게 책임을 전가시키려는 모습이 나타나고 있습니다. 이것은 진정한 의미의 회개가 아닙니다. 진정한 회개는 삶의 방식을 고치는 것입니다. 자신의 길을 바꾸는 것입니다. 생각과 가치관과 생활 습관을 뜯어고치는 것입니다.

요셉은 아직도 형들을 믿을 수가 없었습니다. 과거를 이야기하면서 뉘우치고는 있지만, 아직 무엇이 달라졌는지는 확인할 수가 없었습니다. 그래서 그는 감정을 절제하면서 자신의 신분을 여전히 감춘 채 일단 그들을 돌려보냅니다. 그리고 베냐민을 데려오느냐를 보고 그들의 진심을 확인하고자 합니다.

그러면 형들이 어떻게 해야 진정한 회개가 되겠습니까? 자신들이 동생을 팔아먹은 죄인임을 인정하고 기꺼이 그 죄를 짊어져야 합니다. 요셉을 팔게 만든 근본 원인은 하나님의 말씀을 인정하지 못하는 시기심에 있었습니다. 그러므로 그들이 진정으로 회개한다면 자신을 주장하려는 지금까지의 자세를 버리고 말씀으로 돌아와야 합니다. 말씀이 살리든지 죽이든지 거기에 전적으로 자신을 맡겨야 합니다.

오늘 본문이 우리들에게 말씀하고 있는 것이 무엇입니까? 참된 신앙을 가진 사람은, 신앙이 없거나 혹은 신앙이 있다 하더라도 말씀대로 살지 않는 부모나 형제 사이에서 분리와 갈등을 겪을 수 있다는 것입니다. 그런데 여기서 중요한 문제는 우리가 그들을 도울 수 없다는 데 있습니다. 요셉과 그의 형제들은 서로 다른 환경에서 별개의 삶을 살았습니다. 무려 20년 동안 요셉은 형제들을 도울 수 없었습니다. 그리고 사실은 그들을 돕기는커녕 요셉이 오히려 더 비참하게 살았습니다. 형들은 다 풍족하게 살았는데 유독 요셉만 노예와 죄수로 살았어요. 그런데 어떻게 형들을 돕습니까? 자기 앞가림도 못하는 주제에 어떻게 부모를 도울 수 있고 형제들을 도울 수 있습니까?

그러나 하나님께서 그 백성들을 이렇게 낮추시고 가까운 식구들로부터 무시당하게 하시는 것은 그들을 진정으로 사랑하시기 때문입니다. 이들을 미리 고난으로 훈련시켜서 절대로 하나님을 떠나는 일이 없도록 미리 다져 놓으시는 것입니다. 하나님은 그 후에 형제들과 친척들과 예전에 생각이 달라서 헤어졌던 신앙의 동지들을 반드시 만나게 하십니다. 언제 만나게 하십니까? 인생의 위기가 닥쳤을 때 만나게 하십니다.

우리의 인생에 한두 번은 반드시 그런 위기가 찾아오게 되어 있습니다. 하나님께서는 그 위기 가운데 자기 백성을 통해 그들을 도우십니다. 그때 우리에게 생각나야 하는 것이 무엇입니까? 만약 20년, 30년 전의 섭섭했던 감정들이 살아난다면 큰일입니다. 그러면 그 중요한 순간에 마음이 닫히게 되고, 다시는 그와 같은 기회가 오지 않을 것입니다.

그때 우리에게 생각나야 하는 것은 말씀입니다. 하나님이 우리를 세상에 보내신 것은 이 세상을 심판하기 위해서가 아니요 구원하기 위해서라는 주님의 말씀이 생각나야 합니다. '심판과 보복은 나에게 달린 것이 아니라 아버지께 속한 것이고, 내가 보냄을 받은 것은 남의 잘못을 지적하고 공격하고 심판하기 위해서가 아니라 그들을 돕고 구원하기 위해서이다'라는 생각이 나야 합니다.

요셉은 이 일이 쉽지 않다는 것을 알았습니다. 형제들이 원하는 것은 요셉과 화해하는 일이 아닙니다. 그들은 곡식만 얻으면 됩니다. 그래서 요셉은 결정적인 순간에 베냐민이라는 담보를 요구했습니다. 형들이 하나님의 은혜에서 달아나지 못하게 하기 위해서였습니다. 곡식만 얻고 달아나 버린다면 그동안의 고생이 무슨 소용이 있겠습니까?

오늘날 많은 사람들이 교회에 올 때의 심정이 이런 것입니다. 세상이 워낙 믿을 만하지 못하다 보니 교회도 믿을 수가 없습니다. 그래서 절대로 교회에 붙들리지 않을 결심을 아예 하고 와요. 교회에 약간이라도 의심가는 구석이 있거나 상처받을 가능성이 있거나 자기에게 부담을 주려고 하는 부분이 있는 것 같으면 다시는 오려고 하지 않습니다.

교회가 처음 교회를 찾아오는 사람들에게 요구할 수 있는 담보는 무엇일까요? 아무것도 없습니다. 교회는 여러분에게 아무것도 요구하지 않습니다. 그러나 주님은 여러분의 삶 전체를 요구할 것입니다. 그분은 중요한 어떤 부분을 붙잡으시고, 절대로 여러분 마음대로 결정하지 못하게 하실 것입니다. 중요한 것을 끝까지 물고 늘어져서 하나님의 은혜 주위를 맴돌다가 결국은 하나님의 백성이 되게 하시고야 말 것입니다. 결혼의 문제가 있는 사람한테는 결혼을 물고 늘어질 겁니다. 공부의 문제가 있는 사람한테는 공부를 물고 늘어질 것입니다. 또 병이 있는 사람은 완치시켜 주지 않으실 것입니다. 그렇게 하시지 않으면 이 세상에서 예수 믿을 사람이 아무도 없습니다.

요셉이 철저하게 자신의 감정을 절제하는 모습을 보십시오. 인간적인 정이나 눈물은 사람들의 마음만 약하게 만들 뿐, 아무것도 해결해 주지 못합니다. 그래서 사랑하면 사랑할수록 더 감정을 절제해서, 결국 그가 하나님 앞에서 바른 모습을 회복하게 해야 합니다. 사람들끼리는 눈물 흘리고 기뻐했는데 하나님께는 등을 돌리고 돌아가 버린다면 그 눈물이 무슨 소용이 있으며, 그 기쁨이 무슨 유익이 있습니까?

우리가 연단받는 동안 믿지 않는 가족들을 위하여 아무것도 할 수 없다는 사실을 가슴아파하며 스스로 비관하게 될 수 있습니다. 그러나 비관하지 마십시오. 그들과 참으로 화해하고 하나 되는 길은 내가 하나님께 가까이 가는 것입니다. 내가 하나님께 가까이 가기만 하면 언젠가는 다 하나가 되게 되어 있어요. 아무리 서로 오해하고 욕하고 틀어졌더라도 결국은 다 하나가 되게 되어 있습니다.

그러면 우리는 그런 때가 올 때까지 제사 모임이나 가족들의 만남을 전적으로 부정하고 그들과의 관계를 완전히 단절해야 합니까? 그럴 필요는 없습니다. 절은 하지 않아도 음식 만드는 것은 도와줄 수 있습니다. 옛날에는 음식 만드는 것까지 교회에서 금지했지만, 그렇게까지는 하지 않아도 됩니다. 그러나 그것이 진정한 화해나 형제 우애는 아니라는 사실은 알 필요가 있습니다. 때로는 그렇게 제사를 잘 지내던 형제가 금전적인 문제로 얽혀 원수처럼 되는 경우도 있어요.

신앙 없는 식구들은 신앙 가진 사람들과 근본적으로 다를 수밖에 없습니다. 왜냐하면 그들은 앞으로 닥칠 하나님의 심판을 모르기 때문입니다. 신앙 없는 식구들이나 우리가 매일 겪는 여러 가지 어려움들은 앞으로 있을 대심판의 예고편입니다. 우리는 그들의 마음이 이런 어려움들로 낮아져 있을 때 주 안에서 그들을 끌어안고 사랑해야 하며, 우리가 살아 있을 때 하나 되는 귀한 축복이 올 수 있도록 기도해야 합니다.

저에게는 한때 신앙의 차이로 사이가 멀어졌던 사람들이나 단체가 있었습니다. 굳이 어떤 이유가 있어서라기보다는 서로 미숙하기 때문에 오해도 하고 좋지 않은 감정이 생기기도 하면서 멀어진 것입니다. 그러나 시간이 지나고 하나님과 좀더 가까워졌을 때,

하나님께서는 우리 모두를 하나 되게 하셨고 예전보다 더 가까워지게 하셨습니다. 물론 감정적인 앙금들이 남아서 걸림돌이 될 때도 있었지만, 하나님께서는 그 모든 것을 뛰어넘어 아름답게 화해하게 하셨습니다.

그리고 저의 친형제들 중에도 신앙적으로 갈라져서 만나지 않은 지 몇 년씩 되는 분들이 있습니다. 저는 언젠가는 하나님께서 그분들과도 귀한 만남의 시간을 주시리라 확신하고 있습니다. 하나님께서는 믿는 형제들을 통해서 다른 형제들에게 그분의 사랑이 전해지기를 원하시기 때문입니다. 우리가 마음만 닫지 않고 있다면, 언젠가는 그런 아름다운 순간이 올 것입니다. 요셉도 무려 20년 동안이나 가족을 만나지 못한 채 하나님을 생각하면서 그분의 뜻을 행하니까, 결국 하나님께서 하나 되게 하시지 않았습니까? 인간적인 방법으로 억지로 하나가 되려고 신앙도 버리고 감정도 절제하지 못할 때, 오히려 우리는 그들에게 도움이 되지 못할 것입니다.

사랑하는 성도 여러분, 하나님께 가까이 가는 것이 하나 되는 길입니다. 부부 사이에서도 하나님께 가까이 나아가는 것이 하나 되는 길이고, 형제 사이에서도 하나님께 가까이 가는 것이 하나 되는 길입니다. 친구들 사이의 진정한 우정도 마찬가지입니다. 언젠가는 그 기쁨의 날이 올 것입니다. 언젠가는 그 결정적인 순간에 우리 안에 있는 진실을 그들이 보게 될 날이 올 것입니다.

오늘 말씀을 통해서 우리가 깨닫게 되는 것이 무엇입니까? 하나님의 말씀은 반드시 성취되고야 만다는 것입니다. 무려 20년이 흘렀지만 결국 요셉의 꿈은 성취되었고 그 모든 영광은 하나님의 말씀을 붙든 자의 것이 되었다는 것을 잊지 마시기 바랍니다.

# 17

## 싸우면서 가는 길

전에 한 번도 가본 적이 없는 길을 버스를 타고 가거나 직접 차를 운전해서 가야 할 때, 지금 자기가 바른 길을 제대로 가고 있는지, 아니면 잘못된 길을 들어섰는지 알 수 없어서 불안한 경우가 있습니다. 다시 말해서 바른 길을 가고 있으면서도 확신이 없어서 불안해하거나, 함께 가는 사람과 심하게 다투는 때가 있다는 것입니다. 그런데 나중에 알고 보면 그 길은 바른 길입니다. 단지 목적지가 생각보다 늦게 나타났을 뿐입니다.

가끔 부부들도 이런 일을 경험합니다. 생전 가본 적이 없는 길을 운전하면서 부부가 함께 갑니다. 앞에 갈림길이 나왔는데, 아내가 한 길을 가리키며 "저 길이 맞을 것 같네" 합니다. 그래서 그 길로 들어섰는데 가도 가도 목적지가 나오지 않습니다. 그러면 부부간에 다툼이 시작되지요. 남편은 아내에게 "왜 잘 알지도 못하면서 이 길로 들어오자고 한 거야? 당신은 매사가 이런 식이야!" 하고 구박합니다. 아내도 지지 않고 "당신이 하도 모른다고 해서 도우려고 했을 뿐인데, 왜 화를 내고 그래?" 하면서 항의합니다. 그러면 남편은 또 다른 핑계를 대면서 계속 화를 내지요. 그래서 사실은 바른 길을 가고 있으면서도 확신이 없어서 계속 싸우고 다투면서 갈 때가 있습니다. 사실 그 길이 바른 길이라는 보장도 없지만 꼭 그 길이 틀렸다는 증거도 없어요. 그러나 불안하기 때문에 기왕 주어진 길인데도 서로 다투고 불평하면서 가는 것입니다.

오늘 본문에서 우리는 야곱과 그의 아들들이 애굽에 다시 양식을 사러 가는 문제를 두고 두려워하며 심하게 다투는 모습을 볼 수 있습니다. 그들이 애굽에 양식을 사러 가는 것은 이미 하나님께서 오래전에 정해 놓으신 바른 길입니다. 하나님께서는 아주 심한 흉년이 임할 줄 알고 미리 요셉을 애굽에 보내서 그 길을 준비해 놓으셨습니다. 그러나 그들은 하나님이 예비해 놓으신 축복의 길을 가면서도 서로 싸우고 다투고 원망하며 상처를 주었습니다.

그 이유가 무엇입니까? 이 길이 하나님이 예비하신 길이라는 확신이 없었기 때문입니다. 그래서 그들은 감사해야 할 일을 오히려 두려워했고, 기뻐해야 할 일로 오히려 서로 원망했습니다.

## 왜 하필 우리에게 이런 일이 일어났을까?

우리는 가족 가운데 한 명이 교통사고를 당했다든지 부모님이 금방 회복될 수 없는 무서운 병에 걸려서 자리에 눕게 될 때 "왜 하필 우리에게 이런 일이 일어나는지 모르겠다"는 말을 할 때가 많습니다. '이 세상에 수많은 사람들이 있는데 왜 하필이면 나에게, 우리 아버지에게 이런 사고가 일어나고 이런 병이 찾아오는지 모르겠다'는 것입니다.

오늘 본문에서 요셉의 형들은 자기들이 지불한 곡식값이 도로 곡식 부대 자루 안에 들어 있는 것을 보고 너무 두려운 나머지 "하나님이 어찌하여 우리에게 이 일을 행하셨는고?" 하면서 벌벌 떨고 있습니다.

이 본문의 내막은 이렇습니다. 요셉은 형들이 자기 이야기를 하는 것을 듣고 울음을 참을 수가 없었습니다. 그래서 그 자리를 떠나 다른 곳에서 울고 다시 돌아왔습니다. 그리고 조금 전에 자신이 말했던 대로 시므온을 그들이 보는 앞에서 결박해서 묶은 다음, 나머지 형제들에게 곡식을 주어 보냈습니다. 그는 형들이 지불한 곡식값을 도로 자루 안에 넣었습니다. 이것은 그들에 대한 요셉의 애정 표현이었습니다. 그렇지 않아도 흉년에 쪼들릴 텐데 곡식값까지 내고 가면 얼마나 더 어렵겠습니까? 그래서 그들을 조금이라도 도울 생각으로 아무 소리 없이 돈을 각자의 자루 속에 도로 넣어 준 것입니다.

그런데 이 돈 때문에 문제가 생겼습니다. 집으로 돌아가는 도중에 형제들 가운데 한 사람이 객점에서 나귀에게 먹이를 주려고 자루를 풀다가 돈이 들어 있는 것을 발견했습니다. 그는 다른 형제들에게 이 사실을 알렸고, 그들은 너무나도 놀란 나머지 거의 혼이 떠날 지경이 되었습니다. 그들은 "하나님이 어찌하여 우리에게 이 일을 행하셨는고?"라고 말하며 벌벌 떨었습니다.

우리가 보기에는 야곱의 아들들이 돈을 보고 이렇게 놀라는 것이 잘 이해되지 않을 수도 있습니다. 돈이 도로 들어와 있으면 어쨌든 좋은 것 아닙니까? 우리 같으면 일단 쓰고 보지 않을까요?

은행에서는 돈이 모자라는 것도 문제지만 돈이 남으면 더 큰 문제입니다. 은행원들은 은행 문이 닫힌 뒤에도 밤늦게까지 남아서 입금과 출금을 맞추는데, 그 액수가 10원 단위까지 정확하게 맞아야 합니다. 돈이 모자라면 자기 돈으로 채워 넣기라도 하겠지만, 돈이 남으면 정말 큰일입니다. '어떻게 이런 일이 나에게 일어났을까! 많은 은행원이 있는데 왜 하필이면 나한테 이런 일이 생긴 걸까!' 하는 생각이 들면서 벌벌 떨려요. 돈이 남는다는 것은 자기가 모르는 사이에 어디에선가 중요한 사무착오가 생겼다는 의미이기 때문입니다.

지금 야곱의 아들들이 돈이 도로 들어 있는 것을 보고 그렇게 두려워하고 놀라는 이유가 무엇입니까? 왜 거의 죽게 된 사람들처럼 "하나님이 어찌하여 우리에게 이 일을 행하셨는고?"라고 중얼거리는 것입니까? 자기들이 알지 못하는 가운데 무언가 중요한 일이 잘못되었다고 느꼈기 때문입니다. 지금 눈앞에는 많은 돈이 남아 있습니다. 그러나 중요한 것은 돈이 이렇게 남아 있다는 사실 그 자체가 아닙니다. 중요한 것은 이 남아 있는 돈이 무엇을 의미하느냐를 자신들이 모르고 있다는 것입니다.

> 그들이 곡식을 나귀에 싣고 그곳을 떠났더니 한 사람이 객점에서 나귀에게 먹이를 주려고 자루를 풀고 본즉 그 돈이 자루 아구에 있는지라 그가 그 형제에게 고하되 내 돈을 도로 넣었도다 보라, 자루 속에 있도다 이에 그들이 혼이 나서 떨며 서로 돌아보며 말하되 하나님이 어찌하여 우리에게 이 일을 행하셨는고 하고(42:26-28).

요셉의 형들은 돈이 도로 돌아온 것을 보면서 무슨 생각을 했을까요? 그들은 애굽 땅의 총리를 매우 악한 사람으로 생각했습니다. 아마도 다른 나라 사람들에게 생트집을 잡아서 그들을 죽이고 재산을 강탈하는 사람으로 생각했던 것 같습니다. 그런데 돈이 자루 안에 도로 들어 있는 것을 보게 되자, '이제 너희 차례다' 하는 경고로 받아들인 것입니다.

애굽에 곡식을 사러 온 사람들은 비단 야곱의 아들들만이 아닙니다. 주위에 있는 수많은 나라 사람들이 곡식을 사기 위해 애굽으로 몰려들었습니다. 그런데 하필 왜 자신들이 애굽 총리의 눈에 잘못 보여서 재앙의 대상이 된 것입니까? 그들은 그 악한 총리가 이 일을 빌미 삼아 자신들을 모두 잡아 죽일 계획을 가지고 있는 것으로 생각했습니다. 그들이 보기에 이 돈은 '이제 너희들은 다 죽은 목숨인 줄 알라'는 애굽 총리의 통보였습니다.

세계적으로 유명한 테러 집단이 있다고 합시다. 그들은 어떤 사람을 암살하기 전에 반드시 예고를 합니다. 이를테면 자기들의 문장(紋章)이 새겨진 카드를 그 사람의 집에 남기는 식입니다. 그런데 어떤 사람이 회사에 출근해 보니 자기 책상 위에 그 카드가 놓여 있었다고 합시다. 그 사람이 얼마나 두렵겠습니까? 아마 자기는 이미 죽은 거나 다름없다고 생각하면서 "왜 하필 나에게 이런 일이 일어난단 말인가!"라고 탄식할 것입니다. '이 세상에 사람들이 얼마나 많은데, 하필이면 내가 재수없이 그 테러단한테 찍혀서 이렇게 죽음을 면치 못하게 되었느냐'는 것이지요.

지금 요셉의 형들은 일종의 추측을 하고 있습니다. 그들은 애굽 총리가 매우 엄하고 지독하며 더욱이 자기들에게는 거의 적대적이기까지 한 인물이라고 생각했습니다. 그런데 그 사람에게 준 돈이 도로 자루 안에 들어와 있다는 것은, 결국 그가 자기들과 거래할 생각이 없으며 자기들을 죽이려 한다는 표시로밖에는 보이지 않았습니다. 그들은 마치 바로 등 뒤에서 애굽 군대가 추격해 오는 것처럼 두려워하며 떨었습니다.

요셉의 형들이 이런 상태에 빠지게 된 이유가 어디에 있습니까? 그들의 마음속에 확신이 없었기 때문입니다. 만일 그들의 마음속에 애굽에서 양식을 구하는 것이 하나님의 뜻이라는 확신만 있었다면 이 정도로 심하게 놀라거나 충격을 받지는 않았을 것입니다. 그러나 그들은 확신 없이 애굽에 왔고 확신 없이 곡식을 사서 가나안으로 돌아가는 길이었습니다. 그러던 중에 자신들이 예측하지 못한 일이 생기자 "우리가 모르는 가운데 엄청난 음모가 일어나고 있구나. 우리는 이제 죽은 목숨이다. 하나님은 어째서 우리에게 이런 일을 당하게 하시는가?" 하면서 놀라지 않을 수 없었던 것입니다. 왜 그들에게 이렇게 확신이 없었습니까? 이미 오래전부터 하나님의 말씀을 붙들지 않고 살아왔기 때문입니다.

요셉은 지금까지 오직 하나님의 말씀 하나만 붙들었습니다. 그는 어렸을 때 하나님이 주신 꿈을 한 번도 잊은 적이 없습니다.

물론 노예가 되고 죄수가 되었을 때에는 그도 두려웠습니다. 그러나 지금 이 형들만큼은 아니었습니다. 그는 그 어려움 속에서도 결코 자포자기하지 않았습니다. 그런데 지금 이들은 하나님이 예비하신 복된 길을 가면서도, 이 귀한 선물을 받고서도, 마치 이 돈이 자기들을 죽이려는 최후의 통첩인 양 추측함으로써 거의 죽기 직전의 상태에 이르렀습니다.

이것을 볼 때 우리가 이 세상에서 하루하루 살아가는 데 가장 중요한 것은 돈이 많이 생기느냐 아니냐, 일이 잘되느냐 아니냐가 아니라, 자신이 지금 바른 길을 가고 있다는 확신이라는 사실을 알 수 있습니다. 마음속에 확신만 있다면 아무리 예기치 못한 일이 일어나도 기다릴 수 있으며, 좋은 일이 일어날 때는 또 그때대로 감사하는 마음으로 찬송하며 살아갈 수 있습니다.

사실 우리는 요셉의 형들과 같은 삶을 매일 살아가고 있습니다. 우리는 어떤 일이 일어났을 때 그 일이 좋은 일인지 아니면 멸망의 징조인지를 알지 못해서 이런 저런 추측과 고민을 거듭하는 가운데 사실은 좋은 일임에도 불구하고 절망에 사로잡힐 때가 많습니다. 그러나 나타나는 현상보다 중요한 것은 그 현상 안에 들어 있는 의미입니다. 돈이 자루 안에 들어 있다는 사실 그 자체보다 더 중요한 것은 그 사실 안에 들어 있는 의미입니다.

제가 생각하기에 사람이라면 누구나 요셉의 형들처럼 하는 것이 정상적인 반응 같습니다. 왜냐하면 사람들은 눈에 보이는 이면의 사실을 알지 못하기 때문입니다. 애굽의 총리가 자기 동생이며 아직 자기들에게 애정을 가지고 있다는 사실만 알면 아무 문제될 것이 없습니다. 그러나 사람이 어떻게 그런 것까지 알 수 있겠습니까?

요셉이 돈을 도로 넣어 준 것은 자기 본심을 밝힌 것입니다. 겉으로는 그들을 심하게 대했을지 모르지만 그의 마음속 깊은 곳에는 아직 그들에 대한 애정이 남아 있다는 뜻이에요. 그러나 형제들 중에는 그것을 해석할 수 있는 능력을 가진 자가 없었습니다. 그래서 그들은 호의를 받으면서도 오히려 자기들을 해치려는 음모로 생각해서 두려워 떤 것입니다.

여기서 우리가 알 수 있는 것이 무엇입니까? 나타나는 현상보다 중요한 것은 그 안에 들어 있는 의미라는 것입니다. 돈이 자루 안에 도로 들어 있다는 사실보다 더 중요한 것은 그 안에 들어 있는 의미입니다. 다시 말해서 그 돈이 자루에 들어 있다는 사실이 형제들을 죽이겠다는 경고냐, 아니면 호의의 표시냐를 판단하는 일이 중요한 거예요.

우리에게 중요한 문제는 하루하루 일어나고 있는 일들의 의미입니다. 그래서 저는 신문에서도 시사평론을 가장 재미있게 읽습니다. 단순히 우리 사회 안에 어떤 사건이 발생했는가보다 그 사건의 발생이 우리들에게 주는 의미가 무엇인가에 관심이 있기 때문입니다. 그 사건은 우리가 이미 극복할 수 없는 병적 상태에 빠져 있다는 징후인가, 아니면 우리 안에 있는 문제들의 일부에 불과하냐 하는 것이지요.

그렇다면 이 모든 것을 평가할 수 있는 기준은 무엇일까요? 어떤 이들은 그 기준을 문화의 확산 원리에서 찾습니다. 결국 인간의 문화는 퍼지게 되어 있기 때문에 외국에서 일어난 경향들은 반드시 우리나라에도 나타나게 되어 있다는 것입니다. 예를 들어 외국에서 펑크족이 오토바이를 타고 다니면 몇 년 후에 우리나라에도 펑크족들이 나타난다는 식이지요. 그래서 어떤 기업가들은 신년만 되면 일본 도쿄에서 몇 주씩 보내면서 신년 구상을 한다고 합니다. 우리나라 문화는 결국 몇 년 간격으로 일본을 줄기차게 따라가기 때문에 일본의 모습을 보면서 미래의 한국을 미리 그려 보는 것이지요. 또 어떤 이들은 정치적인 파워게임의 관점에서 그런 현상들을 해석하려 들기도 합니다. 누가 뭐라고 해도 결국 힘센 쪽으로 무게 중심이 기울게 되어 있다는 것입니다.

333

그러나 이런 것들은 모두 일반적인 원리일 뿐이지, 오늘 나에게 일어난 일이 무슨 의미를 가지고 있으며 그 일이 내가 오늘 먹고사는 문제와 무슨 관계가 있는지는 말해 줄 수가 없습니다. 그래서 사람들이 점쟁이나 무당을 찾는 것입니다. 자기에게 어떤 일이 일어났는데 그 의미가 무엇이냐, 그 일이 앞으로 자기 일생에 좋게 작용하겠느냐 나쁘게 작용하겠느냐를 알고 싶은 것이지요.

우리에게 일어나는 모든 일은 신앙적인 의미를 가집니다. 다시 말해서 우리에게 일어나는 모든 일 중에서 하나님의 허락 없이 일어나는 일은 아무것도 없습니다. 예수님은 "참새 다섯이 앗사리온 둘에 팔리는 것이 아니냐? 그러나 하나님 앞에는 그 하나라도 잊어버리시는 바 되지 아니하는도다"(눅 12:6)라고 말씀하셨습니다. 원래 앗사리온은 화폐의 단위로서, 한 앗사리온으로 참새 두 마리를 살 수 있었습니다. 그런데 두 앗사리온을 주면 한 마리를 더 끼워서 다섯 마리를 살 수 있었습니다. 그만큼 참새는 가치가 없었어요. 그런데 그 보잘것없는 참새를 하나님이 잊지 않으신다는 것입니다. 이 세상에서 일어나는 모든 일은 그것이 좋은 일이든 나쁜 일이든 하나님의 허락 없이는 결코 일어날 수 없습니다.

그래서 나에게 일어나는 일의 의미를 파악하는 기준은 곧 나의 신앙이요 신학입니다. 즉 내가 하나님께 대하여 믿고 있는 바가 나에게 일어나는 모든 일을 해석할 수 있는 근거가 된다는 뜻입니다. 평소에는 돈이 많으면 위로가 됩니다. 그러나 위기의 순간이 되면 돈 많은 것이 그렇게 위로가 되지 않습니다. 중요한 것은 오늘 나에게 일어난 일에 대한 신앙적인 해석입니다.

사람들은 정보를 수집하고 다른 사람들의 말을 듣는 데 대단히 재빠릅니다. 그러나 중요한 것은 그 모든 정보나 소문에 대한 평가와 해석입니다. 우리는 그 해석에 따라 확신을 얻을 수도 있고 절망에 빠질 수도 있습니다.

이 해석의 기준이 되는 신앙은 성경에서 나오게 되어 있습니다. 우리는 성경을 통해 '하나님께서 오늘까지 이렇게 일하셨다면 앞으로도 이렇게 하실 수밖에 없다'는 확신을 얻습니다. 이것을 예수님은 '마음의 빛'이라고 말씀하셨습니다.

> 예수께서 또 일러 가라사대 나는 세상의 빛이니 나를 따르는 자는 어두움에 다니지 아니하고 생명의 빛을 얻으리라(요 8:12).

예수님이 "나는 세상의 빛"이라고 말씀하실 때의 '빛'과 "생명의 빛을 얻으리라" 하실 때의 '빛'은 같은 것이 아닙니다. 예수님은 참된 빛의 근원으로서 '빛'이십니다. 다시 말해서 그는 이 혼탁한 세상 가운데서 하나님의 진리를 실현해 나가시는 분입니다. 예수님은 역사를 주관하며 악의 세력을 억제하여 악이 진리를 이기지 못하게 막음으로써 결국 하나님의 뜻이 이루어지게 하시는 진리의 주체로서 '빛'입니다.

반면에 우리가 얻는 '빛'은 이 혼탁한 세상에서 하나님의 선한 뜻을 분별해서 확신을 가지고 살아가는 힘을 말합니다. 그런 분별력을 가진 사람은 결코 망하지 않는다는 점에서 그는 "생명의 빛"을 얻은 것입니다. 마음속에 하나님이 주시는 확신을 가지고 사는 사람은 멸망하지 않습니다. 그리고 그 사람을 따라가는 사람도 멸망하지 않습니다. 그러나 눈앞에 일어난 현상만 보면서 이 사람 저 사람 말에 솔깃해하며 이 생각 저 생각 사이에서 정처 없이 떠도는 사람은 '어두움' 가운데 있습니다. 그는 결국 그 어두움 속에서 방황하다가 죽을 것입니다.

하나님 백성들의 마음속에는 빛이 있습니다. 그 빛은 '내가 보기에는 정처 없이 길을 가고 있는 것 같지만 하나님께서는 나의 걸음을 정확하게 인도하고 계신다'는 확신입니다. 나는 방황하고 있는 것 같지만 사실은 이게 직진 코스라는 거예요. 나는 헤매고 있는 것 같지만 사실은 너무나도 정확하게 하나님이 예비해 놓으신

335

길을 걸어가고 있다는 것입니다. 이 확신, 이 빛이 모든 두려움을 내쫓습니다.

확실한 길을 가고 있다는 확증도 없지만 그렇다고 확실히 틀린 길이라는 확증도 없다면, 그렇게까지 두려워하거나 호들갑을 떨 필요가 없는 것 아닙니까? 그러나 야곱의 아들들은 이 빛이 꺼져 있었기 때문에 축복의 길을 가고 있었음에도 불구하고, 요셉이 아주 귀한 선물을 주었음에도 불구하고 두려워하며 떨었습니다.

결정적인 순간에 처했을 때 사람들에게 필요한 말은 단 한마디입니다. 그것은 바로 '너는 망하지 않는다'는 말입니다. 이 말만 사실이라면 어떤 고난이나 역경도 극복할 수 있습니다. 사람들은 이것이 없기 때문에 늘 놀란 토끼처럼 불안한 눈으로 살아가는 것입니다.


## 아들들의 딜레마

거의 혼비백산이 되어서 겨우 가나안 땅으로 돌아온 야곱의 아들들은 애굽에서 일어난 일들을 비교적 소상하게 아버지에게 보고합니다.

그들이 가나안 땅에 돌아와 그 아비 야곱에게 이르러 그 만난 일을 자세히 고하여 가로되(42:29).

아들들이 애굽에서 일어난 일을 아버지에게 소상하게 말하지 않을 수 없었던 것은, 이것이 그들의 사활을 결정하는 너무나도 중요한 문제였기 때문입니다. 성경 저자는 이 아들들의 입을 빌려 우리가 이미 알고 있는 내용을 다시 한 번 반복하고 있습니다.

우리가 이미 살펴본 바와 같이 여기에는 이 내용에 좀더 깊은 관심을 기울이라는 뜻이 담겨 있습니다. 성경을 옛날이야기 다루듯이 흥미 위주로 읽지 말라는 것입니다. 반복되는 내용에 다시 주목함으로써 그 속에 있는 의미를 한 번 더 생각해 보라는 것입니다. 우리는 옛날이야기 듣듯이 새로운 사실들을 흥미진진하게 듣고 싶어 합니다. 그러나 성경 저자는 등장인물들의 입을 통해 이미 알고 있는 내용을 다시 한 번 길게 반복해서 설명함으로써 그러한 호기심의 발목을 잡습니다.

> 그들이 가나안 땅에 돌아와 그 아비 야곱에게 이르러 그 만난 일을 자세히 고하여 가로되 그 땅의 주 그 사람이 엄히 우리에게 말씀하고 우리를 그 나라 정탐자로 여기기로 우리가 그에게 이르되 우리는 독실한 자요 정탐이 아니니이다 우리는 한 아비의 아들 십 이 형제로서 하나는 없어지고 말째는 오늘 우리 아버지와 함께 가나안 땅에 있나이다 하였더니 그 땅의 주 그 사람이 우리에게 이르되 내가 이같이 하여 너희가 독실한 자임을 알리니 너희 형제 중 하나를 내게 두고 양식을 가지고 가서 너희 집들의 주림을 구하고 너희 말째 아우를 내게로 데려오라 그리하면 너희가 정탐이 아니요 독실한 자임을 내가 알고 너희 형제를 너희에게 돌리리니 너희가 이 나라에서 무역하리라 하더이다 하고 각기 자루를 쏟고 본즉 각인의 돈뭉치가 그 자루 속에 있는지라 그들과 그 아비가 돈 뭉치를 보고 다 두려워하더니(42:29-35).

여기서 성경 저자가 힘주어 강조하고 있는 것이 무엇입니까? 지금 요셉의 형들은 자기들 스스로의 힘으로는 도저히 풀 수 없는 깊은 함정에 빠져 있다는 것입니다.

한번 생각해 보십시오. 한쪽에는 막강한 힘을 가진 애굽의 총리가 버티고 있습니다. 그는 시므온을 잡아 놓고 말째 아우를 데리고 오기 전까지는 절대로 양식을 주지 못한다고 합니다. 그는 자기들의 힘으로는 도저히 감당할 수 없는 절대적인 권력을 가진 자입니다. 그런데 그렇게 막강한 힘을 가진 자가 자기들을 스파이로 의심하면서, 그 혐의를 벗고 양식을 사고 싶으면 막내를 데려오라는 것입니다. 또 다른 한쪽에는 아버지가 버티고 있습니다. 아버지는 절대 베냐민을 내놓지 않을 것입니다. 아버지는 요셉을 잃고 난후 더더욱 그를 자기 생명처럼 여기고 있습니다. 절대 그를 내놓을 리가 없어요. 그런데 애굽의 총리는 바로 그 막내를 데려와야 한다는 것입니다. 형제들은 두 사람 사이에 끼어 있고, 흉년은 계속되고 있습니다.

이들의 보고를 들으면 이 좌절과 절망이 은연중에 나타나는 것을 느낄 수 있습니다. 이들은 지금 자기들의 능력으로는 풀 수 없는 깊은 수렁에 빠져 있습니다. 애굽의 총리를 자기들 힘으로 움직인다는 것은 불가능한 일입니다. 그는 굉장히 엄한 사람입니다. 또 아버지는 아버지대로 아주 완강한 사람입니다. 그런데 이런 사람들이 양쪽에서 베냐민을 내놓으라는 것입니다. 게다가 곡식 자루를 풀어 보니 돈까지 도로 돌아와 있습니다.

이럴 때 도대체 어떻게 해야 합니까? 이 일을 해결할 수 있는 방법은 무엇입니까? 그들이 살 수 있는 길은 무엇입니까? 그들의 힘으로 기근을 이길 수는 없습니다. 그렇다고 애굽 총리의 눈을 속일 수도 없습니다. 엉뚱한 종을 데리고 가서 막내라고 속일 수 있을지도 모르지만, 그 예리한 총리는 한두 번의 질문만으로도 금방 그가 진짜 동생인지 아닌지 알아 낼 것입니다. 또 아버지는 아버지대로 절대 베냐민을 내놓지 않을 것입니다. 그러면 도대체 어떻게 해야 합니까? 그들은 이럴 수도 없고 저럴 수도 없는 딜레마에 빠져 있었습니다.

이때 그들이 할 수 있었던 유일한 일은 오직 정직하게 모든 것을 아버지에게 말씀드리는 것뿐이었습니다. 물론 아버지 야곱은 아들들의 보고를 듣고 불같이 화를 냈습니다. 그럼에도 불구하고 이 방법 외에는 이 난관에서 빠져 나갈 길이 없었습니다. 그들은 자기들이 애굽에서 한 말, 즉 '우리는 모두 한 아버지의 열두 형제들인데 하나는 없어졌고 막째는 아버지와 함께 있다'는 말을 아버지에게 그대로 전했습니다. 이것은 야곱도, 그 아들들도 가장 입에 올리고 싶지 않은 말이었습니다.

멀쩡하게 잘 자라던 아이가 없어졌을 때 그 아이를 잃은 부모의 삶이 어떻게 되겠습니까? 멀쩡하던 애는 없어지고 피 묻은 옷만 남았어요. 언제라도 그 아이가 "엄마!" 하면서 문을 열고 들어올 것만 같습니다. 그래서 전화번호도 못 바꾸고 이사도 못 가면서 그 아이 또래의 아이들만 보면 혹시 내 아이가 아닌가 다시 보게 됩니다. 저도 한번 생각해 보았습니다. '혹시 내 아이를 잃는다면 살 수 있을까?' 못 삽니다. 부모가 아이를 잃고 어떻게 눈을 뜨고 살 수 있겠습니까?

그런데 아들들은 바로 그 이야기를 아버지 앞에서 다시 해야 하는 것입니다. 차마 "하나는 죽었고"라고 말을 못 합니다. 물론 "하나는 팔아 버렸고"라고는 더더욱 못하지요. 그래서 "하나는 없어졌고"라고 합니다. 이것은 그들의 양심이 얼마나 고통스러웠는지를 보여 줍니다.

하나님의 백성들이 죄를 지으면 결국 그 죄를 자기 입으로 토해 내야 할 때가 옵니다. 자기 입으로 토해 내지 않으면 하나님께서 다른 사람의 입을 통하여 토해 내지 않으면 안 되게 만드십니다. "하나는 없어졌고"라는 말을 몇 번씩 하지 않을 수 없도록 하나님이 쥐어짜십니다. 아마 아들들은 이 말을 하면서 속으로 울었을 것입니다. 그들은 결국 "그 하나는 우리가 노예로 팔아먹었습니다. 우리 동생인데도 미워해서 우리가 죽였습니다. 우리는 모두 없어진 그 하나에 책임이 있습니다. 우리는 지금 벌을 받고 있습니다"라는 말을 토해 내기까지 이 없어진 한 형제에 대해 계속 말하지 않을 수 없게 될 것입니다.

우리가 이미 알고 있는 동일한 사건이 성경에 반복되어 기록되고 있는 이유가 무엇입니까? 잠자고 있는 양심을 깨우려는 것입니다. 죄 없는 동생 하나가 없어진 것은 그냥 넘어갈 수 있는 문제가 아니라는 것입니다. 아무 죄 없는 사람 하나가 어느 날 갑자기 없어졌다는 것은 말이 안 되는 일이에요. 반드시 그에 대한 해명이 있어야 합니다. 지금 성경은 이 없어진 한 사람에 대해 계속 이야기함으로써 이미 죽어 있는 아들들의 양심을 일깨우고 있는 것입니다. 그들은 모두 속으로 울고 있습니다. 그러나 아직도 정신을 제대로 차리지는 못하고 있습니다.

우리는 할 수 있는 대로 진실을 은폐하고 대충 넘어가려고 합니다. 그러나 같은 이야기가 반복되면 결국 실토하지 않을 수가 없습니다. 얼마 전에 어떤 특이한 이름을 가진 여자아이가 유괴되었을 때 그 아이를 아는 모든 사람들이 그 아이를 찾는 전단을 학교와 동네 주위에 뿌렸습니다. 사람들이 잊어버려야 범인이 양심을 속일 수 있을 텐데 온 세상이 이 없어진 아이 하나를 찾았습니다. 범인이 그 전단이나 광고를 볼 때마다 얼마나 마음이 뜨끔하고 놀랐겠습니까?

의인 한 명이 없어졌다면 절대 그냥 넘겨서는 안 됩니다. '그럴 수도 있겠지' 하고 가만히 있으면 안 돼요. 지금 성경이 하고 있듯이 계속 떠들어 댐으로써 범인들이 자기 입으로 "하나는 없어졌고"라는 말을 수없이 반복하게 만들어야 합니다. 그래서 그들의 잠자던 양심을 일깨워야 합니다. 죄를 지어서 경찰에 끌려가면 그때부터 하는 일이 무엇입니까? 경찰이나 검찰이나 재판관 앞에서 자기가 지은 죄를 수없이 반복해서 이야기하는 것입니다.

제가 군에 있을 때 군 교도소를 일주일에 한 번씩 방문해서 예배를 드렸습니다. 그때 죄수들의 방 앞에는 계급과 이름과 죄명이 붙어 있었습니다. 거기서는 사람을 이름으로 부르지 않고 죄목으로 불렀습니다. "야, 사기꾼아", "강도야", "살인범아"라고 불렀어요. 그들은 죄값을 다 치를 때까지 그 죄를 지은 자로 불리워져야 했습니다.

야곱의 아들들이 이 수렁에서 빠져 나갈 수 있는 유일한 길은 무엇입니까? 정직하게 모든 것을 다 이야기하는 것입니다. 지금이라도 자기들에게 주어진 상황에서 모든 것을 정직하게 대하는 것입니다. 그들은 지금 그렇게 하고 있습니다. 그리고 결국 그것이 그들을 살려 주었습니다.

때로 이유를 알 수 없는 함정에 빠진 것 같은 경우가 있습니다. 이쪽으로도 갈 수 없고 저쪽으로도 갈 수 없는 경우가 있어요. 한 사람은 너무 강하고 다른 한 사람도 너무 완강합니다. 나는 이들을 설득시킬 수 없고 그들의 요구는 내가 들어 주기에 너무 벅찬 것들입니다. 그럴 때 어떻게 해야 합니까? 하나님께로 도망쳐야 합니다. 잔꾀를 부리면 안 됩니다. 그때 잔꾀를 부리면 끝장이에요. 어려운 시험에 빠졌을 때 잔꾀를 부리는 것은 완전한 자살 행위입니다. 만약 아들들이 베냐민 비슷하게 생긴 종을 한 명 요셉에게 데려가서 막내라고 했다면, 정말 큰일이 벌어졌을 것입니다.

잔꾀를 부리면 안 됩니다. 그리스도인은 일이 엉키면 엉킬수록 있는 그대로 이야기해야 합니다. 그냥 다 불어 버리는 거예요. 그러면 이상하게 문제가 간단하게 해결되는 것을 볼 수 있습니다. 비록 욕을 얻어 먹고 아버지를 섭섭하게 한다 하더라도 모든 것을 정직하게 말하는 것만이 이 난관에서 빠져 나갈 수 있는 유일한 길입니다.


## 아들들의 말에 대한 야곱의 반응

야곱은 곡식을 구하러 애굽에 다녀온 아들들로부터 엄청난 이야기를 들었습니다. 그것은 그곳의 실력자가 자기 아들들을 스파이로 의심했고, 결국 시므온을 결박해서 감옥에 가두었으며, 자기가 가장 사랑하는 막내아들 베냐민을 데려오지 않으면 시므온을 죽이겠다고 했다는 것입니다. 자식들이 곡식 자루를 쏟았을 때 한결같이 들어 있던 돈은 아들들의 말이 사실임을 증명하고 있었습니다. 애굽 총리가 보낸 돈은 '너희가 내 돈을 떼어먹고 어디로 도망칠 수 있을 것 같으냐? 빨리 돌아오지 않으면 너희는 전부 죽은 목숨이다'라는 최후통첩으로 보였습니다.

이 모든 말을 들은 야곱은 어떤 반응을 보였습니까? 그는 자신의 감정을 주체하지 못할 정도로 큰 분노와 절망에 빠졌습니다. 36절을 보십시오.

> 그 아비 야곱이 그들에게 이르되 너희가 나로 나의 자식들을 잃게 하도다 요셉도 없어졌고 시므온도 없어졌거늘 베냐민을 또 빼앗아가고자 하니 이는 다 나를 해롭게 함이로다

야곱은 시므온이 돌아오지 않은 것을 보고서 그가 애굽에서 죽임을 당했다고 생각했습니다. 만일 베냐민을 그들과 함께 보내면 베냐민도 죽을 것 같았습니다. 그래서 그의 입에서는 자식들을 향한 원망과 불평이 터져 나왔습니다. "요셉도 죽고 없는 이 상황에서 너희는 뭘 잘못했길래 시므온까지 잡히게 하고 그것도 모자라서 베냐민까지 데려가서 죽이려는 게냐!"

지금 야곱은 어떤 상태에 있습니까? 자신의 감정을 주체할 수 없는 상태에 있습니다. 그의 마음은 무너지고 있고 도저히 절망감을 이겨 낼 수가 없습니다. 지금 그에게서는 신앙의 흔적을 찾아볼 수가 없습니다. 그의 마음속에서는 아들들에 대한 불 같은 미움과 원망이 터져 나오고 있습니다.

이것을 통해서 볼 수 있는 것이 무엇입니까? 야곱의 가정은 영적으로 곪을 대로 곪아 있다는 것입니다. 겉으로는 정상적인 교회로 보일지 몰라도 속으로는 썩어 문드러지고 있었습니다. 사실

요셉이 없어진 후부터 야곱의 집에서는 정상적인 의사소통이 이루어지지 않았습니다. 야곱은 요셉을 잃고 난 후 더더욱 자식들을 불신했을 뿐 아니라 거의 원수처럼 생각했던 것 같습니다.

오늘 말씀을 보면 야곱의 불신이 어느 정도였는지 짐작할 수 있습니다. 물론 아들들이 요셉을 죽였다는 증거는 없습니다. 그러나 그들이 평소에 요셉을 미워했기 때문에, 그의 실종과 그들의 미움 사이에 무언가 연관이 있을지도 모른다는 의심은 했을 수 있습니다. 그는 지금 아들들에게 마구 소리를 지르고 있습니다. "도대체 시므온을 왜 두고 온 거냐? 시므온과 같이 올 수 없었다면 너희도 거기 다 같이 있어야지! 저희들만 살겠다고 온 주제에 무슨 낯짝으로 베냐민까지 내놓으라고 하는 거냐?"

여러분, 그리스도인이 성령 충만하지 않으면 어떻게 됩니까? 안 믿는 사람보다 훨씬 못하게 됩니다. 그 사람한테서 입에 담을 수 없는 저주의 말이 나옵니다. 그래서 그리스도인이 성령 충만하지 않은 것은 죄짓는 것입니다. 대충 자기 기질대로 신앙생활 하는 것이 본인한테는 괜찮을지 몰라도, 자기도 모르는 사이에 가족들을 저주하고 입에 담을 수 없는 말로 상처를 주게 됩니다. 안 믿는 사람들은 이렇게까지는 하지 않아요.

그다음에 르우벤이 하는 말도 야곱의 집이 더 이상 정상적이지 않다는 것을 보여 줍니다. 37절을 보십시오.

> 르우벤이 아비에게 고하여 가로되 내가 그를 아버지께로 데리고 오지 아니하거든 나의 두 아들을 죽이소서 그를 내 손에 맡기소서 내가 그를 아버지께로 데리고 돌아오리이다

이것은 아들이 아버지에게 할 수 있는 말이 아닙니다. 신하가 왕에게나 하는 말이지요. 할아버지가 어떻게 친손자를 죽일 수 있다고 두 아들을 담보로 삼겠다는 것입니까? 요셉이 죽은 후 야곱

의 집은 자기 아들들을 아버지에게 인질로 내세울 정도로 사랑이 식어 있었습니다. 자기가 베냐민을 무사히 데려오지 못하면 자기 두 아들을 죽이라는 겁니다. 아버지가 두 아들을 잃으면 자기도 두 아들을 잃겠다는 거예요.

야곱은 르우벤의 정신나간 제안을 거부합니다.

> 야곱이 가로되 내 아들은 너희와 함께 내려가지 못하리니 그의 형은 죽고 그만 남았음이라 만일 너희 행하는 길에서 재난이 그 몸에 미치면 너희가 나의 흰 머리로 슬피 음부로 내려가게 함이 되리라(42:38).

야곱은 베냐민을 르우벤의 두 아들과 바꿀 수 없다고 합니다. 왜냐하면 이 아들은 요셉 대신 야곱의 생명과 같은 존재가 되었기 때문입니다.

우리가 오늘 본문에서 깨닫게 되는 것이 무엇입니까? 하나님께서 예비해 놓으신 복된 길을 간다 해도 마음속에 확신이 없으면 절망에 빠지고 두려워하며 서로 공격하고 원망하고 심한 상처를 주게 된다는 것입니다. 하나님이 우리 길을 예비해 놓으셨는데도 그 목적지가 금방 나타나지 않는다고 해서, 내가 생각한 기한에 그 응답이 빨리 오지 않는다고 해서 계속 싸우면서 그 길을 가는 것, 이것이 우리의 모습입니다.

하나님께서는 앞으로 닥칠 재난에 대비해서 이미 오래전에 요셉을 애굽에 보내어 그들을 구원하게 하셨습니다. 그러므로 그들이 애굽에 가서 양식을 구하고 요셉을 만나는 것은 그들을 구원하시려는 하나님의 뜻을 제대로 이루는 길이었습니다. 그러나 그들은 이 바른 길을 가면서도 심한 두려움과 절망에 빠진 채 입에 담을 수 없는 말을 서로에게 퍼붓고 있습니다.

이런 일이 우리들의 삶에서 얼마나 자주 일어납니까? 하나님께서 친히 예비한 길로 우리를 인도하시면서도 어려움을 주실 때가 있습니다. 정들었던 사람과 헤어지게도 하시고 원하던 직장에 취직이 되지 않게도 하십니다. 때로는 양쪽의 상충되는 요구 사이에서 절망을 느끼게 하시는 경우도 있습니다. 그러나 결국 하나님께서는 이 모든 것이 합력해서 선을 이루게 하시며, 우리를 선한 길로 인도하십니다. 하나님은 그런 분이십니다. 우리가 아무리 서로 싸우고 욕해도 결국은 우리를 구원하시고 선을 이루는 분이십니다.

그러나 우리는 확신이 없기 때문에, 그리고 우리 안에 아직 청산되지 못한 죄가 있기 때문에 하나님의 축복된 길을 가면서도 불안해하고 두려움에 빠지게 되기 쉽습니다. 그래서 나중에 보면 하나님은 승리하셨고 영광을 거두셨는데, 우리는 피투성이가 되어 있을 때가 많습니다. 그 선이 이루어지는 과정에서 서로 너무 심한 말을 해버렸고 자신의 치부와 연약함과 불신앙을 너무 드러내 버렸어요. 그래서 좋은 결과가 나타났는데도 기뻐하지 못합니다.

우리가 알아야 할 것이 무엇입니까? 결국 우리에게 중요한 것은 하나님과의 바른 관계이며, 그 하나님이 나의 삶을 주관하심으로써 내가 지금 제대로 된 길로 가고 있다는 확신이라는 것입니다. 하나님이 함께하시면 아무리 절망스러운 상황이라도 잠시 후에 그 놀라운 뜻이 드러나게 되어 있습니다. 그러나 믿음이 없으면 선물을 받았으면서도, 좋은 길을 가고 있으면서도, 서로 다투고 미워해서 결국 사라지지 않는 앙금이 모두에게 남고 맙니다.

성경은 하나님께서 우리를 사랑하심으로써 모든 것이 합력하여 선을 이루게 하신다고 말씀하고 있습니다. 그는 결국 우리를 살리실 것이고 풍성한 삶을 주실 것입니다. 그렇게 하시려고 우리를 사망의 음침한 골짜기로 데려가시는 것입니다. 그런데 우리는 그 과정에서 부부 사이나 목회자와 교인 사이에, 혹은 같은 신앙의 동지들 사이에 씻을 수 없는 상처와 아픔을 남길 때가 많습니다.

결국 우리는 같은 길을 걷느냐가 중요한 것이 아니라 어떻게 걷느냐가 더 중요하다는 사실을 발견하게 됩니다. 우리가 성령 충만하지 못할 때, 감사하지 못할 때, 자기 기질을 다스리지 못할 때, 하나님이 주신 길을 함께 가면서도 서로 싸우고 해치고 미움의 말을 하게 될 것입니다.

야곱의 아들들이 애굽의 총리에게 아무리 어려운 일을 당했더라도 믿음으로 받아들였다면 이 정도까지 되지는 않았을 것입니다. 야곱을 보십시오. 그는 지금까지 잘 참아 왔습니다. 무려 20년이나 잘 참아 왔어요. 이제 끝이 얼마 남지 않았습니다. 몇 주만 더 참으면 엄청난 영광을 보게 될 것입니다. 그런데 9회말 투아웃까지 와서 하지 말아야 할 말을 쏟아내 버린 것입니다. 조금만 더 참고 생각을 해 보았더라면 이 정도의 말까지는 나오지 않았을 거예요. 그런데 평소에 이 아들들을 신뢰하지 않고 있었기 때문에 마지막 순간에 모든 좋지 않은 말이 다 터져 나오고 말았습니다. 중간까지 아무리 잘 참았더라도 마지막 순간에 그동안 참고 못 했던 말을 다 퍼붓는다면, 그 참아 온 세월이 아무리 긴들 무슨 소용이 있습니까?

결국 우리가 해야 할 일이 무엇입니까? 다시 우리에게 말씀을 비추어 달라고 기도하는 것입니다. 우리 마음속에 있는 무지와 불안과 어두움을 쫓아낼 하나님의 영광스러운 빛을 비춰 달라고 간구하는 것입니다. 자신의 기질을 믿지 마십시오. 자신의 기질을 믿으면 다른 사람을 정죄하게 되어 있고 죽이게 되어 있습니다. 불신자는 생각도 못하는 말을 마구 합니다. 얼마나 무서운지 몰라요.

말씀을 듣고서도 아무것도 하지 않고 가만히 있는 사람은 반드시 실패하게 되어 있습니다. 그 말씀을 적용해서 내 속에 있는 의심이나 불안과 싸워 이겨야 합니다. 말씀을 듣고서도 의심하면 실패할 수밖에 없습니다. 또한 다른 말들이 내 마음에 들어오지 못하게 해야 합니다. 교회에서는 설교 듣고 밖에서는 옆집 아줌마 말 듣는 사람은 아무것도 할 수가 없습니다. 그런 사람은 안 믿는 사람보다 훨씬 파괴적인 결과를 맞게 됩니다.

가만히 있지 마십시오. 서로 사이에 불신이 제거될 수 있도록 노력하십시오. 자기는 가만히 있으면서 다른 사람이 알아서 맞추어 주기를 기다리는 것은 상대방을 절망에 빠뜨리는 일입니다. 상대방이 나한테 조금이라도 의심을 품을 여지가 있으면 먼저 찾아가서 의심을 제거해 주고 끝까지 진실하게 대할 때 어려움이 해결됩니다.

오늘 본문은 확신이 얼마나 중요한지, 믿음 없이 행하는 것이 얼마나 파괴적인 결과를 가져오는지에 대해 말씀해 주고 있습니다. 주님이 우리 마음속에 빛을 비추시도록 기도합시다. 무엇을 하든지 의심하고 두려워하면서 마지못해 하는 것이 아니라, 확신을 가지고 할 수 있도록 기도합시다.

# 18

# 일생에
# 가장 어려운 문제

한 대권주자는 자신의 생애에서 가장 어려운 문제를 풀어야만 했습니다. 그것은 대학입시도 아니고 사법고시도 아니었습니다. 아들의 병역 문제였습니다. 그의 두 아들이 군 복무를 하지 않았다는 사실이 야당에 의해 폭로되면서 그의 인기는 급락했고, 여권에서도 대권 후보를 바꿔야 한다는 말이 공공연하게 나돌았습니다. 결국 그가 기자회견을 통해 아들의 병역 문제는 아무런 법적 하자가 없는 것이라고 해명을 했음에도 불구하고, 그 말을 곧이곧대로 받아들이는 사람은 아무도 없었습니다. 결국 그는 자기 아들을 소록도 나환자들을 위한 자원봉사자로 보낸 후에야 이 어려운 덫에서 겨우 빠져 나올 수 있었습니다.

우리는 오늘 본문에서 야곱과 그의 아들들이 이와 비슷한 문제에 빠져 있는 것을 보게 됩니다. 그들은 이 세상에 태어나서 어려운 문제들을 수없이 겪었지만, 이번처럼 해답을 찾기 어려운 경우는 없었습니다. 야곱의 식구들은 수백 년 만에 찾아오는 대기근으로 대단히 어려운 처지에 빠져 있었습니다. 이 세상에 양식이 있는 곳이라고는 애굽밖에 없었는데, 아들들은 그 애굽에 양식을 구하러 갔다가 큰 곤욕을 치러야 했습니다.

애굽의 총리는 아주 무서운 사람이었습니다. 그는 야곱의 아들들을 스파이로 지목하고 그들을 심문했으며, 결국 양식은 주었지만 형제들 중 한 명을 잡아 놓고 아버지와 함께 있는 막내를 데려와서 그들이 스파이가 아니라는 것을 증명하라는 엄한 명령을 내렸습니다. 그들은 양식을 구해 오기는 했지만, 이 무서운 애굽 총리에게 걸려들었고 그에게 찍힌 것이나 다름없는 처지가 되었습니다. 그런데 그렇게 어렵게 구해 온 양식은 얼마 지나지 않아 다 떨어져 버렸습니다. 이제 그들은 다 굶어 죽을 판입니다. 시므온은 애굽에 잡혀 있고 베냐민은 데려갈 수가 없습니다. 아버지는 설사 다 굶어 죽더라도 베냐민은 데려가지 못한다고 버티고 있습니다. 이들이 모두 죽지 않고 살아남을 수 있는 해법은 어디에 있겠습니까?

물론 우리는 이미 답을 알고 있기 때문에 이 문제를 쉽게 생각할 수도 있습니다. 그러나 오늘 본문을 이해하려면 요셉의 정체를 몰라야 합니다. 답을 미리 보고 문제를 풀면 안 되지요. 그러면 성경을 읽으나마나입니다. 지금 애굽에는 아주 무서운 총리가 있는데 형제들은 그 총리한테 찍힌 상태입니다. 그런데 시므온을 찾아오고 양식도 구해 오면서 베냐민은 살릴 수 있는 해법이 과연 있겠습니까?

우리가 이 문제를 풀어야 하는 이유는 우리 자신이 현실에서 바로 이런 문제들을 겪고 있기 때문입니다. 예를 들어 어떤 형제가 몇 년 만에 한 번 올까 말까 하는 불경기에 어렵게 취직을 했다고 합시다. 그런데 그의 상관은 너무나도 거칠고 까다로운 사람입니다. 도저히 그 직장에서 버틸 수가 없어요. 더구나 그의 업무는 정부나 그 밖의 기관을 찾아가서 굽실거리며 허가를 받아 내야 하는 일입니다. 아마 그의 마음속에서는 이 직장을 때려치우고 싶은 생각이 하루에도 몇 번씩 올라올 것입니다. 하지만 당장 직장을 그만두면 이 어려운 때에 어디서 생활비를 벌겠습니까? 그런데 실제 자기가 처한 상황은 단 하루도 견디기 어렵습니다.

그럴 때 마음속에 파고드는 유혹이 무엇입니까? '일단 사표 내고 나면 어떻게든 되겠지', '다 때려치우고 시골에 내려가 소나 키우며 살지' 하는 식의 생각입니다. 그러나 그게 그렇게 생각대로 안 됩니다. '어떻게든'은 무슨 '어떻게든'입니까? 그만두고 나도 뾰족한 수가 없습니다. 이것은 그렇게 쉬운 문제가 아니에요.

또 다른 예를 들어 봅시다. 어떤 그리스도인 부부가 시부모님을 모실 수밖에 없는 형편이 되었습니다. 그런데 아내는 죽어도 시어른을 모실 자신이 없다고 합니다. 부모님들 성격이 워낙 강해서 함께 살다가는 자기가 먼저 숨막혀 죽는다는 것입니다. '나 죽는 꼴 보려면 시부모님 모시라'는 거예요. 그래서 부부가 이 문제만 나오면 서로 다툽니다. 아내는 "왜 하필 당신은 이런 무서운 부모님 밑에 태어난 거야?"라고 몰아세웁니다. 그러면 남편은 "어떤 부모 밑에서 태어날지 내가 결정하는 거냐?"고 반박합니다.

오늘 그리스도인들은 바로 이런 문제들에 당면해 있습니다. 양식은 애굽에만 있는데 애굽의 총리는 아주 무섭습니다. 그런데 그 무서운 사람이 한 형제는 붙들어 놓고 아버지가 생명처럼 여기는 또 다른 한 형제를 데려오라는 거예요. 어떻게 하면 붙들린 형제를 찾아오고 양식도 구해 오면서 베냐민도 무사하게 지킬 수 있겠습니까? 어떻게 하면 직장의 까다로운 상관 밑에서 살아남을 수 있겠습니까? 어떻게 하면 아내도 살리고 부모님도 섬길 수 있겠습니까?

이런 실제적인 문제에 비하면 학교에서 수학 문제 풀고 영어 답안 쓰는 것은 아무것도 아닙니다. 우리 그리스도인들이 이 세상에서 산다는 것은 바로 이런 어려운 문제들을 날마다 직면한다는 것입니다. 여러분은 그 해답을 어떻게 찾겠습니까?

## 버티기 작전

43장 1절과 2절을 보십시오.

<u>그 땅에 기근이 심하고 그들이 애굽에서 가져온 곡식을 다 먹으매 그
아비가 그들에게 이르되 다시 가서 우리를 위하여 양식을 조금 사라</u>

이 어려운 문제에 대해 야곱과 그의 아들들이 보인 태도는
시간을 질질 끌면서 어떻게 하든지 끝까지 버티는 것이었습니다.
버틸 때까지 버티다가 그때 가서 생각해 보자는 것입니다. 당장은
먹을 것이 있었기 때문에, 그들은 이 문제에 정면으로 대응하지 않
고 시간을 끌면서 갈 데까지 가 보았습니다. 그러나 시간이 흘러도
변한 것은 하나도 없었습니다. 양식만 바닥났지 변한 것은 아무것
도 없었어요. 이렇게 도저히 버틸 수 없는 시점까지 왔을 때에야 비
로소 야곱은 아들들에게 다시 애굽에 가서 양식을 구해 와야 하지
않겠느냐고 말을 꺼내고 있습니다.
　　어려운 시련이 닥쳤을 때 꾹 참고 시간이 지나기를 기다리
면 그 어려움이 저절로 해결될 때가 많이 있습니다. 예를 들어서 어
떤 사람과 일시적으로 감정적인 충돌이 생겼을 때에는 아무 반응을
하지 않고 꾹 참고 있는 게 상책입니다. 입 벌려 봐야 득될 것이 하
나도 없어요. 또 하나님께서 나에게 어려운 시간을 주셔서 나의 믿
음을 연단하실 때에는 내가 아무리 몸부림을 쳐 봐야 아무 소용이
없습니다. 그때도 꾹 참고 기다리는 것이 최고의 방책입니다.
　　그러나 구조적인 문제가 생겼을 때에는 마냥 참는다고 해서
그 문제가 해결되지 않습니다. 몸에 생기는 병을 예를 들어서 생각
해 봅시다. 감기 몸살이 들었을 때는 약도 먹어야겠지만 꾹 참고 몸
조리를 잘하면 낫게 되어 있습니다. 그러나 몸 안에 암처럼 심각한
병이 퍼지고 있을 때에는 참으면 참을수록 시간만 버립니다. 버티

면 버틸수록 손해 봐요. 그런 병은 결코 저절로 해결되지 않습니다.

야곱은 지금까지 어려움이 생길 때마다 꾹 참는 형이었습니다. 왜냐하면 모든 일에 하나님의 때가 있으며 그때가 오기 전에는 아무리 몸부림을 쳐 봐야 안 된다는 인식이 그의 머릿속에 있었기 때문입니다. 그러나 그것은 어디까지나 그가 신앙적으로 어렸을 때의 일입니다. 지금 야곱이 당하고 있는 문제는 단순히 참기만 해서 해결될 성질의 것이 아니었습니다. 무언가 판단하고 결정해야 할 구조적인 문제였어요. 그럼에도 그는 할 수 있는 한 결정을 유보하다가 마침내 더 이상 버틸 수 없는 막바지에 도달했습니다.

이것은 일종의 패배주의적 사고방식입니다. 그리스도인들이 배워야 할 것은, 자기가 할 수 없는 일을 해결하려고 나서서도 안 되지만 자기가 판단하고 책임져야 할 일이 저절로 해결되기를 마냥 기다려서도 안 된다는 점입니다. 그런 문제는 오히려 적극적으로 나서서 해결해야 합니다.

사실 신앙이 어릴 때에는 그냥 버티는 방법이 가장 좋습니다. 군대에서 신병훈련 받을 때 무조건 참고 있으면 언젠가는 끝나게 되어 있는 것과 같습니다. 아무리 산악훈련이 힘들고 유격훈련이 고되어도 마냥 버티고 있으면 국방부 시계는 흘러가게 되어 있어요. 그러나 부하들이 생사의 기로에 처했을 때에도 끝까지 버티기만 하는 지휘관이 있다면, 그는 부하를 죽도록 내버려 두는 것과 같습니다. 그는 결정을 내려야 합니다. 전진하든지 후퇴하든지 결정을 내려 주어야 합니다.

신앙이 어릴 때는 그냥 갈 데까지 가도 돼요. 그러나 신앙이 어느 정도 성장하고 난 후에는 남이 뭐라고 하기 전에 먼저 상황을 판단해서 스스로 결정할 사항을 결정해야 합니다. 신앙이 어린 사람의 문제는, 눈앞에 닥치지도 않은 문제를 혼자 미리 상상해서 스스로 침체에 빠지는 경우가 많다는 것입니다. 그러나 신앙이 어느 정도 성숙한 사람의 문제는, 자기가 책임져야 할 위치에 있음에도 불구하고 눈앞에 닥친 문제도 외면하면서 누군가 다른 사람이 그 문제를 책임져 주지 않을까 기대하며 책임을 회피하는 것입니다.

그래서 신앙이 어렸을 때와 성숙했을 때 의사 결정 방식이 다릅니다. '무조건 하나님의 때를 기다리자.' 이건 어릴 때 하는 겁니다. 구조적인 것이 문제될 때에는 마냥 기도하면서 기다리기만 한다고 해답이 나오지 않습니다. 그럴 때는 기도한다는 핑계로 책임을 회피하면 안 됩니다. 결정을 내려야 합니다.

그러면 어떤 어려움이 생겼을 때 참아야 할 문제인지, 아니면 스스로 판단해서 결정을 내려야 할 문제인지 어떻게 분별할 수 있습니까? 그 일이 내 책임 아래 있는 것인지 아닌지를 생각하면 됩니다. 다시 말해서 내가 지금 결정을 내릴 수 있는 사안이라면, 그것은 내가 감당해야 할 일입니다. 그러나 내가 결정할 수 있는 여지가 전혀 없는 사안이라면, 그것은 인내하며 기다려야 할 일입니다. 교통순경의 경우를 예로 들어 봅시다. 대통령이나 국회의원의 비리 같은 문제는 그가 해결할 수 있는 성질의 사안이 아닙니다. 그러나 그가 관할하고 있는 구역 안에서 교통위반을 단속할 때 뇌물을 받느냐 마느냐가 문제되었다면, 그것은 그가 감당해야 할 문제입니다. 그럴 때 "기도하면서 하나님의 뜻을 한번 기다려 봅시다"라고 하는 것은 죄짓는 거예요.

오늘날 사람들은 자신이 할 수 있는 일을 다른 사람에게 미룬 채, 자기가 할 수 없는 일을 놓고 떠들어 대거나 열을 올리면서 비난할 때가 많습니다. 그렇게 하는 것은 그 사람이 아직 정신적으로 어리기 때문입니다.

야곱은 스스로 책임을 져야 할 위기 상황에서 계속 시간을 끌었습니다. 양식이 다 떨어져서 버틸 수 없을 때까지 버텼습니다. 그러나 하나님께서는 이런 문제를 야곱에게 주심으로써 그의 신앙을 한 단계 더 높은 수준으로 끌어올리고자 하십니다.

## 유다의 개입

오늘 본문에서 가장 특징적인 것은 지금까지 소극적인 자세로 일관하고 있던 유다가 갑자기 나서서 야곱을 설득하는 모습입니다. 그는 애굽에 다녀오는 문제에 대해 형제들의 대변인 역할을 하면서, 베냐민을 보내 주면 자기가 그의 안전을 책임지겠다고 했습니다. 지금 집안에는 양식이 떨어져 가고 있습니다. 잘못하면 식구들이 다 굶어 죽을 판입니다. 그런데도 다른 형제들은 모두 입을 꾹 다물고 눈치만 보고 있습니다. 그때 유다가 나선 것입니다.

이것은 이스라엘의 역사에서 굉장히 중요한 의미를 갖는 사건입니다. 지금까지 유다는 형제들 사이에서 한 일이 아무것도 없었습니다. 그는 요셉을 팔 때 같이 있었고, 한때 타락해서 형제들을 떠나 이방 여인과 살았으며, 뭔가 잘못되는 바람에 며느리와 관계하여 자식을 낳기도 한 사람이었습니다. 그런데 그런 그가 야곱의 집이 가장 어려울 때, 죽느냐 사느냐 기로에 섰을 때, 아무도 이 문제를 책임지지 않으려고 눈치만 보고 있을 때, 전면에 나서서 아버지를 설득한 것입니다. 그는 결국 베냐민을 데리고 애굽에 가서 양식을 구해 옵니다.

이 사건으로 유다는 일약 이스라엘의 장자로 주목받게 됩니다. 야곱은 죽기 전에 유다를 축복하면서 그 집에서 '치리자의 지팡이'가 떠나지 않을 것이라고 예언했습니다. 이것은 이스라엘의 왕이 유다 지파에서 나온다는 뜻입니다. 어떻게 유다의 집에 이런 왕의 축복이 임하게 되었을까요?

야곱의 집에 가장 큰 시련이 왔을 때 다른 형제들은 어떻게 해서든지 그 책임을 지지 않으려고 했습니다. 도전이 왔지만 아무도 응전하려고 하지 않았습니다. 그러나 유다는 이 결정적인 순간에 자신의 모든 인격을 걸고 앞으로 나서서 이 어려운 문제에 뛰어들었습니다. 유다의 이 헌신이 앞으로 그의 집안에서 다윗의 왕가가 나오게 되는 축복을 거머쥐게 한 것입니다.

물론 하나님의 놀라운 계획 안에는 유다가 이미 들어 있었을 것입니다. 그러나 하나님의 계획이라고 해서 항상 기계적으로 고정되어 있는 것은 아닙니다. 그분의 계획은 얼마든지 유동적입니다. 레위 지파가 언제 제사장의 직책을 붙잡게 되었습니까? 모세가 시내 산에 올라가서 십계명을 받아들고 내려왔을 때 거의 모든 이스라엘 백성들이 금송아지 앞에 절을 하며 술에 취해 있었습니다. 그때 유일하게 맨 정신을 지킨 사람들이 바로 레위 지파 사람들이었습니다. 그들은 모세의 명령에 칼을 차고 나와서 술에 취해 망령된 짓을 하는 동족들을 찔러 죽였습니다. 바로 이것이 레위 지파에게 제사장직이 주어지는 계기가 되었습니다.

제사장의 자격은 누군가 하나님의 말씀을 거역할 때, 그가 아무리 자기와 가까운 사람이라 하더라도 그와 싸우고 논쟁하며 그를 향해 칼을 뽑을 수 있는 용기가 있느냐 하는 데 있습니다. 그 사람이 자기 어머니라도, 아내라도, 아들이라도 "안 돼!"라고 말할 수 있는 사람이 제사장이에요. 이 사람이 이렇게 말해도 "아, 그렇군요", 저 사람이 저렇게 말해도 "아, 그렇군요" 하는 사람은 제사장 자격이 없습니다.

그와 마찬가지입니다. 이스라엘의 왕은 단순히 위에서 군림하는 자가 아닙니다. 그는 목자입니다. 참된 지도자는 민족이 위기 상황에 처했을 때 자신의 몸을 던져서 그 어려움으로부터 백성들을 지키는 사람이어야 합니다. 원래 이스라엘 사람들은 유목민이었기 때문에 목자와 양의 관계를 잘 알고 있었습니다. 목자는 양이 위험에 처해 있을 때 자신의 온몸을 던져서 건져 내야 합니다. 그 과정에서 목자 자신이 다치기도 하고 생명을 잃기도 합니다. 그렇기 때문에 양은 목자를 절대적으로 믿는 가운데 그 목소리만 듣고서도 어디든지 따라갈 수 있는 것입니다. 유다 지파에 왕의 축복이 오게 된 것은, 바로 이렇게 야곱의 집이 전부 죽게 되었을 때 유다가 나서서 자기의 온 생명을 걸고 가족들의 생명을 지키고자 했기 때문입니다.

하나님 나라의 지도자는 언제 나타납니까? 바로 가장 어려울 때입니다. 그럴 때 자신의 모든 인격과 생명과 재산을 걸고 나서서 책임지는 그 사람이 믿을 수 있는 사람입니다. 교회에 장로를 세우고 목회자를 세울 때 바로 이 점을 보아야 합니다. 평소에는 말을 번드르르하게 하다가도 정작 어려운 일이 생겼을 때 뒤로 빠져 버리는 사람은 지도자의 자격이 없습니다. 학벌이나 재산이나 사회적인 신분만 보고 직분을 맡기니까 교회에 문제가 많이 생기는 것입니다. 그 사람이 위기 때 자기의 모든 것을 걸고 교회를 지킬 사람인가, 도망칠 사람인가를 간파해야 합니다.

유다는 부족한 점이 많은 사람이었습니다. 허물투성이였습니다. 한때 신앙적으로 깊이 타락하기도 했습니다. 그러나 그는 야곱의 집이 가장 어려울 때 가만히 있지 않고 자신의 모든 인격과 생명을 걸고 그 어려움을 해결하려고 했습니다.

역사학자인 토인비는 "도전이 와도 응전하지 않는 민족이나 문화는 망한다"고 했습니다. 그는 그 예로 그리스 문화를 들었습니다. 그리스 문화에 대한 최대의 도전은 로마 문화가 아니었습니다. 사실 로마 문화는 그리스 문화를 그대로 흡수한 문화였습니다. 그리스 문화에 대한 가장 무서운 도전은 복음이었습니다. 그들은 처음에 사도 바울의 설교를 듣고 엄청난 충격을 받았습니다. 왜냐하면 그는 죽은 자의 부활을 증거했기 때문입니다. 이것은 그들의 사고방식과 맞지 않는 주장이었고, 그리스 철학자들은 무반응으로 반응했습니다. 토인비는 바로 이것 때문에 그리스 문화가 더 발전하지 못하고 망할 수밖에 없었다고 주장합니다.

최근에 우리나라가 미국과 자동차 협상을 하는 과정을 보면 지나치게 감정적으로 문제를 대하는 것이 아닌가 하는 생각이 듭니다. 논리적으로 이 문제를 설명하기보다는 '강대국이 약소국을 힘으로 밀어붙인다'든지 '미국이 우방국인 우리에게 이런 식으로 나올 수 있느냐'는 식으로 대응하는 것입니다. 이것은 도전에 응전하는 태도가 아니지요. 이것은 문제를 감정적으로 풀려 하는 것입니다. 그러니까 줄 것은 다 주면서도 얻을 것은 얻지 못하는 것입니다.

하나님의 백성은 그 일생에 몇 번은 이런 도전에 마주칩니다. 대단히 부담스러운 책임을 져야 할 순간이 와요. 그때 남편이나 아내나 부모를 원망하는 것은 제대로 응전하는 것이 아니라 도피하는 것입니다. 물론 그때 가만히 있어도 상관은 없습니다. 교회가 어렵고 주위가 어려울 때 가만히 있었다고 해서 지옥에 가는 것도 아니고 누가 뭐라고 비난하는 것도 아닙니다. 그러나 하나님의 백성들이 결정적으로 어려울 때 입을 다물고 있으면 영원한 엑스트라로 남을 수밖에 없습니다. 그 사람은 남이 해주는 것이나 먹고 살아야 합니다. 그는 다시는 주인공이 될 수 없습니다.

## 유다의 개입 방식

그러면 유다는 어떤 식으로 이 문제에 개입을 했습니까? 유다는 세 가지 방향에서 이 문제에 개입했습니다. 우선 첫째로, 그는 야곱에게 현실을 있는 그대로 인정하게 했습니다. 3절과 4절을 보십시오.

> 유다가 아비에게 말하여 가로되 그 사람이 엄히 우리에게 경계하여 가로되 너희 아우가 너희와 함께하지 아니하면 너희가 내 얼굴을 보지 못하리라 하였으니 아버지께서 우리 아우를 우리와 함께 보내시면 우리가 내려가서 아버지를 위하여 양식을 사려니와 아버지께서 만일 그를 보내지 않으시면 우리는 내려가지 아니하리니 그 사람이 우리에게 말하기를 너희 아우가 너희와 함께하지 아니하면 너희가 내 얼굴을 보

지 못하리라 하였음이니이다

아마도 요셉은 형제들을 보내면서 '만일 너희 아우를 데려오지 않으면 절대로 내 얼굴을 보지 못할 것'이라는 말을 여러 번 강조했던 것 같습니다.

그런데 유다의 말을 들어 보면 야곱은 어떻게 해서든지 자식들을 다시 보내서 양식을 사오게 하되 베냐민은 보내지 않으려고 했던 것으로 보입니다. 시일도 좀 지났고 혹시 애굽의 총리가 잊었을 수도 있으니까 두루뭉실하게 넘어가자는 식이지요.

그러나 유다는 이것이 그렇게 간단한 문제가 아니라는 것을 알고 있었습니다. 애굽의 총리는 이상하게도 오지 않은 막내에게 비상한 관심을 가지고 있는 것이 분명했고, 그를 꼭 데려와야 한다는 점을 누누히 강조했기 때문입니다. 만약 이 문제를 적당히 넘어가려고 한다면 애굽에 가 보았자 아무 소용이 없을 것입니다. 그래서 유다는 적당히 이 어려움을 해결해 보려는 야곱에게, 식량 문제를 해결하려면 베냐민을 내놓아야 한다는 점을 다시 한 번 분명히 확인시키고 있습니다.

여기서 우리가 알 수 있는 것이 무엇입니까? 야곱은 현실 가운데 가장 어려운 부분은 할 수 있는 한 건드리지 않고 슬쩍 넘어가려고 했다는 것입니다. 그러나 유다는 설사 아버지의 마음을 상하게 하는 일이 있더라도 현실을 현실로 인정하게 만들려는 생각을 가지고 있었습니다. 그래서 양식과 베냐민은 떼려야 뗄 수 없는 하나의 문제라는 점, 그를 내놓지 않고 적당히 애굽에서 양식을 구할 생각을 하면 안 된다는 점을 분명히 밝혔습니다. 즉 야곱은 베냐민을 굳이 데려가지 않아도 애굽에 가기만 하면 어떻게든 문제가 해결되지 않겠느냐는 입장이었고, 유다는 이 문제는 그런 식으로 대충 넘어갈 문제가 아니며 분명히 할 것은 분명히 해야 한다는 입장이었습니다.

이 두 사람의 태도 중에 어느 쪽이 더 온당한 것 같습니까? 우리 눈에는 유다가 너무 인정머리 없이 보일 수 있습니다. 그냥 적당히 넘어갈 것이지, 그 사실을 꼭 밝혀서 다시 한 번 아버지의 마음을 상하게 하고 그 눈에서 눈물이 흐르게 해야 합니까? 그렇게 아프고 고통스러운 부분은 할 수 있는 한 건드리지 말고 긍정적이고 좋은 쪽만 생각하고 격려하는 편이 좋지 않을까요?

대부분의 그리스도인들은 어려운 문제를 대할 때 이런 식의 생각을 할 때가 많습니다. 그러나 이것은 마치 곪아 있는 부분을 그대로 둔 채 그 위에 연고만 잔뜩 발라 주는 것과 같습니다. 누군가 불륜의 관계에 빠져 있을 때에는 아무리 상담을 많이 하면서 위로하고 격려해 봐야 소용이 없습니다. 그 잘못된 관계를 돌이키지 않는 이상 그는 치유될 수가 없습니다. 그러나 사람들은 '회개'라는 말을 싫어합니다. '치유'나 '상담'은 좋아해도 '회개'는 좋아하지 않습니다. 회개는 의지적으로 결단하는 것입니다. 잘못된 것이 있으면 그것을 청산하고 같은 일이 재발하지 않도록 안전 장치를 하는 것입니다. 그러나 사람들은 회개를 말하는 것이 고통에 빠진 사람을 더 고통스럽게 한다고 생각해서 할 수 있는 한 입에 올리려고 하지 않습니다.

야곱의 아들들은 베냐민 이야기를 다시 꺼내는 것은 아버지를 죽이는 일이나 마찬가지라고 생각했습니다. 그런데 유다는 서슴지 않고 베냐민 이야기를 꺼냈습니다. 왜 그렇게 했습니까? 베냐민을 데려가지 않는 이상 애굽에 가는 것은 시간 낭비라는 것이 엄연한 현실이었기 때문입니다. 그를 데려가지 않는 것이 당장은 좋을지 몰라도, 아버지가 "네 은혜를 잊지 않으마" 하면서 너무나 기뻐할지 몰라도, 그렇게 해서는 이 문제가 해결되지 않는다는 것을 그는 알았습니다.

믿음이란 현실을 외면한 채 무조건 모든 것을 하나님께 맡기는 것이 아니라는 사실을 알아야 합니다. 믿음의 위인들은 우리가 당면한 문제에 대해 전혀 생각도 하지 않고 무조건 기도만 많이 할 때의 위험을 경고하곤 했습니다. 혼란스러울 때 기도만 하려고 들면 안 됩니다. 그럴 때 기도는 도피의 수단이 될 수 있습니다. 우리가 무엇보다 먼저 해야 할 일은 정신을 차리고 생각하는 것입니다. 무조건 기도하는 대신, 자기가 지금 처해 있는 상황이 정확하게 어떤 것이며 문제의 핵심이 무엇인지 객관적으로 냉철하게 생각해 보아야 합니다. 그리고 나서 기도를 해야지요. 바위 붙들고 소리지르면서 기도만 한다고 해서 문제가 해결되는 것이 아닙니다. 그것은 어린아이처럼 눈 가리고 아웅 하는 것에 불과합니다.

유다는 현실을 현실로 보게 합니다. "아버지, 이것은 적당하게 넘어갈 문제가 아닙니다. 베냐민을 데려가지 않으면 절대 해결이 안 됩니다. 아버지가 아무리 화를 내셔도 이건 어쩔 수 없습니다. 이것이 현실입니다."

두 번째로 유다는 야곱의 감정적인 분노에 잘 대처하고 있습니다. 6절을 보십시오.

이스라엘이 가로되 너희가 어찌하여 너희에게 오히려 아우가 있다고 그 사람에게 고하여 나를 해롭게 하였느냐

드디어 자식들에 대한 야곱의 분노가 터졌습니다. 야곱의 이 말은 원망과 불평입니다. '왜 집에 막내가 하나 더 있다고 말해서 나를 이런 어려움에 빠뜨리느냐'는 것입니다. 형제가 원래 열 명이라고 하면 애굽의 총리가 실제로 열한 명인지 열두 명인지 어떻게 알겠느냐는 거예요. 마치 빚쟁이 전화를 바꾸어 준 아이에게 부모가 역정을 내는 것과 같습니다. "엄마 아빠가 집에 없다고 해야지, 왜 있다고 해서 엄마 아빠를 힘들게 하냐"는 식과 똑같아요. '아무리 애굽의 총리가 꼬치꼬치 캐물어도 적당하게 둘러대야지, 어떻게 사실 그대로 말해서 나를 이토록 괴롭히느냐'는 것입니다. '다른

때는 거짓말을 잘도 하더니 어떻게 그럴 때는 정직해져서 나를 이렇게 힘들게 하느냐'는 것입니다.

이런 식의 넋두리는 위기의 순간에 새로운 분쟁을 일으킬 가능성이 큽니다. 한 사람이 파괴적으로 분노를 터뜨리면 다른 사람도 "너만 성질 있냐? 나도 성질 있다!" 하면서 화를 낼 가능성이 아주 커요. 그러나 유다는 화를 내는 대신에 아버지를 설득했습니다.

> 그들이 가로되 그 사람이 우리와 우리의 친족에 대하여 자세히 힐문하여 이르기를 너희 아버지가 그저 살았느냐 너희에게 아우가 있느냐 하기로 그 말을 조조이 그에게 대답한 것이라 그가 너희 아우를 데리고 내려오라 할 줄을 우리가 어찌 알았으리이까(43:7).

유다는 "아버지, 베냐민만 아들입니까? 다른 아들들도 살아야지요!" 하고 대들면서 화를 내는 대신 그때의 상황을 자세히 이야기합니다. 애굽의 총리가 그들의 가족사항에 대해 굉장히 집요하고 자세하게 캐묻더라는 거예요. 처음에는 열 명이 전부인 것처럼 하고 얼렁뚱땅 넘어가려고 했는데 그 사람이 너무 꼬치꼬치 묻는 바람에 꼼짝할 수가 없었다는 것입니다.

"형제가 열 명이라구? 원래 몇 명이 태어났는데?"

"……열두 명이요."

"그럼 두 명은 어떻게 된 거냐?"

"……하나는 없어지고 하나는 아버지 집에 있는데요."

게다가 동생을 데려오라고 할 줄은 정말 몰랐다는 것입니다. 하나님이 아닌 이상 어떻게 그런 것까지 예측할 수 있겠느냐는 것입니다.

여기서 유다가 말하는 핵심은 지금 그때의 잘잘못을 따져봐야 아무 소용이 없고, 중요한 문제는 애굽에서 양식을 얻어 오는 것이라는 점입니다. 8절을 보십시오.

> 유다가 아비 이스라엘에게 이르되 저 아이를 나와 함께 보내시면 우
> 리가 곧 가리니 그러면 우리와 아버지와 우리 어린 것들이 다 살고 죽
> 지 아니하리이다

"아버지, 지금 우리가 잘잘못을 따지는 것이 무슨 의미가 있
습니까? 중요한 것은 시므온을 구해 오는 것이고 우리가 다 사는 것
아닙니까? 그러려면 그때 왜 그런 말을 했느냐를 따질 것이 아니라
하루라도 빨리 베냐민을 데리고 다녀와야 합니다. 상대는 애굽의
총리입니다. 어떻게 그 사람을 설득시키느냐가 중요하지, 그때 그
런 말을 왜 했느냐를 따지는 게 중요합니까?"라는 것입니다.

유다는 지혜롭게 이 문제를 넘기고 있습니다. 그는 어떻게
아버지와 똑같이 화를 내지 않을 수 있었습니까? 지금 중요한 문제
는 아버지와 아들 중 누가 이기느냐가 아니라 현실적으로 베냐민을
데리고 가서 곡식을 사오는 것이라는 점을 알고 있었기 때문입니
다. 성질이 급한 사람은 우선 화부터 내고 봅니다. 그래서 자기를 도
와줄 사람에게 오히려 화를 내는 경우가 많아요. 지금 적은 애굽의
총리입니다. 자기들끼리 왜 이랬느냐 왜 저랬느냐 싸워 봐야 아무
소용이 없습니다. 유다는 야곱의 분노를 철저하게 현실적인 인식으
로 가라앉히고 있습니다.

셋째로 그는 자기 자신을 담보로 내놓았습니다.

> 내가 그의 몸을 담보하오리니 아버지께서 내 손에 그를 물으소서 내가
> 만일 그를 아버지께 데려다가 아버지 앞에 두지 아니하면 내가 영원
> 히 죄를 지리이다 우리가 지체하지 아니하였다면 벌써 두 번 갔다 왔
> 으리이다(43:9, 10).

"내가 그의 몸을 담보하오리니"라는 것은 무슨 일이 있어도 자기가 베냐민을 책임지겠다는 뜻입니다. 다시 말해서 혹시 뭔가 잘못되어 베냐민이 애굽에서 잡히게 된다면, 자기가 그 대신 잡히고 베냐민은 돌아올 수 있게 하겠다는 것입니다. 여기서 나타나는 것이 바로 유다의 목자 정신입니다. 유다는 말만으로는 아버지를 안심시킬 수 없다는 것을 알았습니다. 그래서 자신이 그를 담보할 테니 보내 달라고 합니다.

담보가 무엇인지 아시지요? 친구가 은행에서 돈을 빌리는데 담보를 섰다면, 그가 그 돈을 갚지 못할 때 자기가 모든 책임을 뒤집어써야 합니다. 은행이 아무것도 없는 사람에게 돈을 수천만 원씩 빌려 줄 리가 없습니다. 무언가 담보가 있으니까 빌려 주는 것이지요. 이렇게 담보를 서면 그 사람이 빚진 자의 모든 채무를 다 책임져야 합니다. 그래서 담보를 설 때는 이런 질문을 스스로 해야 합니다. "내가 저 사람 때문에 망해도 좋은가?" 담보는 그렇게 자신을 희생할 각오가 되어 있을 때 서는 것입니다.

유다는 왜 베냐민을 담보하겠다고 나섰습니까? 누군가 희생하지 않으면 이 어려운 문제가 해결되지 않는다는 것을 알았기 때문입니다. 아버지는 베냐민을 포기하지 않을 것입니다. 형제들 중에서 책임을 지겠다고 나설 사람도 없습니다. 애굽 총리의 마음이 바뀌었을 가능성은 더더욱 없습니다. 유다는 자기가 희생하지 않으면 이 집안을 살릴 수 없다는 것을 알았습니다. 그래서 자기의 모든 것을 걸고 가족들을 다 살릴 수 있다면 그렇게 하기로 했습니다. 이것은 하나님이 보시기에 진정한 왕의 모습이었습니다.

신앙적인 결정은 현실에서 무조건 도피하는 것이 아닙니다. 오히려 현실이 무엇인지 제대로 인식하고, 자기가 책임을 떠맡는 것입니다. 우리는 어려운 일일수록 무조건 잘되는 쪽으로 믿어 버리려는 경우가 많습니다. '하나님이 함께하시니까 다 잘될 거야', '기도했으니까 부모님의 병은 나을 거야' 하는 식으로 생각하거나 그런 말로 다른 사람을 위로하려 들 때가 많아요.

그러나 그것은 어디까지나 희망사항으로서, 그것이 곧 하나님의 뜻이 되는 것은 아닙니다. 희망사항이 이루어지길 바란다면 먼저 현실을 철저하게 알아야 합니다. 병이 들었다면 무조건 기도원에 가서 살려달라고 기도하기 전에 병원에서 정확하게 진찰을 해보아야 합니다. 병명이 대체 무엇이고 지금 어디까지 진전되었는지를 정확히 알고, 수술할 것인지 입원할 것인지를 객관적으로 결정해야 합니다. 진찰도 안 해 보고 무조건 기도원에 가는 것은 어리석은 시간 낭비입니다. 그 어려움에서 내가 감당할 수 있는 사항이 무엇인가를 생각하고 결단을 내리는 것, 이것이 희망사항을 현실로 만드는 길입니다.

그러나 만약 책임을 지려고 하는 사람이 아무도 없고 희생하려고 하는 사람이 아무도 없다면, 희망사항은 어디까지나 희망사항으로만 남게 될 것입니다.

## 야곱의 결단

지금까지 우리가 본 야곱의 모습은 자식들이나 원망하는 무력하고 나약한 노인의 모습이었습니다. 그러나 이제 야곱은 결단을 내립니다. 이 결단이 야곱이 위대한 믿음의 사람으로 남게 합니다.

야곱은 원래 부족한 점이 전혀 없는 완벽한 사람이 아니었습니다. 그는 어려운 일이 닥쳤을 때 책임을 회피하려고 했고 자식들을 원망했습니다. 그리고 마음속에 결심이 서기까지 이러지도 저러지도 못하는 우유부단한 모습을 보였습니다. 그러나 현실에 직면하게 되었을 때, 더 이상 책임을 미룰 수 없고 바로 자신이 결단을 내려야만 한다는 것을 알았을 때, 그는 드디어 결단을 내립니다.

우리는 오늘 본문에서 위기를 극복하는 야곱의 방식을 보게 됩니다. 그는 일단 자식들의 모든 문제를 스스로 책임지고 해결하기 시작합니다. 우선 그는 엄한 애굽 총리의 마음을 누그러뜨릴 수 있는 선물을 준비하게 했습니다. 11절을 보십시오.

> 그들의 아비 이스라엘이 그들에게 이르되 그러할진대 이렇게 하라 너희는 이 땅의 아름다운 소산을 그릇에 담아 가지고 내려가서 그 사람에게 예물을 삼을지니 곧 유향 조금과 꿀 조금과 향품과 몰약과 비자와 파단행이니라

여기서 우리는 야곱의 지혜를 볼 수 있습니다. 그는 강한 상대를 만났을 때 정면으로 맞서서 무리하게 승부하는 사람이 아닙니다. 그는 예물을 보내서 먼저 상대의 마음을 누그러뜨리는 방법을 썼습니다. 우리는 그가 에서를 만날 때에도 이 방법을 쓴 것을 알고 있습니다.

요즘 우리 사회는 뇌물을 주고받지 못하게 하는 운동을 벌이고 있습니다. 사실 공직 사회에서 뇌물이 통하고 있다는 것은 우리 사회가 얼마나 후진적인지를 보여 주는 증거입니다. 사람은 자기 일에 직업의식을 느끼지 못할수록 뇌물을 챙기려고 합니다. 즉 우리 사회에 뇌물이 통한다는 것은 얼마나 많은 이들이 자기 일에 보람을 느끼지 못하고 사명감 없이 일하고 있는지를 보여 줍니다.

그러나 사적인 관계에서는 인사나 선물이 아주 중요합니다. 특히 관계가 불편한 사람에게 선물을 주는 것은 '나는 적어도 당신을 적대적으로 대하고 있지는 않다'는 표시가 될 수 있고, 다른 사람에게 상냥하게 인사를 하는 것은 '나는 적어도 당신을 싫어하거나 당신에게 화가 난 것은 아니다'는 사인이 될 수 있습니다.

대인 관계에서 우리 믿는 사람을 가장 힘들게 하는 것은 쓸데없는 자존심입니다. '내가 하나님을 믿는 사람인데, 네까짓 과장이 뭐냐?'는 식으로 나가니까 될 일도 안 되는 거예요. 그런 좋지 못

한 자존심이 우리를 이 세상에 적응하지 못하게 합니다. 그리스도 인들은 이 자존심을 버려야 합니다. 자존심을 가지고 있으면 절대 로 적응하지 못합니다. 그래서 저는 목회자가 되기 전에 간과 쓸개 를 빼놓아야 한다는 말을 자주 합니다. 교인들도 마찬가지입니다. 처음에는 호감을 가졌던 사람들도 쓸데없는 자존심 앞에는 등을 돌 리게 되어 있습니다.

그리스도인들이 좋은 결과만 이끌어 내면 되는 것이지 굳이 자존심을 내세우거나 상대방에게 반드시 이길 필요까지는 없지 않 습니까? 우리는 주님의 종인데, 좋은 종으로서 자기에게 주어진 일 만 다하면 되는 것이지 꼭 모든 사람들 위에 군림해야 하는 것은 아 니지 않습니까? 야곱은 이 부분에서 지혜가 있었습니다.

둘째로 그는 혹시 문제가 생길까 봐 자루에 담겨 돌아온 돈 을 전부 다시 가져가게 했습니다. 그리고 그것 때문에 불미한 일이 생길까 봐 돈을 배로 준비하게 했습니다. 야곱은 하나님을 믿는다 고 해서 무작정 자식들을 보내지 않았습니다. 애굽에서 일어날 수 있는 상황을 머릿속에 그려보고 미리 그런 문제에 대비하게 했습니 다.

우리가 어떤 일을 하는 데 가장 중요한 것은 전체적인 그림 을 그리는 것입니다. 그렇게 전체적인 그림을 가지고 대비하면 일 하는 것이 재미있고 신이 납니다. 그러나 그것이 없으면 일 하나하 나가 힘들고 어렵습니다. 공부를 하는 학생도 전체적인 그림 없이 무턱대고 외우려고 들면 공부가 그렇게 지겨울 수가 없어요. 그러 나 전체적인 그림을 가지고 공부를 하면 어려운 문제가 생겨도 자 기 나름대로 어떻게 풀어야 할지 감이 잡힙니다.

야곱은 자기가 마치 그 애굽의 총리를 직접 만난 것처럼 생각 하면서 자기 수준에서 막을 수 있는 것은 최대한 막으려고 애를 씁니 다. 그리고 나서 마지막으로 모든 것을 하나님의 손에 맡깁니다.

네 아우도 데리고 떠나 다시 그 사람에게로 가라 전능하신 하나님께서 그 사람 앞에서 너희에게 은혜를 베푸사 그 사람으로 너희 다른 형제와 베냐민을 돌려보내게 하시기를 원하노라 내가 자식을 잃게 되면 잃으리로다(43:13, 14).

여기서 야곱은 위대한 결단을 내립니다. 그것은 하나님께서 그곳에 함께 가셔서 시므온과 베냐민을 전부 돌려보내 주시기를 원한다는 것입니다. 야곱은 자기가 할 일을 다 한 후에, 최종적인 결과를 하나님의 손에 맡기면서 "내가 자식을 잃게 되면 잃으리로다"라고 말합니다.

야곱에게 베냐민은 무엇입니까? 아직도 포기하지 못한 유일한 영역입니다. 그는 자기가 마지막으로 붙들고 있던 베냐민을 하나님 앞에서 포기하면서, 그럼으로써 시므온까지 살려 보내 주시기를 바라고 있습니다.

이런 구조적인 문제가 생겼을 때, 시간이 지나도 풀리지 않는 어려운 문제가 생겼을 때 우리가 알아야 할 것이 있습니다. 그것은 내가 마지막으로 붙들고 있는 욕심을 포기하지 않는 이상, 그 문제는 해결되지 않는다는 것입니다. 식량의 위기를 해결하는 열쇠는 베냐민을 포기하는 데 있었습니다.

물론 우리는 야곱을 이해할 수 있습니다. 베냐민은 그가 가장 사랑했던 아내 라헬의 아들입니다. 특히 요셉이 죽고 난 뒤 베냐민에 대한 야곱의 사랑은 거의 맹목적인 것이었습니다. 그는 베냐민이 눈에만 보이지 않아도 곧 죽을 것처럼 그에게 집착했습니다.

이러한 그의 태도는 요셉을 잃은 후 약 20년간 그의 신앙이 정체 상태에 있었다는 것을 보여 줍니다. 그는 원래 이렇지 않았습니다. 요셉을 그 험한 곳에 혼자 보낼 정도로 하나님을 믿었습니다. 그러나 그 믿음의 결과가 요셉의 죽음으로 나타났을 때, 그는 이론적으로는 하나님을 믿었지만 실제적으로는 믿지 못했습니다. 이제는 믿을 수가 없어요. 하나님을 믿고 요셉을 혼자 보냈는데 피 묻은 옷만 돌아오지 않았습니까? 그러니까 베냐민은 항상 자기 눈앞에 있어야 합니다. 베냐민이 눈에 보이지 않으면 막 떨려요.

너무나 긴 세월 동안 야곱은 자신의 단단한 껍질 안에 스스로 파묻혀 있었습니다. 그는 일이 자기 뜻대로 되지 않으면 죽겠다는 소리만 하면서, 스스로를 학대하고 아들들을 원망했습니다. 그리스도인의 입에서 "죽을 거야"라는 말이 그렇게 쉽게 나오면 안 됩니다. 일이 좀 뜻대로 안 된다고 해서 죽겠다고 하면 됩니까? 그리스도인이 죽는다는 것은 그렇게 쉬운 일이 아니에요.

지금까지 야곱은 너무나도 외롭게 자신의 믿음을 지켜 왔습니다. 집에 있는 아들들은 성도인지 늑대인지 구별할 수가 없는 자들이었습니다. 그러나 그의 믿음은 거의 정신병적인 믿음이었습니다. 자신을 제외하면 아무도 믿지 않는 병든 믿음이었어요. 자신이 믿음으로 보낸 요셉은 잃었고, 다른 아들들은 믿을 수가 없었습니다.

그런데 유다가 진지하게 책임 있는 말을 하는 것을 들으면서, 오래전에 잃었던 인간에 대한 신뢰가 되살아나기 시작했습니다. 유다의 책임 있는 말 한마디가 20년 동안 굳어 있던 야곱의 마음을 열고 다시 예전의 모습을 되찾게 만들었습니다. 아무리 믿음의 위인이라 하더라도 아무도 믿어 주는 사람이 없는 상태에서는 위대한 믿음이 나올 수가 없습니다. "종잇장도 맞들면 낫다"고, 유다의 작은 믿음의 결단이 20년 동안 닫혀 있었던 야곱을 그 단단한 껍질에서 나오게 했고, 옛날의 그 영광과 총기와 능력을 되찾게 했습니다.

여기서 우리가 보게 되는 것은 아무리 신앙이 좋은 사람이라 하더라도 자기 혼자서는 살아 움직이는 건강한 신앙을 유지하기가 힘들다는 것입니다. 신앙이 좋으면 좋을수록 다른 사람을 믿지 않는 병적인 믿음을 갖게 되기 쉽습니다. 겨우 한다는 말이 몇십 년 전에 교회에서 상처 받은 이야기나 목회자 욕이나 다른 사람에 대한 원망과 불신입니다. 왜 그렇게 되었습니까? 너무 오랫동안 자기의 껍질 안에 갇혀 있었기 때문입니다. 그때 누군가 따끔하게 그에게 말해 주어야 합니다. 그의 생각이 얼마나 비현실적이고 한낱 꿈에 불과한지 깨닫게 해주어야 합니다. 그것이 좋은 신앙이 아니요 수십 년 동안 곪을 대로 곪은 신앙이라는 것을 이야기해 주어야 합니다.

우리는 유다가 그렇게 많은 죄를 지었고 허물이 많았음에도 불구하고 하나님의 백성들이 고통당하고 있을 때 자신의 몸을 도사리지 않고 나섰을 때, 자신의 지파에서 영원히 홀(笏)이 떠나지 않는 축복을 받았다는 사실을 기억해야 합니다.

오늘 우리의 삶에 닥친 어쩔 수 없는 난관들을 어떻게 해결하겠습니까? 첫째로, 냉정하게 자신의 현실을 돌아보십시오. 현실을 인정하지 않는 신앙은 신앙이 아니라 배짱입니다. 현실을 냉정하게 바라보고 객관적으로 자기의 위치를 확인해 보아야 합니다. 내가 지금 하고 있는 일이 객관적으로 말이 되는지, 그 문제를 가지고 기도를 해야 할 것인지 수술을 해야 할 것인지 생각하고 결정해야 합니다. 아픈 부분을 그냥 덮어 놓고 무조건 잘될 거라고 생각하는 것은 버티기 작전에 지나지 않습니다. 아무리 시간이 지나도 그 문제는 해결되지 않을 것입니다.

또한 누군가 함께 책임을 져 주는 사람이 있어야 합니다. 신앙이 좋았던 사람이라도 한번 현실에서 충격을 받으면 자기 연민에 빠져서 정신병적인 믿음을 보이게 되기 쉽습니다. 그러나 유다의 작은 믿음의 격려가 20년 동안 닫혀 있던 야곱의 눈을 뜨게 했다는 것을 기억하십시오. 한마디에 불과하더라도 책임 있는 말을 들으면, 그것이 곧 믿음에 다시 불을 붙이는 기회가 될 수 있습니다.

다른 사람을 믿어 준다는 것이 얼마나 아름다운 일인지 모롭니다. 좀 부족하더라도 믿어 주는 것은 굉장히 중요한 일입니다. 사장이 직원들을 의심하면 일이 제대로 안 됩니다. 부족한 데가 있어도 믿어 줄 때 좋은 결과가 나오지요. "난 아무도 못 믿어. 끝끝내 베냐민을 데리고 가려면 날 죽이고 가!" 이것은 믿음의 사람이 할 말이 아닙니다.

가장 중요한 것은 아직도 붙들고 있는 그 마지막 영역을 포기하는 것입니다. 야곱이 붙들고 있던 마지막 영역이었던 베냐민을 포기했을 때 놀라운 구원의 역사가 나타나지 않았습니까? 그 마지막 것이 어떤 사람에게는 학위일 수도 있고, 어떤 사람에게는 자신의 생활방식일 수도 있습니다. '나는 죽어도 이것을 포기하지 못한다'는 사람은 말이 통하지 않는 사람입니다.

여러분, 우리는 자신의 생활을 다 책임지지 못합니다. 자식이 아무리 소중하다 해도 24시간 늘 붙어 있을 수는 없습니다. 결국 결정적인 부분은 하나님의 손에 맡겨야 합니다. "내가 자식을 잃게 되면 잃으리로다!" 어차피 우리는 이 세상에 빈손으로 오지 않았습니까? 어차피 이 세상에 '나의 것'이란 없습니다. 다 하나님의 것입니다. 하나님은 언제든지 그분의 것을 가져가실 수 있습니다.

사랑하는 성도 여러분, 이 어려운 때에 자신의 모든 것을 걸고 책임을 지려는 자세를 가지는 사람만이 이 세상에서 빛과 소금의 역할을 할 수 있으며, 위기 때 하나님의 구원의 빛을 비출 수 있다는 것을 잊지 마십시오.

# 19

# 진정한
# 일치

가톨릭의 지학순 주교가 남북 교류의 일환으로 여러 일행과 함께 평양을 방문한 적이 있었습니다. 그는 거기서 수십 년 만에 자신의 친동생을 만나게 되었습니다. 어렸을 때 헤어진 그 여동생은 어느새 할머니가 되어 있었습니다. 그런데 몇십 년 만에 만난 여동생은 오빠에게 이런 말을 했습니다. "오빠, 우리는 지금 김일성 수령님의 은혜로 너무나도 잘 살고 있어요. 오빠도 어서 그 지긋지긋한 곳을 떠나 이곳에서 우리와 함께 살아요." 여동생의 입에서 흘러나오는 말은 모두 정치적인 선전뿐이었습니다. 늙은 주교는 아무 소리도 하지 못하고 그저 그의 손을 잡은 채 하염없이 눈물만 흘릴 뿐이었습니다.

저는 그 늙은 주교의 눈에서 눈물이 흘러내리는 그 사진을 신문에서 보았습니다. 그가 깨달은 것이 무엇입니까? 단순히 이런 식으로 몇십 년 만에 그리운 동생을 만나는 것은 진정한 통일이 아니라는 것입니다. 그와 동생 사이에는 도저히 메울 수 없는 엄청난 이념의 차이가 가로놓여 있었습니다. 그들의 만남은 진정한 회복이 아니라, 오히려 진정한 회복이 얼마나 어려운 것인가를 다시 한 번 피부로 느끼게 해주는 일이었습니다.

오늘 본문에는 흩어졌던 야곱의 열두 아들이 한자리에 모이는 장면이 나옵니다. 이들은 무려 20년 만에 다시 만나 자리를 함께하고 있습니다. 형제들은 요셉의 요구대로 아버지를 설득해서 베냐민을 데리고 왔고, 요셉은 갇혀 있던 시므온을 그들에게 돌려주었습니다. 이것을 보면 마치 무슨 포로 교환을 하는 것 같습니다. 그러나 20년 만에 만난 형들과의 관계가 단순한 공적 거래로 끝날 수는 없었습니다.

요셉은 형들을 자신의 집으로 초청했습니다. 그것은 단순히 곡식을 구하러 온 요셉의 형들에게는 충격 그 자체였을 뿐 아니라 대단히 불안한 일이기도 했습니다. 그들이 원하는 것은 양식을 얻고 형제들을 챙겨서 한시라도 빨리 이 지긋지긋한 애굽을 떠나는 것입니다. 그런데 애굽의 총리는 그들을 그냥 보내지 않고 자기 집으로 초청해서 친절하게 대접했습니다.

그런데 이상한 점은 그러면서도 그가 끝까지 자신의 정체를 밝히지 않았다는 것입니다. 그는 철저하게 자신의 신분을 감춘 채 그들을 만났습니다. 그 이유가 무엇일까요? 무엇이 20년 만에 형제들을 만나고서도 자신을 밝히지 못하게 하고 서로 하나 되지 못하게 만들고 있는 것입니까?

오늘 본문은 이스라엘의 열두 아들들이 단순히 한자리에 모였다는 그 사실만으로는 다시 연합되었다고 말할 수 없음을 보여줍니다. 그들에게는 더 필요한 것이 있었습니다. 그것은 그들의 마음이 하나 되고 그들의 정신이 일치되는 것이었습니다.

우리에게도 다시 회복해야 할 깨어진 관계들이 있습니다. 그중에서 가장 심각한 것이 우리 민족의 분단입니다. 사실 오늘 본문을 읽으면서 그때와 오늘의 상황이 너무나도 비슷한 데 놀라지 않을 수 없습니다. 요셉의 형들은 굶주림을 피해 양식을 구하려고 애굽을 찾아갔습니다. 오늘 북한에서도 식량이 없어서 많은 사람들이 굶어 죽고 있습니다. 북한 어린이들의 사진을 보면 한결같이 제대로 자라지 못한데다가 피골이 상접해 있습니다. 우리는 그들에게 양식을 보내려고 애를 쓰고 있지만, 안타깝게도 그 양식을 군량미로 쓴다거나 양식을 실어간 배의 선원들을 억류하는 식의 일들 때문에 불신이 조장되었습니다. 그러나 우리가 보낸 양식으로 북한 사람들이 주린 배를 채우고 남북한이 한 팀이 되어 월드컵 본선에 진출한다고 해서 우리가 모두 하나 되었다고 말할 수는 없습니다. 왜냐하면 우리 사이에 파인 불신의 골짜기가 너무나도 깊기 때문입니다.

때로는 가족들 사이에 의리가 갈라져서 오래 만나지 않는 경우도 있습니다. 그래서 어쩌다 명절 때 자리를 함께하게 되어도 기쁨이 되기보다는 오히려 생각의 차이를 확인하는 서글픈 기회가 될 때가 많이 있습니다. 이것은 같은 기독교 신앙을 가진 사람들 사이에서도 일어날 수 있는 일입니다. 하나가 되려고 자리를 함께 했는데, 오히려 서로의 의견 차이가 얼마나 심한가를 확인하는 데 그치는 경우들이 있습니다.

우리가 하나 된다는 것이 왜 이렇게 어렵습니까? 우리의 진정한 모습을 털어놓고 교제하기가 왜 이렇게 어렵습니까? 어떻게 해야 우리 민족이나 교회나 형제들은 진정으로 하나가 될 수 있습니까?

## 애정과 진실 사이에서

우리는 오늘 본문에서 요셉이 애정과 진실 사이에서 심한 갈등을 겪고 있는 모습을 볼 수 있습니다. 요셉은 형들이 베냐민을 데려온 것을 보고 형제들을 자신의 집에 초청했습니다. 그리고 미리 자신의 청지기에게 주의를 주어서, 더 이상 불필요하게 그들을 두렵게 만들거나 공포에 빠뜨리지 않게 했습니다.

> 요셉이 베냐민이 그들과 함께 있음을 보고 그 청지기에게 이르되 이
> 사람들을 집으로 인도해 들이고 짐승을 잡고 준비하라 이 사람들이
> 오정에 나와 함께 먹을 것이니라 그 사람이 요셉의 명대로 하여 그 사
> 람들을 요셉의 집으로 인도하니(43:16, 17).

일단 베냐민이 함께 온 것을 확인한 후, 형들에 대한 요셉의 태도는 확실히 달라지고 있습니다. 그는 그들을 자기 집에 초청하고, 또 그들이 두려워할 것에 대비해서 자기 하인에게 대답할 말을 미리 가르쳐 준 것 같습니다.

지금 요셉의 형들이 생각하고 있는 것이 무엇입니까? 한순간이라도 빨리 곡식을 구해서 애굽을 탈출하는 것입니다. 그런데 애굽의 총리는 곡식은 주지 않고 자기 집으로 가자는 등 다른 일을 자꾸 만들고 있습니다. 그들은 요셉이 지난번에 돌려준 돈을 트집 삼아 자신들을 모두 노예로 삼기 위해 집에 데려간다고 생각했습니다. 그들은 특히 나귀를 빼앗길까 봐 걱정했습니다. 그 당시에 나귀는 굉장히 비쌌던 것 같습니다.

그래서 그들은 누가 묻지도 않았는데, 곡식 자루 안에 돈이 도로 들어와 있었다고 요셉의 청지기에게 자진 신고를 했습니다. 그러자 청지기는 이들이 조금도 놀라지 않도록 아주 친절하고 자상하게 대답해 주었습니다. 23절을 보십시오.

> 그가 이르되 너희는 안심하라 두려워 말라 너희 하나님, 너희 아버지
> 의 하나님이 재물을 너희 자루에 넣어 너희에게 주신 것이니라 너희
> 돈은 내가 이미 받았느니라 하고 시므온을 그들에게로 이끌어 내고
> (43:23).

이 말은 하나님을 모르는 사람의 입에서 들을 수 있는 최고의 위로였습니다. 그 돈은 하나님께서 주신 것이니까 조금도 걱정

하지 말라는 것입니다. 요셉의 형들은 아직 요셉의 정체를 전혀 모르고 있었기 때문에, 요셉만 원한다면 얼마든지 장난을 칠 수 있었습니다. 게다가 그들은 잔뜩 겁을 집어먹고 있기 때문에 얼마든지 골탕먹일 수 있었습니다. 그러나 요셉은 불필요하게 형들을 두렵게 하거나 불안하게 만들지 않았습니다. 오히려 따뜻한 말로 그들을 위로하고 시므온을 감옥에서 풀어 그들에게 돌려주었습니다.

또한 요셉은 그들을 만났을 때 아버지의 근황을 자세히 물었습니다. "너희가 말하던 그 노인이 안녕하시냐? 그가 생존하셨느냐?" 그리고 자기 친동생 베냐민을 보고 "이 애가 너희가 말하던 막내냐?" 하면서, "하나님이 네게 은혜를 베푸시기를 원한다"고 축복했습니다. 그때 그는 가슴이 너무 불붙는 것 같아서 옆방에 가서 통곡한 후 다시 돌아왔습니다. 그리고 형제들을 자리에 앉힐 때에도 나이 순서대로 앉혀서 비상한 관심을 표현했을 뿐 아니라, 음식도 자기 음식을 주어서 그들에 대한 특별한 애정을 나타냈습니다.

그러나 그는 자기가 누구인지는 끝까지 형들에게 밝히지 않았습니다. 왜 그랬을까요? 형들을 그렇게 따뜻하게 대하면서도 왜 자기의 정체는 끝까지 밝히지 않은 것일까요?

우리가 요셉의 처지를 이해하려면 현대의 스파이전을 생각해 보아야 합니다. 얼마 전 독일과 프랑스에서 국가의 중요한 위치에 있는 자들이 구 소련에 정보를 팔아먹은 스파이 혐의로 체포되는 바람에 전 세계가 큰 충격을 받은 일이 있었습니다. 만약 그때 누군가가 이 사람들이 스파이라는 사실을 미리 알았다고 합시다. 아마 그는 그 사실을 누구에게도 쉽게 알리지 못할 것입니다. 왜냐하면 과연 누가 적이며 친구인지, 이 사실을 누구에게 알리면 안전한지 확인할 수가 없기 때문입니다. 자칫 잘못 이야기했다가는 자기가 죽임을 당할지도 모릅니다. 그러니까 끝까지 확인해야 할 것이 무엇인가 하면, 여기에 연루된 자가 누구며 자신이 진실로 믿을 수 있는 사람이 누구냐 하는 점입니다. 그것이 확인되지 않으면 아무 행동도 할 수가 없습니다.

더욱이 그 스파이가 자기와 둘도 없이 친한 친구거나 자신의 친형제라고 합시다. 그는 진실과 애정 사이에서 엄청난 고민을 할 것입니다. 진실을 밝히면 가장 가까운 친구나 형제가 다치게 됩니다. 그러나 그 사실을 그냥 두고 가만히 있으면 자신의 생명이 위험할 뿐 아니라 나라 전체가 위태로워집니다.

요셉이 고민하고 있는 문제가 무엇입니까? 과연 형들이 지금 어떤 상태에 있느냐 하는 것입니다. 다시 말해서 그들이 과거에 자기를 죽이려고 하다가 결국은 노예로 팔아 버렸을 때 주동자는 과연 누구였으며 그의 영향이 아직도 형제들 사이에 미치고 있느냐를 확인할 필요가 있었습니다. 어쩌면 요셉이 시므온을 지목해서 감옥에 가둔 것은 '혹시 이 형이 나를 죽이는 데 주동자가 아니었을까' 하는 생각 때문이었는지도 모르겠습니다.

에서와 야곱 사이에서 야곱을 아버지 집에 있지 못하게 했던 장본인은 분명히 에서였습니다. 야곱은 그와의 문제가 해결되지 않는 이상 하나님의 집에 돌아갈 수가 없었습니다. 그러나 요셉은 누가 자신의 적이며 누가 자신의 친구인지 도저히 알 수가 없었습니다. 형들이 자기를 죽이려고 하다가 노예로 팔아 버린 것이 일시적인 충동 때문이었는지, 아니면 아버지 집을 차지하기 위해서 누군가 악한 마음을 먹고 계획적으로 그렇게 한 것인지, 혹시 아직도 그런 생각을 하고 있는 형이 있는지, 한두 명의 형이 자기를 미워한 건지 전부 다 미워한 건지 알 수가 없었어요.

물론 지금은 요셉이 막강한 권력을 가지고 있기 때문에 함부로 건드리지는 못할 것입니다. 그러나 요셉은 이 애굽을 자기가 영구적으로 있어야 할 자리로 생각하지 않았습니다. 그는 아버지 집으로 돌아가서 하나님을 섬기고 싶었습니다. 그런데 만일 형들이 과거와 똑같이 자기를 미워하고 거부한다면, 그 문제를 어떤 방식으로든지 근본적으로 해결하지 않는 이상 아버지 집에 돌아갈 수 없었습니다. 이것은 마치 야곱이 에서 때문에 집에 돌아가지 못하고 수십 년 동안 떠나 있어야 했던 상황과 같습니다.

여기서 요셉이 취한 전략이 무엇입니까? 친동생인 베냐민을 데려오게 한 다음, 형들이 그를 대하는 태도를 보는 것입니다. 베냐민은 모든 조건이 요셉과 똑같았습니다. 그는 본처의 소생이었고 라헬의 아들이었습니다. 그래서 요셉은 무슨 일이 있든지 베냐민을 데려와야 한다고 주장했고, 그렇게 하지 않으면 결코 자기 얼굴을 보지 못할 것이라고 경고한 것입니다.

요셉이 지금까지 원했던 것이 무엇입니까? 단순히 굶주린 아버지나 형제들을 도와주는 것이 아닙니다. 그들과 진정으로 화해하고 다시 그들 중 하나가 되는 것입니다. 그는 하나님의 집에 돌아가고 싶었습니다. 그러나 형들의 생각을 알 수가 없었습니다. 그래서 자기와 조건이 똑같은 베냐민을 통해 형들의 본심을 알아내려고 했습니다.

이것은 마치 셰익스피어의 희곡 〈햄릿〉에서 주인공 햄릿이 당시 왕으로 있던 삼촌과 어머니의 생각을 알아내기 위해, 광대들을 불러 연극을 공연하게 했던 것과 비슷합니다. 물론 목적이나 방법은 다르지만 요셉도 연극을 하고 있습니다. 햄릿은 극중에서 삼촌이 그 형이자 왕인 자기 아버지를 살해하는 장면을 공연하면서, 삼촌의 얼굴이 새파랗게 질리는 것을 봅니다. 그때 그는 아버지를 죽인 장본인이 삼촌임을 확신하고 복수의 칼을 갈게 됩니다.

요셉이 지금 확인하고 싶어 하는 것은 과연 형들이 자기를 해치려고 한 것이 일시적인 충동에 의한 것인가, 아니면 지금도 그런 생각을 가지고 있는가 하는 점이었습니다. 그는 이것이 확인되지 않는 한 자신을 노출시킬 수 없다고 생각했습니다. 만일 그들이 일시적인 충동으로 자신을 죽이려 했다면 얼마든지 용서할 수 있습니다. 그러나 지금도 자기를 미워하고 있고 베냐민까지 미워해서 죽이려고 한다면, 화해는 불가능한 일이 될 것입니다.

지금 우리와 북한의 관계도 마찬가지입니다. 가능한 한 그들의 감정을 자극하거나 불안하게 할 필요가 없습니다. 특히 경제적으로 어렵고 정치적으로 고립되어 있을 때 위협적이거나 도전적인 발언을 할 필요가 없습니다. 그러나 확인할 것이 하나 있습니다. 그것은 그들이 다시 전쟁을 일으키려는 생각을 가지고 있느냐, 아니면 이제는 그런 생각을 완전히 포기했느냐 하는 점입니다. 만약 그것이 확인되지 않으면 호랑이를 키우는 셈이 되거나 원수의 손에 칼을 들려 주는 꼴이 될 것입니다.

이것은 다른 모든 화해에서도 근본적으로 확인해야 할 사항입니다. 서로의 관계가 깨지게 되었던 이유가 있을 텐데, 그 상태가 아직도 지속되고 있는지, 아니면 지금은 변했는지를 확인하고 자신을 드러내야 상처를 받지 않습니다. 그것이 확인되지 않는 한 화해는 불가능합니다.

## 누구든지 베풀 수 있는 사랑

사실 의심이 가는 사람에게 아무 내색도 하지 않고 관계를 지속한다는 것은 참 어려운 일입니다. 당장 그 사람의 멱살을 잡고 따지든지 아니면 아예 관계를 끊고 다시는 만나지 않고 싶은 것이 사람의 마음입니다.

그러나 요셉은 어떻게 했습니까? 아직 형들을 의심하고 있기는 했지만, 동시에 자신이 베풀 수 있는 애정을 다 베풀었습니다. 저는 이것을 진정한 사랑이라고 말할 수는 없다고 봅니다. 왜냐하면 사랑이란 서로 마음과 마음이 통하고 정신이 일치된 상태에서 상대방에게 자신을 헌신하는 것이기 때문입니다. 아직 자신의 정체를 드러내지 않은 상태에서, 자신을 완전히 베일에 싸 놓은 채 잘해 주는 것은 사랑이 아니라 인정(人情)입니다. 옛날의 형제 관계를 생각해서 친절하게 대해 주는 것이지요.

요셉은 형들에 대해 아직도 혐의를 풀지 않고 있습니다. 그들 중에 어느 누군가는 아버지의 유산을 탐내서 자기를 아버지 집에 있지 못하게 죽이려 했고 애굽에 노예로 팔아 버렸으리라는 의심을 가지고 있습니다. 그럼에도 불구하고 그는 모든 사람이 베풀 수 있는 사랑을 베풀었습니다. 그는 형들을 자기 집에 초대해서 먹을 것을 주고 그들이 불편하지 않도록 친절하게 대했습니다.

물론 이런 인정이 진실한 사랑은 아니지만, 진실한 사랑으로 가는 끈은 될 수 있습니다. 우리는 먼저 마음부터 터놓은 후에 사랑을 해야 진실한 사랑을 할 수 있다고 생각합니다. 그 생각은 당연한 것입니다. 그러나 상대방과의 사이에 오해가 너무 깊을 때, 감정적인 앙금이 너무 심할 때 마음을 터놓는다는 것은 불가능한 일입니다. 그럴 때는 마음까지는 터놓지 못해도, 누구나 할 수 있는 평범하고 보편적인 사랑에서부터 시작하는 것이 좋습니다.

요셉이 형들을 대접한 것 같은 일은 누구나 할 수 있습니다. 아무리 상대방에게 감정이 있고 마음의 상처가 남아 있다 하더라도, 거의 20년 만에 만난 자기 형제들을 집에 초대해서 함께 식사하는 것은 누구나 할 수 있는 일이에요. 제가 오늘 본문을 처음 읽었을 때 당황했던 점이 바로 이것이었습니다. 누구나 할 수 있는 이런 평범한 일을 성경이 왜 이렇게 자세하게 기록하고 있는지 알 수가 없었어요. 이런 것은 요셉이 아니라 누구라도 할 수 있는 일입니다. 그런데 성경이 이것에 대해 이렇게 자세히 기록하는 이유가 무엇입니까?

바로 이런 일반적인 애정이나 인정이 상대방을 바른 관계로 이끌 수 있는 끈이 될 수 있기 때문입니다. 저는 성경이 단순한 교리의 묶음으로 되어 있지 않은 것에 대해 하나님을 찬양합니다. 성경은 우리에게 어떤 진리를 주입시키는 책이 아닙니다. 요셉이 한 일은 누구든지 다 할 수 있는 그런 일이었습니다. 예수 안 믿어도,

요셉 같은 신앙의 인물이 아니어도, 인간이라면 누구나 다 할 수 있는 일이었어요. 오히려 그렇게 하지 않는 사람이 있다면 그 사람이 이상한 것이지요.

그런데 문제는 예수를 믿는다고 하는 우리가 누구나 다 할 수 있는 이런 인정 있는 일을 소홀히 한다는 점입니다. 하나님의 엄청난 진리에 마음을 빼앗긴 나머지 하나님을 모르는 사람들도 누구나 할 수 있는 이런 평범한 사랑, 이런 기본적인 도리를 소홀히 할 때가 너무나도 많습니다. 주님은 이렇게 말씀하셨습니다.

> 나는 너희에게 이르노니 너희 원수를 사랑하며 너희를 핍박하는 자를 위하여 기도하라 이같이 한즉 하늘에 계신 너희 아버지의 아들이 되리니 이는 하나님이 그 해를 악인과 선인에게 비취게 하시며 비를 의로운 자와 불의한 자에게 내리우심이니라(마 5:44, 45).

이 세상 사람들은 하나님을 모릅니다. 단지 모르는 정도가 아니라 미워합니다. 그럼에도 불구하고 하나님께서는 악인과 선인을 가리지 않고 빛을 비추시며 비를 내려 주십니다. 우리 같으면 어떻게 하겠습니까? "네가 나를 미워해? 당장 태양부터 꺼 버려야지. 비를 한쪽으로만 몰아서 왕창 줘야지" 하지 않겠습니까? 하지만 하나님은 악인과 선인 모두에게 이런 일반적인 은총을 주심으로써 악인들의 마음이 완전히 닫히지 않게 하시며, 그들로 하여금 하나님을 느낄 수 있게 하십니다.

우리는 '모든 것 아니면 아닌 것'(All or Nothing)의 방법으로 사람을 대할 때가 많습니다. 나와 비슷하고 통하는 데가 있는 사람한테는 모든 것을 다 터놓고 이야기합니다. 그러나 스타일이 좀 다르거나 생각이 다르면 아예 인사조차 하려고 하지 않습니다. 이렇게 사는 사람은 마치 이 세상에서 벌거벗고 사는 것과 같습니다. 우리의 생각이 몸이라면 예의나 일반적인 인간관계는 밖에 걸치는 옷입니다. 너무나도 진실을 중요시한 나머지 예의나 보편적인 인정마저 무시하는 것은, 마치 옷을 완전히 벌거벗고 사는 것이나 다름없습니다. 만약 모두가 벗고 산다면 아무나 쉽게 만나지 못할 것이며, 같은 편이 아니면 아예 상대조차 하지 못할 것입니다. 사람도 일일이 얼굴 봐 가면서 확인해야 해요. 어린아이들이 목욕탕에서 엄마를 잃어버리기 쉬운 이유가 무엇입니까? 전부 옷을 벗고 있다 보니 뒤에서 보면 다 그 사람이 그 사람 같기 때문입니다.

우리가 믿음을 가지고 있다고 해서 이런 인간적인 예의나 기본적인 도리를 무시해서는 안 됩니다. 그런 것이 상대방을 사람답게 만들거나 진리를 이루는 것은 아니지만, 서로 간에 쌓인 오해나 감정적인 앙금을 누그러뜨려서 벌어진 틈을 가깝게 할 때가 많이 있습니다. 북한이 굶주리고 있을 때에는 일단 곡식을 보내 주어야 합니다. 작은 오해가 있고 불미스러운 일이 있다 해도 굶고 있는 자들에게는 이념과 사상을 떠나서 무조건 곡식을 보내야 합니다. 그래야 벌어져 있는 틈을 조금이라도 메울 수가 있습니다. 이념적인 차이까지는 메울 수 없다 하더라도 감정적인 틈은 메울 수 있어요. 이렇게 감정적인 틈을 메우는 것이 하나 되는 일에 큰 도움이 될 때가 많습니다.

신앙을 가지지 않은 부모님의 생신이 돌아오면 그냥 넘어가지 마십시오. 내가 부모님을 미워하지 않고 아직도 사랑하고 있다는 것을 표현하십시오. 약간의 성의가 불필요한 오해를 막을 때가 많습니다.


## 하나님이 보여 주고자 하시는 것

야곱의 열두 아들을 통해 하나님께서 보여 주고자 하시는 것은, 구원받을 자격이 없으며 하나님 앞에서 무서운 죄인임에도 불구하고 하나님이 어떻게 이들을 사랑하여 구원하셨는가 하는 것입니다.

야곱의 열두 아들은 한결같이 무서운 죄성을 가진 자들이었습니다. 르우벤은 간음죄를 저질렀습니다. 그것도 여느 여자가 아니라 자기 서모와 죄를 지었어요. 또 시므온과 레위는 세겜 학살의 주역이었습니다. 유다는 일찍 아버지의 집을 떠난 방탕아로서 며느리와 관계해서 쌍둥이를 낳았습니다. 본의든 아니든 유다가 신앙적으로 타락했다는 것은 사실입니다. 그리고 다른 첩의 아들들은 요셉을 죽이려고 하다가 그를 노예로 파는 일에 주도적인 역할을 했습니다. 성경은 그럼에도 불구하고 하나님께서 요셉의 시련을 통해 그들을 구원하기를 기뻐하셨다는 것을 보여 줍니다.

지금 요셉이 형들 앞에서 자신의 정체를 드러내기를 두려워하는 이유가 무엇입니까? 그들과의 신뢰 관계를 되찾는다는 것이 얼마나 어려운 일인지 알고 있기 때문입니다. 요셉은 누구보다 이들을 사랑하며 이들을 이해합니다. 그러나 그가 어떻게 이들과 옛날의 신뢰 관계를 다시 회복하며 서로 사랑할 수 있겠습니까? 이것은 어느 한쪽만 마음을 고쳐먹는다고 해서 될 일이 아닙니다. 양쪽이 마음을 다 고쳐야 합니다. 아무리 요셉이 형들을 사랑한다 하더라도 형들이 요셉을 믿지 못하면 아무 소용이 없습니다.

요셉은 형들에게 조금씩 사랑을 표현합니다. 그러나 이 작은 사랑이 형들에게는 엄청난 두려움과 충격이 되었습니다. 곡식값을 도로 넣어 주니까 "이건 완전히 사망통지서야! 우린 이제 다 죽었다!" 하면서 두려워하고, 집으로 초청하니까 "우리 나귀를 뺏으려 하네! 우리를 노예로 팔아먹으려는 속셈이야!" 하고 놀랍니다. 또 나이 순서대로 앉히니까 "우리를 순서대로 죽이려 하나 보다!" 하면서 떱니다.

사랑한다는 게 이렇게 어렵습니다. 만약 내가 아주 사랑하는 자녀나 친구가 내 사랑을 전혀 이해하지 못하고, 사랑하면 할수록 두려워하며 도망치려 든다면 어떨 것 같습니까? 상대방을 붙잡고 소리라도 지르고 싶지 않겠습니까? 사랑이란 어느 한쪽의 마음만 변한다고 해서 되는 것이 아닙니다. 사랑은 쌍방의 문제입니다.

그래서 사도 바울은 로마서에서 '속죄'의 개념과 '화해'의 개념을 분명하게 구분하고 있습니다. 우리는 하나님께 제사를 지낼 때 왜 속죄제가 필요하고 화목제가 필요한지 이해하기가 어렵습니다. 이것은 우리에게는 어려운 개념입니다. 속죄는 죄를 지었을 때, 그 죄를 덮어서 없었던 것으로 인정해 버리는 것입니다. 그러나 우리는 속죄만으로는 부족합니다. 하나님께서 아무리 우리 죄를 용서하시고 우리를 사랑하셔도 우리가 그것을 믿지 않고 그 은혜에서 자꾸 도망친다면 아무 소용이 없습니다. 하나님이 아무리 죄가 없다고 인정해 주셔도 마음속에 양심이 살아 있고 과거에 대한 기억이 남아 있어서, 하나님 앞에 나아갈 때마다 불편한 거예요. 이처럼 하나님께서 아무리 우리를 사랑하셔도 우리가 그것을 믿지 않으면 소용이 없습니다. 그래서 사도 바울은 그리스도를 화목제로 삼으셨다는 점을 강조했습니다.

요셉은 형들을 사랑합니다. 그러나 자기의 애정 표현이 그들에게는 오직 충격이 될 뿐입니다. 물론 요셉은 당장이라도 아버지 집에 뛰어가고 싶지요. 그러나 형들이 지은 죄가 해결되지 않는 이상, 자기의 사랑은 도리어 그들을 해치는 것밖에 되지 않는다는 사실을 그는 알았습니다.

하나님께서 예수 그리스도를 우리에게 보내신 것은 우리의 죄만 용서하시기 위해서가 아니라, 우리를 하나님 앞에 정말 당당하게 세우시기 위해서입니다. 어떻게 당당하게 세우십니까? 우리 마음속에 우리가 진짜 의인이라는 믿음을 주심으로써 그렇게 하십니다. 실제로 우리는 요셉의 형들과 전혀 다를 바 없는 무서운 죄인들입니다. 그러나 하나님께서는 우리의 마음을 바꾸어 주셔서 하나님의 사랑을 받아들일 수 있는 믿음을 주십니다. 그 앞에 당당하게 서게 하시고 담대하게 나아가게 하십니다.

신앙은 하나님을 비굴하게 사랑하는 것이 아닙니다. 교회에 들어오자마자 낮은 포복으로 벌벌 기면서 "하나님, 죄인 왔습니다. 죽여 주십시오" 하는 게 아니에요. 우리는 하나님이 은혜를 주시는데도 '나를 죽이려고 하시는구나. 내 차와 집과 직장과 가족을 빼앗아 가려고 하시는구나' 하고 의심할 때가 많습니다. 그리스도인들 중에 신앙생활은 늘 가난해야 하고 병들어야 하며 박해받아야 한다고 생각하는 사람들이 있는데, 이것을 하나님의 사랑을 너무나 병적으로 생각하는 것입니다.

물론 하나님께서 우리의 죄를 깨닫게 하시려고 우리를 낮추실 때도 있고, 우리가 너무 교만하기 때문에 어려움을 주실 때도 있습니다. 그럴 때 우리는 너무나도 자신감을 잃은 나머지 전화벨 소리나 낙엽이 바스락거리는 소리에도 화들짝 놀랍니다. 그러나 그런 어려움은 신앙의 전부가 아닙니다.

형들이 자기 사랑을 제대로 받아들이지 못하고 두려워하며 벌벌 떠는 것을 보았을 때 요셉의 마음이 얼마나 아팠겠습니까? 그러나 형들의 마음이 치료되기 전까지, 자신을 팔아넘긴 죄에 대해 어떤 해답이 생기기 전까지는 마음껏 사랑할 수가 없었습니다.

그것이 바로 우리 같은 죄인들을 사랑하시는 하나님의 어려움입니다. 하나님이 우리를 사랑하시기가 너무 어려워요. 우리는 너무나도 다루기 까다로운 자들입니다. 하나님께서 조금만 좋게 해주시면 눈에 보이는 것이 없어져서 교만하게 설쳐 대고, 우리를 낮추시려고 조금만 어렵게 하시면 죽는다고 소리를 지르면서 노예처럼 비굴하게 넘어져서 자신을 학대하는 것이 바로 우리들입니다.

요셉은 형들을 자리에 앉힐 때 본처나 첩의 소생 구별 없이 나이 순서대로 앉혔습니다.

그들이 요셉의 앞에 앉되 그 장유의 차서대로 앉히운 바 되니 그들이 서로 이상히 여겼더라(43:33).

이것은 요셉이 형들을 본처 자식이니 첩의 자식이니 하는 식으로 차별하지 않았다는 것을 보여 줍니다. 그러나 형들은 마치 큰일이나 일어날 것처럼 이상하게 생각했습니다. 자기들을 순서대로 죽이려 한다고 생각했을지도 모릅니다.

다른 사람을 사랑한다는 것은 정말 쉬운 일이 아닙니다. 남편이 아내를 사랑한다는 것은 쉬운 일이 아니에요. 아내를 치료해 가면서, 아내의 약한 부분을 싸안아 주면서, 그 안에 자신감을 불어넣어 주면서, 당당하게 만들어 가면서 사랑해야 합니다. 그렇게 하지 않는 한 사랑하면 할수록 상대방을 더 절망시키며 더 어려운 궁지로 밀어넣게 될 수밖에 없습니다.

## 무엇이 진정으로 하나 되게 하는가?

우리는 오늘 본문에서 형제 사이에 하나 되는 일이 얼마나 어려운가를 보고 있습니다. 20년 만에 형제들이 모두 한자리에 모였지만, 그들은 아직 하나가 되지 못하고 있습니다. 그들을 분열시킨 것은 단순히 육체적인 분리가 아니었기 때문입니다. 그들을 하나 될 수 없게 만든 것은 죄였습니다. 20년 전에 저질렀던 그 죄가 그들을 하나 되지 못하게 만들고 있었습니다.

사도 바울은 갈라디아서 5장에서 육체의 일에 분쟁과 시기와 분냄과 당 짓는 것과 분리함과 이단과 투기가 있다고 했습니다. 사람의 특성은 서로 분열되고 쪼개어지는 것입니다. 사람들을 분열시키는 것은 단순한 육체적인 분리가 아닙니다. 마음속에 있는 좋지 못한 기억과 불신과 서로에 대한 피해의식과 가치관의 차이가 사람들을 나누어 놓고 있습니다. 그래서 사람들이 하나 되기 위해서는 무엇보다 먼저 정신이 일치되고 영이 하나 되어야 합니다. 생각이 서로 다른데 자리만 함께하고 있다고 해서 하나가 될 수 있는 게 아니에요.

　　분열된 것을 하나 되게 하는 것은 성령의 역사입니다. 하나님의 성령이 임하지 않으면 사람은 결코 하나 될 수 없습니다. 성령은 분열된 모든 사람의 마음을 하나 되게 하십니다. 물론 성령이 하나 되게 하신다고 해서, 모든 사람들이 예수를 믿지 않으면 하나로 연합할 수 없다는 뜻은 아닙니다. 그럼에도 불구하고 성령께서 한 마음을 주시지 않으시면 사람들은 결코 하나가 될 수 없습니다.

　　오늘 본문은 한번 죄 때문에 깨어진 이스라엘의 아들들의 관계가 다시 회복된다는 것이 얼마나 어려운 일인지를 우리에게 보여 주고 있습니다. 이제 충분한 시간이 지났고 요셉도 더 이상 노예가 아니지만, 그리고 지금 이렇게 한자리에 모이게 되었지만, 그럼에도 불구하고 그들은 하나가 될 수 없었습니다. 나중에 이스라엘 열두 지파는 요셉의 후손을 중심으로 남쪽 유다와 북쪽 이스라엘로 분열됩니다. 그렇게 분열되고 난 후 그들은 다시 합쳐지지 못하고 두 나라 모두 멸망하기에 이릅니다. 결국 그들은 예수 그리스도가 십자가에 못박히시고 오순절에 성령이 임하고 나서야 비로소 하나가 됩니다.

　　진정한 관계의 회복을 원합니까? 혼자라도 먼저 하나님께 나아가십시오. 내가 먼저 하나님께 나아가지 않는 이상 절대로 다른 사람들과 하나가 될 수 없습니다. 요셉이 형제들과 하나 될 수 있었던 것은 그가 혼자 노예로 팔려 왔으면서도 계속 하나님께 나아갔기 때문입니다. 그는 하나님과 동행했고 하나님의 말씀을 생각했으며 계속 하나님 앞에 정직하려고 했습니다. 그 결과 하나님의 손에 붙들린 바 되었고, 이 무서운 기근에 형제들을 다시 만나 그들을 도울 수 있는 위치에 서게 되었습니다.

　　부부도 서로 가까워지고 싶으면 각자 하나님께 가까이 나아가야 합니다. 자기는 가만히 있는 상태에서 상대방한테만 자기의 뜻을 따라 달라고 요구하는 것은 강짜부리는 일밖에 되지 않습니다. 다른 사람과 똑같이 하나님께 나아가려고 하니까 일치가 더디게 이루어지는 것입니다. 누구든지 '하나님의 은혜가 아니면 우리는 가까워질 수 없다'는 것을 깨달은 사람이 먼저 하나님 앞에 가까이 나아가야 합니다. 그럴 때 그의 마음이 얼마나 넓어지는지 모릅니다. 다른 모든 이들의 허물을 용납하고도 남는 넉넉함이 생깁니다. 문제의 원인만 해결된다면 다른 감정적인 문제들은 너끈히 극복할 수 있는 여유가 생겨요.

모든 사람이 똑같이 탁자에 둘러앉아 과거의 시시콜콜한 잘못들을 전부 꺼내서 잘잘못을 가려 봐야 회복은 이루어지지 않습니다. 문제의 핵심을 바로 파악한 후 상대방의 연약한 부분을 책임지고 끌어안을 때에야 비로소 진정한 연합과 일치가 이루어지는 것입니다. 이것은 성령의 은혜로 이루어지는 일입니다.

가족들과 진정으로 화해하고 싶습니까? 하나님께 더 가까이 나아가십시오. 이 민족이 진정으로 하나 되기를 바랍니까? 하나님께 더 가까이 나아가십시오. 그리하여 상대방의 장점뿐 아니라 결점까지 사랑할 정도가 되지 않으면 결코 분열된 틈은 메워지지 못할 것입니다.

사람은 아무리 좋은 모임이라 하더라도 그것이 정말 자신에게 필요하다고 생각되지 않으면 아무래도 가게 되지 않습니다. 그 모임이 정말 자신에게 필요하기 때문에 어떤 일이 있어도 그 모임만은 꼭 참석해야 한다는 생각이 들어야 거리나 시간을 불문하고 참석하게 되지요. 하나님께서는 그분께 가까이 나아오는 자들에게 바로 이렇게 다른 사람들이 꼭 필요로 하는 것들을 주십니다. 꽃에 꿀이 없으면 무엇 때문에 벌이 찾아오겠습니까? 벌도 굉장히 바빠요. 하지만 자기한테 필요한 꿀이 꽃에 있기 때문에 그렇게 찾아오는 것입니다.

진정으로 필요한 것을 채워 주는 곳에 사람들의 마음은 쏠리게 되어 있습니다. 하나님께서는 자기를 찾는 자들에게 그런 소중한 것을 주십니다. 형제자매한테 필요한 것, 다른 교회에 필요한 것, 민족한테 필요한 그것을 나에게 주심으로써, 그것을 통해서 사랑하게 하시고 연합하게 하십니다.

요셉의 형들에게 필요한 것은 무엇이었습니까? 양식이었습니다. 하나님은 요셉에게 그 양식을 주셨습니다. 세상에서 양식을 구할 수 있는 곳은 오로지 요셉이 있는 애굽밖에 없었어요. 그러니 형들이 어디로 가겠습니까? 결국 양식이 있는 곳으로 오지 않을 수 없었습니다. 내가 하나님을 향해 나아갈 때 다른 사람들은 그곳으로 오게 되어 있습니다. 왜냐하면 거기에 그들한테 필요한 것들이 다 있기 때문입니다. 아내에게 필요하고 친척들에게 필요한 것이 나한테 다 있어요. 그러니까 결국 만나게 되는 것입니다.

오늘 우리에게는 굶주린 북한 동포들에게 줄 양식이 있습니다. 우리는 이 양식을 그들에게 주어야 합니다. 이때가 바로 우리가 그들을 도울 때입니다. 이데올로기나 그 밖의 문제들을 떠나서 그들을 도와야 합니다. 그러나 이것이 곧바로 우리를 통일로 가게 한다고 생각해서는 안 됩니다. 통일을 가로막는 장애물은 물리적인 빈곤이나 경제적인 어려움에 있는 것이 아니라 마음속 깊은 곳의 불신과 피해의식, 죄, 미움, 갈등, 생각의 차이에 있기 때문입니다.

우리 민족을 하나로 엮을 수 있는 정신이 무엇입니까? 혈통입니까? 함께 압제를 받았던 과거의 기억입니까? 같은 언어입니까? 우리 민족에게는 우리 모두를 하나로 묶을 수 있는 하나의 정신이 없습니다. 이데올로기나 지역 감정을 넘어서 우리 민족을 하나로 엮을 수 있는 하나의 영이 없습니다. 자유라든지 독립이라든지 부강한 미래 같은, 우리를 하나로 묶을 수 있는 정신이 없습니다. 오로지 혈통으로만 연결되어 있는 거예요. 그러면 통일은 아직도 먼 일입니다.

그리스도 안에 있지 않는 한 이 세상의 통일은 온전한 것이 못 됩니다. 그리스도께서 주시는 성령이 아니고서는 이 세상을 하나 되게 할 수 있는 것이 없습니다. 에베소서 1장 10절을 보십시오.

<u>하늘에 있는 것이나 땅에 있는 것이 다 그리스도 안에서 통일되게 하려 하심이라</u>

통일이라는 것이 얼마나 어려운 일인지, 사람이 하나 된다는 것이 얼마나 어려운 일인지, 하나님께서는 이 하나 됨을 위해 그리스도를 보내셨습니다. 로마가 이 세상을 통일했지만 그것은 진정한 통일이 아니었습니다. 또 얼마 전에는 서독과 동독이 통일을 했지만 그것도 완전한 의미의 통일은 아닙니다. 힘의 통일, 또는 돈이 가지는 위력의 통일이지 진정한 한 영으로 통일된 것은 아니에요. 그것은 또 다른 분열의 시작일 뿐입니다. 독일 사람들은 자신들이 경제적으로 어려워지자 자국 안에 있는 외국인들을 미워하며 그들을 쫓아내려 하고 있습니다. 그 외국인들은 이미 독일에서 수십 년 동안 살아온 노동자들인데도 나가라는 거예요. 독일의 통일은 새로운 분열의 씨앗이 되고 있습니다. 그래서 독일 사람들은 우리나라한테 절대로 통일을 서두르지 말라고 합니다. 우리 민족이 정치적으로든 경제적으로든 한 민족으로 통일된다 하더라도 그것이 완전한 통일이 아니라는 사실을 우리는 알아야 합니다.

이 세상은 그리스도가 통치하실 때까지 분열과 통합을 계속할 것입니다. 그리스도가 오셔서 세상이 그 안에 속하기 전까지 진정한 통일은 없습니다. 그렇다면 우리는 민족의 통일이나 교회의 일치나 가족의 화해를 위해 전혀 노력하지 말아야 할까요? 그렇지 않습니다. 우리에게 주어진 능력의 범위 안에서 힘써 하나 되려고 노력해야 합니다. 그것도 성령이 주시는 은혜입니다. 다만 거기에 궁극적인 한계가 있다는 사실을 알라는 것입니다. 그리스도 안에서 하나 되기 전에는 진정한 통일과 일치는 실현되지 못할 것입니다.

그런 한계가 있음에도 불구하고 불완전하게나마 사람들의 마음이 하나 되며 공통된 인식을 가지는 것을 보게 될 때, 서로가 가지고 있는 이념과 생각을 뛰어넘어서 하나 되는 것을 보게 될 때, 그것은 하나님께서 그 거룩한 영을 우리에게 부어 주셨기 때문이라는 것을 아십시오.

그러므로 우리는 하나님께서 더 풍성한 성령의 은혜를 이 땅에 부어 주시도록 기도해야 합니다. 성령이 주시는 은혜 없이는 결코 이런 일이 일어날 수 없다는 것을 깨닫고 사람들의 마음이 하나 될 수 있도록, 공통된 정신을 가질 수 있도록, 하나님께서 우리 민족에게 더 많은 성령의 은혜를 부어 주시도록 기도합시다. 진정한 일치는 오직 하나님만이 이루실 수 있습니다.

# 20

# 은잔의
# 테스트

예전에는 기업에서 신입사원을 뽑을 때 대충 이력서를 보거나 면접을 통해서 뽑았습니다. 그러나 요즘 기업은 대단히 복잡한 과정을 통해서 신입사원을 선발합니다. 예를 들어서 지원자들에게 아주 복잡한 적성 검사를 치르게 하거나, 팀을 짜서 어떤 문제를 놓고 토론을 하게 하거나, 실제 상황을 주어 놓고 문제를 해결하게 합니다. 심지어는 지원자들을 술집에 데리고 가서 술을 마시는 태도를 통해그 됨됨이를 평가하기도 합니다.

그렇게 하는 이유가 무엇입니까? 우리 속담에 있듯이 열 길 물 속은 알아도 한 길 사람 속은 모르기 때문입니다. 그래서 사람의 중심을 알아내기 위해 모의실험을 해 보는 것이지요. 그렇게 가상적인 상황을 주고 그 어려움에 어떻게 대처하는가를 보면 그 사람의 됨됨이를 알 수 있습니다.

사실 우리에게는 이런 확인을 거쳐야 할 일들이 많이 있습니다. 예를 들어 그리스도인 형제나 자매가 생전 처음 보는 사람과 선을 보게 되었을 때, 그 사람이 자신의 영원한 반려자인지 아닌지 어떻게 한순간에 확신할 수 있겠습니까? 그럴 때는 반드시 그 사람의 중심을 확인해 보아야 합니다. 또한 기업도 신입사원을 테스트해야겠지만 그리스도인도 자신이 일할 회사를 테스트해 볼 필요가 있습니다. 믿고 자신의 모든 것을 맡겼다가 어느 한순간 배신당하면 어떻게 합니까?

그러나 무엇보다 중요한 것은 자기가 속할 교회의 진실성을 시험해 보는 것입니다. 교회도 그 사람의 됨됨이를 시험해 보아야 하지만 그 사람도 자기의 영혼을 맡길 교회의 진실성을 확인해 보아야 합니다. 그렇지 않은 채, 제대로 속한 것도 아니고 속하지 않은 것도 아닌 어중간한 상태에 머무는 것은 아주 바람직하지 못한 일입니다.

사도 바울은 디모데에게 보낸 편지에서 어떤 사람을 집사로 임명해야 하는가에 대해 이렇게 말씀하고 있습니다.

> 이에 이 사람들을 먼저 시험하여 보고 그 후에 책망할 것이 없으면 집사의 직분을 하게 할 것이요(딤전 3:10).

반드시 사람을 시험해 보고 집사로 세우라는 것입니다. 특히 목회자가 될 사람은 믿지 않는 자들에게도 선한 증거를 가진 자라야 한다고 했습니다.

또 사도 요한은 이렇게 권면합니다.

> 사랑하는 자들아 영을 다 믿지 말고 오직 영들이 하나님께 속하였나 시험하라 많은 거짓 선지자가 세상에 나왔음이니라(요일 4:1).

여기서 영들을 시험해 보라는 말은 눈에 보이는 여러 현상들이나 종교적인 가르침이나 신앙적인 가르침을 테스트하라는 것입니다. 아무 가르침이나 다 받아들이지 말라는 거예요. 참으로 그 가르침이 하나님으로부터 나왔는지, 아니면 말하는 사람이 제멋대로 주장하는 것인지 확인하라는 것입니다.

오늘 본문을 보면 요셉이 무려 20년 만에 형들을 만났으면서도 자신의 정체를 드러내지 않고 울음을 삼켜 가면서 그들의 진심을 시험하는 모습이 나옵니다. 요셉은 마음이 아무리 터져 나갈 것 같아도 옆방에 가서 울고 왔으면 왔지, 자기 정체를 드러내지는 않았습니다. 그리고 과연 이 형들이 어떤 상태에 있는지를 확인하려고 애썼습니다.

요셉이 이렇게 한 데에는 이유가 있습니다. 그가 형들을 만나는 것은 단순히 만나는 것이 아니었습니다. 형들의 집단은 구약의 교회였습니다. 그들을 만나서 화해한다는 것은 자신의 모든 영혼을 그들에게 맡긴다는 것을 의미했습니다. 요셉은 단순히 형들과 악수하면서 과거는 다 잊어버리자는 식으로 화해할 수가 없었습니다. 만일 그것이 화해의 전부라면 이렇게까지 어렵게 그들을 시험할 필요가 없을 것입니다. 요셉이 형들과 화해한다는 것은 자기가 다시 그 교회에 속하게 된다는 것을 의미했고, 자신과 아들들의 영혼을 그들에게 맡긴다는 것을 의미했습니다. 그런데 만일 형들이 아직까지도 자신들의 죄를 뉘우치지 않고 여전히 죄 가운데 빠져 있다면, 그들에게 영혼을 맡긴다는 것은 완전히 도둑에게 생명을 맡기는 것과 같은 일이 되고 말 것입니다.

## 요셉의 작전

요셉은 일단 형들을 안전하게 돌려보냅니다. 그러나 그는 하나의 작전을 준비했습니다. 그것은 형제들에게 곡식을 주어서 돌려보내되 베냐민의 곡식 자루에 자신의 은잔을 넣어 베냐민을 도둑으로 모는 것이었습니다. 44장 1절부터 3절까지 보십시오.

요셉이 그 청지기에게 명하여 가로되 양식을 각인의 자루에 실을 수

있을 만큼 채우고 각인의 돈을 그 자루에 넣고 또 내 잔, 곧 은잔을 그
소년의 자루 아구에 넣고 그 양식값 돈도 함께 넣으라 하매 그가 요셉
의 명령대로 하고 개동시에 사람들과 그 나귀를 보내니라

우리가 여기서 생각해야 할 것은 왜 하필이면 요셉이 베냐
민을 겨냥했느냐 하는 점입니다. 우리는 이 점에 대해 지난번에 이
미 살펴본 바가 있습니다. 베냐민은 모든 조건이 요셉과 똑같았습
니다. 야곱의 아들들의 문제는 배다른 여러 형제가 함께 있다는 것
이었습니다. 요셉의 형들이 왜 요셉을 미워했습니까? 그의 나이가
어린데도 야곱이 가장 사랑하는 라헬의 아들이라는 이유로 그의 사
랑을 독차지했으며, 결국 이 집의 상속자가 될 것이 유력해 보였기
때문입니다. 그런데 베냐민은 바로 라헬이 낳은 또 다른 아들입니
다. 그러니까 '미니 요셉'이라고 할 수 있습니다. 그래서 요셉은 지
금 그 베냐민을 통해 모의실험을 하고 있는 것입니다.

요셉이 노리고 있는 것은 두 가지입니다. 하나는 베냐민을
자신이 당했던 것과 비슷한 처지에 빠뜨림으로써 과연 형들이 지금
어떤 상태에 있는지를 확인해 보려는 것입니다. 만약 베냐민을 버
리고 도망친다면 그들은 조금도 변하지 않은 것입니다. 그러나 베
냐민이 곤경에 처한 것을 보고 책임을 느끼거나 한 걸음 더 나아가
과거의 죄에 대한 죄책감을 느낀다면, 그들을 믿을 만한 사람들로
판단할 수 있을 것입니다.

요셉이 이용한 것은 거짓말 탐지기의 원리입니다. 죄를 짓
지 않은 사람은 범죄 상황과 관계되는 질문을 받아도 맥박이 뛰거
나 신경이 긴장되지 않습니다. 그러나 죄를 지은 사람이 자기의 범
죄와 관계되는 질문을 받으면 맥박이 갑자기 뛰거나 신경이 긴장하
게 되어 있습니다. 그래서 때로는 거짓말 탐지기를 사용한다는 사
실 자체가 범죄자에게 심리적인 압박을 주어서 혐의 사실을 고백하
게 만드는 경우도 있습니다.

사실 사람이 자기 양심을 속인다는 것은 결코 쉬운 일이 아닙니다. 그래서 범죄를 수사하는 과정을 보면 끝까지 혐의 사실을 부인하다가 나중에 도저히 부인할 수 없는 증거가 나오면 결국 통곡하면서 모든 사실을 다 인정하는 경우가 많습니다. 양심을 누른다는 것은 쉬운 일이 아니에요.

요셉이 형들의 마음에 압박감을 주기 위해 사용한 거짓말 탐지기는 바로 은잔이었습니다. 요셉의 청지기는 그 형들을 보낸 후에 곧 뒤따라가서 이렇게 말하며 그들을 붙잡았습니다.

> 그들이 성에서 나가 멀리 가기 전에 요셉이 청지기에게 이르되 일어나 그 사람들의 뒤를 따라 미칠 때에 그들에게 이르기를 '너희가 어찌하여 악으로 선을 갚느냐 이것은 내 주인이 가지고 마시며 늘 점치는 데 쓰는 것이 아니냐 너희가 이같이 하니 악하도다 하라(44:4, 5).

왜 하필이면 요셉은 자신의 은잔으로 미끼를 삼았을까요? 아마 두 가지 이유 때문이었을 것입니다. 첫째로, 요셉은 이들을 진짜 도둑으로 몰고 싶지는 않았던 것 같습니다. 그래서 값어치는 아주 작지만 효과는 극대화시킬 수 있는 은잔을 택한 것이 아닌가 합니다. 청지기는 이 은잔이 값어치는 그렇게 크지 않을지 몰라도 요셉이 아주 아끼며 점을 치는 데 사용하는 물건이라고 주장하고 있습니다.

사실 요셉은 은잔으로 점을 치는 사람은 아니었습니다. 그러나 당시 많은 주술사들은 은잔으로 점을 쳤습니다. 따라서 이것은 돈으로 따질 수 없는 귀한 물건이었습니다. 이것을 훔쳤다는 것은 곧 그 사람의 인격을 훼손하는 것과 같았습니다. 다시 말해서 은잔의 물질적인 값어치는 얼마 되지 않지만 그 정신적인 의미는 엄청나게 컸던 것입니다.

영국의 한 총독이 원주민 사회에 부임했습니다. 그 원주민들은 성격이 유순해서 세금 바치라고 하면 바치고 노동하라고 하면 했기 때문에, 총독은 통치에 별 어려움을 느끼지 않았습니다. 그러 던 어느 날, 그가 한 의자에 앉았습니다. 그랬더니 주민들이 분노하 며 총독과 전쟁을 불사하려 드는 것이었습니다. 총독은 그렇게 온 순하던 사람들이 의자 하나 때문에 이토록 분노하는 이유를 이해할 수가 없었습니다. 나중에 알고 보니 그 의자는 사람이 앉는 의자가 아니라 조상들의 영혼을 모시는 사당이었습니다. 그런 신성한 곳에 엉덩이를 들이밀고 앉았으니 어떻게 격분하지 않을 수 있었겠습니 까? 그것은 원주민의 인격을 엉덩이로 깔아뭉개는 것이나 다름없 는 짓이었습니다.

요셉의 은잔이 바로 그 의자와 같습니다. '값어치는 얼마 되 지 않지만 너희가 얼마나 엄청난 짓을 한 줄 아느냐? 이 은잔은 나 의 인격과 같은 것이다. 내가 너희에게 그토록 잘해 주었건만 감히 내 은잔을 가지고 도망을 쳐? 그러고도 오래 살 줄로 생각했느냐?' 는 거예요. 즉 베냐민이 실수로 작은 은잔 하나를 훔친 것처럼 하면 서도, 거기에 담긴 정신적 의미를 강조함으로써 이 일을 도저히 참 을 수 없는 모욕으로 만든 것입니다.

특히 히브리인들은 체면을 굉장히 중요시하기 때문에 다른 사람의 체면을 손상시켰다고 해야 굴복하지, 단지 금전상의 문제로 만 두면 돈을 지불하고 끝내려 들 것이 틀림없습니다. 총리의 손상 된 체면이나 품위나 인격은 돈으로 환산할 수 없습니다. 그러니까 꼼짝 못하고 걸려들게 되어 있는 것이지요. 요셉은 그 방향으로 형 제들을 계속 몰아가고 있습니다. '어떻게 악으로 선을 갚느냐? 이 은잔이 어떤 건데 이걸 갖고 도망치느냐? 다른 거라면 말도 안 한 다. 차라리 돈을 가지고 갔으면 문제 삼을 일도 못 돼!'라고 하면서 계속 그들의 체면과 인격을 공격하고 있는 것입니다.

둘째로, 요셉이 은잔을 미끼로 사용한 이유는 앞서 말했듯 이 그것이 거짓말 탐지기와 같은 역할을 할 수 있었기 때문입니다.

나중에 이들이 모두 잡혀서 돌아왔을 때 요셉은 이렇게 큰소리를 칩니다.

> 요셉이 그들에게 이르되 너희가 어찌하여 이런 일을 행하였느냐 나 같은 사람이 점 잘 칠 줄을 너희가 알지 못하느냐(44:15).

여기서 우리가 알아야 할 것은 요셉이 결코 점치는 사람이 아니었다는 것입니다. 그러나 그 당시 사람들은 은잔에 물을 채우고 기름을 띄워 그 기름이 퍼지는 모습을 보고 점을 쳤던 것 같습니다. 마치 사람들이 아침마다 화투를 치면서 그날 일어날 일을 미리 예측하는 것과 같습니다. 저는 어렸을 때 아버님이 늘 화투로 큐티하는 것을 보면서 자랐습니다. 아버지는 화투를 하면서 그날 비가 오겠다든지 손님이 오겠다든지 누구와 식사를 하게 되겠다든지 하면서 늘 예측을 하셨는데, 제 기억으로는 거의 맞지 않았던 것 같습니다.

요셉은 이 은잔의 효과를 극대화시키고 있습니다. '너희가 이 은잔을 가져간 건 엄청난 실수다. 이 은잔은 내 인격이야. 다른 것을 가져갔으면 내가 다시 잡아 오지도 않는다. 내가 얼마나 점을 잘 치는지 몰랐느냐! 너희가 어디로 도망가도 이 은잔이 다 알게 되어 있다. 이 자리에서도 거짓말을 하면 이 은잔이 다 밝혀 낼 줄 알거라!' 하면서 그들의 양심을 윽박지르고 있는 것입니다.


## 형들의 반응

요셉의 청지기가 헐레벌떡 달려와서 왜 주인의 은잔을 도둑질했느냐고 따지자, 요셉의 형제들은 처음에 도대체 무슨 뚱딴지 같은 소리를 하느냐는 식으로 반응했습니다.

그들이 그에게 대답하되 우리 주여 어찌 이렇게 말씀하시나이까 이런 일은 종들이 결단코 하지 아니하나이다 우리 자루에 있던 돈도 우리가 가나안 땅에서부터 당신에게로 가져 왔거늘 우리가 어찌 당신 주인의 집에서 은, 금을 도둑질하리이까 종들 중 뉘게서 발견되든지 그는 죽을 것이요 우리는 우리 주의 종이 되리이다(44:7-9).

요셉의 형들은 대단히 자신있게 대답하고 있습니다. 이것은 적어도 자신들의 도덕성 하나만큼은 목숨을 걸고 보장할 수 있다는 뜻입니다. 제가 생각하기에 이것은 사실이었던 것 같습니다. 야곱의 집안은 율법이 있는 하나님의 집이었기 때문에 적어도 남의 물건을 훔치는 짓은 하지 않았던 것으로 보입니다. 도둑질보다 더 큰 죄를 짓는 게 문제였지 이런 죄는 짓지 않았어요.

라반이 도망친 야곱을 쫓아와 왜 자기 신상을 훔쳐 갔느냐고 했을 때에도 야곱은 '외삼촌의 신상을 누구에게서 찾든지 그는 살지 못할 것'이라고 자신있게 대답했습니다. 실제로는 가장 사랑하는 아내 라헬이 그 신상을 도둑질했는데, 야곱은 그것을 전혀 몰랐던 것입니다. 여하튼 야곱의 집에는 율법이 있었기 때문에 도둑질은 하지 않았던 것 같습니다. 살인을 했으면 했지, 서모와 통간을 했으면 했지, 한 부족을 몰살시키면 시켰지, 절대로 시시하게 도둑질은 하지 않았습니다.

이 일이 우리에게 보여 주는 것이 무엇입니까? 율법은 결코 사람을 거룩하게 하지 못하며, 근본적으로 죄를 이기게 하지 못한다는 것입니다. 야곱의 집에 있는 율법적인 가르침은 야곱의 아들에게 죄가 무엇인지 깨우쳐 주었습니다. 그래서 그들은 사소한 거짓말이나 도둑질 같은 것은 하지 못했습니다. 그러나 이런 율법적인 지식으로는 그들의 마음속에서 불같이 일어나는 정욕이나 다른 사람에 대한 분노의 감정을 자제시킬 수가 없었습니다.

어렸을 때부터 신앙생활을 잘 해 온 사람들의 특징은 거짓말 같은 사소한 죄를 잘 못 짓는다는 것입니다. 대리출석 같은 것은 절대 못 해요. 남의 물건을 가져오면 양심이 고통스러워서 못 견딥니다. 그러나 그보다 더 무서운 죄에는 쉽게 빠집니다. 술은 한 방울도 못 먹고 사소한 거짓말은 절대 못 해도, 간음이나 살인이나 신의를 저버리는 일은 오히려 쉽게 저지르는 경우가 있습니다.

이것을 두고 예수님께서는 "하루살이는 걸러 내고 약대는 삼키는도다"(마 23:24하)라고 말씀하셨습니다. 아주 작은 율법의 세세한 부분은 잘 지키지만 엄청난 죄는 쉽게 저질러 버린다는 거예요. 십일조는 계산기 두드려 가면서 정확히 계산하고 거기서 십 원한 장이라도 빠지면 울면서 회개하지만 남의 기업 하나는 아무렇지 않게 그냥 삼킨다는 것입니다.

율법적인 계율로는 절대로 하나님의 법을 지킬 수 없습니다. 우리에게 필요한 것은 오직 하나님의 은혜입니다. 우리는 믿으면 믿을수록 우리 자신이 얼마나 부패한 존재이며 도무지 믿을 수 없는 존재인지를 절감합니다. 그래서 전적으로 하나님의 은혜에 매달리게 됩니다. "오, 하나님 아버지, 제 안에는 무서운 죄의 용광로가 끓어오르고 있습니다. 저라는 사람은 도저히 믿을 수 없는 존재입니다. 하나님께서 한순간이라도 붙들어 주시지 않는다면 저는 무서운 죄에 빠질 수밖에 없습니다!" 이것이 모든 거룩한 사람들의 기도였습니다. 자기를 믿는 자는 반드시 넘어지게 되어 있습니다.

요셉의 형들은 적어도 도둑질 문제에는 자신이 있었습니다. 그런데 각자 자루를 끌러서 확인을 해 보니 유감스럽게도 베냐민의 자루에서 문제의 은잔이 발견되었습니다.

> 그들이 각각 급히 자루를 땅에 내려놓고 각기 푸니 그가 나이 많은 자에게서부터 시작하여 나이 적은 자에게까지 수탐하매 잔이 베냐민의 자루에서 발견된지라 그들이 옷을 찢고 각기 짐을 나귀에 싣고 성으로 돌아오니라(44:11-13).

요셉의 청지기가 일부러 나이 많은 사람부터 짐을 풀게 한 것은 표적 수사라는 의심을 받지 않기 위해서였던 것 같습니다. 그러나 예정된 각본대로 문제의 은잔은 베냐민의 자루에서 발견되었습니다.

## 요셉의 심문

형제들은 전부 붙들려 와서 요셉 앞에 서야만 했습니다. 그들이 요셉 앞에 엎드리자 요셉이 엄히 추궁하기 시작했습니다.

> 요셉이 그들에게 이르되 너희가 어찌하여 이런 일을 행하였느냐? 나 같은 사람이 점 잘 칠 줄을 너희가 알지 못하느냐(44:15).

요셉은 자기가 점을 잘 치기 때문에 이 은잔이 자기에게 중요할 뿐 아니라, 그들이 어디로 도망을 쳐도 이 은잔이 알려 주기 때문에 아무 소용이 없다는 식으로 으름장을 놓고 있습니다. 이 추궁 앞에 유다는 무엇이라고 대답합니까?

> 유다가 가로되 우리가 내 주께 무슨 말을 하오리까 무슨 설명을 하오리까 어떻게 우리의 정직을 나타내리까 하나님이 종들의 죄악을 적발하셨으니 우리와 이 잔이 발견된 자가 다 내 주의 종이 되겠나이다(44:16).

유다는 무엇보다 먼저 이 일에 자신들이 결백하다는 것을 말하고자 했습니다. 도대체 무엇이 어떻게 잘못되었는지는 알 수 없지만, 베냐민이 그 은잔을 훔치지 않았다는 것은 사실이라는 거예요. 그럼에도 불구하고 은잔이 베냐민의 자루에서 나오는 것을 보았을 때, 그들은 하나님께서 과거 요셉에게 저지른 일로 인해서 자신들을 심판하신다고 생각했습니다. "하나님이 종들의 죄악을 적발하셨으니." 바로 이것입니다. 요셉의 은잔을 훔쳤느냐 훔치지 않았느냐를 떠나, 하나님께서 자신들을 죄인으로 정죄하고 계시다는 것입니다. 그러니 자신들이 무슨 말을 하겠느냐는 거예요.

유다의 이 말을 통해 알 수 있는 것이 무엇입니까? 그들은 하나님이 함께하시는 것과 버리시는 것을 구분할 수 있었다는 것입니다. 하나님께서 함께하신다면 일이 이렇게 어렵게 꼬일 수가 없었습니다. 특히 히브리인들은 제비 뽑는 일 같은 것을 하나님께서 그 뜻을 보여 주시는 방편으로 생각했습니다. 형제들은 은잔이 베냐민에게서 나온 것을 보면서 여기에는 자신들에게 어떤 뜻을 보이시려는 하나님의 의도가 있다고 생각했습니다. 물론 은잔은 베냐민에게서 나왔습니다. 다른 형제들은 적어도 은잔에 대해서는 책임이 없는 것입니다.

그러나 그들이 생각하고 있는 것이 무엇입니까? 또다시 죄 없는 베냐민에게 제비가 돌아갔다는 것입니다. 20년 전에 있었던 일이 그대로 자기들 앞에 재연되고 있다는 것입니다. 그들은 이미 죄 없는 요셉을 팔아먹은 죄에 대한 가책으로 괴롭게 살았습니다. 그렇게 오랜 세월 음식을 먹어도 맛을 모르고 잠을 자도 개운하지 않았던 것은 양심을 속인 이 죄가 컸기 때문입니다. 그런데 또다시 죄 없는 동생이 노예로 팔려간다면 영원히 양심의 고통을 받을 수밖에 없을 것입니다.

지금 그들에게는 애굽의 총리가 문제가 아닙니다. 지금 그들을 시험하고 계시는 분은 하나님이십니다. 만일 이번에도 자신들의 양심을 속이고 베냐민을 노예로 보낸다면 영원히 양심의 고통을 면할 수 없으리라는 것을 그들은 알았습니다.

그래서 내린 결단이 무엇입니까? 이번 기회에 옛날의 죄를 전부 다 갚고 새 사람으로 태어나겠다는 것입니다. '이제 더 이상 도망치지 말자. 베냐민의 일을 통해 과거의 죄를 갚아 버리자. 하나님이 우리를 죄인으로 적발하셨으니 이 죄를 감당하자'는 것입니다.

그러나 요셉은 계속 그들을 시험했습니다. 17절을 보십시오.

> 요셉이 가로되 내가 결코 그리 하지 아니하리라 잔이 그 손에서 발견된 자만 나의 종이 되고 너희는 평안히 너희 아버지께로 도로 올라갈 것이니라

요셉은 전부 종이 될 필요가 없다고 말합니다. 은잔이 발각된 그 사람만 종으로 남고 다른 사람들은 전부 아버지에게 돌아가도 좋다는 것입니다. 이것은 굉장히 무서운 시험이었습니다. 베냐민은 적어도 형들보다는 의인입니다. 그런데 자기들보다 더 의로운 자가 고통받도록 내버려 둔 채 평안히 갈 수 있는 기회가 주어졌다는 것은 아주 무서운 시험입니다. 자기들보다 의로운 자가 노예로 팔려간다면 자기들은 노예가 아니라 개같이 팔려가야 합당한 것이지요. 어떻게 남이 보내 준다고 해서 편안히 갈 수가 있습니까? 이것은 그들의 양심에 대한 무서운 시험입니다.

오늘날 사람들이 속고 있는 것이 무엇입니까? 자기보다 적어도 수십 배는 의로운 자가 어려운 시험에 빠져 있거나 특히 하나님의 손에 연단을 받고 있는데도, 자기는 괜찮다고 생각하는 것입니다. 분명히 자기보다 더 믿음으로 살려고 애썼던 사람이 경제적으로나 다른 여러 가지 문제로 고통받을 때, 단지 자기는 그런 고통에 빠지지 않았다는 이유로 스스로 평안할 수 있다고 생각하는 사람은 시험에 걸려든 것입니다. 만일 그 의로운 자들이 노예로 팔려가야 한다면 그들은 영원히 노예로 살아야 마땅할 것입니다.

예수께서 십자가에 달리신 것은 온 인류에 대한 하나님의 심각한 도전입니다. 예수님은 자신이 주장하신 바와 같이 어느 누구도 죄로 책잡을 수 없는 분이었습니다. 그는 너무나도 많은 선행

을 베푸셨습니다. 수많은 병자들을 고치셨고, 방황하는 사람들에게 새로운 생명의 길을 가르쳐 주셨습니다. 만일 이 의인이 십자가에 못박혀 죽어야 한다면 그보다 훨씬 많은 죄를 지은 유대인들은 전부 십자가에 거꾸로 못박히든지 가마솥에 들어가야 정상입니다. 그러나 그들은 이 의인이 그토록 고통스럽게 죽어 가는데도 자기들은 행복할 수 있다고 생각했습니다. 그들은 제비가 그리스도에게 뽑힌 것을 다행스럽게 여겼습니다. 그러나 이것은 시험이었습니다.

요셉의 형들은 20년 전의 상황이 자기들 앞에 똑같이 벌어지는 것을 보고 견딜 수 없는 양심의 고통을 느꼈습니다. 그리고 적어도 베냐민만 두고 자기들만 편안히 집으로 돌아갈 수는 없다는 결론을 내렸습니다. 한번 생각해 보십시오. 지금 양식을 가져가지 않으면 고향에 있는 식구들은 모두 굶어 죽을 수밖에 없습니다. 베냐민만 제비에 뽑혔으니 이것을 그의 운명이라고 생각하고, 일단은 가나안에 가서 고향 식구들을 살려야 하는 것이 아닐까요? 단지 마음속으로 미안하게 생각하면서 '베냐민의 날' 같은 것을 만들어 놓고 영원히 그를 기념하면 되지 않을까요?

이것은 무서운 유혹이었습니다. 그러나 그들에게는 굶고 있는 식구들보다 자신들의 마음속에서 끓어오르고 있는 양심의 고통을 잠재우는 것이 더 급했습니다. 설사 전부 다 굶어 죽는 한이 있어도 양심의 고통은 도저히 더 견딜 수가 없었어요. '살고 죽는 것은 하나님께 맡기겠다. 우리보다 의로운 베냐민을 버릴 수는 없다, 같은 잘못을 반복할 수는 없다'는 이 결심이 결국 문제를 푸는 실마리가 되었습니다.

여기서 제기되는 질문이 하나 있습니다. 요셉이 형들을 무조건 받아들이지 않고 이런 식으로 시험한 것은 과연 하나님의 뜻에 적합한 일일까요? 요셉이 믿음 없이 자기 감정에 치우치는 바람에 일을 너무 어렵게 만든 것은 아닐까요?

성경 저자는 요셉이 이런 식으로 자기 형들의 중심을 시험한 것을 대단히 중요할 뿐 아니라 옳은 일로 판단하고 있습니다. 그렇지 않다면 이렇게 상세하게 이 일을 기록할 이유가 없었을 것입니다. 성경이 이렇게 판단하는 이유는 무엇입니까?

첫째로, 하나님의 백성을 분열시키는 것은 죄이기 때문입니다. 20년 만에 만났음에도 불구하고 요셉과 그의 형제들을 하나 되지 못하게 한 것은 죄였습니다. 다시 말해서 그들이 그 죄를 기억하고 괴로워하며 다시는 그런 일이 일어나지 않도록 철저하게 회개하지 않는 이상, 진정으로 하나 되는 연합은 있을 수 없다는 것입니다. 그들이 하나님 앞에서 과거의 죄를 기억하고 철저하게 회개하지 않는 한, 깊이 파인 죄의 골짜기는 메꿔질 수 없었습니다.

하나님의 백성을 하나 되게 하는 것이 무엇입니까? 같은 고향이나 같은 이해 관계나 같은 혈통이 아닙니다. 우리 모두가 하나님 앞에서 똑같은 죄인이라는 공통된 인식이 그 백성을 하나로 연합하게 만듭니다. 그래서 부흥의 역사가 일어날 때 보면 반드시 한두 사람이 먼저 하나님 앞에서 자신의 죄를 고백합니다. 그러면 그 부끄러운 죄에 대한 고백이 모든 사람 가운데 불처럼 번져 나가서 그들 사이에 가로놓여 있는 모든 담을 무너뜨리고 모두를 하나 되게 합니다.

유다와 그 형제들은 이제 자기들이 하나님 앞에 죄인이라는 것을 고백합니다. 물론 은잔이 베냐민에게서 발견된 것을 보면서 하나님 앞에 숨은 죄가 그에게 있을지도 모른다고 생각했을 수도 있습니다. 그럼에도 불구하고 그들은 베냐민을 버리지 않았습니다. 자기들은 그보다 더 무서운 죄를 지은 자들임을 알았기 때문입니다.

그리스도의 십자가가 모든 인류를 하나 되게 하는 이유가 무엇입니까? 만일 그리스도가 십자가 위에서 죽어야 할 정도의 죄인이라면 이 세상에 살아남을 수 있는 사람은 단 한 명도 없다는 것을 공통적으로 인식하게 되기 때문입니다. 예수를 믿는 자들은 의인이기 때문에 믿는 것이 아닙니다. 잘났기 때문에 믿는 게 아니에요. 죄인이기 때문에 믿는 것입니다. 예수를 믿는다는 사실 자체가 모든 사람들 앞에서 "나는 죄인입니다"라고 고백하는 것과 같습니다. 이것이 우리를 하나로 연합하게 만듭니다. 오늘 교회를 하나 되게 할 수 있는 것은 우리가 하나님 앞에서 모두 죄인이라는 바로 이 사실입니다.

둘째로, 요셉이 형들에게 자기 자신의 신분을 노출시킨다는 것은 다시 그들의 공동체 안으로 들어간다는 것을 의미했습니다. 다시 말해서 야곱의 아들들은 구약 시대의 유일한 교회였고 그들은 그 교회의 지도자들이었습니다. 요셉이 형들과 화해한다는 것은 단순히 인간적으로 화해하겠다는 것이 아니라, 다시 그들과 함께 신앙생활을 하면서 그들의 가르침을 받으며 영적으로 연합하겠다는 것과 같았습니다.

예를 들어 어떤 분이 교회에서 상처를 받아 발길을 끊었다가, 세월이 많이 지난 후 다시 화해하게 되었다고 합시다. 그것은 불편한 관계만 해소했다는 의미가 아닙니다. 이제부터는 그들의 가르침을 인정하고 그들에게 자신의 영혼을 맡기겠다는 의미입니다.

요셉은 늘 하나님과 동행했지만, 그럼에도 불구하고 오랫동안 교회를 떠나 있는 상태였습니다. 이처럼 교회라는 공동체가 없었기 때문에 그의 신앙은 활동적이 되지 못하고 오랜 세월 내성적인 상태에 있었습니다. 속으로 혼자서 하나님을 믿고 동행한 것이지 떳떳하게 내어놓고 하나님을 섬기거나, 하나님의 나라가 적극적으로 활동하는 그런 신앙이 아니었어요. 물론 애굽에 잊을 수 없는 기여를 한 것은 사실이지만 신앙적으로는 침체되어 있었다고 할 수 있었습니다.

그가 가장 원하는 것이 무엇입니까? 다시 불붙는 신앙을 회복하는 것입니다. 다시 하나님의 백성의 일원이 되어 그들과 함께 떳떳하게 하나님을 찬양하며 그분께 나아가는 것입니다. 다시 함께 모여 드러내 놓고 예배를 드리는 것입니다.

그러나 요셉은 형들을 믿을 수가 없었습니다. 그들은 아무이유 없이 자기를 그 공동체에서 내쫓고 죽이려고 했던 범죄자들입니다. 그들은 시기심 때문에 자기를 노예로 팔아먹은 자들입니다. 어떻게 도둑들에게 다시 자신의 영혼을 맡길 수 있겠습니까? 그들의 중심을 확인하기 전까지는 그렇게 할 수가 없습니다. 그래서 요셉은 그들이 과거의 죄를 인정하고 기꺼이 그 죄값을 감당할 자세가 되어 있는지, 과연 베냐민을 기꺼이 책임지려고 하는지를 보고서야 거기에 소속될 것인지 아닌지를 결정하려고 하는 것입니다.

우리는 결혼 상대를 정할 때 그 사람을 시험해 보아야 합니다. 단지 잘생기거나 예쁘다고 덜컥 결정해 버리면 안 됩니다. 상대방도 나를 확인해 보아야 하지만 나도 그를 확인해 보아야 합니다. 결혼이라는 것은 나의 영혼과 삶 전체를 그 사람에게 맡기는 일이기 때문입니다.

그럴 때 확인해야 할 것은 두 가지입니다. 첫째는, 그 사람이 정말 자신의 잘못을 잘못으로 인정하느냐 하는 점입니다. 물론 습관적으로 쉽게 잘못했다고 한다면 곤란하지만, 적어도 진심으로 자신의 실수를 인정하는 것인지 끝까지 인정하지 않는지는 구분해야 합니다. 잘못을 저질러 놓고서도 인정하지 않는 사람에게는 영혼을 맡길 수 없습니다. 둘째로, 내가 어려움에 빠졌을 때 책임질 자세가 있느냐 하는 점입니다. 상황이 좋을 때는 사랑한다고 하지만 어려워질 때에는 얼마든지 버릴 수 있는 사람은 결코 믿을 수가 없습니다. 그런 사람과 헤어지는 일이라면 조금도 주저할 이유가 없어요. 그런 사람과 헤어지는 일을 놓고 막 힘들어하면서 매일 음악 듣고 감상에 빠지는 것은 시간 낭비입니다.

요즘은 워낙 인구 이동이 심하기 때문에 이사할 때마다 어느 교회를 택할 것인가가 문제가 됩니다. 교회 공동체 안에 속한다는 것에는 대단히 복잡한 인간관계를 맺게 될 뿐 아니라 그 교회의 가르침에 전적으로 승복하며 내 영혼을 맡긴다는 의미가 있습니다. 오늘날 사람들은 이 부분에서 많이 주저합니다. 그래서 예배 출석만 하고 인간관계는 맺지 않으려는 사람들이 대단히 많습니다. 그러나 그것은 결코 좋은 일이 아닙니다. 반드시 책임을 지는 관계를 맺어야 합니다. 그래야 신앙이 불붙기 시작합니다. 요즘 교인들은 인간적으로 사귀는 것은 좋아하지만 금전적으로 책임질 일이 있으면 모두 도망가 버립니다. 그것은 바른 관계에 있는 것이 아닙니다.

사람들은 교회를 확인하려고 하지 않습니다. 단지 자기 스타일에 맞느냐 맞지 않느냐만 생각합니다. 이것은 어리석은 생각입니다. 과연 내 영혼을 책임질 수 있는 공동체이냐 아니냐를 확인해야 합니다. 무엇보다 죄를 죄로 인정하는 공동체가 바른 진리의 공동체입니다. 죄를 '질병'이나 '치료' 같은 말로 완화시켜서 다루는 자들은 결코 정직한 자들이 아닙니다. 죄는 죄입니다. 그것을 사람들이 듣기 부담스러워 한다고 듣기 좋은 소리로 바꾸면 안 됩니다. 죄를 죄로 인정하고 그것을 바로 이야기하며 치료할 수 있는 공동체여야 합니다. 그뿐만 아니라 서로의 어려움에 대해 끝까지 책임질 수 있느냐 없느냐도 확인해야 합니다. 내가 어려움에 빠졌을 때 믿음의 분량 안에서 끝까지 책임져 줄 수 있는 공동체가 좋은 공동체입니다.

왜 오늘 여러분들은 교회의 가르침이 진리인지 아닌지 시험해 보지 않습니까? 그것이 진리라면 무슨 일이 있어도 붙잡아야 할 것 아닙니까? 모든 삶을 다 바쳐서라도 붙들어야 할 것 아닙니까? 또 진리가 아니라면 무슨 일이 있어도 버려야 하지 않겠습니까? 왜 이것도 저것도 아닌 구경꾼의 상태에 머무르려 합니까? 그것은 침체되어 있는 것이며 진리의 구경꾼의 상태에 있는 것입니다.

사도 요한이 말한 것처럼 모든 영을 시험해 보십시오. 어떤 역사가 나타난다고 해서, 병을 잘 고친다고 해서 무조건 믿으면 안 됩니다. 그 역사가 어디서부터 온 것인지, 그 뿌리가 무엇인지 확인해 보십시오. 그리고 옳으면 뛰어드십시오.

오늘 우리에게 가장 중요한 것은 우리의 영혼입니다. 그러나 이 영혼은 내가 책임질 수가 없습니다. 자기 영혼을 자기가 책임지겠다고 하는 사람이야말로 정말 어리석은 사람입니다. 요셉은 20년 동안 하나님과 동행했지만 그의 신앙은 결코 활동적이지 못했습니다. 그의 영혼은 진리의 공동체가 회복될 때에야 다시 안전하게 지켜질 수 있었고 불붙을 수 있었습니다.

진리를 확인하십시오. 공동체를 확인하십시오. 그래서 옳다고 확인되면 자신을 맡기고 그것을 붙드십시오. 그것이야말로 우리의 신앙이 제대로 활동할 수 있는 길입니다.

# 21

# 베냐민을 위한
# 유다의 변론

얼마 전 미국에서 열렸던 O. J. 심슨의 재판이 세계적인 관심을 불러일으켰습니다. O. J. 심슨은 미식축구 선수 출신의 흑인으로서 돈이 많은 부자였습니다. 아내와 그 정부를 살해한 혐의를 받고 있던 그는 미국 최고의 변호사들을 고용하여 자신의 변론을 맡겼고, 그들은 이 사건을 경찰의 인종적인 편견으로 교묘하게 유도함으로써 배심원들에게서 무죄 평결을 받아 내는 데 성공했습니다. 그러나 이처럼 무죄가 선언되었음에도 불구하고 많은 사람들은 그의 무죄를 믿지 않는 눈치였습니다. 어떤 이들은 이런 배심원 제도야말로 미국 사법 제도의 모순점이라고 비난하기도 했습니다.

이처럼 변호인들은 자신에게 사건을 의뢰한 사람에게 가장 유리한 결론을 얻어 내는 것을 목적으로 삼습니다. 사실이냐 아니냐는 중요하지 않습니다. 법적인 문제이든 상황의 문제이든 피고인에게 유리한 사실만 나열해서 좋은 결과만 얻어 내면 되는 것입니다. 물론 그들의 주장이 좋은 결과를 이끌어 내지 못했다고 해서 대신 책임을 지거나 감옥에 들어가야 하는 것은 아닙니다.

오늘 본문에서 유다는 절도 혐의를 받고 노예로 잡혀가게 된 동생 베냐민을 위해 변론을 하고 있습니다. 그런데 이 변론의 핵심은 동생 베냐민을 위해 무죄 평결을 얻어 내는 것이나 재판관의 동정심을 얻어 내는 데 있지 않습니다. 오히려 그의 변론은 '왜 내가 동생을 대신해서 이곳에 노예로 있어야 하느냐'에 그 초점이 맞추어져 있습니다.

유다의 변론을 들어 보면 대단히 정직하고 사실적이라는 것을 알 수 있습니다. 그런데 그의 이 사실적인 진술에서 우리는 힘을 느낄 수 있습니다. 그는 애굽 총리의 마음을 움직이거나 그의 동정심을 일으키기 위해 억지로 애를 쓰지 않습니다. 그저 사실을 있는 그대로 설명할 뿐입니다. 그런데도 우리는 그의 말에서 힘을 느끼며 감동을 받습니다.

오늘 유다가 설명하고 있는 것은 우리가 이미 다 알고 있는 내용입니다. 다시 한 번 질문해 봅시다. 성경 저자는 베냐민을 위한 유다의 변론을 왜 이렇게 상세하게 반복하여 소개하고 있습니까? 성경 저자가 같은 내용을 이렇게 반복함으로써 오늘 우리에게 어떤 교훈을 주고자 하는지를 찾아내지 못한다면, 우리는 이 긴 변론의 핵심을 놓치게 될 것입니다.

## 유다의 자세

오늘 본문의 배경은 무엇입니까? 우리가 알고 있는 바와 같이 야곱의 형제들은 두 번째 양식을 구하기 위해 아버지를 설득해서 애굽 총리의 요구대로 동생 베냐민을 데리고 왔습니다. 이 일은 일단 성공이었습니다. 왜냐하면 애굽 총리는 그들에 대한 의심을 풀고 감옥에 갇혀 있던 시므온을 풀어 주었고 그들에게 곡식을 주었을 뿐 아니라 자기 집으로 초청해서 함께 기쁨으로 교제하는 시간까지 가졌기 때문입니다. 그들은 역시 동생을 데리고 오기를 잘했다고 생각했습니다. 유다는 아버지를 설득하기를 얼마나 잘했으며 하나님의 은혜로 이 모든 일이 얼마나 은혜스럽게 잘 끝났는가를 생각하며 집으로 돌아가고 있었을 것입니다.

그런데 그곳을 떠난 지 얼마 되지 않아서 모든 일이 뒤죽박죽이 되고 말았습니다. 총리의 청지기가 쫓아오더니 "왜 은혜를 배신으로 갚느냐? 우리 주인의 점치는 은잔을 도둑맞았는데 너희가 가져갔지?" 하고 다그친 것입니다. 그래서 자신들의 짐을 풀어 보니 하필이면 베냐민의 곡식 자루에 문제의 은잔이 있었습니다. 베냐민은 애굽 총리의 재산을 훔친 죄와 특히 총리를 모욕한 죄로 노예가 될 수밖에 없는 처지가 되었습니다.

지금 눈앞에서는 사람들이 베냐민을 끌고 가려 하고 있습니다. 그리고 형제들은 애굽 총리 앞에서 쫓겨날 수밖에 없습니다. 만약 이 1분 1초에 제대로 대응하지 못한다면 회복될 수 없는 파멸이 그들을 덮칠 것입니다. 지금 그들은 갑자기 격랑에 휘말려 절벽을 향해 떠내려가고 있는 배와 같습니다. 아무도 이 배를 멈출 수가 없습니다. 무엇이 어떻게 잘못되었는지는 모르겠지만 그들은 자신들의 의사와 상관없이 떠내려가고 있습니다. 만일 여기서 조금만 더 지체한다면 도저히 회복할 수 없는 대파멸에 빠지고 말 것입니다.

이럴 때 대개 사람들이 취하는 태도는 어떤 것입니까? 될 대로 되라는 것입니다. 평소에는 괜찮다가도 이런 위기의 순간을 당하게 되면 자포자기하는 사람들이 많습니다. '에라, 나도 모르겠다. 될 대로 돼라지' 하면서 포기하는 것입니다. 지금 애굽 총리는 대단히 화가 나 있습니다. 그는 어떤 소리도 믿으려 들지 않을 것입니다.

이 결정적인 위기의 순간에 유다가 앞으로 나서서 애굽 총리에게 한마디만 하게 해 달라고 간청을 합니다. 즉 왜 베냐민이 노예로 끌려가면 안 되며 자기가 대신 남아야 하는가를 설명하겠다는 것입니다.

유다가 그에게 가까이 가서 가로되 내 주여 청컨대 종으로 내 주의 귀

에 한 말씀을 고하게 하소서 주의 종에게 노하지 마옵소서 주는 바로
와 같으심이니이다(44:18).

여기서 유다가 총리에게 "주는 바로와 같으심이니이다"라
고 하는 말이 이해되지 않을지도 모르겠습니다. 이 말은 바로가 애
굽에서는 절대적인 존재인 것처럼 야곱의 형제들에게는 총리가 절
대적인 존재라는 뜻입니다. 즉 이것은 그의 말 한마디에 자기들은
죽을 수도 있고 살 수도 있으니, 제발 자비를 베풀어 달라고 탄원하
는 말입니다.

어떤 사람의 내면에 있는 정신과 감정이 건강한가 병들었는
가는 바로 이런 위기의 순간에 나타나게 되어 있습니다. 정신이나
감정이 병든 사람은 자기가 통제할 수 없는 위기 상황이 발생했을
때 스스로 무너지고 맙니다. 자기가 먼저 화를 내면서 이 상황을 해
결하려는 시도를 포기한 채 무너져 내리는 것입니다. 부부들도 마
찬가지입니다. 자기들끼리 싸우는 바람에 일을 더 엉망으로 만들어
놓습니다.

그러나 정신과 감정이 건강한 사람은 이런 위기에 부닥쳤
을 때 오히려 더 빛나기 시작합니다. 사람이 그렇게 침착해지고 냉
정해질 수가 없어요. 무슨 대안이 있는 것도 아닌데 어떻게든 해결
될 것 같은 확신이 생깁니다. 마음에 상처가 심하고 정신이 병든 사
람은 아직 위기가 닥치지도 않았는데 소문만 듣고서도 벌벌 떨면서
맛이 가 버리지만, 건강한 사람은 아무리 어렵고 힘든 일에 부닥쳐
도 정신까지 잃지는 않습니다.

여호수아서를 보면 가나안 사람들이 이스라엘 백성들에게
패배했던 가장 중요한 이유가 그들의 정신적인 붕괴에 있었다는 사
실을 알 수 있습니다. 그들은 모든 여건에서 이스라엘 백성들보다
나았으면 나았지 부족하지 않았습니다. 신체적인 조건이나 무기나
성이나 병기, 모든 면에서 이스라엘보다 나았어요. 그런데 이상하

게도 이스라엘 백성들과 싸우려고 나가기만 하면 다리가 후들후들 떨리면서 서로 하나가 되지 못한 채 스스로 붕괴되고 말았습니다. 그 이유가 무엇입니까? 그들의 겉모습은 강하게 보였지만 내면은 죄로 병들어 있었기 때문입니다.

진정한 용기는 어디서 나옵니까? 자기가 하고 있는 일이 옳다는 확신에서 나옵니다. 그것이 없으면 위기를 박차고 일어설 수 없습니다. 이 세상이 하나님의 백성들을 이기지 못하는 것은 그들 안에 죄가 있기 때문입니다. 그래서 여러 명이 모여 있을 때에는 소리도 지르고 못된 짓도 하지만 혼자 있으면 그렇게 무력할 수가 없는 것입니다. 저는 일본 사람들을 볼 때마다 그들의 마음이 참 병들었다는 생각을 하게 됩니다. 일본 사람들은 함께 있으면 그렇게 강하다가도 혼자 있으면 또 그렇게 나약해질 수가 없습니다. 아마 그들 안에 정신적인 병이 많기 때문일 것입니다.

하나님의 백성들의 진정한 가치가 언제 나타납니까? 큰 어려움에 봉착했을 때 나타납니다. 앞길이 불투명할 때, 다른 사람들이 다 낙심해서 주저앉아 있을 때 하나님의 백성들은 오히려 힘을 내서 일어납니다. 어떻게 그렇게 할 수 있습니까? 그들의 마음속에 빛이 있기 때문입니다. 이 빛은 하나님께서 그 백성들에게 주시는 확신입니다. 아무리 캄캄한 밤이 찾아온다 해도 하나님의 백성은 절대로 완전한 절망에는 빠지지 않습니다. 그들의 마음속에는 말로 표현하기 어렵지만 무언가 믿는 바가 있고, 하나님이 주시는 평안함이 있습니다.

유다가 이런 위기의 순간에 치고 나올 수 있었던 것은 영적인 건강을 되찾았기 때문입니다. 그는 언제부터 이런 건강한 마음과 감정을 가지게 되었을까요? 성경이 그 점에 대해 기록하고 있지 않기 때문에 정확하게 말할 수는 없지만, 제 생각에는 형제들을 떠나서 가나안 사람들 틈에서 비참하게 타락한 생활을 하는 가운데 자신의 죄성을 철저히 보게 된 그때부터가 아니었을까 합니다. 자신이 원한 것은 아니었지만 어쨌든 며느리 다말과 관계를 맺음으로써 사생아를 낳았을 때, 그는 자신의 진정한 모습을 보게 되었습니다. 그리하여 '나야말로 갈 데까지 간 사람이구나. 회복될 수 없는 사람이구나' 하는 것을 깨닫고, 딤나의 창녀가 낳은 사생아들이 바로 자신의 아들임을 고백한 순간부터 아마 달라졌을 것이라고 저는 생각합니다.

태어날 때부터 정신적으로 건강한 사람은 아무도 없습니다. 사람들은 다 자기만 문제라고 생각합니다. 자기만 열등감을 가지고 있고 자기만 상한 감정을 가지고 있다고 생각해요. 그러나 그렇지 않은 사람이 어디 있습니까? 우리가 이 세상에 산다는 것 자체가 영혼이 병드는 것입니다. 우리는 안팎으로 수많은 죄의 공격을 받으면서 살아가고 있습니다.

그러므로 내면이 건강해지는 방법은 하나밖에 없습니다. 즉 하나님 앞에서 자신의 죄성과 무능력을 철저하게 깨닫고 그분께 자신을 맡기는 것입니다. 하나님 앞에서 자신의 죄를 많이 발견하는 사람일수록 더 건강하게 치료될 수 있으며 위기의 순간에 무너지지 않을 수 있습니다. 그렇다고 해서 '많이 타락해 봐야 하나님의 은혜를 안다'고 생각하는 것은 잘못입니다. 왜냐하면 아무리 무섭게 타락한다 하더라도 그 마음속에 하나님이 주시는 깨달음이 없으면 자신의 죄성을 전혀 깨닫지 못하기 때문입니다.

하나님께서 가까이 오실 때 우리가 느끼는 것이 무엇입니까? 그 전에는 전혀 죄로 생각하지 않았던 것까지 생생하게 죄로 떠오른다는 것입니다. 하나님의 성령이 임하시면 전에는 전혀 문제로 보이지 않았던 일들이 심각한 문제로 대두되기 시작합니다. 이처럼 하나님 앞에서 자기 죄 때문에 떨며 괴로워한 자들은 이 세상이 주는 위기 앞에서 담대합니다. 하나님 앞에서는 그렇게도 떨던 사람이 이 세상에서는 그렇게 담대할 수가 없어요. 주위 사람들은 명예퇴직을 당할까 봐 줄담배를 피우면서 한숨을 쉬어도 그는 그렇게 떨지 않습니다. 하나님 앞에서 자신의 죄 문제로 몸부림치면서 괴로워했던 사람은 이상하게 이 세상의 위기에서 담담합니다. 그 이유가 무엇입니까?

하나님 앞에서 두려워하고 떠는 과정에서 하나님보다 더 무서운 존재가 없다는 것을 발견했기 때문입니다. 하나님이 이 세상의 그 어떤 위기보다 더 크시다는 것을 알게 되었기 때문입니다. 그의 마음속에 하나님이 주시는 빛이 있기 때문입니다. 그는 캄캄한 어두움 가운데 있는 사람과 근본적으로 다릅니다. 어두움 가운데 있는 사람은 일이 자기 뜻대로 되지 않으면 자꾸 불안해하다가 결국 자포자기해 버립니다.

유다는 모든 것이 1분 1초에 판가름 나는 이 결정적인 순간에 결코 물러서지 않았습니다. 결정적인 순간을 놓치는 사람은 절대로 회복될 수 없습니다. 하나님의 백성은 그 순간을 놓치지 않습니다.


## 유다의 변론

유다는 애굽의 총리에게 무슨 말을 했습니까? 구차한 변명을 하거나 용서를 빌지 않았습니다. "베냐민을 어릴 때부터 봐 왔지만 결코 남의 물건을 훔칠 아이가 아닙니다. 우리 집은 부자입니다. 얘는 자기 것을 줬으면 줬지 남의 것을 가져올 애가 절대 아닙니다. 제가 보장합니다" 같은 말은 하지도 않았어요. "이번 한 번만 봐주시면 이런 일이 다시는 생기지 않게 하겠습니다"라고 사정하면서 용서를 빌지도 않았습니다. 지금은 그런 소리를 할 때가 아닙니다. 이 한순간에 총리를 납득시키지 못한다면 다시는 베냐민을 보지 못할 뿐 아니라 애굽의 총리도 만나지 못하게 될 것입니다. 이 결정적인 순간에 유다는 자기가 베냐민을 대신해서 남아야 하는 이유를 변론했습니다.

　이 유다의 변론을 들으면 참으로 당당하고 장엄하다는 생각이 듭니다. 그리고 마음에 감동이 생깁니다. 그 이유가 무엇입니까? 유다는 지금 자신의 모든 것을 내어놓고 다른 사람을 책임지는 변론을 하고 있기 때문입니다. 이 세상에서 사람이 가장 아름답고 위대할 수 있는 때는 바로 이런 때입니다. 아무 책임도 지지 않으려 드는 변명조의 말은 다른 사람의 마음을 움직이지 못합니다. 그러나 남을 어려움에서 구원하기 위해 자기 자신을 포기하고 담담하게 이야기하는 사람의 말은 그렇게 아름답고 감동적일 수가 없습니다.

　유다는 지금까지 있었던 일들을 다시 설명합니다. 19절부터 보십시오.

> 이전에 내 주께서 종들에게 물으시되 너희는 아비가 있느냐 아우가 있느냐 하시기에 우리가 내 주께 고하되 우리에게 아비가 있으니 노인이요 또 그 노년에 얻은 아들 소년이 있으니 그의 형은 죽고 그 어미의 끼친 것은 그뿐이므로 그 아비가 그를 사랑하나이다 하였더니 주께서 또 종들에게 이르시되 그를 내게로 데리고 내려와서 나로 그를 목도하게 하라 하시기로 우리가 내 주께 말씀하기를 그 아이는 아비를 떠나지 못할지니 떠나면 아비가 죽겠나이다 주께서 또 주의 종들에게 말씀하시되 너희 말째 아우가 너희와 함께 내려오지 아니하면 너희가 다시 내 얼굴을 보지 못하리라 하시기로 우리가 주의 종 우리 아비에게로 도로 올라가서 내 주의 말씀을 그에게 고하였나이다(44:19-24).

　지금 유다가 말하고 있는 것이 무엇입니까? 이 소년 베냐민을 데리고 오는 것은 그렇게 간단한 문제가 아니었다는 것입니다. 이미 말한 바와 같이 이 아이에게 문제가 생긴다면 아버지는 살지 못한다는 것입니다. 유다는 이 아이가 아버지에게 얼마나 소중한 존재인지, 직접 아버지의 입을 빌려 설명합니다.

그 후에 우리 아비가 다시 가서 곡물을 조금 사 오라 하시기로 우리가
이르되 우리가 내려갈 수 없나이다 우리 말째 아우가 함께하면 내려
가려니와 말째 아우가 우리와 함께함이 아니면 그 사람의 얼굴을 볼
수 없음이니이다 주의 종 우리 아비가 우리에게 이르되 너희도 알거니
와 내 아내가 내게 두 아들을 낳았으나 하나는 내게서 나간 고로 내가
말하기를 정녕 찢겨 죽었다 하고 내가 지금까지 그를 보지 못하거늘
너희가 이도 내게서 취하여 가려 한즉 만일 재해가 그 몸에 미치면 나
의 흰 머리로 슬피 음부로 내려가게 하리라 하니 아비의 생명과 아이
의 생명이 서로 결탁되었거늘 이제 내가 주의 종 우리 아비에게 돌아
갈 때에 아이가 우리와 함께하지 아니하면 아비가 아이의 없음을 보
고 죽으리니 이같이 되면 종들이 주의 종 우리 아비의 흰 머리로 슬피
음부로 내려가게 함이니이다(44:25-31).

처음부터 베냐민을 데려오는 것은 쉬운 일이 아니었습니다.
이 아이는 보통 아이가 아니라 늙은 아버지가 자기 생명처럼 아끼
는 아이입니다. 그래도 총리가 굳이 봐야 한다고 해서 데려온 것인
데, 만일 이 아이가 돌아가지 못한다면 아버지는 죽고 말 것이고, 그
러면 그 집안 전체가 완전히 망하고 말 것입니다.

유다는 왜 이런 일이 일어났는지 알지 못합니다. 누군가 그
들을 모함하기 위해 은잔을 감춘 것인지 장난을 치느라고 감춘 것
인지는 모르겠지만, 어쨌든 이 아이가 집으로 돌아가지 못한다면
자기 집 전체가 파멸하고 만다는 것만큼은 분명합니다. 유다는 이
것이 결코 베냐민 한 사람의 문제가 아니라 자기 집안 전체의 파멸
과 직결되는 문제임을 총리에게 납득시키려 합니다. 결국 그가 주
장하는 것은 무엇입니까?

주의 종이 내 아비에게 아이를 담보하기를 내가 이를 아버지께로 데리
고 돌아오지 아니하면 영영히 아버지께 죄를 지리이다 하였사오니 청

컨대 주의 종으로 아이를 대신하여 있어서 주의 종이 되게 하시고 아이는 형제와 함께 도로 올려보내소서 내가 어찌 아이와 함께하지 아니하고 내 아비에게로 올라갈 수 있으리이까 두렵건대 재해가 내 아비에게 미침을 보리이다(44:32-34).

유다의 긴 변론은 두 가지로 요약될 수 있습니다. 하나는 베냐민의 체포가 결코 베냐민 한 사람의 체포로 끝나지 않는다는 것입니다. 그는 이 사실을 애굽의 총리에게 납득시키려고 애를 쓰고 있습니다. 베냐민의 안전은 곧 아버지의 안전이며 그 가족 모두의 안전입니다. 그는 이 문제가 이렇게 간단하게 처리할 성질의 것이 아니라고 주장했습니다.

다른 하나는 베냐민이 여기까지 오게 된 것은 자기가 이 아이의 모든 것을 담보했기 때문이라는 사실입니다. 즉 이 아이에게 일어나는 모든 일의 책임은 자신에게 있으므로, 자기가 이 아이 대신 노예로 잡혀야 한다는 것이 그의 주장이었습니다.


## 요셉이 확인하고자 하는 것

결국 베냐민을 붙잡아서 노예로 삼으려고 하는 이 드라마를 통해 요셉이 확인하고자 하는 것은 무엇입니까? 자기가 억울하게 노예로 팔려온 후 자기 형들이나 가족이 어떻게 변했느냐 하는 것입니다.

요셉은 아버지의 사랑을 많이 받았기 때문에 형제들 중에서 유력한 자로 보이기 쉽습니다. 그러나 실제로 그는 약한 자였습니다. 왜냐하면 그의 어머니는 돌아가셨고 그의 나이는 어렸으며 아버지는 늙었기 때문입니다. 형제들은 이 약한 자를 시기해서 죽이려 하다가 노예로 팔아먹었습니다. 그런 의미에서 본다면 지금 야곱의 집에서 가장 약한 자는 베냐민입니다. 형마저 없어졌고 아버지는 더 늙었으며 그는 형제 중에 가장 어렸기 때문입니다.

요셉은 이 베냐민을 통해 자기가 없어진 후 아버지 집이 어떻게 바뀌었는가를 확인하고자 합니다. 형들이 자기를 팔고 난 후무언가 변한 것이 있는지, 아니면 여전히 거짓되고 살기등등하며포악한지를 확인하고자 하는 것입니다.

그러면 도대체 오늘 이 본문이 우리에게 요구하는 것은 무엇입니까? 성경 저자는 유다의 긴 변론을 왜 이렇게 자세하게 기록한 것일까요? 그 부분을 확인하지 못하면 우리는 오늘 이 본문의 진수를 놓치게 됩니다. 성경 저자는 왜 이렇게 유다의 변론을 상세하게 기록하고 있습니까? 유다가 얼마나 지혜롭게 말함으로써 이 위기를 넘겼는지 보여 주기 위해서입니까? 결코 그렇지 않습니다. 오늘 본문이 보여 주고자 하는 것은 요셉의 실종 이후 그의 가족들이어떻게 변했는가 하는 점입니다.

요셉의 식구들은 모두 요셉이 죽은 것으로 알고 있었습니다. 이 죽음은 의로운 죽음이었습니다. 그는 죽임을 당하거나 노예로 팔릴 만한 죄를 지은 적이 없었습니다. 그럼에도 불구하고 그는형들로부터 죽임을 당할 뻔했으며 결국 노예로 팔리고 말았습니다. 사실 그는 죽은 것이나 마찬가지였습니다.

문제는 이 의로운 죽음이 그 가족 안에 어떤 변화를 가져왔느냐 하는 것입니다. 그저 개 한 마리 죽은 것처럼 얼마든지 일어날수 있는 사건으로 끝났느냐, 아니면 형제들 가운데 '이것이 얼마나엄청난 일인가! 단순한 시기심으로 남을 죽이고 노예로 판다는 것은 얼마나 큰 죄인가! 도저히 이럴 수는 없다. 이미 죽은 요셉은 다시 살릴 수 없다 하더라도 다시는 이런 일이 일어나게 해서는 안 된다'는 공감대를 일으켰느냐, 그리하여 약한 자를 보호하며 혹시라도 그 약한 자가 위기에 처했을 때 책임을 지려고 하는 변화가 일어났느냐 하는 점이 이 본문의 핵심인 것입니다.

　　형들은 요셉을 죽이는 일을 간단한 문제로 생각했습니다. 애가 좀 건방지고 별나니까 죽이려고 하다가 그냥 팔아먹은 거예요. 그들은 아버지의 반응을 보고서야 비로소 자기들이 얼마나 엄청난 짓을 저질렀는지 알게 되었습니다. 아버지의 슬픔은 엄청난 것이었습니다. 그들은 아버지가 그렇게 울며 절망하는 모습을 본 적이 없었습니다. 야곱은 지금까지 산전수전을 다 겪었으면서도 결코 울지 않았던 사람입니다. 그런데 요셉을 잃은 아버지의 슬픔은 이 세상의 어떤 것으로도 위로할 수 없을 정도로 컸습니다.

　　그들은 건방진 동생이 싫어서 그냥 없애 버렸는데 아버지한 테는 그게 아니었습니다. 그 아들은 아버지의 모든 것이었습니다. 그제야 비로소 그들은 자기들이 얼마나 엄청난 짓을 저질렀는지 알게 되었습니다. 그때 깨달은 것이 무엇입니까? 요셉을 다시 살릴 수는 없지만 그처럼 시기심이나 장난으로 남을 괴롭히거나 죽이는 일은 다시는 해서는 안 된다는 것입니다. 다시는 아버지한테 이런 슬픔을 겪게 해서는 안 된다는 것입니다.

　　요셉을 잃고 난 후 아버지는 더욱 베냐민을 아끼고 지켰으며 마치 자신의 생명처럼 돌보았습니다. 유다의 표현대로 아비의 생명은 이 아이의 생명과 결탁되어 있었습니다. 이것을 늙은 아버지의 집착이라고 생각하면 오늘 본문의 핵심을 놓치게 됩니다. 베냐민을 야곱 가정에서 가장 약하고 소외된 자로 생각하지 않으면 왜 성경 저자가 유다의 변론을 이렇게 길게 기록하고 있는지 결코 이해할 수 없습니다. 베냐민은 어머니도 잃었고 형도 잃었으며 아버지는 이미 늙었습니다. 그는 그 집에서 가장 약한 자였습니다.

　　야곱은 이 베냐민을 자기 생명처럼 책임지고 있었습니다. 그는 베냐민과 자신을 완전히 하나로 일치시켰고, 이 사실은 형제들 사이에 분명히 인식되었습니다. '우리 집에서 가장 중요한 사람, 가장 보호받아야 할 사람은 베냐민이다. 베냐민이 죽으면 아버지도 죽고 그러면 우리가 다 죽는 것이다'라는 공감대가 요셉의 죽음 이

후에 그 가족 안에서 퍼지기 시작했습니다.

　　요셉이 지금까지 자신의 신분을 감추고 형들에게 확인하고자 한 것이 바로 이 부분입니다. 즉 자신의 의로운 실종이 형들과 가족들 사이에 무슨 변화를 일으켰느냐 하는 것입니다. 자신의 실종이 자식 많은 집의 아들 중 한 명에게 일어난 불의의 사고로 끝났느냐, 아니면 그들이 죄를 깨닫고 새로운 태도를 가지는 계기가 되었느냐 하는 것입니다.

　　만약 형들이 아직도 약한 자를 버릴 수 있으며 단순한 시기심이나 장난이나 분노 때문에 약한 자에게 상처를 줄 수 있다면, 그들과는 화해할 필요가 없습니다. 그러나 다시는 요셉처럼 억울한 희생이 생겨서는 안 된다는 것을 깊이 깨닫고 약한 자를 가장 중시하는 인식을 갖게 되었다면, 그들이 제대로 하나님의 백성의 모습을 회복하고 있다고 보아도 될 것입니다.

　　이것은 우리 신앙에서도 엄청나게 중요한 문제입니다. 예수 그리스도께서 십자가에 못 박혀 죽으신 것은 엄청난 사건입니다. 의로운 자가 세상에서 죽임을 당했다는 것은 결코 그냥 넘어갈 수 없는 문제입니다. 그리스도께서 우리 때문에 의로운 희생을 당하셨다는 사실을 알았을 때, 우리의 태도에 어떤 변화가 일어났습니까? 단순히 그렇게 죽을 수도 있겠다고 생각했습니까? 아니면 우리 힘으로 그분을 다시 살려 낼 수는 없다 하더라도 다시는 이 세상에서 그와 같이 억울하게 희생당하는 자가 없도록 약한 자를 돌보며 책임지고자 하는 움직임이 생겼습니까?

　　하나님께서는 우리에게 죽은 예수를 다시 살려 내라고 요구하시지 않습니다. 하나님께서 우리 인간들에게 확인하고 싶어 하시는 것은 예수 그리스도의 죽음이 우리 안에 어떤 태도의 변화를 가져왔느냐 하는 점입니다. 그분이 원하시는 변화가 무엇입니까? 이 의로운 죽음을 통해, 약한 자들과 병든 자들과 소외된 자들을 나의 생명처럼 사랑하며 그들이 어려운 일을 당할 때 마치 나의 일인 것처럼 대신 책임을 지고 나서는 것입니다.

　　예수의 죽음이 너무나도 원통하고 억울한 죽음이라는 것을 깨닫는다면, 인간이 말도 되지 않는 이유를 붙여서 예수를 죽인 것이 사실이라면, 우리가 거기에 같은 인간으로 동참했다면, 다시는 사소한 시기심이나 의견 차이로 깊은 마음의 상처를 주거나 소외시키는 일이 없도록 제일 약한 사람, 제일 무지한 사람, 제일 가난한 사람과 우리의 생명이 결탁되어야 합니다. '우리 교회에서 제일 힘없는 사람이 상처 받아 떠난다면 나도 떠난다'는 인식이 있어야 합니다. '가장 어려운 형편에 있는 사람이야말로 가장 소중한 사람이다. 그나마 성질도 까다롭고 약간 건방지기까지 하지만 그래도 이 보잘것없는 사람이야말로 정말 소중한 사람이다. 이 사람이 없어지면 우리 교회는 의미가 없다'는 공감대가 교회 안에서 형성되어야 합니다.

　　지난 몇 년 동안 우리 사회에는 참으로 억울한 죽음이 많았습니다. 시위를 하다가 최루탄에 맞아 죽은 학생도 있었고, 다리나 백화점이 무너져서 억울하게 죽은 사람들도 많이 있었습니다. 물론 그들이 하나님 앞에서 전혀 죄 없는 사람들이라고 할 수는 없습니다. 그러나 다리에서 떨어져 죽고 백화점에서 깔려 죽어야 할 만큼 우리보다 죄가 많다고 할 수도 없습니다. 이런 희생을 보면서 우리는 무슨 생각을 했습니까? 이렇게 힘없이 사고를 당할 수밖에 없는 자들을 책임질 수 있는 안전장치를 마련하기 위해 무엇을 했습니까?

　　우리 사회가 생각하는 것은 오로지 보상 문제뿐입니다. 죽은 사람만 억울한 거예요. 살아 있는 사람은 보상금이라도 받지만 죽은 자를 위해서는 무엇이 남습니까? 위령비 세우는 것으로 충분합니까? 과연 그런 위령비를 세운다고 해서 그들이 위로를 받을 수 있겠습니까? 중요한 것은 다시는 이런 일이 재발되지 않도록, 쇼핑하러 왔다가 엄마와 아이가 같이 죽는 일이 없도록, 공부하는 학생들이 희생당하는 일이 없도록, 사회에서 가장 약하고 소외된 자들을 책임지는 자세를 갖는 것이며, 강한 자들이 자기를 희생해 가면서 약한 자를 껴안는 것입니다. 그럴 때 비로소 그들의 희생은 가치 있게 될 것입니다.

　예수를 믿는 우리가 생각해야 할 것이 무엇입니까? 예수의 죽음이 의로운 죽음이었다면, 다시는 이 땅에서 그와 같이 시기심이나 장난으로 괴롭힘을 당하는 사람이 생겨서는 안 된다는 것입니다. 적어도 우리의 가족과 교회 안에서는 가장 약한 사람이 보호되어야 한다는 것입니다. 우리 공동체에서 가장 약한 자를 우리 각자의 생명처럼 지켜야 한다는 것입니다. '그 약한 자가 죽는다면 우리도 다 죽어야 한다'는 사고방식이 우리 가운데 있다면 예수님의 죽음은 결코 헛된 것이 아닙니다.

　제가 몇 번씩 강조하지만 베냐민에 대한 야곱의 애정을 단순히 늙은 아버지의 집착으로 생각하면 안 됩니다. 베냐민은 그 가정에서 가장 약한 자였습니다. 요셉이 죽고 난 후 형제들에게 퍼진 공통된 인식은 다시는 약한 자를 건드려서는 안 된다는 것이었습니다. 다시는 시기심이나 인간적인 감정으로 미워하거나 상처를 주어서는 안 된다는 것이었습니다. 만일 그런 일이 다시 벌어진다면 자신들은 다 죽는다는 것이었습니다. 이런 공감대가 결국 유다로 하여금 자기를 희생하며 나서게 만들었습니다.

## 친구를 위하여 목숨을 잃는 일

　유다가 베냐민을 위하여 자기 몸을 내어놓으려고 하는 것을 볼 때 어떤 생각이 듭니까? 아마 두 가지 입장으로 나뉘지 않을까 생각합니다. 한 가지는 '유다는 참으로 용기 있는 사람으로서 이것은 정말 훌륭한 행동'이라고 생각하는 것입니다. 반면에 '하나밖에 없는 자기 몸을 그런 식으로 희생하는 것은 어리석은 짓'이라고 보는 입장도 있을 수 있습니다.

우리의 몸은 하나밖에 없습니다. 목숨도 하나밖에 없습니다. 그래서 우리는 우리 목숨과 몸을 가장 아끼며 할 수 있는 대로 우리 자신을 행복하게 하려고 합니다. 그러나 유다처럼 남을 위해 자기 몸을 바치고 자기 목숨을 잃는 것에 대해서는 어떻게 생각합니까?

하나밖에 없는 몸이나 목숨을 잘 간직하는 것은 중요한 일입니다. 그러나 더 중요한 것은 무엇을 위해 이것을 쓰느냐 하는 것입니다. 예수님께서는 이렇게 말씀하셨습니다.

> 사람이 친구를 위하여 자기 목숨을 버리면 이에서 더 큰 사랑이 없나니(요 15:13).

예수님은 이 세상에서 사람이 할 수 있는 최고의 행동은 친구를 위해 목숨을 버리는 것이라고 하셨습니다. 예수님은 우리 모두가 이 세상에서 아름답고 풍성한 삶을 살기를 원하십니다. 그런데 풍성한 삶보다 더 귀한 삶은 사랑하는 사람을 대신하여 죽는 것이라고 말씀하십니다.

오늘 우리는 이 세상에 살면서 최고의 것을 경험해 보고 싶어 합니다. 최고의 음식을 먹어 보고 싶어 하고, 다른 사람이 못 간 곳에 가보고 싶어 합니다. 그래서 "달팽이 요리 먹어 봤니? 상어 지느러미 먹어 봤니?" 하면서 자기가 먹은 음식을 은근히 자랑하고, "백두산 올라가서 애국가 불러 봤냐?" 하면서 자기가 가본 곳을 자랑합니다. 우리는 이처럼 남들이 못 해 본 일을 체험하는 것을 굉장히 자랑스럽게 생각합니다.

그러나 하나님께서는 우리의 삶의 질을 그런 식으로 평가하시지 않습니다. 하나님의 평가 기준은 우리가 이 세상에 살면서 남을 위해 무엇을 하며 살았느냐 하는 것입니다. 남을 위해 돈을 쓴 것은 가치 있는 일입니다. 다른 사람을 위해 시간을 낭비한 것도 귀한 일입니다. 단풍놀이 다니고 외국에 놀러 가는 것도 재미있겠지만, 남을 위해 땀을 흘리며 수고하는 것은 그보다 훨씬 더 가치 있게 삶을 보내는 것입니다. 그러나 이 중에서도 최고로 가치 있는 일은 남을 위해 자기 생명을 잃는 것입니다. 이것이야말로 최고의 사랑이며, 하나님 앞에서 우리 인간이 행할 수 있는 최고의 산 제사입니다.

우리의 머릿속에 깊이 뿌리박혀 있는 생각은 일단 죽으면 손해라는 것입니다. 죽지 않고 악착같이 살아 있으면 언젠가는 좋은 날이 올 텐데 그날을 보지 못하고 죽으면 그보다 더 안타까운 일이 없다는 거예요. 그러나 그렇지 않습니다. 우리의 삶은 믿음의 연주입니다. 우리가 스스로 즐기고 체험하는 것에는 점수가 없습니다. 그러나 남을 위해 땀 흘리고 남을 위해 시간을 보내며 남을 위해 밤잠 못 자면서 고민하고 걱정하는 것은 자신의 삶을 아주 아름답게 연주하는 것입니다. 그중에서도 최고의 작품은 다른 형제 때문에 자신의 몸을 망치거나 다른 사람을 위해 자신의 생명을 잃는 것입니다. 이것이 최고의 연주입니다.

우리 문화는 죽은 사람을 너무나도 빨리 잊어버립니다. 이보다 더 무서운 병이 없습니다. 그러나 하나님 앞에서 남을 위해 수고한 것은 하나도 없어지지 않고 전부 다 남습니다. 남을 위해 건강을 다친 사람은 높은 자리에 그 이름이 기록될 것입니다. 그러나 그보다 더 높은 자리에 있는 이름은 남을 위해 목숨을 잃은 자의 이름입니다.

오늘 우리가 가장 많은 관심을 가지는 부분은 아마 건강일 것입니다. 사실 건강보다 더 중요한 것이 없습니다. 우리는 이 건강을 잘 유지하기 위해 노력해야 합니다. 그러나 건강을 잃을 때는 잃어야 합니다. 다른 사람의 영혼을 위해 건강을 잃어야 한다면, 의를 위해 건강을 잃어야 한다면, 그때는 기꺼이 잃는 것이 좋습니다. 땀 빼고 살 빼는 것이 중요한 게 아니에요. 남을 위해 건강을 잃어야 할 때 기꺼이 잃는 것이 더 귀한 일입니다.

우리는 할 수 있는 한 우리의 생명을 잘 보전해야 합니다. "죽어야지"라는 말을 함부로 쓰는 사람들은 반성문을 써야 해요. 그러나 더 중요한 것은 남을 위해 목숨을 버려야 할 때 과감하게 버릴 수 있는 마음을 가지는 것입니다. 왜냐하면 이 세상의 삶은 그 자체로서 전부가 아니라, 하나님 앞에서 평가받아야 할 연주이기 때문입니다.

우리가 그렇게 몸을 아끼고 건강을 유지하려는 이유가 무엇입니까? 남을 위해 망치기 위해서입니다. 우리가 오래 살아야 하는 이유가 무엇입니까? 남을 위해 멋지게 죽기 위해서입니다. 우리가 건강하게 살아 있는 것은 아름답게 죽기 위해서입니다. 영원히 건강할 수 있는 사람은 없습니다. 언젠가는 건강을 잃게 되어 있고 언젠가는 죽게 되어 있어요. 그런데 그 건강을 다른 사람을 위해 잃는 것, 하나밖에 없는 인생을 다른 사람을 위해 망치는 것, 자기의 귀중한 생명을 다른 사람을 위해 바치는 것은 삶의 연주 중에서도 최고로 난이도가 높은 연주입니다.

## 유다처럼 기도하자

우리가 이 세상에서 당할 수 있는 일 중에 가장 답답한 경우가 바로 지금 유다와 같은 경우일 것입니다. 그는 아무 권리가 없는 이방인으로서 애굽의 무서운 총리 앞에 서서 자신의 문제를 진술하고 있습니다. 절대적인 약자가 절대적인 강자 앞에서 무슨 이야기를 하겠습니까? 그들은 그 손가락 끝의 움직임에 따라 살 수도 있고 죽을 수도 있습니다.

예수님께서는 제자들에게 기도를 가르치시면서 마치 악한 재판장에게 자신의 억울함을 풀어 달라고 간청한 과부처럼 기도하라고 말씀하셨습니다.

항상 기도하고 낙망치 말아야 될 것을 저희에게 비유로 하여 가라사대 어떤 도시에 하나님을 두려워 아니하고 사람을 무시하는 한 재판관이 있는데 그 도시에 한 과부가 있어 자주 그에게 가서 내 원수에 대한 나의 원한을 풀어 주소서 하되(눅 18:1).

아무 힘이 없는 과부가 하나님을 두려워하지 않고 사람을 무시하는 악한 재판관에게 자신의 억울함을 해결해 달라고 할 때 얼마나 어려움이 많겠습니까? 그러나 이 과부는 열정이 있었습니다. 그는 어떤 일이 있어도 이 문제를 재판관에게 해결받아야겠다는 생각으로 열심히 그를 찾아갔습니다. 그 결과, 이 교만한 재판관의 마음이 조금씩 움직이기 시작했고, 급기야는 귀찮아서라도 이 과부의 청원을 들어 주지 않을 수 없게 되었습니다.

예수님께서 보시기에 제자들은 너무 쉽게 포기하고 있었습니다. 한순간을 놓치지 말고 거기에서 무언가를 건져 내서 엄청난 결과를 남겨야 할 텐데, 제자들은 너무나 쉽게 포기하는 거예요. 생선 대가리 자르고 꼬리 자르고 뼈 버리고 살도 버리니까 건질 것이 하나도 없습니다. 예수님은 5천 명이 먹고 남은 떡 부스러기를 다 모으셨습니다. 하나님의 백성들은 쪼가리 시간으로 일합니다. 0.01 초로 판가름이 나요. 마지막 순간에 불타고 있는 현장에 뛰어들어서 단 한 가지라도 건져 내는 것, 다 떠내려가고 난 다음이라도 그 마지막 순간에 뛰어들어서 결정적인 것을 살려 내는 것, 이것이 하나님의 백성이 해야 할 일입니다.

그런데 우리는 너무 쉽게 포기해 버리는 경향이 있습니다. 쉬운 일이 닥쳤을 때는 '하나님이 다 알아서 하시겠지' 하면서 넘어가고, 어려운 일이 닥쳤을 때는 '왜 하나님께서 나에게 이런 일이 일어나게 하실까' 하면서 절망과 좌절에 빠집니다. 이것은 자신의 바른 지각을 사용하지 않는 것입니다. 다 끝난 기회라고 생각되어도 거기에서 뭔가를 건져 내야 하는데, 아예 포기한 채 어떤 시도도 하지 않으려 드는 것입니다.

물론 악한 재판관에게 자꾸 찾아가기만 한다고 해서 청원을 들어 주는 것은 아닙니다. 조리 있게 그를 설득해야 합니다. 예수님께서 제자들에게 가르치신 것이 무엇입니까? '왜 너희는 하나님을 한 번도 제대로 설득하지 못하느냐?'는 것입니다. '과부는 저렇게 교만한 재판관도 설득하는데, 왜 너희는 하나님을 한 번도 제대로 설득해 보려고 애쓰지 않고 그렇게 빨리 포기해 버리느냐?'는 거예요. 고작 한두 번 기도하고서 '응답을 안 하시는 걸 보니 하나님도 바쁘신가 보다' 하면서 포기하면 되겠느냐는 것입니다. 아무리 어려워 보여도 하나님 앞에서 옳다고 생각되는 일이면 그렇게 빨리 포기하지 말고 끝까지 인내하면서 문을 두드려 보라는 것입니다. 한두 번 형식적으로 문을 두드려 보고서 쉽게 포기하지 말라는 것입니다.

과부가 재판장에게 했듯이 하나님을 좀 설득해 보려고 애를 썼다면, 하나님을 좀 움직여 보려고 애를 썼다면 우리의 삶이 얼마나 달라졌겠습니까? 이미 끝났다고 생각하는 기회를 통해 얼마나 큰 축복을 건져 냈겠습니까? 왜 우리는 모든 기회가 다 떠내려 갈 때까지 가만히 있기만 합니까?

우리가 설득을 어렵게 생각하는 것은 그 결과까지 책임지려 하기 때문입니다. 그러나 유다는 결과를 생각하지 않았습니다. 그 부분은 하나님께 전적으로 맡긴 채 있는 그대로의 사실을 이야기했을 뿐입니다. 그것이 그렇게 단단하던 애굽 총리의 마음을 쪼개어 그로 하여금 통곡하면서 자기의 정체를 드러내게 했습니다. 베일 뒤에 숨어 있던 요셉을 눈물 흘리며 통곡하게 만든 것은 유다의 단순한 증거였어요.

　무엇이 하나님을 우시게 합니까? 우리의 정직하면서도 열정적인 기도입니다. "하나님, 이것이 없습니다. 이건 꼭 해주셔야 합니다. 저는 하나님을 기다리겠습니다"라고 기도하면 하나님이 커튼을 좍 열면서 우리를 찾아오십니다.

　왜 결과까지 책임지려고 합니까? 정직하게 있는 그대로 이야기를 하면 길이 열립니다. '이 일이 안 이루어진다면 하나님의 이름이 얼마나 더럽혀질까, 하나님이 얼마나 상처받으실까' 하면서 하나님의 몫까지 자기가 다 계산하고 책임지려고 하면 아무 일도 이루어낼 수 없습니다. 믿지 않는 상관이라고 해서 왜 쉽게 단정지어 버립니까? 믿지 않는 부모라고 해서 왜 대화조차 하지 않으려 듭니까? 그런 사람들을 설득하지 못한다면 우리의 기도나 신앙생활은 혼자 속으로 중얼거리는 독백 이상이 될 수 없습니다. 그들 안에도 기본적인 양심은 있습니다. 아무리 반응이 없어도 우리의 정당한 요구를 무조건 거부하지는 못할 것입니다. 또 만일 거부한다 해도 하나님께서 직접 내 말을 들어 주시리라는 믿음을 가지고 나아가야 합니다.

　그리스도인이 이 세상을 이길 수 있는 힘은 설득에 있습니다. 내가 지금 하고 있는 일이 옳다면 이것을 가지고 설득해 들어가야 합니다. 그러면 홍해가 갈라지게 되어 있어요. 그 앞에 당해 낼 용사가 없습니다. 주님께서 우리에게 말씀하시는 것이 그것입니다. 좀더 두드려 보고 좀더 열정을 가지고 하나님을 설득해 볼 것이지 왜 그렇게 빨리 포기하느냐는 것입니다. 옳다면 좀더 기다려 봐야 하지 않겠습니까? 나의 모든 지각과 힘을 동원해서 간절히 설득해 봐야 하지 않겠습니까?

　예수의 십자가를 찬양하고 나서도 여전히 자기의 문제에 빠져 있는 사람은 남을 죽이는 사람보다 더 악한 사람입니다. 예수의 십자가를 알고 난 후에도 자기 문제, 자기 사업, 자기 생활에 빠져 있는 사람은 정말 악한 사람입니다.

사랑하는 여러분, 오늘 이 예배를 통해 이제 그만 나의 문제에서 벗어납시다. 그리고 찾아봅시다. 우리 가족 중에 가장 약한 자가 누구인지, 우리 교회에서 가장 약한 자가 누구인지, 다른 사람으로부터 쉽게 소외되고 피해를 입는 자가 누구인지 찾아서, 그 사람과 내 생명을 결탁시킵시다. 그리하여 내가 희생해서라도 그 사람을 지키려고 할 때, 주님은 나를 찾아오실 것이며 그 영광을 온전히 보여 주실 것입니다.

# 22

# 요셉의
# 통곡

우리나라에는 군사 정권이 들어서기 전 한때 '안개 정국'이라고 불리던 시절이 있었습니다. 그 시절에 이런 이름이 붙여지게 된 이유는, 무슨 일인가가 진행되고 있는 것은 분명한데 도대체 그 일을 주도하고 있는 세력이 누구이며 그 핵심 인물이 누구인지, 그리고 그들의 의도가 무엇인지를 알 수 없다는 데 있었습니다.

우리의 삶에서 가장 힘들고 고통스러운 때가 영적으로 이런 안개 정국에 처했을 때입니다. 즉 자신에 대한 하나님의 뜻이 있는 것은 분명한데 그것이 구체적으로 무엇인지 알 수가 없고 상황은 자신의 의도와 달리 절망적인 방향으로 진전될 때, 우리는 고통을 느낍니다.

오늘 본문에서 야곱의 아들이 처해 있는 상황이 바로 이런 것이었습니다. 그들은 마치 안개 정국에 빠진 사람들 같았습니다. 자신들한테 무슨 일이 일어나고 있는 것은 분명한데, 누가 이 일을 주도하고 있으며 그 목적이 무엇인지 도무지 알 수가 없었습니다. 그리고 상황은 점점 더 절망적인 방향으로 전개되고 있었습니다.

처음에 그들은 이 모든 일이 우연히 일어난 것인 줄로만 알았습니다.

애굽의 총리가 굳이 막내동생 베냐민을 데려오라고 할 때까지만 해도 '이 총리가 유달리 까다롭고 의심이 많구나' 하는 정도로만 생각했어요. 그런데 아버지를 어렵게 설득해서 베냐민을 데리고 왔더니 총리의 은잔이 없어지는 사건이 벌어진 것입니다. 게다가 그 은잔이 하필이면 베냐민의 곡식 자루에서 나옴으로써 그가 절도 혐의로 체포되어 노예로 팔려 갈 지경에 이르자, 비로소 그들은 무언가가 잘못되어도 대단히 잘못되었다는 것, 자신들이 덫에 걸려들었다는 것을 알게 되었습니다. 그러나 그 이상 알 수 있는 것은 아무것도 없었습니다. 도대체 누가 이 덫을 놓았으며, 이런 음모를 꾸민 목적이 무엇인지 알 수가 없었어요. 구조 분명한 것은 그들이 지금 엄청난 세력의 음모에 걸려들었는데, 자신들의 힘으로는 도저히 빠져 나올 길이 없다는 사실뿐이었습니다.

결국 그들은 어떻게 그 절망적인 상황에서 빠져나올 수 있었습니까? 어떻게 그들을 덮고 있던 두터운 안개가 걷히고 환한 빛 가운데 하나님의 뜻이 드러나게 되었습니까? 바로 유다의 결단을 통해서였습니다. 유다는 자신의 작은 희생이 이렇게 엄청난 결과를 가져올 줄 꿈에도 몰랐습니다. 다만 아버지와의 약속을 지키기 위해 베냐민 대신 자기를 노예로 잡아 달라고 부탁했을 뿐입니다. 그런데 그 한마디에 그토록 엄하고 당당하던 애굽 총리가 갑자기 허물어져 내렸습니다.

오늘 본문은 창세기 후반부에서 가장 극적인 부분을 이루고 있습니다. 그러나 이 본문에서 정말 중요한 점은 단순히 요셉이 형들 앞에서 자신의 정체를 드러냄으로써 형제들과 하나가 되었다는 것 그 자체가 아닙니다. 그들을 다시 하나로 만들어 준 것은 지금까지 일어난 모든 일에 대한 요셉의 설명이었습니다. 애굽의 총리가 바로 자신들이 팔아먹은 동생이라는 말을 듣고 엄청난 두려움에 빠진 형들에게, 요셉은 전부터 꿈을 해석해 왔던 것처럼 이제껏 일어난 모든 일에 대한 하나님의 뜻을 설명해 주었습니다. 이처럼 그가 하나님의 뜻을 가지고 설득했을 때에야 비로소 형제들은 그 모든 원한과 미움을 극복하고 사랑으로 하나가 될 수 있었습니다.

이처럼 20년 동안 미움과 증오로 갈라져 있던 이스라엘의 열두 아들을 하나 되게 한 것은 요셉의 설교였습니다. 그래서 저는 요셉을 '꿈의 사람 요셉'이 아니라 '설교자 요셉'으로 불러야 한다고 생각합니다.

## 유다가 결단을 내릴 수 있었던 이유

유다가 베냐민은 자신이 책임을 져야 하니 그를 보내고 자신을 대신 노예로 남겨 달라고 했을 때, 그들의 눈앞에서는 엄청난 일이 벌어졌습니다.

> 요셉이 시종하는 자들 앞에서 그 정을 억제하지 못하여 소리질러 모든 사람을 자기에게서 물러가라 하고 그 형제에게 자기를 알리니 때에 그와 함께한 자가 없었더라 요셉이 방성대곡하니 애굽 사람에게 들리며 바로의 궁중에 들리더라 (45:1, 2)

유다의 말 한마디에 모든 것이 뒤집히고 말았습니다. 조금 전까지만 해도 유다와 그의 형제들은 가장 절망적인 상황에 처해 있었습니다.

특히 늦게나마 믿음으로 살아 보려고 했던 유다는 더 큰 곤경에 빠지고 말았습니다. 그는 아버지에게 베냐민을 책임지겠다고 약속했습니다. 그런데 그 베냐민이 총리의 은잔을 훔친 죄로 노예로 끌려가게 된 것입니다. 그가 아버지에게 베냐민을 책임지겠다고 했던 것은 자기 나름대로 '하나님께서 아주 절망적인 상황에 이르기까지 우리를 버리시지는 않을 것'이라는 믿음이 있었기 때문입니다. 그러나 하나님께서는 그런 절망적인 상황으로 그들을 몰아가고 계셨습니다.

이런 현실 속에서 유다의 믿음은 허사로 돌아가고 있었습니다. 자신의 믿음대로 베냐민을 책임지려면 자신을 완전히 포기할 수밖에 없었습니다. 그는 하나님에 대한 믿음을 가지고 출발했지만 그 믿음은 아무런 도움이 되지 않았습니다. 오히려 아버지 앞에서 입 다물고 가만히 있었던 다른 형제들만 유리하게 되었습니다.

그런데 이 결정적인 순간에 유다는 가만히 있지 않았습니다. 그는 하나님을 의지했고, 그것으로 충분하다고 생각했습니다. 하나님을 의지했음에도 불구하고 좋지 않은 결과가 나온다고 해도, 자신은 여전히 하나님께 감사할 수밖에 없다고 생각했습니다. 어떻게 이렇게 할 수 있었습니까?

하나님을 제대로 알았기 때문입니다. 유다는 한때 깊은 타락의 늪에 빠진 적이 있었습니다. 하나님을 믿는다고 했지만 실제로는 그분을 몰랐고, 그 결과 무서운 죄에 빠졌습니다. 그런데 하나님께서는 그를 다시 건져 내서 그분을 알게 하시고 믿게 하셨습니다. 그는 자신이 엄청난 죄인이라는 사실을 안 순간 하나님을 되찾았습니다. 유다는 자기가 하나님을 다시 발견한 이것으로 충분하다고 생각했습니다.

우리에게도 믿음을 가졌기 때문에 모든 것을 잃을 수밖에 없는 순간이 찾아올 때가 있습니다. 그때 우리는 선택해야 합니다. 믿음 때문에 끝까지 망할 것인가, 아니면 믿음을 포기하고 일단 살고 볼 것인가 사이에서 선택을 내려야 합니다. 우리에게 가장 두려운 것은 하나님만 믿고 결단했는데 하나님이 도와주시지 않으면 어떻게 되느냐 하는 점입니다. 예를 들어서 유다가 스스로 노예로 남겠다고 자청했는데, 정말 팔려가서 죽을 때까지 노예로 살게 된다면 어떻게 합니까?

실제로 이런 일을 겪은 대표적인 사람이 세례 요한입니다.

그가 왜 이복동생의 아내 헤로디아와 결혼한 헤롯을 책망했는지는 잘 모르겠습니다. 선지자적인 사명 때문이었는지, 아니면 혹시 메시아로 오신 예수님이 자기를 도와주실 것을 믿고 그렇게 한 것인지 모르겠어요. 그러나 세례요한은 건짐을 받지 못한 채 헤롯의 생일에 춤을 춘 헤로디아의 딸 때문에 목 베임을 당하고 말았습니다. 위대한 선지자의 최후 치고는 너무나도 허망하고 비참한 죽음이었습니다. 물론 그의 죽음은 구원 역사에서 구약 시대가 끝나는 지점을 보여 주는 중요한 사건입니다. 이 죽음을 계기로 그는 무대에서 내려오고 환한 태양이신 그리스도께서 전면에 드러나십니다. 그러나 그의 죽음 자체만 놓고 볼 때에는 쉽게 이해하기 어려운 부분이 있습니다. 왜 주님은 의로운 세례 요한이 그렇게 허망하게 죽도록 내버려 두셨을까요?

결정적인 순간에 우리를 망설이게 만드는 것이 바로 이 부분입니다. 하나님을 믿고 위험한 순간에 결단을 내렸는데 만약 하나님께서 안 도와주시면 어떻게 합니까? 유다가 하나님을 믿고 모험적인 상황에서 자신을 포기했는데 만일 하나님께서 그대로 방치해서 노예로 팔려 가게 하시면 어떻게 합니까? 다행히 오늘 본문에서는 애굽 총리가 의로운 요셉이었기 때문에 모든 일이 좋게 결론 지어졌지만, 만약 그가 정말 악한 사람이어서 얼씨구나 좋다 하면서 유다를 노예로 팔아 버린다면 결국 유다만 망하는 것 아닙니까?

우리가 믿음으로 싸워야 할 대상은 불확실한 미래가 아닙니다. 만약 불확실한 미래나 불확실한 상황만이 문제라면 단순한 신념으로도 얼마든지 극복할 수 있습니다. 그러나 우리의 불확실한 상황 뒤에는 악의 세력이 있습니다. 그래서 내가 믿음을 붙들고 망할 것이냐, 아니면 믿음을 버리고 악에 굴복할 것이냐를 선택해야 하는 지점까지 이르지 않을 수가 없습니다. 도대체 어디로 가고 있는지 알 수 없는 상황이 우리 앞에 전개되는 것은 이처럼 희미한 상황 뒤에 사탄의 세력이 있기 때문입니다. 야곱의 아들들의 일이 왜 계속 꼬이고 있습니까? 그 배후에 요셉이 있기 때문이고, 그 뒤에는 20년 전에 그들이 지은 죄가 있기 때문입니다. 지금 요셉은 형제들에게 악역을 감당하고 있습니다.

오직 불확실한 상황만이 문제라면 아무거나 믿어 버리면 됩니다. 자기 자신을 믿든지, 점쟁이 말을 믿든지, 부처를 믿든지, 아무거나 믿으면 자신이 좀 편해질 수 있어요. 그러나 그 안개 정국 배후에 악의 세력이 있다면, 그 세력이 모든 상황을 주도하고 있다면, 그때는 신념만으로 절대 이길 수 없습니다. 그때 선택할 수 있는 것은 하나님만 의지하고 망하느냐, 아니면 하나님을 버리고 악에 굴복하느냐 둘 중에 하나뿐입니다.

저는 어릴 때부터 교회에 다녔지만 인격적인 하나님을 알게 된 것은 대학 4학년이 되어서였습니다. 그 후로 저는 계속 하나님의 말씀을 붙들고 살았습니다. 저는 하나님께서 내 모든 미래를 책임지시며 먹을 것과 입을 것을 책임지신다는 것을 믿었습니다. 그런데 그런 믿음과 달리 저에게 나타난 현실은 당장 먹을 것이 없다는 것이었습니다. 결혼해서 이미 아내와 아이가 있는데도 먹을 것은 마련할 수 없는 상황이 상당 기간 동안 지속되었습니다.

그때 제 마음속에 선택의 문제가 생겼습니다. '하나님은 먹는 문제는 책임지지 않으신다. 이 문제만큼은 내가 책임져야 한다'고 생각하고 나의 살 길을 찾을 것인가, 아니면 끝까지 하나님을 의지하고 굶어 죽을 것인가 하는 두 가지 길 사이에서 결단을 내려야 했습니다. 저는 끝까지 하나님을 의지하고 굶어 죽는 길을 택하기로 했습니다. 왜냐하면 제가 발견한 하나님이 너무나도 귀했기 때문입니다.

하나님을 알고 난 후 저는 변화되었고 진정으로 가치 있는 삶이 무엇인지를 발견했습니다. 그러므로 하나님의 말씀을 붙들었기 때문에 이 세상에서 비참하게 죽는다고 하더라도 그것은 결코 비참한 죽음이 될 수 없었습니다. 그렇게 놀라운 하나님을 바로 알고 죽는다는 것이 얼마나 복된 일입니까? 아내와 저는 이 점에서는 결코 후회가 없을 것을 확신했습니다.

저는 유다가 왜 이 절망적인 상황에서 살길을 택하지 않고 기꺼이 망하는 길을 택했는지 그 이유를 알 수 있습니다. 그는 하나님을 발견했고, 하나님이 함께하시는 놀라운 삶을 되찾았습니다. 여기서 하나님이 자기를 도와주지 않으셔서 영원히 노예로 팔려 가는 한이 있다 하더라도, 그것은 하나님을 다시 발견한 그 행복과 비교할 수 없는 것이었습니다. 젊은 날을 방탕하게 보내다가 거의 멸망당할 뻔했던 순간에 하나님의 은혜로 다시 새로운 삶을 찾았는데, 여기서 다시 잘살려고 뒤로 물러선다는 것은 결코 있을 수 없는 일이었습니다.

결국 우리가 끝까지 믿음을 붙잡느냐 포기하느냐는 하나님을 제대로 아느냐 모르느냐에 달려 있습니다. '설마 도와주시겠지' 하는 막연한 기대만으로는 절대로 마지막 순간까지 갈 수 없습니다. 갑자기 마음 한구석에 '그런데 안 도와주시면 어떻게 하지? 그러면 나만 손해잖아' 하는 생각이 떠올라서 발목을 잡고 늘어집니다. 하나님을 발견한 후에 '내가 이 하나님을 알았는데, 부족한 것이 무엇이 있겠는가? 나는 이 하나님 때문에 망해도 좋다. 노예로 팔려 가도 좋고 죽어도 좋다'고 생각하는 사람만이 위기의 순간에 결단을 내릴 수 있으며, 그럴 때 어둠의 그림자가 물러가는 것입니다. '설사 하나님께서 도와주시지 않는다 하더라도 나에게는 아쉬울 것이 하나도 없다'는 이 믿음만이 우리를 끝까지 가게 할 수 있습니다.

## 요셉의 통곡

요셉은 유다의 말을 듣고 더 이상 정을 억제하지 못해서 주위 사람들을 다 물리치고 통곡했습니다. 그런데 그 통곡 소리가 어찌나 컸던지 바로의 궁에까지 들릴 정도였습니다.

저는 그동안 요셉이 절대로 울지 않았을 것이라고 생각합니다. 울면 약해지고, 약해지면 이 애굽에서 살아남을 수 없다는 것을 너무나도 잘 알고 있었을 것이기 때문입니다. 그는 20년 동안 울지 않았습니다. 억울하게 감옥에 갇혔을 때에도, 술 맡은 관원장에게서 아무 소식이 들려오지 않았을 대에도 그는 울지 않았습니다. 한번 울어 버리면 더 이상 버틸 수 없다는 것을 너무나도 잘 알고 있었기 때문입니다.

그런데 형들 앞에서 자신의 아픈 부분이 노출되었을 때, 이제는 형들을 믿을 수 있다는 판단이 섰을 때, 20년 동안 억눌러 왔던 그 눈물이 터져 나오기 시작했습니다. 그의 통곡은 주위 사람들뿐 아니라 바로의 궁에까지 들릴 정도로 엄청난 것이었습니다.

우리는 이것을 보면서 요셉이 피도 눈물도 없는 절대적인 존재가 아니라, 그 안에 외로움과 아픔과 상처를 지닌 아주 평범한 사람이었음을 알게 됩니다. 굳이 상담을 전공한 사람이 아니라 하더라도, 성경에 나타나는 요셉의 모습이 나이에 걸맞지 않게 너무 조숙하고 완벽하다는 사실을 쉽게 발견할 수 있을 것입니다. 그래서 어떤 사람들은 인간적인 야곱에게는 친밀감을 느끼면서도 결점이 보이지 않는 요셉에게는 거리감을 느끼기도 합니다. 사실 요셉의 이런 모습은 정상적인 것이 아닙니다. 그가 이렇게 나이보다 조숙하고 완벽한 것은 이렇게 자신의 마음을 강하게 다잡지 않으면 안 되게 만든 어떤 충격, 자신의 약점을 노출시키면 안 된다고 생각하게 만든 충격이 있었기 때문입니다.

가끔 아이들 중에 슬픈 일을 당했는데도 입을 앙다물면서 울지 않는 아이가 있습니다. 이것은 정상적인 일이 아닙니다. 아이는 슬프면 울어야 하고, 과자를 보면 마구 달려들어야 합니다. 그런데 애가 과자를 보면서도 입술을 깨물면서 참고, 슬픈 일이 있는데도 억지로 눈물을 참는 것은 정상적인 모습이 아닙니다. 그 아이는 분명히 과거에 있었던 어떤 어려운 일을 통해, 결코 약한 마음을 먹어서는 안 되며 별것 아닌 일에 눈물을 흘리면 괜히 마음만 약해진다는 것을 알게 되었기 때문에 울지 않는 것입니다.

가끔 보면 나이에 걸맞지 않게 어른스럽게 행동하거나 자신의 감정을 잘 통제하는 사람이 있습니다. 그런 사람은 말이나 행동이 아주 완벽합니다. 그러나 그렇게 어른스러운 사람이 다른 한편으로는 아주 어린아이 같은 모습을 보일 때가 있습니다. 예를 들어 공식적인 자리에서는 바늘 끝도 들어가지 않을 것처럼 엄격하게 자신을 통제하는 사람이, 마음을 털어 놓을 수 있는 친한 사람들 앞에서는 유치해 보일 정도로 웃고 떠드는 이중적인 모습을 보여 주는 식입니다.

그 이유는 다른 데 있지 않습니다. 그의 마음속 어딘가에 깊은 응어리와 상처가 있는 것입니다. '나를 지켜야 해. 아무한테나 나를 노출시켜서 약점을 잡히면 안 돼'라는 강한 자의식이 자신도 모르는 사이에 작용하고 있는 것입니다. 이런 사람의 마음속에는 오랫동안 고여 온 그리움과 눈물이 있습니다. 이것이 한번 터지면 걷잡을 수 없이 쏟아져 나오게 되어 있습니다.

요셉이 주위 사람들을 물리친 것은 자기 형제들 사이의 비밀을 애굽 사람들에게까지 알릴 필요가 없다고 생각했기 때문입니다. 요셉이 정체를 밝히면 형들이 20년 전에 자신을 노예로 팔아먹은 일에 대해 말하지 않을 수 없을 것이고, 그러면 그들에 대한 하나님의 계획까지 이야기하지 않을 수 없습니다. 그러나 애굽 사람들한테 이런 속사정이나 하나님의 계획까지 다 알릴 필요가 없었기 때문에 급히 그들을 내보낸 것입니다.

요셉은 형들과 그냥 자연스럽게 만날 수가 없었습니다. 그렇게 긴긴 세월 동안 형들을 그리워했음에도 불구하고, 그들이 자기를 죽이려고 한 일이나 자기를 팔아먹은 일은 여전히 이해되지 않았고 야속했기 때문입니다. 아마 그는 형들을 생각할 때마다 마음 아프지 않은 적이 없었을 것입니다. 그의 마음속엔 사랑과 증오가 뒤섞여 있었을 것입니다. 형들이 자기에게 보였던 적대적인 모습을 생각하면 '내가 이렇게 살아 있을 필요가 뭐가 있나' 하면서 마음이 쓰라렸을 것이고, 그러면서도 아버지나 형들이나 동생이 보고 싶어서 가슴이 저렸을 것입니다. 그렇게 20년을 지내 온 것입니다.

이것이 형제 사이의 정입니다. 미워하면서도 절대로 완전히 머릿속에서 지울 수는 없는 것이 형제 관계예요. 특히 신앙 때문에 사랑하던 형제나 자매와 의를 끊고 명절이나 부모님의 생신 때에도 만나지 않으면서 10년, 20년 살았다고 생각해 보십시오. 그때의 가슴 아픔이란 말로 표현할 수가 없는 것입니다.

그런데 이렇게 생각할 때마다 가슴이 저리고 아팠던 형들을 20년 만에 만나서 보니, 그들이 변해 있었습니다. 그들은 진실한 사람이 되어 있었고, 자신을 팔아넘긴 일에 깊은 죄의식을 느끼고 있었으며, 특히 자신의 분신이라 할 수 있는 베냐민을 목숨을 걸고 지키고자 했습니다. 예수를 믿지 않았을 뿐 아니라 신앙을 핍박하던 부모님이나 형제를 20년 후에 만났는데, 그 입에서 하나님에 대한 놀라운 신앙 고백이 흘러나온다고 생각해 보십시오. 그 이상 무엇을 더 바라겠습니까? 요셉은 더 이상 자신을 지킬 필요가 없었습니다. 그토록 그리워하면서도 이해할 수 없었던 형들을 하나님께서 바꿔 놓으신 것을 보면서 요셉의 감정은 격렬하게 폭발하기 시작했습니다.

저는 이것을 보면서 참으로 하나님께 감사드리지 않을 수가 없습니다. 왜냐하면 이 억눌러 놓았던 감정이 터져 나오기 전까지 요셉은 완전히 치료된 것이 아니었기 때문입니다. 물론 그가 감옥에서 나온 후 애굽의 총리가 되어 정치를 잘 해나가는 모습을 보면 과거의 상처가 어느 정도까지는 회복되었던 것 같습니다. 그러나 그에게 가장 중요한 마음의 상처는 전혀 치료되지 않은 채 응어리로 남아 있었습니다. 그런데 지금 요셉의 통곡이 의미하는 것이 무엇입니까? 그의 마음속에 무려 20년 동안 자리 잡고 있던 그 응어리가 터지면서 치료되고 있다는 것입니다. 사람이 지나치게 완벽한 것은 결코 좋은 일이 아닙니다. 친한 사람들 앞에서는 경박해 보일 정도로 까불다가 다른 곳에서는 빈틈 하나 안 보이도록 완벽하게 자신을 통제하는 것은 좋은 일이 아니에요. 그 사람에게는 아직 치료되어야 할 부분이 남아 있는 것입니다. 다른 사람으로부터 깊은 상처를 받은 사람은 남을 믿지 못할 뿐 아니라 어떤 부분에 거의 편집광적으로 집착하는 특징을 나타냅니다.

그러나 성경에 나타나는 예수님의 모습은 어떻습니까? 우리는 그분에게서 건강한 인격의 모습을 발견합니다. 그분에게는 어색하거나 지나치거나 자신을 감추려 드는 모습이 없습니다. 예수님은 모든 면에서 솔직하고 자연스러우셨으며, 다른 사람들에게 쉽게 자신을 열어 보이셨습니다. 어떻게 그렇게 하실 수 있었습니까? 성령께서 늘 그와 함께하심으로써 그의 마음이 상처받지 않도록 지켜 주셨기 때문입니다. 그는 이 세상에서 상처받지 않고 자란 유일한 분입니다. 하나님께서는 사회적인 성공이 요셉의 완전한 치료책이 아니라는 것을 아셨습니다. 그래서 신앙적으로 완전히 변한 형들을 보면서 그동안 자신의 주변에 두텁게 세워 놓은 모든 틀을 깨뜨리게 하심으로써, 건강한 인격의 모습으로 회복하게 하셨습니다.

우리들 안에도 요셉처럼 오랜 세월 눌러 놓은 아픔과 슬픈 기억들이 있을 것입니다. 그런데 한번 울어 버리면 도저히 자신을 주체할 수 없었을 것 같으니까 몇 겹씩 철조망을 둘러쳐서 아무도 접근하지 못하도록 막아 놓은 채 살고 있는지도 모릅니다. 또 화가 날 때는 욕을 해야 분이 풀리는데, 그 대상이 부모이고 형제이기 때문에 쉽게 그렇게 할 수 없었던 분들도 있을 것입니다. 우리는 이 모든 것을 터뜨려 놓고 한번 실컷 통곡할 필요가 있습니다. 그 아픈 부분을 말씀이 건드릴 때, 하나님 앞에서 그것을 드러내 놓고 모든 사람이 다 들을 정도로 실컷 울어야 합니다. 그렇게 해서 그동안 나를 감추고 있던 껍질을 벗어 내야 합니다. 그래야 자연스럽고 편안하며 모든 사람을 포용할 수 있는 건강한 모습을 회복할 수 있습니다.

부모가 돌아가셨는데도 자식이 울지 않는 것은 정상적인 일이 아닙니다. 분명히 그 사람 안에 쉽게 눈물을 흘리지 못하게 만드는 강한 자의식이 있는 것입니다. 사람은 슬프면 우는 것이 정상입니다. 그런데 너무 엄청난 슬픔을 당하면 울지 않게 될 뿐 아니라, 오히려 그때부터 웬만한 일에 쉽게 놀라거나 감정을 표출하지 않도록 마음을 다잡게 되는 경우가 많습니다. 또 사람한테 실망하면 욕이 나오는 것이 정상이지만, 너무 크게 실망하면 욕도 나오지 않는 법입니다. 그는 그때부터 마음 문을 딱 닫아건 채 아무도 접근하지 못하도록 철조망을 치고 '접근하면 발포함!'이라고 써 놓습니다. 이런 사람들은 어떤 일을 당해도 결코 우는 법이 없습니다.

그러나 이것은 하나님 앞에서 좋은 것이 아닙니다. 울지 않는 바로 그 부분이 우리로 하여금 다른 사람을 멀리하게 하고, 다른 사람으로 하여금 우리에게 다가오지 못하게 하는 것입니다. 사람들은 빈틈이 많은 사람, 파고들어갈 여지가 많은 사람을 좋아합니다. 때로는 울기도 하고 자신의 감정을 표현하기도 하는 사람을 좋아해요. 우리가 예수님을 가까이하게 되는 이유가 어디에 있습니까? 예수님은 눈물을 흘릴 줄 아는 분이시기 때문입니다. 그는 피가 통하고 살이 있는 분이시기 때문입니다. 그는 어떤 경우에도 눈물을 흘리지 않는 도덕적 성자가 아니십니다.

하나님은 요셉을 너무나도 사랑하셔서 20년 동안 참아 온 울음을 마음껏 터뜨리게 하셨습니다. 아마 누가 말리지 않았으면 영원히 울었을지도 모릅니다. 하나님께서는 이 눈물을 통해 요셉을 더 온전하게 치료하셨고 더 풍성하게 하셨습니다.

바로의 궁에까지 요셉의 울음소리가 들린 것은 바로의 궁이 가깝기도 하고 더운 나라여서 창문이 없기 때문이기도 했을 것입니다. 그러나 여기에서 중요한 것은 요셉이 처음으로 바로의 궁에 들릴 정도로 큰 소리로 한없이 울었다는 점입니다. 20년 동안 참았던 눈물이 터져 나왔을 때, 요셉은 처음으로 어느 누구도 의식하지 않은 채 마음껏 자신의 감정을 드러내면서 울 수 있었습니다. 이것은 그의 마음속 깊은 곳에 자리 잡고 있던 마음의 상처가 치료되는 순간이기도 했습니다.

우리에게도 이런 일이 필요합니다. 예배를 드릴 때만큼이라도 자신의 틀을 깨뜨리고 하나님 앞에 울면서, 피가 있고 살이 있는 건강한 모습을 되찾아야 합니다. 그렇게 하지 않으면 절대로 풍성해질 수 없습니다. 기독교가 완벽을 추구한 나머지 자신의 결점도 용납하지 못하고 남의 결점도 용납하지 못한다면, 그것은 병든 기독교요 정신병적인 기독교입니다.

## 하나님의 뜻이 드러나다

이제 요셉은 형들에게 자신을 분명히 드러냅니다.

요셉이 형들에게 이르되 내게로 가까이 오소서 그들이 가까이 가니 가로되 나는 당신들의 아우 요셉이니 당신들이 애굽에 판 자라(45:4).

이것이 형들에게 얼마나 큰 충격이었겠습니까? 죽은 줄만 알았던 동생이 지금 눈앞에 살아 있는 것입니다. 형들의 마음속에는 동생을 애굽에 팔아 버린 일이 늘 죄의식으로 자리 잡고 있었습니다. 그들은 이렇게 오랜 세월이 지나도록 요셉의 소식을 들을 수 없는 것은 그가 죽었기 때문이라고 생각했습니다. 그런데 자신들이 해치려고 했던 그 동생이 살아 있었습니다. 모든 비밀을 알고 있는 장본인이 그들의 눈앞에 서 있었어요. 이것은 마치 누군가를 죽여서 완전 범죄로 만들었는데 그가 다시 살아와 자기 앞에 서 있는 경우와 같습니다. 예를 들어 어떤 사람이 재산 상속 문제로 동생을 몰래 죽여 암매장을 했다고 합시다. 요행히 그 죄가 들통 나지 않아서 잘 살고 있던 터에 그 죽은 동생이 갑자기 자기 눈앞에 나타났다면 어떻겠습니까? 그의 행복이나 기쁨은 그 순간에 다 날아가 버린 것이나 다름없습니다. 그의 인생은 동생의 말 한마디에 완전히 끝장이 나고 말 것입니다.

우리는 요셉이 주위의 측근들을 황급하게 내보낸 이유를 짐작할 수 있습니다. 요셉이 자신의 정체를 알리는 과정을 보아도 그렇지만, 형들의 얼굴이 새파랗게 질리면서 "그럴 리가 없어!" 하며 뒷걸음질 치는 모습을 본 사람이라면 누구든지 그들이 무슨 끔찍한 죄를 지었으리라는 사실을 쉽게 알아챌 수 있을 것입니다.

그러나 요셉은 주위 사람들을 다 물리친 후, 뒷걸음질 치는 형들을 가까이 나아오게 합니다. 그러면서 자기가 발견한 하나님의 뜻을 설명해 줌으로써 그들의 두려움을 풀어 주고 함께 포용합니다. 5절을 보십시오.

> 당신들이 나를 이 곳에 팔았으므로 근심하지 마소서 한탄하지 마소서 하나님이 생명을 구원하시려고 나를 당신들 앞서 보내셨나이다

요셉은 처음에 자기가 애굽에 종으로 팔려 와야 하는 이유를 알 수 없었습니다. 그러나 계속 하나님의 뜻을 기다리고 인내하는 가운데, 결국 그 놀라운 하나님의 뜻을 깨닫게 되었습니다. 그것은 곧 이 무서운 7년 대흉년에서 가족들을 건지기 위해 자기를 먼저 보내어 준비하게 하셨다는 것입니다. 물론 하나님께서는 이 과정을 통해 요셉의 형들로 하여금 그들의 죄를 보게 하셨고, 스스로

얼마나 믿을 수 없는 존재인지 알게 하셨습니다.

요셉은 자신의 고난이 형들의 시기심 때문이라고 말하지 않았습니다. "형들은 저를 시기해서 팔아먹었지요? 하지만 저는 질긴 놈입니다. 절대로 호락호락 당하지 않아요. 지금 내 멋진 모습을 보라구요!"라고 하지 않았습니다. 그는 자신의 문제를 거대한 하나님의 구원 계획이라는 관점에서 보았고, 그랬기 때문에 형들을 용서할 수 있었습니다.

어려운 문제가 있을 때 하나님의 말씀을 들어야 하는 이유가 무엇입니까? 하나님의 말씀을 듣지 않으면 우리는 모든 문제를 '갑과 을'의 문제로만 생각하게 되기 때문입니다. 계약서를 보면 '갑은 을에게 언제까지 무엇을 해주라'는 식으로 되어 있습니다. 이렇게 계약서 식으로만 생각하면 나에게 손해를 끼친 사람을 용서할 수도 없고, 자기가 왜 다른 사람 때문에 고생을 해야 하는지 이해할 수도 없습니다.

그러나 하나님의 말씀을 들으면 거대한 하나님의 구원 파노라마 안에서 모든 문제를 보게 됩니다. 나는 방황한다고 생각했지만 하나님께서는 내 걸음을 정확하게 인도해 오셨다는 것, 그 큰 사랑으로 오늘 이 자리에 이르게 하셨다는 것을 깨닫게 되는 것입니다. 그러니까 누구를 원망하고 미워할 필요가 없어요. 내 걸음이 늦어졌을 때는 늦어져야 할 이유가 있었고, 빨라졌을 때는 또 빨라져야 할 이유가 있었습니다. 이렇게 하나님께서 모든 일을 다 이끌어 오셨는데, 누구를 원망하고 누구에게 복수하겠습니까?

그렇다면 하나님께서 요셉의 가족을 구원하기 위해서 이처럼 형들을 사용하셨으니, 그들의 죄는 자동적으로 없어지는 것일까요? 그렇지 않습니다. 그들의 죄는 그대로 남아 있습니다. 만약 아담이 타락하지 않았더라면 하나님의 엄청난 구원 계획은 드러나지 않았을 것입니다. 그러나 그렇다고 해서 아담의 죄가 없어지는 것은 아닙니다. 또 가룟 유다가 예수님을 배신함으로써 십자가에서

우리의 구원이 이루어졌지만, 그렇다고 해서 가룟 유다의 죄가 없
어지는 것은 아닙니다. 그들의 죄는 그대로 남아 있습니다. 단지 예
수님이 직접 유다에게 보복할 필요가 없으며, 요셉이 직접 형들에
게 보복할 필요가 없다는 것입니다.

하나님께서는 우리 믿는 자들에게 절대로 직접 원수를 갚지
말라고 말씀하십니다. 왜 그렇게 말씀하십니까? 하나님께서 그 원
수를 사용하시기 때문입니다. 하나님께서 그 악을 사용하셔서서 나의
기질을 보게 하시고, 나의 부족한 부분을 보게 하시며, 바른길로 가
게 하시고, 미련한 나를 격려해서 하나님이 원하시는 방향으로 몰
아가시기 때문입니다. 그 악한 사람은 나의 조교입니다. 하나님께
서는 결국 모든 것이 합력하여 선을 이루게 하십니다.

그러나 그렇다고 해서 악한 짓을 한 그들의 죄가 없어지는
것은 아닙니다. 하나님께서 직접 그들을 심판하실 것입니다. 그래
서 우리는 나를 힘들게 한 사람들, 나를 가장 괴롭힌 사람들이 멸망
하지 않도록 기도해 주어야 합니다. 요셉은 자신의 문제를 하나님
의 구원 계획에서 보았기 때문에 이 구원의 징검다리들을 미워하지
않았습니다.

또한 요셉은 지금보다 앞으로가 더 중요하다는 것을 알았습
니다. 하나님께서 계획하신 대흉년은 7년입니다. 이에 2년밖에 지
나지 않았으니 앞으로 5년이나 더 남아 있는 셈입니다. 가족들이
이 무서운 흉년을 피하려면 결국 애굽으로 옮겨 오는 길밖에 없습
니다. 그래서 무엇이라고 말합니까?

> 이 땅에 이년 동안 흉년이 들었으나 아직 오년은 기경도 못하고 추수
> 도 못할지라 하나님이 큰 구원으로 당신들의 생명을 보존하고 당신들
> 의 후손을 세상에 두시려고 나를 당신들 앞에서 보내셨나니 그런즉
> 나를 이리로 보낸 자는 당신들이 아니요 하나님이시라 하나님이 나로
> 바로의 아비를 삼으시며 그 온 집의 주를 삼으시며 애굽 온 땅의 치리

자를 삼으셨나이다(45:6-8).

결국 이 모든 일을 통해 드러난 하나님의 뜻이 무엇입니까? 20년 동안 안개를 헤맨 그들 앞에 나타난 결과가 무엇입니까? 하나님께서 야곱의 아들들을 구원하기 위해, 가나안에 있는 교회를 이 기근으로부터 구원하기 위해 요셉을 보내서 바로의 아비와 애굽 온 땅의 치리자로 삼으셨으니 아무 걱정할 필요가 없다는 것입니다.

결국 20년 동안 미움과 증오로 나뉘어 있던 형제들을 하나 되게 한 것은 바로 이 하나님의 뜻이었습니다. 요셉의 입을 통해 이 뜻이 선포되었을 때, 그가 이 하나님의 말씀을 가지고 형들을 설득했을 때, 비로소 그들은 하나가 될 수 있었습니다.

이처럼 하나님께서 그 뜻을 보여 주셨다는 것은 곧 그들을 살릴 계획을 가지고 계시다는 것을 의미합니다. 하나님께서 그 뜻을 보여 주셨다면 그들은 이미 살아난 것입니다. 왜냐하면 멸망할 자들에게는 말씀을 주시지 않기 때문입니다. 멸망할 자들에게는 말씀부터 거두어 가십니다. 그러니까 말씀이 듣기 싫은 사람은 지금 위험한 상태에 있는 것입니다. 하나님은 당신이 살려 내고자 하는 자에게 돈을 주시지 않습니다. 집을 주시지 않습니다. 말씀을 주십니다. 말씀이 귀에 들리는 사람은 이미 살아난 것과 다름없습니다.

요셉은 설교자였습니다. 그는 애굽에 온 후 왜 자기가 여기에 와야 했으며 하나님이 왜 이런 고난을 자신에게 주셨는지를 계속 묵상했습니다. 그리고 자신이 발견하게 된 하나님의 뜻을 형제들에게 알림으로써, 이 절망스러운 순간에 다시 하나님 앞에서 소망을 가지게 했습니다. 결국 형들을 살려 낸 것은 요셉의 인정이 아니라 하나님의 말씀이었습니다. 하나님의 말씀과 사탄의 말은 바로 이 지점에서 차이가 납니다. 하나님의 말씀을 들을 때는 그 말씀대로 순종하면 절대 살지 못할 것 같습니다. 그러나 그 말씀의 결론을 보면 항상 사람을 살리고 치료하며 소망을 줍니다. 반면에 사탄의 말은 들을 때는 다 맞는 것 같은데, 결국에는 '그러니까 너는 죽어야 한다'는 결론으로 끝이 납니다.

오늘 본문에서 우리가 보게 되는 것이 무엇입니까? 가장 어두운 밤이 지난 후에 진리의 아침이 왔다는 것입니다. 베냐민이 절도 혐의로 눈앞에서 끌려갈 지경에 처했을 때, 형제들은 마치 막다른 절벽 끝에 서 있는 것 같았습니다. 그런데 갑자기 모든 상황이 뒤집히면서 환한 아침이 찾아왔습니다. 어떻게 한순간에 그 답답한 어둠이 모두 지나고 환한 축복의 아침이 오게 되었습니까? 유다의 믿음과 결단 때문입니다. 유다가 이 결정적인 순간에 끝까지 믿음으로 나아갔을 때, 갑자기 어둠의 장막이 벗겨지고 아침이 찾아왔습니다. 그 무섭던 애굽 총리가 한순간에 허물어지면서 너무나도 영광스러운 하나님의 뜻이 나타났습니다.

그래서 성경은 믿음이 역사를 일으킨다고 말씀합니다. 전적으로 하나님을 의지하는 믿음이야말로 갑자기 하나님의 때가 도래하게 만들며 갑자기 진리의 아침이 찾아오게 만듭니다. 그러면 우리는 어떻게 결정적인 순간에 믿음을 가지고 나아갈 수 있습니까? 편할 때 믿는 것은 누구나 할 수 있습니다. '시간도 남는데 교회 가서 설교나 듣지' 하는 생각은 누가 못합니까? 그러나 그런 사람은 결정적인 순간에 믿음으로 나아갈 수가 없습니다. '나는 하나님을 앎으로써 내 삶과 내 존귀함을 되찾았다. 이제 나는 죽어도 아주 망하는 것이 아니다'라고 말할 수 있는 사람만이 결정적인 순간에 믿음으로 나아갈 수 있으며, 어둠의 세력을 몰아내고 하나님의 온전한 역사를 드러낼 수 있는 것입니다.

사랑하는 여러분, 우리를 끝까지 믿음으로 살게 하는 것은 기질이나 신념이나 집념이 아닙니다. 그런 것으로는 절대로 버틸 수 없습니다. 우리를 끝까지 버티게 하는 것은 하나님을 아는 지식입니다. 놀라운 하나님을 알게 된 후 자신이 얼마나 변했으며, 얼마나 놀라운 기쁨이 임했는지를 아는 사람만이 끝까지 믿음으로 나아갈 수 있으며, 설사 하나님 때문에 망하게 된다 해도 후회하지 않을 수 있습니다. 그렇게 하나님을 알게 된 기쁨과 하나님을 알게 된 소망이야말로 최후의 순간에 우리를 승리하게 하며 환한 진리의 아침이 찾아오게 만듭니다. 우리 안에는 아직 더 치료받아야 할 부분들이 많이 있습니다. 남에게 자기 약점을 보이지 않으려고 애쓰는 사람일수록, 자기 안에 얼마나 많은 상처가 있으며 자신을 지키기 위해 얼마나 견고한 담을 쌓고 있는가를 보여 주는 것입니다. 우리는 그렇게 오랜 세월 참고 참았던 눈물주머니를 하나님 앞에서 터뜨려야 합니다. 나 자신을 지키기 위해 수많은 시간 동안 억눌러 왔던 눈물주머니를 터뜨려서 어린아이처럼 한번 울어 봐야 합니다. 그리고 이제는 약점을 잡히지 않으려고 자신을 위장하는 수고를 그만두어야 합니다. 그때 자연스럽고 건강한 내 모습, 남을 포용할 수 있을 만큼 편안하고 따뜻한 마음을 지닌 하나님 자녀의 참모습이 회복되는 것입니다.

사랑하는 여러분, 지금 이중적인 모습으로 신앙생활을 하고 있지는 않습니까? 그렇다면 그것은 아직도 내 속이 곪아 있다는 증거입니다. 하나님과 믿음의 형제자매들 앞에서 한번 실컷 울어 보시기 바랍니다. 그리고 다른 사람에 대한 애정과 신뢰를 되찾으시기 바랍니다. 그래야 모든 사람을 포용할 수 있는 큰 그릇이 될 수 있습니다. '믿을 놈 하나 없다'는 생각을 버리고, '접근하면 발포함!'이라는 경고문을 걷어치우고, '다른 사람을 믿으려고 애써 보자. 상처받은 사람이 어디 나밖에 없겠어? 우리는 다 하나야'라고 생각할 수 있도록 하나님께서 우리 모두를 치료해 주시기 원합니다.

밤이 어두우면 어두울수록 아침이 가깝다는 것을 깨닫고 낙심하지 마십시오. 내 현실이 아무리 암담하더라도 하나님은 절대 "그러니까 너는 안 돼!"라고 말씀하시지 않습니다. 하나님의 결론은 언제나 "그러니까 너는 살 가치가 있어"라는 것입니다. 자아성찰

한다고 자신을 들여다보고 또 들여다보고 파헤치고 또 파헤친 다음에 '이래서 나는 안 되는 거야. 처음부터 잘못된 집안에 태어났고 잘못된 결혼을 했고……' 하는 식으로 생각하지 마십시오. 그것은 사탄의 소리입니다.

우리 생각에는 방황하고 있는 것 같지만 사실은 정확한 길을 가고 있는 것입니다. 저는 그것을 믿습니다. 제가 가장 방황했을 때가 가장 똑바른 길을 가고 있을 때였습니다. 주님이 나의 길을 결정하셨고 인도하셨기 때문입니다. 절망이 자꾸 깊어집니까? 아침이 거의 다 온 줄 아십시오. 지금까지 잘 참으셨습니다. 이제 거의 다 왔습니다. 마지막 순간에 침체의 늪에 빠지지 말고, 자기 자신을 포기하지 말고 더욱더 힘을 내서 믿음으로 한 걸음 더 나아가십시오. 그리하여 그 영광의 아침을 맞이하십시오.

# 23

# 기쁜 소식을
# 전하는 자들

큰 어려움에 빠져 있다가 좋은 소식을 듣게 되었을 때, 우리는 그 소식을 같은 어려움에 빠져 있는 가족들이나 동료들에게 한시라도 빨리 전하고 싶어 합니다. 예를 들어서 가족들이 가난으로 어려움을 겪고 있는 중에 내가 취직을 해서 돈을 많이 벌게 되었다면, 그 기쁜 소식을 한시라도 빨리 전하고 싶어 합니다. 혹은 어떤 기업이 부도가 나서 완전히 망하게 되었는데 은행이 돈을 대 주기로 해서 다시 회생하게 되었다면, 그것은 그 회사에 속한 모든 사람들에게 기쁜 소식이 될 것입니다. 그러나 무엇보다 기쁜 소식은 역시 생명에 관한 것입니다. 큰 사고가 나서 땅에 매몰되어 있는 사람들에게 누군가 그들을 구조해 줄 사람의 소리가 들려 온다면, 그것이야말로 이 세상에서 가장 중요한 기쁜 소식이 될 것입니다. 지난번에 어느 대형 백화점이 무너져서 많은 사람들이 건물 더미에 깔려 죽은 일이 있었습니다. 그런데 그 건물에서 청소하던 사람들은 요행히도 계단 밑에 있는 틈에 갇혀서 간신히 깔리지 않을 수 있었습니다. 계단은 특별히 견고하게 만들어졌기 때문에 아주 무너지지 않았던 것입니다. 그러나 그들이 살아날 수 있기를 기대하기는 너무나 어려웠습니다. 주위는 온통 칠흑 같은 어둠뿐이었고, 살아 있는 사람이라고는 자기들밖에 없었습니다. 며칠 몇 시간을 그런 어둠 속에 갇혀 있었는지 모릅니다.

그런데 어느 순간엔가 그 엄청난 콘크리트 더미 위에서 작은 소리가 들리기 시작했습니다.

"혹시 그 안에 살아 있는 사람이 있습니까?"

그것은 구조대원들의 소리였습니다.

"예, 여기 우리가 살아 있습니다! 빨리 좀 꺼내주세요!"

"지금 몇 명이나 살아 계십니까?"

"몇 명인지는 모르겠지만 여러 명 살아 있습니다. 우리는 지금 아주 지쳐 있습니다."

"잘 알겠습니다. 어떻게 해서든지 콘크리트를 뚫고 그쪽으로 내려 가보겠습니다."

콘크리트 더미 위에서 들려온 아주 희미한 소리, 그 소리는 바로 그들을 살리는 구원의 소리였고 기쁜 소식이었습니다.

우리가 오늘 본문을 보면서 죽은 줄 알았던 요셉이 살아 있었다는 사실만을 기쁜 소식으로 생각한다면, 성경이 오늘 우리에게 말씀하려고 하는 핵심을 놓치고 있는 것입니다. 야곱의 가족들을 몇백 년 만에 찾아온 엄청난 기근 때문에 거의 죽음의 자리에 놓이게 되었습니다. 물론 아직까지는 가지고 있던 양식으로 그런대로 버틸 수 있습니다. 그러나 이 무서운 기근은 앞으로 5년이나 더 계속될 것이고, 거의 대부분의 사람들은 그 기근이 끝나기 전에 굶어 죽을 것입니다.

그들은 겨우 한두 달 먹을 수 있는 양식을 구하기 위해 애굽에 왔습니다. 그런데 그들이 들은 소식이 무엇입니까? 지금 그들 앞에는 엄청난 사망의 세력이 기다리고 있는데, 하나님께서 그들을 이 무서운 기근의 죽음으로부터 구원하기 위해 요셉을 준비시키셨다는 사실입니다. 야곱의 가족들은 이 기근이 얼마나 무서운 것인지, 또 얼마나 지속될 것인지 전혀 모르고 있었습니다. 단지 상황이 약간 어렵고 불안하다는 것을 느낄 정도였습니다. 그러나 실상은 그들의 생각보다 훨씬 더 엄청났습니다. 이 기근은 거의 노아 홍수에 비견될 수 있을 만큼 무서운 하나님의 심판이었습니다.

그런데 하나님께서는 이 무서운 재앙으로부터 그들을 살릴 길을 준비해 두셨습니다. 그 길은 바로 요셉이었습니다. 요셉은 형들에게 자기의 실체를 밝히면서, 어서 빨리 집으로 가서 아버지와 가족들에게 이 기쁜 소식을 전하라고 재촉했습니다. 약간의 곡식을 구하러 왔던 야곱의 아들들은 한순간에 구원의 기쁜 소식을 전하는 자들이 되었습니다.

물론 형들은 처음에 이 놀라운 사실을 믿을 수가 없었습니다. 그러나 요셉이 베냐민을 끌어안고 우는 모습이나 그가 준 선물들을 볼 때 믿지 않을 수가 없었습니다. 나중에 가나안 땅에서 이 소식을 들은 아버지 야곱도 이것을 믿지 못해서 잠깐 기절하기까지 했습니다. 그러나 그 역시 바로와 요셉이 보낸 선물을 보고서 믿지 않을 수가 없었습니다. 그래서 결국 어떻게 했습니까? 모든 것을 풍성하게 주시는 하나님을 크게 찬양했습니다. 야곱은 사랑하는 아들 요셉을 잃은 후 하나님을 원망하면서 살았습니다.

그는 자기가 계속 살아야 할 이유를 찾을 수 없었습니다. 하나님께서는 왜 하필 요셉을 빼앗아 가신 것입니까? 그는 슬피 울며 음부로 내려가겠다는 말을 입에 달고 살았습니다. 그러나 결국 나타난 결과는 하나님께서 모든 것을 엄청나게 채워 주셨다는 것이었습니다. 하나님은 도저히 믿을 수 없을 정도로 많은 것을 그에게 채워 주시는 분이었습니다.

그가 잃었다고 생각한 것은 실제로 잃은 것이 아니었습니다. 하나님께서 잠깐 빌려 가신 것이었습니다. 그러나 하나님이 다시 요셉을 돌려주셨을 때에는 온 가족의 구원자로, 도저히 감당할 수 없는 몇십 배 몇백 배의 축복으로 돌려주셨습니다. 늙은 야곱의 입에서는 엄청난 찬양이 터져 나왔습니다.

## 이 기쁜 소식을 어서 전하라

형들에게 자기의 실체를 알린 요셉은 무엇이라고 말합니까?

당신들은 속히 아버지께로 올라가서 고하기를 아버지의 아들 요셉의
말에 하나님이 나를 애굽 전국의 주로 세우셨으니 내게로 지체 말고
내려오사 아버지의 아들들과 아버지의 손자들과 아버지의 양과 소
와 모든 소유가 고센 땅에 있어서 나와 가깝게 하소서 흉년이 아직 다
섯 해가 있으니 내가 거기서 아버지를 봉양하리이다 아버지와 아버지
의 가속과 아버지의 모든 소유가 결핍할까 하나이다 하더라 하소서
(45:9-11).

야곱과 그의 아들들이 모르고 있는 것 하나가 무엇입니까?
지금 그들에게 닥친 기근이 엄청나게 무서운 재앙이라는 사실입니
다. 그들 중에서 굶어 죽은 사람은 아직 없었습니다. 또 양식이 넉넉
한 것은 아니었지만, 어쨌든 지금까지는 가지고 있는 것으로 어떻
게든 버틸 수가 있었습니다. 그런데 요셉이 무엇이라고 합니까? 이
무서운 흉년은 앞으로 5년 이상 계속될 것이며 그 사이에 거의 대
부분의 사람들이 굶어 죽으리라는 것입니다. 그런데 하나님께서는
이 무서운 흉년에서 아버지와 가족들을 살리기 위하여 자기를 먼저
이 애굽에 보내서 준비하게 하셨다는 것입니다. 요셉은 이렇게 말
하면서 형들에게 어서 빨리 아버지에게 가서 이 기쁜 구원의 소식
을 전하라고 부탁하고 있습니다.

우리는 오늘 본문을 보면서 요셉과 그의 형들의 태도가 약
간 다르다는 것을 발견하게 됩니다. 요셉의 형들은 흉년에 그리 큰
관심이 없습니다. 단지 요셉이 살아 있다는 사실에 놀라고 있을 뿐
입니다. "당신이 정말 요셉 맞습니까? 요셉은 죽었을 텐데 어떻게
당신이 요셉일 수 있지요?" 그들은 그저 눈앞에 서 있는 이 애굽 총

리가 동생 요셉이라는 사실이 놀랍고 믿기지 않을 뿐입니다.

그러나 요셉이 중요하게 생각한 것은 흉년이었습니다. 이 흉년은 거의 모든 사람들을 굶어 죽게 만들 만큼 심각한 재앙으로서, 한가하게 가나안 땅에 머물면서 양식이나 구하러 왔다 갔다 할 성질의 문제가 아니었습니다. 그래서 그는 가족들이 가나안에 있는 것들을 전부 포기하고 애굽으로 오지 않는 한 절대로 살아남을 수 없다는 점을 납득시키려고 애를 썼습니다. 이것이 미래를 아는 사람과 모르는 사람의 차이입니다.

요셉은 하나님의 말씀을 통해 이번 흉년은 거의 모든 사람을 멸망 시킬 만큼 무서운 심판이라는 것을 알았습니다. 그러나 형들은 요셉이 살아 있다는 사실만 놀랍게 여겼지, 앞으로 일어날 일에는 별로 신경을 쓰지 않는 것처럼 보입니다. '앞일이야 어떻게든 되겠지' 하면서 오직 눈앞에 있는 총리가 바로 요셉이라는 사실만 놀라워하고 있어요.

이것은 바로 오늘 우리들이 직면하고 있는 문제이기도 합니다. 성경이 우리에게 말씀하고 있는 것이 무엇입니까? 사람들이 이 세상에서는 그럭저럭 살 수 있겠지만, 정작 무서운 것은 죽은 후에 맞이할 하나님의 엄청난 심판이라는 사실입니다.

> 한 번 죽는 것은 사람에게 정하신 것이요 그 후에는 심판이 있으리니
> (히 9:27).

우리가 예수를 믿는 것은 바로 이 한 가지 사실 때문입니다. 만일 죽음과 함께 모든 것이 끝나 버린다면 예수를 믿을 필요가 없습니다. 그러나 성경은 인간이 당할 수 있는 가장 큰 고통이 죽음 이후에 있으며, 이 무서운 심판의 고통에서 벗어날 수 있는 사람은 아무도 없다고 말씀하고 있습니다. 사람들은 아직까지는 자기가 살아 있기 때문에 죽음 이후의 일을 믿으려 하지 않습니다. 사실 죽음

이후의 세계를 맛보고 다시 살아 온 사람도 없으니, 그때 있을 심판에 대해 확실하게 증명할 수 있는 길도 없습니다. 그래서 어떤 사람은 "사람은 죽으면 다 끝이야"라고 말하기도 합니다.

그런데 죽음의 심판을 맛본 후에 다시 우리에게로 오신 분이 있습니다. 그분은 바로 예수 그리스도십니다. 예수님의 죽음을 슬퍼하며 그의 무덤을 찾아갔던 사람들은 모두 기쁜 소식을 전하는 자들이 되었습니다. 그 기쁜 소식이란 그들이 사랑하던 예수가 십자가 위에서 비참하게 죽었다가 다시 살아나셨을 뿐 아니라, 이렇게 살아나심으로써 그의 모든 말씀이 사실임을 증명하셨다는 것입니다.

예수 그리스도의 부활이 의미하는 것이 무엇입니까? 사람은 죽으면 모두 하나님의 무서운 심판을 받아야 한다는 것입니다. 기쁜 소식을 전하는 자들은 이 무서운 심판의 고통에서 살아날 수 있는 유일한 길은 예수의 이름을 믿는 것이라고 증거했습니다. 그러나 사람들은 죽음 이후에 있을 심판에 대해서는 별로 신경을 쓰지 않고 있고, 오직 예수가 진짜 살아났는가 하는 것에만 관심을 보이며 놀라워했습니다. 그리고 대부분의 사람들은 이것이 날조된 사실이라고 비난했습니다.

오늘날 사람들이 당면하고 있는 가장 중요한 문제가 무엇입니까? 선거에서 누가 대통령으로 당선되느냐, 내가 어느 직장에 취직하며 어떤 집에서 사느냐 같은 것들이 아닙니다. 이런 일들은 마치 조난을 당해서 일정 지역에 고립되어 있는 사람들이 투표로 대표를 뽑거나 자기들이 가지고 있는 물건을 가지고 일시적으로 풍족하게 생활하는 것과 같습니다. 지금 그들에게는 멸망의 순간이 다가오고 있습니다. 투표해서 대표는 뽑았지만, 일단 가지고 있는 것으로 그럭저럭 살고는 있지만, 사실은 사망의 순간이 시시각각 다가오고 있습니다. 가지고 있는 식량과 물이 다 떨어지거나 갑자기 견딜 수 없는 추위가 닥치기라도 하면 그들은 전부 죽을 수밖에 없습니다. 오늘날 현대인들은 인류가 이런 식으로 계속 자연을 파괴시키거나 무기를 개발한다면 언젠가는 다 함께 멸망할지도 모른다는 두려움을 가지고 있습니다. 그 두려움은 정확한 것입니다.

백화점이 무너져서 콘크리트 더미에 갇혀 있는 사람들에게는 밖에서 들려오는 사람들의 소리가 곧 구원의 소리일 것입니다. 또 산에서 조난당해 허기와 추위로 죽어가는 사람들에게는 구조대의 외치는 소리가 곧 기쁜 소식일 것입니다. 그러나 아직 야곱의 아들들은 요셉의 말이 그렇게 기쁜 소식인지 잘 모르고 있습니다. 그들은 자신들이 심각한 위기에 봉착했다고 생각하는 것 같지 않습니다. 위험을 말하는 자는 오직 요셉뿐입니다. 이것은 오늘날 거의 대부분의 사람들이 가지고 있는 삶의 태도와 같습니다. 그들은 아직 먹고 살 것이 있으며 아직은 자기 몸이 건강하기 때문에 죽고 난 후의 문제까지 생각하려 들지 않습니다.

야곱의 아들들이 애굽에 온 것은 이 무서운 위기를 깨달았기 때문이 아닙니다. 그저 약간의 양식을 구할 목적으로 왔을 뿐입니다. 그런데 요셉은 이 흉년이 절대로 가볍게 생각할 문제가 아니라고 말합니다. 거의 대부분의 사람들이 이 흉년에 굶어 죽을 것이기 때문에, 지금처럼 가나안 땅에 머물면서 양식을 구하러 왔다 갔다 할 것이 아니라 그곳의 삶을 몽땅 다 청산하고 애굽으로 와야만 살 수 있다는 것입니다.

만일 사람들이 죽음 이후에 자기를 기다리고 있는 하나님의 무서운 심판에 대해 알기만 한다면 결코 지금처럼 살지 않았을 것입니다. 태연하게 직장 다니고 태연하게 공부하고 태연하게 연애할 사람 아무도 없어요. 무슨 짓을 해서라도 이 무서운 심판의 고통에서 벗어나려고 할 것입니다. 그러나 사람들은 아직 살아 있다는 기쁨 때문에 심판의 고통이 기다리고 있다는 사실을 믿으려고 하지 않습니다.

야곱의 아들들은 약간의 양식을 구하러 왔다가 졸지에 기쁜 소식을 전하는 자들이 되었습니다. 그 기쁜 소식은 요셉이 살아 있다는 것만이 아닙니다. 그들을 기다리고 있는 무서운 사망의 고통에서 살아날 수 있는 길을 하나님께서 준비해 두셨다는 것입니다.

오늘날 모든 사람이 들어야 할 기쁜 소식은 어떤 것입니까? 예수 그리스도를 통해 사망 후에 있을 무서운 심판에서 구원받을 수 있는 길을 하나님께서 주셨다는 것입니다. 요셉의 형제들이 양식을 구하러 왔다가 구원의 소식을 들은 것처럼, 우리가 이 엄청난 사실을 알게 된 것 또한 작은 필요에서 비롯되었습니다. 이 세상에 살면서 겪는 여러 가지 갈등 때문에 신앙의 문을 두드렸는데, 거기에서 이 엄청난 하나님의 심판과 그 심판에서 구원받을 수 있는 길에 관해 듣게 된 것입니다. 모든 인간은 자기도 모르는 가운데 무서운 사망의 세력에 매여 있으며, 죽음 후에는 가장 무서운 심판의 고통이 있다는 사실을 우리는 알고 있습니다. 이 고통은 인간이 이 세상에 살면서 겪는 그 어떤 고통보다 무서운 것입니다. 그런데 우리가 전해야 할 기쁜 소식은 예수 그리스도께서 십자가 위에서 죽으셨다가 부활하심으로써 이 심판으로부터 살아남을 수 있는 길이 열렸다는 것입니다.

## 믿지 못하는 형들

그러나 요셉의 말을 들은 형들은 쉽게 믿지 못하는 눈치였습니다. 아마 그들은 그 무서운 애굽 총리가 자기들이 노예로 팔았던 동생 요셉이라는 사실을 선뜻 믿을 수가 없었을 것입니다. 그러나 더 믿기 어려운 것은 앞으로 5년이나 더 무서운 흉년이 남아 있다는 말이었습니다. 물론 당장은 눈앞에 있는 총리가 요셉이라는 사실이 워낙 충격적이어서, 상대적으로 흉년의 문제가 적게 느껴졌을 수도 있습니다. 그러나 그 충격이 가신 후에도 '요셉은 그렇게

말했지만 그렇다고 우리가 굳이 애굽까지 이주할 필요가 있을까'
하는 안일한 생각이 머리를 들기 쉽습니다.

우선 요셉은 형들에게 자기가 그들의 동생 요셉임을 믿게
하려고 애를 씁니다.

> 당신들의 눈과 내 아우 베냐민의 눈이 보는 바 당신들에게 이 말을 하
> 는 것은 내 입이라 당신들은 나의 애굽에서의 영화와 당신들의 본 모
> 든 것을 다 내 아버지께 고하고 속히 모시고 내려오소서 하며 자기 아
> 우 베냐민의 목을 안고 우니 베냐민도 요셉의 목을 안고 우니라 요셉
> 이 또 형들과 목을 입맞추며 안고 우니 형들이 그제야 요셉과 말하니
> 라(45:12-15).

형들은 요셉이 살아 있다는 사실을 믿을 수가 없었습니다.
그들은 뒤로 물러서면서 "그럴 리가 없어!"를 연발할 뿐입니다. 이
것은 도저히 있을 수 없는 일이었습니다. 그러나 요셉이 베냐민의
목을 끌어안고 우는 것이나 베냐민이 요셉을 안고 우는 모습을 보
면서, 또 요셉이 준 선물을 보면서, 그들의 마음은 조금씩 열리기 시
작했습니다.

이처럼 형들에게는 요셉이 살아 있다는 사실만이 놀라운 것
이었지만, 요셉에게 중요한 문제는 형들과 가족들이 이 무서운 흉
년을 피하여 애굽으로 오는 것이었습니다. 그래서 그는 형들에게
길 양식과 옷을 주었습니다.

> 이스라엘의 아들들이 그대로 할새 요셉이 바로의 명대로 그들에게 수
> 레를 주고 길 양식을 주며 또 그들에게 다 각기 옷 한 벌씩을 주되 베
> 냐민에게는 은 삼백과 옷 다섯 벌을 주고(45:21, 22).

얼핏 생각하면 어차피 이들은 애굽으로 다시 올 텐데 이런

461

옷이나 양식 같은 선물이 왜 필요할까 궁금할 수 있습니다. 그러나 요셉이 우려하는 것은 이들이 죽은 줄만 알았던 동생을 만났다는 것에만 만족하면서, 계속 가나안 땅에 머물려 하지는 않을까 하는 점입니다. 그래서 애굽에 있는 풍성함의 일부라도 나누어 줌으로써 가나안의 땅의 소유에 대한 미련을 버리고 과감하게 이사하게 하려고 했습니다.

요셉은 형들이 자기가 살아 있다는 단순한 사실만으로 모든 문제가 끝났다고 생각해서 흉년에 대해 안일하게 대처할까 봐 염려했습니다. 물론 당장이야 요셉이 살아 있다는 사실이 너무나도 놀랍기 때문에 어떻게 해서든지 아버지에게 이 기쁜 소식을 전하고 그를 모셔오라고 할 수도 있습니다. 그러나 시간이 지나면 그저 요셉이 살아 있다는 사실에만 만족하면서 "일단은 양식이 있으니 가나안 땅에서 더 버티자"고 할지도 모릅니다.

우리의 입장에서 생각하면 아마 이해가 잘 될 것입니다. 우리가 아무리 앞으로 닥칠 심판이나 구원에 대해 들었다고 하더라도 그것만으로 신앙적인 결단을 내리기는 어렵습니다. 무언가 미리 맛볼 수 있는 구원의 기쁨이 있어야 합니다. 그래서 하나님께서는 믿는 자들에게 성령을 주셔서 그들로 하여금 미리 구원의 기쁨을 맛보게 하시고, 직장이라든지 건강이라든지 가족 같은 일반 은총을 덧붙여 주심으로써 우리의 구원을 부끄럽지 않게 하셨습니다. 그래서 사도 바울은 우리에게 주어진 성령을 '기업의 보증'이라고 부릅니다(엡 1:14). 다시 말해서 성령이 우리 마음에 기쁨을 주시고 우리의 삶을 바꾸시며 그와 더불어 많은 선물을 주시는 것은 앞으로 반드시 무서운 심판이 있겠지만 믿는 자에게는 놀라운 구원을 주신다는 증표인 것입니다.

요셉이 형들에게 준 선물에도 이런 의미가 있었습니다. 즉 '저는 단순한 예의로 이 선물을 드리는 것이 아닙니다. 앞으로 가나안 땅에는 이제껏보다 더 무서운 흉년의 고통이 닥칠 것입니다. 그러나 형님들이 애굽으로 온다면 이 무서운 흉년에서 살아남을 수 있을 뿐 아니라 이곳의 풍성한 삶을 누릴 수 있다는 증표로 이 선물을 드리는 것입니다'라는 뜻이 이 선물에 담겨 있는 것입니다. 앞으로 이 세상에 사는 모든 사람들에게 하나님의 무서운 심판이 닥친다는 증거는 무엇입니까? 그리스도인들의 변화된 삶입니다. 그들의 가치관이 변하고 삶의 방식이 변하는 것, 그들이 어려움 가운데서도 믿음으로 풍성하고 만족스럽게 사는 이것이야말로 믿는 자들에게 미리 나누어 주시는 선물인 동시에, 이 세상에 얼마나 무서운 하나님의 심판이 임할 것이며 그리스도 안에 얼마나 풍성한 구원이 기쁨이 있을 것인지를 사람들에게 미리 맛보여 주는 증표입니다.

만일 우리에게 예수 믿는 데 따르는 구원의 기쁨이 전혀 없다면, 사람들은 구원의 삶으로 돌아오기를 자꾸 주저할 것입니다. 무언가 그들을 끌어당기는 것이 있어야 합니다. 신앙생활하는 것이 재미있어 보여야 합니다. 교회 오는 것이 기뻐 보여야 합니다. 그렇지 않다면 이 세상을 떠나 교회로 올 사람이 아무도 없을 것입니다.

## 바로의 궁에 전해진 기쁜 소식

요셉의 형들이 애굽에 왔다는 소식은 무엇보다 먼저 바로의 궁에 전해졌고, 이 소식을 들은 애굽 사람들은 다 함께 기뻐했습니다.

요셉의 형들이 왔다는 소문이 바로의 궁에 들리매 바로와 그 신복이 기뻐하고 바로는 요셉에게 이르되 네 형들에게 명하기를 너희는 이렇게 하여 너희 양식을 싣고 가서 가나안 땅에 이르거든 너희 아비와 너희 가속을 이끌고 내게로 오라 내가 너희에게 애굽 땅 아름다운 것을 주리니 너희가 나라의 기름진 것을 먹으리라(45:16-18).

애굽 왕궁 사람들이 요셉의 형들이 애굽에 왔다는 소문을 듣고 기뻐한 이유는 무엇입니까? 또 바로가 요셉에게 형들로 하여금 애굽에 와서 가장 기름지고 좋은 곳에 정착하게 하라고 말하는 이유는 무엇입니까? 그 이유는 두 가지였습니다. 하나는 애굽 사람들이 진심으로 요셉을 고마워하고 있었다는 것입니다. 요셉은 그들의 생명을 구해 준 구원자요 은인이었습니다. 요셉이 없었더라면 그들은 모두 굶어 죽었을 것입니다. 그래서 그들은 어떻게 해서든지 요셉에게 은혜를 갚고 싶다는 마음을 가지고 있었습니다.

또 한 가지 이유는 그럼에도 불구하고 그들에게 요셉은 의문의 사람이었다는 데 있습니다. 그들은 요셉이 누구이며 그의 가족이 어떤 사람들인지, 또 그가 어떻게 해서 애굽까지 오게 되었는지에 대해 아무것도 모르고 있었습니다. 왜냐하면 요셉은 자신에 대한 이야기를 전혀 하지 않았기 때문입니다. 그러나 그들은 요셉에게 이 세상 어떤 것으로도 만족될 수 없는 공허함이 있다는 것을 알고 있었습니다. 그들은 요셉을 고맙게 생각했고, 그래서 그가 좀더 만족해하면서 풍성하게 살기를 원했습니다. 그러나 높은 지위를 얻었음에도 불구하고, 결혼해서 자식들까지 두었음에도 불구하고, 그에게는 무언가 채워지지 않는 공허함과 쓸쓸함과 갈망이 있었습니다. 그들은 그 공허함의 원인이 어디에 있는지 알 수 없었습니다. 이처럼 요셉은 그들에게 의문의 사람이었고 신비의 인물이었습니다.

그런데 그러던 그가 형들을 만나자 그렇게 크게 소리 내어 울며 기뻐하는 것입니다. 애굽 사람들은 그 모습을 보면서 요셉의 외로움이 바로 가족들과의 관계 때문이었다는 것을 알게 되었습니다. 그들은 요셉이 더 기쁘게 살기를 바랐습니다. 요셉이 더 행복하기를 바랐습니다. 그들의 생명을 살려준 이 은인이 참으로 만족스럽게 살기를 바랐습니다. 그러나 가족들과의 관계가 회복되지 않는 한 만족이나 행복은 그에게 사치품에 불과했습니다. 애굽 사람들은 형제를 만나 그토록 울며 기뻐하고 만족해하는 요셉을 보고서야 왜 그거 그토록 외로워했으며 현실에 만족하지 못했는지를 알 수 있었고, 만약 요셉의 가족들이 여기에서 함께 지낼 수만 있다면 그가 더 만족하고 기쁘게 살면서 자기들을 더 풍성하게 해 줄 것이라고 생각했습니다.

요셉의 형들이 온 일이 바로의 궁에 기쁜 소식이 된 것은 이처럼 그들이 요셉을 더 잘 알 수 있었기 때문이고, 요셉이 더 풍성한 삶을 누릴 수 있는 길을 찾았기 때문이며, 그와 그의 가족들을 도울 수 있는 방법을 알게 되었기 때문입니다. 이것은 애굽 사람들에게도 복된 일이었습니다.

우리는 여기에서 야곱의 집이 구약 시대의 교회였다는 사실을 다시 한 번 기억할 필요가 있습니다. 하나님의 모든 축복은 교회로부터 흘러나오는 것입니다. 그러므로 교회가 그 진정한 모습을 되찾는 것은 이 세상 사람들에게도 복이 된다는 것을 알아야 합니다.

전에 로이드 존스 목사님이 시무하던 웨스트민스터 채플에 갔던 적이 있습니다. 그런데 예배를 마치고 난 후에 담임 목사님과 인사하면서 한국에서 온 목사라고 하자 굉장히 기뻐하는 것이었습니다. 한국 교회의 부흥은 영국 목사님들에게 굉장히 놀랍고 기쁜 소식이었습니다. 교회가 침체되어 있는 영국에는 새롭게 기대할 만한 것이 없기 때문입니다. 국민 의식이 높고 사회 보장 제도가 놀랍게 발달해 있으며 척박한 땅을 에덴동산에 가까울 정도로 아름답게 가꾸어 놓은 나라임에도 불구하고, 제가 본 영국은 죽어 있었습니다. 그 안에 살아서 꿈틀거리는 것이 하나도 없었고 모든 것이 가라앉아 있었으며 청소년들에게는 비전이 없었습니다.

이 세상 사람들이 들어야 할 기쁜 소식이 무엇입니까? 그것은 교회가 그 진정한 모습을 되찾는 것입니다. 왜냐하면 교회가 아니면 새로운 희망을 가질 곳이 없기 때문입니다. 이 세상에서는 새로운 것이 나올 수가 없습니다. 이 세상의 변화라는 것은 오래된 가구의 배치를 새롭게 하는 것에 불과합니다. 거기에서 생명력 있는 것이 나올 수가 없습니다. 그러나 교회가 자신의 영광스러운 모습을 되찾는 것은 이 세상에 큰 빛을 던지는 것과 같습니다. 거기에서 모든 새로운 것이 나오게 되어 있습니다. 오늘날 우리 사회의 전반적인 침체는 교회의 침체와 무관하지 않습니다. 오늘날 우리나라 교회들은 마치 싸움을 다 마친 퇴역 군인처럼 자신의 계급장이나 훈장만 자랑하면서 더 이상 영적인 싸움을 싸우려고 하지 않습니다. 그러니까 사회가 더 가라앉고 침체되는 것입니다. 오늘 우리가 이 사회에 던질 수 있는 가장 기쁜 소식이 무엇입니까? 드디어 교회가 정신을 차렸다는 소식입니다. 교회가 그 영광스러운 모습을 되찾고 있으며 교회 안에서 성령의 역사가 일어나고 있다는 소식입니다.

애굽 사람들이 요셉에게서 본 것은 애굽의 지위나 풍요로운 물질로 도저히 채울 수 없는 엄청난 갈망이었습니다. 그는 끊임없이 무언가를 기다리고 있었고 무언가를 갈망하고 있었습니다. 그것이 무엇이었습니까? 구약의 교회인 아버지의 집이 그 속에 가득 찬 죄를 버리고 영광스러운 모습을 되찾는 것이었습니다. 자신과 그 교회의 관계가 바르게 회복되는 것이었습니다. 그런데 마침내 형들이 회개한 것을 목도하고 그들과의 관계가 회복되었을 때, 그는 어린아이같이 통곡하며 기뻐했습니다. 진정한 하나님의 백성들은 교회가 온전해지지 않는 한 절대로 만족하지 못합니다. 아무리 이 세상에서 돈을 많이 벌고 사람들의 인정을 크게 받는다고 하더라도 하나님의 교회가 온전해지지 못하고 교회가 회복되지 못하는 한, 영영 채워지지 않는 갈망과 그리움과 공허함에 시달리게 됩니다. 그러나 교회가 살아 있고 그 교회로부터 은혜를 공급받을 수만 있다면 그가 이겨내지 못할 고난이 없습니다.

교회가 원래의 영광스러운 모습을 회복하는 것을 보는 것은 이 세상에 대단히 큰 축복입니다. 위정자들에게 가장 복된 일은 하나님의 교회가 그 영광과 생명력을 되찾는 부흥의 시대에 나라를 다스리는 것입니다. 그럴 때에는 사회와 정치와 문화 모든 부분에서 폭발적인 생명력이 나타나게 되어 있고, 사람들의 의식이 깨어나며 질서가 회복되고 모든 것이 거의 저절로 잘 되게 되어 있습니다. 부흥은 영적인 축복에서만 끝나지 않습니다. 사회 전반에서 역사가 나타나게 되어 있어요. 그러나 교회가 죽어 있으면 아무리 사회에 새로운 바람을 불러일으키려고 해도 마치 죽은 말에 채찍질을 하는 것처럼 아무 소용이 없습니다. 그 사회는 살아날 가능성이 없습니다.

오늘날 많은 사람들이 교회에 바라는 것이 무엇입니까? 비록 자기들은 세상 욕심에 찌들고 죄로 타락하더라도 교회만은 순결하고 아름다운 모습을 지키라는 것입니다. 세상이 타락할 대로 타락했을 때 마지막으로 기댈 수 있는 보루는 건강한 교회입니다. 건강한 교회가 버티고 서서 그들의 정신적인 지주가 되어 주어야 합니다. 교회는 이 세상의 마지막 등불입니다. 사람들은 교회를 미워하고 욕하면서도, 다른 한편으로는 교회만큼은 자기들과 다른 모습을 가져 주기를 여전히 바라고 있습니다.

애굽 사람들은 자신들의 생명을 구해 준 요셉이 갈망하던 대로 가족들과 관계를 회복한 것을 보면서 크게 기뻐했고, 바로는 애굽의 가장 좋은 땅을 내놓으면서 요셉의 가족들에게 가나안 땅을 버리고 오라고 했습니다.


## 요셉의 생존이 형들에게 가져다 준 선물

요셉이 살아 있다는 사실은 형들에게 어떤 선물을 가져다주었습니까? 단순히 물질적인 선물만이 아닙니다. 그것은 말로 표현할 수 없는 선물이었습니다. 만일 요셉이 그들의 생각처럼 죽어 버렸다면 그들은 하나님 앞에서 영원히 살인자가 되는 것입니다. 그러므로 죽은 줄만 알았던 요셉이 살아 있다는 사실 자체가 그들에게는 엄청난 선물이었습니다.

학교에서 아이들끼리 패싸움을 하다가 다같이 다른 한 명을 때려서 의식 불명의 상태에 빠뜨렸다고 합시다. 그들이 정말 소원하는 것은 제발 죽지만 말아 달라는 것입니다. 왜냐하면 살인과 단순한 폭력 사이에는 엄청난 차이가 있기 때문입니다. 그 아이가 죽어버리면 그들은 살인자가 되고 맙니다. 그런데 죽은 줄만 알았던 그 아이가 마침내 살아났다는 소식을 듣게 되었다면, 그 사실 자체가 이 세상 어떤 것보다 큰 선물이 될 것입니다.

형들의 심정이 바로 그런 것이었습니다. 그들은 지금까지 요셉이 죽은 줄만 알고 무거운 죄의식에 빠져서 살아왔습니다. 그런데 그 동생이 죽지 않고 살아 있는 것입니다. 그것은 살인의 무거운 죄짐을 벗겨 주는 큰 선물이었습니다.

요셉은 형들을 가나안 땅으로 보내면서 중간에서 서로 다투지 말라고 부탁합니다. 24절을 보십시오.

이에 형들을 돌려보내며 그들에게 이르되 당신들은 노중에서 다투지 말라 하였더라

왜 요셉은 형들에게 이런 부탁을 했을까요? 형들은 어린아이들이 아닙니다. 벌써 나이가 지긋이 들었어요. 그런데도 마치 어린아이에게 하듯이 길에서 다투지 말라고 굳이 충고하는 이유가 무엇입니까?

그 이유는 하나님의 백성들이 아니면 결코 이해할 수 없습니다. 하나님의 백성들에게는 늘 따라다니는 형사가 하나 있습니다. 그 형사는 바로 그들의 마음속에 있는 양심입니다. 그래서 모든 문제가 다 끝났음에도 불구하고 오히려 양심의 고통은 그때부터 다시 시작되는경우가 많습니다.

형들은 집으로 가는 길에 다시금 옛날의 그 순간을 되새기며 "그때 네가 그렇게 강경하게 나오지만 않았더라도 내가 그렇게까지는 하지는 않았을 텐데" 하면서, 한편으로는 자기의 죄를 인정하면서도 다른 한편으로는 자기가 그렇게 할 수밖에 없었던 이유를 다른 형제들에게서 찾으려고 할 가능성이 컸습니다. 이것은 집단으로 범죄했을 때 나타나는 현상입니다. 한편으로는 자신의 죄성을 시인하면서도 다른 한편으로는 그렇게 할 수밖에 없게 만든 환경이나 다른 사람의 충동질을 원망하는 것입니다.

오늘날 그리스도인들도 마찬가지입니다. 예전에 하나님을 잘 알지 못했을 때에는 별 생각 없이 남의 물건을 훔치기도 하고 성적인 죄에 빠지기도 하고 깨끗하지 못한 삶을 살기도 했습니다. 그런데 예수를 믿고 난 후에 보니 그것이 그렇게 가증하고 추악할 수가 없습니다. 그래서 그때부터 오히려 죄로 인한 양심의 고통이 느껴지고 심판의 두려움이 찾아오기 시작합니다. 이렇게 용서를 받은 후에도 가끔씩 찾아오는 죄의식 때문에 모든 기쁨을 잃고 침체에 빠질 수가 있습니다. 특히 그 죄를 잘 아는 가까운 사람들이 함께 있을 경우에는 마땅히 기뻐하고 감사해야 할 때 또다시 깊은 죄의식과 침체의 늪에 빠지게 되기 쉽습니다.

요셉은 형들이 집으로 돌아가는 길에 다시 마음에 양심의 가책이 일어나서 옛날의 죄를 부끄러워하며 스스로를 책망하거나 서로를 원망할 가능성이 크다는 것을 알았습니다. 또한 자신이 살아 있다는 것을 아버지에게 이야기할 때, 20년 동안 아버지를 속여 왔던 그들 자신의 부정직함에 또다시 죄의식을 느끼며 스스로 비하시킬 가능성이 있다는 것을 알았습니다. 그래서 자신이 이렇게 살아 있고 이 모든 일을 통해 하나님의 뜻을 이루게 되었으니 그것으로 다 끝난 것이 아니냐고 하면서, 자신은 전혀 형들을 비난할 생각이 없으므로 이 일로 스스로를 책망하거나 상대방의 허물을 들추어내서 서로를 아프게 하지 말라고 부탁하고 있는 것입니다.

"당신들은 노중에서 다투지 말라"는 이 말을 신약적으로 표현하면 "그리스도 예수 안에 있는 자에게는 결코 정죄함이 없나니"(롬 8:1)라고 할 수 있습니다. 우리는 모두 자신을 부끄럽게 만드는 무서운 죄에 대한 기억을 가지고 있습니다. 이것이 가끔 구원의 기쁨을 빼앗아 가며 우리를 깊은 침체의 늪에 빠뜨릴 때가 있습니다. 그러나 과거에 지은 죄는 그리스도께서 부활하심으로써 전부 정리되었습니다.

너무 정직한 것은 좋은 믿음이 아닙니다. 너무 정직해진 나머지 과거에 자기가 지은 죄를 전부 들추어내서 스스로 괴롭히고 학대하는 것은 좋은 믿음이 아니에요. 그리스도께서 우리를 정죄하시지 않는 이상 스스로 자신의 죄를 들추어내거나 아무리 가까운 사람이라 하더라도 그들이 과거에 지은 죄를 들추어내서 서로를 아프게 해서는 안 됩니다. 왜냐하면 이 모든 죄는 그리스도께서 살아나심으로써 하나님 앞에서 깨끗이 정리되었기 때문입니다.

예수를 믿고 난 후 가끔은 자신을 모르는 사람들 속에 들어가서 살고 싶다는 생각이 들 때가 있습니다. 나의 과거를 너무 잘 아는 사람들과 함께 신앙생활을 하다 보면 갑자기 부끄러워지면서 자신감을 잃는 순간들이 찾아오기 때문입니다. 그러나 하나님께서는 우리에게 놀라운 건망증을 주십니다. 다시는 나의 부끄러운 과거가 생각나지 못하게 하시고, 또 설사 기억난다 하더라도 그것으로 다시는 나를 정죄하지 못하게 하십니다.

요셉의 생존이 가져다 준 또 다른 놀라운 선물은 가장 약한 자에게 가장 큰 은혜가 부어졌다는 것입니다. 베냐민은 형제들 중에서 가장 약한 자였습니다. 그는 태어나면서 어머니를 잃었고 형마저 잃음으로써 그 가정에서 가장 연약한 자로 살았습니다. 물론 아버지가 베냐민을 끔찍하게 아끼기는 했지만, 그것은 그가 너무 어리고 약하기 때문이었습니다. 그러나 요셉이 살아 있음으로써 베냐민은 그 누구보다 많은 선물을 받게 되었습니다. 요셉은 베냐민을 자신과 같이 생각했습니다. 단지 같은 어머니에게서 태어났기 때문이 아닙니다. 고난받는다는 점에서 같은 입장에 있었기 때문입니다. 요셉은 형들에게 모두 선물을 주었지만 특히 베냐민한테는 은 삼백과 옷다섯 벌을 주었습니다. 그것은 그가 그만큼 베냐민의 고통에 공감했고, 어려움 가운데 있는 베냐민을 사랑했다는 뜻입니다.

그리스도 앞에서 가장 존귀한 대접을 받게 되는 사람이 누구입니까? 교회 안에서 가장 강한 자가 결코 아닙니다. 교회 안에서 가장 인정받는 자가 결코 아닙니다. 그리스도 앞에서 가장 존귀한 대접을 받는 자는 아무도 알아주지 않는 가장 약한 자입니다. 그리스도로 인하여 너무나 연약해져서 누군가 보호해 주지 않으면 도저히 살 수조차 없는 그 사람이 가장 존귀한 대접을 받습니다.

저는 제가 주님 앞에서 큰 상을 받으리라고 생각지 않습니다. 제가 하고 있는 일은 목사로서 당연히 해야 하는 일이고, 저는 목사로서 꼭 해야 하는 일들 중에 너무나도 많은 것을 못하고 있기 때문입니다. 오히려 다른 사람들보다 약한 자리에 있으면서도 그 자리에서 감사하는 그 사람들이야말로 주님 앞에서 갑절의 축복을 받으며 가장 존귀한 선물을 받을 것입니다. 사랑하는 여러분, 다른 사람들이 알아주지 않는다고 해서 낙심하지 마십시오. 주님은 여러분을 기억하고 계시며 여러분의 고통을 자신의 고통으로 여기고 계십니다.

그 증거를 우리는 때때로 이 세상에서도 볼 수 있습니다. 그대로 있으면 이 세상에서 얼마든지 잘살 수 있음에도 불구하고 그리스도와 그분의 말씀 때문에 스스로 모든 것을 버리고 연약한 자리에 거하는 사람들에게 주님이 놀라운 상급을 주시는 것입니다. 이처럼 그리스도 안에서 가장 약한 자가 존귀한 자이며 주님을 위해 많은 것을 버리는 사람이 가장 많은 것을 얻는다는 것을 이 세상에서도 보여 주실 때가 있습니다. 주님을 위하여 명예와 재산을 버린 사람은 그 이상의 존귀함을 입을 것입니다. 주님으로 인하여 가정의 축복을 누리지 못한 사람은 그 이상의 상급을 받을 것입니다.

## 야곱의 찬송

가나안 땅에 있던 야곱은 요셉이 살아 있을 뿐 아니라 애굽의 총리가 되었다는 소식을 들었을 때 어떤 반응을 보였습니까?

그들이 애굽에서 올라와 가나안 땅으로 들어가서 아비 야곱에게 이르러 고하여 가로되 요셉이 지금까지 살아 있어 애굽 땅 총리가 되었더이다 야곱이 그들을 믿지 아니하므로 기색하더니 그들이 또 요셉이 자기들에게 부탁한 모든 말로 그 아비에게 고하매 그 아비 야곱이 요셉의 자기를 태우려고 보낸 수레를 보고야 기운이 소생한지라 (45: 25-27)

야곱은 요셉이 살아 있을 뿐 아니라 애굽의 총리가 되어 있다는 말을 도저히 믿을 수가 없어서 기색했습니다. '기색했다'는 뜻은 잠시 정신을 잃었다는 뜻입니다. 그는 너무나도 엄청난 이 사실을 도저히 믿을 수가 없었고, 그 정신적인 충격에서 벗어날 수가 없었습니다. 그는 아들들이 요셉이 했던 말로써 간곡하게 이야기하는 것을 듣고 요셉이 보낸 수레를 보고서야 비로소 겨우 정신을 차릴 수 있었습니다. 정신을 자란 야곱은 28절에서 무엇이라고 합니까?

이스라엘이 가로되 족하도다 내 아들 요셉이 지금까지 살았으니 내가 죽기 전에 가서 그를 보리라

요셉을 잃은 후 야곱의 마음 깊은 곳에는 하나님께 대한 원망이 있었습니다. 그것은 '왜 하나님께서는 하필 내가 가장 사랑하

는 아들 요셉을 데려가셨는가? 왜 하필 나에게 가장 소중한 것을 빼앗아 가셨는가?' 하는 원망이었습니다. 그는 이 세상에 살 낙이 없었습니다. 그저 죽지 못해 살 뿐이었습니다. 그런데 이 기쁜 소식을 통해 드러난 것이 무엇입니까? 하나님께서 요셉을 빼앗아 가신 것이 아니라 잠시 빌려 가신 것이며, 이제 그 요셉을 되돌려 주실 뿐 아니라 엄청난 선물까지 함께 주신다는 것입니다.

야곱은 결국 하나님 앞에서 손해 본 것이 하나도 없었습니다. 오히려 손해 보았다고 생각한 그것을 통해 엄청난 것을 되돌려 받았습니다. 하나님께서는 야곱에게 요셉을 돌려주셨을 뿐 아니라 몇 곱절이나 더 갚아 주셨으며, 더욱이 이 요셉으로 인해 놀라운 구원을 이루는 은혜를 주셨습니다.

결국 야곱의 입에서 어떤 말이 나오게 되었습니까? 이제는 하나님 앞에 원망하거나 불평할 것이 아무것도 없다는 것입니다. "오, 하나님! 도대체 나 같은 죄인이 하나님 앞에서 무슨 자격이 있다고 이토록 엄청난 은혜와 축복을 주십니까?"라는 감사의 찬송입니다.

우리는 예수 그리스도 때문에 때로는 직장을 잃고 때로는 학위를 포기하고 때로는 가족의 사랑을 잃고 하나님을 원망합니다. 무슨 원망을 합니까? 왜 나에게 가장 중요한 것을 빼앗아 가시느냐는 것입니다. 다른 것도 아니고 왜 하필 나에게 절대 없어서는 안 될 '이것'이나 '이 사람'을 가져가시느냐는 것입니다.

그러나 여러분, 그리스도로 인하여 잃어버린 것은 잃어버린 것이 아닙니다. 그리스도로 인하여 잃어버린 것은 모두 대제사장이신 그분의 가슴에 빛나는 보석으로 영원히 남아 있습니다. 하나님께서는 내가 잃어버린 것에 기름을 부어서 수많은 영혼을 살리시고 몇 곱절로 갚아 주심으로써 결국 하나님 앞에서 감격하지 않을 수 없게 만드십니다.

예수로 인하여 잃어버리는 것은 잃어버리는 것이 아니라,

잠시 하나님께 빌려 드리는 것입니다.

야곱은 요셉을 잃었지만 사실은 잃은 것이 아니었습니다. 하나님께서 잠시 빌려 가셨을 뿐입니다. 그 대신 하나님은 요셉을 통해 놀라운 구원을 이루셨고, 그를 돌려주실 때에는 병들고 지친 노예로서가 아니라 가장 존귀하고 영광스러운 구원자로서 돌려주셨습니다.

그리스도 때문에, 신앙 때문에 무언가를 잃었습니까? 하나님을 원망하지 마십시오. 그때 함부로 하나님을 원망하고 불평하면 야곱처럼 기쁜 소식을 듣고서도 기절하기 쉽습니다. 하나님이 내 것을 무단으로 빌려 가실 때 오히려 기뻐하십시오. 예루살렘으로 입성하시는 그리스도께서 돈 한 푼 주지 않고 나귀를 빌리셨던 일을 기억하십시오. 그 나귀는 결국 구원을 이루는 나귀, 예언을 성취하는 나귀, 축복의 나귀가 되었습니다. 예수 때문에 내 아들을 잃었고 내 아버지를 잃었고 내 학문을 잃었다고 생각하지 마십시오. 하나님께서는 나에게서 아무것도 빼앗아 가시지 않습니다. 단지 잠시 빌려 가시는 것이며, 그것을 다시 돌려주실 때에는 거기에 기름을 부으셔서 수많은 사람들을 구원하시며 몇 곱절로 갚아 주실 것입니다.

결국 신앙은 그리스도로 인하여 무언가 중요한 것을 잃는 것입니다. 주님을 인하여 잃은 것이 있는 자마다 "오 주여, 만족합니다! 나 같은 죄인에게 베푸신 은혜가 너무나도 큽니다. 이제는 하나님 앞에 부족한 것이 아무것도 없습니다. 저는 하나님 앞에서 잃어버린 것이 하나도 없습니다!" 하는 감사와 찬송을 드리게 될 것입니다.

# 24

# 가나안 시대의
# 종언

콜럼버스의 신대륙 발견은 단순히 새로운 대륙을 하나 발견한 일로 끝나지 않았습니다. 그것은 지중해 시대가 끝나고 대서양 시대가 새로이 열린다는 신호였습니다. 콜럼버스가 신대륙을 발견하기 전까지 사람들은 지중해가 세계의 전부인 줄 알았습니다. 그래서 지중해의 패권을 장악하는 자가 세계의 주인공이 된다고 생각해서, 그 좁은 바다를 두고 그렇게 열심히 싸웠습니다. 그러나 새로운 대륙의 발견으로 사람들은 더 넓은 세계로 향하여 뻗어 나가게 되었고, 그때까지 호황을 누리던 지중해의 도시들은 영원한 기억 속의 도시로 몰락하게 되었습니다. 오늘 본문에서 우리는 애굽의 총리가 된 요셉이 아버지와 형제들을 애굽으로 초청함으로써, 야곱이 모든 가속과 가축을 거느리고 애굽으로 이민하는 장면을 보게 됩니다. 이 야곱 가족의 이민은 화려했던 가나안 시대가 드디어 끝나고 애굽 시대가 새로이 열린다는 것을 의미했습니다.

그동안 가나안 땅은 믿음의 조상들에게 어떤 의미가 있었습니까? 가나안 땅은 그들의 믿음을 연주할 수 있는 무대였습니다. 믿음의 조상들은 소유지도 없고 도와줄 사람도 없는 이 새로운 땅으로 이주해서 오직 하나님의 말씀 하나만을 붙들고 자신의 삶을 연주해야만 했습니다. 아브라함과 그 아들 이삭이 그러했고, 손자 야곱도 마찬가지였습니다. 오히려 그들은 가나안 땅에 적응하지 않으면서 믿음으로 하나님의 말씀을 실천해야 했습니다. 그렇게 할 때 하나님께서는 그 후손들에게 가나안 땅을 영원한 유업으로 주겠다고 약속하셨습니다.

그런데 오늘 본문에서 야곱은 모든 가족들을 이끌고 애굽으로 이민을 옵니다. 우리에게 중요한 것은 이 집단 이민의 의미입니다. 이것은 지금까지 그들이 붙들어 왔던 믿음의 포기입니까? 아니면 새로운 시작입니까?

## 브엘세바의 예배

요셉과 바로의 초청을 받은 야곱은 애굽으로 이민할 것을 결정하고 드디어 가나안 땅을 떠납니다. 그런데 야곱은 애굽으로 바로 직행하지 않고 가나안 땅의 경계선인 브엘세바에서 하나님께 희생의 제사를 드립니다. 46장 1절을 보십시오.

> 이스라엘이 모든 소유를 이끌고 발행하여 브엘세바에 이르러 그 아비 이삭의 하나님께 희생을 드리니

여기서 야곱이 가나안 땅의 경계를 그냥 통과하지 못하고 거기서 하나님께 희생의 제사를 드리는 이유는 무엇입니까? 물론 그동안 가나안 땅에서 자기를 지켜주시고 함께하셨던 하나님께 감사드리는 의미가 있었을 것입니다. 그러나 더 큰 이유는 그동안 그토록 중요하게 붙들어 왔던 가나안 땅을 과연 이런 식으로 떠나도 되는가 하는 의문에 있었습니다. 할아버지 아브라함은 이 약속의 땅을 얼마나 중요시했던지, 아들의 아내를 구하는 일로도 아들이

직접 가나안 땅을 떠나지 못하게 막고 종을 대신 보냈습니다. 또 야곱 자신은 너무나도 쉽게 이 약속의 땅을 떠났다가 천신만고 끝에 가나안 땅으로 다시 돌아와 믿음으로 살아왔습니다. 이처럼 가나안 땅은 그들이 믿음을 실천해야 하는 무대였습니다. 하란에 있을 때에는 믿음을 실천할 여지가 없었어요. 땅이 있고 집이 있고 가족이 있고 온갖 것이 다 갖추어져 있는 곳에서 믿음으로 살 필요가 뭐가 있었겠습니까? 그래서 돈이 있고 여유가 있는 사람들은 신앙생활도 취미생활 하듯이 합니다. 학벌이 있고 자기 집이 있고 돈이 있고 든든한 직장이 있는데, 기도하지 않아도 한 달 지나면 월급 나오고 사람들이 나를 인정해 주는데, 힘들게 기도할 필요가 뭐가 있고 믿음으로 살아야 할 이유가 뭐가 있습니까? 그냥 놀듯이 신앙생활하면 되지요. 그러나 가나안 땅은 결코 취미로 하나님을 믿을 수 있는 곳이 아니었습니다. 기를 쓰고 말씀을 붙들지 않으면 저절로 동화될 수밖에 없는 곳이었습니다.

그런데 야곱은 이제 그 믿음의 무대를 떠나서 새로운 곳으로 이민을 가려 하고 있습니다. 이 시점에서 그가 가나안의 경계선에 멈추어 하나님께 희생 제사를 드리는 이유가 무엇이겠습니까? 다시 한 번 하나님의 뜻을 묻는 것입니다. 자신들의 모든 상황으로 볼 때에는 가나안 땅을 떠날 수밖에 없습니다. 그러나 지금까지 하나님께서 말씀하신 바에 따르면 이 땅을 떠나는 것은 곧 믿음의 삶을 포기한 것입니다. 이를테면 운동선수가 운동장을 떠나는 것과 같습니다.

그래서 야곱은 지금 가나안 땅을 떠나면서 하나님께 다시 한 번 질문하는 기도를 드리고 있습니다. "하나님, 저는 지금 가나안 땅을 떠나고 있습니다. 저희의 모든 상황으로 볼 때 애굽으로 떠나지 않을 수 없는 형편입니다. 그러나 하나님께서는 지금까지 어떤 경우에도 가나안 땅을 떠나지 말라고 말씀하셨습니다. 그런데 이렇게 가나안 땅을 떠나도 되겠습니까? 혹시 이것이 믿음의 삶을 포기하는 행동은 아닙니까? 이렇게 가나안 땅을 떠나고 나면 이 땅을 저희들에게 주시겠다고 하신 그 약속이 무효가 되는 것은 아닙니까? 하나님이 원하시지 않으면 지금이라도 가나안 땅으로 돌아가겠습니다. 저는 결코 믿음의 싸움을 포기하고 싶지 않기 때문입니다. 오, 하나님 지금 저는 어떻게 하면 좋습니까? 우리의 길을 인도하여 주십시오."

이 예배는 무엇을 보여 주고 있습니까? 야곱의 믿음과 영적인 성숙을 보여 주고 있습니다. 지금까지 자신이 하나님의 뜻으로 생각하고 붙들어 왔던 것이 갑자기 하나님의 뜻이 아닌 것으로 드러날 때, 우리는 엄청난 혼란과 딜레마에 빠집니다. 지금까지 내 결혼상대로 생각했던 사람이 그렇지 않은 것으로 드러날 때, 또는 내가 분명히 취직할 것으로 생각했던 직장에서 거절당했을 때, 엄청난 좌절과 함께 "그렇다면 지금까지 내가 하나님의 뜻으로 알아 왔던 것은 도대체 무엇이었을까? 하나님은 왜 나한테 이랬다저랬다 하시는 걸까? 이렇게 일관성이 없는 하나님을 계속 믿어도 될까?" 하는 원망과 의심이 몰려오게 마련입니다.

그러나 야곱은 그렇지 않았습니다. 설사 지금까지 자신이 하나님의 뜻으로 생각하고 붙들어 왔던 것과 다른 결과가 나타난다 해도 여전히 하나님은 찬양받으실 분임을 인정했습니다. 그래서 그는 혼란과 절망에 빠지는 대신 하나님께 예배를 드렸습니다. 이 예배가 의미하는 것이 무엇입니까? '하나님, 저는 제가 죽을 때까지 가나안 땅에 있는 것이 하나님의 뜻인 줄 알았습니다. 그리고 제 아들들도 저와 마찬가지로 이 가나안 땅에서 믿음으로 싸우는 것이 하나님의 뜻인 줄 알았습니다. 그러나 지금 우리는 애굽으로 이민을 가야만 하는 처지가 되었습니다. 여기에 대해 제 마음속에는 이해되지 않는 부분과 약간의 혼란이 있습니다. 지금까지 하나님이 말씀하시고 약속하신 것과 실제로 나타난 결과가 다르기 때문입니다. 그러나 이렇게 이해되지 않는 부분들이 있고 제 마음이 완전히 정리가 되지 않았다고 해서 하나님이 찬양받지 않으셔야 한다고는 생각하지 않습니다. 하나님, 저는 하나님을 찬양합니다. 하나님의 이름을 높입니다. 부족한 가운데서, 연약한 가운데서, 이 혼란 가운데서 하나님께 영광을 돌립니다. 하나님, 저의 길을 인도하여 주시옵소서.' 이것이 브엘세바에서 야곱이 드린 예배가 갖는 의미였습니다.

우리는 어려움과 혼란에 빠지면 하나님께 예배드리는 일부터 생략해 버립니다. '이렇게 힘들어하면서 하나님께 예배드릴 수는 없어. 내가 이런 식으로 예배드리는 것은 결코 바람직하지 않다구. 내가 기분 나쁠 때는 하나님도 예배 받으시면 안 돼' 하면서 나를 힘들게 만드는 그 문제에 완전히 빠져 버립니다. 그러나 야곱은 그렇게 생각하지 않았습니다. 자신이 아무리 혼란 가운데 있다 해도, 지금까지 하나님이 말씀하신 것과 나타난 결과가 아무리 다르다 해도, 지금까지 하나님이 말씀하신 것과 나타난 결과가 아무리 다르다 해도, 여전히 하나님은 예배받으시기에 합당한 분이며 자신은 그분을 찬양해야 한다고 생각했습니다.

그날 밤, 하나님께서 야곱에게 나타나셨습니다.

> 밤에 하나님이 이상 중에 이스라엘에게 나타나시고 불러 가라사대 야곱아 야곱아 하시는지라 야곱이 가로되 내가 여기 있나이다 하매 하나님이 가라사대 나는 하나님이라 네 아비의 하나님이니 애굽으로 내려가기를 두려워 말라 내가 거기서 너로 큰 민족을 이루게 하리라 내가 너와 함께 애굽으로 내려가겠고 정녕 너를 인도하여 다시 올라올 것이며 요셉이 그 손으로 네 눈을 감기리라 하셨더라(46:2-4).

하나님께서 이상 중에 야곱에게 나타나신 것은 그가 야곱의 기도에 응답하셨다는 뜻입니다. 하나님이 응답하시는 예배의 특징은, 예배 가운데 하나님의 임재를 경험하며 내 문제에 대한 하나님의 음성을 거의 육성에 가깝게 들을 수 있다는 것입니다. '그럴 수도 있겠다' 하는 식의 개연성만 있는 말씀이 아닙니다. 너무나도 분명하게 나의 가슴에 와서 박히는 강력한 말씀입니다. 브엘세바의 예배는 야곱이 가장 복잡한 마음으로 드린 예배였습니다. 요셉이 살아 있다는 것은 정말 기쁜 소식입니다. 그러나 그는 죽을 때까지 가나안 땅을 떠나지 않으리라 결심했고, 아마 자식들에게도 여러 번 그 뜻을 밝혔을 것입니다. 양식을 구하러 자신이 직접 나서지 않은 것도 단순히 늙었기 때문만은 아니었을 거예요. 그러나 이제 그는 가나안 땅을 떠나고 있습니다. 이것이 하나님의 뜻에 대한 불순종이나 신앙적인 패배를 의미하는 것은 아닐까요? 이렇게 자신이 지금까지 거듭 밝혀 온 입장과 모순되는 행동을 하는 것은 영적인 후퇴나 은퇴가 아닐까요?

하나님께서는 이런 야곱의 의문에 명쾌하게 대답해 주십니다. 그가 애굽으로 내려가는 것은 결코 하나님의 뜻에 대한 불순종이나 영적인 패배가 아니라는 것입니다. 그가 애굽으로 내려가는 것은 이제 가나안 시대가 끝났기 때문이며, 큰 민족을 이루게 하시려는 하나님의 약속이 성취되는 과정이기 때문이라는 것입니다. 하나님께서는 그분이 친히 야곱과 함께 애굽으로 내려가실 것이며, 요셉이 그의 눈을 감길 것이라고 말씀하셨습니다.

요셉이 야곱의 눈을 감긴다는 데에는 대단히 중요한 의미가 있습니다. 우리 민족은 부모님의 임종을 아주 중요하게 생각합니다. 그래서 어떻게 해서든지 자식들이 부모님의 임종을 지켜보아야 하며 그 손으로 부모님의 눈을 감겨 드려야 한다고 생각합니다. 그러나 여기에서 요셉이 야곱의 눈을 감겨 준다는 것은 그런 의미에서 하신 말씀이 아닙니다. 이것은 '너는 내 약속의 성취를 다 보지 못할 것이다. 너를 통해 성취되지 못한 내 뜻은 요셉의 손에 넘겨질 것이다'라는 뜻입니다. 즉 요셉이 야곱의 눈을 감기는 일에는 마치 사령관의 임무 교대와 같은 의미가 담겨 있는 것입니다. 야곱이 그토록 갈망했던 하나님 나라의 소망은 그의 당대에 이루어지지 않을 것입니다. 그 소망은 요셉이라는 새로운 지도자에게 넘어갈 것입니다.

우리는 이것을 보면서 하나님의 나라가 어느 한 사람의 손으로 완전히 이루어진다는 것은 불가능하다는 사실을 알게 됩니다. 눈물로 씨를 뿌리는 사람이 있는가 하면 그 열매를 거두는 사람이 있습니다. 한평생 눈물로 말씀의 씨를 뿌렸으면서도 복음의 열매를 보지 못하고 죽는 사람이 있는가 하면, 앞서 뿌려 놓은 씨를 앉아서 거두는 사람이 있습니다. 한 사람이 자기 일생에 하나님 나라의 모든 모습을 다 본다는 것은 불가능한 일입니다.

오늘 우리도 마찬가지입니다. 아무리 자신이 지금까지 하나님의 뜻으로 믿고 붙들었던 것과 정반대되는 결과가 나타났다 하더라도 침체에 빠져서 하나님께 영광 돌리기를 거부해서는 안 됩니다. 내가 혼란 가운데 있고 아직 나에게 하나님의 뜻이 명확하게 나타나지 않았다 하더라도 여전히 하나님은 우리의 경배와 찬양을 받으시기에 합당한 분이십니다.

우리도 야곱처럼 때때로 이러한 예배를 드립니다. 자신이 생각했던 하나님의 뜻과 전혀 다른 결과가 나타났을 때에도 함께 모여 하나님을 경배합시다. 예배를 드리면서 우리의 마음속에 있는 의문과 풀리지 않는 부분에 대해 하나님의 뜻을 구합시다. "하나님, 지금 일어나고 있는 일은 제가 알고 믿어 온 당신의 뜻과는 너무나도 다른 것입니다. 하나님, 저는 지금 어디로 가고 있습니까? 저의 길을 인도하여 주소서."

그러면 하나님께서 명확하게 우리의 길을 인도하여 주실 것입니다. 과거에 붙들었던 것을 홀가분하게 내려놓고 새로운 마음으로 걸어갈 수 있게 하실 것입니다.

## 이 이민이 의미하는 것

하나님의 말씀을 들은 야곱은 기쁜 마음으로 애굽으로 향합
니다.

> 야곱이 브엘세바에서 발행할새 이스라엘의 아들들이 바로의 태우려
> 고 보낸 수레에 자기들의 아비 야곱과 자기들의 처자들을 태웠고 그
> 생축과 가나안 땅에서 얻은 재물을 이끌었으며 야곱과 그 자손들이
> 다 함께 애굽으로 갔더라 이와 같이 야곱이 그 아들들과 손자들과 딸
> 들과 손녀들 곧 그 모든 자손을 데리고 애굽으로 갔더라(46:5-7).

우리가 생각해야 할 것은 지금까지 하나님께서 믿음의 조상
들에게 가나안 땅에 살 것을 그토록 거듭해서 강조하셨으면서, 왜
이제 와서 야곱과 그의 자손들을 애굽으로 이민하게 하시느냐 하는
점입니다. 다시 말해서 왜 하나님의 뜻은 일관되지 못하고 이랬다
저랬다 하느냐 하는 것입니다.

여기서 우리가 분명히 말할 수 있는 것 한 가지는, 이제 하
나님 앞에서 가나안 시대는 끝났다는 것입니다. 하나님께서는 믿음
의 조상들을 가나안에서 애굽으로 옮기심으로써 당신의 촛대를 가
나안 땅에서 옮기고 계십니다. 지금까지 하나님께서는 가나안 땅을
계시의 무대로 사용하셨습니다. 하나님의 놀라운 말씀은 가나안 땅
에 살고 있는 믿음의 사람들을 통하여 넘치게 나타났습니다. 그들
의 삶 자체가 복음이었고 생명이었습니다. 그런데 하나님께서는 이
제 그 촛대를 애굽으로 옮기고 계십니다. 왜 그렇게 하십니까? 이제
더 이상 가나안에서 복음의 불꽃이 타올라야 할 이유가 없기 때문
입니다.

가나안에는 아브라함이나 이삭이나 야곱의 그 놀라운 믿음
의 삶을 보고서도 하나님께 돌아오는 사람이 거의 없었습니다. 그

들 중에서 하나님께 돌아온 자는 겨우 유다의 며느리 다말 정도였습니다. 그러니까 아브라함이나 이삭이나 야곱이 한 일은 기껏해야 자신의 믿음을 지킨 것과 자신의 아들들을 구원한 것이 전부였던 것입니다. 그나마 아들들도 모두 구원받은 것이 아닙니다. 이스마엘이나 에서 같은 경우는 그들의 자녀임에도 불구하고 하나님을 떠나 버렸습니다.

예전에 우리나라에는 예수를 전혀 믿지 않는 집안에 믿는 처녀 한 사람이 시집가서 복음의 씨를 뿌리는 경우가 많았습니다. 그 시절에는 가야 했기 때문에 믿음 없는 집에 시집가서 핍박당하는 일이 많이 있었습니다. 그런데 시집이 완고하면 완고할수록 새로이 믿는 사람이 생기지 않았습니다. 그럴 때 믿는 여성이 할 수 있는 일은 자신이 낳은 아이들 중 몇 명을 그리스도인으로 만드는 것 정도였습니다. 저희 집안도 그랬습니다. 어머니가 전혀 신앙 없는 집안에 시집와서 얻은 열매는 저희 형제들이 전부이고, 그나마 그 형제들도 다 믿는 것은 아닙니다. 우리 친척들이 얼마나 하나님의 말씀에 완고했고 무관심했는지 모릅니다. 하나님께서는 아브라함과 이삭과 야곱을 통해 엄청난 은혜를 가나안 땅에 보여 주셨습니다. 하나님의 은혜가 물 붓듯이 쏟아졌다고 해도 과언이 아닐 정도로 성령을 쏟아 부으셔서 놀라운 믿음의 삶을 살게 하셨고 복음의 광채가 빛나게 하셨습니다. 그러나 거기에서 얻은 열매라고는 겨우 야곱의 열두 아들 정도였습니다. 이것을 보면 가나안 사람들이 얼마나 하나님 앞에서 교만했고, 자신들의 영혼에 무관심했으며, 하루하루 먹고사는 문제에만 빠져 있었는가를 알 수 있습니다.

실제로 복음의 열매가 가장 적은 곳은 사람들이 세속화되어 있는 곳입니다. 어느 시대 어느 곳에 사는 사람들에게든 가장 중요한 것은 자신들의 영혼에 대한 질문입니다. 사람이 왜 살아야 하느냐, 죽고 난 후에는 어떻게 되느냐, 어떤 삶이 가치 있는 삶이냐를 반드시 질문해야 합니다. 그런데 사람이 세속화되면 먹고사는 문제에 빠져서 인간의 본질적인 문제에는 더 이상 관심을 갖지 않게 됩니다. 이것은 인간으로서 마지막 끈을 끊어 버리는 것과 같습니다. 갈비를 맛있게 먹으면서, 영화를 재미있게 보면서 인간다워질 수 있는 마지막 끈을 끊어 버리는 것입니다.

지금의 우리나라 사람들이 그렇습니다. 지금 우리나라 사람들은 근본적인 문제에 대해 질문하는 일을 '재수 없다'고 말합니다. 10년 전만 해도 술자리에서 가장 중요한 이야깃거리는 종교적인 것이었습니다.

그래서 주로 술자리를 주도하는 사람은 교회 다니다가 타락한 사람들이었어요. 저마다 자기들이 알고 있는 성경 이야기를 막하다가 결국은 '내게 강 같은 평화' 부르면서 술자리를 끝내는 경우가 많았습니다. 그러나 지금은 그렇지 않습니다. 종교적인 문제를 꺼내면 재수 없다고 합니다. 지금까지는 하나님께서 믿음의 조상들을 통해 가나안 땅에 복음의 역사를 퍼부어 주셨지만 이제는 더 이상 그렇게 하실 이유가 없었습니다. 그럴 때 하나님께서 하시는 일은 그 무대를 옮기시는 것입니다. 이제 하나님께서는 가나안 땅을 철저한 어둠 가운데 내버려 두신 채 멸망을 준비하게 하십니다.

야곱과 그 아들들이 가나안 땅을 떠남으로써 가나안은 철저한 암흑기를 맞이하게 됩니다. 그 후로 이 땅은 신앙적으로나 세상적으로 아무 의미도 얻지 못한 채 철저하게 잊혀집니다. 그들이 다시 역사의 무대에 등장하는 것은 이스라엘 백성들에게 무참하게 멸망당하기 위해서입니다. 지금 야곱과 그의 가족들이 애굽으로 떠나는 것은, 이제 가나안 사람들은 구원받을 가치가 없는 자들이 되었으며 그들의 모든 희망은 사라져 버렸다는 것을 의미합니다. 하나님께서는 그들에게서 촛대를 옮겨 버리셨습니다.

세계사나 교회의 역사를 보면 이와 비슷한 일들이 너무나도 많이 일어났던 것을 볼 수 있습니다. 한때는 복음의 광채가 가장 환하게 비치던 곳인데 얼마 지나지 않아 촛대가 다른 곳으로 옮겨짐으로써 역사의 무대에서 영원히 묻히고 만 곳들이 많습니다. 요한 계시록에서 주님은 첫사랑을 잃어버린 에베소 교회를 향하여 촛대를 옮기겠다고 말씀하십니다. 그 당시에 에베소는 가장 말씀이 풍성한 곳이었고 복음이 빛나는 곳이었습니다. 그러나 지금 에베소는 역사 속에 이름만 남아 있을 뿐, 더 이상 세계 역사의 중심에 서 있지 못합니다. 에베소는 화석 같은 도시가 되어버렸습니다.

영국에서 청교도들이 신대륙으로 집단 이민을 간 것은 역사의 무대가 유럽에서 신대륙으로 옮겨진다는 것을 의미했습니다. 그전까지만 해도 신대륙은 총을 좀더 빨리 뽑는 사람들이 설치는 무법천지였습니다. 그러나 하나님께서 믿음의 사람들을 그 황무한 곳으로 옮기심으로써 역사의 중심은 유럽에서 신대륙으로 옮겨지게 되었습니다.

한동안 우리나라는 주위 사람들의 주목을 받았습니다. 그러나 이제는 서서히 침몰해가고 있습니다. 그 이유가 어디에 있습니까? 사람들이 너무나도 세속화되어서 먹고 마시는 일에 집중하느라 삶의 근본적인 질문을 잃어버렸기 때문입니다. 먹을 때도 목숨 걸고 먹고, 입을 때도 결사적으로 사 입습니다. 너무 쉽게 잘살려고 하고 너무 쉽게 돈을 벌려고 합니다. 그러면서 근본적인 질문에 대해서는 전혀 관심을 갖지 않습니다. 하나님의 촛대가 다른 곳으로 옮겨지고 있습니다. 이제는 더 이상 강단에서 능력의 말씀을 들을 수가 없고, 이렇게 말씀을 듣지 못하다 보니 제멋대로 자기 생각을 하나님의 뜻으로 밀어붙이는 일들이 많이 생기고 있습니다.

이번에 제가 간 교회는 한때 아주 크고 유명했던 교회였습니다. 그러나 지금은 깊이 침체되어 있었습니다. 젊고 똑똑한 사람들은 다 떠나 버렸고, 남이 있는 사람들도 서로 사랑하지 않았습니다. 모든 상황이 너무나도 어려웠고 성도들은 서로를 힘들게 만들고 있었습니다. 그런데 하나님의 말씀이 들렸을 때 그들 모두가 살아나는 것을 저는 보았습니다. 그것을 보면서 얼마나 많이 울었는지, 얼마나 기뻐하여 감사했는지 모릅니다. 그들의 가슴속에서 다시 불꽃이 피어오르고 있었습니다.

여러분, 촛대가 옮겨지면 안 됩니다. 주위에 믿음의 싸움을 싸우는 사람이 있는데도 자기는 먹고사는 문제에만 관심을 가지고, 자기 아이만 챙겨서 좋은 학교 보내려고 하고, 자기 외모만 꾸미려고 하면 하나님의 촛대는 옮겨지게 되어 있습니다. 하나님은 절대로 속지 않으십니다. 믿는 형식만 가지고 있을 뿐 실제로 구원의 감격은 잊어버린다면 하나님의 촛대는 옮겨지게 되어 있습니다. 약게 믿으려 드는 것은 스스로를 속이는 일입니다. 그런 사람은 자신이 누리고 있던 것들의 단물을 빨아먹으면서 서서히 쇠퇴하게 되어 있습니다. 그동안 번창했던 것이 있기 때문에 금방 몰락하지는 않을 거예요. 그러나 그것이 더 무서운 것입니다. 가진 것이 하나도 없으면 오히려 정신을 차릴 텐데, 그동안 벌어 놓은 게 있기 때문에 자신이 병들었다는 사실조차 모른 채 죽어 가게 되기 때문입니다.

주위에서 누군가 믿음의 싸움을 싸우고 있다면 그것을 보는 내 가슴에도 불이 붙어야 합니다. 나도 그렇게 살겠다는 결단을 내려야 하며, 먹고사는 문제를 떠나 내가 사는 이유와 나를 향한 하나님의 뜻에 대해 다시 한 번 질문을 던져야 합니다.

이제 야곱의 가족들이 애굽으로 옮겨 감으로써 하나님의 나라는 새로운 단계로 접어들게 됩니다. 개인이 어떻게 신앙생활을 하느냐 하는 단계에서, 집단 안에서 하나님의 율법이 어떻게 나타나야 하느냐 하는 단계로 바뀌게 된 것입니다. 가나안 시대의 믿음은 개인의 윤리와 관계가 있었습니다. 즉 한 사람 한 사람이 하나님의 말씀으로 변화되어, 주위에 지지해 주는 사람이 아무도 없는 가운데서도 자신의 믿음을 지키고 새로운 삶을 보여 주는 일과 관계가 있었던 것입니다.

그러나 애굽에서의 믿음은 집단적인 윤리와 관계가 있습니다. 이스라엘 자손들은 애굽에서 수적으로 엄청나게 증가합니다.

그러나 그러한 수적 증가가 곧 하나님 나라의 실현을 의미하는 것은 아니었습니다. 그들은 하나님의 능력으로 애굽에서 구원을 받아야만 했으며 시내산에서 하나님과 백성의 언약을 맺고 서로에 대한 사랑의 의무를 짊어져야 했습니다. 그때서야 비로소 그들은 하나님의 백성으로 태어날 수 있었습니다. 이처럼 신앙은 아브라함이나 이사기나 야곱이 보여 준 것과 같은 개인적인 변화로부터 공동체의 변화로, 그리고 우주적인 변화로 발전해야만 했습니다.

신앙이란 나 혼자 잘 믿는 것이 아닙니다. 혼자 기도 잘하고 큐티 잘하는 것이 아니에요. 신앙은 반드시 다른 사람들과의 새로운 관계로 나타나야 합니다. 나 혼자 잘 믿는 것은 가나안 시대의 윤리입니다. 물론 내 주위에 하나님을 믿는 사람이 아무도 없을 때에는 나 혼자서라도 하나님의 말씀을 붙들고 싸우면서 믿음을 지켜내야 합니다. 그러나 그것을 전부로 여긴다면 신앙을 너무나도 폭 좁게 생각하는 것입니다.

신앙은 반드시 공동체적인 윤리로 나타나야 합니다. 하나님의 진리는 개인적인 것이 아닙니다. 우주적인 것입니다. 하나님의 나라는 우주적으로 실현되어야 할 나라입니다. 하나님께서는 에덴동산에서 그 나라의 원초적인 모습을 보여 주셨습니다. 아담과 하와는 에덴동산에서 매일 혼자 기도하고 혼자 큐티하고 혼자 예배드린 것이 아니라, 짐승들과 더불어 평화롭게 지냈을 뿐 아니라 아주 좋은 관리자로서 그들을 돌보고 자연을 가꾸어 낙원처럼 만드는 일을 했습니다. 물론 이것은 오늘날 우리가 황무지를 많이 개간하여 공원으로 만들고 야생동물들을 잘 보호해서 그들이 많이 살 수 있는 곳을 만들면 곧 하나님의 나라가 이루어진다는 말은 아닙니다.

저는 우리의 신앙이 두 가지 방향으로 나타나야 한다고 생각합니다. 하나는 가나안의 방식입니다. 즉 이 세상을 나의 믿음을 실천할 수 있는 무대로 보는 것입니다. 불가능한 상황에서 하나님의 말씀대로 한번 살아 보는 거예요. 돈 없이 학벌 없이 빽 없이 한

번 해보는 겁니다. 모든 조건을 다 갖추고 있기 때문에 잘산다면, 그래서 남들이 다 "넌 안 돼"라고 하는데도 기도와 말씀으로 사는 것이 믿음의 연주지요.

그러나 이것은 우리 신앙의 전부가 아닙니다. 우리는 공동체의 윤리를 만들어 내야 합니다. 성령의 역사가 끊임없이 나타나서 사람들을 치유하고 회복시키는 공동체를 만들어야 하며, 이 공동체에 신실하게 포함되어 서로간의 신뢰 있는 관계와 윤리를 통해 믿음을 표현해 내야 합니다. 십계명은 바로 그 공동체의 윤리입니다. 즉 서로 공경하고 해치지 않으며, 남의 아내나 남편을 범하지 않고, 남의 물건을 탐내지 않으며, 거짓말을 하지 않는 것입니다.

혼자서 신앙생활하는 사람의 특징은 대인관계가 서툴고 원만하지 못하다는 것입니다. 그래서 혼자 있을 때에는 성숙해 보이는데 공동체의 관계에서 보면 완전히 어린아이입니다. 개인의 신앙은 남의 필요를 채워 주고 남을 바르게 대하는 태도를 통해 확인되고 성숙해질 필요가 있습니다. 저는 오늘날 교회에 과연 공동체가 존재하는지 의심합니다. 교회가 꼭 극장 같아요. 만약 교회 안에서 남을 나보다 낫게 여기며 그의 필요를 채워 주는 관계를 통해 신앙이 확인되고 성숙하지 않는다면, 아직 하나님의 나라라고 할 수 없습니다.

또한 우리의 신앙은 일반 은총을 통해 세상에 나타나야 합니다. 일반 은총이란 세상 사람 누구나 공유할 수 있는 은혜를 말합니다. 우리가 영적으로 깨달은 은혜를 아무리 세상 사람들에게 말해봐야 못 알아듣습니다. 우리는 우리의 학문이나 직업이나 봉사나 상식을 통해 공원을 만들거나 사회보장제도를 확신시키거나 야생동물을 보호하는 일 등을 통해 세상 사람들과 은혜를 나눌 수 있습니다. 예를 들어 서양 사람들의 야생동물에 대한 사랑은 상상을 초월합니다. 야생동물을 보호하기 위해 추운 겨울에도 알몸으로 시위를 하면서 "모피를 입느니 차라리 알몸을"이라는 구호를 외치는가

하면, 주인에게 버림받은 개나 고양이를 수십 마리씩 데려다 기르기도 하고, 희귀동물들의 멸종이나 남획을 막기 위한 야생동물 보호구역도 조성해 놓았습니다. 그런데서 짐승을 함부로 발로 차면 큰일 납니다. 그런 곳에 가면 짐승 팔자가 사람보다 낫다는 생각이 들 정도입니다.

이처럼 하나님께서 가나안 시대에 종지부를 찍고 이스라엘의 아들들로 하여금 새로운 시대를 준비하게 하신 데에는, 믿음이라는 것이 혼자 싸우고 혼자 몸부림치는 데 그쳐서는 안 되며, 새로운 관계를 통해, 또 믿지 않는 이방 민족에게 은혜를 나누어 주는 일을 통해 더 구체적으로 표현되어야 한다는 의미가 담겨 있습니다. 하나님의 백성은 이제 더 이상 개인이 아닙니다. 집단입니다. 이제 그들은 더 많은 공동체 안에서 하나님의 나라를 실천해야 할 정도로 커졌습니다.

## 야곱의 자손들이 애굽으로 내려가다

46장 8절부터 27절 사이에는 애굽으로 내려간 야곱의 아들들과 손자들의 이름이 길게 기록되어 있습니다. 이 긴 명단에는 몇 가지 이해되지 않는 부분들이 있지만, 그것은 전체적으로 볼 때 중요한 문제라기보다는 세부적인 문제들이라고 할 수 있습니다.

10절에 보면 시므온의 아들 중에 "가나안 여인의 소생 사울"이라는 이름이 나옵니다. 이것을 보면 야곱의 아들들도 대개는 가나안 여인과 결혼하지 않았던 것 같습니다. 단지 시므온과 유다가 가나안 여자와 결혼했고, 요셉이 애굽 제사장의 딸과 결혼했을 뿐입니다.

또 12절에는 다말이 낳은 쌍둥이 아들 중 큰아들 베레스의 아들 이름이 둘이나 나오고 있습니다. 이들이 애굽으로 내려올 즈음에는 쌍둥이 아들이 어렸을 텐데, 어떻게 아들을 둘이나 낳았다고 기록했을까요? 21절에도 막내 베냐민의 아들이 열 명이나 기록되어 있습니다. 우리가 알기에 애굽으로 내려 올 당시 베냐민의 나이는 아들을 열 명이나 낳을 정도로 많지 않았습니다. 그래서 이 명단은 아마도 애굽으로 내려올 당시 인물들의 이름이 아니라, 애굽에 내려오고 나서 어느 정도 시일이 지난 후에 가족의 중요한 뼈대를 이루었던 사람들의 이름을 기록한 것이 아닌가 생각합니다.

그러나 이런 의문점보다는 분명하게 깨달을 수 있는 부분이 더 많습니다. 우선 첫째로, 그들이 애굽으로 내려올 때 가족 모두가 왔다는 사실입니다. 열두 아들은 이미 열두 가정을 이루고 있었습니다. 아무리 한 혈육이고 기근이 심하다 해도 열두 가정이 다 함께 다른 나라로 이민을 간다는 것은 결코 쉬운 일이 아닙니다. 저희 처가에도 딸들이 많은데, 미국에 있는 처형이 이민을 오라고 수년 전부터 초청장을 보냈습니다. 그런데 실제로 미국으로 이민 간 가정은 일본에 있던 큰처형 가족뿐입니다. 이처럼 아무리 한 혈육이라고 해도 결혼을 해서 자식이 있는 가정들이 합심하여 함께 이민을 간다는 것은 결코 쉬운 일이 아닙니다. 유다도 전에 형제들을 떠나 가나안 사람들과 함께 생활한 적이 있지 않습니까?

그런데 이번에 야곱의 열두 아들이 다 함께 가나안으로 내려가게 된 것은 유달리 형제애가 두텁거나 사랑이 많아서가 아니라, 하나님께서 그들을 붙드시고 그들에게 동일한 믿음과 소망을 주셨기 때문입니다. 이처럼 형제들이 하나도 빠짐없이 같은 믿음을 가진다는 것은 참으로 귀한 일이 아닐 수 없습니다.

둘째로 우리가 이 이름에서 볼 수 있는 것은, 야곱의 본부인이 낳은 아들들뿐 아니라 첩이 낳은 아들들도 다 한 이스라엘에 포함되어 있는 것입니다. 아브라함이 낳은 아들들 중에서 이스마엘과 그두라가 낳은 아들들은 이스라엘 안에 포함되지 못했습니다. 또 이삭이 낳은 아들들 중에서도 에서는 본부인의 소생임에도 불구하고 이스라엘 안에 포함되지 못했습니다. 그러나 야곱의 아들들은 여종이 낳은 아들들과 본부인이 낳은 아들 모두가 예외 없이 이스라엘에 포함되었습니다. 그러니까 첩이 낳은 아이들은 입양에 의해 정식 아들이 된 것입니다. 이처럼 이스라엘에 속해 있는 이 이름들은 혈통에 의해서뿐 아니라 입양에 의해서도 누구나 구별 없이 하나님의 백성이 될 수 있다는 것을 보여 주고 있습니다.

셋째로 알 수 있는 것은, 이 명단에 노예의 이름은 하나도 들어 있지 않다는 점입니다. 야곱은 이미 하란에서부터 많은 종을 거느리고 있던 부자입니다. 그런데 그가 애굽으로 내려올 때에는 노예에 대해 아무런 언급이 없습니다. 그 이유가 무엇일까요? 어떤 사람은 흉년 때 너무 생활이 어려워서 노예들을 다 팔아 버렸을 것이라고 생각하기도 하고, 또 어떤 사람은 아마 애굽에 온 후에 그곳 사람들에게 다 빼앗겼을 것이라고 말하기도 합니다. 그러나 제 생각에는 실제로 노예가 한 명도 따라오지 않아서가 아니라, 노예들에게는 진정한 이스라엘의 자격이 없다는 뜻에서 언급을 생략한 것 같습니다. 그러나 요엘은 후에 이와 같은 이스라엘의 남종과 여종들에게도 하나님의 성령이 임할 것이라고 예언했습니다. 즉 복음이 이스라엘과 이방인 구별 없이 임한다는 것입니다. 이 예언은 오순절 마가의 다락방에서 성취되었습니다. 우리는 요엘이 말한 바 그 남종과 여종들입니다. 하나님은 우리에게 바로 이 놀라운 성령의 부으심을 주셨습니다.

지금 이 명단에 입양으로 이스라엘에 속한 자들의 이름이 있는 것은, 앞으로 이방인들이 혈통이 아닌 입양을 통해 하나님의 백성이 될 것을 예표로 보여 주시는 것입니다. 요즘 말로 표현하면 모태 신앙이냐, 아니면 어른이 되어서 믿었느냐 하는 것이 하나님 앞에서는 아무 차이가 없다는 것입니다. 단지 한 가지 특기할 만한 점은, 야곱이 나중에 손자인 요셉의 두 아들 므낫세와 에브라임을 자기 아들로 인정함으로써 요셉 지파가 두 지파의 축복을 받게 되었다는 것입니다.

또한 성경의 저자는 애굽에 내려온 사람의 숫자가 70명이라는 점을 강조하고 있습니다. 그런데 15절을 보면 레아가 낳은 자손들과 디나를 합하여 남자와 여자가 33명이라고 하는데, 아무리 헤아려도 32명밖에 되지 않습니다. 그래서 한 명이 어디로 갔는지 여러 책들을 찾아보았더니, 야곱까지 포함해서 33명이었습니다.

우연의 일치인지는 모르겠지만 예수님께서도 처음 열두 제자를 뽑으신 후에 70명을 뽑아서 복음을 전하러 보내셨습니다. 하나님 나라를 구성하는 데 70이라는 숫자가 무슨 의미가 있는지는 자세히 모르겠습니다. 그러나 히브리인들이 대개 한 가정의 숫자를 다섯 명 정도로 보니까, 열두 아들이 한 가정씩 이룬 숫자를 합하면 대강 70명쯤 되지 않겠냐 하는 생각을 해보았습니다. 모든 가정이 대여섯 명으로 구성되는 것은 아니지만, 복음의 역사가 가정이라는 공동체 안에서 이루어지는 최초의 단위가 70이 아니겠는가 하는 것이지요. 물론 딱 맞아떨어지는 계산은 아닙니다.

우리 교회가 처음 시작되었을 때에는 온전한 가정이 거의 없었습니다. 대개 결혼을 하지 않은 분들이거나 믿지 않는 남편을 둔 부인들이었습니다. 그런데 지금은 그 독신자들이 거의 다 결혼을 해서 가정을 이루었고, 그 가정에서 많은 자녀들이 태어났습니다. 저마다 아이들을 서넛씩 낳은 것은 아니지만, 그래도 3대가 함께 이 공동체 안에서 신앙생활을 하고 있습니다. 같은 연령으로만 구성되어 있는 경우에는 신앙 공동체라는 말을 쓸 수 없습니다. 할아버지, 아버지, 손자, 이렇게 3대에 걸친 연령층이 있어야 공동체를 이루는 것이지, 청년부만 가지고 공동체라고 말하지는 않습니다.

어떤 집단을 공동체라고 말하려면 처음에 복음을 전한 자와 그의 제자나 아들들, 또 그 제자나 아들들이 있어야 합니다. 이렇게 신앙의 3대가 함께 있는 것이 70이라는 숫자에 담겨 있는 의미이며, 이 시점부터 공동체로서의 윤리나 복음의 풍성함이 더 세상으로 퍼져 나가게 되는 것이 아닐까 하는 생각을 해 보았습니다. 그런 의미에서 70명에 이르는 야곱의 아들들 명단에 손자까지 포함되어 있었던 것은 아닐까요? 그리고 예수님이 보내신 70명도 예수님이 직접 가르치신 제자 열두 명과 또 그 제자들이 가르친 제자들을 다 포함한 숫자가 아니었을까요?

또 한 가지 주목할 점은 70명으로 시작한 이스라엘이 애굽을 떠날 때에는 성인 남자만 60만 명의 규모로 커졌다는 것입니다. 400년 만에 약 만 배로 늘어난 셈입니다. 400년 만에 인구가 이만큼 늘어나려면 여자들이 아들을 평균 20명에서 30명씩은 낳아야 할 것입니다. 엄청난 다산(多産)이지요. 이스라엘이 애굽에 가서 한 일은 밥 먹고 애 낳은 것밖에 없는 셈입니다. 실제로 웨슬리의 어머니는 19명의 자녀를 낳아서 모두 훌륭하게 잘 키웠다고 합니다.

이러한 수적 증가가 곧 하나님의 나라의 실현은 아니었지만, 이것은 그 실현의 준비단계였습니다. 그들은 모세의 인도로 애굽을 떠나 시내산에서 하나님과 언약을 맺음으로써 한순간에 하나님의 백성이 되었습니다. 그러니까 이 엄청난 수적 증가는 부흥의 준비였다고 할 수 있는 것입니다.

지금 우리나라에는 엄청나게 많은 그리스도인들이 있습니다. 저는 이 일을 두 가지 측면에서 바라봅니다. 하나는 이것이 곧 진정한 부흥은 아니라는 것입니다. 왜냐하면 하나님의 백성은 말씀대로 사는 사람이어야 하는데, 명목상으로는 그리스도인이어도 일요일에 교회 나가는 정도에서 그치는 사람들이 굉장히 많기 때문입니다. 그러나 또 다른 측면에서는 이것이 진정한 부흥의 조짐이 될 수도 있다고 봅니다. 전혀 교회에 다니지 않던 사람을 설교로 변화시킨다는 것은 굉장히 어려운 일입니다. 그러나 이미 신앙생활을 하고 있던 사람, 말씀대로 살고 있지는 않지만 그래도 교회에 다니면서 신앙생활을 하고 있던 사람은 하나님의 말씀을 듣고 한순간에 변해서 진정한 하나님의 백성으로 태어날 가능성이 아주 큽니다.

오순절에 베드로의 설교를 듣고 회개한 3,000명은 하나님을 전혀 모르던 이방인들이 아니었습니다. 모두 어렸을 때부터 율법을 배운 자들이었고 하나님을 아는 자들이었습니다. 그런 그들이 베드로의 설교를 들었을 때, 자신들이 하나님의 은혜로부터 멀리 떠나 있었다는 것과 하나님께서 자신들에게 원하시는 바가 무엇인지를 깨닫고 한순간에 하나님께로 돌아온 것입니다.

사도 바울의 전도를 듣고 예수를 믿게 된 사람들도 하나님을 전혀 모르던 이방인들이 아니었습니다. 물론 그중에는 에베소에서처럼 마술을 하던 이방인들이 마술책을 불태우고 하나님께로 돌아온 경우도 있지만, 거의 대개는 회당에서 이미 율법을 배우고 있었고 하나님을 두려워하고 있던 이방인들이 하나님께 돌아왔습니다. 그들은 하나님을 믿는다고는 했지만, 율법의 무거운 짐을 지고 죄의식 가운데 괴로워하고 있었습니다. 그런 그들에게 예수께서 그들 대신 십자기에 못박히셨기 때문에 이제 그 율법의 무거운 짐을 지지 않아도 된다는 말씀은 참으로 기쁜 구원의 소식이었으며, 그들이 그 소식을 믿었을 때 성령이 임하시는 역사가 나타났습니다.

그런 의미에서 본다면 오늘 우리는 부흥의 전야에 있다고 말할 수 있습니다. 게다가 우리에게 경제적인 위기까지 닥친 것은 아주 잘된 일입니다. 이제 하나님의 말씀 외에는 아무 소망이 없기 때문입니다. 많은 교회 수와 교인 수 자체가 하나님의 나라는 아닙니다. 그 사람들은 말씀을 들어야 하며, 하나님과 그들 사이를 가로막고 있는 모든 찌꺼기를 청산하고 하나님과의 바른 관계로 돌아와야 합니다. 그럼에도 불구하고 하나님을 전혀 모르거나 우상을 섬기던 사람들보다는 명목상으로나마 지금 교회에 다니고 있는 그 사람들이 말씀을 듣고 단번에 하나님의 백성으로 돌아올 가능성이 더 큽니다.

이 경제적인 어려움은 우리를 사랑하시는 하나님이 정신 차리라고 주신 것입니다. 이제는 교회도 어려워지고 있습니다. 부흥을 기대하며 빚을 내서 건물을 지은 교회들은 지금 굉장한 곤란을 겪고 있습니다. 그동안 교회는 세상적으로 너무 배불러 있었습니다. 자본주의 원리가 교회 안에 깊숙이 파고 들어와서, 마땅히 증거하고 부르짖어야 할 하나님의 말씀을 외치는 대신 사람들을 모으고 관리하기에만 급급했습니다. 이제는 분명한 결단을 내려야 할 때가 왔습니다. 저는 수적인 증가가 대단히 중요하다고 생각합니다. 그러나 그 자체가 부흥은 아닙니다. 오늘날은 전도해야 할 사람들이 교회 안에 있습니다. 그들을 데리고 언약의 자리로 가야만 합니다.

오늘 우리가 이 말씀을 듣고 생각해야 할 것이 무엇입니까? 하나님께서 촛대를 우리에게서 옮기실 수도 있다는 것입니다. 10년, 20년 믿었다고 해도 침체되고 문제 많은 교회에서 태어나 그 교회에서 자라면서 그것을 신앙의 전부로 생각해 온 사람은, 그동안 모아 놓은 단물을 빨아먹으면서 서서히 몰락할 것입니다.

우리 가운데 말씀의 역사가 일어나고 있습니까? 믿음으로 싸우기 위해서 누군가 헌신하고 있습니까? 그렇다면 나도 그들과 함께해야 합니다. 나도 그들과 함께 기대해야 하고, 나도 그동안 가지고 있던 세상적인 미련들을 내려놓고 하나님의 말씀을 붙들어야 합니다. 또한 지금까지 나 혼자 신앙을 붙들고 살아왔다면, 이제는 공동체 안에 있는 다른 형제자매들과의 바른 관계를 통해서, 정상적인 직장생활과 가정생활을 통해서 다른 사람에게 은혜를 나누어 주는 공동체적 윤리, 우주적인 윤리로 발전해 나가야 합니다.

사랑하는 여러분, 오늘 우리 앞에는 두 가지 가능성이 있습니다. 하나는 하나님의 촛대가 옮겨질 가능성이고, 다른 하나는 우리가 집단적으로 하나님께로 돌아가는 귀한 부흥을 경험할 수 있는 가능성입니다. 이때 우리는 어떻게 해야 하겠습니까?

나와 하나님 사이를 가로막고 있는 잘못된 것들을 청산합시다. 오랫동안 꺼져 있었던 신앙의 불을 다시 붙입시다. 쓸데없는 작은 불평과 욕심들을 내려놓고 하나님이 내게 주시고자 하시는 은총이 온전히 임할 수 있도록, 성령이 나에게 충만히 임하실 수 있도록 결단을 내립시다. 그렇게 할 때 이 위기의 시대에 우리 교회와 사회에 강력한 부흥의 역사가 일어날 줄 믿습니다.

# 25

# 영원한
# 나그네 인생

조국이나 혈육은 사람에게서 떼어 내려야 도저히 떼어 낼 수 없는 근본적인 것입니다. 몇 년 전에 방송국의 주도로 여의도 광장에서 이산가족 찾기 운동이 벌어졌습니다. 그때의 감동과 충격을 우리는 지금도 잊지 못합니다. 전쟁이 끝난 지 수십 년이 지났음에도 불구하고, 같은 나라 안에서도 가족을 찾지 못한 채 살아온 사람들이 그렇게 많았습니다. 자기 가족의 이름을 큰 종이에 써 들고 서 있는 이들의 모습이나 헤어진 지 몇십 년 만에 서로 만나 얼싸안고 우는 이들의 모습은 보는 사람의 가슴을 뭉클하게 만들었습니다.

　제가 어렸을 때 살았던 부산에는 '교통부 앞'이라는 이름을 가진 정거장이 있었습니다. 처음에는 왜 그 정거장 이름이 '교통부 앞'인지 몰랐는데, 나중에 알고 보니 그곳이 바로 한국전쟁 당시 정부가 부산으로 피난 왔을 때 교통부가 있던 자리였다는 것입니다. 물론 전쟁이 끝나고 서울이 수복되어 정부는 서울로 올라갔지만, '교통부 앞'이라는 정거장 이름은 그때까지 남아 있었습니다.

　그 시절에 제가 다니던 교회의 목사님은 이북에서 내려온 분으로서 독신으로 살고 계셨습니다. 잠시 몸을 피했다가 돌아갈 생각으로 아내를 두고 집을 떠났는데, 그것이 영영 생이별이 되고

497

만 것입니다. 그래서 목사님은 북쪽에 아내가 버젓이 살아 있는데 또 여기서 결혼을 할 수는 없다고 하면서 혼자 사셨습니다.

만일 우리가 갑작스런 사변이나 재난으로 조국을 두고 피난을 가야 한다면, 그 이국 땅에서 살긴 살아도 결코 조국을 잊지는 못할 것입니다. 그래서 언젠가는 다시 그곳으로 돌아가겠다는 강한 열망으로, 이국에서 얼마든지 잘 적응할 수 있음에도 불구하고 일부러 적응하지 않고 나그네로 살면서 돌아갈 기회를 기다릴 것입니다.

오늘 본문을 보면 드디어 야곱이 사랑하는 아들 요셉을 만나는 장면이 나옵니다. 아마 이것은 이산가족 상봉 이상으로 감격스러운 일이었을 것입니다. 요셉은 야곱이 가장 사랑하는 아들이었습니다. 그는 이 아들을 잃고 난 후 세상에서 살아갈 모든 의욕을 잃어버렸습니다. 그런데 그가 살아 있을 뿐 아니라 애굽의 총리가 되었다는 것입니다. 그는 드디어 애굽의 경계선에서 아들을 만났습니다. 늙은 아버지와 아들은 서로를 얼싸안고 오래오래 울었습니다. 이것은 이스라엘에서 없어졌던 한 아들이 무려 20년 만에 다시 회복되는 순간이었습니다. 이렇게 요셉이 돌아옴으로써 이스라엘의 아들들은 수적으로 완전해졌습니다. 그러나 사람 수가 다 채워졌다고 해서 일이 끝난 것은 아니었습니다. 그들에게는 되찾아야 할 땅이 있었고, 이루어야 할 하나님의 약속이 있었습니다.

형제들이 애굽으로 내려왔을 때 요셉이 한 일이 무엇입니까? 애굽을 떠날 준비부터 시켰습니다. 바로는 요셉에게 호의를 가지고 있었기 때문에 형제들이 요구하기만 하면 애굽에 정착해서 높은 지위와 신분을 누리며 얼마든지 잘살 수 있었습니다. 그러나 야곱과 요셉은 회복해야 할 하나님의 땅과 약속을 생각했습니다. 그들은 풍요로운 애굽을 자기들의 영원한 정착지로 생각하지 않았습니다. 이곳은 그들이 잠깐 머물다가 떠나야 할 곳이었습니다. '교통부 앞'이라는 이름을 가진 정거장처럼, 잠시 머물다가 다시 떠나야 할 곳이었습니다.

그래서 요셉은 형들에게 바로를 만나면 그들의 직업을 애굽인들이 가장 싫어하는 '목축업'이라고 말하라고 합니다. 그리고 야곱은 나이를 묻는 바로에게, 자기 나이는 나그네 인생 130년이라고 하면서 험악한 세월을 보냈다고 말합니다. 다시 말해서 자기 조상이나 자기나 자기 아들들은 다 나그네로 살아왔고 앞으로도 나그네로 살리라는 것, 자기들한테는 이 애굽 땅에 정착할 의사가 조금도 없다는 것을 분명히 밝힌 것입니다.

## 야곱과 요셉의 감격적인 만남

오늘 본문에서 야곱은 드디어 사랑하는 아들 요셉을 만납니다.

> 야곱이 유다를 요셉에게 미리 보내어 자기를 고센으로 인도하게 하고 다 고센 땅에 이르니 요셉이 수레를 갖추고 고센으로 올라가서 아비 이스라엘을 맞으며 그에게 보이고 그 목을 어긋맞겨 안고 얼마 동안 울 때 이스라엘이 요셉에게 이르되 네가 지금까지 살아 있고 내가 네 얼굴을 보았으니 지금 죽어도 가하도다(46:28-30).

야곱과 요셉의 만남에는 단순한 이산가족 상봉 이상의 의미가 있었습니다. 왜냐하면 야곱의 열두 아들은 구약 교회의 기초였기 때문입니다. 다시 말해서 야곱이 요셉을 만난 것은 이스라엘의 열두 지파로 이루어진 교회가 온전하게 회복된 것을 의미합니다. 그동안 야곱의 집은 마치 이지러진 달처럼 완전하지 못했습니다. 그런데 이제 요셉을 만남으로써 완전한 모습을 회복하게 되었습니다.

야곱이 살아서 사랑하는 아들 요셉을 만난 이 일은, 하나님의 백성이 이 세상에서 오래 사는 것이 반드시 무의미한 일은 아니라는 것을 보여 줍니다. 사람이 나이가 들면 세상 사는 재미를 별로 못 느끼는 법입니다. 젊을 때에는 경험해 보지 못한 것이 많기 때문에 미래에 대한 기대도 있고 사는 것도 신기하고 재미있습니다. 그러나 늙고 나면 새로운 것도 없고 사는 재미도 없습니다. 볼 것도 다 봤고 먹을 것도 다 먹어 봤어요. 새로울 게 하나도 없습니다. 그러니까 세상 사는 낙이 없습니다.

그러나 하나님의 백성들에게는 가끔 이 세상에서 오래 사는 것이 큰 축복이 될 때가 있습니다. 언제 그렇습니까? 자기 생전에 하나님의 교회가 다시 힘을 얻고 영적인 부흥을 경험하는 것을 볼 때 그렇습니다. 야곱의 집은 구약의 교회였지만, 요셉을 잃고 난 후 오랫동안 침체되어 있었습니다. 야곱의 집에는 청산되지 못한 죄가 있었습니다. 그래서 야곱은 사는 재미가 없었습니다.

그런데 이 흉년 가운데 하나님은 야곱에게 너무나도 큰 은혜를 주셨습니다. 그의 아들들이 변하기 시작한 것입니다. 애굽에 갔다 왔다 하면서 아들들이 무언가 변하고 있었습니다. 가장 먼저 변한 사람은 유다였습니다. 유다의 변화는 야곱의 마음속 깊은 곳에 있던 다른 사람에 대한 불신을 녹여 주었습니다. 그래서 그는 지금까지 붙들고 있던 베냐민을 유다에게 맡기는 결단을 내렸습니다. 이것은 야곱이 원래의 담대했던 신앙을 회복했다는 뜻이었습니다. 그리고 마침내 어떤 소식을 들었습니까? 애굽에 갔던 아들들로부터 요셉이 살아 있다는 것, 그것도 애굽의 총리가 되어 있다는 놀라운 소식을 들었습니다.

이제 야곱은 드디어 애굽 땅으로 와서 사랑하는 아들 요셉을 만납니다. 이것은 단순한 이산가족 상봉이 아닙니다. 이것은 교회가 다시 충만해지는 것이고 그 영광을 되찾는 것이며 그 순수성과 열정을 회복하는 것입니다. 야곱은 자기 생전에 하나님의 교회가 다시 부흥하는 것을 보았습니다.

세상 사람들의 경우에도 죽기 전에 조국의 광복을 보거나 헤어졌던 형제나 부모를 다시 만나는 것은 큰 영광이 아닐 수 없습니다. 그 이유 하나만으로도 오래 살아 있을 가치가 있어요. 그런데 하나님의 교회가 원래의 진실과 열정과 영광을 회복하는 모습을 본다는 것은 그것과는 비교도 할 수 없는 큰 영광이고 기쁨입니다. 이것은 이 땅에서뿐 아니라 하늘에 있는 천사들과 하나님 아버지 앞에서도 엄청난 영광이 됩니다.

오늘 우리를 가장 기쁘고 즐겁게 만드는 일은 무엇입니까? 믿음을 잃어버렸던 형제나 자매가 한 명씩 하나님께 돌아오는 것을 보는 일입니다. 때로는 교회에서 상처를 입고, 때로는 세상적인 욕심 때문에 신앙을 버리고 나갔던 형제자매들이 다시 신앙으로 돌아오는 모습을 보는 것보다 더 기쁘고 영광스러운 일이 없습니다.

그러나 그보다 더 큰 축복은 교회 전체가 변화되어 하나님의 영광과 생명력을 되찾는 것입니다. 교회가 살아나면 세상이 그것을 느낍니다. 교회가 뭔가 꿈틀거리기 시작합니다. 사람들이 몰려듭니다. 예배를 드릴 때 하나님의 임재가 느껴집니다. 엄청난 감격과 능력의 역사가 나타납니다. 사람들이 통곡하면서 하나님 앞에 돌아옵니다. 그리고 그 변화된 사람들이 세상에서 귀한 봉사를 하기 시작합니다.

예수님이 태어나시기 전의 예루살렘은 영적으로 완전한 암흑기에 빠져 있었습니다. 온갖 거짓과 음란이 사회를 가득 채우고 있었고, 대제사장들은 뇌물을 주고 직분을 샀으며, 로마 군인들이 진주해 있는 거리에는 언제 다시 전쟁이 터질지 모르는 일촉즉발의 긴장이 감돌았습니다.

그런데 그 예루살렘의 성전 안에서 이스라엘의 회복을 사모하여 오래오래 기다려온 선지자들이 있었습니다. 그들은 시므온과 안나라고 하는, 앞을 볼 수 없을 정도로 늙은 노인들이었습니다. 두 사람은 마리아가 첫아들의 예물을 드리기 위해 아기 예수를 데리고 성전에 올라온 것을 보았을 때, 알 수 없는 성령의 흥분과 함께 구주가 성전에 오셨다는 것을 깨달았습니다. 그들이 하나님께 무엇이라고 기도드렸습니까?

"주재여, 이제는 말씀하신 대로 종을 평안히 놓아 주시는도다"(눅 2:29).

그들은 너무나도 이날을 기다렸고 사모했습니다. 그렇게 늙을 때까지, 하나님께서 이스라엘을 회복하시는 그 날을 자신들의 눈으로 보게 되기를 간절히 갈망했습니다. 그리고 마침내 구주가 성전에 오신 것을 보게 되자 더 이상 바랄 것이 없다고 기도하면서 기뻐했습니다.

야곱이 요셉을 만나고 "네가 지금까지 살아 있고 내가 네 얼굴을 보았으니 지금 죽어도 가하도다"라고 말한 것은, 이 일이 단순히 죽은 줄 알았던 아들을 살아서 만나는 것 이상의 의미를 가지고 있었기 때문입니다. 지금 야곱은 죽어 있었던 이스라엘 공동체가 다시 회복되는 것을 보고 있습니다. 유다가 죄악된 삶을 청산하고 지도자로 나서고 있습니다. 죽을 줄만 알았던 요셉이 돌아왔습니다. 형제들 사이의 관계가 새로워지고 있습니다. 이처럼 교회가 그 영광을 회복하는 것을 보면서 야곱은 최고의 기쁨과 만족감을 맛보았습니다.

오늘 우리가 할 수 있는 대로 이 세상에서 오래 살아야 할 이유가 있다면 바로 이것입니다. 믿지 않는 사람들에게 욕을 먹으며 그들의 발에 밟히고 있는 교회, 모순으로 가득 차 있는 이 교회가 다시 성령의 기름부음을 받고 그 영광과 능력을 회복하는 것을 생전에 보게 된다면, 우리 인생에 그 이상 바랄 것이 없을 것입니다.

## 직업을 목축업자라 하라

그러나 이스라엘의 열두 아들이 다 모여 하나가 되었다고

해서 완전한 하나님의 나라가 실현된 것은 아니었습니다. 그들에게
는 아직 되찾아야 할 땅이 있었기 때문입니다.

요셉은 형들에게 바로를 만나거든 그들의 직업이 조상 때부
터 목축업이었다고 말하라고 합니다. 46장 31절부터 34절까지 보
십시오.

> 요셉이 그 형들과 아비의 권속에게 이르되 내가 올라가서 바로에게 고
> 하여 이르기를 가나안 땅에 있던 내 형들과 내 아비의 권속이 내게로
> 왔는데 그들은 목자라 목축으로 업을 삼으므로 그 양과 소와 모든 소
> 유를 이끌고 왔나이다 하리니 바로가 당신들을 불러서 너희들의 업이
> 무엇이냐 묻거든 당신들은 고하기를 주의 종들은 어렸을 때부터 목축
> 하는 자이온데 우리와 우리 선조가 다 그러하니이다 하소서 애굽 사
> 람들은 다 목축을 가증히 여기나니 당신들이 고센 땅에 거하게 되리
> 이다

바로는 요셉의 가족들에게 대단한 호의를 가지고 있었습니
다. 잘 보이기만 하면 무엇이든지 하사해 줄 만한 상황이었어요. 그
런데 요셉은 형들에게 그들은 반드시 고센 땅에 있어야 하니, 바로
가 직업을 물으면 목축업자라고 대답하라고 합니다. 그리고 그 이
유는 애굽 사람들이 목축업자들을 아주 싫어하기 때문이라는 것입
니다.

애굽 사회는 엄격한 계급 사회였습니다. 그중에서도 가장
높은 계급에 있는 사람이 제사장이었습니다. 바로는 제사장의 딸을
요셉의 아내로 주었고, 나중에 흉년이 극심해졌을 때에도 제사장들
은 특혜를 누렸습니다. 반면에 목축업자는 그 사회에서 가장 천민
에 속하는 사람들이었습니다. 옛날 우리나라 식으로 말한다면 백정
집단에 속하는 자들이라고 할 수 있습니다. 그들 위에 농민이 있었
고, 그 위에 관료들이 있었던 것 같습니다. 그래서 애굽 사람들은 목

축업자들과는 아예 접촉조차 하려고 하지 않았습니다. "가증히 여기나니"라는 것은 목축업자들이 '불가촉천민'(Untouchable)이었다는 뜻입니다. 즉 상대할 수조차 없는 무식하고 천한 상놈들이었다는 것입니다.

우리는 요셉의 의도를 이해할 수가 없습니다. 물론 야곱의 형제들이 목축업자인 것은 사실이지만, 그렇다고 농사를 전혀 짓지 않았던 것은 아닙니다. 기왕이면 바로나 그 신하들 앞에서 가족들을 멋있게 소개하는 것이 자기에게나 형제들에게 유리하지 않겠습니까? 만일 요셉이 이런 천한 계급 출신이라는 사실을 애굽의 귀족들이 안다면 요셉까지 무시하려 들지도 모릅니다. 제사장의 딸인 아내가 남편을 가까이하려 들지 않을지도 몰라요.

우리 같으면 어떻게 소개하라고 했겠습니까? 아마 "절대로 형들이 목축업자라고는 소개하지 마세요. 할 수 있으면 농민이나 상인이라고 하고, 특히 할아버지 이삭이 농사를 크게 지었던 점을 부각시키세요. 그리고 증조할아버지 아브라함이 우물 파는 전문가였다는 사실을 꼭 언급해야 합니다. 만약 소나 양에 대해서 물으면 그냥 집에서 키우던 것인데 어쩔 수 없이 데리고 왔다고 해야지. 절대로 목축업자라고 해서는 안 됩니다. 제가 얼마나 어렵게 이 자리에 올라왔는지 형들도 다 알지요? 제발 교양 없는 짓 하지 말고 고상한 척하세요"라고 했을 것입니다.

그러나 요셉은 그렇게 하지 않고, 굳이 목축업자라고 말하라는 것입니다. 그 이유가 무엇입니까? 요셉은 가족들이 오자마자 애굽에서 떠날 준비를 시키고 있는 것입니다. 만약 그들이 애굽에 너무 잘 적응한다면 나중에도 떠나려 들지 않으리라는 것을 요셉은 잘 알고 있었습니다. 그래서 비록 애굽 사람들한테 천민 취급을 당하는 한이 있어도, 그들로부터 분리되어 있으며 떠나기 쉬운 고센 땅에 있어야 한다는 것이 요셉의 생각이었습니다.

요셉은 농업 전문가였기 때문에 애굽 온 땅을 자기 손바닥위에 올려놓은 것처럼 잘 알고 있었습니다. 그러므로 형들이 정착해야 할 곳은 애굽을 떠나기 가장 좋은 곳, 애굽의 문화적 혜택이 가장 적게 미치는 고센 땅이라고 오래전부터 마음속으로 정해 놓고 있었습니다. 고센 땅이 정확히 어디를 가리키는지는 분명치 않습니다. 그러나 대략 짐작하기로는 나일 강 동쪽에 위치한, 팔레스타인과 가장 가까이 있던 비옥한 초장이었던 것 같습니다.

요셉은 형들을 통해 자신의 가족을 목축업자로 소개함으로써 그들이 아예 상대하기조차 꺼리게 만들었습니다. 그리고 자기 자신도 그 목축업자들의 일원임을 기꺼이 밝혔습니다. 이것은 자신도 언젠가는 애굽을 떠나 고향으로 돌아갈 사람임을 암시하는 것입니다.

만일 요셉이 자신의 신분을 끝까지 감추었더라면 애굽에서 더 크게 성공할 수도 있었을 것입니다. 그러나 그는 애굽인이 되기를 거부했습니다. 애굽에 귀화해서 영화를 누리기보다는 천한 목축업자들과 하나가 되어 그들 가운데 있기를 더 원했습니다. 요셉은 이 흉년이 끝나면 이 목축업자들에게로 돌아갈 것입니다. 왜냐하면 그에게는 하나님 나라의 소망이 있기 때문입니다.

애굽 사람들은 상당한 기대와 호기심을 가지고 요셉의 가족들을 만났지만, 그들은 전혀 기대할 것이 없는 천민들, 무식하고 예의가 없어서 상대할 수가 없는 자들이었습니다. 아마 그들은 요셉의 형들이 목축업자라는 말을 듣고 실실 웃으면서 뒤로 물러섰을지도 모릅니다. 요셉이 원한 것은 바로 이것이었습니다.


## 형들이 바로를 만나다

요셉은 형들 중에서 다섯 명을 택해서 바로 앞에 세웠습니다.

505

<u>형들 중 오인을 택하여 바로에게 보이니(47:2).</u>

왜 요셉이 형들을 다 세우지 않고 다섯 명만 골라서 세웠는
지는 알 수 없습니다. 어떤 사람들은 "형들 중"에 해당하는 히브리
어를 '극단적으로' 번역해서, 요셉이 형들 중 가장 키가 작은 사람
다섯 명을 골랐다고 해석하기도 합니다. 혹시 키가 크면 바로가 일
을 시킬지도 모른다고 우려했기 때문에 이렇게 했다는 것입니다.
그러나 이런 해석은 자연스러워 보이지 않습니다.

요셉이 열두 형제를 모두 바로 앞에 세우지 않은 것은 12라
는 숫자가 바로나 그 백성들에게 특별한 의미가 있다고 생각했기
때문인 것 같습니다. 예를 들어 요셉의 형제들이 모두 열두 형제인
것을 보고 특별한 신의 뜻이 있다고 생각해서, 그들을 모두 애굽의
제사장으로 세우려고 할 수도 있습니다. 물론 바로는 전혀 그럴 마
음이 없는데 요셉 혼자 김칫국부터 마시는 것일 수도 있지만, 요셉
을 향한 바로의 사랑이 각별했다는 점을 생각하면 그렇게 무리한
추정은 아닙니다. 요셉은 어떻게 해서든지 형제들이 바로 앞에 특
별하게 보이지 않고 수수하게 보일 수 있도록 5라는 아주 평범한
숫자를 택했습니다. 왜 이렇게 했습니까? 형들에게 애굽에서 밥 먹
고 사는 것 외에 다른 것을 기대하지 말라는 것입니다.

바로를 만난 형들은 요셉이 가르쳐 준 그대로 대답했습니다.

<u>바로가 요셉의 형들에게 묻되 너희 생업이 무엇이냐 그들이 바로에게
대답하되 종들은 목자이온데 우리와 선조가 다 그러하니이다 하고 그
들이 또 바로에게 고하되 가나안 땅에 기근이 심하여 종들의 떼를 칠
곳이 없기로 종들이 이 곳에 우거하러 왔사오니 청컨대 종들로 고센
땅에 거하게 하소서(47:3, 4).</u>

요셉의 형들은 요셉 때문에 바로와의 면접을 완전히 망친

셈입니다. 그들의 직업이 목축업이라는 것을 안 바로는 자신의 가축을 치는 관직을 하사합니다.

> 바로가 요셉에게 일러 가로되 네 아비와 형들이 내게 왔은즉 애굽 땅이 네 앞에 있으니 땅의 좋은 곳에 네 아비와 형들로 거하게 하되 고센 땅에 그들로 거하게 하고 그들 중에 능한 자가 있는 줄을 알거든 그들로 나의 짐승을 주관하게 하라(47:5, 6).

이 말을 들으면 세상적으로 볼 때 요셉과 그 형들이 얼마나 어리석었는지 알 수 있습니다. 바로는 그들이 무엇을 원하든지 들어줄 생각이었습니다. 그들이 가나안 땅에서 가졌던 직책이나 신분을 애굽에서도 그대로 인정할 생각이었어요. 그들이 하나님의 선지자요 제사장이었다는 것을 말하기만 했다면, 곧바로 애굽의 귀족으로 들어앉을 수도 있었을 것입니다. 그러나 요셉과 그 형들은 바로 앞에서 아주 작은 것을 요구하였고 그 작은 것에 만족했습니다. 그 이유가 무엇입니까?

그들은 애굽 땅을 곧 떠나야 한다고 생각했기 때문입니다. 물론 그 '곧'이 400년으로 늘어나기는 했지만, 그럼에도 불구하고 언젠가 애굽을 떠나야 한다는 것만큼은 분명한 사실이었습니다. 그래서 그들은 애굽에서 높은 자리를 구하지 않았습니다.

요셉의 형제들이 바로와의 면접을 이렇게 치른 것은 세상적인 기준에서 볼 때 완전히 바보 같은 짓이 아닐 수 없습니다. 저절로 굴러들어온 복을 발로 찬 것이나 다름없습니다. 그러나 요셉은 형제들에게 바로 그 바보 같은 길을 요구했습니다.

오늘 우리의 문제가 무엇입니까? 언젠가는 이 세상을 떠나 하나님 나라로 가야 할 텐데, 이제껏 한 번도 하나님 나라에 가본 적이 없다는 것입니다. 오직 "내 아버지 집에 거할 곳이 많도다"라는 예수님의 말씀만 들었을 뿐입니다. 그렇다면 우리는 스스로 이런 질문을 제기해 보아야 합니다. "내가 꼭 하나님 나라를 소망해야 할까? 하나님의 나라가 정말 있다는 것을 어떻게 확신할 수 있을까? 또 내가 하나님의 나라를 소망한다면 이 세상에서 어떤 자세로 살아야 할까?"

이것은 굉장히 중요한 질문입니다. 이 세상에서 사는 것보다 천국에 더 가고 싶어 하는 소원이 내 마음을 지배하고 있습니까? 내가 죽었을 때 사람들이 "이 사람이 하나님 나라를 그렇게 사모하더니 드디어 그 나라에 갔구나"라고 말할 수 있겠습니까?

미국에 살고 있는 교포 2세들을 보면 한 번도 가보지 않은 한국이라는 나라가 그들에게 대단히 막연하게 느껴지고 있다는 것을 알게 됩니다. 미국에 있는 처조카들에게 "너희는 한국 사람이냐, 미국 사람이냐?"고 물어 보면 고민하다가 "둘 다"라고 대답합니다. 그러나 사실 그들에게는 한국보다 미국이 더 익숙한 것이 사실입니다. 미국은 그들이 태어나서 자란 곳으로서, 그들은 그곳의 언어와 사고방식에 젖어 있습니다. 겉으로는 한국인이지만 속에는 미국인이 들어 있는 것이지요. 그런데 우리는 거꾸로 겉으로는 이 세상 사람이지만, 속에는 하나님 나라의 피가 흐르고 있습니다.

우리는 얼마나 하나님 나라를 사모하고 있습니까? 그 나라를 사모한 나머지 요셉이나 그 형들처럼 저절로 굴러 온 떡도 발로 차 버릴 각오가 되어 있습니까? 솔직히 우리 심정은 '반반'인 경우가 많습니다. 사실은 세상이 좋은데 천국도 갈 수 있으면 다행이라는 식입니다. 천국이 있으면 좋고 없으면 본전이라는 것이지요. 어떻게 눈에 보이지 않는 천국을 마치 눈에 보이는 것처럼 소망할 수 있겠습니까?

천국이 생생하게 느껴지는 것은 우리가 고난 가운데 있을 때입니다. 고난을 받을 때에는 손만 내밀어도 잡을 수 있을 것처럼 천국이 가깝게 다가옵니다. 그러나 실컷 먹고 물침대 위에 누워 있으면 천국이 자꾸 멀어져요. 세상에서의 삶이 편안하면 편안할수록 천국이 실감나지 않습니다. 우리가 천국의 소망을 더 분명하게 잡으려면 이 세상에 더 실망해야 하고 이 세상에 더 진절머리를 내야 합니다. 요셉은 애굽의 풍성한 삶이 자기 가족들에게서 천국의 소망을 빼앗아 가리라는 것을 알고 있었습니다. 그래서 애굽에게 가장 소외되어 있고 문화적인 혜택 또한 가장 적은 고센 땅을 택한 것입니다.

모든 것이 갖추어져 있는 서울에 살면서 천국을 소망한다는 것은 거의 기적에 가까울 만큼 어려운 일입니다. 백화점에 가보면 거기가 바로 천국 같아요. 천국에 가도 이런 게 있을까 싶을 정도로 멋진 물건들이 산더미같이 쌓여 있습니다. 또 고급 뷔페에 가면 세상의 맛있는 것이 몽땅 모여 있는 것 같습니다. 솔로몬의 식탁이 이렇게 다양하고 맛있을까 싶을 정도로 온갖 맛있는 것이 다 차려져 있어요. 최첨단 시설을 갖춘 병원은 또 어떻습니까? 거기에 가면 어떤 병이라도 다 나을 것만 같습니다. 아들이나 사위가 그런 병원의 의사로 있으면 마음이 다 든든해요. 이런 곳에서 어떻게 천국을 소망할 수가 있겠습니까? 원하기만 하면 모든 것을 손에 쥘 수 있는데 어떻게 천국을 바라볼 수 있겠습니까?

지금 우리는 애굽에 너무 잘 적응한 나머지 천국의 소망을 다 빼앗겨 버린 형편입니다. 천국의 소망을 더 든든히 가지고 싶다면 이 세상에서 자신이 가지고 있는 욕망 중의 일부를 버려야 합니다. 주어지는 것이라고 다 가지면 안 돼요. 손을 내밀면 분명히 잡을 수 있음에도 불구하고 일부러 발로 차 버림으로써 천국의 소망이 내 안에서 더 분명해지게 해야 합니다. 그래야 교회의 소중함이 눈에 들어오고, 형제자매들 안에 있는 풍성하고 귀한 부분이 눈에 들어옵니다. '나에게 필요한 것이 이 공동체 안에 다 있구나. 나의 미래가 이 안에 다 있구나' 하는 것을 알게 돼요. 그렇지 않고 마음이 세상에 가 있으면, 교회에 와도 앉아 있기가 힘이 듭니다. 축도할 때까지 기다리려면 숨이 완전히 넘어가는 것 같아요. 기도는 왜 그렇게 긴 건지, 찬송가는 왜 꼭 4절까지 있어야 하는 건지 막 분노가 생깁니다.

바라지도 않는 사람에게 천국이 주어질 리가 없습니다. 천국이 있으면 다행이고 없으면 본전이라는 식으로 생각하는 사람에게 천국이 주어질 리가 없습니다. 천국은 빼앗는 자가 얻는 것입니다. 우리 생각에 무지무지하게 높은 것 같은 하늘도 하나님 앞에서는 한 꺼풀의 종이에 불과합니다. 그 뒤에 하나님의 영광의 나라가 있습니다. 우리는 그곳을 사모해야 합니다.

어느 교회에 하나님 나라를 간절히 사모하는 할아버지가 한 분 있었습니다. 그는 늘 입버릇처럼 "천국에 가고 싶다"고 했습니다. 그런데 유난히도 은혜스러웠던 기도회 시간에 그분은 정말 그 나라로 갔습니다. 간증하다가 쓰러져서 다시 일어나지 못한 것입니다. 그러나 그 죽음은 교인들을 두렵게 하거나 놀라게 한 것이 아니라 말할 수 없는 은혜로 충만케 했습니다.

그 교회에는 폐병을 앓고 있는 학생이 있었습니다. 그 학생은 심방하러 온 목사님에게 "제가 죽으면 어떻게 되나요?"라고 물었고, 목사님은 이 세상과 비교할 수 없는 영광스러운 나라에 가게 될 것이라고 알려 주었습니다. 아이는 그날 밤 아주 평안하게 잠들듯이 숨을 거두었습니다.

예수님과 함께 십자가에 매달린 한 강도에게 주님은 이렇게 말씀하셨습니다 "내가 진실로 네게 이르노니 네가 오늘 나와 함께 낙원에 있으리라"(눅 23:43). 얼마나 복된 말씀입니까? 그 강도는 십자가 위에서 비참하게 죽어가고 있었습니다. 빨리 죽지 않는 것이 원통할 정도로 극심한 고통을 겪고 있었습니다. 그러나 그는 주님으로 인해 바로 그날 낙원에 있게 되었습니다.

우리의 삶 가운데 천국을 바라보는 증거가 나타나야 합니다. 우리가 죽었을 때 친구들의 입에서 "그렇게 그 나라에 가고 싶어 하더니 드디어 갔구나" 하는 말이 나올 정도로 그 나라를 사모하는 증거가 나타나야 합니다.

그러기 위해서는 어떻게 해야 합니까? 이 세상이 주는 것을 다 가지면 안 됩니다. 바로를 만났다고 해서 이것저것 다 달라고 하면 안 돼요. 그러면 이 세상에 있는 것들이 아까워서 어떻게 그 나라에 가겠습니까? 이 세상에서는 최소한의 것으로 만족해야 합니다. 여기에서 자기 자신을 완전히 실현하려고 하고 자기 능력을 모조리 발휘하려 하는 사람은 발목을 잡힐 가능성이 큽니다. 세상 사람들이 혐오하고 이해하지 못한다 하더라도 천국을 바라볼 수 있는 자리에 머무는 것, 천국을 소망할 수 있는 그 자리에 머무는 것으로 만족해야 합니다.

## 야곱이 바로를 만나다

요셉의 형제들이 바로 앞에서 스스로 목축업자라고 밝혔음에도 불구하고 바로가 야곱을 만난 것을 보면, 그가 요셉의 가족들에게 얼마나 큰 호감을 가지고 있었는지 알 수 있습니다. 야곱은 바로를 만났을 때 하나님의 선지자의 자격으로 그를 축복했습니다.

> 요셉이 자기 아비 야곱을 인도하여 바로 앞에 서게 하니 야곱이 바로에게 축복하매(47:7).

"축복하매"라는 것은 야곱이 두 손을 높이 들고 바로를 위해 축복 기도를 했다는 뜻입니다. 이것은 놀라운 일이 아닐 수 없습니다. 예를 들어 미국에 피난 간 어느 작은 부족 족장이 손을 들고 미국 대통령을 축복한다면 어떻겠습니까? 사람들이 "그 손 좀 내리고 이야기 하시오" 하지 않겠습니까? 우리 생각에는 그렇게 남을 축복할 수 있을 정도의 사람이라면 이렇게 피난 와서 얻어먹을 필요가 없어야 할 것 같습니다. 그러나 그렇지가 않습니다. 원래 하나님의 선지자는 얻어먹으면서 축복하게 되어 있고, 피난 가면서 두 손을 높이 들게 되어 있습니다.

바로는 요셉이 가지고 있는 예언의 능력을 이미 알고 있었고, 그의 아버지는 요셉보다 더 위대한 하나님의 선지자임을 알았기 때문에 그의 축복을 거절하지 않았습니다. 야곱은 비천한 목축업자에 피난민이었지만, 하나님의 존귀한 선지자였습니다.

바로는 야곱이 너무 늙었다고 생각했는지 나이가 얼마냐고 물었습니다. 그랬더니 야곱의 입에서 놀라운 말이 쏟아져 나왔습니다. 그래서 이렇게 성령 충만한 사람은 함부로 건드리면 안 됩니다. 건드리면 곧바로 설교가 나오게 되어 있어요. 9절을 보십시오.

> 야곱이 바로에게 고하되 내 나그네 길의 세월이 일백 삼십년이니이다 나의 연세가 얼마 못 되니 우리 조상의 나그네 길의 세월에 미치지 못하나 험악한 세월을 보내었나이다 하고

야곱은 자신이 살아온 130년의 세월이 나그네 인생이었고, 그의 조상들은 훨씬 더 긴 세월을 나그네로 살았고 이 애굽에서도 나그네로 살 것이며 자신의 아들들도 결국은 나그네로 살다가 죽을 것이라는 뜻입니다. '당신이 아무리 우리에게 호의를 가지고 있어서 애굽의 모든 것을 주려 한다 해도, 내 조상이나 나나 내 아들들은 다 나그네로 살다가 떠날 것이오. 왜냐하면 우리에게는 애굽 말고 다른 소망이 있기 때문이오'라는 거예요.

바로는 요셉을 영원히 잡아 둘 수 없다는 것을 알고 있었습니다. 요셉은 형들을 목축업자로 소개하고 자기가 그들의 일원임을 분명히 밝힘으로써, 무서운 흉년이 끝나면 이 목축업자들에게 돌아갈 것을 분명히 보여 주었습니다.

야곱은 왜 자신의 나그네 인생이 험악했다고 말했을까요?

130년은 그의 모난 부분이 고난으로 연단되는 기간, 그의 아름답지 못한 기질이 깎여 나가는 기간이었습니다. 야곱이 이스라엘이 되기 위해서는 험악한 길을 걸을 수밖에 없었던 것입니다. 그가 이 험악한 세월을 다 보내고 난 후에 내린 결론은 무엇입니까? 하나님 앞에서 겸손하고 온유한 것보다 더 큰 복은 없다는 것입니다.

하나님께서 이 세상의 거친 세파와 사람들을 통해 그 택한 백성들을 순결하고 정직하고 부드럽게 만드십니다. 그러니까 고집을 부리면 부릴수록 우리는 더 고난을 겪게 되어 있고 더 험악한 삶을 살게 되어 있습니다. 하나님 앞에는 우리의 거짓된 본성을 고칠 수 있는 수천 가지 방법이 준비되어 있습니다. 결국 야곱의 험난한 삶은 그의 고집과 기질에서 비롯된 것이었습니다.

우리가 늙었을 때 누군가 우리의 얼굴을 쳐다보면서 "도대체 나이가 얼마나 됐는데 이렇게 늙어 보이십니까?"라고 물으면 무엇이라고 대답하겠습니까? "내 나이 오십이 조금 넘었는데 우리 아버지의 나이에 미치지 못하지만 험악한 인생을 살았습니다"라고 대답하겠습니까? 여러분, 이런 대답은 야곱 한 사람으로 충분합니다. 우리는 좀더 아름다운 대답을 준비해야 합니다. "하나님께서 나와 함께하신 세월이 50년이 조금 넘었는데, 너무나도 환상적이었습니다."

야곱의 험악한 세월은 예정된 것이 아니었습니다. 그것은 순전히 그 스스로 자초한 것이었습니다. 하나님 앞에서 약은 것은 결코 약은 것이 아닙니다. 주시지 않았는데 집어삼킨 것은 결국 다 토해 내야 하고, 하나님께서 원하시는 모습으로 만들어지기까지 험악한 인생을 살아야 합니다. 야곱도 처음에는 아주 똑똑하고 세련되게 믿는 것 같았지만, 그 후 수십 년간 험악한 고생을 겪어야만 했습니다.

이제 바로 앞에 서있는 야곱은 단순히 늙은 노인이 아닙니다. 건드리기만 해도 예언과 축복의 말씀이 쏟아져 나올 정도로 성령 충만한 사람입니다. 그는 인간으로서 가장 성숙할 수 있는 만큼 성숙한 그리스도인이었고 십자가의 용사였습니다. 그러나 그렇게 되기까지 어느 누구도 경험하지 못한 험악한 연단을 130년에 걸쳐 받아야 했습니다.

야곱처럼 약게 믿으면 엄청나게 먼 길을 돌아가게 되어 있습니다. 처음에는 빨리 가는 것 같지만 나중에 엄청난 비용을 지불하게 되어 있어요. 우리까지 그렇게 할 필요는 없지 않겠습니까? 사랑하는 성도 여러분, 우리는 그렇게 돌아가지 맙시다. 우리는 지금 이 순간부터 하나님과 동행합시다. 그래서 우리의 남은 삶을 하나님 앞에서 조금도 후회 없는 황홀하고 멋진 삶으로 만듭시다.

# 26

# 요셉의
# 경제 정책

오늘 우리들에게는 아이엠에프(IMF)라는 무서운 경제적인 어려움
이 닥쳤습니다. 작은 기업이 하나 부도나도 식구들이 거리에 나앉
을 판인데 나라 자체가 부도가 나게 된 것입니다. 사람들은 이런 경
제적인 위기가 자신들에게 구체적으로 어떤 영향을 끼칠 것인지를
놓고 걱정하고 있습니다. 우리는 말씀을 통해 이럴 때 믿는 자들이
어떻게 해야 이 위기를 잘 극복할 수 있으며, 하나님을 모르는 자들
에게 도움을 줄 수 있는지를 살펴볼 필요가 있습니다.

　　그동안 우리는 먹을 것과 입을 것에서 거의 아쉬운 줄을 모
르고 풍족하게 살아왔습니다. 마치 애굽 사람들이 대흉년 전에 엄
청난 풍년을 누린 것처럼, 우리도 태어난 후 가장 풍족한 세월을 살
아온 것 같습니다. 우리는 다른 나라 사람들이 보면 부러워할 정도
로 엄청나게 많은 물건들을 백화점에 쌓아 놓았고, 세일 기간만 되
면 사람한테 밟힐까 봐 무서울 정도로 그 물건들을 사러 몰려들었
습니다. 값비싼 수입품들이 날개 돋친 듯이 팔려 나갔고, 수많은 사
람들이 쓸데없이 외국여행을 다니면서 온갖 비싼 물건들을 사가지
고 들어왔으며, 너무나 많은 학생들이 유학이나 언 연수를 떠나는
바람에 미국 대학마다 한국인 학생 없는 곳이 없을 정도가 되었습

니다. 또 음식은 다 먹지 못해서 버렸고, 물건들은 구형이라는 이유로 버렸습니다. 외국 사람들은 우리가 원래 잘살아서 이렇게 하는 줄 알았습니다. 그런데 알고 보니 빚으로 흥청망청 쓰고 있었던 것입니다.

그러나 이제는 더 이상 그렇게 살 수 없게 되었습니다. 무서운 7년 대흉년이 시작되었기 때문입니다. 이제는 나라 전체가 부도가 날 판이 되어서 아이엠에프로부터 긴급 자금을 비리지 않을 수 없게 되었고, 아이엠에프의 개입으로 거의 혁명적인 경제 구조의 변화를 겪게 되었습니다. 앞으로 얼마나 많은 기업들이 쓰러지고 얼마나 많은 은행들이 문을 닫을지, 또 얼마나 많은 사람들이 거리의 실업자로 나앉게 될지 모릅니다.

그동안 우리는 3D 업종이라고 해서, 힘들고 어렵고 더러운 일을 하지 않으려고 했습니다. 그러나 이제는 어떤 일이든 시켜 주기만 하면 감지덕지하며 달려들 때가 왔습니다. 지금까지 그 많은 젊은이들이 허구한 날 공무원 시험 준비에 매달렸지만, 이제는 이미 있는 공무원들도 크게 감축되어야 할 판이 되었다는 것을 빨리 알아야 합니다.

7년 동안 대풍년을 누리며 자기 마음대로 흥청망청 살던 애굽 사람들에게도 엄청난 흉년이 닥쳤습니다. 요셉은 이 엄청난 흉년 속에서 그동안 세금으로 모아 놓은 곡식으로 애굽 사람들과 주위에 있는 많은 사람들을 먹여 살려야 할 중대한 책임을 떠안게 되었습니다. 오늘 본문에는 요셉이 대흉년을 넘기기 위해 애굽에서 썼던 경제 정책이 대략 기록되어 있습니다. 이 본문을 읽으면 마치 오늘 우리들을 위하여 기록한 것 같습니다.

우리는 요셉이 대흉년 기간 동안 거의 모든 애굽 사람들을 노예로 만들어 버리는 것을 볼 수 있습니다. 여기서 우리가 특히 주목해야 할 점은 요셉이 외국인이었다는 것입니다. 그는 가혹하다 싶을 정도로 애굽 사람들의 허리띠를 졸라맸습니다. 그는 절대로 공짜로 곡식을 나누어 주지 않았습니다. 모두 돈을 수고 사 먹게 했습니다. 물론 돈을 더 찍어 내는 짓 같은 것은 하지 않았습니다. 결국 애굽의 돈은 바닥이 나고 말았습니다. 그러자 이번에는 돈 대신 가축을 가져오게 했습니다. 나중에는 몸까지 팔게 해서 모두 노예로 만들었습니다. 요셉은 이들을 강제로 이주시켰습니다. 이렇게 해서 겨우 흉년을 넘긴 후에야 그는 백성들에게 양식과 종자를 주면서 농사를 짓게 했습니다.

우리가 보기에 요셉은 너무나도 가혹한 경제 정책을 썼던 것 같습니다. 그는 평민들의 돈과 가축과 땅을 모조리 빼앗아 바로에게 주었고, 심지어 그들의 몸까지 사서 바로의 노예로 만들었습니다. 요셉이 이렇게 한 이유가 무엇일까요? 그리고 성경 기자는 왜 이 정책을 여기에 기록해 놓은 것일까요?

## 이 경제 정책의 원리

요셉처럼 어려운 시절에 경제 총리를 맡는 것은 너무나도 불행한 일일 것입니다. 이렇게 어려울 때에는 아무리 일을 잘해도 싫은 소리를 듣게 될 뿐 아니라 조금이라도 잘못하면 역적 소리 듣기에 딱 알맞기 때문입니다. 그런데 요셉은 바로 이럴 때 애굽 사람들과 주위의 가나안 사람들을 먹여 살릴 책임을 맡게 되었습니다.

그가 처음 한 일이 무엇입니까? 철저하게 자기 돈을 내고 양식을 사 먹게 한 것입니다. 그는 절대 무상으로 양식을 공급하지 않았습니다.

> 기근이 더욱 심하여 사방에 식물이 없고 애굽 땅과 가나안 땅이 기근으로 쇠약하니 요셉이 곡식을 팔아 애굽 땅과 가나안 땅에 있는 돈을 몰수이 거두고 그 돈을 바로의 궁으로 가져오니라(47:13, 14).

사실 바로의 창고에 있는 곡식들은 전부 애굽 사람들이 세금으로 낸 것입니다. 그러나 요셉은 그 곡식을 그냥 나누어 주지 않고, 전부 돈을 내고 사 먹게 했습니다. 그는 그렇게 모은 돈을 전부 바로의 궁으로 가져왔습니다.

얼마 지나지 않아 애굽의 돈이 다 바닥나 버렸습니다. 그러자 요셉은 각자 가지고 있는 짐승을 팔라고 했습니다.

> 요셉이 가로되 너희의 짐승을 내라 돈이 진하였은즉 내가 너희의 짐승과 바꾸어 주리라 그들이 그 짐승을 요셉에게 끌어오는지라 요셉이 그 말과 양 떼와 소 떼와 나귀를 받고 그들에게 식물을 주되 곧 그 모든 짐승과 바꾸어서 그 해 동안에 식물로 그들을 기르니라(47:16, 17).

요셉이 이렇게 한 이유가 무엇일까요? 왜 이렇게 심하다 싶을 정도로 애굽 사람들의 허리띠를 졸라매서 가축도 빼앗고 땅도 빼앗고 결국 몸까지 빼앗아 노예로 만든 것일까요?

요셉이 이렇게 한 것은 애굽 사람들이 미워서가 아닙니다. 애굽 사람들은 지난 7년 동안 너무 풍년에 길들여졌습니다. 요셉은 이런 사고방식으로는 흉년에 절대로 살아남을 수 없다고 생각했습니다. 그들은 모든 것을 가지고 있었고, 생활 규모는 커질 대로 커져 있었습니다. 그러다가 흉년이 들자, 자신들의 생활 규모는 줄이지 않고 풍년 때 살던 방식대로 방만하게 살면서, 정부나 타인이 자기 생활을 책임져 주며 이 위기를 감당해 주기를 바라고 있었습니다.

요셉은 그들이 자신들의 생활 규모를 줄이지 않는 이상, 아무리 창고에 많은 곡식이 있다 하더라도 절대로 이 흉년을 감당할 수 없다는 것을 알았습니다. 그들은 가난하다고 하면서도 수많은 종들을 거느리고 있었습니다. 양식이 없다고 우는 소리를 하면서도 돈을 집 안에 감추어 놓고 있었습니다. 사람 먹을 양식도 없으면서 짐승들에게는 먹을 것을 주었고, 비도 오지 않는데 자기 땅에는 씨를 뿌리려고 했습니다. 요셉이 가장 먼저 생각한 것은 이들로 하여금 자기 생활을 스스로 책임지게 해야 한다는 것이었습니다. 그래서 처음에는 돈을 가져와 곡식을 사 가게 했고, 돈이 떨어진 사람은 가축을 내놓게 했습니다. 자기 먹을 것도 없는 주제에 무슨 짐승을 몇 마리씩 키우냐는 거예요. 비가 오려면 아직도 몇 해는 더 있어야 합니다, 그런데 자기 땅이라고 해서 씨를 계속 뿌리면 어떻게 되겠습니까? 그래서 그는 곡식을 전부 빼앗아 한 톨도 낭비되지 않게 했습니다. 이처럼 요셉은 모든 것을 중앙으로 집중시켰습니다.

> 그 해가 다하고 새해가 되매 무리가 요셉에게 와서 그에게 고하되 우리가 주께 숨기지 아니하나이다 우리가 돈이 다하였고 우리의 짐승 떼가 주께로 돌아갔사오니 주께 낼 것이 아무것도 남지 아니하고 우리의 몸과 전지뿐이라(47:18)

무슨 말입니까? 처음에는 할 수 있는 대로 돈과 곡식을 감추려 했다는 것입니다. 그런데 돈을 가져와 곡식을 사 먹게 하니까 할 수 없이 숨겨 놓았던 곡식도 꺼내 먹고 돈도 다 내놓아서 이제는 감춘 것이 하나도 남지 않았다는 말입니다. 결국 그들은 살아남기 위해 모든 것을 국가에 맡기고 배급을 받을 수밖에 없게 되었습니다.

요셉은 이들을 이동시켰습니다. 여러 곳에 흩어져 있는 사람들을 일일이 찾아다니면서 양식을 배급해 줄 수가 없었기 때문입니다.

> 요셉이 애굽 이 끝에서 저 끝까지의 백성을 성읍들에 옮겼으나(47:21).

결국 요셉이 취한 정책이 무엇입니까? 이렇게 어려운 시기에는 배부를 때까지 책임져 줄 수 없다는 것입니다. 자기 집 다 가지고 자기 취미생활 다 해 가면서, 종과 가축까지 거느려 가면서 배

고프다고 하는 사람은 도와줄 수 없다는 것입니다. 편안하게 살던 때를 기준으로 삼아서 집에 갖출 것 다 갖추어 놓고 차도 할부로 구입해서 끌고 다니고 애들 과외도 다 시켜 가면서 어렵다고 사정하는 사람은 도와줄 필요가 없다는 거예요. 정말 형편이 어려우면 자기 생활 규모부터 줄이라는 것입니다.

더욱이 부채로 잘사는 것은 잘사는 것이 아닙니다. 벌어들이는 것보다 쓰는 것이 많은 사람은 언젠가는 거덜 나게 되어 있습니다. 물론 계속 빚을 얻으면 생활 규모를 줄이지 않고도 잘살 수 있지요. 그런데 지금 요셉은 그런 사람들까지 도와줄 이유가 없다는 것입니다. 자기 하고 싶은 일 다 하고 자기 쓰고 싶은 돈 다 쓰면서 어려운 것은 정말 어려운 것이 아닙니다. 개한테 비싼 수입 먹이를 먹이면서 "나 굶네" 하는 사람은 굶게 내버려 두어야 합니다. 그 사람은 아직도 정신을 못 차리고 있는 거예요. 정말 배가 고프면 개를 포기해야지요. 이것도 저것도 포기하기 싫으면 완전히 망할 수밖에 없습니다.

요셉은 그들에게 닥친 흉년이 어떤 성질의 것인지 잘 알고 있었습니다. 여기에서 살아남으려면 오직 생존만을 목표로 삼아야 합니다. 목숨 하나만 건지려고 해야 겨우 살아남을 수 있지, 짐승이나 밭이나 자기 취미생활까지 다 챙겨 가면서 살려고 들면 반드시 죽게 되어 있습니다. 개도 키우고 양도 키우고 싹이 나지도 않을 밭에 씨까지 뿌려 가면서 지내기에는 너무나도 극심한 흉년이에요.

그래서 요셉은 애굽 사람들이 가지고 있는 자유를 전부 빼앗아 버렸습니다. 돈도 빼앗고 짐승도 빼앗고 밭도 빼앗고 심지어는 그들의 몸까지도 노예로 사들인 후에, 양식을 쉽게 나누어 줄 수 있는 성읍으로 이주시켰습니다.

여기에서 우리가 알 수 있는 것이 하나 있습니다. 그것은 흉년이 들기 전까지 바로는 실제로 애굽 사람들을 지배하지 못하고 있었다는 사실입니다. 애굽 사람들은 자기 돈을 가지고 있었고 자기 땅을 가지고 있었으며 자기 자유를 가지고 있었습니다. 고대 시대였음에도 불구하고 그들은 아주 예외적으로 많은 자유를 누리고 있었던 것 같습니다. 어떻게 이 정도로 자유를 누릴 수 있었는지는 분명히 알 수가 없습니다. 어쩌면 바로가 애굽 사람이 아니라 침략자였기 때문에 완전히 통치하지 못한 채 개인에게 상당한 자유를 주면서 타협적으로 다스렸던 것인지도 모르겠습니다. 여하튼 애굽 사람들은 현대인들이 누리고 있는 것과 거의 같은 자유를 누리고 있었습니다.

요셉은 이들이 이렇게 많은 자유를 누리고 이렇게 풍요로운 생활을 하면서 흉년을 견딜 수는 없다는 것을 잘 알고 있었습니다. 적어도 앞으로 몇 년 동안은 한 방울의 비도 오지 않을 것입니다. 그렇다고 해서 그 고대 시대에 식량을 빌려 오거나 살 수 있는 곳이 있는 것도 아니었습니다. 그는 오직 세금으로 거두어들인 제한된 곡식을 만 7년 동안 온 백성을 먹여 살려야 했습니다. 그래서 무엇보다 먼저 사람들이 누리고 있던 생활의 군살부터 빼게 한 것입니다.

애굽 사람들은 처음에 자기 양식은 감추어 놓은 채 배급으로 주는 양식으로 살려고 했을 것입니다. 그러나 요셉은 처음부터 아예 배급을 하지 않았습니다. 감춰 놓은 것부터 끄집어 내서 먹으라는 거예요. 그렇게 하지 않으면 각 집에는 숨겨 놓은 양식이 있는데 나라 전체는 부도가 나는 사태가 닥칠 것입니다. 그래서 요셉은 양식을 전부 사먹게 함으로써 집안에 숨겨 놓은 양식이 하나도 없게 만들었습니다. 지금 우리나라에도 집집마다 바닥에 깔고 앉아 있는 돈이 엄청나게 많이 있습니다. 그런데 나라는 돈이 없는 것입니다. 창고 안에, 사과 궤짝 안에 들어있는 돈부터 끄집어 내야 합니다. 그렇게 하지 않으면 아무도 이 어려움을 책임져 줄 수 없습니다. 애굽 사람들도 흉년이 온다는 것은 다 알았습니다. 그런데도 집집마다 상당한 양식을 숨겨 놓았습니다. 요셉은 그것부터 먼저 꺼내 먹게 했습니다.

각 집에는 가축들도 있었습니다. 지금 사람이 다 굶어 죽을 판인데 어떻게 가축까지 먹이겠습니까? 그러니까 가축도 다 내놓으라고 했습니다. 또 뿌릴 씨가 없는데 땅이 있으면 무엇 하겠습니까? 게다가 조금이라도 양식이 남아 있는 사람은 혹시라도 비가 오지 않을까 기대하면서 자기 땅에 씨를 뿌릴 것입니다. 그러나 지금은 그렇게 낭비할 곡식이 없습니다. 그래서 요셉은 땅도 다 빼앗았습니다.

우리나라의 경우에는 유학생들부터 돌아와야 합니다. 물론 어려울 때에도 인재는 길러 내야 하지만, 불필요하게 외국에 나가 있는 사람들은 다 돌아와야 합니다. 해외여행도 자제해야 합니다. 빚으로 잘살던 사람들은 그것부터 청산하고 생활 규모를 확 줄여야 합니다. 카드로 사들인 불필요한 물건들부터 다 팔아 버려야 해요. 그것이 하기 싫으면 망할 수밖에 없습니다.

기업도 마찬가지입니다. 은행에서 빚 얻어서 외형만 키워 놓은 기업들은 그 군살부터 빼 버려야 합니다. 그렇게 하지 않으면 통째로 넘어갈 것입니다. 불필요하게 구입한 땅이 있다면 다 팔아 버리고 수익이 없는 계열사도 과감하게 정리해야 합니다. 만일 우리나라 대통령이나 재경부 장관이 그렇게 하라고 했으면 전부 죽이려고 덤벼들었을 것입니다. 그러나 아이엠에프에서 그렇게 하라고 하니까 꼼짝없이 당할 수밖에 없게 되었습니다.

사실 요셉도 외국인이었기 때문에 이 무서운 짓을 할 수 있었습니다. 아마 애굽 사람이었다면 이렇게까지는 못했을 것입니다. 그러나 요셉은 인정사정없이 밀어붙였습니다. 이 흉년의 성격과 규모를 누구보다 잘 알고 있었기 때문입니다. 여유 있게 자기 생활 다 해 가면서는 절대 살아남을 수 없었습니다. 허리띠를 확 졸라서 숨만 할딱할딱 쉬게 만들지 않는 한, 이 많은 사람들은 절대로 흉년을 이겨 낼 수가 없었습니다.

지금까지 우리는 빚으로 잘살았습니다. 앞으로 경제가 계속 이런 식으로 잘될 것이라는 전망으로 마구 빚을 끌어들인 것이고, 빚이든 뭐든 돈이 계속 들어오니까 생활 규모도 거기에 따라 계속 늘려온 것입니다. 그러나 이제 그런 시대는 끝났습니다. 지금부터는 빚을 내서 어떤 일을 벌일 생각을 하면 안 됩니다. 빚을 내서 집을 넓히고 빚을 내서 사업을 확장하고 은행 융자를 얻어서 새로운 일을 하려 드는 사람은 큰 어려움을 겪게 될 것입니다. 이제는 경제가 더 이상 예전처럼 성장하지 않을 것이기 때문입니다. 한평생 그 빚만 갚다가 끝날 거예요. 지금은 하루라도 빨리 빚을 청산해야 할 때입니다.

## 종 됨의 의미

결국 모든 애굽 사람들은 자기 몸까지 팔아서 바로의 종이 되었습니다. 자기 몸이지만 자기 마음대로 못하는 처지가 되고 만 것입니다. 요셉은 이런 정책을 통해 대체 무엇을 실현하려고 한 것일까요? 흉년을 통해서 군국주의를 더 강화하려고 했던 것이 결코 아닙니다. 물론 결과적으로는 바로의 세력이 더없이 강해졌습니다. 그러나 요셉의 진정한 의도는 왕권 강화에 있었던 것이 아니라, 이 대흉년에서 살아남으려면 목숨 외에 다른 것은 다 버려야 한다는 데 있었습니다.

예를 들어 어떤 배가 침몰하고 있다고 합시다. 거기에서 살아남으려면 배에 있는 물건들을 다 버리고 몸만 빠져 나와야 합니다. 거기 있는 돈 가방, 화장품 가방, 먹을 것, 입을 것까지 다 건지려고 들면 살아날 수가 없어요. 그냥 몸만 달랑 건져서 나와야 합니다. 다른 것에 조금이라도 미련을 가지는 사람은 어떤 사람의 도움도 얻지 못할 것입니다. 아무도 그를 불쌍히 여기지 않을 거예요. 다 물에 빠져 죽는 판에 자기 가방이나 화장품을 챙기려고 드는 사람이 있다면, 열 사람이면 열 사람 다 그를 욕하면서 일말의 동정도 보이지 않을 것입니다.

오늘 본문은 '이 엄청난 경제적인 위기에서 살아남으려면 지출을 억제하고 허리띠를 졸라매서 자기 생활을 건실하게 하라'는 것 이상을 말씀하고 있습니다. 오늘 본문이 우리에게 궁극적으로 이야기하는 바는 우리가 우리의 구원에 대해 너무나 여유 있게 생각하고 있다는 것입니다.

오늘날 거의 대부분의 그리스도인들은 자기한테 구원의 확신만 있으면, 이 세상에서 하고 싶은 것 다 하고 가지고 싶은 다 가지면서도 여유 있게 천국에 갈 수 있다고 생각합니다. 돈 벌고 싶은 것 다 벌고 친구들 결혼식이든 집들이든 가고 싶은 곳 다 다니면서 신앙생활 해도 되는 줄로 생각해요. 그러나 그렇게 여유 있게 신앙생활 해도 된다고 생각하고 있는 것 그 자체가, 아직 구원의 성격을 잘 모르고 있다는 증거입니다. 나 하고 싶은 것 다 하면서 적당히 교회 봉사만 하는 것으로 천국을 얻을 수 있다고 생각하는 사람은 구원이 정말 무엇인지 모르는 사람입니다.

우리가 천국 백성이 되려면 요셉이 시행했던 정책 그대로, 내가 가지고 있는 모든 것을 버려야 합니다. 처음에는 돈을 버려야 합니다. 그러나 그것으로 다 되는 것이 아닙니다. 그다음에는 가축이나 땅을 버려야 합니다. 그것으로도 안 됩니다. 결국 어떻게 해야 합니까? 자기 자신을 종으로 내어놓아야 합니다. 그래서 자기 몸이면서도 자기 마음대로 쓸 수 없게 되었을 때에야 비로소 생명을 건질 수 있는 것입니다.

예수님은 우리가 구원을 얻는다는 것은 곧 좁은 문으로 들어가는 것과 같다고 말씀하셨습니다. 내가 가지고 있는 인생관이나 취미나 미래에 대한 계획을 가지고서는 결코 그 문으로 들어갈 수가 없습니다. 모든 것을 버리고 내 몸까지 예수님의 노예로 팔아야 영혼 하나 딱 건질 수 있는 것입니다.

그래서 어려움이 닥칠 때마다 우리가 확인해야 할 것은 '과연 내 영혼이 안전한가' 하는 것입니다. 아마 은행에 돈을 맡겨 놓고 있는 사람은 '과연 내 돈이 안전한가'부터 걱정할 것입니다. 그러나 오늘 우리가 그 무엇보다 우선적으로 직면해야 하는 문제는 '내 영혼이 안전한가' 하는 것입니다. 직장이 흔들리는 것보다, 미래가 불투명한 것보다 확실하게 건져야 하는 한 가지 문제가 바로 이것입니다.

오늘날 교인들이나 목회자들을 보면 나사가 하나씩 빠진 사람들 같습니다. 너무 말도 안 되는 불평을 하고 있고, 너무 여유 있게 신앙생활을 하고 있습니다. 지금 자신들이 어떤 자리에 서 있으며 무엇 때문에 살고 있는지, 무엇을 믿고 있는지 전혀 깨닫지 못하는 것 같습니다. 그러나 위기 때 우리가 잊지 말고 붙들어야 할 오직 한 가지 문제는 '내 영혼이 안전한가' 하는 것입니다.

내 영혼을 살리려면 가지고 있는 것을 다 버려야 합니다. 돈도 버리고 짐승도 버리고 집도 버리고 취미생활도 버려야 영혼 하나 달랑 건질 수 있습니다. 그렇게 필사적으로 말씀을 붙들어서 영혼이 살면, 결국 나머지 삶도 회복되게 되어 있습니다. 그러나 영혼이 건강하지 않으면 나중에 복된 날이 오더라도 아무것도 건지지 못할 것입니다.

애굽 사람들의 경우를 보십시오. 아무리 짐승이 있고 땅이 있고 돈이 있어도 흉년에 굶어 죽어 버린다면 무슨 소용이 있습니까? 돈을 내고 짐승을 팔고 땅을 팔아서라도 자기 목숨부터 사야 하지 않겠습니까? 그와 마찬가지로 우리는 우리의 돈이나 공부나 집에 대한 욕심을 포기하고서라도 자신의 영혼을 사야 합니다.

흉년이 끝난 후에 요셉은 어떻게 했습니까?

요셉이 백성에게 이르되 오늘날 바로를 위하여 너희 몸과 너희 전지를 샀노라 여기 종자가 있으니 너희는 그 땅에 뿌리라 추수의 오분 일을 바로에게 상납하고 사분은 너희가 취하여 전지의 종자도 삼고 너희의 양식도 삼고 너희 집 사람과 어린아이의 양식도 삼으라(47:23, 24).

목숨이 붙어 있으니까 이렇게 다시 시작할 수 있습니다. 비록 노예가 되었어도 목숨 하나 구해놓으니까 새로운 삶을 다시 시작할 수 있습니다. 그러나 땅과 짐승을 그대로 가지고 있다가, 자기 마음껏 고집스럽게 살다가 흉년에 목숨을 잃은 사람은 새로운 삶을 살 수가 없습니다.

아마 이때까지만 해도 애굽에는 조세 제도가 확립되어 있지 않았던 것 같습니다. 그러나 요셉은 조세 제도를 확립해서 나라 경제를 튼튼히 했습니다. 그 당시의 세금이 5분의 1이라면 상당히 관대한 편입니다. 이 정도만 내도 된다면 사실 노예라고 할 수도 없어요. 그들은 그 나머지를 먹고사는 데 쓰거나 자기 자신을 위해 투자할 수 있었습니다. 요셉은 그들에게 자유를 돌려주었습니다.

아마 그 당시에는 국가의 존재 자체가 개인을 위험으로부터 지켜 주는 큰 보험 역할을 했던 것 같습니다. 그러나 이전까지는 애굽 사람들 하나하나는 개인적으로 잘살았는지 몰라도 나라 전체는 가난하기 짝이 없었습니다. 요셉은 이 흉년 가운데 나라를 튼튼하게 만들고 나서, 다시 그들로 하여금 새로운 삶을 시작하게 했습니다. 물론 지금의 관점에서 보면 좀 문제가 있지만, 국가가 부강해야 개인이 잘살 수 있다는 것이 요셉이 시행한 정책의 골격이었습니다.

우리나라도 개인들은 잘살지만 나라는 힘이 없습니다. 그러니까 불안합니다. 선진국의 실업자들은 수당이 나와서 그런대로 먹고 살 수 있지만, 우리나라의 실업자는 정말 굶어야 합니다. 가장이 직장을 잃으면 식구들이 다 거리에 나앉을 수밖에 없어요, 왜 그렇습니까? 국가가 힘이 없기 때문입니다.

애굽 사람들이 목숨 하나 확실하게 건지고 나서 새로운 삶을 시작할 수 있었던 것처럼, 어려울 때 나의 영혼 하나만 확실하게 건질 수 있다면 우리도 새로운 삶을 다시 시작할 수 있습니다. 그러므로 오늘 무엇보다 우리가 확인해야 할 문제는 과연 '내 영혼은 안전한가' 하는 것입니다. '과연 돈을 포기하고 희망을 포기하고 공부를 포기하고 욕심을 포기하고 내 영혼을 건진 경험이 나의 삶에 있는가' 하는 거예요.

그때 다시 시작하는 삶은 예전의 삶과 다릅니다. 그것은 하나님 나라 백성으로서의 삶입니다. 흉년을 겪고 난 애굽은 예전의 애굽이 아니었습니다. 애굽은 아주 부강한 나라, 온 백성을 먹여 살릴 수 있는 나라가 되었습니다.

오늘 성경은 우리에게 묻습니다. "너는 어느 나라 소속인가?" 나의 소속을 한번 확인해 보십시오. 나는 부도 위기에 몰린 이 불안정한 세상 나라에 속한 사람입니까, 아니면 언제나 부족함이 없는 하나님 나라에 속한 백성입니까? 우리는 자신이 하나님 나라 백성이라는 것을 어떻게 확인할 수 있습니까? 내 돈을 포기하고 내 땅을 포기하고 내 짐승을 포기하고 내 몸을 포기해서 내 영혼을 건진 경험이 있느냐 하는 것으로 확인할 수 있습니다. 그런 경험이 없다면 아직 나의 영혼은 안전한 것이 아닙니다.


## 제사장들과 야곱의 차이

애굽에는 이런 요셉의 경제정책에서 예외적인 혜택을 받은 사람들이 있었습니다. 그들은 바로 제사장들이었습니다.

제사장의 전지는 사지 아니하였으니 제사장은 바로에게서 녹을 받음이라 바로의 주는 녹을 먹으므로 그 전지를 팔지 아니함이었더라 (47:22).

527

여기 나오는 제사장은 하나님을 바로 섬기는 자들이 아니었습니다. 그들이 우상이나 귀신을 섬기는 술사였는지, 아니면 희미하게라도 하나님을 알고 예배하던 자들이었는지는 분명치 않습니다. 아마도 출애굽 당시에 모세를 대적했던 술사들과는 좀 다른 사람들이었던 것 같습니다. 술사는 귀신의 힘으로 무언가를 알아내고 마술도 부리던 자들로서, 하나님을 심하게 대적했습니다. 그러나 요셉 당시의 제사장들은 요셉과 잘 지냈고 그가 하는 일을 심하게 대적하지 않았습니다. 아마 그들은 애굽의 귀족으로서 바로와 함께 애굽을 다스리던 지배계층이었을 것입니다.

지금의 관점으로 요셉의 경제정책을 보면 귀족과 평민을 훨씬 더 분리시킨 것처럼 보일 수 있습니다. 즉 이 정책은 평민들을 거의 농노 수준으로 떨어뜨리고 귀족층에 해당되는 제사장들은 자기 땅을 여전히 차지하게 함으로써 계급 차이를 더 심화시키는 결과를 낳았다는 것입니다. 그러나 그 시대의 일을 지금의 관점으로 판단하면 안 됩니다.

때가 이르기까지 하나님은 전 인류를 노예제도라는 악의 지배 아래 가두어 놓으심으로써, 죄의 존재를 깨닫게 하신 것으로 생각됩니다. 오늘날에도 교도소가 있어서, 그 안에 갇혀 있는 사람들이 있다는 것만으로도 죄의 존재가 증명되는 것처럼 말입니다.

모든 애굽 사람들이 바로의 종이 된 것은 그들이 결국 죄의 종이었기 때문입니다. 그리고 여기에서 제사장들만 예외가 되었던 것은 그들이 종교적인 직업에 종사했기 때문이거나 특별한 사람들이어서가 아니라, 어떻게 해서든지 나라가 유지되려면 왕과 함께 백성을 다스릴 지배계층이 필요했기 때문입니다. 다시 말해 이런 지배자들은 일종의 필요악이었습니다. 오늘날 우리가 정말 하나님의 종을 뽑기 위해서가 아니라 일종의 필요악으로서 누군가는 나라를 다스려야 하기 때문에 대통령을 뽑는 것처럼 말입니다.

무정부상태는 독재보다 훨씬 못합니다. 아무리 앞으로 하나님의 심판이 있다 해도 지금 당장 다스리는 자 없이 세상을 내버려 둔다면, 그나마 악을 제어할 사람조차 없어짐으로써 더 심한 혼란이 생길 것입니다. 그래서 비록 악한 통치자라 하더라도 마치 하나님의 대리인인 것처럼 특별하게 보호하시는 경우가 때로 있는 것입니다. 이것은 그들이 옳기 때문이 아닙니다. 단지 그 직책에 있는 동안만이라도 사람들의 죄를 통제하게 하시려고 위엄도 주시고 생활할 수 있는 물질도 주시는 것입니다.

그런데 야곱의 아들들은 제사장들과 거의 같은 수준의 대우를 받고 있었습니다. 그들은 땅을 팔지도 않았고 가축을 팔지도 않았으며 자기 몸을 종으로 내놓지도 않았는데도 요셉이 주는 양식으로 잘 살았습니다. 요셉이 애굽 사람들은 그렇게 쥐어짜면서도, 고센 땅에 있는 자기 형제들에게는 무상으로 곡식을 공급한 이유가 무엇입니까? 그리고 이 일에 대해 어떤 애굽 사람도 불만을 품지 않은 이유는 무엇입니까?

그것은 애굽을 살린 요셉의 공로 때문입니다. 그는 자기 가족에게 그만 한 삶을 살게 할 권리가 있었습니다. 요셉이 애굽 사람들에게 정신적인 도움을 주었다면, 애굽 사람들은 요셉과 그의 형제들에게 물질적인 공급을 하는 것이 당연합니다. 그러니까 이것은 일종의 코이노니아였던 것입니다.

코이노니아, 즉 교제는 일방적인 것이 아닙니다. 한쪽에서 무엇이 흘러가면 다른 쪽에서 반드시 다른 것이 흘러와야 합니다. 요셉에게서 신령한 것이 애굽으로 흘러갔기 때문에 애굽 사람들 중 그 누구도 요셉이 자기 가족들에게 양식 주는 일을 문제 삼지 않았을 뿐 아니라 오히려 그것을 아주 당연하게 생각했습니다.

그리스도인들이 정신적인 부분과 가치관의 영역에서 이 세상에 빛을 비추어 준다면, 세상 사람들은 세상 사람들대로 우리에게 직장과 균등한 기회와 평안한 삶을 보장해 줄 책임이 있습니다. 그리스도인들이 세상 사람들에게 그들의 가치와 바른 삶을 깨닫게 해 준다면, 그들은 그들대로 마땅히 자신들이 가지고 있는 물질로 우리를 공궤하게 되어 있습니다. 그 원리 때문에 예수님께서 복음 전하는 자들에게 두 벌 옷이나 양식을 가지고 가지 말라고 하신 것입니다. 누군가 그들에게서 복음을 들었다면 자기 먹을 것이나 입을 것 중의 일부를 함께 나눔으로써 교제하는 것이 당연하기 때문입니다. 복음 듣는 사람은 복음 전하는 사람을 먹여 살리게 되어 있습니다. 이것이 교제입니다.

그래서 말씀 전하는 자가 지팡이 하나 없이 가도, 그 가운데 말씀을 듣는 자가 한 사람이라도 있으면 그 들은 사람이 전한 사람을 반드시 먹여 살리게 되어 있습니다. 그럴 때 복음 전하는 사람을 게으르다거나 고통을 나누지 않는다고 책망하면 안 됩니다. 요셉이 애굽 사람들을 흉년에서 살림으로써, 야곱의 교회는 자신이 할 일을 충분히 다한 것입니다.

모세가 요셉의 이 경제정책을 특별히 여기에 기록하고 있는 이유가 무엇입니까? 하나님의 백성들은 애굽에서 나그네처럼 지냈지만, 그렇다고 해서 단순한 나그네는 아니었다는 것입니다. 그들은 결정적인 위기 때 애굽 사람들을 도와 준 나그네였고, 또 애굽에서 물질적인 도움을 상당히 많이 받은 나그네였습니다. 애굽 안에 두 나라가 있었지만, 이 두 나라는 아주 좋은 관계로 서로 도와 가며 잘 지냈습니다. 이것은 어떤 의미에서 세상과 교회의 정상적인 관계라고 할 수 있습니다. 그러나 세상이 자기 자리에서 벗어나 하나님의 자리를 찬탈하려고 할 때에는 교회를 핍박하게 되어 있습니다.

오늘 우리가 이 땅에 살면서 세상 사람들을 도울 수 있는 길은 무엇이겠습니까? 어떻게 하면 절망과 분노에 차 있는 이 땅 사람들을 도울 수 있겠습니까? 그리고 이들로부터 어떤 도움을 받아야 하겠습니까?

오늘날 교회가 세상에 줄 수 있는 것은 물질적인 것이 아닙니다. 우리가 줄 수 있는 것은 빛으로서 모든 것의 의미를 밝혀 주며, 소금으로서 그들이 부패하지 않게 도와주는 것입니다. 지금처럼 어려울 때 "지금 한국에 이런 경제 위기가 온 것은 굉장히 좋은 일입니다. 만약 이런 위기가 없다면 우리는 브레이크 없는 자동차처럼 마구 달려가다가 망하고 말 것입니다. 그러니까 이렇게 멈춰 섰을 때 우리 모두 정신을 차려야 합니다"라고 말해 주는 것입니다. 그리스도인들에게는 모든 사람들이 당연하게 생각하는 일에 문제를 제기해서 그 안에 들어 있는 미신과 오해를 깨닫게 해줄 사명이 있습니다. 그리고 그들과 함께 부패하지 않음으로써 그들을 도와야 할 책임이 있습니다.

그리고 세상은 우리의 신앙생활을 보장해 주며 직업과 교육 기회의 균등과 그 밖에 필요한 것들을 보장해 주어야 합니다. 그 정도만 해주어도 우리는 얼마든지 풍성한 삶을 누릴 수가 있습니다. 그러나 세상이 하나님처럼 하나님의 백성들 위에 군림하려고 들면 두 나라 사이에는 전쟁이 터지고 맙니다.

오늘 본문이 우리에게 말씀하는 것이 무엇입니까? 요셉이 바로에게 충성했거나 애굽 사람들을 미워했기 때문에 이렇게 가혹할 정도로 재산을 빼앗고 그것도 모자라 전부 노예로 만든 것이 아니라는 사실입니다. 요셉은 이 흉년의 성격을 알고 있었습니다. 7년 동안 잘사는 데 익숙해진 사고방식을 전부 버리지 않으면 다 굶어죽고 만다는 것을 알고 있었습니다.

지금 우리는 너무나 여유 있게 신앙생활을 하고 있습니다. 어느 것도 포기하려 들지를 않습니다. 그러나 자기 하고 싶은 것 다 해 가면서 어렵다고 불평하는 사람은 아무도 도와줄 수 없습니다. 정말 살고 싶다면 자기 생활 규모부터 확 줄이고, 자기가 감당할 수 있는 범위내에서 살아야 합니다. 그래야 어려울 때 견뎌 낼 수 있습니다. 텔레비전 볼 것 다 보고, 만날 사람 다 만나고, 돈 벌 것 다 벌면서 예수를 믿으려 드는 것은 구원이 무엇인지 모른다는 증거밖에 되지 않습니다. 다른 것을 다 포기하고서라도 나의 영혼부터 건지십시오. 그러면 새로운 삶을 시작할 수 있습니다.

# 27

# 야곱의
# 부탁

세상을 떠날 때가 되었는데 아직 결혼하지 못한 아들이나 딸이 있는 경우, 그들을 두고 먼저 가야 한다는 사실을 대단히 부담스럽게 생각하는 어른들이 많습니다. 그래서 맏아들이나 맏사위, 또는 다른 아들이나 사위 중에서 가장 믿을 만한 사람을 불러다 놓고, 자신이 죽더라도 아직 결혼하지 못한 아들이나 딸의 결혼 문제를 부모처럼 신경 써 주기를 특별히 부탁하곤 합니다. 그만큼 어른들에게는 자녀들의 결혼 문제가 중요한 것으로서, 생전에 자녀들이 모두 결혼하는 것을 보지 못하면 마음이 편치 못한 법입니다.

오늘 본문에서 야곱은 자기가 죽을 때가 다 되었다는 것을 알고, 요셉에게 특별히 뒷일을 부탁하고 있습니다. 우리가 보기에 야곱은 걱정할 것이 하나도 없는 사람 같습니다. 그의 아들들과 후손들은 지금 애굽 땅에서 아주 잘 지내고 있습니다. 그들은 고센 땅에서 직업적으로 성공했을 뿐 아니라 자식들도 많이 낳아서 크게 번창하고 있는 중입니다. 또 죽은 줄만 알았던 요셉도 살아서 애굽의 총리까지 되어 있습니다. 우리가 보기에 야곱은 얼마든지 편안하게 눈을 감을 수 있을 것 같습니다. 그럼에도 불구하고 그는 아직 출가하지 않은 딸이라도 있는 사람처럼, 해결되지 않으면 도저히 눈을 감을 수 없는 문제라도 있는 사람처럼, 요셉을 불러다가 맹세까지 시키면서 뒷일을 부탁하고 있습니다.

그렇게 야곱이 부탁한 것이 무엇입니까? 바로 자신의 장사(葬事) 문제였습니다. 당시 애굽의 장의사는 세계 최고 수준이었습니다. 몇천 년씩 보존되는 미라를 만들 수 있는 장의사들이 애굽에 다 있었습니다. 게다가 애굽에는 그를 장사 지낼 수 있는 곳이 많았습니다. 바로가 야곱의 집안에 호의적이었기 때문에 귀족의 무덤에도 얼마든지 묻힐 수 있었어요. 야곱만 원한다면 피라미드도 만들어 줄 것입니다. 그러나 야곱은 요셉을 특별히 불러다가 가나안 땅에 있는 조상의 무덤에 자신을 묻어 달라고 부탁하면서 맹세를 지켰습니다.

## 돌아가지 않은 이스라엘 족속들

이스라엘 자손이 애굽으로 옮겨 온 지 17년이 되었습니다. 그동안 그들은 목축업으로나 인구로나 말로 표현할 수 없을 정도로 엄청나게 번창했습니다. 47장 27절을 보십시오.

이스라엘 족속이 애굽 고센 땅에 거하며 거기서 산업을 얻고 생육하며 번성하였더라

여기서 중요한 점은 이스라엘 백성들이 애굽으로 온 것은 흉년을 피하기 위해서였는데, 왜 흉년이 끝난 후에도 가나안 땅으로 돌아가지 않았느냐는 것입니다. 요셉의 예측에 따르면 이 엄청난 흉년은 7년 만에 끝나게 되어 있었고, 실제로 7년 만에 끝났을 것입니다. 그러나 야곱의 식구들은 무려 17년이 지나도록 가나안 땅으로 돌아가지 않고 애굽에서 목축을 하면서 많은 아이들을 낳아

기르며 번창하고 있었습니다. 여기에서 "생육하며 번성하였더라"
는 것은 이스라엘 자손들이 고센 땅에서 엄청나게 많은 아이들을
낳았으며, 그 아이들이 다 죽지 않고 살아남았다는 뜻입니다.

　　왜 그들은 흉년이 끝났음에도 불구하고 가나안 땅으로 돌아
가지 않았을까요? 이 중요한 문제에 대해 성경은 전혀 언급하지 않
고 있습니다. 단지 성경이 말씀하는 것은, 자신의 죽음이 임박한 것
을 본 야곱이 자신을 가나안 땅에 묻음으로써 앞으로 후손들이 그
곳으로 돌아갈 마음을 갖게 하라고 부탁했다는 것입니다.

　　이스라엘 자손들이 흉년이 끝난 후에도 가나안 땅에 돌아가
지 않은 이유를 우리는 몇 가지로 생각해 볼 수 있습니다. 첫째는,
굳이 가나안 땅에 돌아갈 필요가 없었으리라는 것입니다. 가나안
땅도 약속만 되어 있을 뿐이지 아직 그들의 것이 아니었습니다. 그
러니까 자기들의 땅이 아니라는 점에서는 애굽이나 가나안이나 다
를 바가 없었어요. 애굽에 있으나 가나안에 있으나 그들은 똑같은
나그네 인생이었습니다. 그런데 굳이 애굽을 떠나 어려운 곳으로
돌아가서 고생할 필요가 뭐가 있겠습니까?

　　둘째로, 그들은 꼭 하나님의 말씀이 있어야만 움직이는데
흉년이 끝난 후에도 별도의 지시가 없었기 때문에 그것을 기다리다
보니 이렇게 세월이 많이 흘렀을 것이라고 추측해 볼 수 있습니다.
야곱은 가나안땅을 떠나 애굽 땅으로 올 때에도 하나님의 말씀에
따라 이동했습니다. 그런데 애굽 땅을 떠나라는 말씀이 없었기 때
문에 별도의 지시가 있을 때까지 이곳에 머물 수밖에 없었으리라고
보는 것이지요.

　　이 두 가지 다 타당성 있는 이유지만, 저는 이보다 더 유력한
이유가 있다고 생각합니다. 그것은 그들이 흉년을 피해 애굽 땅에
머무는 동안 너무나 크게 번창하는 바람에 그렇게 쉽게 돌아갈 수
없었으리라는 것입니다. 가족의 숫자가 너무 늘어나 버렸어요. 이
제는 가족이 아니라 작은 규모의 나라라고 할 수 있을 정도로 커져

버렸습니다. 가나안 땅은 수십 개의 도시 국가로 형성되어 있었습니다. 그런데 그중에 어느 도시 국가가 자기 나라만 한 규모의 이민을 받아 주겠습니까?

야곱의 가족들이 애굽으로 들어올 때 인원은 전부 70명이었습니다. 그것도 가족들의 수만 70명이었고, 거기에 딸린 노예들의 수까지 합치면 결코 적은 숫자가 아니었을 것입니다. 그런데 이 17년 동안 그 규모가 더 엄청나게 커져 버렸습니다. 이제는 예전처럼 슬그머니 가나안 땅에 들어갈 수 있는 처지가 못 되었습니다.

이렇게 17년간 애굽 땅에 머물면서 야곱이 고민한 것이 무엇입니까? 그들은 반드시 가나안 땅으로 다시 돌아가야 하는데, 예전과 같은 방식으로는 도저히 돌아갈 수 없다는 것입니다. 이 많은 사람들을 받아 줄 만한 곳이 없었습니다. 지금 우리나라만 해도 중국에 있는 교포들이 돌아올까 봐 적극적으로 막고 있는 형편입니다. 그런데 그 옛날 이 큰 규모의 이민을 받아 줄 곳이 어디 있겠습니까?

이스라엘 자손들은 대책 없이 너무 많이 늘어났습니다. 아이들이야 형제도 많고 사촌도 많아야 재미있지만, 이들을 이끌고 약속의 땅으로 가야 하는 족장에게는 이 많은 숫자가 부담스럽지 않을 수 없습니다. 아마 믿음이 없는 족장 같았으면 집집마다 돌아다니면서 "제발 애들 좀 그만 낳아. 지금 여기서 이렇게 식구들이 많이 불어 버리면 가나안 땅에서 아무도 받아 주지 않는단 말야. 집집마다 애들 숫자 좀 줄이라구" 하면서 부탁했을지도 모릅니다. 그러나 야곱은 그렇게 하지 않았습니다. 그는 이 대책 없이 늘어난 이스라엘에 대하여 하나님께서 어떤 일을 행하실 것을 믿었습니다. 그리고 자신이 할 일이 무엇인지 생각했습니다.

대책 없이 많은 무리에 관련된 일은 예수님의 행적에서도 찾아볼 수 있습니다. 마가복음 6장을 보면, 예수님께서 갈릴리에서 복음을 전하실 때 많은 무리가 예수님께 몰려왔습니다. 그들은 모두 가난한 자들로서 자기 먹을 것조차 해결할 수 없는 사람들이었습니다. 이렇게 거의 거지 떼에 가까운 사람들이 남자만도 수천 명씩 예수님께 몰려오는 것을 본 제자들은 굉장히 부담스러워하면서 "예수님, 늦기 전에 빨리 보내지요"라고 했습니다. 그때 예수님은 "이 대책 없이 많은 무리를 부담스러워하지 말고 너희가 먹을 것을 주어라. 하나님께서 놀라운 일을 행하실 거야"라고 말씀하시면서 제자들을 위로하셨습니다.

어떤 사람이 고아원을 운영하고 있는데, 고아들이 대책없이 자꾸 몰려온다면 어떻겠습니까? 경기도 나빠서 지원해 줄 사람도 없고 그나마 받고 있던 지원도 점점 줄어들고 있는 판에 고아들만 날마다 꾸역꾸역 몰려온다고 생각해 보십시오. 아침에 눈 뜨면 스무 명이 문 앞에 서 있고, 그다음 날 눈 뜨면 또 서른 명이 문 앞에 서 있습니다. 그럴 때 고아원 원장은 그들이 전혀 반갑지 않을 뿐 아니라 몹시 부담스러울 것입니다. "얘들아, 제발 여기로 오지 말고 다른 집으로 가라"고 할 거예요. 우리도 마찬가지입니다. 사람들이 몇십 명씩 대책 없이 우리 집에 몰려와서 식사해야 한다고 생각하면, 그들이 오기도 전에 머리가 지끈지끈 아파 오지 않겠습니까?

그러나 하나님 나라에서는 이 대책 없는 사람들의 증가를 부담스러워하지 말라는 것입니다. 왜냐하면 하나님께서는 그 무리를 충분히 감당할 수 있는 능력을 이미 우리 안에 주셨기 때문입니다. 우리는 사람들이 몰려오는 것을 너무 부정적으로 생각할 필요가 없습니다. 하나님 안에 이미 계획이 있습니다. 그분이 우리를 통해 능히 그들을 도우실 것입니다. 그래서 야곱은 이 대책 없는 숫자의 증가에 대해 뭐라고 말하지 않습니다. 그 대신 자신이 이들을 위해 해야 할 일이 무엇인가, 마지막으로 이들을 위해 봉사할 일이 무엇인가를 생각하고 있습니다.

이것을 보면 지금 이 성령의 시대가 얼마나 효율적인지 모릅니다. 구약 시대뿐 아니라 예수님 시대만 해도 성령을 받으려면 수많은 사람들이 한자리에 모여야 했습니다. 그러나 이 성령의 시대에는 언제 어디서나 말씀이 들리기만 하면, 수많은 사람들이 주님과 함께 모였을 때와 같은 구원이 이루어집니다. 오늘 우리는 굳이 수십만 명씩 모아서 집회를 할 필요가 없습니다. 그냥 말씀을 듣고 찾아가기만 하면 온갖 역사가 나타납니다. 마치 오늘날 선거 유세 방식이 변화한 것과 같습니다. 예전에는 선거 유세를 할 때 보라매공원이나 여의도 광장처럼 넓은 곳에 사람들을 수십만 명씩 불러 모았습니다. 그러나 지금은 텔레비전 토론 등으로 얼마든지 많은 이들에게 자신을 소개할 수 있으며, 여론 조사를 통해 사람들의 동향을 거의 정확하게 예측할 수 있습니다.

사도 바울의 전도 방식이 바로 그러한 것이었습니다. 그는 각 지역에 흩어져 있는 유대인들의 회당을 사용했고, 특히 그곳에 있는 이방인으로서 하나님을 두려워하는 자들에게 중점적으로 복음을 전했습니다. 그는 수만 명의 사람들을 한자리에 모으지 않고서도 선교비 지원까지 받아 가면서 많은 이들에게 효과적으로 복음을 전할 수 있었습니다.

그러나 야곱의 시대는 아직 이런 성령의 시대가 아니었습니다. 그때는 하나님의 나라를 구체적으로 만들기 위해 인구가 많아질 필요가 있는 시대였습니다. 그러나 자기 땅도 없는 상태에서 이런 식으로 대책 없이 인구가 늘어나는 것은 부담이 아닐 수 없었습니다. 야곱은 이 문제를 하나님께 맡겼습니다. 어차피 하나님의 나라는 한 사람의 생애를 통해 성취될 수 있는 것이 아니었기 때문입니다. 하나님의 나라는 하나님의 능력으로 이루어진다는 것이 야곱의 믿음이었습니다.

## 야곱의 부탁

야곱이 요셉을 불러서 특별히 부탁한 것은 바로 자신을 장사 지낼 장소에 대한 것이었습니다.

> 야곱이 애굽 땅에 십칠년을 거하였으니 그의 수가 일백 사십 칠세라 이스라엘의 죽을 기한이 가까우매 그가 그 아들 요셉을 불러 그에게 이르되 이제 내가 네게 은혜를 입었거든 청하노니 네 손을 내 환도뼈 아래 넣어서 나를 인애와 성심으로 대접하여 애굽에 장사하지 않기를 맹세하고 내가 조상들과 함께 눕거든 너는 나를 애굽에서 메어다가 선영에 장사하라 요셉이 가로되 내가 아버지의 말씀대로 행하리이다(47:28-30).

우리는 이미 아브라함의 경우를 통해 환도뼈에 손을 넣고 맹세하는 방법에 대하여 살펴본 적이 있습니다. 유대인 랍비들은 환도뼈에 손을 넣고 맹세한다는 것을 사실은 성기에 손을 대고 맹세하는 것의 완곡한 표현으로 생각했습니다. 이처럼 성기에 손을 대고 맹세하는 것에는 이 맹세가 당대로 끝나는 것이 아니라 앞으로 오고 올 모든 자손들에게도 해당된다는 뜻이 담겨 있습니다.

어쩌면 성기가 아니라 실제로 환도뼈 아래 손을 넣고 맹세했을 수도 있습니다. 그렇다고 해도 그 의미는 같습니다. 그 당시 사람들은 아직 태어나지 않은 아이들이 조상의 허리에 있다고 생각했기 때문입니다. 따라서 실제로 환도뼈에 손을 대고 맹세했다고 해도, 이것 역시 앞으로 오고 올 모든 후손들 앞에서 엄숙하게 이 맹세를 지키겠다는 뜻이 됩니다. 즉 맹세를 시킨 사람 앞에서는 어쩔 수 없이 약속을 지키겠다고 해 놓고 그가 죽은 후에는 모르는 체하는 것이 아니라, 그의 자손들이 살아 있는 한 거짓 없이 이 약속을 지키겠다는 뜻이 되는 것입니다.

우리 생각에는 야곱이 자기가 죽고 난 후에도 형들이나 그의 가족들을 잘 돌보아 주라고 부탁할 것 같습니다. 왜냐하면 형들은 요셉을 팔아서 억울한 노예생활을 시킨 사람들이기 때문입니다. 아버지가 죽고 나면 요셉이 마음놓고 형들에게 보복할 수도 있지 않겠습니까? 그러나 야곱은 더 이상 이 애굽 땅에서 사는 문제를 생각하고 있지 않습니다. 그가 생각하는 것은 이 백성들이 언젠가는 애굽을 떠나 가나안 땅으로 돌아가야 한다는 것입니다. 그리고 그렇게 이들을 가나안 땅으로 다시 불러들이려면 자기 무덤을 이 애굽 땅에 두어서는 안 된다는 것입니다.

야곱은 30절에서 "내가 조상들과 함께 눕거든"이라고 말하고 있습니다. 조상들과 같은 무덤에 묻히는 것을 곧 그들과 함께 영원히 사는 것으로 생각해서 이런 말을 한 것은 아니었을 것입니다. 그가 가나안 땅에 묻힘으로써 바란 것은 두 가지였던 것 같습니다.

첫째로, 그는 가나안 땅을 기업으로 주신다는 하나님의 약속을 자기가 끝까지 붙들었다는 사실을 자손에게 남기기 원했습니다. 비록 흉년을 피해 잠시 애굽으로 왔다가 애굽에서 죽긴 했지만, 가나안 땅을 주신다는 하나님의 약속을 죽는 날까지 포기하지 않고 붙들었다는 사실이 자손들의 마음속에 남게 되기를, 그리하여 그들도 그 약속의 땅을 포기하지 않게 되기를 그는 바랐습니다.

둘째로, 야곱은 후손들이 자신의 시신을 장사한다는 명분으로 가나안 땅에 한번 가보기를 바랐습니다. 물론 가나안 사람들은 그의 자손들이 영구적으로 자신들의 땅에 이주하는 것을 허락지 않을 것입니다. 그러나 자기 부모를 자기들 무덤에 장사하기 위해 간다는데 누가 뭐라고 하겠습니까? 이렇게 야곱의 시신을 장사하기 위해서 자손들이 한번 가나안에 가보는 것은 출애굽을 위한 가상 훈련이 될 수 있습니다. 마치 군대에서 실제로 전쟁이 나지 않았는데도 났다고 치고 모의 훈련을 하는 것처럼, 모의 출애굽을 한번 해보는 거예요. 머릿속으로 '가야 한다'고 생각하는 것과 실제로 한번 가보는 것 사이에는 많은 차이가 있습니다.

야곱은 이 대책 없이 많은 자손들이 언젠가는 애굽을 떠나 가나안으로 가야 한다는 것을 알고 있었습니다. 그래서 그들의 마음속에 '우리 조상들은 누구나 죽을 때까지 하나님의 약속을 붙들었다. 그래서 그들의 무덤은 모두 가나안 땅에 있다'는 것을 깊이 인식시키려 했습니다. 그뿐 아니라 실제로 그들이 자기 시신을 메고 가나안 땅에 가 보는 과정을 통해 '가나안 땅에 오는 것이 불가능한 일은 아니구나. 이런 식으로 하면 올 수 있겠구나' 하면서 구체적인 상황들을 머릿속에 남기게 되기를 바랐습니다.

이것을 보면 신앙의 지도자에게 그 가르침과 실제 생활의 일치가 얼마나 중요한지를 알 수 있습니다. 어떤 내용을 다른 사람들에게 가르치는 것과 자기 자신이 그 내용대로 사는 것 사이에는 큰 차이가 있는 것 같습니다. 특히 신앙은 눈에 보이지 않는 것을 믿는 것입니다. 그런데 눈에 보이지 않는 것은 증명할 수가 없기 때문에, 남에게는 좋은 내용을 가르쳐 놓고 실제로 자신은 엉뚱한 방식으로 살 수 있습니다. 야곱은 자신이 하나님의 약속을 믿었으며, 그 약속에 따라 살았다는 것을 자신의 장사를 통해 보여 주고자 했습니다.

그리스도인은 죽으면서 자신의 신앙을 증명합니다. 살아 있을 때는 잘 믿는 것 같았는데 죽을 때 신앙을 부인하는 사람들이 많습니다. 사람은 죽는 그 한순간을 통해서 자기가 한평생 무엇을 믿었으며 무엇을 붙들었는지를 증명해 보입니다.

자신의 죽음을 준비할 수 있는 시간적인 여유가 있는 사람은 그래도 행복한 편입니다. 병에 걸려서 병원에 갔다가 한 달이나 두 달 정도밖에 못 산다는 것을 알게 된 사람은 자기의 죽음을 준비할 수 있는 시간이 있습니다. 그래서 어떤 경우에는 회복에 대해 지나친 기대를 심어 주는 것이 오히려 좋지 않을 때가 있습니다. 차라리 혼자로 하여금 죽음을 인정하고 죽음을 준비하게 하는 것이 도움이 될 때가 있어요.

죽음에 임박했을 때 사람들이 공통적으로 느끼는 것이 무엇입니까? 그동안 너무나 자기만을 위해서 살아왔다는 것입니다. 오히려 말이나 행동으로 다른 사람들의 마음을 아프게 한 일이 너무많고, 자기에게 은혜를 베풀어 준 사람들에게 고맙다는 말 한마디하지 않으면서 살아왔다는 것입니다. 이렇게 죽음이 임박했다는 사실을 알고 나서야 비로소 자신의 삶이 너무 한쪽으로 치우쳤음을깨닫습니다. 그러나 그렇게 깨달았다 하더라도 모든 것을 돌이키기에는 이미 시간이 늦어 있을 때가 많습니다.

그나마 거의 대부분의 사람들은 죽음을 준비할 시간조차 없이 죽음을 맞이하게 됩니다. 자기 욕심만 열심히 추구하다가 중간에 손 놓고 탁 죽는 것입니다. 그들의 삶은 미완성 교향곡입니다. 그것도 아름다운 미완성 교향곡이 아니라 끝없이 자기 욕심만 추구하다가 중간에 끝나 버리는, 듣기 싫은 욕망의 미완성 교향곡입니다.

어떤 사람에 대한 정확한 평가는 그가 죽었을 때 나오게 되어 있습니다. 살았을 때 이러쿵저러쿵 하는 평가는 정확하지가 않습니다. "저 잘났다고 까불어 대더니만 잘 죽었네. 빨리 묻어 버려야지." 이 소리를 죽기 전에 한번 들어야 합니다. "자기는 돈 많이 벌었는지 모르겠지만 남을 위해서는 눈곱만큼도 한 일이 없는 인간이야." 이런 말을 죽기 전에 한번 들어야 해요.

죽는다는 것은 여름에 물 미끄럼틀을 타는 것과 같습니다. 위에 전부 오글오글 모여 있다가 한 명씩 한 명씩 내려가는 것입니다. 아무리 잘난 사람들도 그 밑에서 다 만나게 되어 있어요. 그런데도 사람들은 죽음을 대비하지 않습니다. 내가 죽었을 때 뒤에 남은 사람들이 나에 대해 뭐라고 할 것 같습니까? 나의 죽음이 그들에게 어떤 영향을 끼칠 것 같습니까?

야곱은 '내가 이 애굽에 묻힌다면 그동안 고생한 것이 아무 소용없어진다. 말씀 때문에 그렇게 고생하고 연단받은 것이 아무 소용없어져. 그러니까 나는 반드시 약속의 땅에 묻혀야 한다. 그래서 내 후손으로 하여금 이 약속을 붙드는 징검다리가 되어야 한다. 나를 밟고 한 사람씩 하나님께 나아가게 해야 한다'라고 생각했습니다. 그것이 자기가 할 수 있는 마지막 봉사라고 생각했습니다.

그동안 우리는 이 세상이 주는 재미에 빠져서 진정한 소망을 잊고 살았습니다. 이 세상이 열심히 뛰기만 하면 보상이 주어지는 아름다운 곳으로 보였어요. 밤새고 공부하면 좋은 학교 갈 것 같았습니다. 회사에서 죽도록 일하면 승진할 것 같았습니다. 수고한 만큼 대가가 돌아오고 팔만 벌리면 원하는 대로 주어질 것 같았습니다. 그런데 이제는 그 모든 것이 거품임이 드러났습니다. 요즘 세상은 그 실망스러운 모습을 여지없이 보여 주고 있습니다. 여러분, 이것이 세상의 실체입니다.

야곱은 자신의 죽음이 그 후손들을 약속의 땅으로 이끌어 갈 하나의 징검다리가 되기 원했습니다. 우리는 이 세상을 떠나 저 영원한 천국을 소유할 자들입니다. 어떻게 하면 나의 죽음을 통해 다른 사람들로 하여금 저 하늘을 생각하게 하고 저 하늘을 향해 나아가게 할 수 있을까요? 이 세상에 큰 미련을 가지지 않고 끝까지 아름답게 살다가 죽는 것, 그것 이상으로 천국의 존재를 보여 줄 수 있는 일은 없을 것입니다.

## 이방 땅의 열매

요셉은 아버지와 같은 소망을 가지고 있었기 때문에 그의 말대로 가나안 땅에 장사 지내겠다고 맹세했습니다. 그 후에 요셉은 아버지가 병들었다는 소식을 듣게 되었습니다. 그는 아버지가 오래 살지 못한다는 것을 알고 두 아들을 데리고 문병을 갔습니다. 48장 1절과 2절을 보십시오.

> 이 일 후에 혹이 요셉에게 고하기를 네 부친이 병들었다 하므로 그가
> 곧 두 아들 므낫세와 에브라임과 함께 이르니 혹이 야곱에게 고하되
> 네 아들 요셉이 네게 왔다 하매 이스라엘이 힘을 내어 침상에 앉아

야곱과 요셉의 만남은 단순한 부자간의 만남이 아닙니다. 야곱은 병상에서 겨우 몸을 일으켜, 자기 집안에 내려오는 하나님의 축복을 반복해서 확인해 주고 있습니다.

> 요셉에게 이르되 이전에 가나안 땅 루스에서 전능하신 하나님이 내게
> 나타나 복을 허락하여 내게 이르시되 내가 너로 생육하게 하며 번성
> 하게 하여 내게서 많은 백성이 나게 하고 내가 이 땅을 네 후손에게 주
> 어 영원한 기업이 되게 하리라 하셨느니라(48:3, 4).

야곱의 집은 중요한 복이 흐르고 있는 집이었습니다. 그 복은 단순한 복이 아니라 다른 사람에게 복이 임하게 하는 복, 복을 잠글 수도 있고 열 수도 있는 복, 모든 복의 근원이 되는 복이었습니다. 이 집이 다른 사람을 축복하면 그들이 복을 받습니다. 이 집이 다른 사람을 저주하면 그들이 저주를 받습니다. 즉 야곱의 집은 자기들만 잘되는 복이 아니라 남을 살리기도 하고 죽이기도 하는 말씀의 능력이 있는 집이었습니다.

야곱은 이제 이 집이 단순한 한 집이 아니라 한 나라가 되어야 한다고 말합니다. 하나님께서 그것을 위해 자기 집을 애굽으로 보내셨다는 것입니다. 야곱의 눈에는 애굽에서 자기 후손들이 이렇게 번성하고 있는 것이 곧 이 축복의 나라가 형성되고 있는 과정으로 보였습니다.

야곱의 집에 주어졌던 이 축복은 오늘날 전 세계에 흩어져 있는 교회 안에서 이루어지고 있습니다. 예수님께서는 베드로에게 "네가 땅에서 무엇이든지 매면 하늘에서도 매일 것이요 네가 땅에

서 무엇이든지 풀면 하늘에서도 풀리리라"(마16:19)고 하셨습니다. 여기서 매고 푼다는 것에는 금지하거나 허락한다는 의미가 있습니다. 만일 우리가 신령한 축복을 다른 사람에게 줄 수 있다면, 하물며 그보다 못한 축복을 주지 못할 이유가 있겠습니까?

교회에 하나님의 축복이 임하는 것은 정상적인 일입니다. 교회에 와서 사람들의 마음이 새로워지며 상처가 치료되는 것, 부부 관계가 회복되며 육체의 병이 치료되는 것은 정상적인 현상이에요. 그러나 요즘에 보면 교회는 많은데 진정한 하나님의 축복은 나타나지 않는 것 같습니다. 그 이유가 어디에 있습니까? 교회와 하나님 사이를 가로막는 것들이 너무나도 많은 데 있습니다. 제도적인 문제나 회개하지 않는 죄, 세상적인 욕심들이 하나님과 교회 사이를 막아서 그 축복이 임하지 못하게 하고 있습니다.

엘리야 때 이스라엘에는 3년 반 동안 기근이 들었습니다. 그러나 엘리야가 머물고 있었던 이방인 과부의 집에는 가루와 기름이 떨어지지 않았습니다. 이스라엘에서는 기도가 응답되지 않는데, 왜 이방인의 집에서는 기도가 응답되고 성령의 역사가 나타나며 죽었던 아이가 다시 살아났습니까? 이스라엘에 하나님과 그들 사이를 가로막는 죄가 있었기 때문입니다.

오늘날 그리스도인들과 하나님 사이를 가로막고 있는 것들이 굉장히 많습니다. 제가 보기에는 텔레비전도 굉장한 우상인 것 같아요. 그 네모난 상자가 우리의 시간과 생각을 완전히 지배하고 있습니다. 또 집을 사야 한다는 목표나 공부나 건강에 대한 염려가 나의 모든 생활을 지배할 때, 집이나 공부나 자기 몸도 우상이 될 수 있습니다. 오늘날 교회는 성장한 것처럼 보이지만, 하나님은 역사하시지 않습니다. 성공한 것 같지만 실제로는 성령의 역사가 막혀 버렸어요. 이렇게 우리 멋대로 잘사는 것은 하나님의 축복이 아닙니다.

하나님의 말씀이 우리 귀에 들리고 있습니까? 그것은 하나님이 들나귀와 같은 우리를 길들이려고 하시며 우리의 부족함에도 불구하고 우리를 통해 이 세상 사람들을 축복하시기 원하신다는 증거입니다. 그 말씀이 들릴 때 내가 가지고 있던 욕심이나 전제를 내려놓아야 합니다. '나는 예수 믿어도 적어도 몇 평 이상 아파트에 살아야 한다'는 전제부터 부숴야 해요. 그걸 부수기 전까지는 하나님의 역사가 나타나지 않습니다.

여기에서 '땅과 후손'을 신약적으로 해석하면 '말씀과 성령'입니다. 말씀과 성령의 역사가 있는 곳이 교회입니다. 거기에서 기도가 응답이 되고 거기에서 새로운 삶이 시작됩니다. 예배드릴 때 구경하듯이 하지 마십시오. 시간 때우듯이 하지 마십시오. 하나님의 말씀을 들을 때 내 영혼이 흥분되면서 그분을 향한 찬양과 기도가 터져 나와야 합니다. 내 속에 있는 모든 전제들을 내려놓을 수 있어야 합니다.

교회가 세속화되었을 때 신앙생활을 한 그리스도인들은 교회의 바른 모습을 잘 모릅니다. 예배드린다는 것이 얼마나 엄청난 것인지 잘 몰라요. 그러나 우리는 예배드리면서 변해야 합니다. 조금도 변하지 않은 채 돌아가면 안 됩니다. 말씀이 내 귀에 들릴 때, 내 속에 감동이 일어날 때 기도해야 하고 전심으로 반응해야 합니다. 내가 가지고 있던 전제들을 다 부숴야 합니다. 세상적으로도 손해 보지 않으면서 신앙도 지키려고 하지 마십시오. 하나님은 절대로 속지 않으십니다.

야곱과 요셉의 만남에서 특이한 점은 야곱이 요셉의 두 아들 므낫세와 에브라임을 자신의 친자식으로 입양했다는 것입니다. 5절과 6절을 보십시오.

> 내가 애굽으로 와서 네게 이르기 전에 애굽에서 네게 낳은 두 아들 에브라임과 므낫세는 내 것이라 르우벤과 시므온처럼 내 것이 될 것이요 이들 후의 네 소생이 네 것이 될 것이며 그 산업은 그 형의 명의하에

서 함께하리라

여기서 우리가 알아야 할 것은 요셉이 낳은 아이가 므낫세와 에브라임 두 명만이 아니었다는 것입니다. 므낫세와 에브라임말고도 여러 아들이 있었어요. 그런데 야곱은 유독 자신이 애굽에오기 전에 태어난 두 손자 므낫세와 에브라임을 입양해서 르우벤이나 시므온처럼 자신의 아들로 삼습니다. 다른 아들들은 요셉의 아들로 남을 것이며, 나중에 가나안 땅을 차지할 때 므낫세와 에브라임 속에 포함되어 땅을 차지하게 될 것입니다. 이렇게 해서 에브라임과 므낫세는 각각 하나의 지파로서 이스라엘 열두 지파 중 두 지파의 자리를 차지합니다.

왜 야곱은 에브라임과 므낫세를 자기의 친아들로 입양했을까요? 여기에는 굉장히 중요한 의미가 있습니다. 요셉은 형들의 시기심 때문에 야곱의 집에서 쫓겨나 이방 지역에서 살았습니다. 그리고 거기에서 이방 여자와 결혼하여 이방인 아들을 낳았습니다. 그렇다면 이 이방인 아들들은 하나님의 축복과 관련해서 어떻게 되는 것입니까?

야곱은 요셉이 형들에게 쫓겨나서 애굽 땅에서 종살이했던 것을 신앙적인 타락으로 보지 않고 일종의 선교로 봅니다. 그러니까 므낫세와 에브라임은 선교의 열매인 셈입니다. 야곱은 이들을 더 귀하게 생각해서 요셉의 아들로 보지 않고 자신의 친아들로 여겨 갑절의 축복을 누리게 했습니다. 다시 말해서 이 이방의 아들들을 정당한 하나님의 백성으로 보았을 뿐 아니라 요셉의 형들보다 갑절의 축복과 특권을 가진 자들로 축복한 것입니다. 이렇게 므낫세와 에브라임이 요셉 지파 대신 이스라엘 열두 지파 속에 들어가 두 지파의 분깃을 차지하게 됨으로써 이스라엘은 열세 지파가 됩니다. 그런데 레위 지파는 제사장 지파로서 기업이 없기 때문에 열두 지파로 세는 것입니다.

여기에 전 세계를 향한 하나님의 선교 비전이 이미 나타나고 있습니다. 하나님께서는 요셉처럼 쫓겨나 어쩔 수 없이 이방 지역에 가서 얻은 열매가 원래 이스라엘보다 결코 열등하지 않을 뿐 아니라 오히려 그들보다 갑절로 부흥되며 큰 축복을 누리게 될 것을 보여 주심으로써, 그분의 축복이 혈통적인 이스라엘 안에 갇히지 않을 것을 나타내십니다.

실제로 오늘날 유대인 그리스도인보다는 이방인 그리스도인들이 수백 배의 열매를 얻고 있지 않습니까? 대학에서 활동하는 선교단체들이 교회 안의 사역보다 더 많은 열매를 거두고 있는 것도 어떤 의미에서 므낫세와 에브라임의 축복이라고 할 수 있습니다. 선교단체에서 사역하는 사람들은 때로 직책도 분명하지 않습니다. '간사'가 대체 뭐하는 사람인지 모르는 이들이 많아요. 그들은 월급도 제대로 받지 못합니다. 그런데도 많은 열매를 맺고 있습니다.

또한 야곱은 요셉에게 그의 어머니 라헬의 이야기를 해줍니다. 7절을 보십시오.

> 내게 관하여는 내가 이전에 밧단에서 올 때에 라헬이 나를 따르는 노중 가나안 땅에서 죽었는데 그곳은 에브랏까지 길이 오히려 격한 곳이라 내가 거기서 그를 에브랏 길에 장사하였느니라 (에브랏은 곧 베들레헴이라)

요셉의 어머니 라헬은 하란에서 얼마든지 잘살 수 있었습니다. 그런데 하나님이 약속하신 땅으로 가야 한다는 야곱의 말을 듣고, 친아버지가 있는 하란을 떠나 가나안 땅으로 가다가 중간에 죽었다는 것입니다. 라헬은 막내아들 베냐민을 낳다가 길에서 죽었습니다. 이것을 볼 때 임신한 라헬에게 가나안으로 가는 길이 얼마나 힘들고 고통스러운 여정이었는지 알 수 있습니다. 그러나 야곱은 좌절하지 않았습니다. 그토록 사랑하던 아내 라헬이 죽었음에도 불구하고 중간에서 포기하지 않고 그 죽은 시신을 운구해서 결국 가나안 땅에 묻었습니다. 무슨 말입니까? 야곱의 식구들은 이 하나님의 약속을 위하여 엄청난 희생을 치렀다는 것입니다. 사랑하는 사람의 죽음까지 감수하면서 약속의 땅으로 갔다는 것입니다. 라헬은 비록 살아서 가나안에 가지 못했지만 그의 시신은 가나안에 묻혔습니다.

그들은 모두 하란 땅에서 얼마든지 잘살 수 있는 사람들이었습니다. 그럼에도 불구하고 안일한 삶을 박차고 떠나 약속의 말씀을 따라갔습니다. 그 행군에 희생이 없었던 것은 아닙니다. 야곱이 가장 사랑하던 아내 라헬이 바로 그 길에서 죽었습니다. 그러나 그는 라헬의 시신을 끌고 결국 가나안 땅으로 갔습니다. 하나님의 약속이 그에게 얼마나 중요했던지, 사랑하는 아내의 죽음도 그의 행군을 막지 못했습니다.

야곱은 '이것이 오늘날까지 우리가 걸어온 길'이라고 합니다. 이를테면 전우의 시체를 넘고 넘어 약속의 땅으로 진격했다는 것입니다. 그러면서 야곱은 하나님이 명령하시면 요셉 또한 그 형제들과 함께 다시 한 번 이 애굽 땅을 떠나야 한다고 다짐시키고 있습니다.

우리는 두 번 떠나야 합니다. 한 번은 이 세상의 가치관을 떠나서 하나님의 말씀의 세계로 가는 것입니다. 또 한 번은 육신을 떠나서 영원한 약속의 나라로 가는 것입니다. 그 과정에서 우리는 희생을 각오해야 합니다. 영적인 전쟁에는 희생이 따르는 법입니다. 신앙생활을 하는 중에 사랑하는 아버지나 어머니, 또는 형제나 자매가 먼저 죽을 수도 있습니다. 그러나 그렇다고 해서 이 믿음의 행군을 중단해서는 안 됩니다. 그들이 남긴 믿음을 내 어깨에 짊어지고 그 약속을 성취시켜야 합니다. 아버지나 어머니가 이루지 못한 믿음의 꿈을 내 어깨에 짊어지고 완전한 하나님의 약속이 이루어질 때까지 계속 앞으로 나아가야 합니다.

우리는 이 땅에서 영원히 살 사람들이 아닙니다. 오늘 짐을 꾸려서 행군에 나서야 합니다. 부모나 자식에게 너무 많이 매이면 하나님을 기쁘시게 할 수 없습니다. 중간에 희생이 있다고 하더라도 오히려 그들이 이루지 못한 믿음의 꿈을 지고 나의 달려갈 길을 끝까지 달려가야 합니다. 이것이 바로 야곱의 간증이었습니다.

오늘 본문이 우리에게 이야기하고 있는 것이 무엇입니까? 애굽 땅에서 대책 없이 늘어난 이스라엘의 인구는 하나님 나라를 이루는 과정이었다는 것입니다. 그래서 야곱은 대책 없는 인구의 증가를 두려워하지 않았습니다. 그리고 요셉에게 하나님 나라의 축복을 재확인시켰습니다.

오늘 우리 중에는 하나님의 엄청난 축복권이 흐르고 있습니다. 우리는 그것을 사용해야 합니다. 나도 그 복을 받아야 할 뿐 아니라 다른 사람들에게도 이 복을 전해야 합니다. 이 축복의 특징이 무엇입니까? 무조건 잘되기를 비는 것이 아닙니다. 하나님 앞에서 자신의 정직한 모습을 보게 하는 것입니다. 그것이 최고의 축복입니다. 하나님 앞에서 자신의 정직한 모습을 본 사람은 살아납니다.

그렇다고 해서 물질적인 축복이나 건강에 대한 축복을 하지 말라는 소리가 아닙니다. 신령한 축복을 할 수 있는 사람들이 그보다 못한 축복을 못 할 이유가 어디 있습니까? 병든 사람들이나 어려운 사람들이 주위에 있으면 기도해 주십시오. 그러면 이루어 주실 것입니다.

야곱은 선교의 열매라고 할 수 있는 애굽 땅의 두 손자를 자기의 친아들로 입양해서 이스라엘을 열세 지파로 만들었습니다. 여러분, 하나님의 나라는 침노하는 자가 빼앗는 것입니다. 가만히 있는 사람은 가지고 있던 것도 빼앗길 수밖에 없습니다. 야곱은 하나님의 나라 때문에 이방 땅으로 쫓겨났지만 거기에서 믿음으로 살면서 거둔 요셉의 이 열매들을 자기의 친아들로 입양해 주었습니다.

또한 그는 사랑하는 아내 라헬을 잃고서도 믿음의 행군을 중단하지 않았다고 간증합니다. 이 세상에는 우리의 행군을 막는 것들이 너무나도 많습니다. 그러나 포기하지 마십시오. 중간에 희생이 있더라도 그들이 남긴 믿음을 지고 나아가십시오. 나의 달려 갈 길을 끝까지 달려가십시오.

# 28

# 에브라임과 므낫세의
# 축복

아무리 부모라도 자기가 가지고 있던 공직이나 관리하고 있던 공적인 자산을 자식에게 물려줄 수는 없습니다. 예를 들어 아버지가 대법원장이거나 국회의장이라 하더라도 아들에게 그 자리를 물려줄수 없으며, 아버지가 한국은행 총재라서 엄청난 돈을 관리했다 하더라도 그 돈을 자식에게 물려줄 수 없습니다. 그러나 자기가 세운회사나 재산은 얼마든지 자식에게 물려줄 수 있습니다. 그래서 재벌 기업들의 경우, 창업주는 거의 대부분 죽거나 은퇴하고 그 아들들이 운영하고 있는 것을 흔히 볼 수 있습니다.

우리가 창세기에서 아주 특징적으로 보게 되는 것 중 하나가 하나님의 축복입니다. 이 축복은 분명히 하나님의 것이지 사람의 것이 아닙니다. 그럼에도 불구하고 믿음의 족장들은 마치 이 축복이 자기 것이라도 되는 양 아들들에게 물려주고 있습니다. 따라서 우리는 믿음의 조상들이 아들들에게 물려주었던 이 축복이 무엇인가, 그 정체가 대체 무엇이길래 하나님의 것인데도 아버지가 아들에게 물려줄 수 있었는가 하는 문제를 풀어내야 합니다. 그래야 창세기에 담겨 있는 의미를 제대로 이해할 수 있습니다.

오늘 본문은 요셉이 애굽에서 낳은 두 아들 므낫세와 에브라임을 데리고 아버지 야곱에게 갔을 때, 야곱이 두 손자를 자신의 아들로 입양하고 축복하는 내용을 기록하고 있습니다. 여기서 참으로 놀라운 것은 야곱이 요셉을 축복하고 그 후에 다시 요셉이 두 아들을 축복한 것이 아니라, 야곱이 한 대를 건너뛰어서 손자들에게 곧바로 축복을 했다는 점입니다. 더욱이 그는 둘째 아들 에브라임에게 오른손을 얹고 큰아들 므낫세에게는 왼손을 얹어서 축복했습니다. 그러니까 손을 엑스(X) 자 형으로 놓고 축복한 것입니다. 더 나아가 그는 요셉에게 가나안 땅의 일부를 특별히 선물로 주겠다고 하는데, 이 땅은 지금까지 한 번도 언급되지 않았던 땅입니다.

## 야곱이 요셉의 두 아들을 입양하다

요셉이 애굽에서 낳은 두 아들을 데리고 아버지를 찾아갔을 때, 야곱은 이미 임종을 눈앞에 두고 있었고 너무 늙어서 앞을 잘 볼 수 없었습니다. 그래서 요셉에게 함께 온 두 젊은이가 누구냐고 물었고, 요셉은 하나님께서 애굽에서 자기에게 주신 두 아들이라고 소개했습니다. 놀라운 것은 야곱이 애굽에 온 지 17년이 되도록 요셉이 자기 아들들을 아버지에게 보이지 않았다는 것입니다. 그 이유가 무엇인지는 분명치 않습니다.

오늘 본문에서 중요한 부분은 48장 10절부터 12절까지의 말씀입니다.

> 이스라엘의 눈이 나이로 인하여 어두워서 보지 못하더라 요셉이 두 아들을 이끌어 아비 앞으로 나아가니 이스라엘이 그들에게 입맞추고 그들을 안고 요셉에게 이르되 내가 네 얼굴을 보리라고는 뜻하지 못하였더니 하나님이 내게 네 소생까지 보이셨도다 요셉이 아비 무릎 사이에서 두 아들을 물리고 땅에 엎드려 절하고

야곱이 두 손자에게 입을 맞추고 그들을 끌어안는 모습을 보면 단순히 손자들이 반가워서 애정을 표현하는 것 같습니다. 그런 그들을 끌어안은 것보다 더 중요한 동작은 자기 무릎 사이에 세운 것입니다. 므낫세와 에브라임은 한두 살 때 할아버지 야곱을 만난 것이 아닙니다. 그들은 이미 스무 살이 다 된 장성한 청년들이었습니다. 그런데 다 큰 이 청년들을 자기 무릎 사이에 세운 것입니다.

이 부분에 대해 여러 해석이 있지만, 저는 이것이 입양의 특별한 의식이었을 것이라고 생각합니다. 다시 말해서 야곱은 애굽에서 태어났고 애굽에서 자라 아직 할례도 받지 않은 이 이방의 손자들에게 입 맞추며 그들을 자기의 무릎 사이에 세움으로써 진정한 이스라엘의 자손으로 받아들이고 있는 것입니다. 신약 시대에는 이것이 성령의 부으심을 통해 나타났습니다. 사도 바울은 갈라디아 교인들에게 편지를 쓰면서 "내가 너희에게 다만 이것을 알려 하노니 너희가 성령을 받은 것은 율법의 행위로냐, 듣고 믿음으로냐?"(갈 3:2)라고 묻습니다. 사도 바울이 편지를 쓰고 있는 갈라디아 교인들은 모두 이방인들이었습니다. 그런데 그들이 복음을 듣고 예수를 믿자, 오순절에 이스라엘 백성에게 성령이 임했듯이 그들에게도 성령이 임하는 역사가 나타났습니다. 이러한 성령의 체험은 그들이 하나님의 백성으로 입양되었다는 증거였습니다. 초대 교회 시대에는 성령의 부으심이라는 이 현상이 처음 예수를 믿는 사람들에게 보편적으로 나타났습니다. 이것은 그들이 더 이상 하나님께 버림받은 자들이 아니라 그의 사랑을 받는 아들이라는 증거였습니다.

초대 교회 시대에 입양은 엄청난 축복이었습니다. 그 당시 자식이 없는 왕이나 귀족들은 노예 중에서 똑똑한 사람을 하나 택해서 훈련과 교육을 시킨 후 아들로 입양하곤 했습니다. 그러면 그 노예는 입양되는 그 순간부터 왕이나 귀족의 아들이 되는 것입니다. 로마 황제 가운데 몇 명은 바로 이렇게 입양된 사람들이었습니다. 철인 황제로 일컬어지는 마르쿠스 아우렐리우스도 노예 중에서 입양된 사람입니다. 그래서 초대 교회 성도들이 성경을 읽으며 가장 흥분했던 표현이 바로 '하나님이 너희를 아들로 입양한다'는 것이었습니다. 그들은 입양이 어떤 의미를 가지고 있는지, 그것이 얼마나 놀라운 축복인지 알고 있었습니다.

지금 야곱은 요셉의 두 이방인 아들을 애정 넘치는 방식으로 입양하고 있습니다. 그는 그들에게 입을 맞추고 자기 품에 끌어안으며 두 무릎 사이에 세움으로써, 이들이 더 이상 이방인이 아니요 진정한 이스라엘의 백성이 되었음을 선포했습니다.

여기에서 우리가 이해하기 힘든 것이 있습니다. 요셉이 낳은 아이는 야곱의 손자이니만큼 이런 입양 의식을 거치지 않아도 당연히 이스라엘에 속하게 되는 것 아닙니까? 게다가 요셉은 자기가 원해서 애굽으로 온 것이 아니라 형들이 파는 바람에 억지로 온 것입니다. 그런데도 이방 땅에서 이 정도 성공했으니 얼마나 대단한 일입니까? 그런데도 이렇게 굳이 입양을 거쳐야 하는 이유가 무엇입니까?

하나님의 나라는 핏줄이나 인정으로 이루어지지 않습니다. 공동체 안에 함께 있어야 합니다. 아무리 요셉의 아들이고 야곱의 손자라 해도 야곱이 축복하고 받아들이지 않는 한, 그들은 그저 요셉의 아들이고 야곱의 손자일 뿐 하나님의 백성이 될 수는 없습니다.

우리나라는 유아 세례보다 성인 세례가 많은 편입니다. 그러나 기독교 역사가 오래 된 네덜란드나 남아프리카공화국 같은 곳은 성인 세례가 거의 없다고 합니다. 거기서 기독교인이 되는 것은 거의 전부 출생에 의해서이지, 성인이 되고 나서 예수를 믿고 세례받는 경우는 극히 드물다는 것입니다.

지금 요셉의 두 아들은 성인이 되어서 자신들의 의지로 하나님의 백성이 되기 위해 믿음의 조상에게 나아온 경우라고 볼 수 있습니다. 야곱이 애굽 땅에 온 지 17년이 되도록 두 손자가 그를 만나러 오지 않은 이유는 알 수 없지만, 이렇게 성인이 된 후에 할 아버지 앞에 나아온 데에는 아마 자신들의 의지가 들어 있었을 것입니다. 이렇게 나아오기까지 17년이라는 기간이 필요했는지도 모르지요. 오늘 우리는 거의 대부분 므낫세와 에브라임이라고 할 수 있습니다. 이렇게 늦게 성인이 되어서야 예수를 믿었음에도 불구하고, 하나님께서는 우리를 전혀 손색없는 그분의 백성으로 삼아 주셨습니다.

야곱은 애정이 넘치는 방식으로 두 손자가 하나님의 백성이자 사랑받는 자녀가 되었음을 선포했습니다. 초대 교회 때에는 세례를 준 후 그때까지 입고 있던 헌 옷을 벗기고 흰 새 옷을 입힘으로써, 그들이 하나님 앞에서 새로운 자격과 지위를 얻었음을 증거했습니다. 그러나 더 중요한 것은 이런 의식 자체보다, 그들이 믿을 때 성령의 강한 역사가 일어났다는 것입니다.

오늘날 우리는 예수를 믿을 때 입 맞추며 무릎 사이에 세워서 끌어안고 축복하거나, 헌 옷을 벗기고 새 옷을 입히는 것 같은 의식을 행하지 않습니다. 더 중요한 것은 우리에게 성령의 강한 역사가 일어났느냐 하는 점입니다. 초대 교회 때에도 성령의 부으시는 현상이 마치 수학 공식처럼 정해진 방식으로 일어났던 것은 아닙니다. 물 세례 받고 정확하게 몇 분 후에 성령이 임하신다는 공식은 없었어요, 우리도 마찬가지입니다. 성령의 부으심은 예외적인 것으로서, 공식처럼 정해진 때에 정해진 방식으로만 일어나지 않습니다. 그러나 지금도 특히 성도들이 고난 가운데 있을 때 특별한 성령의 부으심이 임함으로써, 이 세상의 고난을 뛰어넘는 하늘의 영광을 맛보게 하시는 일이 얼마든지 일어나고 있습니다.

어떤 성도는 부도가 나서 사업체를 다 날린 가운데서 성령의 강한 역사를 체험하기도 하고, 어떤 성도는 임종을 앞둔 상태에서 성령의 부으심으로 천사를 자기 눈으로 보며 하늘의 축복을 체험하기도 합니다. 어려움 가운데 말씀을 듣다가 갑자기 성령이 마음에 임하면서 마음속의 답답함과 짐들이 다 벗겨져 나가 기뻐 뛰며 찬양하는 사람도 있습니다. 이것은 하늘의 영광을 미리 맛보여 주심으로써 그가 하나님의 사랑받는 아들임을 고난 속에서 체험하게 하시는 것입니다.

성령의 부으심은 단순히 우리가 예수를 믿는 증표에 그치는 것이 아닙니다. 이것은 아들의 영광을 미리 맛보이심으로써 이 세상에서 더욱 믿음으로 살 수 있게 하시는 놀라운 축복입니다.

예수님께서는 십자가를 눈앞에 두고 높은 산에 올라가셨습니다. 그의 마음은 극심한 고통과 번민 가운데 있었습니다. 그는 이 세상에 살면서 너무나도 답답한 일을 많이 당했습니다. 그는 유대인들의 무지와 고집을 보았습니다. 사탄의 집요한 반대와 방해를 보았습니다. 너무나도 무기력하고 무지하며 깨닫지 못하는 제자들과 백성들을 보았습니다. 십자가를 눈앞에 둔 그때, 그는 너무나도 답답하고 절망스러운 마음에 빠져 있었습니다. 그때 하나님께서는 사랑하는 아들에게 성령을 퍼부어 주심으로써 돌발적으로 하늘의 영광을 체험하게 하셨으며 그를 변화시키셨습니다. 또한 모세와 엘리야가 나타나서 그를 수종 드는 하늘의 기쁨과 영광을 맛보게 하셨습니다. 그리하여 또다시 죄인들을 사랑할 수 있게 하시고, 산 밑에서 기다리고 있는 귀신들린 아이를 고치며, 십자가를 향해 당당히 걸어갈 수 있도록 축복해 주셨습니다.

야곱이 요셉의 두 아들을 자신의 무릎 사이에 세운 것은, 그들이 하나님의 사랑받는 자녀가 되었음을 증명하고 선포하는 의식이었습니다.

## 축복의 내용

오늘 본문에 나오는 야곱의 축복은 그 조상들의 축복보다 훨씬 더 자세하고 구체적입니다. 15절과 16절을 보십시오.

> 그가 요셉을 위하여 축복하여 가로되 내 조부 아브라함과 아버지 이
> 삭의 섬기던 하나님, 나의 남으로부터 지금까지 나를 기르신 하나님,
> 나를 모든 환난에서 건지신 사자께서 이 아이에게 복을 주시오며 이
> 들로 내 이름과 내 조부 아브라함과 아버지 이삭의 이름으로 칭하게
> 하시오며 이들로 세상에서 번식되게 하시기를 원하나이다

야곱이 요셉의 두 아들에게 축복한 것은 많은 재산이나 돈
이 아니었습니다. 그가 축복으로 손자들에게 물려준 것은 자기가
한평생 살면서 체험했던 하나님, 그의 할아버지와 아버지와 자기가
체험했던 그 하나님이었습니다.

"내 조부 아브라함과 아버지 이삭의 섬기던 하나님"이라는
것은 '할아버지 아브라함과 아버지 이삭이 이 세상에서 믿음으로 살
수 있도록 지켜 주셨던 하나님'이라는 뜻입니다. 즉 할아버지와 아
버지가 불신 세상인 가나안에서 땅 한 평 없이도 믿음으로 살 수 있
었던 것은 하나님께서 그들과 함께하셨기 때문이라는 것입니다. 야
곱은 바로 이 하나님을 두 손자에게 유산으로 물려주고 있습니다.
즉 '아브라함을 믿음으로 살게 하셨고 이삭을 믿음으로 살게 하셨던
그 하나님께서 너희들도 그렇게 살게 해주시리라'는 것입니다.

아브라함은 가나안 땅에서 집도 절도 없이 나그네처럼 살았
습니다. 그러나 하나님께서는 그 어떤 왕보다 큰 능력과 존귀와 권
세를 그에게 주셨습니다. 아브라함은 도저히 낳을 수 없는 아들을
낳았고 살아남을 수 없는 기근과 전쟁에서 살아남았습니다. 더욱이
그는 이런 어려운 일들을 당할 때마다 더욱 강해졌습니다. 어떻게
이렇게 될 수 있었습니까? 하나님께서 그와 함께하셨기 때문입니
다. 바로 그 하나님이 그들의 하나님이 되시리라는 것입니다.

오늘 우리가 이 말씀을 설교로 듣는 이유가 무엇입니까? 설

교는 하나님의 축복을 받는 것입니다. 우리는 지금, 하나님께서 아브라함을 그렇게 능하게 하시고 승리하게 하신 것처럼 우리 또한 이 세상에서 내 힘으로 복잡하게 머리 굴려 가면서 하루하루 간신히 살아가는 것이 아니라 기근이 오고 환난이 닥칠수록 더 강해지고 더 유명해지고 더 존귀하게 살게 해주신다는 약속을 듣고 있는 것입니다.

이삭도 마찬가지입니다. 아버지 아브라함만큼 화려한 체험들을 한 것은 아니지만, 그는 일찍이 죽을 뻔한 위기에서 살아났습니다. 그가 모리아 산에서 제물로 드려질 뻔하다가 살아서 내려온 것은 부활의 체험이나 다름없었습니다. 그의 믿음은 죽음을 통과해서 역사하는 것이었습니다.

야곱은 바로 이 축복을 므낫세와 에브라임에게 주고 있습니다. '아무리 죽음의 고비가 온다 하더라도, 아무리 사망의 골짜기가 눈앞에서 입을 벌린다 하더라도, 너희는 반드시 통과할 것이다. 하나님이 내 아버지 이삭을 죽음 가운데서 살리신 것처럼 너희도 살리실 것이다. 바로 그 능력의 하나님을 너희에게 준다'는 것입니다.

하나님께서는 바로 이 약속과 축복을 오늘 우리에게도 주고자 하십니다. 하나님께서 아브라함을 이기게 하신 것처럼 우리도 이기게 하시기를 바랍니다. 하나님께서 이삭을 죽음의 고비에서 지키신 것처럼, 우리의 생명도 이 사망의 음침한 골짜기에서 지키시기를 바랍니다. 하나님께서는 지금 우리에게 많은 돈이나 재산을 주시기보다, 능력이신 그분 자신이 곧 나의 하나님 되기를 원하십니다. 소돔과 고모라의 재산이 아니라, 불가능한 것을 가능케 하며 죄악과 죽음의 세상에서도 승리하게 하시는 하나님 자신을 유산과 축복으로 주기 원하십니다. 믿음 하나만으로 놀라운 삶을 사는 능력을 축복으로 주기 원하십니다.

야곱은 또한 자기가 체험한 하나님을 이들에게 줍니다. "나의 남으로부터 지금까지 나를 기르신 하나님입니다. 물론 야곱을 키운 사람은 그의 부모입니다. 특히 리브가의 치맛바람은 아주 유명했습니다. 그러나 야곱은 그런 육체적인 성장 외에 또 다른 성장을 알고 있었습니다. 그것은 하나님을 알아 가고 그분을 닮아 가며 그분의 뜻을 분별해서 순종하게 되는 성장, 즉 영적인 성숙이었습니다.

야곱은 한평생에 걸쳐서 자랐습니다. 어쩌면 죽음을 눈앞에 둔 이 시점에도 그는 자라고 있었을지 모릅니다. 성장이란 새로운 하나님을 알아가는 것입니다. 새로운 하나님의 뜻을 분별하는 것입니다. 믿음으로 하나님의 뜻을 행하는 것입니다. 아마도 평생에 걸쳐 가장 많이 성숙한 믿음의 조상이 있다면 바로 야곱일 것입니다. 그는 아버지 이삭보다 더 많이 성숙했습니다. 어쩌면 할아버지인 아브라함보다 더 많이 성숙했을지도 모릅니다. 이처럼 '나의 한평생 함께하신 하나님, 그분 자신을 알게 하시고 그분의 뜻을 분별하게 하시며 그 뜻에 순종하게 하신 하나님, 나를 한평생 키우신 그하나님이 너희도 키우시리라'는 것입니다. 즉 그들은 지금보다 나중에 훨씬 더 영광스럽고 풍요롭고 성숙한 모습으로 자라 있으리라는 것입니다.

또한 야곱에게는 하나님에 대한 특별한 인식이 있었습니다. 분명히 천사는 천사인데, 꼭 하나님과 같은 특별한 천사에 대한 인식이 있었어요. 성부 하나님과는 다른데, 그렇다고 보통 천사는 아닙니다. 그의 능력과 신성은 거의 성부와 맞먹는 것이었습니다. 그는 어려울 때마다 자신을 지키고 보호해 주었습니다. 그가 정확히 누군지는 모릅니다. 그러나 그는 자신과 가장 가까운 분이었습니다. 벧엘에 나타났던 분도 그분이었고, 라반에게서 자신을 건져 준분도 그분이었으며, 자신과 밤새도록 씨름한 분도 그분이었습니다. 야곱은 어쩌면 이 천사가 하나님과 동격일지도 모른다고 생각했습니다.

이 특별한 하나님의 사자에 대한 인식은 아브라함에게도 있었고 모세에게도 있었습니다. 그분은 바로 육신을 가지고 이 세상에 오신 예수 그리스도십니다. 그러나 구약 시대에는 이 아들의 정체가 감추어져 있었기 때문에, 믿음의 족장들은 그를 '하나님의 사자'나 '여호와' 혹은 '천사'로 불렀습니다. 그들과 아주 친밀했던 하나님의 이 특별한 사자는 때로는 칼을 들고, 때로는 병거를 타고, 또때로는 그들을 치료하고 축복하는 자로서 그들과 항상 함께 있었습니다.

야곱은 지금 그분에 대한 지식과 믿음을 두 손자에게 물려주고 있습니다. 바로 그분이 그들도 지키시고 보호하시리라는 것입니다. 후에 이스라엘 백성들로 하여금 애굽을 탈출할 수 있게 하신분은 바로 이 여호와의 사자였습니다. 야곱은 자신의 삶 속에 엄청난 능력을 가진 특별한 분의 보호와 동행이 있다는 것을 인식하고있었고, 바로 그분을 손자들에게 축복으로 물려주었습니다.

우리는 바로 이런 축복을 받아야 합니다. "하나님, 현찰로주시지요" 같은 말 하면 안 돼요. 아브라함의 하나님을 받아야 합니다. 이삭의 하나님을 받아야 합니다. 야곱이 알았던 그 특별한 사자를 모셔야 합니다. 우리가 교회에 모이는 것은 그 축복을 받기 위해서입니다. 야곱과 씨름하던 그 사자, 이스라엘을 모든 환난에서 건지신 그분을 나의 하나님으로 물려받기 위해 지금 이 자리에 와 있는 것입니다. 지금 우리는 야곱의 무릎 사이에 서서 그의 입맞춤과포옹을 받으며, 이 자리에 와 있는 것입니다. 지금 우리는 야곱의 무릎 사이에 서서 그의 입맞춤과 포옹을 받으며, 가나안 땅의 모든 전쟁과 기근과 환난에서 지키시며 어려움이 닥칠수록 더 축복하셨던아브라함의 하나님, 죽음을 통과하게 하셨던 이삭의 하나님, 야곱의 평생에 함께하셨던 그 특별한 사자를 나의 하나님으로 인쳐 주시는 그 말씀을 들어야 합니다.

해방 당시 유명했던 재벌 기업 중에 지금까지 남아 있는 것은 하나도 없다는 말을 들은 적이 있습니다. 아마 앞으로도 재벌들은 수없이 무너지고 또 새로 생겨날 것입니다. 재벌은 영원하지 않습니다. 몇십 년 후에는 지금 있는 이 재벌 기업들이 싹 사라지고 새로운 재벌들이 나타날 거예요. 얼마 전까지만 해도 컴퓨터 소프트웨어로 돈을 벌 수 있으리라고 누가 생각이나 했습니까? 그러나 지금 세계 최대의 재벌은 컴퓨터 두드리는 사람입니다. 시간이 지나면 또 어떤 종류의 새로운 재벌이 나올지 몰라요.

그러나 하나님의 축복은 그렇지 않습니다. 내가 발견하고 깨달은 하나님을 축복으로 물려주면, 그 축복을 받은 자도 그런 위대한 삶을 살 수 있습니다. 엘리야의 하나님이 엘리사에게 임하셨을 때, 그는 엘리야보다 더 위대한 삶을 살 수 있었습니다. 엘리야가 위대한 일을 행할 수 있게 하셨던 하나님께서 그와 함께하셨기 때문입니다.

이제 야곱은 한 가지 축복을 더 주고 있습니다. 그것은 앞서의 축복에 인을 치는 것과 같은 축복입니다.

내 이름과 내 조부 아브라함과 아버지 이삭의 이름으로 칭하게 하시오며(48:16하).

이제 그들은 자신들의 이름이 아니라 야곱과 아브라함과 이삭의 이름으로 통하리라는 것입니다. 무슨 뜻입니까? 사람들이 신용카드로 물건을 살 때, 자기 것이 안 통해서 다른 사람 것을 빌리는 경우가 있습니다. 즉 자기 이름 대신 그 사람의 이름으로 거래하는 것이지요. 그런데 만약 어떤 사람이 자기 카드를 주면서 마음껏 거래하라고 했다면, 그것은 자기 신용을 무한정으로 빌려주겠다는 뜻이 됩니다. 마음대로 카드 긁으라는 거예요. 자기 이름으로 얼마든지 돈을 빌려도 좋고 물건을 사도 좋다는 것입니다.

지금 야곱은 에브라임과 므낫세에게 자기 이름을 무한정 빌려주겠다고 합니다. 자기 이름뿐 아니라 아브라함과 이삭의 이름까지 빌려주겠다고 합니다. 지금 이 축복을 받는 에브라임과 므낫세는 하나님 나라에서 별로 신용이 없는 사람들입니다. 에브라임이나 므낫세가 누구인지도 모르는 사람이 거의 대부분일 거예요. 그러나 아브라함이나 이삭이나 야곱은 모르는 사람이 없습니다. 마치 전라도 광주에서 '김대중 선생'이라고 하면 모르는 사람이 없었던 것과 같습니다. 광주에서 '김대중 선생'의 이름으로 국회의원에 출마하면 반드시 당선되었습니다. 그만큼 그 이름이 통한다는 뜻이지요.

하나님 나라에서 야곱은 그런 사람입니다. 그런데 야곱뿐 아니라 아버지 이삭과 그 할아버지 아브라함의 이름까지 마음대로 사용하라는 것입니다. 이것은 이 두 청년에게 야곱과 이삭과 아브라함의 믿음의 분량을 다 주겠다는 뜻입니다. 그들이 믿기만 하면 이 세 사람의 믿음을 합친 것보다 더 위대한 믿음의 삶을 살 수 있다는 뜻입니다. 정말 놀랍지 않습니까?

그런데 아브라함과 이삭과 야곱의 이름을 합친 것보다 더 능력 있는 이름이 있습니다. 그것은 바로 예수 그리스도의 이름입니다. 주님은 우리에게 그분의 이름으로 살라고 하십니다. 우리가 사용하지 않아서 그렇지 '예수'의 명의로 된 이 카드를 쓰기만 하면 엄청난 능력이 나타나게 되어 있습니다. 예수님은 그분의 이름으로 하나님께 간구하면 모든 것이 응답될 것이라고 축복하셨습니다. 만일 우리가 우리 머리를 의지하지 않고 믿음으로 주님만 의지한다면 아브라함이나 이삭이나 야곱을 합친 것보다 더 위대한 믿음의 삶을 살게 될 것입니다. 엘리야나 엘리사를 합친 것보다 더 위대한 믿음의 삶, 더 능력 있는 승리의 삶을 살게 될 것입니다.


## 이 축복의 특이성

야곱이 요셉의 두 아들을 축복하는 장면에는 몇 가지 특이

한 점이 있습니다. 첫 번째는 야곱이 요셉을 먼저 축복하고 그 다음에 요셉이 두 아들을 축복하게 한 것이 아니라, 자신이 손자들에게 바로 축복했다는 것입니다. 왜 야곱은 한 대를 건너뛰어서 손자들에게 바로 축복을 했을까요?

두 번째는 야곱이 작은손자에게 오른손을, 큰손자에게 왼손을 얹고 축복했다는 것입니다. 이 특징은 그의 아버지 이삭의 축복 장면과 비교할 때 더 두드러지게 나타납니다. 이삭은 눈이 어두워서 야곱이 자기를 속이는 것을 몰랐습니다. 그러나 야곱은 눈이 어두웠음에도 불구하고 요셉의 의도와 달리 자신의 뜻에 따라 손을 엑스(X) 자 형으로 어긋나게 얹고 축복했습니다. 그는 요셉이 자신의 오른쪽에 므낫세를, 왼쪽에 에브라임을 두리라는 점을 간파하고 있었습니다. 그런데도 굳이 손을 어긋나게 얹어서 축복한 이유가 무엇일까요?

세 번째는 야곱이 요셉에게 개인적으로 가나안 땅의 한 부분을 주겠다고 하는데, 그 땅은 창세기 어느 부분에도 나오지 않는 땅이라는 점입니다. 그는 자기가 칼과 활로 빼앗은 땅을 주겠다고 합니다. 그러나 창세기 어디에도 야곱이 가나안 사람들과 전쟁했다는 기록이 없습니다. 그런데도 그는 자기가 유일하게 전쟁을 치르고 차지한 땅을 개인적으로 요셉에게 주겠다고 말합니다. 여호수아 시대에 이르면, 출애굽한 이스라엘 백성이 그 땅에 요셉의 미라를 장사하는 것을 볼 수 있습니다. 그의 유언에 따라 애굽에 장사지내지 않고 미라로 만들었다가 400년 후에 메고 와서 그의 아버지 야곱이 특별히 전쟁으로 빼앗은 그 땅에 장사 지낸 것입니다.

첫 번째 문제부터 생각해 봅시다. 만약 야곱이 요셉을 먼저 축복하고 그 다음에 요셉이 자기 아들들을 축복하게 했다면, 요셉의 축복은 다른 지파들이 받은 축복과 다를 것이 없습니다. 오히려 요셉 자신이 이 공동체를 이탈해서 므낫세와 에브라임을 낳았기 때문에, 형제들의 동의 없이는 두 아들에게 축복을 줄 수 없었을지도 모릅니다.

그러나 야곱은 자신이 요셉의 두 아들을 직접 아들로 입양하여 축복함으로써 곧바로 하나님의 자녀로 인정해 버립니다. 이것이 바로 야곱이 요셉을 건너뛰어 곧바로 므낫세와 에브라임을 축복한 이유입니다. 그는 이렇게 손자들을 아들로 바로 입양시킴으로써 다른 형제들의 동의가 필요 없게 했을 뿐 아니라 요셉이 갑절의 축복을 받을 수 있게 했습니다.

하나님의 복음이 이방 지역에 전파될 때, 모든 교회가 동의를 해주어야 하나님의 백성이 될 수 있는 것은 아닙니다. 이방인들은 다른 사람들의 동의 없이 믿음 그 자체만으로 곧바로 하나님의 백성이 됩니다. 우리가 하나님의 백성이 될 수 있는 것은 아닙니다. 이방인들은 다른 사람들의 동의 없이 믿음 그 자체만으로 곧바로 하나님의 백성이 됩니다. 우리가 하나님의 백성이 된 것은 유대인들이 동의해 주었기 때문이 아닙니다. 믿음 그 자체로 곧바로 아들로 입양된 것입니다. 이것이 바로 선교의 축복입니다. 저는 요셉이 애굽에서 낳은 이 두 아들이 중요한 선교의 열매였다고 생각합니다. 하나님은 이 선교의 열매들을 곧바로 그분의 아들로 입양하셨을 뿐만 아니라 갑절의 축복을 주셨습니다. 이것이 복음을 전하는 자들에게 주어진 우선권이요 축복입니다.

예수님께서는 사마리아 지역의 복음화에 대해 말씀하시면서 "거두는 자가 이미 삯도 받고 영생에 이르는 열매를 모으나니"(요 4:36상)라고 말씀하셨습니다. 그 당시에는 삯을 선불로 받는 노동자가 없었습니다. 일을 하면 한 달이나 두 달이나 석 달 후에 임금을 받았습니다. 그러나 예외적으로 품삯을 선불로 받는 일꾼들이 있었는데, 그들은 바로 추수하는 일꾼들이었습니다. 그들은 특별 대우를 받았습니다.

하나님 나라에서도 마찬가지입니다. 다른 어느 곳보다 복음을 전하는 쪽에 있는 사람들에게 모든 것이 최우선적으로 공급되게 되어 있습니다. 마치 최전방 부대에 필요한 물자가 가장 먼저 공급되는 것과 같습니다. 선교사는 맞아 죽을 수는 있어도 굶어 죽는 법은 없어요. 기적은 항상 전방에서 나타납니다. 완성된 교회보다는 작은 개척교회나 선교지에서 병도 잘 낫고 귀신도 잘 떠나요. 보통 때는 속이 안 좋던 사람이 복음의 전방에 나가면 설사도 하지 않습니다. 아스피린조차 없는 곳에서 열이 오르는 사람을 위해 기도하면 아스피린 먹였을 때보다 더 빨리 열이 떨어집니다.

> 요셉이 아비 무릎 사이에서 두 아들을 물리고 땅에 엎드려 절하고 우수로는 에브라임을 이스라엘의 좌수를 향하게 하고 좌수로는 므낫세를 이스라엘의 우수를 향하게 하고 이끌어 그에게 가까이 나아가매 이스라엘이 우수를 펴서 차자 에브라임의 머리에 얹고 좌수를 펴서 므낫세의 머리에 얹으니 므낫세는 장자라도 팔을 어긋맞겨 얹었더라 (48:12-14)

이것은 요셉에게 충격이었습니다. 그는 분명히 아버지가 큰아들에게 오른손을 얹고 축복할 줄 알았는데, 아버지는 그것을 미리 간파하고 뒤집어엎은 것입니다. 요셉은 야곱이 오른손을 큰아들 머리에 얹도록 자기 왼쪽에 므낫세를 세우고, 왼손을 둘째 아들의 머리에 얹도록 자기 오른쪽에 에브라임을 세워서 아버지께 나아가게 했습니다. 그런데 야곱은 그럴 줄 알았다는 듯이 팔을 어긋나게 해서 오른손을 왼편에 있는 작은아이 머리에 얹고, 왼손을 오른편에 있는 큰아이 머리에 얹은 것입니다. 이것이 못마땅했던 요셉은 잠시 축복을 중단시킵니다.

> 요셉이 그 아비가 우수를 에브라임의 머리에 얹는 것을 보고 기뻐 아니하여 아비의 손을 들어 에브라임의 머리에서 므낫세의 머리로 옮기고자 하여 그 아비에게 이르되 아버지여 그리 마옵소서 이는 장자니

우수를 그 머리에 얹으소서 아비가 허락지 아니하여 가로되 나도 안다 내 아들아 나도 안다 그도 한 족속이 되며 그도 크게 되려니와 그 아우가 그보다 큰 자가 되고 그 자손이 여러 민족을 이루리라 하고 (48:17-19).

야곱이 굳이 작은아들 에브라임에게 오른손을 얹어서 축복한 것은 하나님께서 사람의 외모를 보시지 않는다는 것을 나타냅니다. 아마도 큰아들 므낫세는 여러모로 동생보다 훌륭했던 것 같습니다. 요셉은 이 큰아들이 아버지의 더 큰 축복을 받는 것이 당연하다고 생각했습니다. 그러나 하나님은 달랐습니다. 하나님은 작은 자에게 더 큰 축복을 주기 원하였습니다.

우리는 지금 오른손과 왼손을 크게 구별하지 않습니다. 오히려 왼손잡이들 중에 예능계나 체육계에서 두드러진 활동을 보이는 사람이 많지요. 그러나 유대인들에게는 오른손과 왼손의 차이가 엄청나게 컸습니다. 오른손의 축복과 왼손의 축복이 분명히 달랐어요. 이스라엘 백성들은 하나님께서 그 강한 오른손으로 자기들을 붙들고 계시기 때문에 어떤 악한 세력도 빼내 가지 못한다는 믿음을 가지고 있었습니다. 왼손은 힘이 약해서 놓칠지 몰라도 오른손은 강하기 때문에 그 어떤 것도 하나님의 손에서 자신들을 빼내 갈 수 없다고 믿었습니다.

다른 사람을 위해 기도하다 보면, 그가 가지고 있는 믿음이 너무 아름답고 귀해서 더욱더 간절하게 기도하고 싶을 때가 있습니다. 하나님께서 정말 그 사람에게 축복을 주시고 존귀한 모든 것을 주시도록 더 애쓰며 기도해 주고 싶은 사람이 있어요. 그래서 기도하면서 언어의 한계를 느낍니다. 말로 표현할 수 없는 간절함이 생기기 때문입니다.

반면에 기도해 주기는 주어야겠는데, 하는 짓이 얄밉고 자기밖에 모르는 사람이 있습니다. 그래서 그 사람을 위해 기도하려면 머리를 마구 쥐어짜야 합니다. 너무 간절해서 언어의 한계를 느끼는 것이 아니라 도무지 기도의 말이 생각나지 않아서 언어의 한계를 느낍니다. 이를테면 이런 것이 오른손과 왼손의 차이입니다.

같은 자리에서 예배를 드린다고 해서 다 똑같은 성도가 아닙니다. 성도 중에도 오른손이 있고 왼손이 있습니다. 어떤 사람은 일주일 내내 말씀을 사모하면서 눈물로 예배를 기다리다가 교회에 옵니다. 그렇게 믿음으로 살려고 애쓰는 사람을 보면 어떻게 하든지 그를 위해 간절히 기도하고 싶은 마음이 들고 그가 참으로 잘되기를 바라는 마음이 생깁니다. 그런데 주일마다 텔레비전 보다가 늦게 오고 수시로 시계 봐 가면서 예배 끝나기만을 바라는 사람을 보면서, 어떻게 똑같은 마음이 들 수 있겠습니까?

하나님께서 이렇게 차별해서 축복하시는 이유는 강한 자는 경계해서 겸손하게 하시고, 약한 자는 격려해서 자신감과 확신을 심어 주시기 위해서입니다. 잘난 체하고 교만한 사람에게 하나님은 왼손을 올리실 것입니다. 그래도 계속 교만하게 살면 그 왼손으로 때리실지도 몰라요. 그러나 전적으로 하나님을 의지하며 거짓 없는 믿음으로 그분을 사모하는 사람은 더 강하고 풍성한 오른손으로 붙들어 주실 것입니다. 축복이라고 해서 다 같은 축복이 아닙니다. 사람들은 외모를 보지만, 하나님은 누가 더 하나님을 사랑하는지 그 중심을 보십니다.

마지막으로 야곱은 요셉에게 가나안 땅의 일부를 더 주었습니다. 그것은 그가 돈으로 산 땅이 아니라 칼과 활로 빼앗은 땅이었습니다.

내가 네게 네 형제보다 일부분을 더 주었나니 이는 내가 내 칼과 활로 아모리 족속의 손에서 빼앗은 것이니라(48:22).

이 땅 이야기는 창세기에 나오지 않습니다. 창세기 어느 곳에도 야곱이 칼과 활로 전쟁을 했다는 기록이 없어요. 단지 그가 세겜 가까이에 갔을 때 거기 있는 밭을 사서 '엘 엘로헤 이스라엘'이라는 이름을 지은 적이 있고, 그의 아들들이 세겜 사람들을 칼로 죽인 일이 있을 뿐입니다.

야곱이 여기서 이야기하고 있는 것은 성경에 기록되지 않은 일일 것입니다. 그가 원해서 먼저 싸우지는 않을 것 같고, 아마도 어쩔 수 없이 싸움에 말려드는 바람에 칼과 활로 싸우다가 땅을 빼앗게 되었을 것입니다. 이것은 이스라엘 백성이 가나안 땅에서 처음으로 전쟁을 통해 빼앗은 그들의 땅, 즉 첫 열매이자 첫 전리품이었습니다.

야곱은 이 땅을 요셉에게 선물로 주었습니다. 이것은 가장 용감한 자에게 주는 상이었습니다. 힘든 가운데서도 끝까지 하나님을 의지하고 믿음으로 승리한 자에게 주는 상이 바로 야곱 자신이 활과 칼로 빼앗은 이 특별한 전리품이었던 것입니다. 전쟁에서 가장 용감하게 싸운 자에게는 가장 중요한 상이 주어지게 되어 있습니다. 목숨을 걸고 싸운 자에게는 가장 명예로운 상이 주어지게 되어 있습니다.

그러나 가만히 앉아서 신앙생활하는 사람에게는 상이 없습니다. 하나님의 나라는 침노하는 자가 빼앗는 것입니다. 이 핑계 저 핑계 대면서 가만히 주저앉아 있는 사람에게는 아무것도 주어지지 않습니다. 직접 나와서 싸워야 합니다. 나 대신 싸워 줄 사람은 아무도 없습니다. 그렇게 목숨을 걸고 하나님의 나라를 위하여 싸운 사람은 최고의 상을 받을 것입니다.

오늘 본문이 우리에게 이야기하는 것이 무엇입니까? 우리가 물려받아야 할 것은 돈이나 땅이나 권력이 아니라는 것입니다. 믿음의 사람들이 경험했던 그 하나님, 그들을 능하게 하셨던 그 하나님, 그 특별한 사자를 나의 하나님으로 물려받는 것이야말로 축복 중의 축복입니다.

오늘 이 시간이 바로 그 축복을 받는 시간이 되기를 바랍니다! 앞으로 남은 여러분의 삶이 아브라함과 이삭과 야곱의 삶을 다 합친 삶보다, 엘리야와 엘리사를 다 합친 삶보다 더 큰 능력의 삶이 되기를 축원합니다!

복음을 전하는 자에게 축복이 있습니다. 자기가 원해서 갔든 팔려서 갔든 그곳에서 복음을 전하는 자는 항상 선불로 품삯을 받게 되어 있습니다. 하나님께서 그 나라의 모든 축복을 우선적으로 주십니다. 앞장서서 싸우는 자에게는 기적이 나타납니다. 능력이 나타납니다. 사탄이 도망치는 모습이 눈에 보입니다. 야곱은 가나안 땅의 첫 전리품을 요셉에게 줌으로써 요셉의 영적인 전쟁을 축복했습니다.

오늘 본문은 오른손과 왼손의 축복이 따로 있음을 이야기하고 있습니다. 같은 할아버지의 무릎 밑에서 축복받는다고 해서 다 같은 게 아니에요. 왜 하나님이 기쁨으로 축복하시도록 만들지 않습니까? 왜 하나님이 나를 사랑하시며 복 주시지 않고서는 견디지 못하도록 만들지 않습니까? 어떤 사람들이 신앙생활하는 것을 보면 막 한숨이 나옵니다. 남의 입에서 한숨이 나오도록 신앙생활 할 이유가 뭐가 있습니까? 왜 하나님이 과감하게 X자로 축복하시게 못합니까? 똑같은 자리에 앉아 똑같은 말씀 듣고 똑같이 믿으면서, 왜 나만 비실비실하게 믿으려고 합니까?

약게 믿으려 들지 마십시오. 하나님은 절대로 속지 않으십니다. 하나님 앞에서 미련한 것이 정말 지혜로운 것입니다. 하나님의 때를 기다리며 그 앞에서 미련하게 믿는 그에게 하나님은 과감하게 오른손을 얹으실 것이며, 그 강한 손으로 붙들어 주실 것입니다.

# 29

# 실로가
# 오시기까지

어떤 유명한 목회자가 죽으면서 자기 제자들에게 이런 말을 남겼습니다. "나는 준비가 부족한 상태에서 너무 많은 일을 했다. 만일 다시 목회를 시작하게 된다면 더 많이 공부하고 조금 목회하겠다. 그리고 더 많이 기도하겠다."

우리가 인생길을 살아갈 때 '선생'이 있다는 것은 참으로 중요한 일입니다. 선생들은 우리보다 먼저 이 세상에 살면서 좋은 것과 나쁜 것을 다 경험해 본 사람들입니다. 그들이 쓴맛 단맛을 다 경험해 보고 마지막으로 남기는 말 한마디에는 그들이 살아온 모든 삶과 인격이 요약되어 있습니다. 만약 그것을 제대로 받아들이기만 한다면 우리 인생에서 몇십 년의 시간을 벌 수 있을 것입니다.

담배를 많이 피워서 폐암에 걸린 어느 아버지는 아들들과 사위들에게 다시는 담배를 피우지 말라는 말을 유언으로 남기고 죽었습니다. 그는 담배 피우는 것을 우습게 알았습니다. 그런데 흡연이 폐암으로 발전해서 결국 그것 때문에 죽게 되자, 다시는 담배를 피우지 말라는 말을 유언으로 남긴 것입니다. 이처럼 선생들이 이미 경험한 일은 우리들에게 산 교과서가 됩니다. 그들이 성공한 대로 따라가면 우리도 성공할 것입니다. 또 그들이 실패한 경험에 주

573

의하면 그만큼 인생의 시간을 벌 수 있을 것입니다.

　　신앙에서는 특히 이것이 중요합니다. 신앙의 길은 보통의 인생길과 판이하게 다르기 때문입니다. 누군가 나보다 먼저 이 신앙의 길을 걸어간 사람, 하나님의 말씀을 붙들고 실천해 본 사람의 말 한마디 한마디는 우리의 신앙생활을 몇십 년씩 벌어 주는 축복이 됩니다.

　　오늘 본문은 야곱이 자신의 죽음을 앞두고 자식들에게 축복하는 내용을 기록하고 있습니다. 그런데 그 내용을 읽어보면 '이게 무슨 축복이야' 싶을 정도로 아주 실제적이고 분명할 뿐 아니라 심지어 저주에 가깝게 느껴지는 부분까지 포함되어 있습니다.

　　그러나 야곱이 남긴 이 말들은 하나님의 말씀이 그의 전 생애를 관통하여 완전히 소화된 결과물입니다. 즉 그는 지금 단순한 이론을 가르치고 있는 것이 아니라 하나님의 진리가 실제로 인간의 삶 속에 어떻게 나타나며 어떻게 적용되어야 하는지를 다 경험하고 난 후에, 그 내용을 완전히 요약해서 남기고 있는 것입니다. 만일 그의 후손들이 여기서 경고하고 있는 내용에 주의하기만 한다면 그와 같은 실수를 다시 반복하지 않을 것이며 그가 겪었던 것과 같은 어려움들을 피할 수 있을 것입니다. 또한 그가 권장하는 대로만 산다면 복을 받지 않을래야 받지 않을 수가 없을 것입니다.

　　많은 이들이 성경을 이론이라고 합니다. 그것은 사실입니다. 성경은 이론입니다. 그러나 이 성경을 실제로 삶 가운데 경험하고 체험한 사람이 하는 말은 이론이 아닙니다. 그것은 우리가 곧바로 사용할 수 있는 진리이며, 우리 자신의 능력으로 환원시킬 수 있는 진리입니다.

## 물 끓듯이 쏟아 버린 능력

야곱은 그의 모든 아들들을 불러서 축복을 남깁니다.

> 야곱이 그 아들들을 불러 이르되 너희는 모이라 너희의 후일에 당할
> 일을 내가 너희에게 이르리라 너희는 모여 들으라 야곱의 아들들아 너
> 희 아비 이스라엘에게 들을지어다(49:1, 2).

이 축복의 말씀을 들으면 어떤 아들에 대한 내용은 상당히
듣기에 민망한 저주를 담고 있습니다. 그런 내용이라면 다른 사람
들이 없는 데서 은밀하게 이야기해 주는 편이 낫지 않을까요?

그러나 야곱은 지금 개인의 잘잘못을 따지려는 것이 아닙니
다. 이것은 이스라엘 전체에 해당되는 교훈으로서, 그들 모두가 귀
담아 들어야 할 내용을 담고 있습니다. 특히 경고를 받은 지파는 그
것을 부끄러워하고 숨길 것이 아니라 오히려 인정하고 받아들일 때
저주가 축복으로 변한다는 것을 알 필요가 있습니다. 그래서 그는
이 중요한 마지막 교훈을 모든 아들들을 불러 놓은 가운데 공개적
으로 이야기하고 있는 것입니다.

아마도 처음에 야곱의 신망과 사랑을 가장 많이 받았던 아들
은 역시 맏아들 르우벤이었던 것 같습니다. 49장 3절을 보십시오.

> 르우벤아 너는 내 장자요 나의 능력이요 나의 기력의 시작이라 위광이
> 초등하고 권능이 탁월하도다마는

이 말을 보면 르우벤이 어렸을 때 얼마나 똑똑하고 유능했
는지 짐작할 수 있습니다. 르우벤은 야곱의 맏아들로서 전혀 손색
이 없을 만큼 총기 있는 아들이었습니다. 야곱은 그를 가리켜 "나의
능력이요 나의 기력의 시작이라"고 말하고 있습니다. 아마도 야곱

이 하란 땅에서 도망자 생활을 할 때 르우벤은 그의 가장 큰 기쁨이자 힘이었을 것입니다. 그런데 르우벤의 문제가 무엇이었습니까?

### 물의 끓음 같았은즉 너는 탁월치 못하리니(49:4상).

'물의 끓음 같다'는 것이 무슨 뜻입니까? 이것은 그야말로 물이 요동질을 하는 것입니다. 냄비나 주전자에 물을 담아 불 위에 올려 놓았을 때 한번 끓어 넘치고 나면 어떻게 됩니까? 그 안에 아무것도 남지 않습니다. 분명히 물을 많이 넣고 끓였는데 한번 푸르륵 넘치고 나더니 바닥에 아무것도 남지 않는 것입니다. 르우벤이 바로 그와 같았습니다. 아무도 건드리지 않았는데 혼자 자기 기질을 다 드러내고 나더니, 모든 기회와 능력과 다른 사람의 신뢰를 다 쏟아 버리고 말았습니다. 4절을 계속 보십시오.

### 네가 아비의 침상에 올라 더럽혔음이로다 그가 내 침상에 올랐었도다

르우벤이 왜 서모인 빌하와 통간을 했는지는 잘 모르겠습니다. 그리고 그런 짓을 하고서도 어떻게 죽임을 당하지 않았는지도 모르겠습니다. 그 당시에는 여자가 아주 귀해서 육체적으로는 성인이 되었는데도 결혼을 못한 남자의 경우, 성욕을 처리하기가 굉장히 어려웠습니다. 그래서 근친상간이라든지 동성애라든지 심지어 짐승과 수간하는 일까지 생기곤 했습니다. 아마도 르우벤이 의도적으로 이런 성적인 범죄를 저지른 것은 아니었을 것입니다. 일시적인 충동을 이기지 못해서 마치 눈에 무엇이 뒤집어 쓰인 것처럼 유혹을 받아 범죄에 빠졌을 가능성이 큽니다.

그러나 그는 이 한 번의 실수로 아름다운 능력과 기회를 다 쏟아 버리고 말았습니다. 그는 이제부터 목숨만 부지하는 것으로 만족해야 합니다. 이스라엘 백성 가운데 끼어서 살 수 있다는 것만으로 만족해야지, 다시 똑똑해지려 들거나 다른 사람 위에 군림하려 들거나 리더가 되려고 하면 반드시 버림받을 것입니다. 그러므로 그냥 이스라엘 안에서 평범하게 살라는 것, 이것이 야곱이 르우벤에게 준 축복의 내용이었습니다.

사실 사람은 좀 무식할 필요가 있습니다. 무식한 사람은 위험한 것을 볼 때 아예 접근할 생각을 하지 않습니다. 그러나 똑똑한 사람은 그런 것을 볼 때 가만히 있지 못합니다. 꼭 그 위험한 곳 가까이 가보아야 직성이 풀려요. 그렇게 경계선까지 다가가 그 주위에서 맴돌다가 한순간에 탁 걸려드는 것입니다.

사람들은 그런 것을 '끼'가 있다고 말합니다. 가장 위험한 사람이 신앙적으로 이런 '끼'가 있는 사람입니다. 예술적으로는 끼가 있는 게 좋을지 몰라도, 신앙적으로 끼가 있는 것은 결코 좋은 일이 아닙니다. 유달리 이성에 관심이 많거나 다른 사람과의 관계에서 반드시 상대방의 마음을 얻어야 직성이 풀리는 사람, 항상 자기가 대화의 중심이 되고 주도권을 잡으며 모든 사람의 관심의 대상으로서 인기를 끌어야만 만족하는 '끼'는 좋은 게 아니에요.

끼 있는 사람의 특징은 재주가 많고 총명하다는 것입니다. 그런데 자기한테 있는 것에 만족하지 못한다는 것이 문제입니다. 꼭 남의 것이 더 좋아 보여요. 그리고 자신의 한계를 아슬아슬하게 벗어나 보는 스릴을 즐깁니다. 죄짓는 것도 아니고 아닌 것도 아닌, 이를테면 '금지된 장난' 같은 걸 좋아해요. 이런저런 핑계를 대면서 사랑해서는 안 될 사람과 아슬아슬하게 데이트하는 묘미를 즐깁니다. 그러다가 어느 날 마귀에게 탁 잡히는 것입니다.

르우벤이 이 엄청난 죄에 빠진 것은 머리가 좋았기 때문입니다. 그는 얼마든지 자기 행동에 책임을 질 수 있다고 생각했습니다. 미끼 주위를 돌아다니면서도 물리지 않을 자신이 있었어요. 그런데 그러던 어느 날 갑자기 정욕에 붙들려서 무서운 죄의 노예가 되고 말았습니다.

그리고 모든 것을 다 쏟아 버리고 말았습니다.

학자들도 마찬가지입니다. 고지식한 학자는 재미없는 주제 하나 잡아서 죽어라고 그것만 붙들고 늘어집니다. 그러나 끼가 있는 학자는 가까이해서는 안 될 영역을 연구하는 데 재미를 붙입니다. 자기 전공에는 관심이 없어요. 신의 영역에 도전을 한다거나 인간으로 해서는 안 될 일에 광적으로 매달립니다. 그 결과가 무엇입니까? 어느 한순간 모든 것을 다 날리는 것입니다. '뻥' 하고 한번 터지고 나면 공부고 가정이고 없습니다. 귀중한 인간관계나 신뢰까지 다 쏟아져 버리는 거예요 그렇게 한번 쏟아지고 나면 다시는 주워담을 길이 없습니다.

야곱이 르우벤에게 이 무서운 말씀을 축복으로 남기는 이유가 무엇입니까? 르우벤이나 그의 자손들에게 이 '끼'가 남아 있었기 때문입니다. 그러니까 하나님의 축복을 끝까지 누리고 싶다면 다시는 고개를 쳐들지 말고, 그저 하나님의 백성이 된 것 그 자체만으로 만족하며 살라는 것입니다. 그렇지 않고 다시 리더십을 장악하려고 하고 다시 최고가 되려고 한다면 영원한 세계 밖으로 튕겨 나가고 말 것입니다.

실제로 이스라엘 역사상 르우벤 지파에서는 단 한 명의 지도자도 나오지 않습니다. 그들은 그 후로 이스라엘 백성들 중에서 말없이 충성했습니다. 다시는 끼를 부릴 생각을 하지 않고 소처럼 살면서 이스라엘 안에 꼭 붙어 있었습니다.

이것은 우리 모두에게 하시는 말씀입니다. 우리는 자신의 기질을 신앙의 은사로 착각하는 경우가 많습니다. 그래서 은사를 계발한다고 하면서 사실은 자기 기질을 발휘하려 드는 경우가 많아요. 그러나 기질은 발휘하면 안 됩니다. 오히려 솥뚜껑으로 꽉 눌러 놓아야 합니다. 그렇게 하지 않으면 하나님 나라에서 튕겨 나가고 말 것입니다. 사람은 자기 하고 싶은 대로 다 하면 안 됩니다. 솥뚜껑으로 꽉 눌러서 자기를 죽여야 합니다. 은사는 내가 가지고 있는 것이 아니라 남이 필요로 하는 것입니다. 남은 필요로 하지도 않는데 '나의 이 놀라운 재능을 아무도 안 알아줄까'라고 생각하는 사람은 위험합니다. 그런 사람은 하루라도 빨리 소처럼 살게 해주어야 합니다. 그렇게 하지 않으면 한순간에 모든 것을 잃고 말 것입니다.

4절 끝부분에 "그가 내 침상에 올랐었도다"라는 말은 히브리어로 '그것이 올라갔다'라는 뜻의 단 한 단어로 되어 있습니다. 이것은 아마 문자 그대로 침상에 올라갔다는 뜻이라기보다는, 한순간의 실수로 자신의 모든 능력과 인간관계와 애정과 신뢰와 기회를 다 날려 버렸다는 뜻일 것입니다. 단 한 번으로 모든 것이 끝장나 버렸다는 것입니다.

그래서 끼가 있는 사람은 누군가 자기를 눌러 주는 것을 굉장히 고맙게 생각해야 합니다. 그런 사람은 소처럼 평범하게 신앙생활을 해야 하나님의 축복을 누릴 수 있습니다.

## 죄짓는 일에 의기투합한 형제

평소에 생각과 뜻이 잘 맞았던 시므온과 레위는 축복도 사이좋게 한꺼번에 받습니다. 그런데 뜻이 잘 맞는 것까지는 좋은데, 문제는 좋은 일에 뜻이 맞는 게 아니라 죄짓는 일에 맞는다는 것입니다. 그래서 야곱은 그들에게 도매금으로 저주 같은 축복을 내립니다.

> 시므온과 레위는 형제요 그들의 칼은 잔해하는 기계로다 내 혼아 그들의 모의에 상관하지 말지어다 내 영광아 그들의 집회에 참예하지 말지어다 그들이 그 분노대로 사람을 죽이고 그 혈기대로 소의 발목 힘줄을 끊었음이로다(49:5, 6).

"시므온과 레위는 형제요"라는 것은 그들이 형제라는 사실을 몰라서 하는 말이 아닙니다. 이것은 다른 일은 몰라도 죄짓는 일에서만큼은 그렇게 박자가 착착 잘 맞을 수 없다는 뜻에서 하는 말입니다. 그들은 만나기만 하면 무슨 일을 만들어 냅니다. 그리고 그렇게 한번 빠져들면 정신을 차리지 못합니다.

"잔해하는 기계"가 무엇인지는 분명하지 않습니다. 이 히브리어는 성경에서 유일하게 이곳에 한 번 나오는데, 제 생각에는 커다란 가위를 가리키는 말이 아닐까 합니다. 가위는 양날이 잘 맞아야 자를 수 있습니다. 작두도 마찬가지입니다. 한쪽만으로는 물건을 자를 수 없습니다. 시므온과 레위는 가위의 양날처럼 죄짓는 데 아주 박자가 잘 맞았습니다.

야곱이 시므온과 레위 두 족속에게 말하고자 하는 것이 무엇입니까? 하나님의 백성들은 절대 죄짓는 일에 의기투합해서는 안 된다는 것입니다. 절대 죄짓는 일에 의견일치를 이루면 안 된다는 것입니다. 죄짓는 일에 대한 회의를 할 때는 이 말 나오고 저 말 나오는 바람에 쉽게 결론을 내리지 못하다가 다음 날 흐지부지되는 것이 좋은 것입니다. 만약 죄짓는 데 의견이 일치되어 버리면 서로의 의견을 검증할 수 있는 기능을 잃게 되고, 그러면 그때부터 마치 브레이크가 고장 난 자동차처럼 내리막길을 달려갈 수밖에 없게 됩니다. 시므온과 레위가 죄짓는 일에 서로 조금씩만 박자가 달랐더라면 얼마나 좋았겠습니까?

부부도 서로 성격이 달라야 좋습니다. 부부 사이에 너무 죽이 잘 맞으면, 어떤 일이 옳고 그른지 검증할 수가 없습니다. 그 가정은 마치 자폐증에 걸린 것처럼 나의 소리에 귀를 기울이지 않습니다. 부부싸움 할 때에도 박자가 안 맞는 게 좋아요. 한쪽은 처음부터 화가 나서 펄펄 뛰는데, 다른 한쪽은 '이 인간이 뭣 때문에 이러나' 하고 구경하고 있습니다. 그러다가 가만히 생각해 보니까 조금씩 성질이 나는 거예요. 그래서 본격적으로 화를 내려고 하는데 상대방은 벌써 화가 풀려서 "불 끄고 그만 자자"고 합니다. 그러면 아무래도 충돌이 적어지지요. 그렇지 않고 한쪽이 화를 내면 상대방도 화를 내고 한쪽이 한 마디 하면 상대방은 열 마디씩 한다면, 그 집에는 전쟁이 그칠 날이 없을 것입니다.

침체에 빠질 때에도 서로 어긋나게 빠지는 것이 좋습니다. 남편이 침체될 때 아내는 힘을 내고 있어야 하고, 아내가 침체될 때 남편은 기력을 회복하고 있어야 합니다. 그래야 상대방이 욕하더라도 욕하는 입에 쪽 소리 나게 뽀뽀해 줄 수가 있어요. 상대방이 욕한다고 나도 덩달아 욕하면 어떻게 싸움이 끝나겠습니까?

그런데 시므온과 레위는 그렇지가 않았습니다. 시므온이 "우리 사람 죽이자"고 말을 꺼내면, 레위는 벌써 칼 들고 밖에 나가 있습니다. 그 결과가 무엇입니까? 죽이지 말아야 할 사람을 너무 많이 죽인 것입니다. 6절은 세겜의 살육을 두고 하는 말입니다.

> 내 혼아 그들의 모의에 상관하지 말지어다 내 영광아 그들의 집회에 참예하지 말지어다 그들이 그 분노대로 사람을 죽이고 그 혈기대로 소의 발목 힘줄을 끊었음이로다

"내 혼"은 모든 이스라엘 백성들을 대표하는 말입니다. 즉 하나님의 백성은 그런 모의에 절대로 관여하지 않는다는 것입니다. 상대방을 깎아내리고 대적하며 상처를 주기 위해 쑥덕거리는 짓을 아주 싫어하는 것입니다. 하나님의 백성은 회의로 일하지 않습니다. 자기 자신을 희생하는 행동으로 일합니다. 세 시간 네 시간씩 회의하면서 다른 사람한테 화내고 분노를 표출시킨다고 해서 달라질 것은 하나도 없습니다. 오히려 거기 참석하지도 않은 사람을 몇 번씩이나 말로 죽이기 십상이지요.

'그 혈기대로 소의 발목 힘줄을 끊었다'는 데 대해서는 여러 의견이 있습니다. 원래 전쟁을 할 때는 상대방의 전력을 약화시키

기 위해 말의 힘줄을 끊었습니다. 그러나 소는 굳이 힘줄을 끊을 필요가 없습니다. 소가 뛰어 봐야 얼마나 뛰겠습니까? 그런데 그런 소의 힘줄까지 끊었다는 것은 쓸데없는 부분까지 너무 지나치게 처리했다는 것입니다. 말의 힘줄만 끊으면 돼요. 그런데 분노로 해치우다 보니 소의 힘줄까지 다 끊어 버린 것입니다. 어떤 사람은 여기 나오는 '소'가 우직한 세겜 사람들을 가리킨다고도 하는데, 그런 것 같지는 않습니다. 그보다는 자신들의 분노 때문에 너무나 철저하게 처리하려고 한 나머지 굳이 할 필요가 없는 일까지 열성적으로 해치워 버린 것으로 생각됩니다.

저는 시므온과 레위가 이해가 됩니다. 그들은 어렸을 때부터 항상 다투는 두 엄마 사이에서 자랐습니다. 그들의 엄마는 항상 한 남자를 차지하려고 경쟁했고, 눈에 보이지 않는 전쟁을 치렀습니다. 그 틈바구니에서 이들은 충분한 사랑을 받지 못한 채 잘랐을 것입니다. 결국 문제 부모 밑에서 문제 아이가 생긴 셈입니다.

시므온과 레위는 늘 다투는 부모 밑에서 분노로 자랐습니다. 그래서 열등감 있는 아이들끼리 쉽게 의기투합한 것입니다. 마음에 상처가 있는 사람들이나 열등감이 있는 사람들끼리 만나면 이상하게도 금방 하나가 되는 것을 볼 수 있습니다. 그런데 문제는 옳은 일에서 하나가 되는 게 아니라 못된 일을 하는 데 하나가 된다는 데 있습니다.

그 대표적인 예로 독일인들을 들 수 있습니다. 그들은 제1차 세계대전에서 패전하고 나서 배상금 문제로 어려움을 겪었습니다. 그런데 그 당시 독일의 경제는 유대인들이 장악하고 있었고, 독일인들은 그런 유대인들에게 일종의 열등감을 가지고 있었습니다. 그럴 때 히틀러가 등장하자, 그들은 금세 의기투합해 버렸습니다. 그 결과가 무엇입니까? 무모한 전쟁을 일으키고 600만 명의 유대인을 무참하게 학살하는 것이었습니다.

열등감을 가진 사람들끼리 뭉치면 사고를 치게 되어 있습니다. 가출한 아이들끼리 만나면 죄를 짓게 되어 있어요. 왜냐하면 서로 가지고 있는 분노가 더 큰 분노를 불러일으켜서 정상적인 분별력을 잃게 만들기 때문입니다.

야곱은 이들에 대해 어떤 축복을 내리고 있습니까?

그 노염이 혹독하니 저주를 받을 것이요 분기가 맹렬하니 저주를 받을 것이라 내가 그들을 야곱 중에서 나누며 이스라엘 중에서 흩으리로다(49:7).

겉으로 보기에 이것은 축복이 아니라 저주 같습니다. 그러나 이것은 축복입니다. 시므온과 레위는 서로 흩어지는 것만이 사는 길이기 때문입니다. 시므온과 레위는 같은 동네에 살면 안 돼요. 그러면 반드시 죄를 짓게 되어 있습니다. 분노로 의기투합하는 사람들은 어떻게 해서든지 서로 떼어 놓아야 살 수가 있습니다. 분노가 있는 사람들을 한자리에 모아 두면 그 분노 때문에 좋은 결과가 나올 수가 없습니다. 자기 마음속에 아직도 분노가 있고 상처가 있는 사람들끼리 단짝이 되는 것은 서로를 눈멀게 만드는 일과 같습니다. 그들은 서로 떨어져서 홀로 서야만 하나님의 풍성한 축복을 누릴 수 있습니다.

그래서 하나님께서는 시므온 지파를 계속 작게 만드셨습니다. 출애굽 했을 당시의 인구 조사 결과를 보면 시므온 지파의 규모와 다른 지파의 규모가 엇비슷합니다. 그런데 가나안 땅에 들어갈 때 인구 조사한 것을 보면 다른 지파보다 15,000명 이상이 줄어든 것을 볼 수 있습니다. 출애굽할 때는 사람이 많아 봐야 소용이 없습니다. 실제로 가나안 땅은 두 번째 인구 조사결과에 따라 분배받았기 때문입니다. 그런데 그 결정적인 순간에 인구가 확 줄어 버린 것입니다. 그리고 나중에는 유다 지파에 거의 편입될 정도로 아주 작아져 버립니다.

왜 이렇게 되었을까요? 그들은 작아져야만 살 수 있기 때문입니다. 그들이 커지면 자신은 물론이고 남도 살 수 없습니다. 이처럼 어떤 사람들에게는 힘이 없는 것이 오히려 복이 될 수 있습니다.

사람들이 왜 자꾸 커지고 싶어 하고 강해지고 싶어 합니까? 속에 열등감이 있기 때문입니다. 열등감이 있는 사람들은 어쨌든 커지고 봐야 합니다. 지금 거대한 기업을 만든 사람들은 다 시므온 족속들입니다. 그러나 그렇게 공룡처럼 한없이 커지다가 어느 순간 탁 쓰러지는 것입니다. 그런 사람들은 점점 작아지는 것이 복입니다. 자꾸 커지면 그들 때문에 남도 괴롭고 자기도 결국 망하고 맙니다.

레위 족속은 말 그대로 온 지파 가운데 흩어 버리셨습니다. 전 이스라엘 지파 가운데 제사장으로 흩어져 살게 하시고, 자기 지파끼리 모이지 못하게 하셨습니다. 그러나 이것은 저주가 아니라 축복이었습니다. 하나님께서 그냥 흩으신 것이 아니라 하나님의 율법으로 다른 지파들을 섬기도록 흩으셨기 때문입니다. 이것이 바로 레위의 살길이요 축복이었습니다.

교회가 살 수 있는 길은 교회 안에서 밖으로 하나님의 은혜를 흘려보내는 것입니다. 하나님의 은혜가 교회 안에만 고여 있으면 반드시 썩게 되어 있습니다. 교회가 스스로 밖으로 나가지 않으면 하나님께서 그들을 흩어 버리십니다. 그 대표적인 예가 스데반의 순교 후에 예루살렘에 찾아온 핍박입니다. 예루살렘 당국의 핍박으로 인해 교회는 사방으로 흩어졌습니다. 그렇게 흩어진 그리스도인들은 가는 곳마다 복음을 전했고, 그 결과 여러 지방에 교회가 세워지게 되었습니다.

레위 족속은 율법을 가지고 흩어지는 것만이 살 길입니다. 자신들이 한때 분노로 세겜 사람들을 무고하게 죽인 일을 생각한다면 가족들끼리 모이지 못하고 흩어져 율법을 섬기게 된 것을 오히려 영광으로 여겨야 합니다. 저도 어렸을 때 열등감을 많이 가지고 자랐고, 레위 족속이나 시므온 족속처럼 작은 불의를 참지 못하고 분노로 쉽게 의기투합하는 기질을 가지고 있었습니다. 그래서 하나님께서 저를 흩어서 여러 교회와 지체들을 섬기게 하시는지도 모르겠습니다. 저는 이것이야말로 축복이자 영광으로서 저 자신이나 우리 교회가 살 수 있는 길이라고 믿고 있습니다.

## 실로가 오시기까지

놀랍게도 야곱이 장자의 축복을 허락한 아들은 유다였습니다. 원래 '유다'라는 이름에는 '찬송'이라는 의미가 있습니다. 8절과 9절을 보십시오.

> 유다야 너는 네 형제의 찬송이 될지라 네 손이 네 원수의 목을 잡을 것이요 네 아비의 아들들이 네 앞에 절하리로다 유다는 사자 새끼로다 내 아들아 너는 움킨 것을 찢고 올라갔도다 그의 엎드리고 웅크림이 수사자 같고 암사자 같으니 누가 그를 범할 수 있으랴

야곱이 유다를 축복하면서 사용한 이미지는 두 가지입니다. 하나는 사자이고 다른 하나는 포도 내지는 포도주입니다. 여기서 사자는 힘을 나타냅니다. 그리고 포도주는 기쁨과 풍성함을 나타냅니다.

야곱은 여기서 무려 세 종류의 사자를 등장시켜 유다의 힘을 표현하고 있습니다. 첫 번째는 사자 새끼이고 두 번째는 수사자이며 세 번째는 암사자입니다. 만약 유다 지파에 문장(紋章)이 있었다면 사자 세 마리를 그려 넣었을 것입니다.

"사자 새끼"는 정말 새끼를 가리키는 말이 아닙니다. 아직 완전히 어른은 되지 못했지만, 그래도 젊고 힘있는 사자를 말합니다. 미숙하고 노련미가 부족하기는 하지만 가장 젊고 패기 있는 사

자입니다. 이를테면 '청소년 사자'라고 할 수 있어요.

야곱이 유다를 특히 사자로 표현한 것은 먹이를 한번 움켜쥐면 절대 놓지 않는 근성과 힘 때문입니다. 다른 짐승들은 사냥을 해 놓고서도 더 힘센 짐승이 나타나면 빼앗겨 버리는 경우가 허다합니다. 고생만 실컷 하고 실제로는 아무것도 건지지 못한 채 입맛만 다시는 동물들이 많아요. 그러나 사자가 한번 먹이를 움켜쥐면 어떤 짐승도 그것을 빼앗을 수 없습니다. 9절은 바로 그 점을 말씀하고 있는 것입니다.

유다는 사자 새끼로다 내 아들아 너는 움킨 것을 찢고 올라갔도다 그의 엎드리고 웅크림이 수사자 같고 암사자 같으니 누가 그를 범할 수 있으랴

이것은 유다 지파의 영적인 정복력을 나타내는 것으로서 특히 앞으로 그리스도가 오시면 한번 움켜쥔 것을 절대로 놓지 않으실 것을 보여 줍니다. 우리가 그리스도인이 된 것은 그리스도께서 가지고 계신 이 발톱의 힘 때문입니다. 그는 한번 움켜쥐면 절대로 놓지 않으십니다.

우리는 예수 믿고 난 후에도 세상으로 가고 싶어서 "예수님, 5분만 놔주세요" 할 때가 있습니다. 그런데 주님은 내 속에 있는 죄성을 어찌 그리 잘 아시는지 내가 하나님 앞에 완전히 항복하기까지 주야로 징계하시며 발톱으로 꽉 붙든 채 결코 놓지 않으십니다.

지금 머리 굴리면서 세련되게 믿고 있는 사람은 조심해야 합니다. 취미생활하듯이 신앙생활하는 사람은 조심해야 해요. 한번은 그 발톱에 찍힐 때가 옵니다. 그때도 다리 꼬고 커피 마시면서 속삭이듯 기도할 수 있을 것 같습니까? 내가 좋아서 예수 믿는 것이 아닙니다. 예수 그리스도의 발톱에 걸려들었기 때문에 믿는 것입니다. 그 발톱에 걸리면 결국은 변하게 되어 있습니다. 아무리 머리 굴

리면서 믿었던 사람의 눈에서도 피눈물이 쏟아지면서 눈물 콧물 범벅이 되어 하나님께 살려 달라고 부르짖을 때가 옵니다. 입에서 "우워, 우워" 하는 송아지 울음소리만 나올 때가 옵니다.

야곱이 두 번째로 사용한 이미지는 포도주입니다.

> 그의 나귀를 포도나무에 매며 그 암나귀 새끼를 아름다운 포도나무에 맬 것이며 또 그 옷을 포도주에 빨며 그 복장을 포도즙에 빨리로다 그 눈은 포도주로 인하여 붉겠고 그 이는 우유로 희리로다(49:11, 12).

왜 나귀를 포도나무에 매고 암나귀 새끼를 아름다운 포도나무에 맵니까? 나귀가 날뛰어서 그 귀한 포도가 떨어지기라도 하면 어쩌려고 그렇게 합니까? 나귀를 포도나무에 맬 수밖에 없는 것은 거기에 포도나무밖에 없기 때문입니다. 포도가 떨어져도 할 수 없어요. 사방이 전부 포도나무라서 달리 나귀를 맬 데가 없습니다. 옷을 포도주에 빨고 눈이 포도주 때문에 붉어질 정도로 온통 포도나무 천지입니다.

팔레스타인에서는 포도가 생활의 기본입니다. 기쁜 일이 있든지 슬픈 일이 있든지 포도주가 있어야 합니다. 포도주 없는 결혼식은 있을 수가 없어요. 몸이 지치고 마음이 상했을 때도 포도주를 마셔야 위로가 됩니다. 이처럼 생활을 기쁘게 하고 지친 마음을 위로하며 새 힘을 주는 포도주는 기쁨의 상징이었습니다. 그러므로 이런 포도가 무한정으로 있다는 것은 무한정으로 기뻐하며 풍성한 삶을 누릴 것이라는 뜻입니다. 누가 그렇게 누릴 수 있다는 것입니까? 그 사자의 발톱에 걸려든 사람이 누릴 수 있다는 것입니다.

그리스도께서 우리를 붙잡으실 때에는 마치 세상이 다 끝난 것 같습니다. 모든 소망이 사라지고 완전히 망한 것만 같아요. 그런데 그리스도께서는 자신이 발톱으로 붙잡은 자를 풍성하게 먹이시기 시작합니다. 그래서 나중에는 어떻게 됩니까? 도저히 감당할 수 없을 정도로 풍성해지고 부요해집니다. 다른 사람들은 포도주 한 모금만 마셔도 감지덕지할 판인데, 우리는 옷을 포도주에 빨 정도로 풍성해집니다. 눈은 포도주로 붉어지고 이는 우유로 하얘질 정도로 풍성해집니다.

예수님은 이 땅에 오셨을 때 제자들을 금식시키고 철야 시키면서 훈련시키시지 않았습니다. 잔칫집 신랑과 함께 있는 것처럼 기쁨으로 풍성함을 누리게 하셨습니다.

결국 야곱이 유다에게 준 두 가지 표상의 축복, 즉 사자와 포도주의 축복은 그리스도께서 자기 백성을 얼마나 충실하게 보호하시며 얼마나 부요하게 하실 것인지를 보여 주는 것입니다.

야곱은 유다 지파를 통해 약속된 여자의 후손이 올 때 이 놀라운 축복이 이루어질 것이라고 말씀하고 있습니다. 10절을 보십시오.

홀이 유다를 떠나지 아니하며 치리자의 지팡이가 그 발 사이에서 떠나지 아니하시기를 실로가 오시기까지 미치리니 그에게 모든 백성이 복종하리로다

여기에 나오는 "홀"과 "치리자의 지팡이"는 왕권을 상징합니다. 결국 이스라엘은 나라가 될 것이며 그 나라를 다스릴 자는 우다지파에서 나올 것입니다. 언제까지 그렇습니까? 실로가 오시기까지 그렇습니다.

여기에서 가장 중요한 것은 '실로'의 뜻이 무엇이냐 하는 점입니다. 가장 정확한 대답은 '야곱밖에 모른다'입니다. '실로'의 정확한 뜻을 아는 사람은 아무도 없습니다. 그러나 대략 세 가지의 해석이 있습니다.

첫째는 유대인들의 해석으로서, 실로를 예루살렘 성전이 들어서기 전까지 성막이 있던 장소로 보는 것입니다. 이스라엘 자손

들은 가나안 땅에 들어가서 성막을 쳤는데, 그때가 가나안 정복의 중요한 전환점이 되었습니다. 그런데 그 성막을 친 곳이 바로 실로라는 것입니다. 다시 말해서 야곱의 이 말을, 그때부터 유다 지파가 주도적인 역할을 감당하리라는 뜻으로 보는 것이지요. 그러나 실제로 유다 지파는 그때부터 주도권을 행사하지 못했습니다. 유다 지파에서 왕이 나온 것은 그보다 훨씬 후대인 다윗 때입니다.

둘째는 이 말을 문법적으로 보아서 '그것이 속한 분', 또는 '그 홀을 가지기에 합당하신 분', '앞으로 오실 분'으로 해석하는 것입니다. 즉 어느 누구라고 분명히 말할 수는 없지만 앞으로 분명히 오실 어떤 분을 가리켜 '실로'라고 발음했다는 것입니다. 예를 들어 세례 요한은 예수님을 가리킬 때 '내 뒤에 오시는 분', 또는 '내 앞에 계신 분'이라고 했고, 나중에 감옥에서는 '오실 그이'가 당신입니까?"라고 물었습니다. 이를테면 이와 유사한 의미로 보는 것이지요.

셋째는 발음으로 볼 때 '샬롬'과 비슷하다는 점에 주목해서 이 말이 '샬롬'에서 왔다고 보는 입장입니다. 즉 '실로'를 '평화의 사람', '이 세상에 평화를 가져올 분'으로 보는 것입니다. 유대인들은 사람의 이름을 지을 때 정확한 철자법에 맞추는 대신, 발음이 비슷한 단어에서 끌어오는 경우가 많았습니다. 그러니까 여기 나오는 '실로'도 야곱이 비슷한 발음을 가진 단어에서 끌어와 독특하게 지은 이름이 아니겠냐는 것입니다. 하나님께서 야곱의 이름을 '이스라엘'로 지으셨듯이, 야곱도 앞으로 오실 그분의 이름을 자기 나름대로 지었다고 생각하는 것이지요. 그러나 하나님께서 야곱의 이름을 지으셨다는 것은 이해가 되어도, 야곱이 하나님의 이름을 지었다고 보는 것은 아무래도 좀 지나친 추측인 것 같습니다.

결국 '실로'는 '앞으로 오실 분'이라는 뜻으로 생각하는 것이 가장 안전한 해석인 것 같습니다. NIV 영어 성경은 이런 입장에서 이 말을 번역하고 있고, 우리 번역은 더 이상 생각하지 말고 그대로 두자는 뜻에서 그냥 '실로'라고 번역하고 있습니다.

여하튼 분명한 점은 하나님의 약속이 유다 지파를 통해 이루어진다는 것입니다. 이것은 그 뜻이 이전보다 훨씬 더 구체적으로 밝혀진 것입니다. 유다 지파에서 왕의 자격을 가지고 오실 분이 그 백성들을 강한 힘으로 붙잡으시며 그들에게 풍성한 포도주와 우유를 한없이 공급하실 것입니다. 이것이야말로 야곱의 축복 가운데 절정을 이루는 부분입니다.

야곱이 유다 지파에 약속된 구원자가 오시리라고 축복한 것은 그들이 무슨 선한 일을 했기 때문이 아닙니다. 단지 하나님께서 은혜로 그들을 택하셨을 뿐입니다. 이것은 그들에게 축복이기도 하고 부담이기도 합니다. 그들에게는 약속하신 그분이 오시기까지 결혼의 순결을 지키며 그분에 대한 소망을 버리지 말아야 할 의무가 있습니다. 그들은 그분이 오실 때까지 말씀을 붙들어야 합니다. 소망을 가진 사람은 아무렇게나 살 수가 없습니다.

얼마 전에 어떤 분이 신문에 '우리나라의 문제는 단순한 가난이 아니라 소망이 없는 것'이라고 썼습니다. 사실 우리가 그동안 흥청망청 살았던 것은 과거의 가난을 보상받으려는 심리 때문이기도 하지만, 더 중요한 이유는 우리가 왜 절약해야 하며 왜 열심히 일해야 하는지, 왜 오늘을 참으며 내일을 바라보아야 하는지 그 비전을 심어 주는 사람이 없었다는 데 있습니다. 우리의 적은 단순한 사치와 방탕이 아닙니다. 우리의 적은 소망이 없고 비전이 없다는 것입니다.

비전이 있어야 오늘을 참을 수 있고, 오늘을 참아야 내일을 바라볼 수 있습니다. 여러분의 비전은 무엇입니까? 노인들에게는 손자가 소망인 것 같습니다. 손자들이 있으면 노인들이 훨씬 더 힘을 냅니다. '저 아이들이 좀더 자랄 때까지만 살아 있자. 큰손자가 결혼할 때까지만이라도 건강하게 살아 있자'는 소망이 노인들의 힘이 되는 것입니다.

유다 지파가 그토록 오랫동안 보존될 수 있었던 것은 메시아에 대한 소망이 있었기 때문입니다. 그들에게는 눈에 보이는 것이 전부가 아니며 약속하신 실로가 반드시 오시리라는 비전이 있었습니다. 유다의 소망은 '실로가 오시기까지'였습니다. 실로가 오시기까지 그들은 살아 있어야만 했습니다. 유다 지파는 결코 없어져서는 안 됩니다. 실로가 오시기 전에 그들이 없어져 버린다면 인간은 결국 죄 가운데 죽을 수밖에 없을 것입니다. '우리는 다른 모든 족속과 인류를 책임지고 있다'는 이 부담과 긴장이 유다를 끝까지 지켜 주었습니다.

우리는 무엇을 기다리며 살아가고 있습니까? 무엇 때문에 오늘 참고 있습니까? 왜 지금 가지고 있는 돈으로 맛있는 것들을 다 사 먹지 못하고 내일을 위해 참고 있습니까? 오늘 우리를 참게 하는 비전이 없다면, 우리는 그냥 늙을 수밖에 없고 사그라질 수밖에 없습니다. 내가 지금 이 상태에서 인생을 끝내면 안 되는 이유가 어디 있습니까? 나는 왜 더 살아야 합니까? 나는 지금 무엇을 기다리고 있으며 누구를 기다리고 있습니까?

이 모든 질문의 답은 오직 그리스도께 있습니다. 실로가 오셔야 합니다. 인간들이 제기하는 모든 문제는 그리스도가 오셔야 대답될 수 있는 것들입니다. 우리가 오늘 참아야 하는 이유는, 우리가 앞으로 더 살아야 하는 이유는 그리스도가 우리 삶에 주인이 되시게 하기 위해서입니다. 그리스도가 주인이 되시지 못하는 공부는 아무 소용이 없습니다. 그리스도가 함께하시지 않는 연애, 그리스도가 주도하시지 않는 사업은 항상 갈등뿐입니다. 우리는 그리스도를 더욱더 내 삶의 주인으로 초청해야 합니다. 그가 더 강한 손으로 나를 붙드시게 해야 합니다. 그가 약속하신 풍성한 삶을 날마다 더 맛보아야 합니다. 그것을 위해 우리는 더 살아야 합니다.

야곱의 축복은 그가 살아온 한평생의 삶을 통해 경험되고 해석된 살아 있는 진리의 말씀입니다. 이 말씀은 오늘 우리들에게 곧바로 적용될 수 있습니다. 이 말씀을 들은 우리는 인생을 다 살고

난 후에야 뒤늦게 후회할 필요가 없습니다.

야곱은 르우벤의 위험한 재주를 경고했습니다. 가장 미련한 사람은 곡예하듯이 신앙생활하는 사람입니다. 그렇게 자기 꾀만 믿고 묘기를 부리는 사람은 결국 그 꾀에 넘어지게 되어 있습니다. 죄를 가까이하는 것은 위험한 일입니다. '이것은 죄'라는 생각이 들면 얼른 도망쳐야 합니다. '나는 지금 하나님이 기뻐하시지 않는 자리에 있다'는 생각이 들면 마치 새가 새장을 빠져 나가듯이 도망쳐야 해요. 모든 것을 다 잃더라도 유혹에서 멀리 떨어지는 것만이 안전한 길입니다.

위험한 사랑을 나누지 마십시오. 묘기 부리듯이 인생을 살지 마십시오, 언젠가는 바닥에 떨어지게 되어 있고, 그러면 모든 기회와 신뢰를 잃고 말 것입니다. 나에게 끼가 있다고 생각합니까? 어떻게 하든지 평범한 길을 찾아서 그것에 만족해야 합니다. 다시는 머리가 되려고 하거나 남의 위에 서려고 해서는 안 됩니다.

내 마음속에 혈기가 있고 분노가 있습니까? 마음 맞는 사람들끼리 의기투합하지 마십시오, 작은 것에 만족하는 법을 배우십시오. 작더라도 자기 집에 만족하고 부족하더라도 자기 아내와 남편에게 만족하십시오. 왜 자꾸 위험한 장난을 하려고 합니까? 그렇게 자족하지 않으면 결국 공룡처럼 자꾸 비대해지다가 스스로 망하게 되어 있습니다. 열등감이 있는 사람일수록 꼭 한탕에 무언가를 이루려고 합니다. 증권이나 땅 투기 같은 것으로 단번에 부자가 되려고 해요. 그러면 반드시 걸려들게 되어 있습니다.

유다의 축복은 그리스도의 축복입니다. 그는 강한 발톱으로 우리를 붙잡으시며, 넘치는 포도주로 우리를 풍성하게 하실 것입니다. 그리스도께 붙잡히는 것이 복입니다. 그동안 반질반질하게 도망 다니면서 살아온 사람은 그 발톱에 붙잡히는 이 축복을 받아야 합니다.

우리는 무엇 때문에 살아야 합니까? 그리스도께서 날마다 더 내 삶의 주인이 되시게 하기 위해서입니다. 그분이 약속하신 풍성한 삶을 날마다 더 맛보기 위해서입니다. 그 비전이 오늘 우리를 사로잡기 바랍니다.

# 30

## 요셉이 받은 축복

우리는 한 해를 시작할 때, 그 한 해가 우리에게 참으로 가치 있을 뿐 아니라 다른 많은 사람들에게도 유익을 끼치는 시간이 되기를 바랍니다. 또 자식을 키우는 분들은 자식들이 잘 성장해서 이 사회에 꼭 필요한 훌륭한 사람이 되기를 바랄 것입니다. 오늘 본문은 우리와 우리 자녀들이 어떻게 그렇게 될 수 있는지 그 비결을 가르쳐 주고 있습니다.

몇 년 전, 제가 받아 보던 일간지에 '한국의 명가'라는 제목 아래 유명한 사람들의 가족 관계가 족보처럼 연재되고 있었습니다. 거기에는 누구의 할아버지가 조선 시대 때 무슨 관직을 맡았고, 그 자손들 중에 장관이 몇 명 나왔으며 대학 교수가 몇 명이고 의사가 몇 명인지 등의 내용들이 실리곤 했습니다. 저는 그것을 보면서 두 가지 생각을 했습니다. 한 가지는 '왜 일간지에 이런 족보를 연재하는지 이해가 안 된다'는 것이었습니다. 그런 명가를 찾아서 소개하는 것이 오늘날 우리들에게 무슨 의미가 있는지 알 수가 없었어요. 또 한 가지 생각은 '부모 잘 만나서 그 덕에 잘된 사람 많네' 하는 것이었습니다. 옛날에는 자기 머리는 좋아도 부모가 무식하고 가난해서 공부할 기회를 놓치는 바람에 결국 별 볼일 없이 살게 된 사람들이 적지 않습니다. 그런데 그 연재물을 보니 똑똑한 부모한테 자극을 받아서 열심히 공부한 결과 훌륭하게 된 사람들도 꽤 있구나 싶었습니다.

그러나 그렇게 신문에 연재될 만큼 잘된 집안은 일부에 불과합니다. 사실은 몰락한 집안이 더 많아요. 부모는 똑똑해서 관직도 맡고 재산도 많이 모았는데 자식이 주색잡기에 빠지는 바람에 폐가망신한 집들도 많습니다. 우리나라 사람들은 그 원인을 주로 풍수에서 찾는 것 같습니다. 그러나 그것은 정직한 답이 아닙니다.

기독교에서는 이런 것을 가리켜 신학적인 용어로 '일반 은총'이라고 합니다. '일반 은총'이란 하나님을 모르는 사람들임에도 불구하고 하나님께서 그 일부에게 좋은 머리나 근면한 생활습관이나 장사하는 능력 등을 주셔서 사회에 유익을 끼치게 하시는 것을 가리키는 말입니다. 그런데 하나님께서는 그 백성들에게도 이런 은총을 주십니다. 하나님의 백성이라고 해서 사회에 전혀 기여하지 못한 채 매일 얻어먹기만 하라는 법은 없습니다. 하나님께서는 그 백성들 중에서도 머리 좋은 자가 나오고 사업을 잘 하는 자가 나와서 세상의 빛과 소금이 되게 하십니다. 바로 그 축복이 오늘 본문에 나오는 요셉의 축복입니다. 그러나 우리가 주목해야 할 것은 안 믿는 사람에게 주시는 일반 은총과 요셉이 받은 축복은 차이가 있다는 점입니다.

오늘 본문에는 야곱이 사랑하는 아들 요셉과 그의 후손을 축복하는 내용이 나오고 있습니다. 야곱은 열두 아들 중에서도 특히 유다와 요셉에게 한없는 축복을 주었습니다. 그는 요셉에게 샘물 곁에 심긴 나무가 되어 언제나 번창할 것이라고 축복했습니다. 그가 일시적으로는 강한 자들로부터 괴롭힘과 압제를 당하더라도 나중에는 다른 모든 이들을 어려움에서 건져 내는 강한 자가 될 것이라고 축복했습니다. 그리고 특히 요셉의 축복은 조상들의 축복보다 더 커서 태산보다 더 풍성해질 것이라고 했습니다.

큰 산에 가면 무엇보다 넉넉함을 느낄 수 있습니다. 예를 들어 설악산에 가면 입구에 등산객들과 학생들이 바글바글한데, 한 5분만 걸어 들어가도 그 많은 사람들이 다 어디로 갔는지 종적을 찾을 수가 없습니다. 눈에 보이는 것은 오직 빽빽한 나무들로 덮인 거대한 산뿐입니다. 이처럼 큰 산은 얼마나 넉넉한지 아무리 많은 사람들이 들어가도 표시가 나지 않습니다. 야곱은 요셉과 그의 후손들에게 바로 이러한 축복을 주고 있습니다. 아 축복이 바로 오늘 성도 여러분의 축복이 되기를 원합니다.

## 요셉이 받은 축복의 특징

우리가 먼저 생각해야 할 것은 요셉이 받은 축복이 유다가 받은 축복과 무엇이 다르며, 이 세상에서 하나님을 모르는 사람들이 받는 축복과는 또 무엇이 다르냐 하는 점입니다. 이 차이점을 명확히 하지 않으면 요셉이 받은 축복의 핵심을 놓치게 됩니다.

그러면 먼저 유다가 받은 축복과 비교해 봅시다. 유다가 받은 축복의 표상은 두 가지였습니다. 하나는 사자고 다른 하나는 풍성한 포도주입니다. 이것은 하나님의 구원이 유다 지파를 통해 이루어질 것을 보여 주는 표상이었습니다. 즉 하나님께서 유다와 그 후손에게 주실 축복은 구원의 기쁨이었습니다. 그리스도께서는 유다 지파를 통해 이 세상에 오실 것이며, 사탄의 세력에서 그 백성들을 건져 내시고 풍성한 삶을 주실 것입니다. 구약 성경은 유다 지파를 중심으로 기록되어 있습니다. 성경은 구원의 역사이기 때문입니다. 이처럼 유다가 받은 축복은 '찬송'이라는 그 이름의 뜻 그대로, 하나님의 구원을 기다리며 그것을 실현시키고 찬송하는 구원론적인 축복이었습니다.

그러나 요셉에게 주신 축복은 유다에게 주신 축복보다 더 현실적입니다. 하나님의 구원은 요셉의 후손을 통해 이루어지지 않을 것입니다. 우리 성경은 49장 24절 끝부분을 "그로부터 이스라엘의 반석인 목자가 나도다"라고 번역함으로써, 마치 요셉의 후손을 통해서도 구원자가 나실 것처럼 표현하고 있습니다. 그러나 히브리어 성경을 더 정확하게 직역하면 '이스라엘의 반석인 목자의 힘으로'라고 해야 합니다. 다시 말해서 요셉이 강한 자로부터 심한 억압을 받겠지만 하나님의 도우심으로 그 모든 억압을 극복하고 다른 많은 사람들을 건져낸다는 의미입니다. 그래서 24절을 '요셉의 활이 도리어 건강하며 그의 팔이 힘이 있으니 야곱의 전능자의 손을 힘입음이며 이스라엘의 반석이신 목자를 힘입음이라'고 하면 더 좋을 것 같습니다.

다시 말해서 요셉이 받은 축복은 구원의 축복이 아닙니다. 그리스도는 요셉의 후손으로 오시지 않을 것입니다. 그 대신 그 구원에서 파생되는 많은 열매들 즉 구원에 연결되는 많은 축복이 주어질 것입니다. 예를 들어 영적인 지도력이라든지 재물을 관리하는 능력이라든지 사회에 유익을 끼치는 뛰어난 머리라든지 현실적인 여러 가지 위기로부터 다른 사람들을 건져 내는 능력이나 지혜나 문화적인 영향력이 주어진다는 것입니다.

실제로 요셉의 아들인 에브라임 지파는 이스라엘 안에서 항상 지도자 역할을 했습니다. 그들은 구원을 이루지는 않았지만, 하나님의 백성을 더 풍성하게 하고 강하게 만들 수 있는 능력을 가지고 있었습니다. 때로는 그것이 지나쳐서 오히려 이스라엘 백성들을 하나님 앞에 죄짓게 만드는 경우도 있었습니다. 다윗의 집에 반역의 손을 들어 북쪽 열 지파를 떼 냄으로써 나라를 두 동강 낸 사람들도 바로 이 요셉의 후손들이었습니다. 그러나 세상적으로 보면 그만큼 이들은 머리가 뛰어났고 지도력이 있었으며 다른 사람들에게 많은 영향을 미칠 수 있는 은총을 받은 것입니다.

우리는 구원을 하나님께서 우리를 죄에서 건져 내신 것만 기뻐하며 찬송하는 유다의 축복으로만 생각하기 쉽습니다. 그래서 어떤 분들은 은혜를 받으면 무조건 목회의 길로 들어서야 하는 것처럼 생각하기도 합니다. 그러나 구원은 단순히 죄에서 해방되는 것만을 의미하지 않습니다. 그 구원으로부터 파생되는 많은 열매가 있습니다. 구원받은 백성들도 이 세상에서 지도자가 되어야 하고 장군이 되어야 하며 학자가 되어야 하고 유명한 기업가가 되어야 합니다. 이것이 바로 요셉의 후손들이 받은 축복이었습니다.

그러면 그들이 받은 이 축복은 세상 사람들이 받는 일반 은총과 무엇이 다를까요? 세상 사람들이 받는 축복은 누구나 받을 수 있는 것입니다. 어차피 세상 사람들 가운데 일부는 머리가 좋아서 높은 자리에 앉아 남을 이끄는 일을 해야 하고, 일부는 재물을 관리할 수 있는 능력을 가지고 회사를 세워서 사람들에게 직장을 제공해야 합니다. 사람이 몇 명 이상 모인 곳에는 반드시 지도자가 있어야 하는 법입니다. 우리는 그 대표적인 예를 사거리의 교통 체증에서 찾을 수 있습니다. 교통 신호가 꺼졌을 때도 각 방향의 차들이 차례대로 한 대씩만 지나가면 아무 문제가 없습니다. 그런데 일단 차머리부터 들이밀고 보기 때문에 길이 막혀서 꼼짝달싹할 수 없게 되는 것입니다. 이상하게 핸들만 잡으면 사람들의 머리가 나빠지는 것 같아요. 바로 그럴 때 교통경찰이 있어야 합니다. 교통경찰이 지도력을 발휘해서 차를 한 대씩 보내기 시작하면 그때부터 교통소통이 원활해집니다.

이처럼 세상에는 반드시 지도자가 있어야 합니다. 그래서 하나님께서는 어떤 사람에게는 좋은 머리를 주시고 어떤 사람에게는 지도력을 주시며 어떤 사람에게는 돈을 주셔서 세상이 좀더 활기차게 돌아가게 하시는 것입니다. 이것이 일반 은총입니다. 풍수 때문이 아닙니다. 이 세상에서 누군가는 장관이 되어야 하고 학자가 되어야 하기 때문에 하나님이 일부의 사람들에게 주시는 것일 뿐입니다.

그러나 요셉의 축복은 다릅니다. 요셉의 축복은 구원의 열매로 주어지는 것이기 때문입니다. 하나님께서 그 백성들에게 주시는 풍성한 삶은 단순히 누군가는 받아야 하기 때문에 주시는 것이 아니라 구원의 열매로 주시는 것입니다. 그냥 머리가 좋아서 잘사는 것이 아닙니다. 하나님을 알고 나서 그분의 뜻대로 사니까 가난이 없어지는 것입니다. 하나님을 알고 나서 공부를 하니까 공부가 제대로 되는 것입니다. 하나님의 은혜를 체험한 후 작곡을 하니까 〈할렐루야〉같은 곡이 나오는 것입니다. 하나님을 바로 알고 나서 그림을 그리니까 아름다운 작품이 나오는 것입니다. 제가 지방에서 만난 한 조각가의 작품명은 '아파르. 아담. 에쉬'였습니다. 이것은 히브리어로서 '흙. 사람. 불'이라는 뜻입니다. 그가 은혜를 받은 후 조각을 하니까 그의 손끝에서 하나님의 형상이 만들어지고 있었습니다.

요셉의 축복은 단순한 축복이 아니었습니다. 단순히 머리 좋아서 성공하는 그런 것이 아니었어요. 그런 것은 세상 사람들이 받는 일반 은총입니다. 그러나 요셉의 축복은 구원의 열매였습니다. 이것은 성도들이 하나님의 구원을 체험하고 난 후 이 세상에서 얼마나 풍성하고 유익한 삶을 살게 될 것인지를 보여 주는 것으로서, 지금 우리들이 신앙생활하는 목적과도 깊은 관계가 있습니다.

저는 우리 신앙의 핵심이 삶 전체의 치료에 있다고 생각합니다. 이것은 단순한 육체적 질병의 치료나 상한 감정의 치료에 그치는 것이 아닙니다. 우리의 삶 전체가 하나님 앞에서 치료되고 회복되는 것입니다. 처음에는 가치관이 치료됩니다. 그리고 생활습관이 치료됩니다. 감정이 치료되며 과거가 용서됩니다. 인간관계가 회복됩니다. 가정이 치료됩니다. 직장이 치료되며 비전이 회복됩니다. 우주적인 치료가 일어납니다.

신앙은 구원받은 은혜에 감격하는 것으로 끝나지 않습니다. 신앙은 끝없이 회복시킵니다. 우리를 부요하게 하고 풍성하게 하며 사회에 기여하게 하고 모든 것을 제대로 쓰게 만듭니다. 이것이 요셉이 받은 축복이었습니다.

## 이 축복의 지속성

본문은 이 축복의 특징을 어떻게 표현하고 있습니까?

요셉은 무성한 가지 곧 샘 곁의 무성한 가지라 그 가지가 담을 넘었도다(49:22).

야곱은 이 축복을 특징을 "샘 곁의 무성한 가지"로 표현하고 있습니다. 〈용비어천가〉에도 "샘이 깊은 물은 가뭄에 마르지 아니할새"라는 표현이 있지만, 팔레스타인은 특히 가뭄이 심한 지역이기 때문에 웬만한 웅덩이는 가뭄에 다 말라 버릴 뿐 아니라 강에도 물이 없을 때가 많습니다. 비가 올 때나 강이 되어 흐르지, 평소에는 바싹 마른 땅이에요. 그럼에도 불구하고 근원이 깊은 샘은 심한 가뭄에도 마르지 않기 때문에 그 곁에 심긴 나무는 계속 무성할 수 있습니다. 다른 나무들은 다 말라 죽어도 이 나무는 가지가 담을 넘어갈 정도로 무성합니다. 이처럼 요셉 또한 어떤 가뭄에도 마르지 않는다는 것입니다. 어떻게 이렇게 될 수 있습니까? 그 축복이 우연히 생긴 일시적인 것이 아니라 하나님의 구원의 열매이기 때문입니다.

요즘 같은 불경기에는 '돈 가뭄'이 들었다는 말들을 자주 합니다. 기업들마다 돈을 구하지 못해서 무더기로 도산하고 있습니다. 그런데 이런 불경기에도 돈 걱정 없이 잘 성장하는 기업이 있다면 "샘 곁의 무성한 가지"라고 말할 수 있을 것입니다. 그런 기업의 특징이 무엇입니까? 자기 자본이 충실하다는 것입니다. 지금까지 다른 기업들은 빚을 끌어들여서 외형을 키워 왔습니다. 기업의 외형이 커야 은행 대출을 더 받을 수 있기 때문에 무리하게 계속 확장시켜 오다가 은행이 더 이상 돈을 빌려 주지 못하게 되자 결국 쓰러질 수밖에 없게 된 것입니다. 그러나 이런 세상의 세태를 좇지 않고 충실하게 사업을 해 온 사람들은 이런 돈 가뭄에도 살아남을 수 있을 뿐 아니라, 오히려 가지가 넘어갈 정도로 호황을 누릴 수 있습니다. 더욱이 분명한 자기 기술이 있는 기업은 기술 자체가 자본이기 때문에 얼마든지 살아남을 수 있습니다. 그러나 자기 기술 없이 남의 기술을 베껴서 살았던 기업은 가뭄에 다 말라 죽을 수밖에 없습니다.

이 세상의 축복은 모두 일시적인 것입니다. 비가 올 때는 온 세상이 물바다 같습니다. 아무 걱정 없이 모든 일이 잘 풀리는 것 같아요. 하지만 가뭄이 오면 전부 말라 죽고, 결국 살아남는 것은 샘 곁에 심긴 나무뿐입니다. 이 나무처럼 되는 것이 바로 요셉의 축복입니다. 이 나무의 뿌리는 하나님께 닿아 있습니다. 하나님의 은혜가 그를 지켜 주고 있습니다.

하나님께서 믿는 자들에게 세상을 따라가지 말라고 하신 이유가 바로 여기에 있습니다. 세상을 따라가면 일시적으로는 잘 되는 것 같아도 전체적인 어려움이 닥칠 때에는 반드시 마르게 되어 있습니다. 그때는 믿는 사람이나 안 믿는 사람이나 똑같이 고통을 당하게 될 뿐 아니라 심지어는 영혼까지 위태로워집니다. 사업만 망치는 것이 아니라 구원까지 잃기 쉽습니다.

두 번째로 야곱은 요셉이 처음에는 어려움을 겪어도 나중에는 그 힘이 아주 강해질 것이라고 말합니다. 23절과 24절을 보십시오.

활 쏘는 자가 그를 학대하여 그를 쏘며 그를 군박하였으나 요셉의 활이 오히려 견강하며 그의 팔이 힘이 있으니 야곱의 전능자의 손을 힘입음이라 그로부터 이스라엘의 반석인 목자가 나도다

"활 쏘는 자"는 이 세상의 힘센 자들을 의미합니다. 요즘 사람들은 활 쏘는 일에 대해 잘 모르지만, 옛날에는 활을 쏘려면 힘이 아주 세야 했습니다. 그래서 활 쏘는 사람들은 팔뚝이 아주 굵었습니다. 놋활을 쏜다는 것은 놋을 구부릴 수 있을 만큼 힘이 세다는 뜻입니다.

이 말씀은 마치 요셉의 생애를 다시 보여 주는 것 같습니다. 요셉은 힘센 형들로부터 심한 핍박을 받았습니다. 형들은 그를 죽이려고 하다가 노예로 팔아먹었습니다. 그는 애굽에 팔려 와서도 보디발이나 그의 아내 같은 강한 자들의 압제를 받았고, 감옥에서도 강한 자들에게 시달렸습니다. 그러나 요셉이 강해진 후에는 아무도 그를 건드리지 못했습니다. 그는 다른 모든 사람들을 살릴 만큼 강해졌습니다.

이것은 이 세상에서 하나님의 방법으로 일하는 사람들에게도 그대로 적용됩니다. 하나님의 방법으로 공부한다고 한번 생각해 보십시오. 아마 아무도 나를 알아주지 않을 것입니다. 주일이니 휴일이니 할 것 없이 주야로 불 켜놓고 연구해도 성에 차지 않는데, 성탄 전야 예배드린다고 빠지지, 성탄 예배 드린다고 빠지지, 송구영신 예배 드린다고 빠지지, 신년 예배 드린다고 빠지지, 수요일 저녁 빠지지, 금요일 저녁 빠지지, 연구실 분위기만 흐린다고 얼른 내쫓으려 들 거예요. 또 방학 때는 수련회에 가야 하고 주일에는 주일학교 봉사도 해야 합니다. 하나님의 방법으로 도대체 어떻게 공부할 수 있겠습니까?

또 하나님의 방법으로 장사한다고 생각해 보십시오. 장사가 될 것 같습니까? 안 됩니다. 그렇게 장사하고서도 현상 유지하는 사람은 천재입니다. 하나님의 방법대로 하면 만사형통이 아니라 만사불통입니다. 세상 사람들은 다른 사람들이 하는 대로 따라 하면 되지만 하나님의 백성들은 그럴 수가 없습니다. 그렇다고 하나님의 뜻을 잘 아는 것도 아닙니다. 그러니까 자꾸 시행착오를 할 수밖에 없습니다. 하나님의 방법대로 사업해 보세요. 매사가 어렵습니다. 은행에서도 꺾기를 하지 않으면 일이 진척되질 않습니다. 제품 품질보다 봉투 두께가 더 중요해요. 하나님의 방법으로 사업을 하려고 들면, 그런 사고방식으로 무슨 사업을 하느냐고 주위 사람들이 얼마나 비웃는지 모릅니다.

이처럼 하나님의 방법으로 공부하고 하나님의 방법으로 목회하며 하나님의 방법으로 선교하고 하나님의 방법으로 일하려고 하면, 처음에는 제대로 되는 일이 아무것도 없습니다. 주위에 있는 강한 사람들이 얼마나 업신여기고 무시하는지 모릅니다. 마치 요셉의 생애를 그대로 반복하는 것 같아요.

그러나 고생 끝에 본궤도에 딱 올라서고 나면 그때부터는 아무도 그를 건드릴 수 없습니다. 한번 중심을 잡으면 그때부터는 그를 상대할 사람이 없어요. 모든 사람이 놀라면서 그를 인정할 뿐 아니라, 결국은 그가 가지고 있는 강한 힘의 도움을 받게 됩니다. 왜 그렇게 됩니까? 야곱의 전능자의 손이 도와주시기 때문입니다. 이스라엘의 반석이신 목자가 도와주시기 때문입니다.

여기에서 우리가 질문하게 되는 것은 이런 식으로 성장하는 사람이 왜 쉽게 넘어지지 않느냐 하는 점입니다. 그 답은 하나님께서 늘 그와 함께하신다는 데 있습니다. 하나님이 함께하신다는 것은 그가 교만하지 못하도록 붙드신다는 뜻입니다. 그는 하나님의 백성을 무너뜨리는 것은 외적인 고난이 아니라 자기 안에 있는 교만과 죄라는 것을 알고 있습니다. 하나님의 백성이 망하는 이유는 딱 하나, 교만밖에 없습니다. 그러나 하나님이 함께하시는 사람은 자기 힘으로 할 수 있는 일이 아무것도 없다는 것을 압니다. 그래서 항상 정신을 차리고 있으며 항상 겸손합니다. 그러니까 모든 일에 무리하지 않고 조심하게 되고, 다른 사람들이 다 걸려드는 유혹에도 넘어지지 않을 수 있는 것입니다.

다니엘을 보십시오. 그는 바벨론 느부갓네살 왕 때부터 페르시아 다리오 왕 때까지 재상을 지냈습니다. 정권이 몇 번씩 바뀌고 나라까지 바뀌었는데도 여전히 재상의 자리에 있었던 것입니다. 어떻게 그렇게 될 수 있었습니까? 그는 샘물 곁에 심긴 무성한 나무, 즉 하나님이 함께하시는 지혜로운 자였기 때문입니다. 그는 늘 겸손했고, 시대의 흐름에 휩쓸리지 않았습니다. 느부갓네살도 다리오도, 이런 사람을 어디에서 구할래야 구할 수가 없었어요. 그가 본 궤도에 한 번 딱 올라서고 나니까 아무도 건드릴 수가 없었습니다. 물론 거기까지 가기가 힘듭니다. 나에 대한 하나님의 뜻을 발견하기까지가 어렵습니다. 그러나 한번 올라서고 나면 그때부터는 아무도 그를 건드릴 수 없습니다.

저는 젊어서 고생은 사서라도 해야 한다는 옛 어른들의 말씀이 참으로 진리라고 생각합니다. 젊어서 고생을 해 봐야 합니다. 특히 하나님의 말씀을 붙들고, 세상에서 그것을 어떻게 적용할 것이며 그 말씀이 자신에게 어떻게 해당되는 것인지 수없이 고민해 봐야 하고 수많은 시행착오를 겪어 봐야 합니다. 그러다가 마침내 하나님의 뜻을 분별하게 되고 자신에 대한 그분의 뜻을 찾게 되면, 그때부터는 완전히 본궤도에 올라서는 것입니다. 그는 스스로 교만한 것이 얼마나 무서운 일인지 알기 때문에 어떤 유혹에도 쉽게 넘어지지 않습니다.

결국 그리스도인들이 이 세상에서 찾아야 할 것이 무엇입니까? 하나님의 창조 원리입니다. 우리는 무슨 일을 하든지 그 창조 원리에 맞게 해야 합니다. 요셉의 축복은 바로 이 창조 원리를 회복하는 것입니다. 무슨 일이든지 무리해서 하면 반드시 비싼 대가를 지불하게 되어 있습니다. 내가 하는 공부에서 하나님의 창조 원리가 무엇일까, 가정을 이끌어 나가는 데에서 그분의 창조 원리는 무엇일까, 장사하는 일에서는 또 어떻게 하는 것이 그 원리에 맞는 것일까를 찾아야 합니다. 물론 그것을 찾기까지 수많은 시간과 수많은 시행착오가 필요합니다. 그때까지는 가까운 형제나 친척들, 나에게 기대를 걸었던 사람들을 실망시키게 되어 있고 주위의 강한 사람들에게 업신여김을 당하게 되어 있습니다. 그러나 일단 일어서서 본궤도에 올라서고 나면 나에게 실망하고 나를 업신여겼던 모든 사람이 크게 놀랄 것이며, 그 누구도 나를 건드리지 못할 것입니다.

요셉의 삶에서 특히 귀하게 생각되는 부분이 있습니다. 그것은 그가 실권을 잡고 난 후에도 복수를 하지 않았다는 것입니다. 그는 개혁을 외치면서 보디발 부르고 그 아내 불러다가 감옥에 가두지 않았습니다. 그는 이 모든 고통을 하나님께서 자기를 연단하시는 과정으로 생각했기 때문에 사람들에게 사적인 원한을 품지 않았습니다. 그렇게 할 때 그 주변에 인재가 모여들고 많은 사람들이 그를 위해 끝까지 충성하게 되는 것입니다. 누가 요셉한테 제일 충성했을 것 같습니까? 아마 보디발이었을 것입니다. 요셉이 아플 때 누가 제일 먼저 죽 끓여 왔을 것 같습니까? 아마 보디발의 아내였을 것입니다.

우리 문민정부의 실패는 정권을 잡은 사람이 복수를 행한 데 있다고 생각합니다. 개혁을 명분으로 내세우기는 했지만 복수의 성격이 있었고, 그 결과 그를 위해 목숨 바쳐 일하려고 하는 자들이 아무도 없게 되었습니다. 하나님의 자녀들은 복수하면 안 됩니다. 어설프게 개혁하면 안 돼요. 오히려 더 사랑해야 합니다. 사람을 얻는다는 것은 굉장히 어려운 일입니다. 지도자가 자기에게 고통을 준 사람에게 더 사랑을 베풀었다면 얼마나 풍성한 결과가 나타났겠습니까?

## 하나님의 끝없는 은혜

야곱은 요셉에게 주어질 하나님의 축복이 일시적인 것이 아니라 끝없는 것이 되리라고 약속하고 있습니다.

네 아비의 하나님께로 말미암나니 그가 너를 도우실 것이요 전능자로 말미암나니 그가 네게 복을 주실 것이라 위로 하늘의 복과 아래로 원천의 복과 젖먹이는 복과 태의 복이리로다(49:25).

야곱은 요셉의 축복이 일시적인 것이 아니라 야곱의 하나님으로부터 말미암은 축복이라는 점을 밝히고 있습니다. 야곱의 하나님이 어떤 분이십니까? 야곱과는 아무 상관없이 그와 함께하시며 그를 축복하신 하나님이십니다.

야곱은 한때 자신을 너무나도 운이 없는 사람으로 생각했습니다. 왜 자신은 하필이면 쌍둥이로 태어난 것입니까? 게다가 불과 얼마 일찍 태어난 형은 모든 면에서 자신보다 뛰어났습니다. 그는 아버지의 축복을 받으려고 꾀를 썼지만 결국 모든 것을 잃고 빈손으로 쫓겨나야 했습니다. 야곱은 자기 인생이 너무나 불행하다고 생각했습니다.

그러나 그의 생애에는 한 가지 특별한 것이 있었습니다. 그것은 그가 어려운 일을 당할 때마다 누군가 그와 함께하면서 도와준다는 것이었습니다. 야곱이 외삼촌 라반의 집에서 도망쳤을 때, 뒤쫓아온 라반이 거의 그를 따라잡은 일이 있었습니다. 그러나 그날 밤 하나님께서 라반의 꿈에 나타나 "야곱을 건드리면 너를 죽이겠다"고 말씀하심으로써 그가 해를 끼치지 못하도록 막아 주셨습니다. 그리고 형 에서를 만나기 전에도 하나님의 천사 두 부대가 야곱을 위해 행진하는 것을 보여 주셨습니다.

이처럼 야곱에게는 항상 그와 함께하시는 한 분이 계셨습니다. 그분은 야곱이 태어나기도 전부터 그를 아시고 택하신 하나님이셨습니다. 그분은 야곱이 좋은 일을 할 때나 나쁜 일을 할때나 늘 함께하셨습니다. 결국 야곱이 알게 된 것이 무엇입니까? 하나님은 자기와 아무 상관없이 복을 주시더라는 것입니다. 자기가 은혜 충만할 때도 복 주시고 그렇지 못할 때도 복 주시고 거짓말할 때도 복

주시고 정직할 때도 복 주시더라는 것입니다. 물론 훈련은 따로 혹독하게 시키셨지만, 훈련은 훈련이고 복은 복이더라는 것입니다. 하나님은 우리와 거래하시지 않습니다. 복 주시기로 하셨으면 나의 태도와 아무 상관없이 그냥 복을 주십니다. 그분이 바로 야곱의 하나님이었습니다.

혹시 여러분 중에 '나는 정말 이 세상에 태어나지 말았어야만 했어. 나는 우리 집의 돌연변이야. 나는 왜 이렇게 재수가 없을까'라고 생각하는 분이 있습니까? 주님을 알게 되면 내가 가장 재수 없다고 생각했던 그때에도 주님이 나와 함께하셨음을 깨닫게 될 것입니다. 주님이 그때도 나와 함께하시면서 복을 주셨으며, 그 모든 과정은 나로 하여금 하나님을 바로 알게 하시고 결국 그분의 뜻대로 사는 아름다운 삶을 살게 하시려고 주신 것임을 깨닫게 될 거예요.

그리스도인들에게 신기한 일은 딱 하나입니다. 그것은 내가 어떻게 해서 야곱의 하나님에게 붙잡힌 바 되었는가, 내가 어떻게 그 하나님께 들키게 되었는가 하는 것입니다. 하나님은 높일 자를 무한히 높이십니다. 그 사람의 능력이나 기도생활이나 영성과 상관없이 높여 버리십니다. 그래서 자기가 성공했다고 해서 '내 영성도 꽤 쓸 만한가 봐'라고 생각하면 큰일 납니다. 자기 사업이 번창한다고 해서 '내가 기도생활을 많이 했더니 막 복을 주시네'라고 생각하면 큰일 나요. 나의 영성이나 기도생활과는 전혀 상관없습니다. 그것과 전혀 상관없이 복을 주신 것입니다. 물론 그 사람이 받아야 할 훈련은 따로 있습니다.

처음에 예수를 믿고 나면 정말 원망스러울 정도로 모든 일이 뜻대로 풀리지 않습니다. 그런데 그렇게 모든 일이 안 풀리던 시절에도 주님이 나와 함께 계시며 나를 붙드셨다는 사실을 알게 되는 날이 옵니다. 거의 빌어먹을 정도로 어렵게 지냈던 그때에도 주님이 함께하셨다는 것을 알게 되는 날이 와요. 그것은 모두 나를 만드시는 과정입니다. 그렇게 일단 만들어지고 난 다음에는 도저히 이해되지 않을 정도로 복을 퍼부어 주십니다. 그때는 마치 불가능한 일이 없는 것 같습니다. 나의 능력과 아무 상관없이 마른 땅에서 생수가 솟고 바위가 터져서 샘물이 흘러나옵니다. 신기한 것은 오직 하나, 내가 어떻게 하나님께 알려져서 이런 복을 받을까 하는 것뿐입니다.

야곱은 요셉에게 하늘의 복과 원천의 복을 줍니다. 하늘의 복은 비가 오는 것을 가리키며, 원천의 복은 샘이 마르지 않는 것을 가리킵니다. 팔레스타인에서 가장 복 받은 사람은 샘을 가진 사람입니다. 샘이 있어야 농사도 짓고 가축들에게도 물을 먹일 수 있기 때문입니다.

오늘 우리의 샘은 무엇입니까? 하나님의 말씀입니다. 하나님의 말씀이 끊임없이 흘러나오는 이상 우리는 이 세상에서 못할 일이 아무것도 없습니다. 세상에서 가장 어리석은 바보는 이 샘물을 팽개친 채, 자기 공부부터 하고 자기 집부터 챙기며 자기 직장부터 관리하는 사람입니다. 그런 것들은 금세 말라 버립니다. 오직 이 샘만이 영원히 마르지 않습니다.

말씀의 샘물이 끊임없이 솟아나면 우리의 영혼은 결코 주리지 않습니다. 영혼이 건강한데 이 세상에서 못할 일이 뭐가 있겠습니까? 저는 젊은이들이 이 부분에서 선택을 잘 해야 한다고 생각합니다. 직장은 얼마든지 바뀔 수 있습니다. 굉장히 튼튼해 보이는 직장도 순식간에 넘어질 수 있습니다. 경기의 변화는 예측할 수가 없어요. 우리가 가장 견고하게 붙들어야 할 것은 말씀입니다. 말씀만 있으면 못할 것이 없습니다. 건강한 영혼을 가진 사람의 눈에는 이 세상 전체가 일터입니다. 일자리가 없으면 만들면 될 것 아닙니까? 두려워할 필요가 전혀 없습니다. 영혼이 병든 사람들이 불경기를 두려워하고 아이엠에프 시대라고 움츠러드는 것입니다. 영혼이 건강한 사람은 온 세상이 할 일 천지입니다. 사람이 월급 안 주면 하나님한테 받으면 되지 않습니까? 꼭 사람이 봉투에 도장 찍어서 줘야 월급입니까? 하나님이 주시는 월급은 세금도 없습니다. 먹고 살기 위한 일 말고 남을 섬기기 위한 일을 찾아보십시오. 그러면 너무나도 할 일이 많습니다.

하나님의 백성에게 가장 무서운 것은 어느 순간부터 말씀이 고갈되는 것입니다. 그러면 우리 영혼에 만족이 사라지고, 그때부터 방황이 시작됩니다. 저는 우리의 축복이 지속되기를 바랍니다. 어떻게 하면 이 축복이 일시적인 것이 되지 않고 영원히 계속될 수 있습니까? 그 앞에서 자기가 부족한 줄 알고 겸손하기만 하면 됩니다. 하나님 앞에서 자기가 연약하며 못난 줄 아는 사람은 절대로 망하지 않습니다. 그러나 일이 조금 잘된다고 해서 득세하는 줄 알고 눈이 나오고 배가 나오는 사람은 얼마 못 가서 그 샘이 바닥나게 되어 있습니다.

그래서 하나님의 백성들은 어떻게 해서든지 하나님 앞에서 낮아질 수 있는 것을 하나씩 가지고 있어야 합니다. 결코 높아질 수 없는 증거를 하나씩 가지고 있어야 해요. 조금 교만해지려고 하는데 학벌 이야기만 나오면 기가 탁 죽는다든지, 다 해병대에 공수부대 출신인데 자기만 방위라서 잘난 척할 수 없는 것은 아주 다행스러운 일입니다. "오, 주여, 저는 교만할 가능성이 크지만 키가 너무 작아서 교만할 수가 없네요. 저는 키 작은 것을 찬양합니다. 할렐루야!" 하고 기도할 수 있는 게 좋은 거예요. 건강이 좋지 못한 것도 한없이 높아지지 못하도록 하나님이 박아 놓으신 흔적입니다. 그것도 아니면 머리털이라도 빠지게 해서 대머리를 만들어 자랑하지 못하게 하십니다. 이처럼 하나님께서는 누구한테나 "아, 저는 부족한 종입니다"라고 고백하지 않을 수 없게 만드는 흔적을 하나씩은 남겨 놓으십니다. 그래서 현명한 그리스도인들은 자기를 완벽하게 만들지 않습니다. 부족하면 부족한 대로 그냥 삽니다.

26절은 요셉의 축복을 확정적으로 다시 한 번 인치는 말씀입니다.

> 네 아비의 축복이 내 부여조의 축복보다 나아서 영원한 산이 한없음
> 같이 이 축복이 요셉의 머리로 돌아오며 그 형제 중 뛰어난 자의 정수
> 리로 돌아오리로다

여기서 조상들을 의미하는 "부여조"가 다른 번역에는 '오래
된 산'으로 되어 있습니다. 아마 이것은 큰 산을 의미하는 말인 것
같습니다. 또 "영원한 산이 한없음같이"가 다른 번역에는 '수많은
봉우리가 있는'으로 되어 있습니다.

큰 산의 축복이 무엇입니까? 큰 산은 봉우리도 높지만 골짜
기도 깊어서 그 안에 많은 것을 품을 수 있습니다. 수많은 봉우리가
있는 오래된 큰 산에는 온갖 식물과 새와 동물들을 품을 수 있는 넉
넉함이 있습니다. 아무리 많은 사람들이 들어가도 표시가 나지 않
을 만큼 큰 포용력이 있어요. 그 안에는 옹달샘도 있고 시내도 있고
폭포도 있습니다. 수많은 나무와 식물이 서식하고 있으며 수많은
새들이 보금자리를 틀고 있습니다. 야곱은 지금 그런 넉넉함과 풍
성함이 요셉과 그의 후손들에게 있을 것이라고 축복하고 있는 것입
니다.

큰 기업체가 하나 생기면 거기에 딸린 수많은 일자리가 만
들어집니다. 예를 들면 경비라든지 청소하는 사람이라든지 점심 배
달하는 아줌마라든지 구두 닦는 미화원들이 그 기업 덕분에 수입
을 얻을 수 있게 됩니다. 또 자동차 회사 자체가 하나의 큰 산인 것
입니다. 대기업은 하청업체들을 먹여 살리는 것만으로도 엄청난 일
을 하고 있는 셈입니다. 그런 대기업이 자금 관리를 잘못해서 무너
지는 것은 마치 산 하나가 무너지는 것과 같습니다. 얼마나 많은 사
람들이 일자리를 잃게 되는지 모릅니다. 돈 많은 사람에게는 도산
이 별것 아닐지 몰라도, 식구 한 명 한 명이 벌어서 먹고 살아야 하

는 사람들에게는 그 직장이 곧 생명줄입니다.

그래서 그리스도인들이 이 세상에 뛰어들어야 합니다. 사업하는 그리스도인들에게 이윤 추구는 두 번째 목표입니다. 고용을 창출해서 많은 사람을 품고 있는 것 자체가 큰일입니다. 그리스도인들이 적극적인 역할을 감당해야 사회가 더 안정될 수 있습니다. 그러나 그리스도인도 제대로 믿는 그리스도인이어야지, 엉터리 그리스도인은 하나님을 믿는답시고 무리하게 경영하다가 오히려 더 큰 위험을 초래할 수 있습니다. 요셉처럼 참으로 하나님 앞에서 낮아진 후에 그의 질서를 회복하기 위해 이 세상일에 뛰어드는 자는 그 존재 자체가 얼마나 큰 복이 되는지 모릅니다. 그는 자기 이익보다 다른 사람의 이익을 먼저 생각하며, 절대로 투기하듯이 살지 않습니다. 그는 큰 산입니다. 수많은 사람들을 포용할 수 있는 큰 산입니다.

여러분과 여러분의 가정에 이 요셉의 축복이 넘치기를 축원합니다. 그러기 위해 무엇보다 먼저 구원을 분명히 하시기 바랍니다. 주님의 십자가 아래 죽는 경험이 있어야 합니다. '나의 삶은 나의 것이 아니다. 살든지 죽든지 그리스도께서 존귀함을 받으셔야 한다. 나의 모든 것은 주님에게서 나오며 주님에게로 흘러 들어간다'는 고백이 나오지 않는다면, 아무리 겉으로 보기에 잘된다 해도 요셉의 축복이 될 수 없습니다.

나의 성공은 그리스도의 십자가에서 나온 것이야 하고, 구원의 감격에서 나온 것이어야 합니다. 은혜에서 나오지 않고 내 머리나 재주에서 나온 것은 결코 오래 가지 않습니다. 반드시 고갈될 때가 옵니다. 나의 성공이 하나님이 주신 선물이 되게 하려면 어떻게 해야 합니까? 그분의 창조 원리를 찾기까지 계속 시행착오를 겪어야 하고 어려움을 겪어야 합니다. 한순간에 잘되려고 쉬운 길을 찾는 것은 망하는 지름길입니다. 그리고 하나님의 뜻대로 공부하고 하나님의 뜻대로 일하며 하나님의 뜻대로 기회를 쓰기 위해 강한 자에게 구박받고 고통당하는 것을 당연하게 생각해야 합니다.

특히 우리에게 중요한 것은 말씀의 샘을 가지는 것입니다. 이 샘을 가진 사람은 모든 것을 다 가진 것과 같습니다. 그는 결코 목마르지 않을 것입니다. 이 샘을 잃지 않으려면 끝까지 하나님 앞에서 겸손을 지켜야 하고, 자족하는 법을 배워야 합니다. 많은 돈을 벌기 전에 내게 있는 작은 것에 만족할 수 있어야 합니다. 분노나 열등감으로 돈을 버는 사람은 결국 사탄의 시험에 걸려들게 되어 있고, 그렇게 한번 넘어지면 다시 일어서기 어렵습니다. 지금 내게 있는 것에 만족하고 감사하십시오.

여러분 한 사람 한 사람이 하나님의 창조 원리를 회복하여 이 세상에 기여하는 성도가 되시기를 바랍니다.

# 31

# 열두 지파가 받은
# 축복

우리나라에도 국민연금제도가 시작되었습니다. 국민연금제도의 취지는 국민들이 미리 조금씩 돈을 내서 기금을 마련한 후 그 기금을 운용한 수익금으로 국민들의 노후를 좀더 안정되게 도와주는 것입니다. 따라서 그 기금 중 가장 안전하게 지켜야 할 것이 바로 그 자산입니다.

그런데 얼마 전 신문을 보니 그 자산이 엄청난 손실을 입었으며, 만약 이대로 나간다면 기금 자체가 바닥날지도 모른다는 기사가 있었습니다. 거기에는 여러 가지 이유가 있겠지만, 그중에서 가장 큰 이유는 기금의 상당 부분을 주식에 투자했는데 주식 시장 자체가 죽는 바람에 큰 손실을 본 데 있다고 합니다. 또 많은 이익을 바라서 안정성이 없는 동남아시아의 싸구려 정크 본드라는 것을 샀다가 돈을 떼였다고 합니다.

건전한 주식투자와 투기 사이에는 굉장한 차이가 있습니다. 투기는 모든 상황이 잘 맞아떨어지면 엄청난 돈을 벌어도, 잘못되면 원금까지 날리는 것입니다. 즉 한탕의 이익을 바라서 위험을 감수하고 투자를 하는 일종의 도박입니다. 그러나 건전한 투자는 객관적인 자료를 살펴 본 후에 가장 안전하면서도 수익성이 좋은 방법을 찾아서 돈을 증식시키는 것입니다. 그래서 투자를 하는 사람은 안정성을 위해 어느 한쪽에 떨이하듯 몽땅 투자하지 않는 것이 상식으로 되어 있습니다.

교회도 마찬가지입니다. 교회가 처한 사회적인 분위기나 여건이 항상 교회에 유리하게 돌아가는 것은 아닙니다. 어느 날 갑자기 사회 상황이 바뀌면 교회가 심하게 위축될 뿐 아니라 자칫 교회 자체가 없어지는 일이 생길지도 모릅니다. 그래서 하나님께서는 구약 시대부터 다양한 특성을 가진 교회의 모습을 준비해 주셨습니다. 이것이 이스라엘의 열두 지파입니다.

만일 교회가 단 하나의 스타일만으로 고정되어 있다면 그 하나의 교회가 사회에 적응하는 데 실패할 경우, 교회 자체가 아예 죽어버리고 말 것입니다. 그 대표적인 예가 로마 가톨릭 교회입니다. 로마 가톨릭 교회는 단 하나의 교회이기 때문에, 교황청에서 잘못된 결정을 내리면 그것을 따라갈 수밖에 없습니다. 교회가 중세 천 년 동안 뼈저리게 느낀 바는, 하나의 특성으로 구성된 교회가 사회에 적응하지 못할 때 교회 자체가 중단될 위험에 빠지고 만다는 것입니다. 그래서 하나님께서 구약 이스라엘에 열두 개의 지파를 허락하신 것입니다.

오늘 본문에서 야곱은 그의 열두 아들을 축복하고 있습니다. 중요한 지파들에 대해서는 우리가 이미 살펴보았고, 오늘 본문에 나오는 것은 비교적 덜 중요한 지파들이라고 할 수 있습니다. 야곱은 자신의 열두 아들을 모두 축복했습니다. 그런데 그 어느 축복도 똑같은 것이 없었습니다. 그는 아주 다양하게 축복했습니다.

왜 야곱은 모든 아들들에게도 유다 같은 축복을 주지 않았을까요? 왜 모두 요셉같이 되라고 축복하지 않았을까요? 이스라엘 열두 지파에게 똑같은 축복이 임한다면 시대가 좋을 때는 상관없지만, 어려운 때가 닥칠 경우에는 이스라엘 자체가 영적으로 다 함께 무너져 버릴 수 있기 때문입니다. 야곱은 원래 투자의 명수 아닙니까? 그는 이런 상황이 닥치든 저런 상황이 닥치든 이스라엘이 끝까지 존속할 수 있도록 아주 다양한 축복을 주었습니다. 그래서 큰 지파뿐아니라 작은 지파도 중요하며 적극적인 지파뿐 아니라 소극적인 지파도 중요한 것입니다.

오늘 본문은 중요한 다섯 지파를 제외한 나머지 일곱 지파에 대한 축복을 기록하고 있습니다. 먼저 49장 13절부터 18절까지 읽어봅시다.

> 스불론은 해변에 거하리니 그곳은 배 매는 해변이라 그 지경이 시돈까지리로다 잇사갈은 양의 우리 사이에 꿇어 앉은 건장한 나귀로다 그는 쉴 곳을 보고 좋게 여기며 토지를 보고 아름답게 여기고 어깨를 내려 짐을 메고 압제 아래서 섬기리로다 단은 이스라엘의 한 지파같이 그 백성을 심판하리로다 단은 길의 뱀이요 첩경의 독사리로다 말굽을 물어서 그 탄 자로 뒤로 떨어지게 하리로다 여호와여 나는 주의 구원을 가다리니이다

이 말들이 무슨 뜻인지 알겠습니까? 야곱이 여기서 아들들에게 축복하고 있는 내용은 너무나도 함축적이고 추상적이어서 도저히 그 구체적인 의미를 파악할 길이 없습니다. 마치 서울에서 김 선생을 찾는 것처럼 막연하기 짝이 없습니다.

요즘 자동차 광고 중에 검은 표범을 한 마리 그려 놓고 "질주하는 본능"이라고 딱 한마디 써 놓은 것이 있습니다. 우리는 그것만 봐도 '아, 이 차는 빨리 달리는구나' 하고 금방 감을 잡습니다. 그런데 개구리 한 마리 내놓고 "쉿!" 하는 광고는 보통 사람이 쉽게 감을 잡을 수가 없습니다. 개구리와 자동차가 도대체 무슨 상관이 있다는 것입니까? 그래도 지금 사람들은 조금만 생각하면 무슨 뜻인지 알 것입니다. 그러나 앞으로 천 년 후에 우주선 타고 다니는 사람들이 이 광고를 본다면, 이 개구리와 굴러다니는 깡통 같은 물건

사이에 무슨 관련이 있는지 쉽게 알아챌 수 없을 것입니다.

오늘 우리가 이 본문을 보고 느끼는 감정이 바로 이런 것입니다. 우리는 스불론이나 잇사갈이나 단에 대한 축복을 읽으면서, 이런 시대적인 감각의 차이를 느끼지 않을 수 없습니다. 그래서 저는 몇 가지 측면에서 이들에 대한 축복에 접근해 들어가려고 합니다.

## 지파들의 정치적 독립

전체적으로 오늘 본문은 이스라엘 여러 지파의 정치적 독립에 대해 이야기하고 있습니다. 야곱이 자신의 열두 아들을 모두 축복하고 있는 것은, 이들이 한 이스라엘임에도 불구하고 앞으로 단일한 지배를 받는 것이 아니라 각자 그 나름대로의 정치적인 특성을 가지고 신앙생활을 하리라는 점을 보여 주는 것입니다.

우리가 야곱과 에서의 싸움에서 보게 되는 것이 무엇입니까? 그들은 같은 이스라엘이 아니라는 것입니다. 하나님께서는 어미의 태에서부터 민족이 둘로 나뉠 것이라고 말씀하셨습니다. 즉 신앙 때문에 민족 자체가 달라진다는 것입니다. 그래서 야곱과 에서는 도저히 함께 지낼 수가 없었습니다. 하나가 집에 있으면 다른 하나는 나가야 했습니다. 하나가 복을 받으면 다른 하나는 저주를 받아야 했습니다. 야곱과 에서 사이에 축복은 단 하나밖에 없었습니다. 야곱이 축복을 받으면 에서가 그의 종이 되든지 나가야 했고, 에서가 축복을 받으면 야곱이 그의 종이 되든지 나가야 했습니다. 그들은 같은 하나님의 백성이 될 수 없었기 때문입니다. 그들은 신앙 자체가 달랐습니다.

그러나 야곱의 열두 아들은 그렇지 않았습니다. 야곱은 열두 아들 가운데 단 한 명도 내쫓지 않고 모두 축복해 주었습니다.

그들은 모두 한 하나님의 백성으로서 같은 신앙고백을 가지고 있었고 한 생명으로 기름부음 받았으며 한 교회 안에 소속되어 있었기 때문입니다.

야곱과 에서의 갈등은 오직 하나의 교회를 보여 줍니다. 구원을 얻는 교회는 여러 개일 수가 없습니다. 예를 들어서 신앙이 근본적으로 다른 두 개의 교회가 있다고 합시다. 만일 그중에 하나가 참 교회라면 다른 하나는 거짓된 교회일 수밖에 없습니다. 한 교회에 구원이 있다면 다른 교회에는 구원이 없고, 한 교회가 바른 교회라면 다른 교회는 이단이요 저주받은 자들의 집단입니다. 그러나 야곱의 열두 아들은 교회도 하나요 신앙도 하나지만 그 다스리는 형태나 조직은 다양할 수 있다는 것을 보여 줍니다.

> 몸이 하나이요 성령이 하나이니 이와 같이 너희가 부르심의 한 소망 안에서 부르심을 입었느니라 주도 하나이요 믿음도 하나이요 세례도 하나이요(엡 4:4, 5)

여기서 말씀하는 것은 진정한 구원은 하나밖에 없으며 진정한 믿음도 하나밖에 없다는 것입니다. 믿음은 여러 개가 있을 수 없습니다. 하나가 믿음이면 다른 것은 믿음이 아닙니다.

그런데 에베소서 4장 16절은 다음과 같이 말씀하고 있습니다.

> 그에게서 온몸이 각 마디를 통하여 도움을 입음으로 연락하고 상합하여 각 지체의 분량대로 역사하여 그 몸을 자라게 하며 사랑 안에서 스스로 세우느니라

몸은 하나지만 몸 안에 많은 지체가 있다는 것입니다. 사실 이스라엘 안에 있는 이 열두 지파는 영적인 통치라는 점에서 거의

619

독립되어 있습니다. 각 지파 안에 장로나 사사들이 있어서 자신들의 문제를 스스로 해결하고 판단했습니다. 예를 들어 잇사갈 지파가 자기문제를 가지고 유다 지파에게 가지 않았습니다. 그들은 자기들 안에 있는 율법의 말씀을 가지고 스스로 문제를 처리했습니다. 그 이유가 무엇입니까? 몸은 하나이지만 동시에 그 몸은 다양한 지체로 구성되어 있었기 때문입니다.

이스라엘은 영적인 문제에서 독립적이었습니다. 정치적으로는 때로 연합하기도 했고 결국 다윗이 등장하면서 통일되었지만, 처음에는 영적으로 완전히 독립적이었습니다. 무슨 말입니까? 사람은 모두 그 안에 무서운 죄성을 가지고 있기 때문에 완전히 믿을 수가 없습니다. 그래서 의사 결정을 내릴 때 은혜롭게 일치시키는 것도 좋지만, 그보다는 투명하게 자기 입장을 밝힐 수 있게 함으로써 한쪽은 좀 부패하더라도 다른 쪽은 남을 수 있게 해서 완전한 부패를 방지하는 일이 꼭 필요하다는 것입니다. 그래야 한꺼번에 다 망하는 비극을 피할 수 있습니다. 이스라엘 안에는 죄성이 있어서 한번 썩어 들어가면 걷잡을 수 없이 부패할 것입니다. 그래서 하나님께서 똑같은 율법과 똑같은 신앙을 가지고 있는 이들을 지파마다 각기 독립하게 하신 것입니다.

이 지파와 비슷한 것이 요즘 우리가 보는 교파입니다. 원래 교파는 인간의 부패를 방지하기 위해 생긴 것입니다. 예를 들어서 감리교는 감독제입니다. 그래서 모든 중요한 사안을 위에서 결정하여 밑으로 내려 보내게 되어 있습니다. 그러니까 로마 가톨릭에 비교적 가까운 형태의 정치 구조를 가지고 있는 것입니다. 침례교는 정반대입니다. 각각의 교회가 모든 결정을 내리고, 목사를 세울 때에도 개 교회의 의사를 존중합니다. 이렇게 개 교회 회중이 자신들의 문제를 스스로 결정하는 교회를 회중 교회라고 합니다. 그에 비해 장로교는 각 교회에서 장로들을 뽑아서 구성한 장로회가 모든 중요한 결정을 하는 절충형의 정치구조를 가지고 있습니다.

이처럼 전체적으로는 다 같은 성경을 믿고 있으며 그리스도에 대해 동일한 신앙을 고백하고 있으면서도 구체적인 문제에서는 자기 나름대로 죄를 다스리는 구조를 지니게 된 것은, 우리가 다 죄인이기 때문입니다. 이 세상에 있는 교파가 다 통일되어 오직 하나의 교파만 있어야 한다고 생각하는 사람은 너무 순진한 사람입니다. 그는 인간이 얼마나 치사하고 더러우며 교활한 죄성을 가지고 있는지, 특히 교회 안에서 얼마나 죄가 교활하게 역사하는지 모르고 있는 것입니다.

교회의 역사를 보면 교권주의와 평신도 운동이 번갈아 가면서 나타나는 것을 볼 수 있습니다. 목회자들이 교권주의를 내세워 교회를 억압하면 평신도 중에서 하나님의 말씀을 바로 깨달은 자들이 나타나서 교회의 부흥을 주도합니다. 또 이런 평신도 운동이 이단이나 새로운 신학 사상에 휩쓸려서 정체성을 잃고 소멸되면, 다시 신학에 정통한 사람이 나타나서 무너진 교회의 질서를 세우는 일을 합니다. 이것이 지금까지 계속되어 온 교회의 역사입니다.

종교개혁 후에 교회는 무익한 신학 논쟁으로 침체될 대로 침체되어 있었습니다. 그때 독일의 한 대학을 중심으로 교수들이 학생들과 성경공부 운동을 벌이기 시작했습니다. 그 대학은 할레 대학이고, 그 운동은 경건주의 운동의 시작이 되어 교회를 뜨겁게 살려 놓았습니다. 그동안 이 대학이 우리에게 잘 알려지지 않았던 것은 이것이 구동독지역에 있었기 때문입니다. 그들은 교회가 관심도 가지지 않던 선교에 눈을 떠서 인도에 첫 선교사를 파송했습니다. 그 당시에 꺼져 가던 교회의 불길을 다시 살려 놓은 것은 신학자들의 무익한 신학 논쟁이 아니라 평신도들의 성경공부였습니다. 오늘날 큐티나 그룹 성경공부 같은 것은 이러한 경건주의의 유산이라고 말할 수 있습니다. 그런데 계몽주의의 물결이 유럽을 휩쓸면서 이 경건주의 운동이 다시 죽고 말았습니다. 특히 할레 대학 자체가 자유주의의 본산지가 되었고, 독일 교회는 히틀러가 나타날 때까지 맥을 추지 못하게 되었습니다.

그래서 교회는 순진하면 안 됩니다. 지금은 평신도 운동이 불길이 일어나는 것 같아도 어느 한순간에 싹 죽어 버릴 수 있습니다. 이것은 2천 년 동안 반복되어 온 일입니다. 교회의 제도나 조직이나 교리는 1, 2년의 시행착오로 만들어진 것이 아닙니다. 교리에 상처받고 목회자들한테 실망해서 아예 교회 제도를 인정하지 않는 사람들은 장로도 없고 목사도 없고 교리도 없는 교회를 만들기도 하지만, 그런 교회는 얼마 가지 않아서 제도적인 교회가 되든지 없어져 버리든지 이단에 흡수되고 맙니다. 왜 그렇습니까? 인간은 천사가 아니기 때문입니다. 순진하면 당하게 되어 있습니다.

교회에도 정치가 필요합니다. 그러나 교회 정치는 세상 정치와 그 성격이 완전히 다릅니다. 세상 정치를 좁은 의미로 설명한다면, 흩어져 있는 여론을 집결시켜서 일치된 정책을 만들어 실현시키는 것입니다. 그래서 세상 정치는 파워게임입니다. 강한 쪽이 이기는 거예요. 그러나 교회 정치는 어떤 의견을 정책화하기 위해서가 아니라 죄와 싸우기 위해 필요한 것입니다. 한 사람이 마음에 들지 않는다고 해서 마구잡이로 그 사람을 비난하거나 공격하면 그는 교회에서 완전히 매장되고 맙니다. 그렇기 때문에 어떤 사람의 죄나 잘못된 가르침을 규명해서 바로잡는 교회 나름대로의 절차나 방법이 필요한 것입니다. 그래서 각 교파마다 각기 다른 정치적 특징이 생긴 것이며, 우리는 이 가운데 어느 것이 절대적으로 좋다거나 나쁘다고 말할 수 없습니다.

모든 그리스도인은 한 교파에 구체적으로 소속되어 그 절차와 방법을 따라야 합니다. 이것은 마치 교통경찰이 있는 이유와 같습니다. 교통경찰이 있는 것은 교통질서를 바로잡기 위해서입니다. 즉 일종의 필요악으로서 존재하는 것입니다. 물론 모든 사람이 천사처럼 운전한다면 교통경찰이 필요하지 않을 것입니다. 그러나 사람 안에는 다 자기중심적인 성향이 있고 운전할 때에는 이런 성향이 치명적인 결과를 가져올 수 있기 때문에, 누구나 다 교통경찰의 말을 들어야 하고 법규를 위반했을 때에는 딱지를 떼여야 하는 것입니다.

우리는 모두 죄인입니다. 그렇기 때문에 누군가의 통제를 받아야 합니다. 어느 누구의 통제도 받지 않을 경우 그 자유가 엄청난 파멸을 가져올 수 있습니다. 그래서 그리스도인은 자기의 주관적인 생각에 따라 판단할 것이 아니라 구체적인 교회에 소속되어서 그 가르침에 순종해야 하고 그 방법에 따라 문제를 해결해야 합니다. 그것이 상황이 어려울 때 자기도 살고 다른 사람도 살릴 수 있는 방법입니다.

사람의 관계는 항상 좋을 수가 없습니다. 한번 관계가 악화되면 전에 사이가 좋았던 만큼 더 미워지는 법입니다. 그때 서로가 살려면 정치가 필요합니다. 그렇게 하지 않고 개인의 주관적인 판단에 따라 남을 비난하면, 상대방에게 감당할 수 없는 치욕과 상처를 주거나 심지어 그의 영혼까지 죽일 수 있습니다. 그래서 자신이 속한 교파의 제도를 따라야 하는 것입니다.

## 지파마다 다양한 축복을 받다

야곱은 각 지파마다 다양한 축봉을 주고 있는데, 여기에는 몇 가지 특징이 나타납니다. 첫째로, 처음에는 보잘것없지만 나중에 상당히 번성하는 지파들이 있습니다. 그 대표적인 지파가 갓과 베냐민입니다.

우선 갓 지파에 대해서는 무엇이라고 축복합니까?

갓은 군대의 박격을 받으나 도리어 그 뒤를 추격하리로다(49:19).

623

우리는 갓에 대해서 구체적으로 아는 바가 없습니다. 그러나 갓은 처음에 힘이 없어서 군대의 박격을 받을 것입니다. 여기서 "군대"가 다른 나라 군대를 의미하는지, 아니면 다른 지파의 군대를 의미하는지는 잘 모르겠습니다. 이방 군대의 침략을 받을 수도 있고 어쩌면 이스라엘 민족 안에서 박해를 받을 수도 있습니다. 그런데 나중에는 아주 강성해져서 도리어 그 뒤를 추격하는 지파가 된다는 것입니다.

시작할 때에는 거의 존재조차 인식되지 못할 정도로 미약했던 교회들이 불과 10년, 20년 사이에 대형 교회로 커져서 전체적인 상황을 주도하고 있는 사례들이 최근에 보입니다. 이것은 갓 지파의 축복이라고 할 수 있습니다. 또 서구에서는 급격하게 성장한 한국 교회가 갓 지파처럼 보일 수도 있습니다. 세계적으로는 오순절 교회가 이런 모습을 보여 주는 것 같습니다. 우리나라 순복음교회도 대단히 크지만, 남미에서도 오순절 교회가 크게 부흥되고 있습니다. 그런데 이 오순절 교회는 20세기에 들어와서 생긴 교파입니다. 어느 지역의 순복음교회에 간 적이 있는데, 그 교회 목사님 말씀이 처음 그 도시에서 교회를 개척했을 때 주위의 모든 교회들이 자기 교회를 이단으로 공격해서 굉장히 힘들었다고 합니다. 그런데 지금은 그 교회가 그 도시의 영적 분위기를 주도해 나간다는 것입니다. 그런 경우에도 갓 지파의 축복과 연결시켜서 생각해 볼 수 있을 것입니다.

처음보다 나중에 더 좋아진 또 다른 지파는 베냐민입니다. 이 베냐민 지파는 힘보다는 영성과 성품이라는 측면에서 성숙해짐으로써 다른 지파에 영향을 주었던 것 같습니다. 27절을 보십시오.

베냐민은 물어뜯는 이리라 아침에는 빼앗은 것을 먹고 저녁에는 움킨 것을 나누리로다 베냐민을 "물어뜯는 이리"라고 한 것은 그가 처음에는 자기밖에 몰랐다는 뜻입니다. 이리는 결코 남을 생각하지 않고, 모든 것을 자기중심적으로 생각합니다. 따지고 보면 베냐민은 약하지도 않고 부족하지도 않습니다. 그럼에도 불구하고 그는 자기밖에 모르고 어떻게 해서든지 남의 것으로 자기 것을 채우려고 했습니다. 어떻게 보면 얌체지요. 남의 도움은 받으면서도 자기는 절대로 남을 돕거나 희생하려고 하지 않으니까요. 일종의 정신적 유아라고 할 수 있습니다. 이런 정신적 유치함은 신앙생활을 풍성하지 못하게 만들며 아무리 똑똑한 사람이라도 유혹에 잘 넘어지게 만듭니다.

그러나 저녁에는 어떻게 합니까? 주어서 자기가 움킨 것을 남에게 주어서 그를 부요케 합니다. 사도 바울은 빌립보서에서 투기와 분쟁으로 그리스도를 전하는 사람들에 대해 이야기하고 있는데, 제가 보기에는 그들이 이렇게 정신적으로 유치한 사람들이었던 것 같습니다. 복음을 전하면서도 아주 경쟁적으로 하고, 사업을 하면서도 자기중심적으로 하고, 주님의 일을 한다고 하면서도 공격적으로 해서 남의 마음을 상하게 하는 사람들은 다 "물어뜯는 이리"입니다. 왜 그렇게 합니까? 아직 어리기 때문입니다. 그런데 그런 사람들이 나중에 영적으로 철이 들면, 자기가 붙들고 있던 것을 다른 사람들에게 나누어 주어서 주위 사람들을 놀라게 합니다.

그래서 지금 도움이 되지 않는 사람이라고 해서 미워하면 안 됩니다. 아직 어려서 그런 것이지, 조금만 기다리면 아주 훌륭한 일꾼이 될 수 있습니다. 까탈스럽고 자기밖에 모를 뿐 아니라 아주 신경질적이어서 웬만한 일도 그냥 넘기지 못하고 쨍쨍거리며 불평하던 사람이라도 조금만 철이 들어서 모아 놓은 것을 나누어 주기 시작하면 진짜 멋있는 신앙생활을 할 수 있습니다.

예수님의 제자 중에서는 요한이 그런 사람이었습니다. 요한은 성질이 얼마나 급하고 불 같았던지 별명이 '우레의 아들'이었습니다. 마치 번개가 치고 천둥이 울리듯이 성격이 급했던 것 같습니다. 그러나 요한이 성숙해진 후에 얼마나 많은 사람들을 부요케 했습니까? 요한복음을 읽으면 정말 신비롭습니다. 꼭 독수리 같아요. 그의 복음이 얼마나 높이 날아가는지 모릅니다. 마가도 그런 사람이었습니다. 그는 바울의 선교 여행을 따라 나섰다가 너무 힘들어서 중간에 포기하고 돌아와 버렸습니다. 그래서 그다음 선교 여행에서 마가를 데리고 가느냐 마느냐 하는 문제로 바나바와 바울이 심하게 다투었고, 결국은 각각 따로 선교를 떠났습니다. 그 정도로 바울은 마가를 불신했습니다. 그런데 그는 나중에 디모데에게 "마가를 데리고 오라. 저가 나의 일에 유익하니라"(딤후 4:11)라고 말할 정도로 마가를 사랑하게 되었습니다.

이와 반대로 처음에는 대단히 훌륭했지만 나중에 아주 비참하게 타락한 지파도 있습니다. 단이 바로 그런 지파였습니다. 16절과 17절을 보십시오.

단은 이스라엘의 한 지파같이 그 백성을 심판하리로다 단은 길의 뱀이요 첩경의 독사로리다 말굽을 물어서 그 탄 자로 뒤로 떨어지게 하리로다

여기서 마음에 걸리는 표현이 "이스라엘의 한 지파같이"입니다. '이스라엘의 한 지파'면 지파지 무슨 '지파같이'입니까? 이것이 바로 단 지파의 비극입니다. 단 지파는 처음에는 분명히 "이스라엘의 한 지파같이" 그 백성들 가운데 있었고, 다른 백성을 심판하는 위치에 있을 정도로 유능했습니다.

여기에서 백성을 심판했다는 것은 단 지파가 이스라엘의 재판장이었다는 뜻이 아닙니다. 이스라엘 백성들 중에는 사사라는 사람들이 있습니다. 그들은 사람들의 잘잘못을 가려주기도 했지만 실제로는 상담자의 역할을 했습니다. 하나님의 백성들이 어려움에 빠져 있을 때 그들을 하나님의 지혜로 이끌어 주는 자들이 사사였고

판관이었어요. 이들은 다 평신도들이었고 성령 충만한 상담자들이었습니다. 위기가 닥쳤을 때에도 이 판관들이 주도해서 나라를 회복시키곤 했습니다.

단 지파가 얼마나 유능하고 지혜로웠는가 하면, 마치 이런 사사들처럼 다른 지파의 문제까지 상담해 줄 정도였다는 것입니다. 아마 누군가 이스라엘 백성들 중에 가장 타락하지 않을 것 같은 지파가 어느 지파냐고 묻는다면 대부분이 단 지파라고 대답했을 것입니다. 그런데 그렇게 유능하던 그들이 나중에는 어떻게 되었습니까? 길의 뱀이 되었고 첩경의 독사가 되었습니다. 숲 속에 있는 독사를 만나는 것은 숲에 들어간 사람의 잘못이지만, 길에서 독사를 만나는 것은 너무나 뜻밖의 재앙입니다. "첩경"은 '빠른 지름길'이라는 뜻입니다. 그런데 가장 빠른 길이라고 생각해서 들어선 길에서 생각지도 않게 독사를 만난다면 어떻겠습니까?

그래서 야곱은 단 지파를 축복한 후 이렇게 탄식합니다.

여호와여 나는 주의 구원을 기다리나이다(49:18).

이것은 깊은 탄식입니다. 단 지파가 얼마나 무섭게 타락할 것인지 미리 내다보고 하나님의 긍휼을 간구하는 것입니다. 그들은 자신들을 믿었던 사람들이 말에서 떨어질 정도로, 첩경인 줄 알고 길에 들어선 사람들이 독사에 물려 죽는 일에 비교할 수 있을 정도로 영적으로 굉장히 나쁜 영향력을 이스라엘 지파 가운데 끼치게 될 것입니다.

단 지파가 역사에 등장하는 것은, 하나님께서 블레셋과 싸우게 하시려고 삼손을 보내셨을 때 그를 돕기는커녕 결박해서 원수들에게 넘겼을 때입니다. 이것은 단 지파의 큰 실수였습니다. 또한 그들은 하나님께서 싸우라고 하신 블레셋과 싸우는 대신, 북쪽의 라이스라는 곳을 점령해서 그곳 이름을 '단'이라고 짓고 거기에서 살았습니다. 원래 단 지파가 제비를 뽑아서 배정받은 곳은 블레셋 접경 지역인데, 지도에서는 가장 북쪽에 위치하고 있는 이유가 여기에 있습니다. 단은 영적 전쟁을 치르기가 싫어서 쉽게 살 수 있는 길을 택했습니다. 그래서 전혀 위협의 대상이 되지 않는 라이스 사람들을 전멸시킨 후, 거기에서 편하게 살려고 했습니다.

하나님이 그 백성들을 힘들게 싸우게 하시는 것은 하나님 나름대로의 복안이 있기 때문입니다. 하나님께서는 블레셋이 강한 만큼 삼손이라는 비장의 무기를 준비해 두셨습니다. 그러나 그들은 편하게 살기를 원했습니다. 그 결과 단 지파 자체가 이스라엘의 역사에서 사라지고 말았습니다. 계시록 7장에 보면 구원받는 14만 4천 명이 나오는데, 거기에 단 지파는 없습니다. 이들은 앗수르 군대가 왔을 때 가장 먼저 무너져 버렸고, 결국 가룟 유다처럼 영원히 멸망받는 자리에 처하고 말았습니다.

그렇게 지혜로웠던 단 지파가 왜 이 지경이 되었습니까? 진정으로 거듭나는 일 없이 하나님의 백성이 되었기 때문입니다. 그렇게 훌륭했던 사람들이 어느 한순간에 신앙을 버리고 타락의 길로 접어드는 것은 그들이 진정으로 거듭나지 못했기 때문입니다. 청년부에서 열심히 활동하던 리더였고 회장이었던 사람이 군대만 가면 신앙을 팔아먹는 이유가 무엇입니까? 그렇게 신앙 좋던 자매가 결혼하자마자 그 집안의 우상을 따라가는 이유가 무엇입니까? 애 낳기도 전에, 입덧하면서 벌써 신앙을 팔아먹는 이유가 무엇입니까? 진정으로 거듭난 경험이 없기 때문입니다. 진정으로 그리스도와 연합되지 못했기 때문이에요. 기독교라는 마당의 뜰만 밟았을 뿐 진정 그리스도의 피로 하나님의 지성소 안에 들어가 본 적이 없기 때문입니다.

그런 신앙의 특징이 무엇입니까? 자기 힘으로 혼자 신앙생활을 하려고 애쓴다는 것입니다. 하나님은 저만치 밀어 놓은 채 자기 혼자 새벽기도 가고 자기 혼자 전도하고 자기 혼자 성경 읽습니다. 이렇게 자기 나름대로 계명도 지키고 열심도 내다 보니 한때는 이스라엘 전체의 판관이라는 소리를 들을 정도로 유능한 역할을 감당하기도 합니다. 그런데 상황이 바뀌면 어떻게 됩니까? 자기 신앙을 지키지 못합니다. 자기 힘으로 믿던 것이 한번 무너지면, 10년, 20년 믿었던 것이 한순간에 수포로 돌아가 버립니다.

저는 어렸을 때부터 빠지지 않고 교회에 다녔습니다. 청년이 될 때까지 딱 두 번밖에 빠진 적이 없는데, 한 번은 아파서 빠졌고 한 번은 쑥 캐러 갔다가 못 돌아오는 바람에 빠졌습니다. 그런데 대학교 들어갔을 때 형 대신 대리시험 한 번 봐 주고 신앙이 그냥 끝장나 버렸습니다. 우리 교회에 대학 신입생 환영회 때 마신 소주 한 잔에 신앙을 다 날렸다고 말한 청년이 있었는데, 저는 그 말이 무슨 뜻인지 이해할 수 있습니다.

그렇게 열심히 교회에 다녔는데도 대리시험 한 번에, 소주 한 잔에 신앙을 다 날려 버린 이유가 무엇입니까? 내 힘으로 믿으려고 했기 때문입니다. 성령이 내 안에 있는 죄를 보여 주신 경험, 그리스도의 피를 가지고 지성소에 들어간 경험이 없기 때문입니다. 그래서 한때는 판관 소리를 들을 만큼 유능했던 단 지파도 첩경의 독사가 되어서 말 탄 자를 떨어뜨리는 결과를 가져온 것입니다.

저는 이번의 경제적인 어려움으로 많은 '단'들이 돌아오기를 바랍니다. 정말 야곱의 기도를 드리고 싶은 심정입니다. "여호와여, 나는 주의 구원을 기다리니이다. 우리의 '단'들을 구원하소서!"

잇사갈과 아셀은 영적인 부분에서보다는 몸이나 물질로 하나님의 백성들을 풍성하게 하는 역할을 하게 된 것 같습니다. 14절과 15절을 보십시오.

잇사갈은 양의 우리 사이에 꿇어 앉은 건장한 나귀로다 그는 쉴 곳을 보고 좋게 여기며 토지를 보고 아름답게 여기고 어깨를 내려 짐을 메고 압제 아래서 섬기리로다 우리는 잇사갈에게서 약간 모자라면서도 우직한 느낌을 받습니다. 양 우리 사이에 꿇어앉은 나귀를 한번 생각해 보십시오. 적어도 나귀라면 자기 우리에 있든지 적토마 뒤를 쫓아다니면서 좀 끼워 달라고 해야지, 어떻게 수준 없이 양들하고 놀 수 있습니까? 그런데 이 나귀는 간도 없이 쓸개도 없이 양 우리에 들어가서 하루 종일 놀고 있는 거예요. 똑똑한 나귀는 그런 데 들어가라고 밀어 넣어도 들어가지 않습니다. 나귀 자존심이 있지요. 그러나 이 나귀는 약간 모자라기 때문에 자기한테 잘 해주기만 하면 아무 데나 들어가서 잘 어울립니다. 쉴 곳만 있으면 하루 종일이라도 들어가 있을 수 있습니다. 그리고 그는 다른 사람의 짐을 얼마든지 져줄 수 있는 마음을 가지고 있습니다. 다시 말해서 약간 모자라면서도 다른 이들을 잘 용납하는 사람이 바로 잇사갈인 것입니다.

신약에서는 바나바가 그런 사람이었던 것 같습니다. 그는 참으로 포용력이 있는 사람이었습니다. 누구와도 잘 어울릴 수 있고 어떤 자도 잘 감싸 줄 수 있는 사람이었어요. 베드로는 이방인들을 피했지만 바나바는 그들과 잘 지냈습니다.

잇사갈은 요령을 부리지 않을 뿐 아니라 우직할 정도로 손해를 감수하며, 남이 놀려도 놀리는 것인지 모르는 사람입니다. 자기 덩치가 아무리 커도 작은 아이들과 잘 어울립니다. 엄마들은 초등학교에 들어갈 나이가 다 된 아이가 서너 살짜리들과 어울리면 속상해하지요.

"좀 큰 애들이랑 놀아!"

"저는 잇사갈이에요."

자기는 작은 애들이 좋다는 겁니다. 해코지도 안 하고 잘난 척도 안 하니까 스트레스도 없고 좋다는 거예요.

이런 잇사갈 지파 사람들에게 하나님께서 주시는 축복이 있습니다. 그것은 그들 중에 정신병자가 하나도 없다는 것입니다. 정신병에 잘 걸리는 사람은 실수를 두려워하며 완벽을 추구하는 자존심 강한 사람입니다. 이런 사람은 밤에도 잠을 잘 못 잡니다. 그런데 자기는 건강한 나귀이면서도 말 쫓아다니는 대신 양 우리에 들어가서 노는 사람은 절대로 정신병에 걸릴 수가 없습니다. 이런 사람은 어디에서나 눈만 감으면 잘 수 있습니다. 지하철에서도 자고 집에서도 자고 교회에서도 얼마든지 잘 수 있는 사람은 절대 정신병에 걸릴 수가 없어요. 남이 옆에서 아무리 성질을 부려도 눈만 껌뻑거리고 있다가 한숨 자고 나면 다 잊어버립니다. 이런 사람이 남을 세워 줄 수 있습니다.

교회에 필요한 사람은 바로 이렇게 무던하고 성격 좋은 잇사갈 지파 같은 사람들입니다. 좀 모자라 보이지만, 실제로도 모자라는 것이 아닙니다. 그리스도 안에서 그 기질과 욕심을 십자가에 못 박았기 때문에 그렇게 보이는 것일 뿐입니다. 자기도 얼마든지 똑똑할 수 있는데 스스로 모자란 편을 택한 것입니다. 이런 사람이 다른 사람을 얻습니다.

또 다른 지파는 식물을 공급하는 아셀 지파입니다.

아셀에게서 나는 식물은 기름진 것이라 그가 왕의 진수를 공궤하리로다(49:20).

모든 지파는 농사를 짓든지 목축을 해서 자급자족하게 되어 있습니다. 그럼에도 불구하고 하나님께서는 아셀 지파에게 더욱 기름진 것을 주셔서 왕의 진수를 공급하게 하겠다고 말씀하십니다. 그냥 보기에는 아셀 지파를 물질적으로 풍성하게 해주신다는 뜻 같습니다. 그러나 적어도 이때는 이스라엘 백성들의 머릿속에 '왕'의 개념이 없을 때입니다. 이 개념이 생긴 것은 출애굽하고 나서도 몇백 년이 지난 후입니다. 이런 점에서 볼 때 이 말씀의 뜻은 물질적으로 풍성하게 해주신다는 것이라기보다는, 이 지파에게 흔치 않은 은혜를 주신다는 것이 아닐까 생각합니다.

하나님의 은혜는 무엇이든 다 좋지만, 그럼에도 불구하고 특별히 더 좋은 것이 있습니다. 예를 들어 주일 예배 때 듣는 하나님의 말씀이 다 좋지만, 그중에서도 유별나게 더 좋은 주일이 있지 않습니까? 저녁에 가서 밥을 안 먹어도 될 정도로, 텔레비전 켤 생각이 안 날 정도로, 마치 왕의 진미라도 먹은 것처럼 배부른 날이 있습니다. 또 수련회나 부흥회 때 평소보다 기름진 말씀을 듣기도 합니다. 이런 것들은 모두 특별한 은혜입니다.

이런 의미에서 아셀 지파는 그렇게 큰 지파가 아니었음에도 불구하고 '왕의 진수를 공궤한다'고 표현할 정도로 특별한 은혜를 가지고 있었던 것 같습니다. 그런 은사를 가진 사람이 있으면 공동체가 더 힘을 얻게 되어 있습니다. 봉사를 해도 아주 특별하고 아름답게 하는 사람이 있고, 설교를 들어도 아주 맛있게 듣는 사람이 있습니다. 그렇다고 해서 그 사람 자체가 그렇게 대단한 것이 아닙니다. 유독 기도의 응답이 불같이 일어나는 그런 사람이 아니에요. 그런데 그는 어떤 일을 해도 재미있게 합니다. 그런 사람이 한 명만 있어도 다른 모든 봉사가 힘을 얻게 되어 있습니다.

다른 부분에서도 마찬가지입니다. 하나님의 나라에는 불을 붙이는 역할을 하는 사람들이 있습니다. 무디가 부흥회를 할 때 찬송을 인도했던 생키라는 사람이 있었습니다. 그는 아셀 지파처럼 특별한 은사를 받았습니다. 그는 찬양으로 사람들의 마음을 준비시킴으로써 부흥의 촉매 역할을 했습니다.

마지막 두 지파는 좀 특별한 특징을 가지고 있는 것 같습니다.

스불론은 해변에 거하리니 그곳은 배 매는 해변이라 그 지경이 시돈까지리로다(49:13).

스불론은 이스라엘의 '프런티어'(frontier)입니다. 즉 이스라엘에서 가장 경계선 쪽에 있는 지파가 바로 스불론입니다. 그러나 여호수아 때 지도를 보면 해변 지역을 차지한 지파는 스불론 지파가 아니라 아셀 지파입니다. 물론 시돈과 접경을 이루는 지파도 아셀 지파이지 스불론 지파가 아닙니다. 그런데 왜 야곱은 스불론 지파가 해변을 차지하며 시돈과 접경을 이룬다고 말하는 것일까요?

제가 보기에는 지리적인 면에서가 아니라, 신앙적이고 정신적인 면에서 '프론티어' 역할을 한다는 뜻이 아닌가 합니다. 즉 이스라엘과 외국 문화 간의 창구 역할을 하는 것입니다. 이스라엘 백성이라고 해서 세상과 완전히 담을 쌓고 지낼 수는 없습니다. 자기들 나름대로 외국 문물을 평가해서 받아들일 것은 받아들이고 거부할 것은 거부할 필요가 있습니다. 아마도 그런 일을 감당하는 것이 스불론 지파가 아니겠느냐고 보는 것이지요. 어떻게 보면 선교의 전초지라고 할 수도 있고, 기독교 세계관으로 세상을 재평가하는 기독교 문화의 산실이라고 할 수도 있습니다.

프란시스 셰퍼 박사가 라브리 공동체를 세운 것은 바로 이런 취지에서였습니다. 라브리는 예수 믿는 사람들의 공동체가 아니라, 현대 문명에 지치고 회의에 빠진 사람들을 불러 모아 함께 생활하는 공동체입니다. 이곳은 기독교가 무엇이며 왜 옳은지를 설명해 주고 삶의 힘을 재충전시켜 주는 역할을 하고 있습니다. '라브리'(L'Abri)라는 이름 자체가 '피난처'라는 뜻입니다. 라브리는 식사 시간이 굉장히 깁니다. 식사하면서 현대 문명이나 기독교에 대해 자연스럽게 많은 이야기를 나누기 때문입니다.

오늘날 이런 영혼의 항구가 많이 생겼으면 좋겠습니다. 지친 사람들이 와서 쉴 수 있는 쉼터들, 가출한 아이들이나 매 맞는 아내들이 와서 쉴 수 있는 공간들이 더 많이 생겼으면 좋겠습니다. 이런 의미에서 우리가 하고 있는 청소년 캠프는 청소년들의 영적 스불론이라고 할 수 있습니다. 여기에는 믿는 청소년도 오지만 안 믿는 청소년들도 옵니다. 그중에는 가톨릭교도도 있고, 외국에서 생활하던 청소년들도 있으며, 학교나 가정에서 갈등을 느끼는 아이들도 있고, 오토바이 폭주족도 있습니다. 청소년 캠프에는 리더들이 많은데, 대부분 이 캠프 출신들입니다. 이를테면 이 캠프가 그들의 영혼의 고향인 셈입니다. 그들은 캠프에 온 다른 청소년들을 보면서 과거 자신의 모습을 봅니다.

그런 선배들이 자기는 존재할 이유가 없다고 방황하는 아이들한테 "괜찮아. 예전의 나보다는 훨씬 나은데, 뭘" 하고 한마디 할 때, 아이들은 다시 힘을 내곤 합니다.

또 다른 지파는 납달리입니다. 21절을 보십시오.

### 납달리는 놓인 암사슴이라 아름다운 소리를 발하는도다

이것은 이 지파가 사슴 사육을 한다든지 그들이 차지할 땅이 산지여서 사슴이 많을 것이라는 뜻이 아닙니다. 납달리는 갈릴리 서편 평지를 차지하게 되는데, 거기에는 사슴 같은 동물이 별로 없습니다. 야곱의 축복을 지리적 사실과 연결하려고 하면 뜻이 통하지 않습니다.

아마도 납달리는 이스라엘 안에서 기쁜 소식을 전하는 자로 택함받은 것이 아닌가 합니다. 물론 각 지파마다 그 나름대로 의사를 전달하는 기능을 가지고 있습니다. 그러나 마음속에 다른 사람에 대한 사랑이 넘치면 가만히 있을 수 없는 사람들이 있습니다. 좋은 소식이 있으면 만사를 제쳐 놓고서라도 전해 주어야 직성이 풀리는 은사를 가진 사람들이 있어요. 납달리 지파는 '아름다운 소리를 발하는 자'들이었습니다. 기쁜 소식을 전하려는 아름다운 마음, 이것이 그들이 받은 축복이었습니다.

예전에 짧은 인터뷰를 하러 창원 극동방송국에 간 적이 있는데, 거기서 느낀 것이 방송국 아나운서들은 전부 아름다운 소리를 가졌구나 하는 것이었습니다. 그들은 큰 소리로 고함치듯이 말하지 않았습니다. 마이크에 입을 대고 아주 작으면서도 예쁜 목소리로 말했습니다. 아마 구약시대에 기독교 방송이 있었다면 틀림없이 납달리 지파가 맡았을 것입니다. 그 당시에는 방송이 없었으니 사슴처럼 자기 발로 뛰어다니면서 좋은 소식을 전했을 것입니다.

## 은사는 남을 위한 것

하나님의 백성들 가운데 은사를 가진 사람이 있으면 사역에 불이 붙습니다. 찬양대를 예로 생각하면 쉽게 이해될 것입니다. 찬양대에 지휘자나 반주자가 있는 경우와 없는 경우는 판이하게 다릅니다. 탁월한 반주는 찬양을 도와 주며 찬양을 깊이 있게 만듭니다. 반면에 둔한 반주자는 어디에서 찬양을 시작하고 마쳐야 할지 도저히 종잡을 수 없게 만들지요. 또 지휘자에 따라서 얼마든지 훌륭한 찬양대가 될 수 있는가 하면 매일 죽을 쑤는 찬양대가 될 수도 있습니다. 야곱이 이스라엘의 모든 지파를 골고루 축복한 것을 보면, 하나님의 나라 안에서 모든 은사들이 골고루 살아날 필요가 있다는 것을 알 수 있습니다. 그는 모든 영역에 기름 부음이 있기를 바랐습니다.

그러나 주의해야 할 것이 있습니다. 은사는 은사 가진 사람의 믿음을 보장해 주지 못하기 때문입니다. 은사와 믿음이 일치된다면 그보다 더 이상적인 일이 없을 것입니다. 그러나 많은 경우 은사와 믿음은 별개의 것입니다. 그래서 은사가 탁월하게 사용된 후에 주님께 버림받는 사람들이 많습니다. 수많은 사람들을 구원으로 이끈 뛰어난 설교자가 정작 본인은 지옥의 독방에 갇혀 있을 수도 있고, 찬양으로 많은 사람들의 눈에서 끊임없이 눈물이 흘러나오게 한 사람이 정작 자신은 지옥에서 비명을 지르게 될 수 있습니다.

그러므로 주의하십시오. 은사와 믿음은 일치하지 않습니다.

단 지파는 상담가로서, 사사로서, 영적인 스승으로서 다른 지파들을 섬길 만큼 탁월한 은사를 가지고 있었음에도 불구하고 결국은 하나님을 떠났습니다. 신약 시대에도 갈라디아 지방의 교회와 히브리서에 나오는 교회가 집단적으로 진리에서 떠나는 모습을 볼 수 있습니다.

은사는 신앙을 대변하지 못합니다. 그러므로 자신이 사용되고 있다는 데 만족하거나 교만하지 말고, 더욱더 자신의 믿음을 굳게 지켜야 합니다. 특히 은사는 나의 만족을 위한 것이 아니라 남을 세우기 위한 것이며 남의 믿음을 불붙여 주기 위한 것입니다. 그래서 때로는 탁월한 은사도 절제되어야 할 필요가 있다는 것을 알아야 합니다. 모든 것이 적절하게 사용되어야 합니다. 은사는 남을 위한 것이며, 힘들어하고 있는 다른 사람을 격려하고 돕게 하시려고 하나님께서 선물로 주신 것임을 잊지 마시기 바랍니다.

# 32

# 족장 시대의
# 종언

작은 거인 등소평의 죽음으로 중국은 혁명 시대에 종지부를 찍고 새로운 시대로 접어들게 되었습니다. 모택동과 함께 시작한 중국의 혁명 1세대는 대장정과 문화혁명으로 특징지어질 수 있습니다. 그들은 모두 철저한 빨치산들이었고 공산주의 이데올로기와 혁명 정신으로 무장된 자들이었습니다. 그들은 오직 정치에만 관심이 있었을 뿐. 경제에는 아무 관심이 없었습니다. 마침내 주은래와 모택동이 죽고 등소평이 등장함으로써 경제실용주의가 도입되었지만, 1989년에 일어난 천안문 사건은 이들의 사상에 조금의 변화도 없음을 확인시켜 주었습니다.

그러나 등소평의 죽음은 이러한 중국 공산당의 빨치산 시대가 끝났다는 것을 의미합니다. 중국 공산당이 옛날 대장정 시대나 문화혁명시대와 달라질 수밖에 없다는 것은 분명한 사실입니다. 지금 세계는 중국이라는 이 거대한 나라가 도대체 어떤 방향으로 흘러갈지 걱정하며 주목하고 있습니다.

오늘 본문은 이스라엘의 마지막 족장인 야곱이 죽고, 그의 유언에 따라 아들들이 그를 가나안 땅에 있는 조상들의 무덤에 장사 지내는 장면을 보여 주고 있습니다. 얼핏 보기에 이 일은 단순히 야곱이라는 한 개인의 죽음으로 보일 수 있습니다. 그런 한 사람의 장례식치고는 너무 화려하고 사치스러워서 그동안 요셉이 시행한 경제 정책과 어울리지 않는다는 느낌이 들기도 합니다.

사실 야곱의 죽음은 단순한 한 개인의 죽음으로 끝나는 일이 아닙니다. 야곱의 죽음은 아브라함, 이삭, 야곱으로 이어져 오던 족장 시대가 드디어 막을 내리고, 하나님의 나라가 새로운 장으로 접어드는 서곡입니다.

지금까지 하나님 나라의 모습은 위대한 믿음의 조상들의 개인적인 삶을 통해 나타났습니다. 즉 하나님의 나라는 그분을 아는 사람이 아무도 없는 가나안 땅에서 믿음의 선한 싸움을 싸웠던 개인들의 삶을 통해 나타났습니다. 이를테면 개인 플레이였던 셈입니다. 그런데 야곱의 죽음으로 하나님 나라는 그야말로 실제적인 나라의 모습을 갖추게 됩니다. 다시 말해서 이제부터는 '하나님의 진리가 공동체 안에서 어떻게 윤리적으로 표현되며, 이들이 어떻게 집단적으로 하나님을 예배 할 것인가, 어떻게 출애굽과 가나안 정복을 통해 주위의 나라와 도덕적인 전쟁을 치를 것인가' 하는 문제로 발전하게 되는 것입니다. 요컨대 야곱의 죽음은 개인 윤리가 집단 윤리로 옮겨 가는 중대한 전환점을 우리에게 보여 주고 있습니다.


## 야곱의 죽음

오늘 본문에서 야곱은 자신을 가나안 땅에 있는 조상의 묘실에 묻어 달라고 유언한 후 죽습니다.

> 그가 그들에게 명하여 가로되 내가 내 열조에게로 돌아가리니 나를 헷 사람 에브론의 밭에 있는 굴에 우리 부여조와 함께 장사하라(49:29).

야곱이 아들에게 명하기를 마치고 그 발을 침상에 거두고 기운이 진
하여 그 열조에게로 돌아갔더라(49:33).

야곱은 29절과 33절 사이에서 가나안의 묘실을 구입하게
된 경위와 그곳에 묻혀 있는 사람들에 대해 설명합니다.

사람들은 죽음을 앞에 두었을 때 대개 자신의 추억이 있는
곳에 묻어 달라고 유언합니다. 예를 들어 어렸을 때 친구들과 뛰어
놀던 양지 바른 언덕에 묻어 달라고 한다든지, 아내를 만나서 사랑
을 나누었던 깊은 추억이 있는 곳에 묻어 달라고 합니다.

야곱에게 추억이 있는 곳이라면 역시 라헬을 만났던 하란
땅을 꼽을 수 있을 것입니다. 거기서 야곱은 요즘 영화에나 나올 법
한 멋진 사랑을 나누었습니다. 또는 그토록 사랑했던 라헬을 묻은
베들레헴에 묻히기를 바랐을 수도 있습니다. 그러나 야곱은 하란에
묻어 달라고도 하지 않고 베들레헴에 묻어 달라고도 하지 않습니
다. 아브라함이 사라를 위하여 샀고 그 자신 또한 묻힌 막벨라 동굴
에 자기를 묻어 달라고 유언합니다. 그 이유가 무엇입니까? 자신이
끝까지 조상들의 약속을 붙들었으며, 조상들과 동일한 소망을 가지
고 죽었다는 것을 나타내기 위해서입니다.

우리는 오늘 본문 뒷부분에서 야곱의 장례가 아주 화려하
게 치러지는 장면을 볼 수 있습니다. 야곱의 몸을 미라로 만드는 데
만도 무려 40일의 기간이 소요되었습니다. 만약 야곱이 애굽에 장
사되기를 원했다면 얼마든지 훌륭한 장소에 묻힐 수 있었을 것이고
자손들도 자주 그의 묘소를 찾아 볼 수 있었을 것입니다. 그러나 야
곱은 애굽에 묻히기를 원치 않았습니다. 그는 오직 가나안 땅에 있
는 조상의 무덤에 묻히기를 원했습니다. 자신이 죽을 때까지 하나
님의 약속을 붙들었다는 것을 나타냄으로써, 자손들도 동일한 약속
을 붙들게 되기를 원했기 때문입니다. 31절을 보십시오.

> 아브라함과 그 아내 사라가 거기 장사되었고 이삭과 그 아내 리브가도
> 거기 장사되었으며 나도 레아를 그곳에 장사하였노라

이 굴은 믿음의 사람들이 모두 동일한 소망을 가지고 묻힌 곳입니다. 그들은 죽으면서도 하나님의 약속을 포기하지 않았을 뿐 아니라, 자신의 죽음이 후손들에게 하나의 징검다리 역할을 하게 되기를 바랐습니다.

막벨라 동굴은 이 약속의 징검다리였습니다. 아브라함은 사라를 거기에 묻었고 이삭에게 자신도 거기에 묻어 달라고 했습니다. 이삭은 아버지를 거기에 묻었고 자신도 거기에 묻혔습니다. 야곱 또한 레아를 거기에 묻었고 자신도 거기에 묻어 달라고 합니다. 그러니까 이스라엘 자손들에게 이 가나안 땅은 결코 잊을 수 없는 마음의 고향이 될 수밖에 없습니다. 결국 이 막벨라 동굴이 징검다리가 되어 그들은 이 땅으로 돌아오게 됩니다.

원래 아브라함의 고향은 하란이었습니다. 그러니까 지금으로 보면 시리아 사람인 것입니다. 그러나 그는 자기한테 낯설었던 땅, 그러나 믿음으로 살았던 땅 가나안을 물려주기를 더 기뻐했습니다.

야곱의 죽음은 단순히 야곱 개인의 죽음이 아니라 아브라함으로부터 시작되었던 족장 시대가 화려한 막을 내리고 하나님 나라가 새롭게 시작되는 전환점입니다. 아브라함이나 이삭이나 야곱 같은 특별한 인물의 역사는 더 이상 나타나지 않습니다. 이제부터는 이스라엘이라는 한 집단이 하나님과 어떤 관계를 맺으며 어떻게 그의 구원을 이루어 나가느냐, 어떻게 그의 진리를 자기들 가운데 실천하며 그 약속을 유업으로 얻느냐에 모든 초점이 맞추어질 것입니다.

그 때문인지 오늘 본문은 야곱의 죽음과 장례식을 대단히 특별하게 취급하고 있습니다. 이것은 요셉이 총리라는 자신의 직위를 이용해서 아버지의 장례식을 성대하게 치렀다는 것을 보여 주려

는 것이 아닙니다. 이제 족장 시대가 막을 내린다는 것을 보여 주려는 것입니다.

이 지점에서 우리가 해야 할 일은 족장시대의 특징과 야곱 신앙의 특징을 살펴보는 것입니다. 아브라함으로부터 시작되어 야곱으로 끝난 족장 시대의 신앙적 특징은 무엇입니까?

첫째로, 그들은 아무것도 보장된 것이 없는 이방 땅에서 하나님의 말씀 하나만을 붙들고 위대한 믿음의 삶을 연출했다는 것입니다. 하나님께서는 아브라함에게 그를 도울 수 있는 사람들과 가족들과 그 자신의 땅을 떠나 보장된 것 하나 없는 가나안 땅에 가서 말씀만 붙들고 살라고 하셨습니다. 아브라함은 그렇게 살았습니다.

우리는 흔히 믿음을 예배 의식에만 국한해서 생각하기 쉽습니다. 그러나 아브라함이나 이삭이나 야곱 같은 족장들이 보여 준 것은 믿음이 결코 예배 의식에만 그치지 않는다는 것입니다. 그들이 보여 준 것은 믿음은 삶 그 자체이며, 보장된 것 하나 없는 땅에서 약속의 말씀을 붙들고 살아 내는 일이라는 것입니다. 학벌도 없고 돈도 없고 직장도 없고 만 원짜리 한 장 빌려 줄 수 있는 사람조차 없는 가운데서 오직 말씀 하나만 붙들고 살아 내는 게 믿음이지, 모든 것이 다 갖추어진 상황에서 교회나 왔다 갔다 하는 게 믿음이 아니라는 거예요.

아브라함이나 이삭이나 야곱은 정적인 신앙을 가진 사람들이 아니었습니다. 클래식 음악 듣듯이 조용히 신앙생활 한 사람들이 아니었습니다. 아브라함은 심한 흉년을 겪었고, 주위 나라들이 전쟁에 빠지는 것을 보았으며, 바로 옆에 있는 네 도성이 하루아침에 불바다로 변하는 엄청난 재앙의 역사를 보았습니다. 이삭은 어렵게 판 우물을 그랄 사람들에게 몇 번씩이나 빼앗기는 일을 당했습니다. 야곱은 가나안 땅에 돌아가기 위해 목숨을 건 탈출을 감행했고, 딸이 강간당하고 아들들이 세겜 사람 전부를 살육하는 비극을 겪었으며, 결국 심한 흉년으로 가족들을 거느리고 애굽으로 피난 오기에 이르렀습니다. 이처럼 그들은 평생토록 싸웠고 쫓겨다녔으며 죽음에 직면했습니다.

그러나 그들은 살아남았습니다. 돈으로 살아남은 것이 아닙니다. 학벌로 살아남은 것이 아닙니다. 말씀 하나 붙들고 살아남은 것입니다. 더욱이 그들은 단지 생존하는 데 그친 것이 아니라 어느 누구도 흉내 낼 수 없는 엄청난 믿음의 연주를 해냈습니다. 단순히 살아남는 데 그친 것이 아니라 하나님의 살아 계심을 너무나도 놀랍게 나타내는 삶을 산 것입니다. 그들에게 믿음은 현실 그 자체였습니다. 하나님의 약속의 말씀을 붙들고 한계상황까지 쫓겨 가서, 죽음의 문턱까지 이르러서 말씀으로 모든 것을 뒤집어엎는 것이었습니다.

오늘날 우리들은 극심한 경제적 어려움을 겪고 있습니다. 전에는 학벌만 있고 자격증만 있으면 먹고사는 일을 걱정하지 않을 수 있었지만, 이제는 사회 기반 자체가 흔들리고 있습니다. 그러나 이것은 멸망의 신호가 아닙니다. 오히려 아주 좋은 청신호입니다. 이제야말로 믿음으로 살 수 있는 기회가 온 것입니다. 요즘 점점 더 많은 교인들이 먼 거리를 마다하고 기도의 시간에 찾아오고 있는 이유가 무엇입니까? 이제야말로 기도해야만 살아남는다는 것을 깨달았기 때문입니다. 기도하지 않고서도 살 수 있는 삶은 믿음의 삶이 아닙니다. 그것은 신앙적으로 은퇴한 것과 같습니다. 우리는 다시 믿음의 경기장으로 돌아가야 합니다.

둘째로, 족장들은 가나안 사람들과 때로는 좋은 관계에서, 때로는 갈등의 관계에서 평행선을 그으면서 달려왔다는 것입니다. 아브라함은 가나안 사람들을 변화시키지 못했습니다. 나중에 그랄 사람들이 그를 하나님의 방백으로 인정해 주기는 했지만 아브라함이 그들을 변화시킬 수는 없었습니다. 그는 심지어 조카 롯과 결별하는 아픔을 경험하기도 했습니다. 이삭도 그와 비슷한 경험을 했습니다. 야곱은 가나안 사람들과 잘 지내보려고 애를 썼음에도 불구하고 결국은 전쟁을 치르고 쫓겨 다녀야 했습니다.

족장 시대의 특징은 이처럼 족장들과 가나안 사람들이 물과 기름 같은 관계로 살았다는 데 있습니다. 어쩌면 이것은 개인 윤리가 가지는 한계일지도 모릅니다. 그들은 자신들의 신앙은 잘 지켰지만 이 세상을 변화시킬 만큼 강하지는 못했습니다. 족장들의 삶이 성경에는 이렇게 중요하게 기록되어 있지만 그 당시 가나안 사람들에게는 거의 기억되지 않을 정도로 미미한 역사였을지도 모릅니다. 가나안의 변화는 결국 여호수아의 칼날로 이루어집니다.

셋째로, 족장 중 어느 누구도 가나안 땅을 차지하지 못한 채 막벨라 동굴에 묻힘으로써 하나님의 약속이 소망으로 남게 되었다는 것입니다. 아브라함에게 가나안 땅을 주시겠다는 하나님의 약속은 야곱의 시대가 끝날 때까지 여전히 이루어지지 않고 있었습니다. 가나안 땅은 그들 모두에게 소망으로 남고 말았습니다. 그들은 동일한 소망을 가지고 그 성취를 기다리다가 인생을 끝마쳤습니다. 그래서 모두 같은 막벨라 동굴에 장사 지낸 바 된 것입니다.

왜 이렇게 되었을까요? 이것이야말로 하나님의 뜻이 우리의 생각과 얼마나 다른지 가장 잘 보여 주는 예입니다. 우리 생각에는 하나님의 나라가 당장 가시적으로 이루어져야 할 것 같습니다. 내가 살아 있는 동안에 하나님 나라 비슷한 것이라도 만들어지는 것을 보아야 직성이 풀릴 것 같아요. 그러나 족장들은 땅 한 평 차지하지 못한 채, 막벨라 동굴에 장사되었습니다.

하나님이 천지를 만드시는 데 6일이 걸렸습니다. 그 엄청난 우주를 단 6일 만에 말씀으로 만드신 것입니다. 그런데 그 하나님께서 죄인 하나를 구원하는 일은 몇백 년, 몇천 년에 걸쳐서 하십니다. 무슨 뜻입니까? 우리 죄인 한 사람 한 사람이 하나님께 돌아와서 새사람 되는 것이 온 천하를 만드는 일보다 더 귀하다는 것입니다. 그래서 예수님도 한 생명이 온 천하보다 귀하다고 말씀하셨습니다.

높은 산이나 깊은 바다는 말씀 한마디로 한순간에 만들 수 있지만, 죄인 한 사람이 하나님께 돌아와서 그 입으로 믿음을 고백하며 그 몸으로 하나님을 섬기게 되려면 무엇보다 말씀이 이해되어야 합니다. 아니, 이해되는 것만으로는 안 되고 말씀이 우리를 감동시켜야 합니다. 그런데 이것이 얼마나 어려운 일인지 모릅니다. 우리가 우리 자신을 보면 좀처럼 믿음이 자라지 않는 것 같습니다. 그러나 이 정도 부족한 믿음을 가진 사람 한 명을 만들기 위해 하나님은 수천 년에 걸쳐 일하고 계신 것입니다.

하나님께서는 왜 족장들에게 가나안 땅을 주시지 않았을까요? 그들에게 궁극적으로 주시고자 하는 땅이 따로 있었기 때문입니다. 그 땅은 영원히 없어지지 않는 땅입니다. 족장들은 막벨라 동굴을 통해서 모두 그 땅으로 갔습니다. 저는 천국에 구체적인 땅이 있다고 믿습니다. 아브라함은 거기에서 이 세상에 있는 가나안 땅과는 비교할 수도 없을 만큼 넓은 땅을 차지하고 있을 것입니다. 하란에서 포기했던 땅과 가나안에서 소유하지 못했던 땅을 전부 다 합쳐도 비교가 되지 않을 만큼 넓은 땅을 가지고 있을 거예요. 저는 천국에서 가장 큰 땅 부자는 아브라함일 것이라고 믿고 있습니다.

마지막 족장인 야곱의 죽음이 후손들에게 남긴 것은 무엇입니까? 그의 가장 큰 공은 열두 아들 중 한 명도 잃지 않고 모두 하나님의 백성이 되게 했다는 것입니다. 아브라함은 여러 아들 중에서 오직 이삭만 얻었습니다. 이스마엘은 그가 사랑한 아들이었지만 하나님을 떠났고 결국 믿음의 공동체에서 추방되었습니다. 또 이삭은 두 쌍둥이 아들 중에서 야곱만 얻었습니다. 그러나 야곱은 열두 명의 아들을 인내로 모두 얻어서 이스라엘의 열두 지파가 되게 했습니다. 물론 그의 아들들 가운데는 살인과 간음에서 인신매매까지, 온갖 더럽고 악한 것이 다 있었습니다. 그럼에도 불구하고 야곱은 끝까지 기다려서 열두 아들 모두 하나님의 축복을 받게 함으로써 구약 교회의 기초를 쌓았습니다.

둘째로, 야곱은 하란을 떠나 가나안으로 돌아가서 믿음의 싸움을 싸우다가, 흉년 때 자식들을 이끌고 애굽 땅에 와서 하나님 나라의 기초를 닦았습니다. 하란에서 그는 이미 부자였고 편안하게 여생을 보낼 수 있었습니다. 그러나 그는 믿음으로 살기 위하여 가나안 땅으로 돌아갔으며, 나중에는 애굽에 내려와서 개인적인 믿음의 시대를 마치고 공동체적인 믿음의 시대를 시작할 수 있는 다리 역할을 했습니다.

가나안 땅은 신앙 공동체가 자랄 수 있는 곳이 못 되었습니다. 가나안은 너무나도 음란했고 영적으로 타락했으며 무대가 좁아서 나라로서의 이스라엘이 만들어질 수 없었습니다. 그러나 애굽에는 민족으로서의 이스라엘이 만들어질 수 있는 충분한 공간이 있었습니다. 야곱은 이 넓은 무대로 그의 아들들을 이끌고 옴으로써, 앞으로 민족 이스라엘이 출애굽할 수 있는 기초를 닦았습니다.

## 야곱의 장례식

야곱의 장례식은 크게 세 가지 방식으로 치러졌습니다. 첫째는 애굽의 방식이었습니다.

> 요셉이 아비 얼굴에 구푸려 울며 입맞추고 그 수종 의사에게 명하여 향 재료로 아비의 몸에 넣게 하매 의사가 이스라엘에게 그대로 하되 사십일이 걸렸으니 향 재료를 넣는 데는 이 날수가 걸림이며 애굽 사람들은 칠십일 동안 그를 위하여 곡하였더라(50:1-3).

여기서 몸에 향료를 넣었다는 것은 시체가 썩지 않도록 미라로 만들었다는 뜻입니다. 야곱이 운명하자 요셉은 자기 전속 주치의에게 명하여 아버지 몸에 향료를 넣게 했습니다. 애굽 장의사의 수준은 세계 최고입니다. 한번 미라를 만들면 몇천 년씩 보존이 됩니다. 그 최고의 장의사들이 야곱의 시신에 향료를 넣는 일에 무려 40일이 소요되었습니다. 그리고 따로 애곡하는 기간으로 70일을 정해서 온 애굽 사람이 이방인 야곱의 죽음을 애도했습니다.

아마 당시에도 모든 애굽 사람의 몸에 향료를 넣지는 않았을 것입니다. 대체로 귀족층 이상의 사람들한테만 향료를 넣었을 것으로 생각됩니다. 그러니까 야곱의 장례식은 거의 애굽 국부의 죽음에 버금갈 정도로 화려했던 것입니다.

50장 7절부터 9절까지에는 야곱의 장례를 수행한 애굽인들의 목록이 기록되어 있습니다.

> 요셉이 자기 아비를 장사하러 올라가니 바로의 모든 신하와 바로 궁의 장로들과 애굽땅의 모든 장로와 요셉의 온 집과 그 형제들과 그 아비의 집이 그와 함께 올라가고 그들의 어린아이들과 양 떼와 소 떼만 고센 땅에 남겼으며 병거와 기병이 요셉을 따라 올라가니 그 떼가 심히 컸더라

이 화려한 장례식은 그동안 흉년을 이겨내기 위해 철저한 절약과 내핍을 강조하던 요셉의 모습과 어울리지 않는 것 같습니다. 하나님의 백성들은 내세에 대한 소망이 있으니 믿지 않는 사람들처럼 장례식을 화려하게 할 필요가 없지 않겠습니까? 그러나 요셉은 자기 아버지의 장례식을 최고로 엄숙하게, 어떻게 사치스러워 보일 정도로 화려하게 진행하고 있습니다. 그 이유가 무엇일까요?

저는 여기에 대해 한두 가지 이유를 생각해 보았습니다. 한 가지는 당시 애굽의 법이 그러했으리라는 것입니다. 어느 위치 이상의 관직을 가진 자의 부모가 상을 당하면 그 수준에 맞는 장례식을 치러야 했고, 그렇게 하지 않으면 불필요한 오해를 받을 가능성이 있었으리라고 보는 것이지요. 특히 애굽 사람들은 흉년에서 자

기들을 살려 준 요셉을 고맙게 생각하고 있었기 때문에 그 아버지의 죽음을 자신들의 문제처럼 생각했을 것입니다. 그럴 때 요셉이 가나안 방식으로 장례를 치러서 애굽인들이 전혀 참여하지 못하게 된다면, 그들의 마음속에 섭섭함이나 걸림돌이 생길 수 있습니다. 애굽인들이 성의를 보이기를 원하는데 요셉이 굳이 그것을 막아야 할 이유가 없습니다.

또 한 가지는 비록 요셉은 그 의미를 잘 몰랐다고 하더라도, 결과적으로 위대했던 족장들의 시대가 끝나는 이 엄청난 순간에 걸맞은 장례식이 치러졌다고 보는 것입니다. 오늘 본문만 딱 떼어서 보면 야곱의 장례식이 지나친 것 같아도, 전체적으로 조망해서 위대한 족장의 시대가 마친 것을 나타내는 의식으로 보면 조금도 과하지 않다는 생각이 듭니다. 물론 한 시대에서 다음 시대로 슬그머니 넘어갈 수도 있겠지요. 그러나 절약할 것을 절약해야지, 한 시대가 끝나고 위대한 새 시대가 도래하는 중대한 전환점에서만큼은 그 역사적인 의미에 상응하는 행사를 치를 법하지 않습니까? 야곱의 성대한 장례식에는 이 두 가지 의미가 다 조금씩은 있었을 것입니다.

장례식은 중요한 의식입니다. 그만큼 보편적이면서도 각 사람의 신앙과 인생관이 잘 나타나는 의식이 없습니다. 사람은 누구나 한 번은 죽게 되어 있습니다. 장례식에 가 보면 죽은 사람과 관계있는 사람은 종교를 불문하고 다 모여듭니다. 그러나 죽음을 생각하는 각자의 인생관에는 엄청난 차이가 있습니다. 어떤 사람은 예배드려야 한다고 하고 어떤 사람은 목탁을 두들겨야 한다고 하고 어떤 사람은 죽어도 절해야 한다고 합니다.

아마도 요셉은 야곱의 장례에 각계각층의 애굽인들을 초청하기로 한 것 같습니다. 그래서 굳이 그들과 마찰을 일으키지 않는 범위 안에서 신앙적인 방식으로 장례를 치르기로 한 것으로 보입니다. 그는 일단 형식적으로는 애굽의 방식을 따릅니다. 40일에 걸쳐 미라도 만듭니다. 어차피 광야를 통해서 시신을 운구하려면 썩지 않도록 보존해야 할 것이기 때문입니다. 그러나 결국 야곱을 애굽에 장사하지 않고 가나안 땅에 장사함으로써, 자신들은 약속의 사람들이며 애굽에서는 어디까지나 나그네라는 사실을 증거했습니다.

어쩌면 요셉은 아버지 야곱의 죽음으로 위대한 족장의 시대가 끝났다는 것을 알았을지도 모릅니다. 그래서 이 위대한 족장 시대의 종언에 걸맞은 장례식을 치르기로 결심했을지도 모릅니다. 야곱의 장례식이 이렇게 성대하지 않았더라면 적어도 저는 한 시대가 끝났다는 것을 알아채지 못하고 넘어갔을 것 같습니다.

또 다른 장례의 방식은 가나안의 방식이었습니다.

> 그들이 요단 강 건너편 아닷 타작마당에 이르러 거기서 크게 호곡하고 애통하며 요셉이 아비를 위하여 칠일 동안 애곡하였더니 그 땅 거민 가나안 백성들이 아닷 마당의 애통을 보고 가로되 이는 애굽 사람의 큰 애통이라 하였으므로 그 땅 이름을 아벨 미스라임이라 하였으니 곧 요단강 건너편이더라(50:10, 11).

오늘 본문만 보면 길을 가다가 아버지 생각이 나서 한 번 더 애곡한 것 같습니다. 그러나 지금도 시리아인들 사이에는 사람이 죽었을 때 타작마당에서 일주일 동안 애곡하는 풍습이 남아 있다고 합니다. 다시 말해서 요셉이 요단강을 건넌 후 아닷 타작마당에서 7일간 애곡한 것은 가나안 방식으로 한 번 더 장례를 치른 것과 같습니다.

예를 들어 국제결혼을 하는 경우 우리나라에서 결혼식을 올린 후 배후자의 나라에 가서 한 번 더 그 나라 방식으로 결혼식을 하는 것이나 마찬가지입니다. 결혼식이라는 것은 사회적인 선언이기 때문에 아무한테도 통보하지 않은 채 두 사람만 찬물 떠 놓고 절하면, 결혼한 후에도 자꾸 중매가 들어옵니다. 결혼식은 선포입니다. "이제는 중매 사절입니다. 혹시 저에게 딴마음을 가지고 있는 분이 있더라도, 팬으로는 인정해 드려도 결혼 상대로는 절대 곤란합니다"라고 여러 사람에게 알리는 것입니다.

요셉은 야곱의 장례식이 모든 사람에게 평화와 희망을 주기를 원했습니다. 그래서 빠른 길이 아니라 광야 길을 택해서 행진했습니다. 충돌 가능성이 있는 지중해 길이 아니라 나라가 없는 광야길로 돌아 요단 강을 건넌 것입니다. 놀랍게도 이 길은 나중에 이스라엘 백성들이 출애굽해서 가나안 땅에 들어갈 때의 길과 거의 일치합니다.

이처럼 요셉은 가나안 땅에 들어가면서 다시 한 번 가나안방식으로 장례 절차를 행함으로써 가나안 사람들에게 깊은 인상을주었습니다. 그리고 마지막으로 아버지의 유언에 따라 막벨라 동굴에 그를 장사했습니다. 그렇다면 요셉의 의도는 무엇입니까? 왜 아버지를 장사 지내는 데 애굽이나 가나안 같은 이방의 방식까지 다수용한 것입니까? 여기에는 절차상의 문제에 불과하다면 굳이 다른사람들과 충돌을 일으키지 않고 아버지 야곱의 죽음에 애굽 사람들과 가나안 사람들을 다 같이 참여시키겠다는 뜻이 담겨 있습니다.

칼뱅은 요셉이 애굽의 방식과 가나안의 방식을 모두 수용한데 대해 비판적인 주석을 남겼습니다. 요셉이 아버지의 유언을 행하는 일에 철저하지 못했다는 것이지요. 그러나 저는 그렇게 생각하지 않습니다. 자신이 있다면, 진리에 위배되지 않는다면, 이 세상의 문화를 전적으로 부정할 필요가 없습니다. 중요한 것은 그 안에들어 있는 정신이요 사상이지, 절차가 아닐 수 있습니다. 저는 요셉이 이처럼 문화적인 수용으로서 애굽의 방식과 가나안의 방식을 다수용했다고 봅니다.

그러나 김수환 추기경이 불상을 뒤에 놓고 인사말을 하는식의 행동은 단순한 문화 수용이 아니라 너무 지나치게 나아간 것이 아닌가 생각합니다. 신문들은 추기경이 불상 앞에 서 있는 이 장면이야말로 종교가 자신의 아집과 편견을 버리고 서로 용납하며 인정하는 관용의 상징인 것처럼 평가했지만, 제 생각으로는 너무 지나치게 나아간 것 같습니다. 그런 행동은 그가 결국 무엇을 믿는지 의심하게 만들 수 있기 때문입니다.

요셉은 애굽의 지도자이기 전에 이스라엘의 족장이었습니다. 그러므로 족장으로서 주의해야 할 필요가 있었으나 가나안의 방식을 수용했을 때 후손들은 그 이상으로 훨씬 더 나아갈 수 있습니다. 그동안 성령에 무관심하던 목회자가 갑자기 성령을 강조하기 시작하면 교인들은 벌써 바닥에 다 쓰러져 버리고, 목회자가 제자 훈련을 외치기 시작하면 교인들은 벌써 훈련소 신병이 다 되어 있습니다. 이처럼 항상 뒤에 따라오는 사람들이 더 앞서나가는 법입니다. 그래서 균형이 참으로 중요합니다. 자기의 개인적인 관심과 남에게 미칠 영향의 관계를 충분히 고려해야 합니다.

그러나 저는 요셉의 수용이 본질의 변화가 아니라 인사 정도에 불과한 것이라고 생각합니다. 애굽 사람이나 가나안 사람과 인사 정도도 못할 것은 없지 않습니까? 요셉도 애굽 사람들의 도움을 받았고 그들의 지지로 이런 성공을 거두었는데, 아버지의 장례 때 그들에게 인사 정도는 할 수 있지 않습니까? 또 가나안 땅에 아버지를 묻을 때 굳이 그들의 신경을 건드릴 필요는 없지 않습니까?

요셉이 이방의 두 가지 장례 방식을 다 수용한 것을 보면 사실 그들은 애굽에서나 가나안에서나 나그네였음을 알 수 있습니다. 이 세상에서 나그네로 살면서 굳이 이 세상 사람들과 불필요한 마찰을 일으킬 필요는 없습니다. 우리의 신앙을 지킨다고 해서 굳이 그들이 혐오감을 느끼는 복장을 하거나 그들이 싫어하는 의식을 강행할 이유가 없어요.

재수생 시절에 천호동 사거리를 걸어가다가 가톨릭교도들의 행진과 마주친 적이 있습니다. 그들은 김대건 신부의 뼈를 가지고 굉장히 긴 행렬을 지어서 거리를 행진하고 있었습니다. 그때 제 마음속에서 불이 올라왔습니다. '어떻게 이들은 자기들을 위해 피한 방울 흘리지 않은 김대건 신부의 뼈를 가지고 행진을 하는 거지? 미 미신적인 행진을 당장 그만두게 해야 돼!' 하는 생각으로 그 행렬을 향해 돌진할 뻔했어요. 아마 그때 정말로 돌진했다면 그 행진은 큰 혼란을 겪었을 것이고 저는 미친 사람 취급을 받았을 것입니다. 어쩌면 신교와 구교가 길에서 충돌하는 사건이 벌어졌을지도 모르겠습니다. 그러나 한편으로 그렇게 하면 안 된다는 생각이 들어서, 속으로는 씩씩거리면서도 잘 참았습니다.

그런데 나중에 돌이켜보니 웃음이 나왔습니다. 그 행사가 내 눈에는 미신으로 보였지만 그들에게는 김대건 신부가 죽은 지 100년이 되어 그를 성자로 추앙하는 굉장히 중요한 의식이었습니다. 물론 이것은 문화의 문제가 아니라 본질의 문제지만, 그렇다고 제가 그 행진에 뛰어들어서 혼란을 일으킬 필요까지는 없습니다.

우리는 이 사회의 옷을 입어야 합니다. 굳이 예수님 당시의 옷을 입고 돌아다닐 필요가 없습니다. 그러나 그 옷 안에 들어 있는 사람은 틀림없는 하나님의 백성이어야 합니다. 요셉이 치른 장례식에는 애굽의 방식도 있었고 가나안의 방식도 있었지만, 그가 향한 곳은 피라미드가 아니라 막벨라 동굴이었습니다. 아마 애굽 사람들이나 가나안 사람들은 그 엄청난 장례 행렬의 주인공이 초라한 동굴에 조용히 안장되는 것을 보면서 굉장한 충격을 받았을 것입니다. 그리고 과연 이들의 소망은 무엇이며 이들의 결론은 왜 이런 식으로 나는지에 대해 생각하게 되었을 것입니다.


## 그들에게 남은 과제

요셉은 바로에게 아버지를 장사 지낸 후 돌아오겠다고 약속했고, 장례가 끝나자 약속대로 애굽으로 다시 돌아왔습니다. 5절과 14절을 보십시오.

우리 아버지가 나로 맹세하게 하여 이르되 내가 죽거든 가나안 땅에 내가 파서 둔 묘실에 나를 장사하라 하였나니 나로 올라가서 아버지를 장사하게 하소서 내가 다시 오리이다 하라 하였더니 요셉이 아비를 장사한 후에 자기 형제와 호상군과 함께 애굽으로 돌아왔더라

왜 요셉은 아버지의 장례식을 기회로 가나안 땅으로 돌아가지 않았을까요? 칼뱅은 요셉이 애굽에 벌여 놓은 일이 많았기 때문에 돌아가지 않았을 것이라고 해석합니다. 그러나 요셉은 아버지의 죽음이 단순히 가나안 땅으로 돌아갈 때를 의미하는 것은 아니라는 사실을 알고 있었던 것 같습니다. 야곱의 죽음은 위대한 족장들의 시대가 끝난 것을 의미할 뿐이었고, 그것이 곧 애굽을 떠날 시점을 알리는 것은 아니었습니다.

족장들은 자신들의 달려갈 길을 다 달려갔고 자신들의 싸움을 다 싸웠습니다. 그들은 승리자로서 막벨라 동굴에 누워 있습니다. 요셉은 새로운 믿음의 시대가 도래하고 있는 것을 느꼈습니다. 그 새로운 시대란 어떤 시대입니까? 지금까지 조상들이 개인적으로 실천했던 믿음을 이제는 이스라엘 공동체 안에서 새로운 윤리로 실천해야 하는 시대입니다. 이제 그들은 개인 윤리를 집단 윤리로 발전시켜야 합니다. 살인하지 않고 간음하지 않고 도적질하지 않고 거짓 증거 하지 않고 남의 물건을 탐내지 않고 하나님을 섬기며 안식일을 지키고 거룩한 언약을 지키는 새로운 집단 윤리를 통해 믿음을 실천해야 하는 과제가 그들에게 남아 있었습니다.

이스라엘의 열두 아들을 보십시오. 그들은 서로 사랑하지 못했습니다. 그 안에 음란과 살인과 간음과 미움과 인신매매와 온갖 더러운 것들이 다 있었습니다. 이제 그들이 해야 할 일은 죽은 조상들을 그리워하는 것이 아니라, 이러한 자신들의 상처를 치유하며 관계를 회복하고 용서를 선언하며 새로운 관계를 회복하는 것입니다. 이것이 그들에게 남은 과제였습니다.

하나님께서 그들을 애굽으로 보내신 이유가 무엇입니까? 이제는 그들을 한 나라로 만드시기 위해서입니다. 그들은 더 이상 개인이 아닙니다. 이제부터는 하나의 민족 공동체로서 하나님의 뜻을 알아 가야 하며 순종해 가야 합니다.

기독교가 처음 우리나라에 들어왔을 때 교회가 싸워야 했던 대상은 무지와 미신이었습니다. 우리나라는 조상 숭배 사상이 강했기 때문에, 초기의 그리스도인들은 제사 문제를 놓고 싸워야 했습니다. 양반 상놈의 계급 차이나 여성 차별과 학대도 싸워야 할 문제였습니다. 신사 참배는 그중에서도 가장 큰 문제였습니다. 교회는 이런 문제들과 잘 싸웠습니다.

그러나 해방 후 한국 교회는 지나친 교리 논쟁에 빠지고 말았습니다. 교회는 권위주의화되고 투쟁 일변도가 되었습니다. 모이기만 하면 싸우는 거예요. 회의를 마치면 피가 흥건하고 뼈가 흩어져 있었습니다. 서로 얼마나 말로 공격하고 상처를 주었는지 모릅니다. 최근에 성공적인 목회를 보여 준 교회들은 이런 문제에 대한 답변이었다고 할 수 있습니다. 이런 교회들은 제자 훈련이나 양육 모델을 통해 교리 논쟁적인 교회의 체질을 인격적인 토양으로 바꾸었습니다. 모이면 회의만 하고 토론만 하던 체질에서, 성경을 앞에 놓고 눈물로 자신의 문제를 내놓는 인격적인 체질로 바꾼 것입니다. 또 다른 거대한 조류는 은사나 강력한 성령 체험을 강조하는 것입니다. 이것도 문제에 대한 답변이었다고 말할 수 있습니다.

그러나 그것은 그들이 내린 답변입니다. 우리는 우리의 과제를 풀어야 하고 우리의 답변을 찾아야 합니다. 우리의 과제가 무엇입니까? 그것은 야곱을 장사 지내고 돌아온 야곱의 열두 아들에게 남은 과제와 같습니다.

열두 아들에게 남은 일은 용서였습니다. 그래서 창세기 50장 끝부분은 요셉이 영원히 형제들을 용서하는 선언으로 끝나고 있습니다. 이처럼 할아버지와 아버지가 믿음으로 살았던 삶을 형제들과 집단 가운데서 어떻게 실천할 것인가, 어떻게 서로 용서하고 사랑할 것인가가 그들에게 남은 숙제였습니다. 야곱이라는 거대한 지도자가 죽은 지금 그들이 해야 할 일은 하나님의 나라를 만들어 가는 것입니다. 출애굽의 시기가 언제인지는 알 수 없지만, 이제는 이스라엘이라는 한 나라로서 공동체 윤리를 통해 믿음을 실현해 나가야 합니다.

그렇다면 오늘 우리에게 남은 과제는 무엇입니까? 제가 처음 교회를 세운 후 계속 싸워야 했던 것은 교회의 정체성 문제였습니다. 저는 이미 교회가 많이 있는데 또 새로운 교회가 있어야 하는 이유를 두고 많은 고민을 했습니다. 그때 내린 결론이 우리는 바른 교회의 모습을 회복할 필요가 있으며 그 열쇠는 말씀에 있다는 것이었습니다. 즉 하나님의 말씀이 바로 선포될 때 교회의 영광이 회복된다고 생각한 것입니다. 그런 생각은 처음에 웃음거리밖에 되지 않았습니다. 목회자라면 당연히 말씀이 있는 것이지 새삼 또 무슨 말씀을 찾느냐고 반문하는 사람이 많았습니다. 그러나 감사하게도 지금은 조금씩 교회의 위상이 회복되는 것을 보고 있습니다.

우리에게 또 남은 과제는 무엇입니까? 족장들이 남긴 삶은 오늘 우리들에게도 그대로 적용될 수 있습니다. 우리에게는 가나안 땅과 같은 이 세상에서 믿음 하나로 위대한 삶을 살아야 할 과제가 있습니다. 돈이 없고 학벌이 없고 배경이 없어도 믿음 하나로 위대한 삶을 살아야 할 과제가 있습니다. 하나님의 말씀만 붙든다면 우리는 결코 이 세상에서 망하지 않을 것입니다. 오히려 어느 누구도 흉내 낼 수 없는 위대한 삶을 살게 될 것입니다. 이것이 우리가 해내야 할 과제입니다.

또한 우리는 야곱 이후에 이스라엘 백성들에게 주어진 과제를 오늘도 여전히 안고 있습니다. 그것은 우리의 믿음을 공동체 안에서 어떻게 꽃피우고 열매 맺느냐 하는 것입니다. 나 혼자 우상 숭배와 싸우고 세상과 싸우는 것이 아니라, 믿음의 사람들과 함께 어울려서 새로운 생활방식을 만들어 내는 것이 우리의 과제인 것입니다. 이제는 예배드리고 돌아가면 안 됩니다. 서로 만나야 합니다. 집에 초청해서 음식도 나누고 큐티도 나누어야 합니다.

우리 안에는 베냐민과 같은 기질이 있습니다. 이리같이 날카롭게 할퀴면서 자기 자신을 방어하려고 하는 자기중심적인 기질이 있습니다. 그러나 베냐민은 나중에 굉장히 풍성하게 변합니다. 또 오늘 요셉의 풍성한 모습을 보십시오. 그가 애굽의 방식이나 가나안의 방식을 소화할 수 있었던 것은 그만큼 자신이 있었고 진리에 대해 잘 정리되어 있었기 때문입니다.

내 문제는 둘째 문제입니다. 집단적으로 어떻게 남의 연약한 부분을 채워 줄 것인가를 생각해야 합니다. 우리는 아직도 너무 이기적입니다. 지금보다 더 풍성해져야 애굽의 방식과 가나안의 방식을 수용하면서도 변질되지 않을 수 있습니다.

또한 우리가 해야 할 일은 다음 세대를 믿음으로 준비시키는 것입니다. 저는 남들의 답을 그대로 흉내 내는 것은 우리의 과제에 대한 진정한 답이 될 수 없다고 생각합니다. 그것은 그들의 답이지 우리의 답은 아닙니다. 우리는 우리의 답을 찾아야 합니다. 우리 청소년들은 지금 입시와 타락한 세상 문화라는 양대 암초 사이에서 위기의 시간을 보내고 있습니다. 이쪽에도 부딪히고 저쪽에도 부딪히면서 비틀거리며 나아가고 있습니다. 우리는 이들을 하나님의 군사로 준비시키는 일을 해야 합니다. 물론 구제나 선교도 열심히 해야 합니다. 어떻게 하든지 다른 사람을 돌아보고 그들을 내 집에 초청해서 먹이는 일을 부지런히 해야 하며, 선교를 통해 실질적으로 하나님 나라를 건설하는 길로 나아가야 합니다. 그러나 그것 못지않게 중요한 것이 청소년들을 복음으로 붙들어서 미래의 인물로 준비시키는 것입니다. 열두 아들들은 문제도 많았고 때로는 죄에 빠질 때도 있었지만, 야곱이 끝까지 인내했을 때 전부 믿음의 사람이 되지 않았습니까? 우리 청소년들에 대해서도 이렇게 끝까지 인내

할 때 한결같은 미래의 기둥이 될 것을 믿습니다.

이제 우리는 새로운 세기를 눈앞에 두고 있습니다. 이 새로운 시대는 새로운 지혜와 새로운 패러다임으로 풀어 나가야 합니다. 과거의 케케묵은 사고방식으로는 적용할 수 없습니다. 100억을 들여서 교회를 짓는 곳도 있지만, 100억 공사로는 새로운 시대를 이기지 못합니다. 이제는 문제를 꿰뚫어보는 새로운 안목으로 싸워야 합니다.

주님은 새 술은 새 부대에 담아야 한다고 말씀하셨습니다. 사랑하는 여러분, 오늘 이 예배를 통해서 우리의 생각을 새롭게 합시다. 새로운 하나님 나라의 건설을 위해서 내가 무엇을 해야 하는지, 하나님께서 나에게 주신 과제가 무엇인지를 생각합시다. 언젠가는 우리 믿음의 후손들이 우리의 삶을 평가할 것입니다. 그때 부끄러움을 당하지 않으려면 지금 우리가 가지고 있는 전제를 완전히 새롭게 해야 합니다.

# 33

# 요셉의
# 과거 청산

최근 20년간 우리나라는 여러 번 정권이 바뀌고 새로운 통치자가 세워졌지만 앞으로 한 발자국도 나아가지 못한 채 그 자리에 머물러 있습니다. 과거 청산이라는 올무에 발목이 잡혀서 끝없이 과거만 청산하고 있기 때문입니다. 6공은 5공을 청산한다고 아무것도 못했습니다. 그래서 친구인 전직 대통령을 절에 보내고서도 5월만 되면 나라 전체가 항상 심한 진통을 겪어야 했습니다. 문민정부가 들어서고 난 후에도 달라진 것은 없습니다. 전직 대통령을 두 명이나 감옥에 보냈지만 한 발자국도 앞으로 나아가지 못했습니다.

그동안 수많은 사람들을 감옥에 집어넣었음에도 불구하고 우리나라 역사는 바로 세워진 것도 없고 달라진 것도 없습니다. 이제 새 정권이 들어서지만 아마 이 새 정부도 과거를 청산하느라고 아까운 시간을 다 보낼 것 같습니다. 그래서 시간은 계속 흘러가는데 우리 민족은 조금도 앞으로 나아가지 못하고 있습니다. 과거에 발목이 잡혀서 미래가 보이지 않는 것입니다. 마치 나라 전체가 거대한 우울증에 걸린 것 같습니다.

나라뿐 아니라 개인도 철저하게 과거에 매여서 앞으로 한 발자국도 나아가지 못하는 경우가 있습니다. 이를테면 어렸을 때

부모님이 사업에 실패했거나 집이 망하는 바람에 제대로 배우지 못하고 상처를 많이 받았을 때, 그 과거를 청산하느라고 미래가 전혀 보이지 않는 생활을 할 수 있습니다.

오늘 사람들에게 가장 필요한 선물이 있다면 그것은 바로 용서입니다. 서로 용서하지 못하고 용서받지 못하면 미래를 향해 조금도 나아가지 못한 채 자식들에게 복수를 대물림하게 됩니다. 앞으로 우리 주위에는 우울증이나 정신질환을 앓는 사람들이 굉장히 많아질 것입니다. 이런 병이 왜 생깁니까? 남을 용서하지 못하기 때문에 생깁니다. 과거를 용서하지 못하고 자신을 용서하지 못하며 나에게 상처를 준 사람을 용서하지 못하기 때문에 병이 생기는 거예요.

그런 병은 절대 혼자 망하는 것으로 끝나지 않습니다. 다른 사람들까지 불행하게 만들어야 직성이 풀립니다. 엄마가 마음에 상처가 있으면 딸도 자기와 똑같이 불행하게 만들어야 직성이 풀려요. 우울증 환자들의 특징은 남이 행복한 것을 봐 주지 못한다는 것입니다. 남이 망하는 것을 봐야 비로소 굳은 표정이 풀리고, 남이 괴로워하는 것을 봐야 비로소 얼굴에 미소가 떠오릅니다.

그러나 우리의 시간에는 과거만 있는 것이 아닙니다. 분명히 현재가 있고 미래가 있습니다. 그러나 용서하지 못하고 용서받지 못하면 아무리 시간이 흘러도 미래를 향해 나아갈 수 없습니다. 그런 사람들에게는 항상 과거만 있습니다. 봄, 여름, 가을, 겨울이 흘러가지 못하고 항상 겨울만 있는 것과 같습니다. 우리 민족에게 언제나 과거만 존재하는 것도 용서할 줄 모르기 때문입니다.

성경을 보면 요셉이야말로 과거를 청산하느라 한평생을 보낼 수밖에 없을 만큼 불행했던 사람임을 알 수 있습니다. 그는 단지 가정 형편이 불우해서 제대로 공부하지 못한 정도가 아니라, 형들에게 미움을 받아서 외국에 노예로 팔려 버렸습니다. 그는 젊은 시절을 노예생활로 다 보냈습니다. 그것도 단순한 노예 생활이 아니었습니다. 억울한 누명을 뒤집어쓰고 감옥에 들어가서 죄수들의 노예로 살았습니다. 보통 노예도 인격적인 대우를 받지 못하는데 감옥 안에 있는 죄수들을 수발드는 노예가 사람 취급을 받았겠습니까?

요셉이 이렇게 불행해진 이유가 어디에 있습니까? 형들 때문입니다. 아니 어쩌면 아버지 때문인지도 모릅니다. 아버지가 아내를 여럿 두는 바람에 배다른 형제 사이에서 자기가 미움을 받게 되었으니 말입니다.

그러나 요셉은 결코 과거에서 살지 않았습니다. 그는 형들의 모든 잘못을 깨끗하게 용서했습니다. 그렇게 하지 않으면 그 자신이 한 발자국도 앞으로 나아갈 수 없습니다. 자기를 미워해서 죽이려고 했던 형제들에게 계속 원한을 품고 있으면 그 과거가 족쇄가 되어서 비전도, 미래도, 하나님의 약속도 다 사라져 버립니다.

아버지 야곱이 죽은 후에 형들은 요셉이 과거의 일로 자기들에게 보복을 하지 않을까 두려워서 사람을 보내 화해를 청했습니다. 그 당시만 해도 아버지가 살아 있는 동안에는 형제들 사이에 복수하는 일을 절제했던 것 같습니다. 그러나 아버지의 장례만 끝나고 나면 그때부터 피비린내 나는 살육이 시작되곤 했습니다.

야곱이 죽은 후 형제들은 이 점을 염려하면서 요셉에게 자기들을 용서해 달라고 간구했습니다. 요셉은 이미 오래전에 용서했지만, 형들의 입장에서는 아직도 이 일이 정리되지 않았던 것입니다. 요셉은 과거를 청산했지만 형들은 아직도 과거에 사로잡혀 있었습니다. 이들은 지난 30년 동안 한 걸음도 앞으로 나아가지 못하고 있었습니다. 30년 전의 일에 발목이 잡힌 나머지 세월이 이렇게 흘러서 아들이 태어나고 손자까지 태어났는데도 여전히 과거에 머물러 있었습니다.

요셉은 이들의 말을 듣고 눈물을 흘렸습니다. 같은 집에 살고 있었고 같은 시대에 살고 있었음에도 불구하고 형들과 자기 사이에는 30년의 간격이 있었습니다. 요셉은 형들이 알아들을 수 있는 말로 간곡하게 그들은 위로하고 격려했습니다.

그는 야곱이 죽은 후 과거를 청산하는 형제들의 청문회를 열 수도 있었습니다. 야곱의 열두 아들 중에는 털어서 먼지 안 날 사람이 한 명도 없었습니다. 그러나 그는 결코 형들에게 개인적으로 보복하지 않았습니다. 과감하게 그들을 용서했고 과거를 청산했습니다.

위대한 족장의 시대가 끝나고 이스라엘이 하나님의 나라로 성장해 가는 데 가장 무서운 걸림돌은 30년 전의 원한 관계였습니다. 그러나 요셉은 과감하게 형제들을 용서함으로써 그들과 함께 하나님 나라 건설을 향한 대장정에 나섭니다. 이것이 바로 창세기의 결론입니다.

## 형들의 두려움

아버지 야곱의 죽음은 위대한 족장의 시대가 드디어 막을 내리고, 이제 이스라엘이 하나의 공동체로서 하나님 나라를 형성하는 자리로 나아가는 순간이 도래했음을 알리는 전환점이었습니다. 그런데 이스라엘 자손들이 미래를 향해 나아가지 못하도록 발목을 잡는 것이 있었습니다. 그것은 형제들 사이에서 청산되지 못한 과거의 악이었습니다.

> 요셉의 형제들이 그 아비가 죽었음을 보고 말하되 요셉이 혹시 우리를 미워하여 우리가 그에게 행한 모든 악을 다 갚지나 아니할까 하고 요셉에게 말을 전하여 가로되 당신의 아버지가 돌아가시기 전에 명하여 이르시기를 너희는 이같이 요셉에게 이르라 네 형들이 네게 악을 행하였을지라도 이제 바라건대 그 허물과 죄를 용서하라 하셨다 하라 하셨나니 당신의 아버지의 하나님의 종들의 죄를 이제 용서하소서 하매 요셉이 그 말을 들을 때에 울었더라(50:15-17).

앞서 말했듯이 그 당시에는 자식들 사이에 원한 관계가 있어도 아버지가 살아 있는 동안에는 서로 복수하지 않고 참았던 것 같습니다. 그러다가 아버지가 돌아가시고 장례가 끝나면 그때부터 무서운 복수가 시작되곤 했습니다. 에서는 야곱을 그토록 미워하고 증오했으면서도 아버지 이삭이 살아 있는 동안에는 죽이지 못했습니다. 그러나 그것은 어디까지나 참고 있었던 것이지 용서한 것이 아니었습니다. 그런데 아버지 이삭은 죽을 듯하면서도 죽지 않고 아주 오래 살았습니다. 그래서 결국 에서는 야곱을 죽일 기회를 놓쳐 버렸습니다.

기드온에게는 70명의 아들과 첩의 아들이 있었습니다. 그런데 이 첩의 아들이 본처의 아들들에게 설움을 많이 당했던 것 같습니다. 그는 기드온이 죽을 때까지 참고 기다렸다가 마침내 죽고 난 후 하루 날을 잡아서 70명의 아들들을 다 죽여 버렸습니다.

형들은 요셉이 자기들에 대해서 아무런 반응을 보이지 않는 것은 아버지가 살아 있기 때문에 참고 있는 것일 뿐, 진정으로 용서한 것은 아니라고 생각했습니다. 그래서 아버지가 죽으면 어느 하루 날을 잡아서 무서운 피의 복수를 벌일까 봐 두려워했습니다. 마침내 야곱이 죽은 후 두려움에 떨고 있던 그들은 결국 요셉에게 사람을 보내어 화해를 청했습니다.

야곱의 아들들은 아직까지 30년 전에 살고 있었습니다. 그들은 이 긴 세월 동안 한 발자국도 앞으로 나아가지 못했습니다. 그 이유가 무엇입니까? 과거에 지은 죄가 발목을 잡고 늘어졌기 때문입니다.

이 세상에서 사는 것은 마치 진흙길을 걷는 것과 같습니다. 처음에는 다리에 붙은 진흙이 얼마 되지 않기 때문에 쉽게 발걸음을 옮길 수 있었습니다. 그러나 가면 갈수록 더 많은 진흙이 달라붙어서 다리가 점점 무거워집니다. 그러다가 결국 어떻게 됩니까? 달라붙은 진흙의 무게를 견디지 못해서 쓰러지고 맙니다.

사람의 과거는 없어지지 않습니다. 잠재의식 속에 다 남아 있습니다. 의식적으로는 깨닫지 못한다 하더라도 그 사람의 감정이나 마음의 상처를 통해 그대로 살아 있습니다. 그래서 자기는 의식하지 못하는데, 감정이 먼저 불안해져 올 때가 있습니다.

야곱은 열두 아들을 다 축복했습니다. 이제 그들이 해야 할 일은 개인 하나하나로서가 아니라 하나님 나라의 구성원으로서 믿음의 삶을 살아나가는 것입니다. 그런데도 그들은 30년 전에 저지른 죄 때문에 한 발자국도 나아가지 못하고 있었습니다. 요셉은 이미 그들을 용서했습니다. 모든 원한을 하나님 앞에서 다 청산했어요. 그러나 형들에게는 청산된 것이 아무것도 없었습니다. 그들에게는 과거의 죄가 전혀 해결되지 못한 채 그대로 남아 있었습니다.

요셉은 화해를 청하는 형들의 말을 전해 듣고 울었습니다. 왜 울었습니까? 자신에게는 완전히 끝난 문제인데, 형들은 거기에서 전혀 해방되지 못한 채 자신의 사랑 속에서도 풍성한 삶을 살지 못하고 두려움과 공포에 떨고 있었기 때문입니다. 요셉은 형들을 사랑해서 풍성한 곡식을 주었고, 그 자녀들과 가축들의 양식까지 넉넉히 주었습니다. 그런데 형들은 이 풍성한 사랑을 받으면서도 마치 바늘방석에 앉은 것처럼 두려움과 불안으로 세월을 보냈던 것입니다. '우리를 살찌워 놓고 하루 날 잡아서 해치우려는 거야. 미운 놈 떡 하나 더 주는 거야' 하면서 그 긴 세월을 보낸 거예요. 그들은 요셉의 사랑을 사랑으로 믿어 주지 않았습니다. 사랑하면 사랑할수록 더 도망치고 불안해하며 두려움에 떨었습니다.

여기서 우리가 생각해 볼 수 있는 것이 몇 가지 있습니다. 첫째로, 우리가 어떤 중요한 전환점을 맞이할 때마다 과거의 상처가 발목을 잡고 늘어진다는 것입니다. 형들은 지금까지 그런 대로 잘 지내는 것 같았습니다. 그런데 족장의 시대가 끝나고 새로운 시대가 도래했을 때, 과거의 죄 때문에 움츠러든 채 심한 죄의식에 빠져서 조금도 움직이지 못했습니다.

우리에게 주어진 시간은 다 같은 시간이 아닙니다. 평생에 몇 번은 굉장히 중요한 결정을 내려야 할 시점을 맞이하게 됩니다. 무언가 결단을 내려야 하고 앞을 향해 도전하며 도약해야 하는 시기가 있어요. 그런데 마음속에 상처가 있고 죄의식이 있는 사람은 그럴 때 딱 뒤로 물러섭니다. 그럴 때 오히려 피할 곳을 찾으려 하고 책임을 회피하려 합니다. 그만큼 마음이 병들어 있기 때문입니다.

그래서 사람은 겉모습만 보면 안 됩니다. 중요한 것은 속사람입니다. 속이 병든 사람은 결정적인 순간에 뒤로 물러나며, 위기 때 책임을 회피합니다. 반면에 건강한 사람은 위기의 순간에도 그렇게 긍정적일 수가 없습니다. 망하게 되었고 굶어 죽게 되었는데도 합리적이며 긍정적으로 생각합니다. 똑똑하다고 해서 위기를 극복하는 것이 아닙니다. 영혼이 건강해야 위기를 극복할 수 있습니다. 영혼이 건강한 사람은 아무리 노예로 만들려고 해도 만들 수가 없습니다.

노예는 위기를 극복할 수 없습니다. 노예는 책임을 질 줄 모르기 때문입니다. 하나님께서는 이스라엘 백성들을 애굽에서 이끌어 내신 후에 해변 길로 인도하지 않으셨습니다. 그 길로 가면 일주일 만에 가나안에 갈 수 있는데도 그 길로 이끌지 않으셨습니다. 노예 출신인 그들을 전쟁이 기다리고 있는 해변 길로 가게 할 경우, 미처 전쟁이 시작되기도 전에 도망쳐 버릴 것을 아셨기 때문입니다.

우리가 하나님 앞에 나아가야 하는 이유가 무엇입니까? 하나님 앞에 나아가지 않으면 자신의 내면의 모습을 알 수 없기 때문입니다. 사람은 하나님 앞에 나아가야 비로소 자신의 속이 병든 것을 알고 고침을 받을 수 있습니다.

둘째로 생각할 수 있는 것은, 마음속에 있는 상처가 치료되지 않으면 아무리 사랑을 받아도 소용이 없다는 것입니다. 요셉은 그동안 형들과 그 자식들을 참으로 사랑했습니다. 그들의 필요를 다 채워 주었을 뿐 아니라 조금도 섭섭하지 않도록 모든 편의를 제공해 주었습니다. 그러나 형들은 그런 사랑을 받으면서도 늘 요셉의 보복을 두려워하며 불안한 하루하루를 지내 왔던 것입니다. 그것을 알게 된 요셉은 울었습니다. 자신이 얼마나 형들을 사랑했습니까? 얼마나 진심으로 사랑의 공급을 해왔습니까? 그러나 과거가 청산되지 않으니까 이 풍성한 생활 가운데서도 형들은 풍성함을 누리지 못했습니다.

억수 같은 소나기가 내려도 장독 뚜껑을 덮어 놓으면 빗물이 고이지 않는 법입니다. 이처럼 형들도 마음이 닫혀 있으니까 아무리 풍성한 삶이 공급되어도 풍성한 줄 모르고, 오로지 요셉의 눈치만 살피고 있었습니다. '이제 곧 아버지가 돌아가실 텐데 그러면 끝장이 나겠지. 지금은 이렇게 살찌워 놓다가 그때가 되면 피비린내 나는 복수를 시작할 거야.'

우리도 하나님의 인도하심을 따라가면서 불안해할 때가 얼마나 많습니까? 하나님께서 그렇게 사랑의 손길로 나의 삶을 인도하시며 은혜를 퍼부어 주시는데도 갑자기 마음이 불안해져서 밤에 잠도 못 자고 안절부절못할 때가 얼마나 많습니까? 저는 아직까지도 제 안의 상처가 다 치료되지 않았다는 것을 잘 알고 있습니다. 하나님께서 사랑으로 인도하신다는 것을 그렇게 잘 알면서도 그 결과가 조금만 늦게 나타나면 금방 분노가 일어나기 때문입니다. 며칠만 기다리면 영광스러운 결과가 나타나고 은혜의 해가 비칠 텐데 그걸 못 참아서 남을 의심하고 불안해할 때가 얼마나 많은지 모릅니다.

하나님께서는 그런 우리의 모습을 보면서 우십니다. 우리는 얼마나 믿음이 없고 연약한지 하나님이 조금만 늦게 응답하셔도 자기 화를 못 이겨서 거의 반죽음 상태가 되어 버립니다. 마치 병든 야생 물고기나 새를 치료해 주려고 잡으려 들면 미친 듯이 몸부림을 치면서 기를 쓰고 도망치는 것과 같습니다. 그래서 계속 화살이 꽂힌 채로 다니는 오리도 있어요. 이것은 일종의 영적 자폐아 증세라고 할 수 있습니다. 자폐아들은 아무리 사랑한다고 해도 알아듣지 못합니다. 사랑해서 안아 주려고 하면 오히려 겁을 먹고 소리를 지릅니다. 다른 사람에게 안기면 죽는 줄 알아요. 이것이 우리의 모습입니다. 안에 있는 상처가 치료되지 않으니까 아무리 사랑을 받아도 소용이 없는 거예요. 마음의 문을 딱 닫아 놓으니까 아무리 공급을 받아도 풍성해지질 않습니다.

셋째로, 요셉의 형들은 이 문제를 놓고 서로 의논한 끝에 요셉을 직접 찾아가 용서를 빌면서 그의 종이 되기로 결정했습니다. 이것은 잘한 일입니다.

그 형들이 또 친히 와서 요셉의 앞에 엎드려 가로되 우리는 당신의 종이니이다(50:18).

사람을 보내서 화해를 신청했는데 요셉이 아무 소리 없이 울기만 했다는 말을 듣고 형들은 크게 놀랐던 것 같습니다. 처음에는 제법 격식을 갖추어 사람을 보내서 "당신의 아버지의 하나님의 종들의 죄를 이제 용서하소서" 하고 화해를 신청했습니다. 자신들은 하나님의 종이니까 용서해야 한다는 것이지요. 그런데 전갈을 가지고 갔던 사람 말이, 요셉이 아무 대꾸 없이 울기만 하더라는 것입니다. 이 말을 들은 형들은 너무 놀랐습니다. "큰일 났다! 괜히 상처를 건드렸나 봐. 요셉이 이제는 울기까지 한대. 우리 전부 가 보자!"

별 생각 없이 용서해 주기를 바라고 사람을 보냈는데 그 말에 울기까지 하는 것을 보면, 과거의 일이 아직도 그의 마음에 사무쳐 있는 것 같다는 것입니다. 공연히 아픈 가슴을 더 건드렸다는 거예요. 그래서 아예 자신들이 직접 달려가서 요셉 앞에 엎드렸습니다.

이것은 아주 잘한 일입니다. 그들이 그렇게 하지 않았더라면 그 후로도 계속 불안한 마음으로 살아야 했을 것입니다. 체면 때문에 마음을 감출 필요가 뭐가 있습니까? 차라리 직접 찾아가서 엎드리는 것이 좋습니다.

우리도 마음속에 불안한 것이 있을 때에는 몇 번씩이라도 하나님 앞에 나아가 확인받을 필요가 있습니다. 하나님 편에 문제가 있기 때문이 아닙니다. 우리 믿음이 너무나 부족하기 때문입니다. 아이들은 무언가 의심나는 부분이 있으면 몇 번씩 질문을 합니다. 아버지가 약속을 했는데 무슨 뜻인지 잘 모르겠으면 알 때까지 묻습니다. 자기 의심이 완전히 사라질 때까지 끈질기게 물어 봐요. 우리도 그렇게 하나님께 물어 보아야 합니다. 수련회나 사경회에 가면 가끔 청년들이 저를 찾아와 묻습니다.

"목사님, 지난번 수련회 때 분명히 이 문제를 두고 회개했거든요. 막 눈물 흘리면서 회개했어요. 하나님께서 용서하셨다는 확신도 주셨구요."

"잘했네요."

"그런데 1년이 지나도록 그 죄가 계속 생각나서 양심이 편하지가 않아요, 같은 죄를 놓고 또 회개해야 할까요?"

"회개하세요."

"지난번에 했는데도요?"

"그래도 생각나면 또 하세요."

마치 요셉의 형들과 같습니다. 요셉은 이미 용서했습니다. 그러나 형들은 불안한 것입니다. 그렇게 불안할 때는 직접 가서 물어보는 것이 좋습니다. 그들은 처음에 요셉의 태도를 보고 용서를 확신했습니다. 또 아버지 야곱의 축복을 받고서 용서를 확신했습니다. 그런데 상황이 변하니까 또 마음속에 두려움이 생겼습니다. 그래서 함께 의논하다가 아예 요셉 앞에 나가서 무릎을 꿇고 자신들은 그의 노예라고 자백했습니다. 그렇게 하지 않았더라면 그들은 풍요 속에서도 계속 빈곤한 생활을 했을 것이며, 과거의 죄에 매여서 한 발자국도 앞으로 나아가지 못했을 것입니다.

마음속에 의심 가는 부분이 있습니까? 몇 번씩 확인해서라도 해결 받는 것이 좋습니다. 회개했다고 하더라도 다시 의심이 나면 하나님 앞에 나가서 또 기도하십시오. 확신이 생길 때까지 기도하세요. 하나님이 변덕스럽기 때문이 아닙니다. 우리에게 믿음이 없기 때문입니다. 몇 번씩이라도 나아가서 과거를 청산하십시오. 과거를 끝내 버리십시오. 그래야 미래를 향해 나아갈 수 있고 영광스러운 하나님의 나라를 바라볼 수 있습니다.

## 요셉의 확인

형들이 두려워 떨면서 용서를 구했을 때 요셉은 어떤 자세로 이들을 대했습니까?

요셉이 그들에게 이르되 두려워 마소서 내가 하나님을 대신하리이까 당신들은 나를 해하려 하였으나 하나님은 그것을 선으로 바꾸사 오늘과 같이 만민의 생명을 구원하게 하시려 하셨나니(50:19, 20).

요셉은 형들을 인간적으로 위로하지 않았습니다. "다 지난 일인데 뭐 그런 걸 가지고 이러십니까?" 하는 식으로 위로하려고 하지 않았어요. 그는 모든 것을 하나님 앞에서 해결하려고 했습니다.

요셉의 믿음이 무엇입니까? 이 세상에서 자기에게 닥치는 좋은 일이나 나쁜 일은 모두 하나님으로부터 온다는 것입니다. 자기는 실수해도 하나님은 실수하지 않으신다는 것입니다. 주위 사람들은 자기에게 악을 행해도 하나님은 그 악을 바꾸어 선을 이루신다는 것입니다. '하나님은 나를 사랑하신다. 그러므로 내가 지금 끝없는 바닥을 향해 떨어진다 하더라도 반드시 다시 올라올 것이다. 하나님은 악을 바꾸어 선을 이루시는 분이기 때문이다.' 그래서 요셉은 사람을 미워하지 않았습니다.

형들은 요셉을 해치려고 했습니다. 그들의 악한 짓 때문에 요셉은 그 아까운 젊음을 인생 밑바닥에서 불행하게 보냈습니다. 그러나 요셉은 이 모든 것이 하나님께서 자기를 통해 많은 사람을 구원하시기 위한 과정임을 알았습니다. 그의 노예생활은 그가 받은 말씀이 성육신 되는 과정이었습니다. 물론 요셉의 형들은 악을 행했습니다. 그러나 하나님께서는 그 악을 바꾸어 선을 이루셨습니다. 그런데 이제 와서 요셉이 형들의 잘잘못을 따지려 든다면 그는 하나님보다 더 높은 자리에 앉는 셈이 됩니다.

우리의 문제가 바로 여기에 있습니다. 내 실수나 잘못으로, 또는 남의 실수나 잘못을 큰 어려움과 고통에 빠지게 되었을 때, 하나님께 서는 그 악을 바꾸어 선을 이루십니다. 그런데 우리는 그때부터 잘잘못을 따지기 시작합니다. "그때 나는 그렇지 하지 말았어야 했어", "그 사람을 믿었던 건 정말 잘못이야", "그 사람은 왜 나한테 그런 짓을 했을까" 하면서 다 끝난 일을 들추어내며 자기 가슴을 치고 아내 눈을 찌르고 애들 콧구멍까지 쑤셔 대야 직성이 풀립니다. 상황은 벌써 다 끝났어요. 하나님은 악으로 선을 이루셨습니다. 그런데 우리는 그때부터 심판을 시작하는 것입니다.

이것이 바로 하나님보다 더 거룩해지려는 것이고, 하나님보다 더 완전해지려는 것입니다. 하나님께서 악을 바꾸어 선을 이루셨을 때 우리가 주의해야 하는 것은, 일이 다 끝난 후에 반성회를 열어서 자신을 하나님 자리에 올려놓지 않는 것입니다.

이것은 저 자신도 수없이 반복해서 실수하는 부분입니다. 하나님께서는 이미 모든 일을 좋게 끝내셨습니다. 그것을 생각하면 그렇게 감사하고 기쁠 수가 없습니다. 그러면 그때부터 하나님을 바라보아야지요. 그동안 나에게 섭섭하게 한 사람들, 별로 도움을 주지 않은 사람들, 말로 마음에 상처 준 사람들을 다 덮어 주어야지요. 그런데 오히려 그때부터 사람들을 하나하나 짚어 가면서 마음이나 입으로 심판하기 시작하는 것입니다. 이것은 마치 주인공이 멋진 연기로 마무리한 무대에 엑스트라가 다시 등장해서 연극을 망처 놓는 것과 같습니다. 주인공이 최후를 멋지게 장식했으면 진한 감동으로 다 박수치고 끝내야지, 왜 엑스트라가 다시 나옵니까?

내가 아무리 실수하고 잘못해도 그것을 바꾸어 결국 선을 이루시는 것, 인간의 가장 큰 악을 바꾸어 엄청난 구원을 이루시는 것이야말로 하나님의 능력이며 그분이 영원토록 찬양받으실 이유입니다. 이 세상에서 악을 바꾸어 선을 이룰 사람은 아무도 없습니다. 이것은 오직 하나님만이 하실 수 있는 일입니다. 하나님을 모르는 사람도 '전화위복'이라는 말을 가끔 씁니다. 그들도 간접적으로나마 하나님의 간섭하심을 느낄 때가 있는 것입니다. 하나님께서 간섭하지 않으면 전화위복은 절대로 일어나지 않습니다. 악은 항상 악으로 남을 뿐입니다.

그런데 하나님이 능력으로 악을 선으로 뒤집어 놓으셨다면, 그때부터는 조용히 그분만 바라보아야 합니다. 입을 다물고 침묵 가운데 그분만 바라보아야 해요. 이 세상에는 사람의 이론대로 되지 않는 일이 많습니다. 사람이 보기에는 분명히 악한 것인데 하나님이 선으로 뒤집어 놓으셨을 때에는 무슨 이론이나 토론이 필요치 않습니다. 단지 입을 다물고 조용히 하나님이 행하신 일을 음미할 수밖에 없습니다. 욥기의 결론이 무엇입니까? '내가 손으로 입을 가리고 다시는 하나님 앞에서 말하지 않겠다'는 것 아닙니까?

여러분, 하나님은 악을 선으로 바꾸시는 분입니다. 우리에게 일어나는 모든 일은 좋은 일이든 나쁜 일이든 전부 하나님께로부터 오는 것입니다. 맛있는 포도주뿐 아니라 쓴잔도 하나님이 주십니다. 주님은 그것을 아시고, 그 쓴잔을 한 방울도 남기지 않고 다 마셨습니다.

그렇다면 이렇게 하나님께서 악을 선으로 바꾸셨을 때, 그 악한 일을 행한 사람의 죄는 다 저절로 용서되는 것일까요? 그렇지 않습니다. 그 사람들의 죄는 그대로 남아 있습니다. 그러나 하나님께서는 그들에게도 용서받을 수 있는 기회를 주십니다. 아무리 악역으로 사용된 자라고 해도 자기가 해치려 했던 그 사람을 하나님께서 들어 사용하시는 것을 보고 그 앞에 가서 종이 되겠다고 엎드리기만 하면 다 용서받을 수 있습니다. 이 세상에 하나님 앞에서 용서 받지 못할 죄는 없습니다. 아직 시간이 있을 때 내가 해친 사람 앞에 달려가 용서를 구하면 하나님께서는 그 어떤 죄도 다 용서해 주시며 그의 귀한 동역자가 되게 해주십니다.

사실 그리스도인을 핍박했던 사람보다 그리스도인을 더 잘 아는 사람이 없습니다. 그동안 미워할 거리를 하나도 놓치지 않으려고 공책에 필기해 가면서, 메모해 가면서 중요한 내용은 따로 적어서 벽에 꽂아 가면서 속속들이 미워했기 때문에 그에 대해서 모르는 게 없습니다. 그래서 이런 사람이 한번 바뀌면 최고로 좋은 친구이자 동역자가 될 수 있습니다. 이렇게 되는 것보다 더 큰 축복이 없습니다.

우리는 이 축복을 위해 기도해야 합니다. 주님이 원수들을 위해 기도하며 우리를 핍박하는 자를 위해 기도하라고 하신 것은, 그들이 하나님 앞에서 무서운 죄인임에도 불구하고 아직 시간이 있을 때 회개하기만 하면 이처럼 가장 좋은 친구이자 동역자가 될 수 있기 때문입니다.

## 요셉의 비전

요셉은 미래의 사람이었습니다. 그는 처음부터 미래를 바라보는 비전을 가지고 있었습니다. 그가 애굽의 노예생활을 견딜 수 있었던 것도 바로 이 비전이 있었기 때문입니다. '내가 지금은 노예생활을 하지만 이것이 나의 전부는 아니다. 그런데 내가 여기에서 음란한 여자의 유혹에 넘어간다면 진짜 비참해지고 만다'는 것을 그는 알았어요. 요셉이 가졌던 이 비전이 결국 요셉 자신과 주변의 많은 사람들을 살렸습니다.

흉년이 끝난 후에도 그에게는 비전이 있었습니다. 그것이 무엇입니까? 이스라엘 자손들을 통해 새로운 하나님의 나라를 세우는 것입니다.

당신들은 두려워 마소서 내가 당신들과 당신들의 자녀를 기르리이다 하고 그들을 간곡한 말로 위로하였더라(50:21).

열두 형제와 그 가족들은 하나가 되기 어려운 사람들이었습니다. 그들 자신도 여러 어머니 밑에서 태어났을 뿐 아니라 그들이 낳은 아이들 중에도 가나안 여자의 소생과 애굽 여자의 소생이 섞여 있었습니다. 아주 복잡한 집안이었어요. 그런데 요셉은 자기가 그들을 한 하나님의 백성으로 양육하겠다고 말하고 있습니다. 자기가 변함없이 그들의 필요를 공급해 주며 그들의 자녀들을 키우겠다는 것입니다.

여기서 키운다는 것은 단순히 그들의 양식만 공급해 주겠다는 뜻이 아닐 것입니다. 이것은 이 애굽에서 그들을 온전히 책임지겠다는 말입니다. 자신이 목자가 되어서 그들이 다시는 두려워하거나 궁핍에 빠지지 않도록 지켜 주겠다는 말입니다. 그리하여 그동안 사실상 갈기갈기 찢어져 있었던 이스라엘 열두 지파는 요셉의 지팡이 아래 하나로 단합하게 됩니다. 그 안에는 가나안 여자가 낳은 아이도 있고 애굽 여인이 낳은 아이도 있지만 아무런 차이나 갈등 없이 한 공동체로 자라게 된 것입니다.

하나님께서 이렇게 하나 된 이스라엘 공동체를 통해 하시려고 하는 일이 무엇입니까? 마치 이들이 한 사람인 것처럼 능력으로 애굽에서 해방시키시는 것입니다. 노예 수백만 명이 집단적으로 탈출에 성공한 예는 인류 역사상 출애굽 사건밖에 없습니다. 그들은 앞으로 노예 상태를 경험하게 될 것입니다. 우리 인간들이 죄의 노예이기 때문입니다. 그러나 그 후에 어린양의 보혈로 구원을 받고 홍해를 건넘으로써 바로의 통치에서 벗어나 하나님의 통치 안으로 들어갈 것입니다. 그리고 시내 산에서 집단적으로 하나님과 언약을 맺고 그의 백성이 됨으로써 하나님의 나라가 가시적으로 이 땅에 세워질 것입니다. 그들은 다시는 서로 사이에 살인이나 도적질이나 간음이나 거짓 증거를 하지 않는 윤리적인 공동체로 발전할 것입니다. 이 모든 것은 이웃을 내 몸처럼 사랑하라는 하나의 계명 속에 포함되어 있습니다. 형제나 자매를 진정으로 사랑한다면 어떻게 그를 시기하여 죽이거나 물건을 빼앗을 수 있으며 그의 아내나 남편에게 악한 생각이나 행동을 할 수 있겠습니까?

요셉은 죽으면서 자기 몸에 자기 몸에 이 비전을 새겨 놓습니다.

> 요셉이 또 이스라엘 자손에게 맹세시켜 이르기를 하나님이 정녕 너희를 권고하시리니 너희는 여기서 내 해골을 메고 올라가겠다 하라 하였더라 요셉이 일백 십세에 죽으매 그들이 그의 몸에 향 재료를 넣고 애굽에서 입관하였더라(50:25, 26).

사람이 죽으면 땅에 묻어야 그 사람에 대한 모든 것이 종결되는 법입니다. 땅에 묻지 않으면 그 사람에 대한 것들은 미결 상태로 남을 수밖에 없습니다. 그런데 요셉은 자기가 죽으면 아버지처럼 즉시 가나안 땅으로 메고 가서 장사를 지낼 것이 아니라 미라로 만들어서 입관만 시키라고 했습니다. 그랬다가 그들이 출애굽할 때 반드시 자기 해골을 메고 가서 가나안 땅에 묻어 달라는 것입니다. 그리하여 이스라엘 자손들은 요셉의 관을 볼 때마다 자신들이 언젠가 애굽을 떠나야 비로소 그의 삶이 종결될 수 있다는 사실을 생각하게 되었습니다.

요셉이 진정으로 원했던 것은 단순히 흉년에 애굽 사람이나 자기 식구들을 먹여 살리는 것이 아니었습니다. 그가 진정으로 원했던 것은 하나님의 나라가 이 땅 위에 이루어지는 것이었습니다. 그는 그 나라가 이루어지기까지 편히 땅에 묻힐 수 없다고 생각했습니다. 그의 미라는 그 후손들에게 계속 이야기했습니다. "너희는 가야 해. 여기 눌러앉아 있으면 안 돼. 가서 하나님의 나라를 건설해야 해!" 이스라엘 백성들이 애굽에 눌러앉으려고 할 때마다 그의 해골은 이렇게 외쳤습니다.

위대한 족장의 시대가 끝나고 하나님의 나라가 이루어지는 데 가장 중요한 기초가 무엇이었습니까? 요셉의 용서였습니다. 이 세상에서 가장 귀한 선물이 있다면 그것은 다른 사람의 허물과 죄를 용서해 주는 것입니다. 그의 잘못을 기억하지 않는 것입니다. 그리고 그들과 그들의 자녀들을 하나님의 나라로 초청해서 양육하는 것입니다.

이제 우리 앞에는 가난한 한국이 아니라 풍성한 하나님의 나라가 놓여 있습니다. 그러나 우리 안에 있는 죄와 상처가 청산되지 않으면 우리 민족이나 교회나 개인은 단 한 발자국도 앞으로 나아갈 수 없을 것입니다.

오늘 우리에게 필요한 것은 다시 한 번 하나님 앞에 나아가 우리의 믿음 없음을 고백하고, 과거에 지은 죄가 아직도 우리의 발목을 잡고 있음을 고백하는 것입니다. 하나님께서 그렇게 풍성한 은혜를 주셨음에도 불구하고 내가 마음 문을 닫고 있었기 때문에 여전히 궁핍함 가운데 살았다는 것을 고백하는 것입니다.

속사람이 건강한 사람만이 그 나라를 차지할 수 있습니다. 마음속에 있는 모든 부끄러움과 죄가 예수 그리스도의 피로 씻겨서 눈부시게 건강한 모습으로 미래의 위기를 극복하는 여러분이 되시기를 주님의 이름으로 축원합니다!

# 말씀의 성육신

요즘 우리나라처럼 설교의 홍수를 이루고 있는 나라도 없을 것입니다. 라디오, 텔레비전, 인터넷 등 어떤 매체를 통해서도 하나님의 말씀을 들을 수 있을 정도로 말씀이 풍성합니다. 그러나 문제는, 말씀은 그렇게 풍성한데도 사람은 전혀 변하지 않는다는 것, 말씀이 세상을 변화시키지 못하고 있다는 데 있습니다. 그 원인을 어디에서 찾을 수 있을까요?

요셉은 이 문제에 명쾌한 해답을 주는 인물입니다. 요셉은 어렸을 때부터 말씀에 붙들린 삶을 살았습니다. 그는 어렸을 때 꾸었던 꿈의 영향을 한평생 받았습니다. 꿈 때문에 형들의 미움을 받았고 꿈 때문에 노예로 팔렸으며 꿈 때문에 감옥에 들어갔습니다. 그 꿈은 바로 계시의 말씀이었습니다.

요셉은 형들에게 자기 꿈 이야기를 하면 형들이 변할 줄 알았습니다. 그러나 형들은 그 꿈 때문에 요셉을 더 미워했고, 요셉은 결국 그 미움 때문에 노예로 팔려 가야 했습니다. 그는 애굽에서는 꿈 이야기를 전혀 하지 않았습니다. 그 대신 철저하게 노예의 생활에 충실했습니다. 그 과정을 통해 요셉의 꿈은 그의 인격으로, 삶의 지혜로 성육신(incarnation) 되었습니다. 허공에 외쳐진 진리로는 사람을 바꿀 수도, 세상을 설득할 수도 없습니다. 말씀에 붙잡혀 대가를 지불한 사람, 말씀이 그 인격과 삶의 한 부분이 된 사람의 진리만이 세상을 설득하며 세상을 살릴 수 있습니다.

요즘 우리나라에는 많은 그리스도인들이 있습니다. 그런데 이들이 세상을 바꾸지 못하는 것은 말씀이 귀와 머리에만 들어와 있을 뿐, 아직 몸으로 체득되지 못했기 때문입니다. 우리나라가 살기 위해서는 말씀을 가지고 몸부림을 치다가 인생 밑바닥까지 내려갔다 올라오는 사람들이 많아져야 합니다.

　　이 시대에 많은 고생을 하고 있는 그리스도인 형제와 자매들에게 이 부족한 설교집이 위로와 축복이 되기를 바라마지 않습니다.

새 천년 봄을 맞이하여
대구 수성교 옆에서

김이락

# 이스라엘의 회복

우리나라는 민족 분단과 이산 가족의 아픔이 있는 나라입니다. 그러나 이런 혈연의 분열보다 더 큰 상처를 주는 것이 바로 교회의 분열입니다. 야곱의 집은 구약 시대의 교회였습니다. 그러나 그 교회에는 문제가 많았습니다. 그 안에 미움과 시기가 있었고, 간음과 살인이 있었으며, 심지어 동생을 팔아먹는 인신매매까지 일어났습니다. 요셉은 그 피해자였습니다. 그는 특별한 잘못도 없이 자기가 왜 이런 시련과 고통을 당해야 하는지 이해할 수가 없었습니다. 그러나 하나님은 요셉의 고난을 통해 이스라엘을 치료하기 원하셨습니다.

오늘도 우리 그리스도인들의 가장 큰 고통은 교회가 영적으로 건강하지 못한 데서 비롯됩니다. 교회에서 살아 있는 말씀을 들을 수 없으며 오히려 다툼과 분쟁이 일어날 때 교인들은 깊은 상처를 입습니다.

요셉은 형들이 자기 눈앞에 다시 나타났을 때 이들을 어떻게 대해야 할지 알 수 없었습니다. 그래서 총리의 은잔을 사용해서 그들의 마음을 시험해 보았습니다. 자기와 여러 면에서 조건이 비슷한 베냐민을 묶어 두면 형들의 태도를 알 수 있을 것 같았기 때문입니다.

결국 요셉이 확인한 것이 무엇입니까? 그 긴 세월 동안 하나님께서 형들을 놀랍게 변화시켜 놓으셨다는 것입니다. 그 하나님께서 오늘도 교회에서 많은 아픔과 상처를 받은 성도님들을 치료하시고 교회를 회복시켜 주실 줄 믿습니다.

     이 부족한 설교집이 널리 읽힐 수 있도록 많은 수고를 아끼지 않으신 홍성사 여러 식구들에게 깊은 감사를 드립니다.


                               2000년 여름
                               대구 수성교 옆에서

                               김의환

# 새로운 시대를 바라보며

　　만약 우리에게 창세기가 없었다면, 인류의 삶은 마치 뿌리 없는 나무처럼 이미 오래전에 없어지고 말았을 것입니다. 현대로 들어서면서 우리의 문명은 바로 앞에 큰 낭떠러지가 기다리고 있는 줄도 모른 채 '급류 타기' 식으로 정신없이 흘러가고 있습니다. 그런 멸망으로부터 우리를 붙들어 주는 것이 바로 이 창세기의 말씀입니다.

　　창세기는 시작의 말씀입니다. 이 시작은 타락과 노아 홍수 같은 몇 번의 큰 실패 이후, 아브라함이라는 한 믿음의 인물에 의해 정착되기 시작합니다. 그의 믿음은 야곱의 열두 아들에 이르러 한 공동체로 뿌리를 내리게 되며, 이 공동체는 한 나라로 발전하게 됩니다.

　　야곱은 열두 아들 모두를 축복했습니다. 그 축복은 그들에게 많은 결함이 있었음에도 불구하고 하나님의 은혜로써 결국 믿음으로 돌아와 이스라엘 나라의 열두 기둥이 되는 것이었습니다. 창세기의 중심을 이루고 있던 개인의 신앙은 출애굽기에 이르러 한 국가의 신앙으로 발전하는데, 애굽에서 새로운 생활을 시작한 야곱의 아들들은 바로 이러한 새 시대를 준비하는 일을 했습니다.

　　요즘 많은 사람들이 교회와 그리스도인들에게 던지는 질문은, 우리 개인의 신앙이 왜 사회적인 윤리로 열매 맺지 못하느냐 하는 것입니다. 창세기 마지막 부분은 바로 이 문제에 대한 답을 제시해 줄 것입니다.

창세기 설교는 저나 모든 그리스도인들에게 정말 큰 축복이 되었습니다. 이 설교집을 열 권의 책으로 펴내는 일은 결코 쉬운 일이 아니었습니다. 이 어렵고 긴 일을 인내와 사랑으로 감당하신 홍성사 모든 식구들에게 깊은 감사를 드리며, 더불어 모든 성도님들께 감사를 전합니다.

2000년 가을
대구 수성교 옆에서

김의환

창세기 강해설교 4

# 족장 시대의 종언

Expository Sermons on Genesis 4: The End of the Patriarchal Age

지은이 김서택
펴낸곳 주식회사 홍성사
펴낸이 정애주
국효숙 김의연 김준표 박혜란 손상범 송민규
오민택 임영주 주예경 차길환 허은

2021. 9. 15. 초판 인쇄  2021. 9. 29. 초판 발행

등록번호 제1-499호 1977. 8. 1.
주소 (04084) 서울시 마포구 양화진4길 3  전화 02) 333-5161  팩스 02) 333-5165
홈페이지 hongsungsa.com  이메일 hsbooks@hongsungsa.com
페이스북 facebook.com/hongsungsa  양화진책방 02) 333-5161

ⓒ 김서택, 2021

• 잘못된 책은 바꿔 드립니다. • 책값은 뒤표지에 있습니다.

ISBN 978-89-365-1440-2 (04230)
ISBN 978-89-365-0561-5 (세트)